Christian Müller, Hans Jürgen Schlösser, Michael Schuhen und Andreas Liening (Hg.)

Bildung zur Sozialen Marktwirtschaft

Schriften
zu Ordnungsfragen der Wirtschaft

Band 99: Bildung zur Sozialen Marktwirtschaft

Lucius & Lucius · Stuttgart · 2014

Bildung zur Sozialen Marktwirtschaft

Herausgegeben von

Christian Müller, Hans Jürgen Schlösser, Michael Schuhen und Andreas Liening

Mit Beiträgen von

Thomas Apolte, Holger Arndt, Alexander Dilger, Ilona Ebbers, Eberhard Jung, Franz-Josef Kaiser, Jan Karpe, Bärbel Kopp, Gerd-Jan Krol, Klaus-Peter Kruber, Andreas Liening, Dirk Loerwald, Laura Lütkenhöner, Gunnar Mau, Christian Müller, Michael-Burkhard Piorkowsky, Ewald Mittelstädt, Michael Oberste, Marco Rehm, Bernd Remmele, Thomas Retzmann, Fabian Schleithoff, Hans Jürgen Schlösser, Hanna Schramm-Klein, Rudolf Schröder, Susanne Schürkmann, Michael Schuhen, Günther Seeber, Heiko Steffens, Johannes Suttner und Claudia Wiebke.

Lucius & Lucius · Stuttgart · 2014

Anschriften der Herausgeber:

Prof. Dr. Christian Müller
Westfäl. Wilhelms-Universität Münster
Centrum für Interdisziplinäre Wirtschaftsforschung (CIW)
Scharnhorststr. 100
48151 Münster
christian.mueller@wiwi.uni-muenster.de

Prof. Dr. Hans Jürgen Schlösser
Universität Siegen
Zentrum für Ökonomische Bildung in Siegen (ZÖBiS)
Hölderlinstr. 3
57076 Siegen
schloesser@zoebis.de

Dr. Michael Schuhen
Universität Siegen
Zentrum für Ökonomische Bildung in Siegen (ZÖBiS)
Hölderlinstr. 3
57076 Siegen
schuhen@zoebis.de

Prof. Dr. Andreas Liening
Technische Universität Dortmund
Entrepreneuership und Ökonomische Bildung
Friedrich-Wöhler-Weg 6
44227 Dortmund
andreas.liening@tu-dortmund.de

Bibliografische Information der Deutschen Nationalbibliothek

Die Deutsche Nationalbibliothek verzeichnet diese Publikation in der Deutschen Nationalbibliografie; detaillierte bibliografische Daten sind im Internet über http://dnb.d-nb.de abrufbar.

(Schriften zu Ordnungsfragen der Wirtschaft; Bd. 99)
ISBN 978-3-8282-0604-5

Umschlaggestaltung: www.devauxgrafik.de

Druck und Einband: ROSCH-BUCH Druckerei GmbH, 96110 Scheßlitz
Printed in Germany

ISBN 978-3-8282-0604-5
ISSN 1432-9220

Dietmar Krafft
gewidmet

Vorwort

Die Konzeption der Sozialen Marktwirtschaft, wie sie seit 1948 zumindest in ihren zentralen Elementen in der Bundesrepublik Deutschland schrittweise realisiert worden ist, strebt danach, die Ideen wirtschaftlicher Freiheit und ökonomischer Effizienz mit jener des sozialen Ausgleichs in ein versöhnliches Miteinander zu bringen. Wenngleich nicht ohne Mängel und Rückschläge, hat sich dieser Ansatz alles in allem als ein Erfolgsmodell erwiesen. Dieser ordnungspolitischen Konzeption verdanken wir nicht nur das buchstäbliche „Wirtschaftswunder" nach dem Zweiten Weltkrieg, eine jahrzehntelange Exportstärke und zuletzt eine relativ robuste ökonomische Position in und nach der weltweiten Wirtschafts- und Finanzkrise der letzten Jahre, sondern auch den glücklichen Umstand, dass sich diese wirtschaftlichen Erfolge in einem Klima der Sozialpartnerschaft und des sozialen Friedens eingestellt haben.

Dennoch nimmt, wie Umfragen belegen, die Zustimmung der Bürgerinnen und Bürger zur Sozialen Marktwirtschaft ständig ab. Gleichzeitig belegen wissenschaftliche Studien, dass es um den Stand des Wirtschaftswissens der Menschen nicht gut bestellt ist, denen nicht selten elementarste wirtschaftliche Kompetenzen und Kenntnisse ökonomischer Sachverhalte fehlen. Eine Schlüsselstellung zur Sicherung des Wohlstands unseres Landes nimmt daher die ökonomische Bildung ein. Ökonomische Bildung strebt, im Interesse von Aufklärung und Emanzipation, nach Vermittlung von Kenntnissen und Kompetenzen, die es erlauben, wirtschaftliche Kontexte der eigenen Lebensumwelt zu deuten und zu verstehen. Ihr wohl wichtigstes Ziel ist die Mündigkeit der Wirtschaftsbürgerinnen und -bürger, die in die Lage versetzt werden sollen, ihre wirtschaftlichen Lebenssituationen eigenverantwortlich und kompetent zu gestalten.

Der vorliegende Band geht der Frage nach, mit welchen Wegen und Methoden die ökonomische Bildung dazu beitragen kann, das Verständnis der wohlfahrtsgenerierenden Grundzusammenhänge und Funktionen der Sozialen Marktwirtschaft zu befördern. Im Mittelpunkt des *ersten* – grundsätzlichen – Teils stehen Fragen der begrifflichen Abgrenzung, der Begründung und der Institutionalisierung von ökonomischer Bildung. Der *zweite* Teil nimmt sodann den spezifischen Beitrag in den Blick, den die Verbraucherbildung zur ökonomischen Bildung in der Sozialen Marktwirtschaft leisten kann. Der *dritte* Teil geht schließlich den Beziehungen der ökonomischen Allgemeinbildung zur berufsorientierenden Arbeitslehre nach.

Die Autorinnen und Autoren widmen den Band ihrem akademischen Lehrer, Kollegen und Freund Prof. Dr. Dietmar Krafft zu seinem 80. Geburtstag. Wie kaum ein anderer repräsentiert Dietmar Krafft mit seiner Person und seinem wissenschaftlichen Werk die Ideale der ökonomischen Bildung in der Sozialen Marktwirtschaft. Geleitet von seinem großen Lebensthema, dass ökonomische Bildung ein integraler Bestandteil der Allgemeinbildung ist, war er Mitgründer und Gründungsvorsitzender der „Bundesfachgruppe für ökonomische Bildung", die seit 1993 als Deutsche Gesellschaft für Ökonomische Bildung (DeGöB) den Vertretern der ökonomischen Bildung an Hochschulen und anderen Lehrerbildungsinstitutionen eine Stimme verleiht. Dankbar für die zum Teil jahrzehntelange immens produktive, fruchtbare und inspirierende Kooperation mit ihm, luden die Herausgeber daher schließlich auch Autoren ein, die – im *vierten* Teil dieses Bandes – die Person und das Werk Dietmar Kraffts beleuchten als Hochschullehrer, Forscher und Kollege.

Die Herausgeber danken Frau Dr. Hannelore Hamel, die das Buch in gewohnter Perfektion lektorierte. Für unermüdliche Formatierungs-, Korrektur- und Recherchearbeiten sind wir zudem Monika Wagner und Michael Sendker dankbar. Zuallererst danken wir jedoch allen Beteiligten, die sich mit vereinten Kräften darum bemühten, den Jubilar bis zuletzt in völliger Ahnungslosigkeit zu bewahren. Dietmar selbst gratulieren wir von ganzem Herzen zu seinem Geburtstag und wünschen ihm und uns, dass seine Stimme für die ökonomische Bildung noch lange Gehör finden möge.

Münster, Siegen und Dortmund, im Mai 2014

Christian Müller, *Hans Jürgen Schlösser*, *Michael Schuhen* und *Andreas Liening*

Inhalt

Teil I: Ökonomik und ökonomische Bildung

Teil II: Verbraucherbildung

Teil III: Arbeitslehre

Teil IV: Ökonomische Bildung als Beruf und Berufung: Dietmar Krafft als Hochschullehrer

Teil I:

Ökonomik und Ökonomische Bildung

Christian Müller, Hans Jürgen Schlösser, Michael Schuhen und Andreas Liening (Hg.)
Bildung zur Sozialen Marktwirtschaft
Schriften zu Ordnungsfragen der Wirtschaft · Band 99 · Stuttgart · 2014

„Mit der Abkoppelung der Wirtschaftsbildung
von der Allgemeinbildung begann der unheilvolle
Kreislauf, der bis in die Gegenwart wirksam ist."
Dietmar Krafft (2012, S. 90)

Warum eine Demokratie Ökonomische Bildung braucht

Thomas Apolte

Inhalt

1. Zwei Ziele ökonomischer Bildung

Wer wie Dietmar Krafft sein ganzes professionelles Leben in den Dienst einer Sache gestellt hat, die nicht überall gleichermaßen Anerkennung findet, der kennt sich in ungewöhnlich gutem Maße mit den Argumenten für und gegen diese Sache aus (Krafft 2012). So betrachtet hieße es Eulen nach Athen zu tragen, wollte man zu Ehren eines solchen Hochschullehrers Argumente für die Ökonomische Bildung zusammentragen.

Vielleicht gibt es aber aus der Sicht der jüngeren polit-ökonomischen Forschung doch noch ein paar Anregungen, die das unterstützen, wofür sich Dietmar Krafft und seine Mitstreiter in Jahrzehnten eingesetzt haben. Um dies zu eruieren, beginnen wir mit einer ganz grundsätzlichen Frage: Wozu sollten junge Menschen eigentlich Ökonomische Bildung brauchen? Hierzu gibt es zwei klassische Antworten:

- Erstens brauchen junge Menschen als Privatpersonen Kenntnisse über ihr künftiges ökonomisches Umfeld, um sich an Arbeitsmärkten, Kapitalmärkten und Gütermärkten zurecht zu finden, um ihren Lebensunterhalt verdienen zu können, für ihr Alter vorsorgen zu können und so vieles mehr.
- Zweitens müssen junge Menschen die Fähigkeit erwerben, politische und ökonomische Prozesse einzuschätzen und zu beurteilen, damit sie künftig kompetent an der demokratischen Willensbildung mitwirken können (Krol und Zoerner 2008).

Beide Aspekte verlangen nicht zuletzt aufgrund der immer komplexer werdenden Umwelt ausgeprägte Kenntnisse über die Funktionsweise unseres ökonomischen Systems. Solcherlei Kenntnisse dürfen sich indes nicht in der Ansammlung von Wissen über Fakten, Daten und Institutionen erschöpfen. Vielmehr bedarf es spezifischer Kompetenzen, die vor allem darin bestehen, komplexere Systemzusammenhänge erfassen zu können. Die Komplexität der ökonomischen Welt beinhaltet Funktionszusammenhänge, welche oftmals gegen die erste Intuition verstoßen. Verstöße gegen die erste Intuition sind immer eine Quelle von systematischen Fehlschlüssen, und den hier relevanten Fehlschlüssen kann man selbst mit profunden Kenntnissen über Fakten, Daten und Institutionen des wirtschaftlichen Lebens erliegen, wenn man über die Kompetenzen zur Überwindung der irreführenden ersten Intuition nicht verfügt.

Im Bereich des persönlichen Lebensumfeldes ist dies bereits bedeutsam genug. Daher wäre allein dies schon eine hinreichende Begründung dafür, ein systematisches Angebot an Ökonomischer Bildung in den allgemeinbildenden Schulen bereitzuhalten. Wenn es aber um die Kompetenz zur Teilnahme an der demokratischen Willensbildung geht, so kommt noch ein weiterer Effekt hinzu: Wähler nehmen an *öffentlichen* Entscheidungen teil. In diesem Zusammenhang haben sie aufgrund ihrer spezifischen Anreizsituation ein grundlegend anderes Informationssuchverhalten als Personen, welche *private* Entscheidungen treffen. Vor allem ist das Informationssuchverhalten bei der Teilnahme an öffentlichen Entscheidungen noch einmal wesentlich anfälliger gegenüber Fehlschlüssen als es das Informationssuchverhalten bei privaten Entscheidungen ohnehin schon ist. Um dieses Problem geht es im folgenden Abschnitt.

2. Öffentliche Entscheidungen und rationale Ignoranz

Bereits Anthony Downs (1957) hat seinerzeit darauf hingewiesen, dass Wähler einen verminderten Anreiz dazu haben, sich über die jeweils zur Wahl stehenden Alternativen und deren Wirkungen systematisch zu informieren. In privaten Entscheidungen setzen rational handelnde Akteure ihre Informationsbeschaffung so lange fort, bis die marginalen Nutzen aus einer kompetenteren Entscheidung den marginalen Kosten der Informationsbeschaffung entsprechen. Bei öffentlichen Entscheidungen ist das anders. Hier werden die Akteure den marginalen Nutzen zunächst mit der Wahrscheinlichkeit multiplizieren, der alles entscheidende Medianwähler zu sein, und erst dieses Ergebnis werden sie mit den marginalen Kosten der Informationsbeschaffung vergleichen. Nun ist es aber so, dass die Wahrscheinlichkeit, Medianwähler zu sein, mit zunehmender Zahl der Wähler gegen null konvergiert. Bereits bei einer sehr überschaubaren Zahl von Wählern ist die Wahrscheinlichkeit praktisch null, und unter dieser Bedingung wird ein rationaler Wähler bei steigenden marginalen Informationsbeschaffungskosten auf jedwede Informationsbeschaffung verzichten. So sagt es jedenfalls die Theorie.

Anders als es die Theorie voraussagt, beobachten wir aber, dass sich Wähler durchaus informieren, und dies ist bei einer auf die Wahlentscheidung gerichteten Informationsbeschaffung eigentlich nicht zu erklären. Allerdings ist es nur dann nicht zu erklären, wenn wir in der Tat annehmen, dass die Informationsbeschaffung wirklich mit dem Ziel erfolgt, die Qualität der Wahlentscheidung zu verbessern. Denn die Qualität der Wahlentscheidung ist ein öffentliches Gut: Je besser die Wahlentscheidung bei einer gegebenen Wertehaltung der Wähler ist, desto besser wird für alle Wähler die Politik sein. Aber weil die Wahrscheinlichkeit, der Medianwähler zu sein, so klein ist, kann ein einzelner Wähler zur Verbesserung der Qualität der Wahlentscheidung praktisch nichts beitragen. Anders ausgedrückt: Seine Wahlentscheidung ist insignifikant (Kliemt 1986), und wenn ein Wähler rational ist, dann weiß er das. Entsprechend wird er keine Zeit aufwenden, um die Qualität einer Wahlentscheidung zu verbessern, welche ohnehin bedeutungslos ist.

Dieses Ergebnis gilt aber nur dann, wenn es wirklich der alleinige Zweck der Informationsbeschaffung ist, die Wahlentscheidung zu verbessern. Denn es gibt durchaus andere Gründe dafür, sich über gesellschaftliche und politische Zusammenhänge zu informieren. Nehmen wir also alternativ einmal an, dass die Informationsbeschaffung für die Wähler einen intrinsischen Nutzen hat, aber nicht weil es die Wahlentscheidung verbessert, sondern weil es ein Teil der gesellschaftlichen Teilhabe ist, gut informiert zu sein, und weil es eine Art Prestigewert hat, sich in seiner Umwelt als gut informierter und kompetenter Gesprächspartner in politischen und gesellschaftlichen Dingen präsentieren zu können. Sofern dies zutrifft, so lässt sich damit erklären, warum Wähler im Allgemeinen durchaus über politische Dinge informiert sind. An dieser Einsicht haben Brennan und Lomasky (1993) in ihrem bedeutenden Buch vor inzwischen über zwei Jahrzehnten angesetzt und damit die Theorie des *expressive voting* begründet. Kurz zusammengefasst besagt diese Theorie folgendes: Man wählt, um zu zeigen, dass man einen – gut begründeten – Standpunkt hat, und hierzu muss man wissen, wie das persönliche Umfeld die Dinge beurteilt.

Wichtig dabei ist aber, dass der intrinsische Nutzen des Informiertseins nicht einfach nur ein Ersatz für den fehlenden Anreiz ist, sich mit dem Zweck einer Verbesserung der Qualität der Wahlentscheidung zu informieren. Es hat vielmehr sehr viel weiter reichende Konsequenzen. Was nämlich so relativ harmlos daher kam, warf in Wirklichkeit die bis dahin unter *Public-choice*-Ökonomen gängige Eigennutzerklärung politischen Wahlverhaltens in der Tradition von Anthony Downs über den Haufen. Wenn man einmal genauer hinschaut, so würde ein eigennütziger Bürger ohne den intrinsischen Wert des Informiertseins nämlich nicht nur jedwede Informationssuche einstellen, sondern er würde erst gar nicht mehr zur Wahl gehen. Hat er dagegen ein intrinsisches Interesse daran, als gut informierter Bürger mitreden zu können und auch bei der Wahl im Wahllokal gesehen zu werden, so wird er ein grundlegend anderes Informationssuchverhalten an den Tag legen, als wenn er die Informationen tatsächlich dazu benötigte, eine möglichst gute Wahlentscheidung zu treffen (Schuessler 2000). Um das zu sehen, nehmen wir einmal kurz an, es sei in der Tat im eigennützigen Interesse eines Wählers A, wenn Kandidat K zum Regierungschef gewählt würde, weil K eine Politik verfolgt, die das Nettoeinkommen des Wählers A erhöht. Dann wäre es in der Downs`schen Theorie für A sinnvoll, K zu wählen. Berücksichtigt A aber, dass seine Stimme insignifikant ist, so weiß er, dass er zur Wahl von K praktisch nichts beitragen kann. Muss er nun auch noch Kosten auf sich nehmen, um überhaupt herauszufinden, ob es tatsächlich K ist, welcher die für A beste Politik durchsetzt, so wird er sich mit der Sache erst gar nicht befassen.

Stiftet es dem A aber einen intrinsischen Nutzen, sich kompetent an Diskussionen über den Kandidaten K, dessen Wahlprogramm und dessen Herausforderer in seinem Umfeld zu beteiligen, und will er sodann auch im Wahllokal als partizipierender Bürger wahrgenommen werden, so wird er nicht nur wählen gehen, sondern er wird sich auch informieren. Aber wenn er rational ist, so wird er wissen, dass seine einzelne Stimme am Wahlergebnis nichts ändert. Seine Informationssuche kann daher gar nicht darauf gerichtet sein, jenen Kandidaten zu finden, dessen Politik sein persönliches Nettoeinkommen maximiert. Es muss etwas anderes im Spiel sein. So mag beispielsweise im Umfeld von A eine bestimmte allgemeine Wertehaltung oder gar Ideologie dominierend sein, und das Bekenntnis zu dieser oder jener Haltung mag wichtig für die Akzeptanz von A in seinem Umfeld sein. Wenn das so ist, dann wird sich A vielleicht gar nicht mit den inhaltlichen Fragen befassen, welche bedeutsam mit Blick auf sein ganz persönliches Wohlergehen sind, sondern er wird sich vielmehr mit solchen Inhalten befassen, welche die Gemüter seiner Freunde oder der Gesellschaft insgesamt bewegen. Kurz: A müsste sich vielleicht mit Steuerpolitik sowie mit Sozial- und Arbeitsmarktpolitik beschäftigen, um herauszufinden, ob die Politik von Kandidat K tatsächlich das Nettoeinkommen von A erhöhen wird. Stattdessen beschäftigt sich A aber vielleicht mit Fragen der doppelten Staatsbürgerschaft, dem Adoptionsrecht für gleichgeschlechtliche Paare und andere für sein Nettoeinkommen nicht unmittelbar bedeutsame Fragen und richtet daran auch seine Wahlentscheidung aus.

So wird er sein Informationssuchverhalten auf die Suche nach Argumenten richten, die die in seinem Umfeld dominierende Wertehaltung stützen, und er wird es darauf richten, jenen Kandidaten zu finden, welcher mit dieser Wertehaltung am besten vereinbar ist. Das muss aber nicht derselbe Kandidat sein, der auch das Nettoeinkommen von

A maximiert. Ob das so ist, weiß A vielleicht nicht einmal, und er muss es zu seinen Zwecken auch nicht wissen, denn seine Stimme ist ohnehin insignifikant, und so hat er überhaupt keinen Anreiz dazu, sich mit dieser Frage zu beschäftigen. In diesem Sinne „adelt" die Insignifikanz der eigenen Stimme sogar das Suchverhalten der Wähler, weil die Insignifikanz das Informationssuchverhalten von ihren persönlichen Interessen ablöst. Das aber ist ein radikaler Bruch mit den Ergebnissen der Theorie von Anthony Downs, und oft hat man den Eindruck, dass diese Einsicht auch in Kreisen der *Public-choice*-Theorie in ihrer Tragweite selbst nach zwei Jahrzehnten nicht richtig erfasst wurde.

3. Jurytheorem und rationale Irrationalität

Mit der adelnden Wirkung der rationalen Ignoranz ist nun allerdings keineswegs garantiert, dass die Wähler in rationaler Weise auf die Suche nach demjenigen Kandidaten gehen, der aus einer bestimmten Wertehaltung heraus die beste Politik für die Gesellschaft insgesamt verfolgt. Vielmehr ist auch dieses Suchverhalten mit Aufwand verbunden, und man wird nur solange nach zusätzlichen Informationen und Einsichten suchen, wie dies für eine kompetent wirkende Teilnahme an den Diskursen des eigenen Umfeldes nötig ist oder wie es nötig ist, um sich selbst damit als gut genug informiert zu fühlen. Daraus ergeben sich systematisch Informationsdefizite.

Nun wird aber eine Entscheidung nicht allein wegen fehlender Informationen schon verzerrt sein. Das klingt vielleicht widersinnig, ist es aber nicht. Nehmen wir also einmal an, die Verkaufswage eines Metzgers wäre defekt und unbrauchbar geworden und eine neue wäre teuer. Dann könnte der Metzger seine Verkäufer anweisen, die nachgefragten Portionen nicht mehr zu wiegen, sondern einfach zu schätzen. Wenn nun die Verkäufer selbst kein Interesse daran haben, die Kunden zu täuschen, so werden sie einmal etwas zu viel und dann wieder etwas zu wenig einpacken. Nun ist so etwas natürlich nicht erlaubt, und die Kunden würden sich das auch nicht bieten lassen. Der Grund dafür liegt darin, dass die Verkäufer in praktisch jedem individuellen Falle eine falsche Menge verkaufen würden. Allerdings: Wenn die Schätzfehler normal verteilt sind, dann wird der Mittelwert ihrer abgeschätzten Mengen am Ende doch recht genau dem entsprechen, was die Kunden nachgefragt hatten.

Der Unterschied zwischen den Verkäufern ohne Verkaufswaage und den schlecht informierten Wählern ist nun der folgende: Der Verkauf einer Ware ist in jedem Einzelfall eine private Entscheidung, was zur Folge hat, dass eine einzelne Person allein die gewünschte Verkaufsmenge abschätzt und dann festlegt. Im Ergebnis wird daher jede einzelne abgeschätzte Menge praktisch immer falsch sein, und nur der Mittelwert aller Mengen über eine Vielzahl von Verkaufsakten wird annähernd korrekt sein. Bei einer Wahl ist das anders, denn hier handelt es sich nicht um eine private, sondern um eine kollektive Entscheidung, und die fällt bereits bei jeder einzelnen Wahl immer schon als Mittelwert der Vielzahl von Einzelentscheidungen der beteiligten Wähler.

Jede einzelne Wahlentscheidung wird demnach nicht von einem einzelnen schlecht informierten Wähler getroffen, sondern stets von einer ziemlich großen Zahl an schlecht informierten Wählern. Und das hat zur Folge, dass sich bei jedem einzelnen Wahlakt manche Wähler in diese und andere in jene Richtung verschätzen werden. Sind nun die Abweichungen wiederum zufällig und normalverteilt, so bedeutet dies, dass im Gegensatz zu den Verkäufern ohne Waage bereits jede einzelne Wahlentscheidung schlecht informierter Wähler zum „wahren" Wert tendiert, weil sich die Schätzfehler der einzelnen Wähler in jedem einzelnen Wahlakt gegenseitig ausgleichen. Kurz: Wenn die Abweichungen normalverteilt sind, dann sind nicht nur die Wahlentscheidungen im Mittel annähernd korrekt, sondern es ist sogar jede einzelne Wahlentscheidung annähernd korrekt, während die Verkaufsmengen des Metzgers zwar im Mittel richtig sind, in praktisch jedem Einzelfall aber falsch.

Diese als „Jurytheorem" (Berg 1993; Congleton 2001) bekannte Einsicht hat Folgen. Wenn jeder einzelne Wähler einen nur unzureichenden Anreiz dazu hat, sich so gut zu informieren, dass er – gemessen an seiner Wertehaltung – die richtige Wahlentscheidung trifft, so folgt daraus noch nicht, dass alle Wähler zusammen die falsche Entscheidung treffen. Die unzureichende Information ist daher bestenfalls eine notwendige, keineswegs aber eine hinreichende Bedingung für eine verzerrte Wahlentscheidung.

Im Zusammenhang mit unserem Hauptthema würde das bedeuten, dass die rationale Uninformiertheit von Wählern kein zusätzliches Argument für Ökonomische Bildung liefert. Das mag nun betrüblich klingen für jeden, der sich für Ökonomische Bildung einsetzt. Aber: Die Analyse ist auch noch nicht abgeschlossen. Denn die Gültigkeit des Jurytheorems setzt voraus, dass ein schlechter Informationsstand allein die statistische Streuung von Wahlentscheidungen um jene Entscheidung erhöht, die die Wähler bei gutem Informationsstand treffen würden. Keineswegs aber darf der schlechte Informationsstand den Mittelwert der Wahlentscheidungen selbst verschieben. Sollte ein schlechter Informationsstand sich nämlich systematisch auf den Mittelwert der Wahlentscheidung auswirken, so hätte das zur Folge, dass die kollektive Entscheidung der Wähler systematisch verzerrt wird und schlechte Information auch zu schlechten Wahlergebnissen führt.

Genau das hat der amerikanische Ökonom Bryan Caplan (2007) nachzuweisen versucht: Die Entscheidung schlecht informierter Wähler streut nicht nur normalverteilt um den Mittelwert, sondern der Mittelwert weicht selbst systematisch von der Wahlentscheidung ab, welche die Wähler bei gutem Informationsstand treffen würden. Um dies zu belegen, prägte Caplan die etwas seltsam anmutende Wortschöpfung der „rationalen Irrationalität". Sein Ansatz startet mit der Feststellung, dass uns Menschen bestimmte – möglicherweise evolutionstheoretisch erklärbare – Wahrnehmungen über gesellschaftliche Zusammenhänge in die Wiege gelegt sind, und diese Wahrnehmungen weichen systematisch von den Ergebnissen ab, die wir erhalten würden, wenn wir uns im Rahmen einer fachlichen Analyse gut informierten. Die sich daraus ergebenden Urteilsverzerrungen fasste Caplan (2007, S. 23 ff.) als die folgenden zusammen:

- den „*make-work bias*", der die Wohlfahrt stiftenden Wirkungen des Arbeit sparenden technischen Fortschritts unterschätzt, weil dieser einerseits Arbeitsplätze kosten kann, umgekehrt aber zu Realeinkommenserhöhungen führt, deren kausaler Bezug zum technischen Fortschritt nicht unmittelbar erkennbar ist;

- den „*anti-foreign bias*", der die Wohlfahrt stiftenden Wirkungen außenwirtschaftlicher Verflechtung unterschätzt, weil ausländische Anbieter zwar in Konkurrenz zu inländischen Anbietern treten, der damit verbundene Anstieg des Realeinkommens aufgrund günstigerer Importprodukte aber leicht übersehen werden kann;
- den „*pessimistic bias*", welcher aktuelle wirtschaftliche Probleme dadurch überschätzt, dass die Vergangenheit tendenziell in rosigeren Farben gezeichnet wird; sowie
- den „*anti-market bias*", welcher aus der fehlenden zentralen Koordinierung wirtschaftlicher Pläne auf eine generell fehlende Koordination wirtschaftlicher Pläne schließt, weil die Selbststeuerungsmechanismen von Märkten subtil und nicht unmittelbar erkennbar sind.

Auf der Basis solcher Urteilsverzerrungen neigen Menschen dazu, so etwas wie „Lieblingshypothesen" zu entwickeln und – ganz im Sinne von Brennan und Lomasky (1993) – nach Argumenten und Fakten zu suchen, welche diese Lieblingshypothesen stützen. Gegeben, dass man diese Lieblingshypothesen erhalten möchte, ist ein auf diesen Erhalt gerichtetes Informationssuchverhalten aus der Sicht Caplans durchaus rational. Da die Lieblingshypothesen selbst allerdings irrational sind, bezeichnet er die rationale Suche nach Argumenten, welche diese irrationalen Hypothesen stützen, als rationale Irrationalität. Kurz: Die Bürger entfalten eine der Mikroökonomik rationaler Akteure entsprechende Nachfrage nach irrationalen Hypothesen .

Ganz in diesem Sinne berücksichtigen die Akteure dabei immer auch den Preis, den sie dafür zahlen müssen, dass sie sich ihre Lieblingshypothesen erhalten können, obwohl diese falsch sind. Um deren Kalkül nachvollziehen zu können, vergleichen wir wieder eine Person in einer privaten Entscheidung mit einer Person in einer öffentlichen Entscheidung. Nehmen wir hierzu an, die Lieblingshypothese der Person A laute, dass das Auto V ein besseres Preis-Leistungs-Verhältnis biete als das Auto R, und nehmen wir an, dass diese Lieblingshypothese objektiv gesehen falsch sei. Wenn A nun vor dem Kauf eines Autos steht und sich von seiner Lieblingshypothese – V ist besser als R – anstelle der wahren Hypothese – R ist besser als V – leiten lässt, dann kann er dies gewiss tun. Er muss aber für den Erhalt seiner Lieblingshypothese bezahlen, und zwar mit dem Kauf eines schlechteren Autos. Ganz anders verhält es sich, wenn sich Person A zwischen zwei Parteien entscheiden muss, von denen die eine das wirtschaftspolitische Konzept X und die andere das Konzept Y verfolgt. Nehmen wir an, seine Lieblingshypothese laute, dass X eine bessere Wirtschaftspolitik sei als Y, dass die Wirklichkeit aber genau umgekehrt sei. Was muss A dafür zahlen, dass er sich für das schlechtere wirtschaftspolitische Konzept entscheidet? Die Antwort lautet: Wenn er einer von vielen Wählern ist, dann wird sein Einfluss auf die letztendliche Entscheidung zwischen den Konzepten X und Y praktisch null sein, und damit kann er seine Lieblingshypothese „X ist besser als Y" aufrecht erhalten, ohne dass ihn das auch nur irgendetwas kostet – ganz im Gegensatz zur Lieblingshypothese beim Autokauf.

Daher lautet die Prognose: In privaten Entscheidungen werden falsche Lieblingshypothesen systematisch verdrängt, weil diejenigen, die sie aufrecht zu erhalten versuchen, dafür ökonomisch wirksam bestraft werden. In öffentlichen Entscheidungen allerdings gibt es keine solchen Mechanismen. Es ist daher individuell betrachtet völlig rational, irrationale Hypothesen zu vertreten, und es ist rational, nach Fakten, Daten und Argumenten zu suchen, welche diese irrationalen Hypothesen stützen, und sogar Politiker zu wählen, welche sich von diesen irrationalen Hypothesen leiten lassen, wenn es dem Wähler zum Beispiel das Gefühl gibt, auf der Seite der Wahrhaftigen und Guten zu stehen. Den individuellen Wähler kostet eine solche Pflege seiner irrationalen Hypothesen praktisch nichts. Aber die Wahl hat einen externen Effekt, und deshalb kostet es die Gesellschaft durchaus etwas, wenn alle Wähler sich von irrationalen Lieblingshypothesen leiten lassen, welche systematisch von den vier Caplan'schen Urteilsverzerrungen getrieben werden.

Nun hat der Ansatz von Caplan zwar eine erhebliche Anziehungskraft, vor allem für Ökonomen. Und man könnte auf die Idee kommen, den Caplan'schen Urteilsverzerrungen durch eine frühzeitig einsetzende Ökonomische Bildung entgegenzuwirken. Aber bevor wir solche Schlüsse ziehen, sollten wir ein zweites Mal hinsehen. Denn ganz überzeugen kann die Theorie von der rationalen Irrationalität am Ende doch nicht. Der Grund erschließt sich mit den folgenden Fragen: Können Menschen eine Lieblingshypothese bewusst und rational pflegen, ohne zu wissen, dass das irrational ist, was sie da pflegen? Wenn sie umgekehrt wissen, dass ihre Lieblingshypothesen irrational und damit falsch sind, mit welcher Motivation pflegen sie dann diese wissentlich falschen Hypothesen? Politiker mögen wissentlich falsche Hypothesen aus Machterhaltungsgründen pflegen; aber Wähler, deren sich daran anschließende Wahlentscheidung unbedeutend ist?

Wenn Herr B ein BVB-Fan ist, dann pflegt er auch so etwas wie eine Lieblingshypothese – dass nämlich der BVB der beste aller Fußballclubs ist. Natürlich weiß Herr B aber, dass er damit nur eine Art emotionale Bindung pflegt, ebenso wie jeder Bayern- oder Schalke-Fan. Er weiß, dass er immer gezielt nach Argumenten suchen wird, welche seinen Verein in einem guten Licht dastehen lässt, und er tut dies, weil er sich das so wünscht. Er weiß daher natürlich auch, dass sein Urteil nicht objektiv ist, und gerade das befähigt ihn dazu, in einer rationalen Weise zu seinem Verein zu stehen: Er weiß, wo das Objektive und wo das Emotionale seinen Raum hat. Der Caplan'sche Wähler dagegen pflegt seine Lieblingshypothese ganz ähnlich wie Herr B seinen Fußballclub.

Aber im Gegensatz zu Herrn B darf der Caplan'sche Wähler sich der Tatsache nicht bewusst sein, dass seine Lieblingshypothese nicht zu objektiven Einsichten führt. Wüsste er das nämlich, so wüsste er auch, dass die Pflege seiner Lieblingshypothese ihn systematisch daran hindert, wahre Erkenntnisse zu gewinnen. Soweit also Menschen an wahren Erkenntnissen interessiert sind, können sie nicht bewusst falsche Lieblingshypothesen pflegen, weil sie wissen, dass sie das systematisch an wahren Erkenntnissen vorbeiführen würde. Also dürften sich die Caplan'schen Wähler der Tatsache nicht bewusst sein, dass ihre Lieblingshypothesen falsch sind – dann aber könnten sie gar nicht mehr in rationaler Weise ihre irrationalen Hypothesen nachfragen. Insofern ist der Begriff der rationalen Irrationalität in der Tat ebenso widersinnig wie er auf den ersten Blick schon erscheint. Man kann, das ist die Einsicht, nicht in rationaler Weise etwas Irrationales nachfragen, wie Caplan behauptet. Man kann auf rationale Weise etwas *Nicht-Rationales* nachfragen, aber etwas Nicht-Rationales ist etwas, was sich dem Begriffspaar rational-irrational entzieht – zum Beispiel eine emotionale Bindung zu einem Fußballverein, die Liebe für guten Wein oder gute Musik oder ähnliches, und die ist weder rational noch irrational.

Nach Einsicht zu suchen und zugleich eine an dieser Einsicht vorbeiführende Lieblingshypothese zu pflegen ist hingegen irrational, und das unterscheidet den Fußballfan vom Caplan'schen Wähler, zumindest solange letzterer – zumindest auch – an Einsichten interessiert ist. Der Ansatz der rationalen Irrationalität bringt uns also auch nicht nachhaltig weiter. Allerdings gibt es einen Weg, welcher in ähnlicher Weise wie der Caplan-Ansatz zu dem Ergebnis kommt, dass ein schlechter Informationsstand zu Verzerrungen des mittleren Wählervotums führt.

4. Der nach Wahrheit suchende Wähler

Nehmen wir mit Brennan und Lomasky an, dass die Wähler sich der Insignifikanz ihrer Stimme bewusst sind und dass sie deshalb ihr Informationssuchverhalten nicht an der Verbesserung ihrer Wahlentscheidung ausrichten, sondern an der Pflege ihrer Fähigkeit, kompetent an gesellschaftlichen und politischen Diskursen teilzunehmen. Folgen wir aber nicht den Caplan'schen Urteilsverzerrungen, um damit Abweichungen des beobachtbaren Wählerurteils vom Mittelwert jener Wählerurteile zu begründen, zu denen sie kämen, wenn sie nicht diesen Urteilsverzerrungen unterlägen. Nehmen wir vielmehr an, dass die Wähler durchaus danach streben, Wahrheiten zu finden. Dazu gehört, dass sie wirklich herausfinden möchten, wo die jeweils zur Diskussion stehenden Probleme ihre Begründung finden und wie man ihnen wirklich bestmöglich begegnen kann; und dazu gehört auch der Verzicht der Wähler auf eine Einschränkung ihrer Wahrheitssuche durch Nebenbedingungen wie jene, dass durch ihre Wahrheitssuche bestimmte Lieblingshypothesen nicht in Zweifel gezogen werden dürfen. Die einzig bewusst gesetzte Nebenbedingung auf der Suche nach Wahrheit sei vielmehr die Tatsache, dass diese Suche mit Zeitopportunitätskosten verbunden ist.

Stellen wir uns also vor, dass ein Wähler mit zunehmender Zeit, welche er mit der Suche nach Wahrheit verbringt, in zunehmender Weise den Eindruck der Plausibilität seiner gewonnenen Einsichten gewinnt. Je mehr er sich informiert hat, desto mehr weiß er und versteht er und desto plausibler werden die gewonnenen Einsichten. Wie üblich in der Ökonomik können wir auch hier von abnehmenden Grenzerträgen ausgehen, so dass die marginale Zunahme an Plausibilität der Einsichten im Zeitablauf kleiner wird. Irgendwann übersteigen die marginalen Zeitopportunitätskosten die noch erwarteten marginalen Zeitopportunitätskosten, und der Wähler stellt seine Suche ein.

Soweit wäre das alles mit dem Jurytheorem vereinbar. Entsprechend stellt sich im Anschluss nun die Frage, was unter diesen Bedingungen den Mittelwert des Urteils der Wähler davon abhalten könnte, gegen das Urteil gut informierter Wähler zu konvergieren, wenn es nicht die Caplan'schen Urteilsverzerrungen sind. Um dies herauszuarbeiten, halten wir zunächst folgendes fest: Wenn sich Wähler über gesellschaftliche Zusammenhänge ihre Gedanken machen, dann denken sie – zunächst zu Recht – an das jeweilige Interesse verschiedener Gruppen: Die Gruppe der Nachfrager wünscht sich dies, die Gruppe der Anbieter jenes, die Gruppe der Politiker hat ein Interesse hieran, die Gruppe der Lobbyisten eines daran. Die Gruppe der Rentner wollen dieses Ergebnis, junge Berufstätige etwas anderes. Und immer zeigen die jeweiligen Gruppen im Anschluss daran ein bestimmtes Verhalten, so dass es den Anschein hat, dass sich dieses Verhalten unmittelbar aus dem spezifischen Interesse der jeweiligen Gruppe ableiten lässt.

Indes: So naheliegend und von höchster Plausibilität solche Schlüsse auch immer erscheinen, so wissen alle seriösen Sozial- und Wirtschaftswissenschaftler spätestens seit dem bahnbrechenden Werk von Mancur Olson (1965), dass sie schlicht falsch sind. Denn Gruppen sind keine eigenständigen Entscheidungseinheiten; eine Gruppe ist kein Mensch, und deshalb kann eine Gruppe streng genommen überhaupt nichts entscheiden. Vielmehr besteht eine Gruppe stets aus einer kleineren oder größeren Zahl von Individuen, und allein diese Individuen sind rein sachlich gesehen in der Lage dazu, etwas zu entscheiden. In irgendeiner Form werden diese Einzelentscheidungen dann zu etwas führen, was so aussieht, als hätte „die Gruppe" etwas entschieden. Schließlich kann diese vermeintliche Gruppenentscheidung die einzelnen Mitglieder der Gruppe auf ein bestimmtes Verhalten verpflichten, und wenn sich alle oder doch hinreichend viele Gruppenmitglieder an diese Verpflichtung halten, so hat es nach außen wiederum den Anschein, dass „die Gruppe" handelt. Aber nur von außen betrachtet sieht es so aus, als ob die Gruppe wie ein Mensch eine Entscheidung getroffen und im Anschluss daran wiederum wie ein Mensch ein Verhalten gezeigt hat, welches sich an dieser Entscheidung ausrichtet.

In Wirklichkeit aber haben mehr oder minder viele individuelle Gruppenmitglieder jeweils eine individuelle Entscheidung getroffen; sodann sind die Einzelentscheidungen nach irgendeiner Regel zu einer Gesamtentscheidung aggregiert worden; und schließlich ist irgendein Mechanismus angewendet worden, welcher dafür sorgt, dass die individuellen Gruppenmitglieder ihr Verhalten an der aggregierten Entscheidung ausrichten. Man beachte, dass es sehr viele sehr unterschiedliche Regeln gibt, eine Vielzahl individueller Entscheidungen zu einer aggregierten Entscheidung zusammen zu führen, und man beachte auch, dass es sehr viele unterschiedliche Mechanismen gibt, mit denen man das Verhalten einer Vielzahl von Individuen an einer aggregierten Entscheidung ausrichten kann. Unterschiedliche Aggregationsregeln können bei gleichen individuellen Entscheidungen sehr unterschiedliche aggregierte Entscheidungen generieren, und die Aggregation kann auch ganz scheitern (Apolte und Möller 2013). Ebenso ist es mit den Mechanismen zur Ausrichtung des individuellen Verhaltens an der Gruppenentscheidung: Sie können im Einzelfalle milde sein, sie können aber auch rüde oder geradewegs brutal sein, und sie können sich in jedem Falle mit Blick auf eine gelungene Ausrichtung des individuellen Verhaltens als geeignet oder aber auch als völlig ungeeignet erweisen.

Eine methodologisch nicht vorstrukturierte Informationssuche kann nun in zunehmendem Maße scheinbare Plausibilitäten erzeugen, ohne auf alle diese Dinge einzugehen. Und dies geschieht auch regelmäßig so: Man analysiert das Verhalten von Gruppen gerade so, wie man das Verhalten eines individuellen Menschen deutet und analysiert. Damit weist man einer Gruppe eine Art Wesenshaftigkeit zu, die sie aber nicht hat. Dennoch ist der Reiz, dies zu tun, offenbar sehr groß, und das dürfte daran liegen, dass sich mit einem solchen Kurzschluss auf eine relativ direkte Weise ausgesprochen überzeugend wirkende Plausibilitäten erzeugen lassen. Nicht ohne Grund hat es schließlich lange gedauert, bis jemand – nämlich Mancur Olson – den dahinter sich verbergenden Fehler explizit offen gelegt hat. Prominente Sozialwissenschaftler haben zum Teil monumentale Theoriegebäude auf diesem Kurzschluss errichtet, und sie haben mitunter Millionen von Menschen von der Plausibilität ihrer Theorien überzeugt – man denke nur an den historischen Materialismus von Karl Marx, der bis heute auf viele zum Teil prominente Wissenschaftler und Politiker nach wie vor eine große Anziehungskraft ausübt.

Tatsache ist aber, dass es ein eigenständiges Handeln und Entscheiden von Gruppen nicht gibt und nicht geben kann. Denn Gruppen sind keine Gebilde, die außerhalb der menschlichen Gedankenwelt existieren. Daher sind Gruppen nichts weiter als intellektuelle Konstrukte, die wir erst im Augenblick der Beobachtung menschlichen Verhaltens kraft unserer Gedanken erzeugen, um uns die Beobachtungswelt überschaubarer zu machen. Entsprechend gilt: Was von außen betrachtet wie Gruppenhandeln aussieht, ist in Wirklichkeit das Ergebnis eines recht komplexen Zusammenspiels individuellen Handelns und Entscheidens. Wird man sich dieser Tatsache einmal bewusst, so bricht jede Plausibilität zusammen, welche aus einer methodologisch nicht vorstrukturierten Informationssuche mit den irreführenden Bildern des Gruppenhandelns gewonnen wurde. Die Informationssuche muss dann auf eine neue Basis gestellt werden, und diese Basis ist das, was man den *methodologischen Individualismus* genannt hat (Schumpeter 1970, S. 90 f.; Popper 1957, S. 141). Mit Hilfe dieses methodologischen Grundsatzes wird jedes beobachtete Handeln und Entscheiden auf seine Ursprünge im individuellen Handeln und Entscheiden zurückgeführt. Nur auf dieser Basis erschließen sich valide Erklärungen gesellschaftlicher Phänomene. Der Zugang über das Bild von eigenständig handelnden Gruppen dagegen verzerrt die Wahrnehmung systematisch, und hierin finden wir eine valide und verbreitete Quelle von Urteilsverzerrungen, welche dafür sorgen, dass das Jurytheorem nicht gilt.

Gibt man hingegen das Bild des eigenständigen Gruppenhandelns auf, so erschließen sich zentrale sozialwissenschaftliche Einsichten, zu denen an prominentester Stelle soziale Dilemmastrukturen stehen. Nehmen wir ein Beispiel: Jedes einzelne Mitglied einer Gruppe wünscht sich die Ergebnisse eines Verhaltens A der Gruppe, der sie angehört, nicht jedoch jene des Verhaltens B. Würde man die Gruppe wie eine Entscheidungseinheit betrachten, so müsste man sie als irrational betrachten, wenn sie sich doch in einer Weise verhielte, welche das Ergebnis B erzeugt. So wäre es bei einem einzelnen Menschen schließlich auch. Aber die internen Strukturen einer Gruppe können – müssen aber nicht (!) – dazu führen, dass alle individuellen Mitglieder sich so verhalten, dass am Ende B das Ergebnis ist, obwohl jedes Mitglied sich A gewünscht hat und jedes Mitglied durchaus rational gehandelt hat.

Kurz gefasst gilt: Soziale Dilemmastrukturen kappen die Verbindung zwischen individuellen Motiven und sozialen Ergebnissen, und das verstößt auf den ersten Blick oftmals gegen jede Intuition. Gleichwohl gilt, dass vor allem:

– gute Absichten im Gruppenkontext nicht auch zu guten Ergebnissen für die Gruppe führen müssen;

- fehlende gute Absichten im Gruppenkontext dennoch zu guten Ergebnissen für die Gruppe führen können; und
- rationales Verhalten aller Gruppenmitglieder nicht auch zu rationalen Ergebnissen für die Gruppe führen muss.

Konkret führt das auf direktem Wege zu zwei ebenso zentralen wie berühmten Einsichten:

- Die Adam-Smith-Einsicht: Wenn alle Akteure einer Gruppe jeweils nur ihren eigenen Vorteil im Blick haben, kann unter genau definierten Bedingungen das Ergebnis für alle bestmöglich sein. Die Bedingungen für dieses schon von Adam Smith so prominent erwähnten Ergebnisses hat die moderne Wohlfahrtsökonomik herausgearbeitet.
- Die John-Nash-Einsicht: Wenn alle Akteure einer Gruppe nur ihren eigenen Vorteil im Blick haben, kann unter wiederum genau definierten Bedingungen das Ergebnis aber auch das schlechteste sein, was möglich ist. Paradigmatisch hierfür ist das Gefangenendilemma.

Akzeptieren wir diese Einsichten, welche bei gleichen Motiven zwei exakt entgegengesetzte Ergebnisse beinhalten, so folgt daraus zwingend, dass ein Schluss von den Motiven der Gruppenmitglieder auf das Ergebnis ihres Handelns für die Gruppenmitglieder unzulässig ist. Unzulässig ist damit aber auch, das Verhalten einer Gruppe so zu analysieren, als ob diese Gruppe eine eigene Wesenseigenheit hätte und als solche handeln und entscheiden könnte. Denn dann käme man immer wieder zu dem Ergebnis, dass die Gruppe irrational ist, obwohl die Adam-Smith-Einsicht und die John-Nash-Einsicht zeigen, dass dies für die Mitglieder der Gruppe keineswegs so sein muss. Es kann aber keinen Sinn haben, den Mitgliedern einer Gruppe Vernunftbegabung zuzugestehen, der Gruppe als Wesenseinheit selbst aber Irrationalität zu bescheinigen. Dieser Widerspruch löst sich auf, sobald man darauf verzichtet, die Gruppe als Wesenseinheit zu betrachten. Das zu beobachtende Verhalten kann dann aber nicht mehr an den Entscheidungen und dem Verhalten der Gruppe selbst ansetzen, sondern es muss immer an den Entscheidungen und dem Verhalten seiner Mitglieder und sodann an den Interaktionsstrukturen zwischen den Mitgliedern der Gruppe ansetzen. Zu diesen Strukturen stößt man erst gar nicht vor, wenn man Gruppen als Wesenseinheiten betrachtet, und doch sind sie es, deren Analyse konstitutiv für eine moderne sozialwissenschaftliche Analyse ist.

Im Ergebnis gelangt man damit nämlich zu Einsichten, welche einerseits zwar die einzig tragfähige Grundlage einer genaueren Analyse darstellen, andererseits auf den ersten Blick aber der Intuition widersprechen können. Gerade weil aber die erste Intuition so machtvoll ist, wird man ohne jede methodologische Vorbildung den Weg an den Fallstricken nicht vorbei finden, welche das Bild des scheinbaren Gruppenhandeln auslegt, und daher kann selbst eine intensive Informationssuche und -verarbeitung systematisch zur Verbreitung irreführender Plausibilitäten führen. Dies mag dann am Ende auch eine tiefere Ursache für die Caplan'schen Urteilsverzerrungen sein. Der Unterschied ist aber, dass die Wähler in der Theorie Caplans diese Urteilsverzerrungen bewusst und rational aufrecht erhalten wollen, weil sie Teil ihrer Lieblingshypothesen sind und weil sich deshalb die Informationssuche daran ausrichtet, Belege für die vermeintliche Wahrheit dieser Lieblingshypothesen zu finden.

Dass ein solches Verhalten absurd wäre, sobald man sich der Fehlerhaftigkeit seiner Lieblingshypothesen bewusst wird, wurde schon erwähnt. Ist man sich der Fehlerhaftigkeit eines darunter liegenden und sehr machtvollen Fehlschlusses aber nicht bewusst, so kann man damit erklären, dass die Menschen solcherlei Hypothesen sogar mit Vehemenz zu verteidigen suchen. Sie tun das aber nicht, weil sie diese gegen die bessere Einsicht einfach aufrecht zu erhalten wünschen und weil sie wissen, dass eine solche Irrationalität sie wegen der Insignifikanz ihrer einzelnen Wählerstimme nichts kostet. Sie tun dies vielmehr, weil sie von der Wahrhaftigkeit dieser Hypothese überzeugt sind; sie sind wohl irrtümlich davon überzeugt, aber sie sind eben doch überzeugt.

Halten wir fest: Ist jemandem, der sich mit gesellschaftlichen und ökonomischen Fragen beschäftigt, die Unmöglichkeit eines originären Gruppenverhaltens nicht bewusst, so wird er selbst mit profunden Kenntnissen über diese Dinge zu systematischen und zum Teil schwerwiegenden Fehlschlüssen gelangen. Vor allem wird er immer wieder systematisch zu dem Fehler verleitet, von den Motiven der Mitglieder einer Gruppe auf das beobachtete Handeln dessen zu schließen, was er als „die Gruppe" wahrnimmt. Die sich daraus ergebenden Urteilsverzerrungen lassen sich nur über eine konsequente Anwendung der Prinzipien des methodologischen Individualismus überwinden. Diese Einsicht führt uns zurück zur Bedeutung der Ökonomischen Bildung.

5. Ökonomische Bildung und methodologischer Individualismus

Sind Wähler sich der Unmöglichkeit originären Gruppenverhaltens nicht bewusst, so wird der Mittelwert ihrer Einschätzungen systematisch von jenen Einschätzungen abweichen, zu denen sie gelangen würden, wenn sie sich dieser Unmöglichkeit bewusst wären. Das hat zur Folge, dass das Jurytheorem nicht mehr anwendbar ist. Denn mit steigender Zahl der Wähler wird das aus den individuellen Wahlentscheidungen zusammengesetzte Gesamtwahlergebnis nicht gegen jenes Ergebnis konvergieren, welches sich ohne die individuelle Wahrnehmungsverzerrung ergibt. Das Gesetz der großen Zahl heilt die Verzerrung also nicht.

Wie kann man dann diese Verzerrung beheben oder ihr doch effektiv entgegen wirken? Die Antwort lautet: mit Ökonomischer Bildung. Der Grund ist, das die Ökonomik diejenige Sozialwissenschaft ist, die ihre Wurzeln im methodologischen Individualismus hat und dass die Ökonomik aus diesen Wurzeln heraus gewachsen ist. Mit Ökonomischer Bildung lernt ein junger Mensch von Beginn an das, was man als Gruppenverhalten wahrnimmt, konsequent aus dem individuellen Verhalten der Gruppenmitglieder abzuleiten, und hierzu muss er sich nicht einmal mit der dahinter steckenden methodologischen Problematik ausdrücklich beschäftigt haben (Krol und Zoerner 2008).

Sicherlich gibt es – vor allem in Kontinentaleuropa – in den anderen Sozialwissenschaften nicht selten erhebliche Vorbehalte gegenüber dem methodologischen Individualismus. Aber das hat vor allem zwei sachlich nicht relevante Gründe: Der erste ist, dass eine konsequente Hinwendung zum methodologischen Individualismus desaströse Folgen für Theorien mit marxistischem Hintergrund hätte, weil der Kern marxistischer Analysen ein essentialistischer Gruppenbegriff ist, aus dem eine Wesenseigenheit von Gruppen erwächst – wobei Marx seine Gruppen bekanntlich Klassen nennt. Dabei gilt:

Was im Interesse einer Klasse ist, dass treibt naturgemäß auch alle seine Mitglieder an. Anzuerkennen, dass ein solcher Schluss unhaltbar ist, würde erfordern, marxistischer Theorie eine nur noch dogmenhistorische Bedeutung beizumessen, und zu einem solch großen Schritt sind viele Wissenschaftler allein aufgrund der emotionalen Attraktivität des Marxismus wohl nicht bereit.

Ein zweiter Grund dürfte sein, dass ein über die sozialwissenschaftlichen Disziplinen übergreifender Konsens über den methodologischen Individualismus dazu führen würde, dass sich die Grenzen zwischen den Disziplinen Ökonomik, Soziologie und Politologie verwischen. Wenn man bedenkt, dass sich diese Disziplinen häufig aus ihrer je eigenen Perspektive mit denselben gesellschaftlichen Fragen beschäftigen, so wird verständlich, dass eine methodologische Verwischung der Disziplinengrenzen die Furcht vor dem Verlust der Identität der eigenen Disziplin nähren kann. Aber so verständlich eine solche Furcht auch sein mag, so wenig ist sie angebracht, wenn es wirklich und allein darum geht, die Wissenschaft in den Dienst der Erkenntnis zu stellen und nicht in den Dienst der Pflege von disziplinären Identitäten. In vielen Ländern jedenfalls verwischen sich vor dem Hintergrund einer vermehrten Akzeptanz des methodologischen Individualismus die Grenzen der sozialwissenschaftlichen Disziplinen in der Tat, und das hat zur Konsequenz, dass der Blick stärker auf die zu behandelnden Fragestellungen fokussiert wird, während die disziplinäre Herkunft der Forscher zunehmend unerheblich wird.

Ob diese und andere Motive für die noch verbreitete Ablehnung des methodologischen Individualismus sachdienlich sind oder nicht, mag man gewiss unterschiedlich beurteilen. Tatsache ist, dass es aus diesen Gründen auf absehbare Zeit in der Bildungsdiskussion wohl keinen Konsens dafür geben wird, junge Menschen in gesellschaftswissenschaftlichen Fragen konsequent an den methodologischen Individualismus heranzuführen, um sie vor den beschriebenen Fehlschlüssen zu bewahren. Dies scheint die tiefere Ursache auch für die Ablehnung der Ökonomischen Bildung als eigenständigem Fach zu sein, die vor allem in den übrigen Sozialwissenschaften sowie in der Bildungswissenschaft häufig anzutreffen ist. Je nach Perspektive fürchtet man entweder eine Indoktrination der jungen Menschen durch die Ökonomik oder man fürchtet den Verlust der Möglichkeit, junge Menschen seinerseits unbehelligt indoktrinieren zu können.

Ob das eine oder das andere gilt, kann getrost dahingestellt bleiben. Aus dem in solchen Zusammenhängen häufig gern herangezogenen Beutelsbacher Konsens (Scherb 2010) folgt nämlich, dass Schülerinnen und Schülern auch in dieser Frage kontrovers erscheinen muss, was unter Fachleuten kontrovers ist. Wenn es also so ist, dass Ökonomische Bildung und die damit verbundene Hinwendung zur Analyse gesellschaftlicher Zusammenhänge auf der Basis des methodologischen Individualismus von manchen Fachleuten begrüßt und von anderen abgelehnt wird, dann folgt daraus, dass man den Schülerinnen und Schülern vorerst beides anbieten muss: das eine ebenso wie das andere. Und solange und soweit sich Verantwortliche für das Fach Politische Bildung für den methodologischen Individualismus nicht erwärmen können, spricht dies für je eigenständige Fächer Ökonomische und Politische Bildung, nicht mehr und nicht weniger.

Denn es sei daran erinnert, dass weder Dietmar Krafft noch irgend ein anderer Verfechter der Ökonomischen Bildung je eine Abschaffung Politischer zugunsten Ökonomischer Bildung und damit ein Monopol der Ökonomischen Bildung gefordert haben. Nie wären sie auf eine solch absurde Idee gekommen, während die Gegner Ökonomischer Bildung genau dies für selbstverständlich halten, freilich mit umgekehrten Vorzeichen. Das aber kann nicht akzeptabel sein. Und gerade deshalb wehren sich die Verfechter Ökonomischer Bildung gegen das gegenwärtige Monopol der Politischen Bildung in ihrer derzeit vorherrschenden Form (Krafft 2008), denn gegen die Auflösung dieses in vielen Bundesländern bestehenden Monopols lässt sich weder mit dem Beutelsbacher Konsens, noch mit dem Gebot der Pluralität argumentieren und schon gar nicht mit der Idee eines Wettbewerbs um die besten Ideen in einer bis dato kontroversen Sache. Das Gegenteil ist vielmehr ganz offensichtlich der Fall.

Literatur

Apolte, Thomas und Marie Möller (2013), Individuelle Präferenzen und kollektive Entscheidungen. Arrow versus Sen, in: Wirtschaftswissenschaftliches STudium, 42. Jg., S. 688-694.

Berg, Sven (1993), Condorcet's Jury Theorem: Dependency Among Voters, in: Social Choice and Welfare, Vol. 10, S. 87-96.

Brennan, Geoffrey und Loren Lomasky (1993), Democracy and Decision: The Pure Theory of Electoral Preferences, Cambridge.

Caplan, Bryan (2007), The Myth of the Rational Voter: Why Democracies Choose Bad Policies, Princeton.

Congleton, Roger D. (2001), Rational Ignorance, Rational Voter Expectations, and Public Policy: A Discrete Informational Foundation for Fiscal Illusion, in: Public Choice, Vol. 107, S. 35-64.

Downs, Anthony (1957), An Economic Theory of Democracy, New York.

Kliemt, Hartmut (1986), The Veil of Insignificance, in: European Journal of Political Economy, Vol. 2, S. 333-344.

Krafft, Dietmar (2008), Ökonomische Bildung: Stiefkind der Bildungspolitik in Deutschland, in: Dirk Loerwald, Maik Wiesweg und Andreas Zoerner (Hg.), Ökonomik und Gesellschaft: Festschrift für Gerd-Jan Krol, Wiesbaden, S. 185-199.

Krafft, Dietmar (2012), Notizen zur Geschichte und Gegenwart der Deutschen Gesellschaft für Ökonomische Bildung, in: Michael Schuhen, Christian Müller und Michael Wohlgemuth (Hg.), Ökonomische Bildung und Wirtschaftsordnung, Stuttgart, S. 87-99.

Krol, Gerd-Jan und Andreas Zoerner (2008), Ökonomische Bildung, Allgemeinbildung und Ökonomik, in: Hans Kaminski und Gerd-Jan Krol (Hg.). Ökonomische Bildung: legitimiert, etabliert, zukunftsfähig: Stand und Perspektiven, Bad Heilbrunn, S. 91-192.

Olson, Mancur (1965), The Logic of Collective Action: Public Goods and the Theory of Groups, Cambridge (Mass.).

Popper, Karl R. (1957), The Poverty of Historicism, London.

Scherb, Armin (2010), Der Beutelsbacher Konsens, in: Dirk Lange und Volker Reinhardt (Hg.), Strategien der politischen Bildung. Handbuch für den sozialwissenschaftlichen Unterricht Baltmannsweiler, Bd. 2, Hohengeheren, S. 31-39.

Schuessler, Alexander (2000), A Logic of Expressive Choice, Princeton.

Schumpeter, Joseph (1970), Das Wesen und der Hauptinhalt der theoretischen Nationalökonomie. 2. Auflage, Berlin.

Christian Müller, Hans Jürgen Schlösser, Michael Schuhen und Andreas Liening (Hg.),
Bildung zur Sozialen Marktwirtschaft
Schriften zu Ordnungsfragen der Wirtschaft · Band 99 · Stuttgart · 2014

Ist sozioökonomische Bildung die bessere ökonomische Bildung? – Anmerkungen zu einer Begriffsverwirrung

Günther Seeber

Inhalt

1. Einführung

Auf 35 Jahre Deutsche Gesellschaft für Ökonomische Bildung (DeGÖB) zurückblickend, schrieb deren erster Vorsitzender, Dietmar Krafft (2012, S. 93), die Gründung sei vor allem aus der Einsicht in die gesellschaftliche Notwendigkeit einer ökonomischen Bildung geschehen. Während einerseits diese Einsicht auf einen breiten Konsens in unterschiedlichen gesellschaftlichen Gruppierungen stieß und in der Folge die Etablierung in der Schule Fortschritte machte, gibt es andererseits seit einiger Zeit lautstarken Widerstand gegen ein mögliches Fach Wirtschaft. Begründet wird dies unter anderem mit dem Allgemeinbildungsanspruch der Schule, der statt einer ökonomischen eine „bessere", nämlich sozioökonomische Bildung fordere. Diese Behauptung erstaunt insofern, als die sozioökonomische Ausrichtung in der Fachdidaktik eine lange Tradition hat, und alleine der Terminus noch keinen unüberbrückbaren Gegensatz zwischen einer ökonomischen und einer sozioökonomischen Bildung impliziert. Der Versuch der Okkupation des Begriffes durch die Gegner einer ökonomischen Bildung erklärt sich möglicherweise genau aus dessen Konsensfähigkeit. Indem die Gewerkschaften und die gewerkschaftsnahe Initiative für eine bessere ökonomische Bildung (iböb) für sich in Anspruch nehmen, allgemeingültige Ziele zu verfolgen, transportieren sie unter diesem Deckmantel politische Setzungen, die letztlich einer angemessenen ökonomischen Bildung schaden, nämlich: kein Schulfach Wirtschaft, keine Zusammenarbeit Schule-Wirtschaft, keine grundlegende ökonomische Lehrerausbildung.

Diese Problematik soll im Folgenden vertiefend analysiert werden. Dazu werden zunächst der Begriff der Sozioökonomie und sich damit verknüpfende didaktische Leitlinien herausgearbeitet. Diese werden mit den Forderungen der Kritiker einer ökonomischen Bildung kontrastiert. Dabei wird sich zeigen, dass – sieht man von den bildungspolitischen Implikationen ab und konzentriert sich auf die proklamierten Bildungsziele – die Gemeinsamkeiten in den Zielsetzungen weitaus größer sind als die sich ausschließenden Positionen. Dennoch interpretieren die Kritiker Sozioökonomie für die Schulpraxis solcherart, dass die wirtschaftliche Allgemeinbildung leidet. Das soll abschließend beispielhaft an den Unterrichtsmaterialien der Böckler-Stiftung gezeigt werden.

2. Sozioökonomie und ökonomische Bildung

Die Begriffe ‚Sozialökonomie' und ‚Sozioökonomie' werden in der Regel synonym verwendet, wobei ‚Sozialökonomie' die längere Tradition in der Wissenschaft hat. Gerade in der Periode der Etablierung der Wirtschaftswissenschaft als eigene Disziplin hatte die durch die so genannten Katherdersozialisten vertretene Sozialökonomie einen hohen Stellenwert. Sie wurde dann aber durch das Vordringen des neoklassischen Modells zunächst marginalisiert. Mit der Gründung der „Society for the Advancement of Socio-Economics" (SASE; https://sase.org/about-sase/about-sase_fr_41.html) im Jahr 1989 bekam die sozioökonomische Theorie einen neuen Impuls. Es ist allerdings kein geschlossenes Theoriegebäude zu erkennen. Stattdessen ist die Sozioökonomie durch eine Heterogenität theoretischer Ansätze gekennzeichnet, deren holistischer Zugang auf der Annahme der gesellschaftlichen Bedingtheit ökonomischen Handelns beruht. Laut „Gablers Wirtschaftslexikon" handelt es sich um ein Forschungsprogramm,

> „... das wirtschaftliches Handeln sowie die Kerninstitutionen und Strukturen der modernen Wirtschaft nicht allein unter „ökonomischen" Gesichtspunkten (Effizienz) und unter ausschließlicher Berücksichtigung ökonomischer Faktoren (Nutzen- und Gewinnorientierung der Akteure auf der einen Seite und die materiellen Ressourcen auf der anderen) erklären will. Das gemeinsame Anliegen von Sozioökonomen ist vielmehr, Wirtschaften bzw. wirtschaftliches Handeln in seiner gesellschaftlichen Bedingtheit zu verorten und daher das Wechselspiel von Wirtschaft und Gesellschaft in den Mittelpunkt zu rücken" (Maurer o.J.).

Auch wenn sich die Sozioökonomie mit ihrer Mehrperspektivität in einem Gegensatz zur Neoklassik sieht, erkennt sie deren Erklärungsstärke durch herkömmliche ökonomische Modelle gerade für das Handeln auf Märkten an (Seeber 1997, S. 188). Auch in dem zitierten Lexikonartikel lassen sich sozioökonomische Denkschemata identifizieren, die Orientierungslinien für die ökonomische Bildung liefern können. Für deren genauere Bestimmung und Herleitung verweise ich auf meine früheren konzeptionellen Artikel (Seeber 1997, 2006) und beschränke mich an dieser Stelle auf eine Aufzählung der entwickelten Ergebnisse. Orientierungslinien können dann sein:

- die „Erklärung wirtschaftlicher Sachverhalte unter Einbeziehung sozialer Faktoren" (Maurer o.J.);
- die Berücksichtigung des Wandels und der Veränderbarkeit von Institutionen;
- keine Limitierung des ökonomisch Handelnden auf einen rationalen Entscheider;
- die ethische Reflexion des Ökonomischen.

Wichtig ist hierbei, dass als bezugswissenschaftlicher Mittelpunkt die ökonomische Betrachtung nicht nur erhalten bleibt, sondern zugleich Ausgangspunkt einer perspektivischen Erweiterung ist. Das Unterrichtsobjekt bleibt die Wirtschaft auf der Mikro- und der Makroebene, und die zu berücksichtigenden Erklärungsmuster sind jene der Bezugswissenschaften, an deren erster Stelle die Ökonomik steht. Sie erfährt in Bildungskontexten notwendigerweise eine Ergänzung. Diese Horizonterweiterung ist in der fachdidaktischen Gemeinschaft, soweit ich das sehe, nicht prinzipiell strittig. Diskussionen werden hinsichtlich des Ausmaßes und der curricularen Organisation geführt. Nicht ohne Grund lautete der Anspruch des Paragraphen 2 der ursprünglichen, mehr als 30 Jahre gültigen Satzung der DeGÖB:

> „Förderung der fachwissenschaftlichen und fachdidaktischen Entwicklung *sozialökonomischer* Bildung" (§ 2 Ziff. 1, zitiert nach: Krafft 2012, S. 92; Hervorhebung: GS).

Passend hierzu bildete ein aus fünf Bereichen bestehendes Kompetenzmodell die Basis für die ersten Standards ökonomischer Bildung, welche die Gesellschaft im Jahr 2004 für den mittleren Schulabschluss publizierte. Das Modell wurde in den Folgejahren bei der Formulierung weiterer Standards für die anderen Schulabschlüsse unverändert fortgeführt. In ihm findet sich neben vier originär ökonomischen Kompetenzbereichen ein fünfter, der mit „Konflikte ethisch und perspektivisch beurteilen" (DeGÖB 2004) betitelt ist. Das zeigt, wie im Übrigen auch der Bereich „Rahmenbedingungen der Wirtschaft verstehen und mitgestalten", zum einen die Integration der sozialen Bedingtheit ökonomischen Handelns. Zum anderen erkennt man sofort die quantitative Dominanz des Ökonomischen: vier Kernbereiche und die perspektivenerweiternde Klassifikation. Das ist wenig erstaunlich in einem Papier einer fachdidaktischen Gesellschaft, deren Thema Wirtschaftsdidaktik bzw. Didaktik ökonomischer Bildung lautet.

Mittlerweile wurde im Zuge einer Satzungsänderung, die vorwiegend organisatorische Gründe hatte, der Begriff der sozialökonomischen Bildung durch jenen der ökonomischen Bildung ersetzt. Damit geht nur insofern eine Veränderung der Zielsetzung einher, als gleichzeitig in der Satzung jetzt die Verankerung in einem eigenen Fach explizit angestrebt wird. Der Bildungsanspruch bleibt aber zentrales Element. Ökonomische *Bildung* soll helfen, „sich im wirtschaftlichen Dasein zu orientieren, dieses zu verstehen, es zu beurteilen und mündig, sachgemäß und verantwortlich mit zu gestalten" (DeGÖB 2004, S. 2). Der Anspruch, die Entwicklung einer autonom und verantwortlich handelnden Persönlichkeit zu fördern, ist ihr immanent. Sie verfolgt ihn innerhalb der Domäne der Ökonomie, für die es deshalb fachliche „Tüchtigkeit" herzustellen gilt. Insofern unterstreicht der neue Satzungswortlaut diese normative Selbstverständlichkeit. Eine Person urteilt dann ökonomisch gebildet, wenn sie – wie in der folgenden Abbildung dargestellt – ihrem Urteil neben ökonomischen zusätzlich soziale Kriterien zugrunde legt:

Abbildung 1: Die Anwendung von Urteilskriterien in drei Schritten

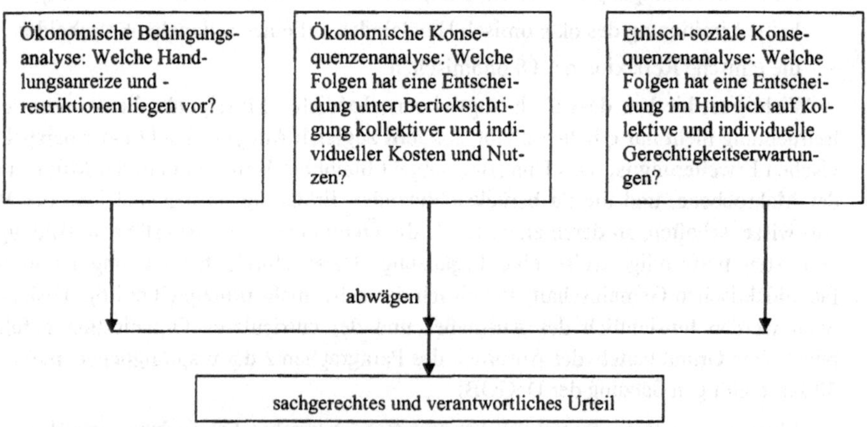

Quelle: Seeber (2008), S. 325.

Es darf also als unstrittig gelten, dass in der ökonomischen Bildung auch gesellschaftliche Faktoren und ethische Überlegungen in die unterrichtliche Behandlung entsprechender Problemlagen einfließen sollen. Das Institut für ökonomische Bildung in Oldenburg (IÖB) schreibt beispielsweise in einer Entgegnung auf Hedtke (2008), dem aktivsten Gegner eines eigenen Faches Wirtschaft:

> „Eine Wirtschafts- und Gesellschaftsordnung ist kein thesauriertes System, sondern eine permanente ordnungspolitische Gestaltungsaufgabe. Es geht eben nicht um eine zu erzeugende blinde Akzeptanz, sondern um die Verknüpfung von Wissen, Erkennen und Beur-

teilen. Doch die Weiterentwicklung der Wirtschaftsordnung setzt ein Verständnis der Strukturen voraus" (Kaminski 2009, S. 549).

Diese Ordnung ist Ausgangspunkt für einen Unterricht, in dem sich die Schülerinnen und Schüler die „Eigenlogik des Ökonomischen" bzw. die ökonomische „Perspektive der Erkenntnisgewinnung" (Retzmann 2011, S. 19) als Grundlage für die weiterführende Reflexion aneignen. Im Kern dieser Herangehensweise befindet sich die Suche nach effizienten Problemlösungen, die zur Verbesserung der materiellen Situation von Individuen, Gruppen oder Gesellschaften beitragen (ebd.). Aus dieser Konkretisierung lesen die Kritiker heraus, es gehe nur um Effizienz und ein rein wirtschaftswissenschaftliches Wissen (Hedtke u.a. 2010, S. 1). Nur so lässt sich das von ihnen verwendete Oxymoron verstehen, ein Schulfach Ökonomie gefährde die ökonomische Bildung (ebd., S. 12).[1] Die Autoren interpretieren den Terminus ‚ökonomisch' einfach eng und negieren deshalb den bildenden Beitrag des Ökonomischen. Sie setzen fälschlicherweise Neoklassik mit neoliberal gleich, ökonomische Bildung mit Indoktrination und nehmen absichtlich nicht wahr, dass sich ökonomische Bildung den Bildungsanspruch der Schule aneignet, oder sie unterstellen, es handele sich um „Präambel-Lyrik" (Hedtke 2008, S. 3).

Insgesamt arbeiten die Vertreter der ‚neuen' sozioökonomischen Bildung mit bewussten Verkürzungen der von ihnen kritisierten Texte – zum Beispiel durch Zitationen, die ohne Verweis auf den Kontext ihre falschen Textinterpretationen stützen. Beispielhaft steht hierfür die Ablehnung der Standards ökonomischer Bildung (Retzmann u.a. 2010), die vom Gemeinschaftsausschuss der deutschen gewerblichen Wirtschaft in Auftrag gegeben worden waren. Die Autorengruppe der iböb ignoriert beispielsweise, dass diese Standards die im so genannten Klieme-Gutachten formulierten Bedingungen zur Erarbeitung fachbezogener Kompetenzvorgaben als Prämisse haben. Sie nehmen die zugehörigen Aufgabenbeispiele nicht als exemplarisch wahr, sondern als Spiegelbild ökonomischen Unterrichts. Vor allem erwähnen sie die Herleitung der Kompetenzbereiche aus einer gängigen Definition von Bildung nicht, weil sie sonst anerkennen müssten, dass die Fachlogik sich dem Bildungsanspruch unterwirft. Das aber wird geleugnet.

Die wissenschaftliche Fragwürdigkeit der Argumentation wurde bereits an anderer Stelle offen gelegt (IÖB 2011, Kammertöns 2011). Sie muss deshalb hier nicht weiter diskutiert werden. Stattdessen soll im Weiteren analysiert werden, wie eine sozioökonomische Bildung ohne ein Fach Wirtschaft nach Auffassung der genannten Gruppen aussehen soll. Auch dort wird uns aber wieder die absichtliche Verkürzung anderer Positionen begegnen.

3. Die aktuelle Interpretation sozioökonomischer Bildung

3.1. Bildungsziele und curriculare Organisation

In der aktuellen Interpretation sozioökonomischer Bildung werden Ziele für den Schulunterricht formuliert, aus denen sich nach Auffassung der Gegner eines Faches

---

[1] Eine solche These erinnert fatal an die Slogans des Propagandaministeriums in George Orwells Roman 1984, die nach dem gleichen Prinzip der Umdeutung von Sprache verfahren. Dort heißt es beispielsweise „Unwissenheit ist Stärke".

Wirtschaft die Notwendigkeit einer fortwährend angebotenen Multiperspektivität herleitet. Sozioökonomische Bildung beruhe auf „Selbsterkenntnis, kritisch reflektiertem Handeln und sozialer wie auch ökologischer Verantwortung" (DGB 2012, S. 4). Die Schülerinnen und Schüler sollen zur Gestaltung einer „lebenswerten Wirtschaft und Gesellschaft" befähigt werden. Dazu sei es notwendig, deren Lebenswirklichkeit zum zentralen Bezugspunkt zu machen (Hedtke u.a. 2010, S. 19). Außerdem sollen die Schülerinnen und Schüler „eigene Vorstellungen von einem guten Leben und ihren Anforderungen an die Wirtschaftswelt entwickeln" (DGB 2012, S. 3) und zu „kritischer Partizipation und Mitbestimmung" (ebd., S. 5) befähigt werden.

Wer wollte diesen Zielsetzungen widersprechen? Es handelt sich um gängige normative Setzungen ökonomischer ebenso wie politischer Bildung. Ausgangspunkt der domänenbezogenen Zielsetzungen sind die ökonomisch geprägten Lebenssituationen (DeGÖB 2004, Retzmann u.a. 2010), auf deren Bewältigung es vorzubereiten gilt. Mithin geht es um die Lebenswirklichkeit. Weiter heißt es beispielsweise bei der DeGÖB (2004, S. 5), ökonomische Kompetenz äußere sich in angemessenen Entscheidungen und Handlungen sowie der Befähigung, an der Gestaltung einer lebenswerten Gesellschaft mitzuwirken. Diese Formulierung ist mit der oben genannten im Grunde austauschbar. Erst durch die Unterstellung, eine auf ein spezielles Fach Wirtschaft ausgerichtete ökonomische Bildung leiste das alles nicht, wird der Anspruch auf eine scheinbar „bessere" ökonomische Bildung begründet.

Die Frage, ob ökonomische Bildung ein eigenes Fach benötigt, in ein mehrperspektivisches Hybridfach eingebunden sein sollte oder nur fächerübergreifend unterrichtet werden kann, wird schon länger kontrovers diskutiert, ohne zugleich die Schärfe der heutigen Auseinandersetzung zu besitzen. Kahsnitz (2009) schlägt zum Beispiel ein sozioökonomisches Curriculum als Teil einer umfassenden gesellschaftlichen Bildung vor. Für ihn steht die Erwerbsarbeit mit ihrer hervorragenden Bedeutung für die Persönlichkeitsentwicklung im Mittelpunkt. Die Schülerinnen und Schüler sollen die Implikationen der marktwirtschaftlichen Ordnung für die Erwerbsarbeit erkennen, Handlungsmöglichkeiten im Berufswahlprozess entdecken, aber auch Interessenkonflikte und die sozialen Folgen von Gestaltungsmaßnahmen verstehen. Aus dieser, von Kahsnitz ausführlicher als an dieser Stelle analysierten Wechselbeziehung zwischen Ordnung und persönlicher Entscheidung, aus den Wirkungen sozialer Normen und auch internationaler Verflechtungen folgt für ihn eine notwendige Loslösung von einer rein ökonomischen Betrachtung. Damit Lehrerinnen und Lehrer entsprechend ausgebildet würden, müsse ein integriertes Studium angeboten werden, das ökonomische, soziologische und politische Perspektiven verbinden soll. Ähnlich will Hedtke (2002) eine sozialwissenschaftliche Bildung organisieren. Die verschiedenen Perspektiven sollen im Unterricht an gesellschaftlichen Schlüsselproblemen diskutiert werden.

Noch im Jahr 2000 forderten die Gewerkschaften gemeinsam mit den Arbeitgeberverbänden ein eigenständiges Unterrichtsfach Wirtschaft und sahen im fächerübergreifenden Unterricht eine sinnvolle Erweiterung, um sozioökonomische Bildung zu gewährleisten (Göhner und Sehrbrock 2000). Mittlerweile wendet sich der Deutsche Gewerkschaftsbund (DGB 2012) gegen ein solches Fach, das mit Blick auf Veröffentlichungen der Arbeitgeberseite denunzierend als „ökonomistisch" herabgewürdigt wird.

Die Wortwahl von DGB und iböb ist nahezu identisch, so dass von einer gemeinsamen Vorstellung über eine sozioökonomische Bildung gesprochen werden kann.

Diese soll den Themenbereich Wirtschaft unter Einbezug politischer, sozialer, kultureller, ökologischer, rechtlicher und ethischer Dimensionen behandeln. Sie ist also „interdisziplinär, fächerübergreifend und -verbindend" angelegt. Dabei soll „das Primat der Politik gegenüber der Ökonomie" zum Ausdruck kommen (DGB 2012, S. 5). In der Zeitschrift der GEW Hessen fordert Engartner (2013a, S. 7) deshalb eine sozioökonomische Bildung „unter dem Dach der politischen Bildung". In der Konsequenz wird ökonomische Bildung marginalisiert.

Um die Umsetzung dieser Erwartungen zu gewährleisten, müsse auch die Ausbildung der Lehrerinnen und Lehrer einen „interdisziplinären Ansatz garantieren" (DGB 2012, S. 6). Anders als bei Kahsnitz soll kein eigenes Fach in die Lehrpläne aufgenommen werden: „Sozioökonomische Bildung verzahnt die Inhalte der verschiedenen Fächer und behandelt ökonomische Fragestellungen in unterschiedlichen Zusammenhängen ..." (ebd., S. 4)

3.2. Konsequenz: Sozioökonomische Bildung als Verhinderung ökonomischer Bildung

Bedauerlicherweise fehlen Vorschläge für die konkrete Gestaltung eines interdisziplinären sozioökonomischen Curriculums ebenso wie ein Kompetenzmodell mit Erwartungsstandards und Aufgabenbeispielen komplett. Unterrichtsvorschläge gibt es wenige und diese lassen, wie zum Beispiel jene der Böckler-Stiftung zeigen, ökonomisches Handlungs- und Urteilswissen nur als inferioren Teilaspekt von Politikunterricht erwarten. Würden DGB und iböb die genannten Vorlagen leisten, wäre eine empirische Überprüfung in Reichweite, die nachweisen könnte, ob eine sozioökonomische Bildung sich überhaupt und auf welche Weise umsetzen ließe, ob sie die selbst gesetzten Ziele erreichte, und ob sie einen hinreichenden Beitrag zur Erlangung ökonomischer Kompetenz gewährleisten würde. So aber wissen die Autorinnen und Autoren nur genau, was sie nicht wollen und belassen es bei generalisierten Verlautbarungen hinsichtlich der eigenen Zielsetzungen. Dabei ignorieren sie einfach die bereits vorliegende Empirie, die zeigt, dass die ökonomische Perspektive von den Lehrenden weitgehend außen vor gelassen wird, wenn sie curricular in bestehende Fächer integriert ist. Die Lehrerinnen und Lehrer trauen sich einen entsprechenden Unterricht nicht zu, halten ihn für überflüssig oder lassen ihn aus Zeitgründen weg, um bei vollen Lehrplänen die Ziele ihres eigentlichen Fachgebietes zu erreichen (siehe hierzu z. B. Hutchings, Fülöp und Van den Dries 2002). Integrationsfächer führen zwangsläufig entweder zu einer Überforderung der Beteiligten oder zu einer unterkomplexen Betrachtung jenes Fachgebietes, in dem sich die Lehrenden nicht zuhause fühlen (Seeber 2012). Ausführlich und argumentationsstark haben Loerwald und Schröder (2011) die Nachteile multiperspektivischer Fächer und die Vorteile eines ökonomischen Fachunterrichts analysiert. Dietmar Krafft (2008, S. 187 ff.) hat am Beispiel Nordrhein-Westfalens gezeigt, wie Oberflächlichkeit zum maßgeblichen Muster wird.

Gegen ein sozioökonomisches Studium, das Voraussetzung für einen Ökonomielehrer wäre, sprechen ähnliche Argumente. Eine vorrangig disziplinäre und fachdidaktische

Ausbildung von Lehramtskandidaten ist also vorzuziehen, die in Wahlpflichtbereichen, Basisveranstaltungen und den Bildungswissenschaften eine entsprechende Horizonterweiterung erfährt (siehe den Studiengangvorschlag für potenzielle Ökonomielehrer bei Retzmann u.a. 2010). Wie eine sozialwissenschaftliche Bildung im Sinne Hedtkes aussehen könnte, hat eine an seinem Lehrstuhl verfasste Dissertation analysiert. Was es dann für Lehrende heißt, multiperspektivisch zu unterrichten, beschreibt folgender typischer Abschnitt aus der Dissertation. Es geht um das Thema Sozialpolitik:

> „… zeigt die obige Diskussion, dass es Sinn macht, durch transdisziplinäre, additiv-komplementäre Integration zunächst verschiedene Beiträge aus der Erziehungswissenschaft, der Gesundheitswissenschaft, der Ökonomik, der Politikwissenschaft, der Sozialphilosophie und der Soziologie unter dem Dach der egalitaristischen Perspektive zusammenzuführen. Diese sollten dann einer liberalen Perspektive gegenübergestellt werden, die überwiegend durch institutionenökonomische Beiträge konstituiert wird, aber hinsichtlich der Explizierung ihrer impliziten normativen Grundlagen teilweise auf Beiträge aus der Philosophie (Kersting) angewiesen ist und sich partiell auch in soziologischen Beiträgen (…) findet" (Hippe 2010, S. 218).

Die Praxistauglichkeit eines solchen Ansatzes darf bezweifelt werden. Themen werden überkomplex abgehandelt. Wie müsste ein Studium aussehen, das Lehrende zu einer solch vielseitigen Analyse befähigte, wie das Stundendeputat an der Schule, damit Zeit bliebe, sich sachgemäß vorzubereiten, und welche auf die Lebenswirklichkeit der Schülerinnen und Schüler bezogenen Erkenntnisse werden von diesen erreicht?

Dieser von der Autorengruppe der iböb als Conditio sine qua non formulierte Bezug zur Lebenswirklichkeit ist aber zugleich der große blinde Fleck in deren Schriften. Stattdessen stehen im Mittelpunkt Schlüsselprobleme der Menschheit und gesellschaftliche Ordnungsfragen. Autonome Lebensführung beschränkt sich bei dieser Vorstellung von Sozioökonomie auf das politische Leben. Es geht um nichts weniger als um die Gestaltung eines lebenswerten Wirtschafts- und Gesellschaftssystems (Hippe 2010). Wo aber wird der Einzelne befähigt, in einer Geldwirtschaft selbstwirksam sein Leben zu gestalten und sich im konkreten Alltag mit den Ansprüchen einer Konsumgesellschaft selbstbewusst auseinanderzusetzen? Die Rollen des wirtschaftenden Menschen als Konsument, Versicherungsnehmer, Sparer oder Kreditnehmer bleiben in diesem Konzept auf der Strecke oder werden monoperspektivisch der Rolle des Staatsbürgers untergeordnet. Warum werden Strategien gegen Überschuldung, für Vorsorge, zum Umgang mit den Einflüsterungen der Werbeindustrie und zur Abwägung von Bedürfnissen und Ressourcen nicht oder kaum wahrgenommen? Stattdessen sollen sich die unterrichtlichen Situationen um die „Moralisierung der Märkte" und um den „substantiellen Beitrag der Verbraucher/innen" drehen, „indem sie sich mehr und mehr von einer auf eine reine Nutzen- und Wertvermehrung gerichteten Zweckrationalität abwenden und stattdessen ein von moralischen Kriterien geleitetes (Markt-)Verhalten zeigen" (Engartner 2013b, S. 4).

Das gleiche gilt für die Rolle der Jugendlichen als Berufswähler (Ausnahme: Kahsnitz 2009). Schülerinnen und Schüler auf die Arbeitswelt vorbereiten, heißt für den DGB (2012, S. 3), „solidarisches Handeln einzuüben", „Mitsprachemöglichkeiten zu kennen" und wissen, „dass Gewerkschaften, Betriebsräte und Jugendvertretungen die Interessen der Beschäftigten in der Wirtschaft vertreten". Auch in traditionellen ökonomischen Konzepten finden solche Themen Eingang. Müssen Schülerinnen und Schüler aber nicht auch etwas über berufliche Anforderungen, über jene des Arbeitsmarktes und über eigene Kompetenzen, Talente und Bedürfnisse wissen? Müssen sie nicht die Fähigkeit erwerben, sich relevante Informationen zu beschaffen? Das wird zwar von Engartner (2013b, S. 4) anerkannt, aber die sozioökonomische Bildung stellt bei ihm den Arbeitsmarkt als „vermachtetes Gelände" in den Mittelpunkt. Bei ihm wird aufgrund eines angeblichen „Gesetzes der Masse" lediglich die Rolle des abhängig Beschäftigten mit seinen Ansprüchen thematisiert (ebd., S. 3). Unternehmerische Ziele und Arbeitgebererwartungen werden als diesen Ansprüchen grundsätzlich konträr betrachtet.

Dabei ist es für eine ökonomische Bildung selbstverständlich, Selbstbestimmung, Mitbestimmung und Solidarität für ihre Adressaten anzustreben. Themen wie Fair Trade, Consumer und auch Corporate Citizenship, asymmetrische Information und damit zu behandelnde Machtungleichgewichte haben in der ökonomischen Bildung Tradition. Die politische Dimension ist integraler Bestandteil einer ökonomischen Bildung, aber eben nicht ihr Hauptaugenmerk. Offensichtlich zählen aber für iböb, DGB und Böckler-Stiftung alltagstaugliches Handlungswissen und ökonomische Entscheidungskompetenz, z.B. hinsichtlich Produktvergleichen, Kreditverträgen usw., nicht zum Allgemeinbildungskanon. Das ist ein ganz erstaunliches Bildungsverständnis, denn Persönlichkeitsbildung beschränkt sich eben nicht auf politische Bildung, sondern umfasst auch die praktische Bildung. Zur Allgemeinbildung gehören Kompetenzen, „um in der arbeitsteiligen Gesellschaft zu überleben. ... (Bildung) befähigt zur Entscheidung angesichts von Macht und begrenzten Ressourcen in begrenzter Zeit" (von Hentig 2004, S. 11).

Das ist vielleicht der schwerwiegendste Vorwurf, der den Autoren der ‚neuen sozioökonomischen Didaktik' gemacht werden kann: Sie haben ein solchermaßen verengtes Bildungsverständnis, dass ein auf diesen Konzepten basierender Unterricht dem allgemeinen Bildungsanspruch nur in Teilen gerecht werden kann. Das Zeugnis für die Konzepte kann deshalb nur lauten: Ziel verfehlt. Auf diese Weise sind Gewerkschaften und iböb gar nicht in der Lage, den umfassenden Bildungsgehalt einer guten ökonomischen Bildung wahrzunehmen. Ihre Kritik hat somit systematische Mängel. Wie es dazu kommen konnte, darüber lassen sich nur Vermutungen anstellen. Da ist einmal festzustellen, dass drei der fünf Autoren der iböb ebenso wie Engartner, der die Entwicklung der Materialien der Böckler-Stiftung betreut, Professuren für Sozialwissenschaften und ihre Didaktik innehaben. Diese Denomination bringt zwangsläufig eine bestimmte Perspektive mit sich, die auf eine Kombination der Disziplinen hinausläuft. Eine Verankerung ökonomischer Bildung in einem eigenen Schulfach könnte schließlich zu Konsequenzen in der Besetzungspolitik an den Hochschulen führen. Es darf also ein auf ihr Fachgebiet bezogenes Eigeninteresse der Autoren vermutet werden.

Die zweite Quelle, aus der sich die Kritik der ‚neuen Sozioökonomiedidaktik' speist, ist der Widerspruch gegen eine angenommene Vereinnahmung der Schulen durch die so genannte Wirtschaft, vertreten durch Arbeitgeber-, Industrie- und Branchenverbände, oder durch sie finanzierte Initiativen und Gutachten. Sie betrachten alle darunter fallenden Publikationen zur ökonomischen Bildung als interessengeleitet und als Mittel zur Indoktrination der Schülerinnen und Schüler mit einem einseitig unternehmensfreundlichen Weltbild. Diese Selbstbeschränkung des Horizonts führt dann dazu, dass man den Wald vor lauter Bäumen nicht mehr sieht. Dann kann man pauschal behaupten: „Wenn Sie sich Schulmaterialen aus dem im Grunde weiten Feld der ökonomischen Bildung anschauen, stellen Sie schnell fest: Es werden ausschließlich zwei Themenfelder bestellt: ‚Entrepreneurship Education' und finanzielle Allgemeinbildung (Interview mit Tim Engartner im Magazin der Böckler-Stiftung, Ausgabe 09/2013, http://www.gew.de/Da_wird_eine_rote_Linie_ueberschritten.html)."

Dagegen setzt dann die Böckler-Stiftung mit einer Reihe von Unterrichtsmaterialien einen Kontrapunkt. Die Themen lauten (http://www.boeckler.de/39580.htm):

- Alt und arm? – oder: Wenn ich einmal alt bin...
- Mitbestimmung - Was ist los im Betrieb?
- Europas Sparpolitik - Teufelskreis oder Befreiungsschlag?
- Niedriglohn: Arm trotz Arbeit - wie kann das sein?
- Mindestlohn - Wege aus der Niedriglohnfalle
- Verteilung: Gemeinsam arbeiten - getrennt verdienen?

Die Themenwahl und die Überschriften lassen zum einen die oben angesprochene Verengung erkennen. Alltagstaugliche Bildung wird nicht geboten. Zum Beispiel befindet sich am Ende des Materials zur Rente (http://www.boeckler.de/pdf/schule_ue_rente_2013.pdf) – wie bei allen anderen Vorlagen auch – ein Glossar. Zum Begriff „Riester-Rente" erfährt man ohne weitere Detaillierung für den Unterricht, dass es viele Möglichkeiten des Sparens gibt und dass viele Riester-Produkte in die Kritik gekommen sind. Wo aber sind Materialien zur Entscheidungsfindung bei Fragen der Vorsorge, zu den Interessen der Anlageberater, zur zukunftsorientierten Kalkulation oder zur Bedeutung der Inflation für die individuelle Vorsorge?

Die Materialien sind zum anderen offensichtlich hinsichtlich des ihnen inhärenten Konfliktpotenzials ausgewählt worden. Es ist zu fragen, ob sie nur kritisch sind oder auch zu kontroversen Diskussionen anregen. Das zugehörige Konzeptpapier formuliert als Minimalstandard (Engartner 2013b, S. 7): „Als pluralistisches Minimum kann die Auseinandersetzung mit wenigstens einer alternativen Position benannt werden." In dem genannten Material zur Rente finden sich dann aber nur Zeitungsartikel und Links, deren offensichtliche Tendenz es ist, bestehende Verhältnisse und Regelungen als nachteilig zu kritisieren. Sie geißeln befristete Arbeitsverträge, die Demontage der gesetzlichen Rente, befürworten eine Bürgerversicherung und zitieren das stiftungseigene Wirtschaftsforschungsinstitut unter der Überschrift „Deutsche Verzichtsmythen". Eine Gegenposition suchen die Leser vergeblich. Hier wird der eigene Anspruch offensichtlich konterkariert. Die restlichen Materialien sind genauso defizitär. Als löbliche Ausnahme möchte ich schließlich das von Engartner (2013c) selbst verfasste Themenheft zur Finanzkrise erwähnen, dem zwar, zum Beispiel bei Arbeitsaufträgen, die Gewerkschaftsnähe immer noch anzumerken ist, das aber Raum für Kontroversität bietet und vor allem auch ökonomische Bildung beinhaltet. Das Material wird nicht alleine auf eine politische Auseinandersetzung hin selektiert, sondern es liefert auch viele gute Hintergrundmaterialien zu den Ursachen der Krise, zum Börsengeschehen allgemein und zu Finanzmärkten. Hier wird ein Beispiel präsentiert, wie auf gewinnbringende Weise die ökonomische mit der politischen Perspektive verbunden werden kann. Auch dieses Heft lässt aber die Akteursperspektive außen vor. Da jedoch nicht jedes Material grundsätzlich alle Facetten ökonomischer Bildung abdecken soll bzw. kann, bleibt die Reduktion nur im Hinblick auf die Gesamtheit der angebotenen Materialien ein zu konstatierender Mangel.

4. Fazit

Die Defizite der neuen sozioökonomischen Verlautbarungen sind insbesondere auf ihre Selbstlegitimation aus der Gegnerschaft zu einer ökonomischen Bildung zurückzuführen, die sie pauschal und fälschlich auf eine affirmative „ökonomistische" Perspektive reduzieren. Das ist bedauerlich, da sie absichtsvoll einer ökonomischen Allgemeinbildung schaden, deren Bedarf gesellschaftsübergreifend gesehen wird. Vor allem verbreiten sie ein Bild ökonomischer Bildung, das mit der Realität kaum etwas zu tun hat.

Die Wirtschaftsdidaktik geht von einer ökonomischen Perspektive aus, die sich erkennbar und nachvollziehbar von jenen anderer Gesellschaftswissenschaften unterscheidet. Sie hat auch in vielen Publikationen den Bildungsgehalt dieser Perspektive begründet. Deshalb beinhalten ihre unterschiedlichen Ansätze immer dann, wenn es sachlich angebracht ist, eine sozioökonomische Erweiterung. Sie ist ihr also prinzipiell immanent, aber nicht zugleich Bedingung für das Gelingen jeder ökonomischen Unterrichtseinheit. Im Fokus stehen ökonomische Kompetenzen. Auf deren Basis ist dann auch eine Perspektiverweiterung anzustreben (Seeber 2012). Hierfür gilt es geeignete curriculare Strukturen zu kreieren. Dabei leisten unterschiedliche Fächer einen je eigenen Beitrag zur Lösung vernetzter Probleme, die zum Beispiel in Unterrichtsphasen eines interdisziplinären Zusammenwirkens in einem fächerübergreifenden Unterricht behandelt werden können.

Literatur

DeGÖB – Deutsche Gesellschaft für ökonomische Bildung (Hg.) (2004), Kompetenzen der ökonomischen Bildung für allgemein bildende Schulen und Bildungsstandards für den mittleren Bildungsabschluss, o. O.

DGB – Deutscher Gewerkschaftsbund (2012), „Wirtschaft in der Schule – Was sollen unsere Kinder lernen?", DGB-Positionspapier beschlossen am 04.09.2012 vom Bundesvorstand, Berlin.

Engartner, Tim (2013a), Ökonomische Bildung: Zwischen Notwendigkeiten und Risiken, in: Zeitschrift der GEW Hessen für Erziehung, Bildung und Forschung, 66. Jg., S. 6-7.

Engartner, Tim (2013b), Entwicklung und Evaluation von Unterrichtseinheiten für den sozioökonomischen Unterricht im Rahmen des Projekts „Böckler Schule": Konzept im Auftrag der Hans-Böckler-Stiftung, Frankfurt/Main, URL: http://www.boeckler.de/pdf/schule_konzept_engartner_2013.pdf (abgerufen am 31.01.2014).

Engartner, Tim (2013c), Denn wir wissen nicht, was sie tun – oder: Die wirtschafts- und Finanzmarktkrise 2008 ff., 2. Auflage, Düsseldorf.

Göhner, Reinhard und Ingrid Sehrbrock (2000), Memorandum: Wirtschaft - notwendig für schulische Allgemeinbildung. Gemeinsame Initiative von Eltern, Lehrern, Wissenschaft, Arbeitgebern und Gewerkschaften, Berlin, Nachdruck, URL: http://alt.sowi-online.de/reader/oekonomie/dgb_bda.htm#a2 (abgerufen am 31.01.2014).

Hedtke, Reinhold (2002), Wirtschaft und Politik: Über die fragwürdige Trennung von ökonomischer und politischer Bildung, Schwalbach/Ts.

Hedtke, Reinhold (2008), Wirtschaft in die Schule? Ökonomische Bildung als politisches Projekt, Gesellschaft, in: Wirtschaft, Politik, 57. Jg., S. 445-461.

Hedtke, Reinhold, Gerd-E. Famulla, Andreas Fischer, Birgit Weber und Bettina Zurstrassen (2010), Für eine bessere ökonomische Bildung! Kurzexpertise zum Gutachten „Ökonomische Bildung an allgemeinbildenden Schulen Bildungsstandards und Standards für die Lehrerbildung im Auftrag des Gemeinschaftsausschusses der Deutschen Gewerblichen Wirtschaft", Bielefeld.

Hentig, Hartmut von (2004), Einführung in den Bildungsplan 2004, in: Ministerium für Kultus, Jugend und Sport Baden-Württemberg (Hg.), Bildungsplan 2004: Allgemein Bildendes Gymnasium, Stuttgart, S. 9-21.

Hippe, Thorsten (2010), Wie ist sozialwissenschaftliche Bildung möglich? Gesellschaftliche Schlüsselprobleme als integrativer Gegenstand der ökonomischen und politischen Bildung, Wiesbaden.

Hutchings, Merry, Marta Fülöp und Anne-Marie van den Dries (Hg.) (2002), Young People's Understanding of Economic Issues in Europe, Stoke on Trent.

IÖB – Institut für ökonomische Bildung an der Universität Oldenburg (2011), Wissenschaft light im Forschungskleid. Einschätzungen zur Vorgehensweise der Autoren des working paper „Wem gehört die ökonomische Bildung?" (Prof. R. Hedtke/L. Möller, Universität Bielefeld), Oldenburg URL: http://www.ioeb.de/sites/default/files/pdf/Wissenschaft %20light %20im%20Forschungskleid.pdf (abgerufen am 31.01.2014).

Kahsnitz, Dietmar (2009), Wissenschaftliche Grundlagen einer wirtschaftlichen Bildung: Was sollen Jugendliche in der allgemeinbildenden Schule über Wirtschaft lernen? in: Günther Seeber (Hg.), Forschungsfelder der Wirtschaftsdidaktik. Herausforderungen – Gegenstandsbereiche – Methoden, Schwalbach/Ts., S. 38-48.

Kaminski, Hans (2009), Anmerkungen zum „Oldenburger Ansatz ökonomischer Bildung", in: Gesellschaft – Wirtschaft – Politik, 58. Jg., S. 547-560.

Kammertöns, Annette (2011), „Welche Bildung darf es sein?" Überlegungen zu einer „besseren" politisch-ökonomisch-sozialwissenschaftlichen Bildung, in: politische bildung, 44. Jg., S. 120-131.

Krafft, Dietmar (2008), Ökonomische Bildung: Stiefkind der Bildungspolitik in Deutschland, in: Dirk Loerwald, Maik Wiesweg und Andreas Zoerner (Hg.), Ökonomik und Gesellschaft: Festschrift für Gerd-Jan Krol, Wiesbaden, S.185-199.

Krafft, Dietmar (2012), Notizen zur Geschichte und Gegenwart der Deutschen Gesellschaft für Ökonomische Bildung, in: Michael Schuhen, Michael Wohlgemuth und Christian Müller (Hg.), Ökonomische Bildung und Wirtschaftsordnung, Stuttgart, S. 87-100.

Loerwald, Dirk und Rudolf Schröder (2011), Zur Institutionalisierung ökonomischer Bildung im allgemeinbildenden Schulwesen, in: Aus Politik und Zeitgeschichte. Beilage zur Wochenzeitung „Das Parlament", Heft „Ökonomische Bildung" vom 21.03.2011, S. 9-15.

Maurer, Andrea (o.J.), Sozioökonomie, in: Springer Gabler Verlag (Hg.), Gabler Wirtschaftslexikon, URL: http://wirtschaftslexikon.gabler.de/Archiv/611744017/soziooekonomie-v1.html (abgerufen am 31.01.2014).

Retzmann, Thomas (2011), Kompetenzen und Standards der ökonomischen Bildung, in: Aus Politik und Zeitgeschichte. Beilage zur Wochenzeitung „Das Parlament", Heft „Ökonomische Bildung" vom 21.03.2011, S. 15-21.

Retzmann, Thomas, Günther Seeber, Bernd Remmele und Hans-Carl Jongebloed (2010), Ökonomische Bildung an allgemein bildenden Schulen. Bildungsstandards und Standards für die Lehrerbildung, im Auftrag vom Gemeinschaftsausschuss der deutschen gewerblichen Wirtschaft, o. O. URL: http://www.uni-koblenz-landau.de/landau/fb6/sowi /iww/team/Professoren/seeber/Gutachten2010 (abgerufen am 31.01.2014).

Seeber, Günther (1997), Moderne Sozioökonomie als Herausforderung für die ökonomische Bildung, in: Klaus-Peter Kruber (Hg.), Konzeptionelle Ansätze ökonomischer Bildung: Wirtschafts- und Berufspädagogische Schriften, Bd. 17, Bergisch Gladbach, S. 187-210.

Seeber, Günther (2006), Der sozioökonomische Ansatz in der Fachdidaktik am Beispiel Ökologischer Ökonomie, in: Andreas Fischer (Hg.), Ökonomische Bildung – Quo vadis? Bielefeld, S. 28-44.

Seeber, Günther (2008), Urteilskriterien, in: Reinhold Hedtke und Birgit Weber (Hg.), Wörterbuch zur ökonomischen Bildung, Schwalbach i. Ts., S. 324-326.

Seeber, Günther (2012), Neue Standards der ökonomischen Bildung, in: Haushalt in Bildung und Forschung, 1. Jg., S. 60-72.

Christian Müller, Hans Jürgen Schlösser, Michael Schuhen und Andreas Liening (Hg.)
Bildung zur Sozialen Marktwirtschaft
Schriften zu Ordnungsfragen der Wirtschaft · Band 99 · Stuttgart · 2014

Ökonomische Bildung im Sachunterricht – Präkonzepte von Grundschulkindern

Holger Arndt und *Bärbel Kopp*

Inhalt

1. Die ökonomisch geprägte Lebenswelt des Grundschulkindes erfordert frühe ökonomische Bildung

In Folge der durch die großen Schulleistungsstudien vorgestellten Problemanzeigen für das deutsche Bildungssystem hat sich der Fokus schulischen Lernens zunehmend auf die Erfüllung von Bildungsansprüchen gerichtet. Für den Sachunterricht der Grundschule hieß dies zunächst eine Schwerpunktverlagerung auf naturwissenschaftliches Lernen. Zu deutlich wurde, dass die naturwissenschaftliche Grundbildung zu wenig beachtet wird (vgl. z.B. Duit, Häußler und Prenzel 2001) und dass gerade in diesem Bereich Mängel im Unterricht vorliegen, die verhindern, dass die Grundlagen für anspruchsvolles und verstehendes Lernen erfüllt werden (Bund-Länder-Kommission für Bildungsplanung und Forschungsförderung 1997; Prenzel et al. 2008; Seidel et al. 2007). Aufgrund dieser Schwerpunktsetzung wurden zunächst verstärkt Publikationen zu naturwissenschaftlichen, respektive physikalischen und chemischen Lerninhalten und Forschungsprojekte zu Lernprozessen in diesem Bereich angestoßen. Allmählich scheint sich jedoch, nicht zuletzt gesellschaftlich bedingt durch die großen ökonomischen Krisen, das Augenmerk wieder verstärkt in Richtung sozialwissenschaftliches Lernen zu verlagern. Dabei spielt gerade der Aspekt der ökonomischen Bildung eine große Rolle, da das Alltagsleben von Grundschulkindern stark ökonomisch geprägt ist und damit Wirtschaft als „(...) einflussreiche(r) Bereich, der nicht fehlen darf, wenn es um das Erlernen grundlegender Dinge geht" (Wulfmeyer und Hauenschild 2008) gilt. Arndt und Jung (2013) beschreiben diesen alltäglichen Einfluss: Mit staatlichen Tätigkeitsgebieten und Institutionen (z.B. Kindergarten, Gemeindeverwaltung, Schule, Polizei), deren Agieren ökonomisch geprägt ist, sind Kinder genauso vertraut wie sie unmittelbar oder mittelbar konfrontiert sind mit gesellschaftlichen Problemen wie Arbeitslosigkeit, Ungleichheit oder Umweltbelastung, wenn sie im Gespräch mit den Eltern oder anderen Personen ihres Umfeld von finanziellen Plänen, Hoffnungen und Sorgen erfahren. Besonderheiten der regionalen Wirtschaft und Ausschnitte aus dem Arbeitsleben nehmen sie ebenso wahr wie Aktivitäten der umliegenden Unternehmen, wobei ihnen zunehmend auch die Tatsache bewusst wird, dass nicht alle nachgefragten Produkte (Nahrung, Kleidung, Schuhe) aus Inlandsproduktionen stammen. Daneben existiert eine alltagsweltliche Vertrautheit mit dem Bereich Konsum, da junge Kinder vor ökonomischen Herausforderungen stehen und ökonomisch handeln. So sind sie beispielsweise selbst als Nachfrager und Konsumenten aktiv, beteiligen sich in Familiengesprächen an anstehenden Konsumentscheidungen und sind Zielgruppe von Werbemaßnahmen. Zur Bedürfnisbefriedigung bewirtschaften sie die ihnen zur Verfügung stehenden Ressourcen Taschengeld und Zeit, wobei sie Restriktionen berücksichtigen und mit dem Risiko von Fehlentscheidungen umgehen müssen. Als Marktteilnehmer, Konsument und Sparer sind besondere ökonomische Verhaltensweisen erforderlich. Dazu gehört die Entwicklung von Selbstständigkeit, Verantwortungsübernahme und Impulskontrolle zur erfolgreichen Bewältigung von ökonomisch geprägten Lebenssituationen. Um in diesen Situationen kompetent handeln zu können und die damit verbundenen Anforderungen wie Wahrnehmen, Beurteilen, Verstehen, Abwägen, Entscheiden, Handeln und Reflektieren angemessen erfüllen zu können, ist fachliches Wissen notwendig, das sich Kinder aufgrund ihrer lebensweltlichen Erfahrungen in Form eigener Erklärungen z.B. über

Tauschvorgänge, die Verfügbarkeit von Geld und ökonomische Ungleichheit auch ohne schulisches Lernen aneignen. Dabei besteht die Gefahr, dass es sich bei diesen Alltagsvorstellungen um Fehlkonzepte (Aprea 2013; diSessa 2006; Duit 1999; Norman 1983) handelt. Um dies zu verhindern ist bereits in der Grundschule die Vermittlung ökonomischer Grundbildung nötig. Sie muss durch rechtzeitig einsetzende systematische Lernvorgänge in diesem Bereich unterstützt werden, so dass grundlegende Bildungsprozesse anschlussfähig werden.

Der vorliegende Aufsatz setzt sich mit dem Beitrag des sachunterrichtlichen Lernens in der Grundschule zur ökonomischen Bildung auseinander. Dabei wird zunächst umrissen, welchen Bildungsauftrag der Sachunterricht der Grundschule erfüllt und welche Kompetenzen, insbesondere aus dem Bereich der ökonomischen Bildung, grundgelegt werden müssen (2). In einem nächsten Schritt wird dargelegt, dass Lernen – verstanden als Konzeptwechsel – an bestehendes Vorwissen anknüpft (3) und auch im Bereich ökonomischer Bildung Präkonzepte als Lernvoraussetzungen aus Forschungsarbeiten identifiziert wurden (4). Abschließend wird ein durch die Joachim-Herz-Stiftung gefördertes Projekt zur Erfassung von Präkonzepten von Grundschulkindern zu Inhalten der ökonomischen Bildung skizziert (5).

2. Der Beitrag des Sachunterrichts zur (ökonomischen) Bildung

Im Gegensatz zum Fachunterricht der weiterführenden Schulen (z.B. Physik, Geschichte, Wirtschaft und Recht etc.) erwerben Kinder im Grundschulalter Wissen über relevante Inhalte ihrer sie umgebenden Welt in einem einzigen Fach, nämlich im Sachunterricht. Von Bundesland zu Bundesland wird dieses Fach zwar durch unterschiedliche Bezeichnungen gekennzeichnet (z.B. Heimat- und Sachunterricht in Bayern und Schleswig-Holstein; Heimat- und Sachkunde in Thüringen; Mensch, Natur, Kultur in Baden-Württemberg; Sachunterricht in anderen Bundesländern: vgl. Rahmenrichtlinien/Lehrpläne für die Grundschule), gilt aber generell durch seine vielzähligen Bezugswissenschaften und seinem damit verbundenen fach- und fächerübergreifenden Charakter als überaus komplexes Fach (Bahr und Schönknecht 2012). Im Rahmen dieses Faches werden nämlich in der Grundschule all diejenigen Aspekte thematisiert, die über den Erwerb der Schriftsprache und über mathematisches Lernen hinausgehen. Damit wird der Sachunterricht zum Zentrierungsfach, in dem die unterschiedlichsten Perspektiven auf die Lebenswelt der Kinder beleuchtet und aufeinander bezogen werden. Sein Bildungsanspruch erklärt sich durch die multikriteriale Zielsetzung, einerseits sowohl zur Wahrnehmung und zum Verständnis von Phänomenen und Zusammenhängen beizutragen als auch andererseits Interesse an der Umwelt zu entwickeln und zu bewahren, in der Auseinandersetzung mit den Sachen die Persönlichkeit weiter zu entwickeln, verantwortungsvoll in der Umwelt zu handeln und diese mitzugestalten (Gesellschaft für Didaktik des Sachunterrichts GDSU 2013, S. 9). Die „doppelte Anschlussaufgabe" des Sachunterrichts (ebd. S. 10) besteht darin, das in Fachkulturen erarbeitete, gepflegte und weiter zu entwickelnde Wissen mit Lernvoraussetzungen als vor- und außerschulisch gewonnenen Wissensbeständen und Kompetenzen in Verbindung zu bringen (ebd.). Unter der Prämisse der Vermittlung grundlegender Bildung, die die Aufgabe hat, die Basis für eine potenziell allen zugängliche Allgemeinbildung zu legen und damit immer auf Weiterführung angelegt ist (Köhnlein 1998, S.28 f.) wird „in der Auseinandersetzung mit Welt und Sache" (Glöckel 1988, S. 13) auf Inhalte zurückgegriffen, die aus der Lebenswelt der Kinder stammen, fachlich relevant sind und denen überdauernde Bedeutung zukommt (ebd., S. 29 f.). Damit spielt sich Sachunterricht im Spannungsfeld von kindlicher Erfahrung und inhaltlich-methodischen Aspekten der Bezugsdisziplinen ab und verknüpft Lebenswelt mit anschlussfähiger Aufbereitung für eine fachwissenschaftliche Sicht der Dinge (Bahr und Schönknecht 2012).

Zusammenfassend: Sachunterricht soll in seiner Zielsetzung des grundlegenden Bildungsauftrages dazu beitragen, Kinder bei der Aneignung von belastbarem und geordnetem Wissen über die soziale, natürliche und technisch gestaltete Umwelt und bei der selbstständigen und verantwortlichen Orientierung in der modernen Welt zu unterstützen. Dabei sollen sinnvolle Zugangsweisen eröffnet, Interessen ausgebaut und Können erfahrbar gemacht werden, was letztlich zum kompetenten Handeln ermutigen soll (Götz et al. 2007). Damit vermittelt Sachunterricht Kompetenzen i.S.v. Weinert (2001), da er kognitive Fähigkeiten und motivationale, volitionale und soziale Bereitschaften für einen erfolgreichen Umgang mit unterschiedlichsten Situationen vermittelt. Es liegt damit auf der Hand, dass dann auch ökonomische Fragestellungen im Rahmen des Sachunterrichts in hinreichendem Umfang berücksichtigt werden müssen, da die Lebenswelt der Kinder nicht zuletzt – wie oben ausgeführt – durch Handeln in ökonomisch geprägten Situationen gekennzeichnet ist. Feige (2008, S. 109) formuliert dieses Anliegen eindrücklich vor dem Hintergrund des Klafkischen Verständnisses von Allgemeinbildung: „Sachunterricht, der Kindern ökonomische Bildung vorenthält, erfüllt seinen Bildungsauftrag im Sinne der Anbahnung einer grundsätzlich gleichen Allgemeinbildung für alle nicht!"

Dass ökonomische Bildung bereits in Grundschulen wirksam sein kann, zeigt beispielsweise die wissenschaftlichen Begleituntersuchung des Projektes „Schülerladen" (Wulfmeyer und Hauenschild 2008): Sie erheben Vorstellungen von Kindern der dritten und vierten Klasse zu den Bereichen Wirtschaft allgemein, Geld/Bank, Arbeit, Versorgung, Markt, Werbung/Konsum und ökonomische Verteilung und kommen zu dem Ergebnis, dass die Differenziertheit der Aussagen bei denjenigen Kindern größer ist, die bereits im Unterricht mit Inhalten aus dem Bereich ökonomischer Bildung konfrontiert wurden, als bei denen, die keine ökonomische Bildung im Rahmen des Sachunterrichts erfahren. Auch wenn dieses Ergebnis nicht allzu sehr überrascht, zeigt es doch, dass im Sachunterricht der Grundschule eine Chance für ökonomische Bildung liegt und dadurch ein differenzierteres Verständnis der Kinder für wirtschaftliche Zusammenhänge gefördert werden kann.

Trotz der Vielzahl der Bezugsdisziplinen und der Komplexität des Faches ist es im neu aufgelegten Perspektivrahmen der Gesellschaft für Didaktik des Sachunterrichts (2013, S. 14) gelungen, für fünf unterschiedliche Perspektiven (sozialwissenschaftlich, naturwissenschaftlich, geographisch, historisch und technisch) grundlegende Kompetenzen zu formulieren. Für die sozialwissenschaftliche Perspektive, die die Erschließung und Auseinandersetzung mit Fragen aus den Bereichen der Politik, der Wirtschaft, des Rechts, der Kultur und der Gemeinschaft komplex miteinander zu vereinen sucht (ebd. S. 28) und besonders für die darin enthaltene ökonomische Bildung liefern die Bezugswissenschaften Volkswirtschaftslehre und Betriebswirtschaftslehre das in den Fachkulturen entwickelte Wissen, wobei auch soziologische und pädagogische bzw. psychologische Aspekte einfließen (Baumgardt 2013). Was definiert nun der Perspektivrahmen konkret als zu erwerbende Kompetenzen im Bereich ökonomischer Bildung? Als perspektivenbezogene Denk-, Arbeits- und Handlungsweise greift hier speziell das Ziel, ökonomische Entscheidungen begründen zu können (Gesellschaft für Didaktik des Sachunterrichts 2013, S. 29). Kinder sollen in die Lage versetzt werden, in durch die Knappheit der Mittel gekennzeichneten Situationen rationale Entscheidungen zu treffen, die sich konkret folgendermaßen operationalisieren lassen (Gesellschaft für Didaktik des Sachunterrichts 2013, S. 32 f.):

„Schülerinnen und Schüler können:
- eigene Bedürfnisse ermitteln sowie die Bedürfnisse Einzelner oder Gruppen bestimmen (z.B. mit Hilfe von Interviewtechniken wie Expertenbefragungen oder Meinungsumfragen)
- unterschiedliche Möglichkeiten der Befriedigung von Bedürfnissen identifizieren (z.B. bei Konsumentscheidungen)
- bei ökonomischen Entscheidungen die verfügbaren Mittel benennen (z.B. beim Umgang mit dem Taschengeld oder der Klassenkasse)
- Nutzen und Kosten von Entscheidungen vergleichen und bewerten (z.B. überlegen, welche Vor- und Nachteile das Ausgeben, Sparen oder Ausleihen von Geld für eine Kaufentscheidung haben kann)
- Einteilungen von Mitteln nach Fragen der Gerechtigkeit beurteilen (z.B. die gerechte Be- bzw. Entlohnung in einem Fallbeispiel)."

Als Themen ökonomischer Bildung werden explizit „Kinder als Konsumenten" und „Arbeit" (Gesellschaft für Didaktik des Sachunterrichts 2013, S. 30) angeführt. Für den ersten Bereich sollen Konzepte wie Konsum, Bedürfnisse, Güter, Knappheit, Geld, Haushalt, Wettbewerb, Nachfrage und Angebot, Preis und Qualität eines Konsumgutes, Verbraucherinformation und -organisation vermittelt werden (Gesellschaft für Didaktik des Sachunterrichts 2013, S. 35 f.):

„Schülerinnen und Schüler können
- Bedürfnisse beschreiben und von Wünschen unterscheiden
- die Bedeutung von Gütern und Dienstleistungen zur Bedürfnisbefriedigung erklären
- den Handel (Kaufen, Verkaufen) als Tauschgeschäft analysieren
- Kaufentscheidungen unter Berücksichtigung der verfügbaren Mittel interpretieren
- den Verkauf von Gütern planen, durchführen und beurteilen
- Produktionsabläufe an ausgewählten Konsumgütern beschreiben
- Maßnahmen zur Beeinflussung von Kaufentscheidungen (z.B. Werbung) untersuchen
- Verbraucherinformationen nutzen sowie die Bedeutung von Verbraucherorganisationen erklären
- ökologische uns soziale Folgen des Konsums analysieren sowie Tauschgeschäfte nach Kriterien der Gerechtigkeit bewerten (z.B. die Bedeutung von Umwelt- und Sozialsiegel an Beispielen wie Schokolade prüfen)."

Der Themenbereich der Arbeit ist geprägt durch Konzepte wie Arbeit als Erwerbsarbeit, Hausarbeit und Ehrenamtliche Arbeit, Arbeitsplatz, Arbeitsteilung, Berufe, Arbeitslosigkeit und Einkommen, Geld, Kreislauf. Konkrete Kompetenzformulierungen lauten hierzu (Gesellschaft für Didaktik des Sachunterrichts 2013, S. 36):

„Die Schülerinnen und Schüler können
- Arbeitsplätze mit ausgewählten Kriterien beschreiben
- Erwerbsarbeit, Ehrenamt und Hausarbeit unterscheiden
- unterschiedliche Berufe nach ausgewählten Kriterien beschreiben
- die Bedeutung des Ehrenamtes für eine Gemeinschaft erklären
- verschiedene Gründe für das Entstehen von Arbeitslosigkeit in der Gesellschaft und mögliche Auswirkungen von Arbeitslosigkeit nennen
- die Verteilung von Arbeit in einer Familie nach Kriterien der Gerechtigkeit und Solidarität bewerten."

Die vorgenommene Auflistung zeigt das Vernetzungspotenzial der ökonomischen Perspektive zu anderen (z.B. zur technischen Perspektive, wenn es um den Bereich der Arbeit geht), aber auch die Berücksichtigung des Aspekts der Nachhaltigkeit (z.B. bei der Thematisierung ökologischer und sozialer Folgen des Konsums). Damit konkretisiert der Perspektivrahmen in diesem Bereich das Anliegen, Kindern im Grundschulalter sowohl Wissen als auch entsprechende Haltungen zu vermitteln und Reflexion anzubahnen, was im Sinne grundlegender Bildung und kompetenter Situationsbewältigung unverzichtbar ist.

Neben dem Perspektivrahmen sind von Wirtschaftsdidaktikern entwickelte Bildungsstandards für die Gestaltung des Sachunterrichts bedeutsam, insbesondere die der Deutschen Gesellschaft für Ökonomische Bildung (2006), von Retzmann et al. (2010) und von Kaminski und Eggert (2008). Ihnen ist ihre Fokussierung auf die Domäne der Ökonomischen Bildung gemeinsam, womit der Vorteil einer hohen Stringenz des fachlichen Kompetenzerwerbs einhergeht. Außerdem berücksichtigen sie auch die Sekundarstufen, so dass der längerfristige Kompetenzerwerb klar modelliert ist.

Arndt und Jung (2013) haben die Bildungsstandards systematisch miteinander verglichen, ihre spezifischen Vorteile herausgearbeitet und aus deren Kompetenzanforderungen eine gegenstandsbezogene Synopse erarbeitet. Diese wurde in Kombination mit für die ökonomische Bildung relevanten Denkschemata als strukturgebende Grundlage zur vertieften Analyse von Grundschullehrplänen verwendet. Da diese Struktur die Kompetenzanforderungen der Bildungsstandards und der Lehrpläne prägnant abzubilden vermag und außerdem einen systematischen Vergleich zwischen Kompetenzen und Lehrplananforderungen ermöglicht, wurde sie auch im vorliegenden Beitrag als Grundlage sowohl für die Darstellung des Forschungsstands (Kapitel 3) und des Interviewleitfadens (Kapitel 4) verwendet. Nachstehende Grafik zeigt die vier grundlegenden Bereiche Konsum, Arbeit, Produktion/Unternehmen und Staat mit ihren Konkretisierungen, wobei mögliche Überschneidungen der Bereiche angedeutet sind:

Abbildung 1: Gegenstandsbereiche der Ökonomischen Bildung in der Primarstufe

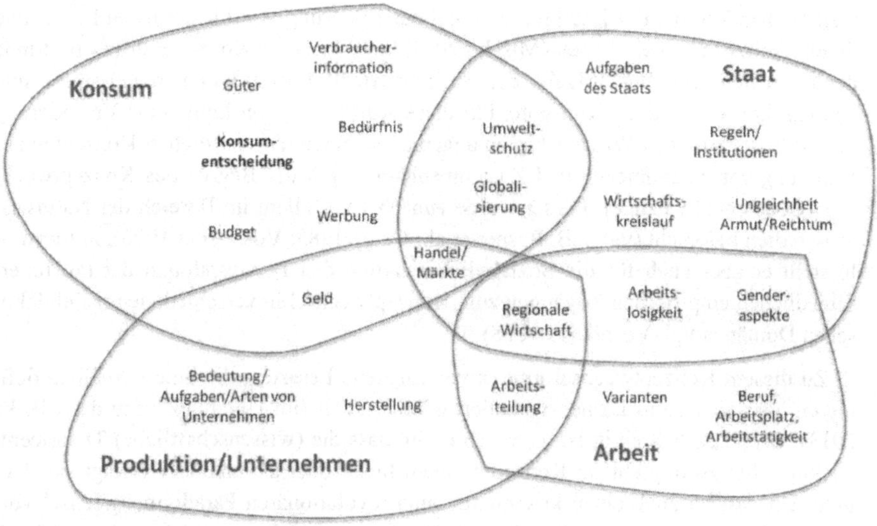

Quelle: Arndt und Jung 2013, S. 184

Da Kinder im Bereich von Konsum, Arbeit, Produktion/Unternehmen und Staat in vielen der in der Abbildung explizierten Themen Alltagserfahrungen machen und Vorstellungen als naive Theorien zur Erklärung der Welt anbahnen kommt diesen Präkonzepten eine wichtige Rolle beim Kompetenzerwerb zu.

3. Die Bedeutung von Präkonzepten für das Lernen von Grundschulkindern

In Anlehnung an konstruktivistisches Gedankengut ist davon auszugehen, dass Lernen ein aktiver und selbstgesteuerter Prozess ist. Für den Sachunterricht konkretisiert bedeutet dies, dass Kinder auf der Grundlage vorhandenen Wissens wahrnehmen, auf dieser Basis die Welt interpretieren und Lernen folglich als Veränderung von Konzepten zu definieren sei (vgl. beispielsweise Lohrmann und Hartinger 2012; Schönknecht 2012). Diese Tatsache rückt die Lernvoraussetzungen der Kinder in den didaktischen Mittelpunkt: Schon lange gilt, dass Kinder „die Welt mit ihren Augen sehen“ (Möller 1999, S. 124) und daher für erfolgreiches Unterrichten die Kenntnis ihrer Sichtweisen unerlässlich ist. Diese Sichtweisen werden häufig als Präkonzepte bezeichnet. Alternative Bezeichnungen sind „intuitive Vorstellungen“, oder „naive Theorien“ (Mischo 2013, S. 134). Damit ist nichts anderes gemeint als kindliche Vorstellungen von Phänomenen und Begriffen bzw. Erklärungsmuster für Zusammenhänge, die nicht immer mit fachwissenschaftlichen Erkenntnissen übereinstimmen müssen und als Fehlkonzepte das weiterführende Verständnis oftmals auch beeinträchtigen können (vgl. für den gut erforschten naturwissenschaftlichen Bereich z.B. Duit 1993, 1999, 2002) und teilweise auch als Zwischenvorstellungen oder Lernhindernisse fungieren können (Niedderer 1999; Lohrmann und Hartinger 2012). In der alltäglichen Auseinandersetzung mit der Lebenswelt (intuitiv) erworben, dienen diese Präkonzepte der Orientierung und kognitiven Strukturierung und erfüllen damit eine wichtige Funktion im Erkenntnisprozess, weil sie Kindern bei der Interpretation und der Erklärung von Phänomenen helfen und deren Vorhersagbarkeit dienen (Mischo 2013, S. 137). Diese Konzepte gilt es im Sinne der doppelten Anschlussaufgabe des Sachunterrichts überzuführen in belastbare und wissenschaftlich haltbare Konzepte. Für diese Auffassung von Lernen als Veränderung vorwissenschaftlichen Wissens hin zu angemessenen wissenschaftlichen Konzepten zur Erklärung von Phänomenen und Zusammenhängen gilt der Begriff des Konzeptwechsels (Conceptual Change). Dieser wurde zunächst vor allem im Bereich der Naturwissenschaften beforscht (vgl. z.B. Posner et al.; Carey 1985; Vosniadou 1996), mittlerweile stellt er aber auch für die Sozialwissenschaften den Bezugsrahmen dar (zu unterschiedlichen empirischen Zugängen zum Konzeptwechsel in verschiedenen fachdidaktischen Domänen vgl. Vosniadou 2008).

Zu diesem Konzeptwechsel gibt es verschiedene Lesarten, die unterschiedlich definieren, was sich beim Lernen verändert oder wandelt (im Überblick dazu dazu Birke 2013). Grundsätzlich einig ist man sich darin, dass die (wissenschaftliche) Theorieentwicklung hin zu tragfähigen Konzepten nicht linear oder akkumulativ erfolgt, sondern unter Umständen auch einen krisenhaften und revolutionären Paradigmenwechsel vorstellt. Neben einer ersten Sichtweise von Fehlkonzepten als auszuräumende und durch „bessere" zu ersetzende Präkonzepte (s. oben) existiert eine zweite Auffassung, die Lernvoraussetzungen und Präkonzepte als erklärende, quasi mit Glaubenssätzen versehende Rahmentheorien definiert, die beispielsweise prominent von Vosniadou (1996), expliziert an der Erfassung kindlicher Sichtweisen der Gestalt der Erde, vertreten wird. Hier geht es um das Bestreben, das Denken der Kinder verstehend mit all seinen ontologischen und epistemologischen Überzeugungen nachzuvollziehen. Durch Aufgreifen dieser Sichtweisen erfolgt Lernen als Konzeptwechsel durch die graduelle Revision mentaler Modelle (Stark 2003). DiSessa et al. (1998) definieren drittens Präkonzepte als eine Kombination aus Wissensfragmenten, die sich teilweise komplementär zueinander verhalten und bezogen auf unterschiedliche Kontexte nicht stabil sein müssen und daher anschlussfähig gemacht werden müssen. Für die ökonomische Bildung und darin angesiedelte Lernprozesse erklärt Birke (2013) besonders eine vierte Lesart als bedeutsam, nämlich die des phänomenographisch gedeuteten Konzeptwechsels, der vor allem durch Marton (1981; Marton und Pang 2008) vertreten wird. So verstanden verändert sich nicht nur das Konzept, mit dem die Welt erklärt wird, sondern vor allen Dingen das, was als erklärungsmächtige Gesamtheit wahrgenommen und als Deutungsmuster, teilweise kulturell und sozial bedingt, als Rahmen angelegt wird. Es geht dabei quasi um die Erfassung und Veränderung jener Muster, mit denen Menschen unter dem Eindruck bestimmter Aspekte die Realität wahrnehmen – vereinfacht gesagt um die „Brille", die Menschen bei der Beurteilung und Betrachtung von Zusammenhängen aufsetzen. Dieser Ansatz des Konzeptwechsels ist Grundlage für einschlägige Forschungsbefunde aus dem Bereich der Schülervorstellungen im Rahmen ökonomischer Bildung und erfährt Berücksichtigung in Forschungsprojekten zu Preisbildung und Vorteilen von Handel (z.B. Pong 1998; Marton und Pong 2005; Birke und Seeber 2012; Birke 2013) oder zu

Konzepten zur Einstellung dazu, was der Staat kostenlos zur Verfügung stellen sollte (z.B. Davies und Lundholm 2012).

Ob nun Lernen als Konzeptwechsel im Sinne des Auslöschens von Fehlkonzepten, der graduellen Erweiterung mentaler Modelle, der Stabilisierung und Konsolidierung unterschiedlicher Wissensfragmente oder der differenzierteren Wahrnehmung von Realität definiert wird – klar ist, dass unter der Maßgabe des Erwerbs „richtiger", wissenschaftlich haltbarer und künftig tragfähiger Konzepte das Explorieren von Schülervorstellungen und den diesen zugrundeliegenden Denkprozessen wichtig ist, um anschlussfähig weitere Lernprozesse anstoßen zu können. Für die Bereitstellung eines Angebots adaptiver, an die individuellen Lernvoraussetzungen angepasster Lerngelegenheiten ist es also unerlässlich, die Präkonzepte der Lernenden zu kennen. Daher gehört die Erforschung und Erfassung von Schülervorstellungen zu den elementaren Aufgaben der Forschung im Bereich der Fachdidaktik im Allgemeinen und sowohl der Sachunterrichtsdidaktik als auch der Wirtschaftsdidaktik im Besonderen. Welche Befunde konkret zu ökonomischen Sachverhalten vorliegen und welche als Desiderata identifiziert werden, soll im Folgenden dargestellt werden.

An dieser Stelle muss aus grundschulpädagogischer Perspektive ein Hinweis gegeben werden: Es besteht Konsens, dass der Auftrag der Grundschule nicht nur in der Vermittlung von Wissen, sondern auch in der Unterstützung der Persönlichkeitsentwicklung der Schülerinnen und Schüler liegt. Deshalb spielen motivationale Aspekte eine wichtige Rolle, die auch bei der Betrachtung der konkreten Lernvoraussetzungen einer Klasse nicht vernachlässigt werden dürfen. Mischo (2013) nennt diese nicht kognitiven Elemente der Lernvoraussetzungen explizit. Der vorliegende Aufsatz behandelt lediglich die kognitiven Aspekte der Lernvoraussetzungen und fokussiert somit stark auf Vorwissen bzw. auf Präkonzepte, ohne Interesse oder Motivation in den Blick zu nehmen. Entsprechende Aspekte werden im Rahmen der im vierten Kapitel beschriebenen Studie mit erhoben. Aus Platzgründen wird im Rahmen dieses Artikels jedoch der Fokus auf Präkonzepte im Sinne von Vorwissen gelegt.

4. Befunde zu Präkonzepten über ökonomische Sachverhalte

Die meisten Studien zu ökonomischen Präkonzepten beziehen sich auf ältere Schüler der Sekundarstufe, nur wenig erforscht sind Vorstellungen von Kindern im Grundschulalter. Da die Studien mit älteren Kindern und Jugendlichen jedoch allgemeinere Einflüsse auf die Entwicklung ökonomischer Vorstellungen verdeutlichen, werden sie punktuell ebenfalls angeführt. So ist der wesentliche, das ökonomische Vorwissen beeinflussende Faktor das Alter der Kinder. Die mit zunehmendem Alter sich ausdifferenzierenden Vorstellungen sind durch umfassendere Lebenserfahrungen und vor allem durch insgesamt bessere kognitive Fähigkeiten erklärbar. Aber auch das soziokulturelle Umfeld hat einen wesentlichen Einfluss auf die ökonomischen Konzepte der Kinder. So zeigen kulturvergleichende Studien gut entwickelte Vorstellungen zu Handelsfragen bei Kindern aus Zimbabwe (Jahoda 1983) oder zu differenzierteren Vorstellungen über Banken und Gewinn bei Kindern aus Hongkong (Wong 1989), was durch das unterschiedliche sozioökonomische Umfeld erklärbar ist. Konform mit der Theorie sozialer

Repräsentation (Moscovici 1984) entsprechen die Werte und ökonomischen Erklärungen der Kinder denen ihres sozialen Umfelds. So erklären sich Kinder aus sozial höheren Schichten die ökonomische Ungleichheit primär durch den persönlichen Einsatz, während Kinder aus sozial niedrigeren Schichten die gegebenen Rahmenbedingungen als Hauptursache sehen (Leahy 1981). Eine ausführlichere Darstellung der skizzierten Sachverhalte findet sich in Claar (1990).

Zum Teilbereich Konsum (vgl. Strukturierung im Kapitel 1) liegen die meisten Studien vor. Sie beziehen sich auf die Teilaspekte Tauschen, Vorstellungen über Kaufprozesse, Herkunft und Funktionen von Geld, Haltung zu Marketingmaßnahmen, Marktprozesse, Gewinn und Herkunft von Gütern.

Tauschen ist eine sehr grundlegende ökonomische Aktivität, bei der die Tauschpartner profitieren, da sie etwas erhalten, wovon sie sich einen subjektiv höheren Nutzen versprechen als von der Sache, die sie dafür hergeben. Ein Spezialfall des Tauschs ist der Kauf, bei dem Waren bzw. Dienstleistungen gegen Geld getauscht werden. Entsprechend sind Kenntnisse über Geld eine wichtige Voraussetzung für das Verständnis von Kaufprozessen. Folglich greifen Studien zu kurz, die Kaufprozesse untersuchen und daraus ggf. ableiten, dass junge Kinder Konzepte wie Wert, Knappheit oder Tausch zum gegenseitigen Vorteil nicht verstehen, da die Fehlvorstellungen durchaus auf fehlende Vorstellungen über Geld oder auf fehlende Rechenfähigkeiten zurückgeführt werden könnten. Bezüglich der Vorstellungen über Kaufprozesse ist die Studie von Burris (1983) interessant, die verschiedene Phasen des Verständnisses bei Schülern im Alter von vier bis zwölf Jahren identifiziert. Demnach erkennen Vorschüler i.d.R. nicht, dass Kaufen oder Tauschen auf Gegenseitigkeit beruht. Sie interpretieren das Geschehen als nicht weiter zu hinterfragende Tatsache oder als Ritual, bei dem man Geld gibt und auch (Wechsel-)Geld zurückerhält. Viele Zweitklässler verstehen hingegen den Tauschcharakter des Kaufs. Den systemischen Charakter des Kaufs, dass auch Händler Geld benötigen, um die Waren zu kaufen und andere Kosten zu decken, erfassen die meisten Kinder hingegen erst ab etwa zehn Jahren. Die Studien von Webley (2005) zeigen darüber hinaus, dass schon jüngere Kinder über ein differenzierteres Verständnis verfügen: anhand des Tauschs von Murmeln und anderer Gegenstände wird aufgezeigt, dass achtjährige Kinder bei ihren Tauschverhandlungen Kriterien wie „Stärke" oder „Seltenheit" berücksichtigen. Als Motivation für das Tauschen geben sie den größeren individuellen Nutzen des eingetauschten Objekts an, sehen aber auch soziale Aspekte mit den Tauschhandlungen, etwa die Entwicklung von Freundschaften, verbunden.

Zur Herkunft von Geld und dessen Funktion im Tauschprozess wurden mehrere Studien durchgeführt, zu denen Webley (2005) und Claar (1990) einen prägnanten Überblick geben. Zwar sind sich schon Kinder im Vorschulalter diffus bewusst, dass Geld einen Teil des Kaufprozesses darstellt, haben jedoch noch keine Vorstellungen vom Wert der unterschiedlichen Münzen und Scheine, was angesichts in diesem Alter noch schwach entwickelter Arithmetikkenntnisse nicht überrascht. Auch erfassen sie nicht die Bedeutung des Gelds und verzichten in Rollenspielen als Verkäufer häufig darauf, Geld von ihren Kunden einzufordern. Junge Kinder gehen überwiegend davon aus, dass Händler ihre Ware ohne Gegenleistung erhalten. Dies ändert sich etwa im Alter von sieben bis neun Jahren, in dem Kinder zunehmend davon ausgehen, dass auch Händler ihre Waren bezahlen müssen, wenngleich sie vermuten, dass die Preise für Endkunden und Händler identisch sind. Höhere Endpreise werden als unfair empfunden, selbst wenn sie wissen, dass den Händlern weitere Kosten etwa für Mitarbeiter oder Miete entstehen. Erst ab ca. zehn Jahren erfassen Kinder zunehmend, dass der Verkaufspreis unabhängig von der verkauften Menge über dem Einkaufspreis liegen muss, um entstehende Kosten decken zu können. Webers (2006) Vermutung, dass der zunehmende bargeldlose Zahlungsverkehr die Knappheitswahrnehmung von Geld reduziert, erscheint plausibel. Schließlich können Eltern bei Bedarf nur mit Karte bezahlen oder Geld anscheinend unbegrenzt vom Bankautomaten abheben.

Vor diesem Hintergrund kommt dem Taschengeld und der Bewirtschaftung dieser Ressource eine wichtige pädagogische Funktion zu, da Kinder hierdurch die Knappheit des Geldes unmittelbar erfassen und auch die Notwendigkeit des Wirtschaftens einschließlich von Kosten-Nutzen-Abwägungen genauso erfahren können wie die Notwendigkeit des Sparens zum Erwerb teurerer Güter (Webley 2005).

Mündige Konsumentscheidungen setzen voraus, sich der potenziellen Einflüsse auf die eigenen Bedürfnisse bewusst zu sein und eine kritische Distanz zu Werbebotschaften zu bewahren, statt sich zu unreflektiertem Konsumverhalten verführen zu lassen. Eine entsprechende Sensibilität ist durchaus geboten, da Kinder und Jugendliche als Fokuszielgruppe von Marketingmaßnahmen gelten und Unternehmen langanhaltende Markenpräferenzen für ihre Produkte etablieren möchten. Claar (1996) fasst entsprechende Studienergebnisse prägnant zusammen. So können vierjährige Kinder noch nicht gut zwischen Programm und Werbung im Fernsehen unterscheiden. Grundsätzlich haben Kinder eine durchaus positive Einstellung zu Werbung wobei sie sie mit zunehmendem Alter als unerwünschte Programmunterbrechungen wahrnehmen. Ca. 50 % der sieben- bis achtjährigen Kinder wissen, dass Werbung zum Kauf anregen soll, und halten deren Aussagen nicht mehr grundsätzlich für wahr. Weiterhin steigt generell die Skepsis gegenüber Werbung, und die Manipulationsabsicht wird im Allgemeinen angenommen. Allerdings ist angesichts des Erfolgs der Werbemaßnahmen davon auszugehen, dass die bei sich selbst vermutete Distanz gegenüber Werbung durch geschickte und subtile Techniken häufig erfolgreich unterlaufen wird.

Neben der Knappheitswahrnehmung von Geld und der Sensibilisierung gegenüber Marketingmaßnahmen ist das Verständnis von Preisen eine weitere notwendige Grundlage rationaler Konsumentscheidungen. Burris (1983) identifiziert drei Stufen des Preisverständnisses bei Kindern im Alter von vier bis zwölf Jahren: Auf einer ersten Stufe haben Güter einen objektiven Eigenwert unabhängig von Menschen. Dieser wird überwiegend an der Größe der Güter festgemacht; je größer ein Gut, desto höher sein Preis. Aber auch ästhetische Gesichtspunkte fließen in das Wertempfinden ein. Ab der zweiten Klasse wird zunehmend der Nutzen eines Guts für den Konsumenten als preisbestimmend angesehen. Ca. ab der fünften Klasse werden auch Produktionskosten berücksichtigt.

Einen Zusammenhang zwischen Angebot und Nachfrage und dem Preis ließen die Kinder in dieser Studie jedoch nicht erkennen.

Differenzierte Vorstellungen über Preise und Marktprozesse, aber auch über das Wirtschaftsgeschehen insgesamt müssen über die Perspektive des Konsumenten hinausgehen, komplexere Systemzusammenhänge erfassen und zusätzlich die Perspektive von Unternehmern bzw. Produzenten berücksichtigen. In diesem Zusammenhang sind insbesondere Studien von Siegler und Thompson (1998; Thompson und Siegler 2000) interessant, in denen Kinder mit einer Verkaufssituation, aufgezeigt am Beispiel eines Limonadenstands, konfrontiert wurden. Dabei sollten sie erklären wie sich nachfragebezogene (z.B. das Wetter) und angebotsbezogene (z.B. weitere Anbieter) Aspekte auf die Absatzzahlen auswirken. Bereits die meisten fünfjährigen Kinder erkannten, dass schlechtes Wetter den Absatz reduziert, während der Einfluss weiterer Anbieter überwiegend erst im Alter ab acht Jahren erfasst wurde. Weiterhin konnten die Autoren zeigen, dass acht- bis zehnjährige Kinder zunehmend differenziertere Vorstellungen zu den Konzepten ,Wettbewerb' und ,Wirtschaften' entwickeln.

Das Konzept des Gewinns erfassen nach Webley (2005) Kinder erst ab ca. elf Jahren. Hierfür müssen die Verbindungen zwischen Einkauf (zu einem niedrigeren Preis) und Verkauf (zu einem höheren Preis) erkannt werden. In einem Experiment, bei dem Kinder die Rolle des Händlers übernahmen, erfasste nur ein Kind von 17 in der Altersgruppe von neun bis zehn Jahren dieses Konzept, während dies bei elf- bis zwölfjährigen Kindern bereits zu zwei Dritteln der Fall war.

Im Hinblick auf die Herkunft bzw. Herstellung der Güter haben Kinder meist nur sehr diffuse oder falsche Vorstellungen. So nehmen die meisten jüngeren Kinder die Existenz von Gütern einfach als gegeben an und hinterfragen deren Herkunft bzw. Produktion nicht weiter. Später transferieren sie Kenntnisse aus anderen Bereichen, um sich damit die Güterentstehung zu erklären, etwa wenn sie davon ausgehen, dass Güter wachsen bzw. reifen müssen (Berti und Bombi 1988).

Zu dem Bereich der Arbeit hat Weber (2006) wesentliche Studienergebnisse gesammelt. Denen zufolge wissen Kinder, dass Eltern Geld für ihre Arbeitsleistung bekommen. Gleichwohl bleibt ihnen meist verborgen, woher deren Arbeitgeber das Geld erhalten. Über entsprechende Kreislaufvorstellungen, wie sie etwa beim Modell des Wirtschaftskreislaufs abgebildet sind, verfügen Grundschulkinder nicht. Berufe werden primär über äußerlich ersichtliche Tätigkeiten erfasst, während benötigte Fertigkeiten und Kenntnisse kaum wahrgenommen werden. Wenngleich Grundschulkinder Schwierigkeiten bei der Einschätzung der absoluten Einkommenshöhe unterschiedlicher Berufe haben, können sie diese jedoch recht gut nach den Kriterien der gesellschaftlichen Anerkennung und nach Einkommen relativ zu anderen Berufen ordnen. Wie ein Individuum zu seinem Beruf kommt, wird recht unterschiedlich erklärt. So gehen manche Kinder davon aus, dass jeder werden könne was er wolle, während andere Kinder vermuten, dass der Staat die Berufe den Individuen zuweist.

Baumgardt (2010) hat Wunschberufe von Grundschulkindern untersucht. Auffällig ist zunächst, dass im Bewusstsein der Kinder ein unterschiedlich breites Spektrum an Berufen existiert. Die Hälfte der Befragten konzentriert sich auf ca. zehn Berufe, während von der anderen Hälfte ein recht breites Spektrum genannt wird. Auch die Motive für die Berufswünsche sind breit gefächert. Wichtig ist Kindern insbesondere der Gegenstandsbereich der Arbeit (z.B. Tierliebe beim Wunschberuf der Tierärztin) und der

Spaß an der Tätigkeit. Monetäre Aspekte und Erfolgsstreben werden dabei häufiger von Jungen als von Mädchen angegeben.

Im Hinblick auf das Problem der Arbeitslosigkeit ist Gläsers (2001) Studie interessant, die anhand von 16 Interviews mit Grundschulkindern unterschiedliche Erklärungsmuster rekonstruieren konnte. Demnach erklären Schüler Arbeitslosigkeit entweder durch individuelles Verschulden und als Versagen des Einzelnen oder sehen Arbeitslosigkeit als Folge mangelnder Quantität aller zur Verfügung stehenden Arbeitsplätze. Einige der befragten Kinder erfassen aber auch schon strukturelle Dimensionen wie Veränderung von Arbeitswelt und Technisierung.

Studien, die den gesellschaftlichen Bereich bzw. den des Staates betreffen, beziehen sich bei Grundschulkindern vor allem auf den Aspekt der materiellen Ungleichheit. In einer Studie von Burris (1983) erklärten 86 % der Vorschüler Reichtum dadurch, dass sich Menschen Geld bei der Bank oder in Geschäften holen. Bereits 61 % der Zweitklässler halten hingegen eine gutbezahlte Arbeit als Ursache für Reichtum, während diese Einschätzung von 82 % der Fünftklässler so gesehen wird. Nachrangig werden Erbschaften oder Zufallsereignisse wie Lottogewinne zur Erklärung von Reichtum genannt. Armut erklären Vorschüler überwiegend dadurch, dass man sein Geld bereits ausgegeben habe, während mit zunehmendem Alter immer stärker Arbeitslosigkeit als Armutsursache angesehen wird. Bei der Frage, warum es bei Berufen Einkommensunterschiede gibt, finden sich drei Antworttypen. Fast alle Vorschüler und noch ca. die Hälfte der Fünftklässler führen dies auf die Arbeitsmenge und die Anstrengung der Tätigkeit zurück. Ein alternativer Erklärungsansatz besteht in der Bedeutung und dem Nutzen der Arbeit. So argumentierten 15 % der Zweitklässler und 37 % der Fünftklässler. Mit zunehmendem Alter werden häufiger auch die benötigte Qualifikation und anspruchsvollere Eignungsanforderungen genannt.

Bei Claar (1996) sehen sieben- bis neunjährige Kinder Armut vor allem durch Verbrechen und Schicksalsschläge verursacht, während mit steigendem Alter zunehmend Arbeitslosigkeit und schlechte Qualifikation angeführt werden. Weiterhin werden auch mangelnde Begabung, Krankheit und Mangel an Arbeitsplätzen genannt. Erklärungsansätze mit Bezug auf soziale Unterschiede werden häufiger von älteren Kindern und von Kindern aus unteren sozialen Schichten erwähnt, während Angehörige aus der Oberschicht Armut öfter durch persönliche Faktoren wie fehlende Anstrengung, Ausbildung oder Intelligenz bedingt sehen. Die Frage, ob Wohlstand grundsätzlich gleichverteilt sein sollte, wird durchgängig abgelehnt, wobei die Begründungen bei kleineren Kindern häufig schwer nachvollziehbar sind und ältere Kinder überwiegend die Ansicht vertreten, dass der Wohlstand eines Individuums von seinem eigenen Beitrag abhängen sollte.

5. Projekt zur empirischen Erfassung von Präkonzepten von Grundschulkindern zu ökonomischer Bildung

Auch wenn bereits Befunde zu Lernvoraussetzungen zu ausgewählten Inhalten ökonomischer Bildung vorliegen und damit teilweise ein Blick in die Erklärungsmuster der Lernenden gelingt, wird für das Thema nach wie vor eine unbefriedigende empirische Forschungslage konstatiert (vgl. Wulfmeyer und Hauenschild 2008; Richter 2013). Gerade für die Altersgruppe der Grundschulkinder liegen nur isolierte Erkenntnisse zu einigen Teilbereichen vor, eine systematische Erfassung von Präkonzepten eines breiten Felds ökonomischer Sachverhalte im Zusammenhang liegt bislang noch nicht vor. Dieses Desiderat bringen Wulfmeyer und Hauenschild (2008, S. 23) pointiert zum Ausdruck:

> „Wir wissen, dass Kinder Vorstellungen von der ökonomisch geprägten Lebenswirklichkeit entwickeln, doch es existieren keine Erkenntnisse darüber, wie diese Vorstellungen ausgeprägt sind und welche Aspekte in der kindlichen Wahrnehmung relevant sind.“

Zu den in im ersten Kapitel dieses Aufsatzes aufgeführten Gegenstandsbereichen und ihren Ausdifferenzierungen (vgl. Arndt und Jung 2013) liegen nur ausschnitthafte Forschungserkenntnisse vor (vgl. Kapitel 3). Diese Studien sind teilweise bereits älter, wurden in anderen Ländern durchgeführt oder nehmen nur einen kleinen Ausschnitt der relevanten Gegenstandsbereiche in den Blick. Mit dem nachstehend skizzierten, von der Joachim-Herz-Stiftung geförderten Projekt wird angestrebt, die Lücke hinsichtlich der untersuchten Gruppe der Grundschulkinder, aber auch hinsichtlich der Gegenstandsbereiche zu schließen. Es knüpft an vorhandene Studien an und verfolgt in einem ersten Teilschritt primär das Ziel, durch eine explorative Interviewstudie mit Grundschulkindern aller Klassenstufen deren Vorstellungen zu ökonomisch bedeutsamen Sachverhalten und Zusammenhängen möglichst umfassend zu erkunden und zu systematisieren.

Dazu werden teilstandardisierte Leitfadeninterviews mit ca. 50 Grundschulkindern aller vier Klassenstufen durchgeführt. Die Schülerauswahl folgt den Grundsätzen des theoretical sampling, es wurde auf eine möglichst große Heterogenität (etwa im Hinblick auf Schulleistungen und sozioökonomische Faktoren) geachtet, um die Kenntnisse und Deutungsmuster eines breiten Spektrums der Grundschulkinder erfassen zu können. Der entwickelte und an Einzelfällen erprobte Leitfaden berücksichtigt dabei die oben erwähnten Gegenstandsfelder ökonomischer Bildung (Konsum, Produktion/Unternehmen, Arbeit, Staat), hier konkretisiert am Bereich „Konsum“: Ausgehend von einem mitgebrachten Sparschwein sollen die Kinder zunächst die Funktion von Geld erklären. Daraufhin wird der Bereich des Tauschs (zunächst ohne Geld) angesprochen, um dann auf den Kaufprozess überzugehen. Anschließend wird das Thema des Taschengelds ergründet, wobei Kategorien wie ‚Bedürfnis‘ und ‚Knappheit‘ und der Umgang damit einhergehen. Ein weiterer Block innerhalb dieses Gegenstandsfelds sind Kaufprozesse und Konsumentscheidungen inkl. entscheidungsrelevanter Kriterien. In diesem Zusammenhang werden die Vorstellungen der Kinder zu Umweltaspekten und zur Preisgestaltung genauso erhoben wie Einstellungen und Kenntnisse über Werbung. Die einzelnen Interviews nehmen in Abhängigkeit von Alter und Kenntnissen der Schüler etwa ein bis zwei Stunden in Anspruch.

Im Laufe des Frühjahrs 2014 sollen die Interviews weitgehend durchgeführt und transkribiert werden, so dass die Daten systematisch und umfassend ausgewertet werden können. Dabei werden in Anlehnung an Mayring (2005) inhaltsanalytische Auswertungen des qualitativen Datenmaterials vorgenommen. In einem ersten Schritt der zusammenfassenden Inhaltsanalyse werden Kategorien aus dem Material entwickelt (induktive Kategorienbildung), um die Kinderantworten komprimiert klassifizieren zu können. Anschließend wird das Datenmaterial unter vorher festgelegten Ordnungskriterien strukturiert mit dem Ziel, so typische Beispiele für kindliche Erklärungen komplexer Zusammenhänge zu gewinnen, die möglicherweise hierarchisiert werden können.

Exemplarisch und rein deskriptiv seien an dieser Stelle einige Kinderantworten aus dem Bereich ‚Konsum' angeführt, ohne sie vertiefend zu kategorisieren. Bereits die wenigen Interviewausschnitte vermögen interessante Einblicke in die unterschiedlichen Vorstellungen von Kindern über ökonomische Sachverhalte zu geben. Dies sei an ausgewählten Interviewpassagen zum Thema Geld und seiner Funktion im Tauschprozess veranschaulicht.

Nachstehender Ausschnitt aus einem Interview mit der 10jährigen A lässt erkennen, dass Geld nicht als Hilfsmittel im Tauschprozess erkannt wird. Eher wird Geld gleichgesetzt mit Reichtum und dem Besitz von Gegenständen:

I: Stell dir mal vor, es würde überhaupt kein Geld geben. Wie wäre denn das?
A: Dann hätten wir kein Haus, dann hätten wir gar nichts. Nur Müll und alles halt.
I: Könnte man dann etwas anderes nehmen, das das Geld ersetzt?
A: Gold.
I: Ja, zum Beispiel. Wie würdest du jemanden aus einem Land in dem es kein Geld gibt, erklären, was Geld ist?
A: Es sind Scheine, es ist aus Papier. Keine Ahnung weiß ich jetzt nicht so ganz....
I: Was kann man damit machen?
A: Sich was einkaufen.
I: Warum wurde Geld erfunden?
A: Damit man sich was kaufen kann und nicht arm bleibt.
I: Ginge das auch ohne Geld?
A: [überlegt...] Nö... Weiß ich jetzt nicht.

Im Gegensatz zu A hat der gleichaltrige J die Funktion des Geldes im Tauschprozess durchaus erkannt, wobei nicht ganz klar wird, ob er sich der Vorteile des Geldes im Vergleich zu anderen Tauschmitteln bewusst ist:

I: Stell dir mal vor, es würde überhaupt kein Geld geben. Wie wäre denn das?
J: Würde man gleich sterben, weil man kann sich ja nichts kaufen.
...
I: Könnte man denn etwas anderes nehmen als Geld, wenn es kein Geld gäbe?
J: Goldklumpen.
I: Zum Beispiel. Oder was noch?
J: Hm. Man kann auch etwas eintauschen. ... Wenn der andere z. B. ein Bild hat und du hast auch irgendeine Tischdeko oder so etwas und der andere will die Tischdeko und du willst das Bild, dann kann man das ja tauschen.

Sehr ausdifferenziert sind die Überlegungen des neunjährigen F, der ebenfalls die vierte Klasse besucht. Nachstehende Passage zeigt, dass er die Funktion des Geldes im Tauschprozess und seine Vorteile erklären kann. Darüber hinaus erwähnt er die Vorteile der Arbeitsteilung in Zusammenhang mit Tauschprozessen und erfasst sogar das Geldmengenwachstum als Inflationsursache.

I: Stell dir einmal vor, es würde kein Geld geben. Was wäre denn dann anders?
F: Die Menschen würden nicht mehr so viel teilen. Also das meiste wird... Die Bauern würden sich das Korn und so selber behalten [schwer verst., zu leise]
I: Und wie wäre das für die Bauern?
F: Auch nicht so gut, weil sie andere Sachen dann auch nicht haben.
I: Und was könnten die machen, wenn sie andere Sachen haben wollten?
F: Tauschen. Versuchen zu tauschen.
I: Ja. Also was ist jetzt der Unterschied? Hat es irgendwelche Vorteile, das Geld?
F: Ja, man kann es in die Tasche stecken oder man kann es leichter bezahlen.

...
I: Wie müsste das denn sein, dass es diese Funktion erfüllt, dass man gut damit tauschen kann so wie mit Geld? Also nehmen wir einmal an, Geld wäre verboten, aus irgendwelchen Gründen. Was könnte man dann stattdessen nehmen?
F: ... [denkt länger nach] Irgendetwas anderes, das man nicht so leicht haben kann. Also das selten ist eher.
I: Und warum nimmt man nicht einfach etwas, wovon es ganz viel gibt? Z. B. Blätter oder so? Dann sind ja alle reich.
F: Weil man das einfach pflücken kann und dann wird man reich und dann würden die Preise immer höher kommen und dann wäre Geld überhaupt nichts mehr wert…

Im Kontrast hierzu wissen die bisher interviewten Erstklässler zwar, dass Geld benötigt wird um Gegenstände zu kaufen. Gleichwohl durchdringen sie meistens nicht dessen Funktion als Tauschmittel sondern können eher den beobachtbaren Prozess beschreiben. Ein vergleichsweise ausdifferenziertes Verständnis hat der zum Zeitpunkt des Interviews noch fünfjährige B, der dem Konzept des ‚Werts' eine wichtige Bedeutung für Tauschmittel beimisst. Sein Verständnis des abstrakten Wertbegriffs ist etwas diffus und kann von ihm nur schwer verbalisiert werden, allerdings wendet er ihn im Kontext angemessen an und scheint ein intuitives Verständnis davon zu haben.

I: Stell dir mal vor, es käme irgendein Kind zu Besuch, das wüsste gar nicht, was Geld ist. Wie würdest du es ihm erklären?
B: Dass man mit Geld sich etwas kaufen kann.
I: Genau, gut. Und wie wäre das denn, wenn es gar kein Geld geben würde?
B: Schlecht. Weil man sich dann nichts kaufen kann.
I: Und könnte man irgendwie etwas anderes nehmen als Geld, um sich Sachen…
B: Ja. Gold.
I: Und wieso? Wieso könnte man Gold nehmen statt Geld?
B: [nennt noch Gold, Diamanten und (etwas unsicher) Platin]
I: Was glaubst du, warum sind das Dinge, für die man auch ein Laserschwert bspw. bekommen würde?
B: Weil es so wertvoll ist?
I: Was meinst du denn damit, mit wertvoll? Was bedeutet das?
B: Dass man mit dem sich viel kaufen kann.
I: Ok. Jetzt nehmen wir mal an, ich sammle Blätter im Garten, ja? Ganz viele Blätter. Und dann gehe ich ins Geschäft und sage: „Ich will ein Laserschwert und ich gebe Ihnen die Blätter dafür." Würde er mir das Laserschwert geben?
B: Hmm [verneint].
I: Wieso nicht?
B: Weil Blätter nicht wertvoll sind.
I: Wovon hängt ab, ob etwas wertvoll ist? Du sagst, Gold ist wertvoll, Platin und Diamanten; das ist alles wertvoll, aber Blätter sind nicht wertvoll. Woran liegt das?
B: Weil Gold anders aussieht und… das weiß ich irgendwie.

Im weiteren Verlauf des Interviews beschreibt B den Kaufprozess, wobei deutlich wird, dass das Phänomen des Wechselgelds ein vertieftes Verständnis erschwert bzw. zu falschen Vorstellungen führt:

I: Wie funktioniert das denn, wenn du dir so ein Eis kaufst? Erklär mal. Du kommst also ins Eisgeschäft rein und was passiert dann?
B: Dann sage ich was für Kugeln ich will und dann gebe… und wenn er sie mir gemacht hat, dann gebe ich ihm das Geld.
I: Ok. Und warum gibst du dem das Geld?
B: Weil das so viel gekostet hat und Eis kostet etwas.
I: Und was würde passieren, wenn du dem kein Geld geben würdest?
B: Dann wäre die Polizei gekommen, oder?
I: Also. Du kriegst ein Eis und gibst Geld dafür, ja? Kriegt man manchmal Geld auch zurück?

B: Ja, manchmal. Aber nie Gold.
I: Und wieso kriegt man Geld? Man gibt Geld, man kriegt welches zurück, dann kann man es doch gleich behalten. Das ist ja komisch.
B: Man kriegt weniger Geld zurück. –
I: Ah, ok. Aber dann kann man ihm ja gleich weniger Geld geben. Dann braucht er nichts zurückzugeben, oder?
B: Ja.
...
I: Ok, gut. Und was macht denn jetzt der Eisverkäufer mit dem Geld, das du ihm gibst? Was passiert mit diesem Geld?
B: Er kann es wieder zurückgeben.
I: Wem?
B: Ja, einem anderen.
I: Also du gehst rein, gibst ihm zwei Euro für zwei Eiskugeln. Und was macht der Eisverkäufer dann mit den zwei Euro?
B: Erst in seine Geldbox.
I: Ja genau. Und dann?
B: Dann kann er es weitergeben.
I: An wen denn?
B: Ja an irgendjemand, z. B. an den Joshua, wenn der sich ein Eis kauft.
I: Also dann kommt der Joshua plötzlich und dann sagt der Eisverkäufer: „Hier, ich habe zwei Euro habe von B gekriegt. Die gebe ich dir jetzt." Hat er dir auch schon einmal Geld gegeben?
B: Mir nie.
I: Nein? Kennst du jemanden, der vom Eisverkäufer Geld geschenkt bekommen hat?
B: Ja.
I: Wen?
B: Die Mama!
I: Wieso?
B: Weil man fast immer Geld zurückbekommt.
I: Ja, man kriegt welches zurück. Aber weniger als man gegeben hat. D. h. beim Eisverkäufer, der behält immer mehr Geld als er zurückgibt. Also was macht er mit diesem zusätzlichen Geld?

Auf die letzte Nachfrage hin führt B dann aus, dass der Verkäufer das Geld auch für eine Eismaschine, Einrichtungsgegenstände etc. benötigt. Gleichwohl ist deutlich, dass das Phänomen des Wechselgelds zu falschen Vorstellungen führt. Die Annahme, dass Kunden Geld vom Verkäufer erhalten, ist nicht nur unzutreffend, sondern erschwert bzw. überlagert auch weiterführende Erklärungen über Kreislaufprozesse.

Mit zunehmender Zahl auswertbarer Interviews lassen sich typische Vorstellungen noch klarer identifizieren und möglicherweise hierarchisieren, so dass eine Art von Entwicklungsstufen modelliert werden könnte. Auf der Basis dieser Erkenntnisse werden in einer zweiten Projektphase Fragebögen entwickelt, mit deren Hilfe eine größere Stichprobe an Grundschulkindern, auch systematisch über die Bundesländer variierend, erfasst werden kann. So werden differenzierte quantitative Analysen möglich, die neben bloßen Häufigkeitsverteilungen von Konzepten auch Zusammenhänge offenbaren, etwa zwischen Vorstellungen über bestimmte ökonomische Sachverhalte einerseits und Faktoren wie beispielsweise Alter, Geschlecht oder Bundesland andererseits.

Letztendlich hat die Beantwortung der Frage nach unterschiedlichem Verständnis für ökonomische Sachverhalte auch eine Weiterentwicklung von didaktischen Settings zum Ziel: Nur unter der Kenntnis konkreter Präkonzepte können adaptiv auf die individuelle Bedürfnislage der Kinder angepasste Unterrichtsmaterialien und Lernangebote entwickelt werden. Diese sind erst dann anschlussfähig, wenn mögliche Fehlkonzepte korrigiert bzw. unzureichende Konzepte ausdifferenziert werden können. Weiterhin könnten die Studienergebnisse bei der Konzeption von Curricula hilfreich sein, da sie eine empirische Grundlage zur Einschätzung der Frage liefern, welche ökonomisch bedeutsamen Sachverhalte und Zusammenhänge jüngere Kinder zu verstehen vermögen.

Nicht zuletzt sollten diese Erkenntnisse auch in die Lehrerbildung eingespeist werden, da nicht nur die unzureichende Repräsentanz entsprechender Inhalte Barrieren für ökonomische Bildungsprozesse sind, sondern auch unzureichende wirtschaftswissenschaftliche Kenntnisse der Lehrkräfte konstatiert werden (Wulfmeyer und Hauenschild 2008).

Literatur

Aprea, Carmela (2013), Alltagsvorstellungen von Jugendlichen zu komplexen ökonomischen Phänomenen: Eine explorative Untersuchung am Beispiel der Wirtschafts- und Finanzkrise, in: Thomas Retzmann (Hg.), Ökonomische Allgemeinbildung in der Sekundarstufe II. Konzepte, Analysen und empirische Befunde, Schwalbach/Ts., S. 100-113.

Arndt, Holger und Eberhard Jung (2013), Ökonomische Bildung in der Primarstufe: Expertise zu fachdidaktischen Konzepten, nationalen Bildungsstandards und curricularen Ländervorgaben, Hamburg

Bahr, Robert und Gudrun Schönknecht (2012), Wie sehen Kinder die Welt? In: Die Grundschulzeitschrift, 26. Jg., 252/253, S. 32-33.

Baumgardt, Iris (2010), Berufsvorstellungen von Grundschulkindern: Wünsche und Motive im Berufsorientierungsprozess, in: Dirk Lange und Sebastian Fischer (Hg.), Politik und Wirtschaft im Bürgerbewusstsein: Untersuchungen zu den fachlichen Konzepten von Schülerinnen und Schülern in der Politischen Bildung, Schwalbach, S. 265-282

Baumgardt, Iris (2013), Politische Bildung im Sachunterricht, in: Hans-Joachim Fischer, Hartmut Giest und Detlef Pech (Hg.), Der Sachunterricht und seine Didaktik. Bestände prüfen und Perspektiven entwickeln, Bad Heilbrunn, S. 181-186.

Berti, Anna Emilia und Anna Silvia Bombi (1988), The child's construction of economics, Cambridge.

Birke, Franziska (2013), Was wandelt sich beim konzeptuellen Wandel? Der Beitrag der Debatte um ‚conceptual change' für die wissenschaftspropädeutischen Bemühungen in der ökonomischen Bildung in der Sekundarstufe II, in: Thomas Retzmann (Hg.), Ökonomische Allgemeinbildung in der Sekundarstufe II. Konzepte, Analysen und empirische Befunde, Schwalbach/Ts., S. 87-99.

Birke, Franziska und Günter Seeber (2012), Lohnunterschiede im Schülerverständnis: eine Untersuchung vor dem Hintergrund der Fachkonzepte, in: Thomas Retzmann (Hg.), Ökonomische Bildung zwischen Entrepreneurship-Education und Arbeitnehmerorientierung, Schwalbach/Ts., S. 223-237.

Bund-Länder-Kommission für Bildungsplanung und Forschungsförderung (1997), Gutachten zur Vorbereitung des Programms „Steigerung der Effizienz des mathematisch-naturwissenschaftlichen Unterrichts", Materialien zur Bildungsplanung und zur Forschungsförderung, Heft 60, Bonn.

Burris, Val (1983), Stages in the development of economic concepts, in: Human Relations, Vol. 36, S. 791-812.

Carey, Susan (1985), Conceptual change in childhood, Cambridge/MA.

Claar, Annette (1990), Die Entwicklung ökonomischer Begriffe im Jugendalter, Heidelberg.

Claar, Annette (1996), Was kostet die Welt? Heidelberg.

Davies, Peter und Cecilia Lundholm (2012), Students understanding of socio-economic phenomena: conceptions about the free provision of goods and services, in: Journal of Economic Psychology, Vol. 33, S. 79-89.

Deutsche Gesellschaft für Ökonomische Bildung (2006), Kompetenzen der ökonomischen Bildung für allgemein bildende Schulen und Bildungsstandards für den Grundschulabschluss, www.degoeb.de.

diSessa, Andrea A. (2006), A history of Conceptual Change research: threads and fault lines, in: Robert Keith Sawyer (Ed.), The Cambridge Handbook of the Learning Sciences, Cambridge, S. 265-282.

diSessa, Andrea A. und Bruce L. Sherin (1998), What changes in conceptual change? In: International Journal of Science Education, Vol. 20, S. 1155-1191.

Duit, Reinders (1993), Schülervorstellungen – von Lerndefiziten zu neuen Unterrichtsansätzen, in: Naturwissenschaften im Unterricht. Physik, Jg. 4, Nr. 16, S. 4-10.

Duit, Reinders (1999), Conceptual change approaches in science education, in: Wolfgang Schnotz, Stella Vosniadou und Mario Carretero (Eds.), New perspectives on conceptual change, New York, S. 263-282.

Duit, Reinders (2002), Alltagsvorstellungen und Physik lernen, in: Ernst Kircher und Werner B. Schneider (Hg.), Physikdidaktik in der Praxis, Berlin, S. 1-26.

Duit, Reinders, Peter Häußler und Manfred Prenzel (2001), Schulleistungen im Bereich der naturwissenschaftlichen Bildung, in: Franz E. Weinert (Hg.), Leistungsmessungen in Schulen, Weinheim, S. 169-185.

Feige, Bernd (2008), Ökonomische Bildung im Sachunterricht der Grundschule, in: Dietmar Bolscho und Katrin Hauenschild (Hg.), Ökonomische Bildung mit Kindern und Jugendlichen, Frankfurt/Main, S. 107-120.

Gesellschaft für Didaktik des Sachunterrichts (Hg.) (2013), Perspektivrahmen Sachunterricht, vollständig überarbeitete und erweiterte Ausgabe, Bad Heilbrunn.

Gläser, Eva (2001), Die Relevanz von Schülervorstellungen für den Wissenserwerb – dargestellt an der Thematik Arbeitslosigkeit, in: Joachim Kahlert und Elke Inckemann (Hg.), Wissen, Können und Verstehen – über die Herstellung ihrer Zusammenhänge im Sachunterricht, Bad Heilbrunn, S. 189-203.

Glöckel, Hans (1988), Was ist grundlegende Bildung? in: Günther Schorch (Hg.): Grundlegende Bildung. Erziehung und Unterricht in der Grundschule, Bad Heilbrunn, S. 11-33.

Götz, Margarete, Joachim Kahlert, Maria Fölling-Albers, Andreas Hartinger, Dietmar von Reeken und Steffen Wittkowske (2007), Didaktik des Sachunterrichts als bildungswissenschaftliche Disziplin, in: Joachim Kahlert, Maria Fölling-Albers, Margarte Götz, Andreas Hartinger, Dietmar von Reeken und Steffen Wittkowske (Hg.), Handbuch Didaktik des Sachunterrichts, Bad Heilbrunn, S. 11-29.

Jahoda, Gustav (1983), European ‚lag' in the development of an economic concept: A study in Zimbabwe, in: British Journal of Developmental Psychology, Vol. 1, S. 113-120.

Kaminski, Hans und Katrin Eggert (2008), Konzeption für die Ökonomische Bildung als Allgemeinbildung von der Primarstufe bis zur Sekundarstufe II. Berlin.

Köhnlein, Walter (1998), Grundlegende Bildung – Gestaltung und Ertrag des Sachunterrichts. In: Brunhilde Marquardt-Mau und Helmut Schreier (Hg.), Grundlegende Bildung im Sachunterricht: Probleme und Perspektiven des Sachunterrichts, Bad Heilbrunn, S. 27-46.

Leahy, Robert L. (1981), The development of the conception of economic inequality: Descriptions and comparisons of rich and poor people, in: Child Development, Vol. 52, S. 523-532.

Lohrmann, Katrin und Andreas Hartinger (2012), Kindliche Präkonzepte im Sachunterricht. Empirische Forschung und praktischer Nutzen, in: Die Grundschulzeitschrift, Jg. 26, Nr. 252/253, S. 16-21.

Marton, Ference (1981), Phenomenography: describing conceptions of the world around us, in: Instructional Science, Vol. 10, S. 177-200.

Marton, Ference und Ming Fai Pang (2008), The Idea of Phenomenography and the Pedagogy of Conceptual Change, in: Stella Vosniadou (Ed.), International Handbook of Research on Conceptual Change, New York, S. 533-559.

Marton, Ference und Wing Yan Pong (2005), On the unit of description in phenomenography, in: Higher Education Research & Development, Vol. 24, S. 335-348.

Mayring, Philipp (2005), Qualitative Inhaltsanalyse, in: Uwe Flick, Ernst von Kardoff und Ines Steinke (Hg.), Qualitative Forschung: Ein Handbuch, Reinbek bei Hamburg, S. 468-475.

Mischo, Christoph (2013), Vorwissen. Interesse und Präkonzepte von Kindern. Beispiele und Bedeutung für die Umgestaltung von Sachunterricht, in: Eva Gläser und Gudrun Schönknecht (Hg.), Entwickeln – gestalten – reflektieren, Frankfurt/Main, S. 133-144.

Möller, Kornelia (1999), Konstruktivistisch orientierte Lehr-Lernprozessforschung im naturwissenschaftlich-technischen Bereich des Sachunterrichts, in: Walter Köhnlein, Brunhilde Marquardt-Mau und Helmut Schreier (Hg.), Vielperspektivisches Denken im Sachunterricht, Bad Heilbrunn, S. 125-191.

Moscovici, Serge (1984), The phenomen of social representations, in: Robert Farr und Serge Moscovici (Eds.), Social Representations, Cambridge, S. 3-70.

Niedderer, Hans (1999), Physiklernen als kognitive Entwicklung, in: Fachverband Didaktik der Physik (Hg.), Didaktik der Physik, Physikertagung 1999, Bad Honnef, S. 33-48.

Norman, Donald (1983), Some Observations on Mental Models, in: Dedre Gentner (Ed.), Mental Models, Hilsdale, S. 7-14.

Pong, Wing Yan (1998), Students Ideas of price an trade, in: Economic Awareness, Vol. 9, S. 6-9.

Posner, George J., Kenneth A. Strike, Peter W. Hewson und William A. Gertzog (1982), Accommodation of a scientific conception: Toward a theory of conceptual change, Science Education, Vol. 66, S. 211-227.

Prenzel, Manfred, Cordula Artelt, Jürgen Baumert, Werner Blum, Markus Hammann, Eckhard Klieme und Reinhard Pekrun (2008), PISA 2006 in Deutschland: Die Kompetenzen der Jugendlichen im dritten Ländervergleich, Münster.

Retzmann, Thomas, Günther Seeber, Bernd Remmele und Hans-Carl Jongebloed (2010), Ökonomische Bildung an allgemeinbildenden Schulen; Bildungsstandards Standards für die Lehrerbildung, Essen, Lahr, Kiel.

Richter, Dagmar (2013), Sozialwissenschaftliches Lernen im Sachunterricht – Stand und Ausblick, in: Hans-Joachim Fischer, Hartmut Giest, Detlef Pech (Hg.), Der Sachunterricht und seine Didaktik. Bestände prüfen und Perspektiven entwickeln, Bad Heilbrunn, S. 173-180.

Schönknecht, Gudrun (2012), Wissen und Vorstellungen von Kindern, in: Die Grundschulzeitschrift, 26. Jg., Nr. 252/253, S. 34-37.

Seidel, Tina, Manfred Prenzel, Jörg Wittwer und Katharina Schwindt (2007), Unterricht in den Naturwissenschaften, in: Manfred Prenzel, Cordula Artelt, Jürgen Baumert, Werner Blum, Markus Hammann, Eckhard Klieme und Reinhard Pekrun (Hg.), PISA 2006: Die Ergebnisse der dritten internationalen Vergleichsstudie, Münster, S. 147-179.

Siegler, Robert S. und Douglas R. Thompson (1998), ‚Hey, would you like a nice cold cup of lemonade on this hot day?' Children's understanding of economic causation, in: Developmental Psychology, Vol. 34, S. 146-160.

Stark, Robin (2003), Conceptual Change: kognitiv oder situiert? in: Zeitschrift für Pädagogische Psychologie, Jg. 17, S. 133-144.

Thompson, Douglas R. und Robert S. Siegler (2000), Buy low, sell high: The development of an informal theory of economics, in: Child Development, Vol. 71, S. 660-677.

Vosniadou, Stella (1996), Capturing and modeling the process of conceptual change, in: Learning and Instruction, Vol. 4, S. 45-69.

Vosniadou, Stella (2008), International Handbook of Research on Conceptual Change, New York.

Weber, Birgit (2006), Kinder, Knete & Co, Stuttgart.

Webley, Paul (2005), Children's understanding of economics, in: Martyn Barrett und Eithne Buchanan-Barrow (Eds.), Children's understanding of Society, Hove, S. 43-67

Weinert, Franz E. (2001), Vergleichende Leistungsmessung in Schulen: eine umstrittene Selbstverständlichkeit, in: Franz E. Weinert (Hg.), Leistungsmessungen in Schulen, Weinheim und Basel, S. 17-31.

Wong, Mei-Ha (1989), Children's aquisition of economic knowledge: Understanding banking in Hong Kong and U.S.A, in: Jaan Valsiner (Ed.), Child Development in cultural context, Toronto, S. 225-246.

Wulfmeyer, Meike und Katrin Hauenschild (2008), Ökonomische Bildung in der Grundschule: Wie Kinder handlungsorientiert Wirtschaft machen: Didaktische Perspektiven und Beispiele für die Praxis, Hannover.

Christian Müller, Hans Jürgen Schlösser, Michael Schuhen und Andreas Liening (Hg.)
Bildung zur Sozialen Marktwirtschaft
Schriften zu Ordnungsfragen der Wirtschaft · Band 99 · Stuttgart · 2014

Synergetische Wirtschaftsdidaktik: Ein kraf(f)tvoller Ansatz für die Ökonomische Bildung

Andreas Liening

Inhalt

1. Einleitung: Die Welt wird komplexer – die Bildungsanforderungen auch

In der heutigen Gesellschaft sind ökonomische Grundkenntnisse eine immer wichtiger werdende Voraussetzung, um die zunehmend komplexen Zusammenhänge von Wirtschaft, Technik, Gesellschaft und Politik verstehen zu können.

Die raschen technologischen, wirtschaftlichen und gesellschaftlichen Veränderungsprozesse führen zu einer immer größeren Vernetzung, zu Rückkopplungen, Turbulenzen; kurzum zu einer steigenden Komplexität der Welt, die uns umgibt und in der wir leben. Diese zunehmende Komplexität führt auch zu veränderten Herausforderungen in der Bildung mit der Konsequenz, dass immer früher konkretes Wissen über den verantwortungsvollen Umgang mit ökonomischen Alltagsgegebenheiten, aber auch Orientierungswissen und die Fähigkeit zu realistischer Selbsteinschätzung im Hinblick auf eine selbstbestimmte und rational begründete, verantwortungsvolle Lebensplanung benötigt werden. Obwohl die Ökonomische Bildung in den letzten Jahren stetig an Bedeutung gewonnen hat, weist unsere Gesellschaft jedoch immer noch erhebliche Defizite hinsichtlich wirtschaftlicher Verständnisse und ökonomischer Grundregeln sowie Zusammenhänge auf. Die Defizite sind enorm, obgleich „unser Alltag", wie Krafft betont, „nicht nur, aber weitgehend, Wirtschaftsalltag" ist (Krafft 2010, S. 237).

Kaum eine Bürgerin oder ein Bürger ist mit ökonomischen Phänomenen vertraut, von der Fähigkeit, komplexe ökonomische Probleme zu analysieren und Lösungsstrategien für ein verantwortliches Handeln zu entwickeln, ganz zu schweigen.

Hierzu kann jedoch die Ökonomische Bildung einen wichtigen Beitrag für ein gelingendes Leben in Wirtschaft und Gesellschaft leisten.

Dass dabei die Wirtschaftswissenschaft die notwendige fachliche Basis darstellt, sollte unbestritten sein. Dennoch ist die Ökonomische Bildung nicht mit der reinen Vermittlung ökonomischer Theorien, aber eben auch nicht mit der Internalisierung ökonomischer Alltagserfahrungen gleichzusetzen, auch wenn es strukturelle Ähnlichkeiten, also Homomorphismen gibt. Es ergeben sich im Bildungsprozess nämlich zwei didaktische Differenzen: Zum einen lässt sich eine Differenz zwischen Ökonomischer Bildung und Wirtschaftswissenschaft und zum anderen eine Differenz zwischen Ökonomischer Bildung und Wirtschaftsalltag diagnostizieren.

Im vorliegenden Aufsatz werden diese Differenzen herausgearbeitet und ein Vorschlag für eine wirtschaftsdidaktische Konzeption unterbreitet, die den komplexen didaktischen Herausforderungen, aber auch der zunehmenden Komplexität in der Wirtschaftswelt wie auch der Wirtschaftswissenschaft gerecht wird.

„Wo aber Gefahr ist, wächst das Rettende auch", schreibt der Dichter Hölderlin (2001), und so bieten gerade die Theorien Komplexer Systeme eine denkbare Lösung für die Gestaltung einer Wirtschaftsdidaktik, die den Lernenden die Möglichkeit bietet, in der ökonomischen Welt sachgerecht *und* verantwortungsvoll für sich selbst, aber auch im Hinblick auf die Mitmenschen zu agieren und die eigene Zukunft zu gestalten. Zu diesem Zwecke wird aus dem Kanon der Theorien Komplexer Systeme die Synergetik als Basis für die didaktische Konzeption herausgegriffen, die aufgrund der Fokussierung auf Selbstorganisation einen Homomorphismus zu marktwirtschaftlichen Konzepten zeigt und gleichzeitig bereits gewinnbringend in wirtschaftsdidaktischen Bildungskontexten eingebracht wurde (z.B. Liening, Strunk und Mittelstädt 2013). Damit erscheint die Synergetik auf besondere Weise geeignet, ökonomische Fragestellungen im Bildungsprozess gelingend zu integrieren. Ohne zwar hier im Detail die Synergetik erläutern zu können, liegt der Modellierung diese Theorie zu Grunde und liefert so die Basis für das beschriebene Konzept.

2. Erhöhte Komplexität im Bildungsprozess durch wirtschaftsdidaktische Differenzen

2.1. Differenz zwischen Wirtschaftswissenschaft und Ökonomischer Bildung

Zunächst muss man Kaiser und Kaminski (2012, S. 27) folgend festhalten, dass die „Komplexität moderner Industriegesellschaften [...] ohne ökonomische Grundkenntnisse nicht durchschaubar" ist. Wenn Schule die jungen Menschen auf das Leben in Wirtschaft und Gesellschaft vorbereiten soll, darf sie sich der Wirtschaftswissenschaft nicht verschließen, da unser Leben in sehr starkem Maße auf den Errungenschaften basiert, die die Wirtschaftswissenschaft erst ermöglicht hat. Mit Hilfe der Wirtschaftswissenschaft gelingt es uns, eine besondere Sichtweise auf die Wirtschaftswelt, nämlich die ökonomische, zu generieren, die viele andere denkbaren Sichtweisen ergänzt, um das alltägliche Wirtschaftsgeschehen bis hin zu den großen ökonomischen Zusammenhängen einer zunehmend komplexen, globalisierten Welt zu verstehen. Sie ist die einzige Wissenschaft, die uns ein Methodenset liefert, um in einer von Knappheitssituationen durchdrungenen Welt rationale Entscheidungen zu treffen, um so verantwortungsvoll zu handeln und z. B. Verschwendung zu vermeiden.

Die Wirtschaftswissenschaft bemüht sich, die Geschehnisse in der Wirtschaftswelt zu objektivieren. Um die intersubjektive Nachprüfbarkeit zu gewährleisten, wird es vermieden, der Ökonomik einen subjektiven Bedeutungsgehalt zuzusprechen. Die Wirtschaftswissenschaft reduziert die Wirtschafts- und Lebenswelt damit auf das empirisch Erfahrbare und klammert die Frage nach der individuellen Bedeutsamkeit aus. Es entsteht somit eine wirtschaftsdidaktische Differenz (Blankertz 1980, S. 47), d.h. eine Trennung zwischen dem Wissenshorizont der Ökonomik und ihrer Bedeutsamkeit (Klafki 1989, S. 8 f.).

Diese Differenz zwischen der Wirtschaftswissenschaft und der Ökonomischen Bildung zeigt, dass es im Rahmen eines bildenden Unterrichts keineswegs um eine reine Wissenschaftsorientierung gehen kann, die in einer Abbildung von Wirtschaftswissenschaft mündet. Ökonomische Bildung kann, wenn sie den Begriff der Bildung ernst nimmt, somit niemals eine ‚Abbilddidaktik' oder gar ‚reduzierte Wissenschaft' sein.

Zur Wissenschaftsorientierung bemerkt Menze (1980, S. 185 f.):

> „Eine rein wissenschaftsorientierte Schule läßt den jungen Menschen mit der Frage nach Sinn und Bedeutung allein. [...] Wird [...] Schule als Funktion des wissenschaftlichen

Fortschritts begriffen, folgt daraus, daß der Mensch die Fähigkeit einbüßt, sich orientieren zu können, daß also die Wissenschaftsorientierung den Verlust der Orientierung in der Welt nach sich zieht."

Gebildet zu sein bedeutet am Ende, dass man in der Lage ist, das eigene Leben sachgerecht und verantwortungsvoll zu gestalten.

Im Übrigen steht der moderne Bildungsbegriff damit im Widerspruch zu den PISA-Studien der OECD, aus deren Ergebnisse man abgeleitet hat, die Bildung einheitlich standardisieren zu müssen. Schrauben und Muttern oder Produktionsverfahren lassen sich standardisieren, aber die Bildung von Menschen? Und dann soll der Bildungsgrad an wenigen ausgewählten Fächern durch die Lösung spezifischer Testaufgaben festgemacht werden? Dies erscheint schon als ziemlich grober Unfug! PISA misst am Ende nur Teilleistungen, die so genannte ‚Kompetenzen' in drei Bereichen abbilden. Verbesserungen oder Verschlechterungen zeigen am Ende nur, wie gut Schüler mit den Tests zurecht kommen. Das hat mit Bildung nichts zu tun, welche im Übrigen etwas je individuelles und umfassendes ist.

Es geht daher vielmehr um die Beantwortung der Frage, wie sich der Lernende *sinnvoll* sachgerecht wirtschaftlichen Fragestellungen und Herausforderungen stellen kann (Krafft 2010, S. 227). Hierzu bedarf es selbstverständlich einer adressatengerechten Auseinandersetzung mit wirtschaftswissenschaftlichen Erkenntnissen und Methoden, die jedoch die Inhalte für den individuellen Geltungsanspruch aufschließen muss.

Die Betrachtung anderer Disziplinen hilft hier – nebenbei erwähnt – nicht weiter; oder, um es mit Ladenthin (2006, S. 45) zu sagen:

„Wenn Wirtschaft eine Leitfrage unserer Existenz ist, dann kann man diese Leitfrage nicht soziologisch, politisch oder historisch beantworten – sondern eben nur wirtschaftlich."

Was aber als Differenz bleibt, ist die fehlende Ich-Bezogenheit, die fehlende Beantwortung der Frage nach der individuellen Bedeutung einer ökonomischen Erkenntnis.

2.2. Differenz zwischen Wirtschaftsalltag und Ökonomischer Bildung

Die zweite didaktische Differenz ergibt sich zwischen dem Wirtschaftsalltag und der Ökonomischen Bildung.

Dabei ist es zunächst unstrittig, dass die Erfahrung für die Erkenntnis notwendig ist. So stellt Kant (1995, S. 49) fest:

„Daß alle unsere Erkenntniß mit der Erfahrung anfange, daran ist gar kein Zweifel; denn wodurch sollte das Erkenntnißvermögen sonst zur Ausübung geweckt werden, geschähe es nicht durch Gegenstände, die unsere Sinne rühren [...]. Der Zeit nach geht also keine Erkenntniß in uns vor der Erfahrung vorher, und mit dieser fängt alle an."

Auf das Wirtschaftsleben bezogen bedeutet dies, dass Lernen durch Erfahrung dem Verstehen der ökonomischen Welt dient.

Ladenthin (1995, S. 17) gibt jedoch zu bedenken:

„Schließlich sind die Regeln für das richtige Verhalten in der Erfahrungswelt nicht wieder aus dieser selbst abzuleiten! Wenn Bildung in der Fähigkeit besteht, sich wertend zu den Anforderungen der Lebenswelt in ein Verhältnis zu setzen, können die Regeln hierfür nicht wieder aus dem gewonnen werden, wozu man sich doch wertend ins Verhältnis setzen will."

Berücksichtigt man Ladenthins Worte, dann muss man ebenfalls bedenken, dass der ausschließliche Erkenntnisgewinn aus Erfahrungen im Wirtschaftsalltag den Einzelnen sozialisieren und gleichzeitig zu einem fragwürdigen Verhalten in der Gesellschaft führen kann. So kann der Einzelne beispielsweise erfahren, dass er bei der Hinterziehung seiner Steuern einen großen Vorteil hat und in Abwägung des Risikos, dafür zur Rechenschaft gezogen zu werden, sich für die Hinterziehung entscheidet. Dieses Verhalten wäre sicher rein zweckrational und sicher auch zielgerichtet, planvoll, bewusst, entspricht dem ökonomischen Nutzen-Kosten-Denken und wäre daher vielleicht sogar effizient. Ist dieses Verhalten aber gleichwohl das ‚richtige' Verhalten? Im besten Fall erhält man so eine Anpassung an die Wirtschaft. Zeigt das aber, dass der Einzelne gebildet ist? Wohl kaum.

Die Frage nach der ‚richtigen' Entscheidung und dem ‚richtigen' Verhalten lässt sich mit der gemachten Erfahrung und möglichen Erfahrungen nicht beantworten. Oder, wie Buck (1989, S. 82) bezüglich der Erfahrung formuliert:

> „Sie macht uns klüger, aber der Erfahrende wird sich durch sie nicht seiner Erfahrung und das heißt: seiner selbst bewußt."

Erst das „sich-seiner-selbst-bewusst"-Werden lässt die Frage nach der Verantwortung aufkommen. Die Art des Lernens durch Erfahrung bildet daher nicht, da sie nichts zurechtrückt (Buck 1989, S. 82).

Wie allgemeine Bildung (Ladenthin 1995, S. 17) soll aber auch Ökonomische Bildung gerade dieses ‚Zurechtrücken' bedeuten! Von daher können wirtschaftsdidaktische Bildungsprozesse und Erfahrungen in der Wirtschaftswelt nicht identisch sein.

Ferner ist der Komplexitätsgrad der ökonomischen Welt so groß geworden, dass sie durch Erfahrung allein nicht mehr verstanden werden kann. So kann sich beispielsweise bereits das erfahrungs- bzw. handlungsorientierte Praktikum eines Schülers in einer Bank schwierig gestalten, weil er über die Bankgeschäfte, die er verstehen will, letztendlich gar nichts lernen kann, da die wichtigen Abläufe, hinter Metallplatten digitalisiert, im wahrsten Sinne des Wortes nicht mehr greifbar sind. Im Unterricht hätte der Schüler unter Umständen wesentlich mehr über die einzelnen Schritte bei Bankgeschäften lernen können.

Und ob es sich um makroökonomische Zusammenhänge handelt, wie z. B. zwischen Inflation und Arbeitslosigkeit oder zwischen dem Wachstum einer Volkswirtschaft und seinen supranationalen Verflechtungen, oder ob man beispielsweise etwas über moderne computer- und internetgestützte Fertigung und über Produktionsplanungssysteme lernen will: In ihrer Funktion, ihrer Entstehung, ihrer Anwendung und ihren Auswirkungen sind diese Ausschnitte ökonomischer Realität keineswegs unmittelbar einsichtig. Die Theorien Komplexer Systeme untermauern diese allgemeine Erkenntnis und stellen sie aufs Neue heraus:

Durch Umgang und Erfahrung lässt sich in der modernen komplexen Gesellschaft in vielen Lebensbereichen kaum etwas erlernen.

Es bedarf vielmehr, wie Regenbrecht (1995, S. 8) feststellt, „einer sorgfältigen theoretischen Analyse von Informationen, die keineswegs jedem zur Hand sind, sondern erst in spezifischen Lehrmitteln oder -systemen verfügbar gemacht werden müssen".

Krafft (1988, S. 178) spricht in diesem Zusammenhang auch von einer neuen Dimension des Erfahrungsverlustes, die eine immer komplexer werdende Welt nach sich zieht:

> „Die neue Dimension des Erfahrungsverlustes besteht darin, daß nun nicht nur die Tätigkeiten und Instrumente zu ihrer Ausübung von den Menschen entfernt, sondern durch die Mikroelektronik diese Instrumente selbst 'entanschaulicht' werden. Das Räderwerk einer Uhr ist durch die Anschauung nachvollziehbar, die einzelnen Teile sind greifbar; die Regelelektronik einer modernen Uhr bleibt jedoch der Anschauung verschlossen, ihr Aufbau ist erklärbar, jedoch nicht 'faßbar'. Der Kopf ist gefordert, die Hand verzichtbar."

Es muss an dieser Stelle darüber hinaus bedacht werden, dass Erfahrungen auch einen ambivalenten Charakter besitzen. Einerseits beschäftigt man sich gerade dann mit bestimmten Dingen, wenn eine persönliche Anteilnahme, eben eine konkrete Erfahrung, vorliegt. Oder wie die Pädagogen sagen: Das Lernen muss intrinsisch motiviert sein. Andererseits liegt in dieser persönlichen Anteilnahme gerade die Gefahr, dass das Ergebnis des Fragens antizipiert wird. Anders formuliert:

> „Interessegeleitetes Fragen steht immer unter Ideologieverdacht, und nicht unbegründet wird Ideologie ja auch als ‚Irrtum aus Interesse' definiert" (Regenbrecht 1995, S. 9).

Man benötigt also eine kritische Distanz zur eigenen Erfahrung, soll diese einen nicht blenden und in die Irre leiten.

Ladenthin (1995, S. 22) hat den problematischen Zusammenhang von Bildung und Erfahrung, die für ihn Geschichte darstellt, folgendermaßen geschildert:

> „Wäre Geschichte (Erfahrung) der Inhalt von Bildung, dann wäre Bildung nicht die Freisetzung des Menschen, sich selbst zu bestimmen (Heitger), sondern dann wäre Bildung identisch mit der Affirmation des Menschen an die Geschichte."

Erfahrungen sind immer zufällig, sie sind bruchstückhaft und überdies unkritisch gegenüber den komplexen, nicht-linearen Strukturen, in denen sich Erfahrungen sammeln lassen.

So defizitär Erfahrung auch ist, die Differenz zur Ökonomischen Bildung wird mit den obigen Ausführungen offenkundig, so sehr wohnt der Erfahrung doch etwas inne, was der traditionelle Unterricht oft vermissen lässt. Bereits der Pädagoge Herbart (1806, S. 45) schrieb:

> „Diese Fülle, und dieses Darbieten ohne Anspruch und Zwang, wie will es der Unterricht erreichen?"

Und weiter heißt es bei ihm fast enthusiastisch:

> „In der That, wer möchte Erfahrung und Umgang bey der Erziehung entbehren? Es ist als ob man des Tages entbehren, und sich mit Kerzenlicht begnügen sollte!" (Herbart 1806, S. 46)

3. Synergetik – Eine Theorie der Selbstorganisation

Die Synergetik wird als Basis für die nachfolgend beschriebene didaktische Konzeption herausgegriffen, da sie aufgrund der Fokussierung auf eine selbstorganisierte Herausbildung von Ordnungsstrukturen/-muster einerseits einen Homomorphismus zu marktwirtschaftlichen Konzepten zeigt und andererseits damit auf besondere Weise geeignet erscheint, ökonomische Fragestellungen im Bildungsprozess gelingend aufzunehmen.

Die Synergetik stammt aus dem Bereich der Physik, wo sie von Hermann Haken (1983) bereits Ende der 1960er Jahre entwickelt wurde, um die Entstehung eines Laserlichtes zu erklären.

Sie ist gleichwohl eine allgemeine Theorie der Selbstorganisation, die jede Art von dynamischen und emergenten Prozessen erklären und analysieren helfen kann. Sie erzielt so z. B. in der Biologie, der Medizin, der Psychologie (Haken 1977), aber auch der Wirtschaftswissenschaft (Haken 2006) zahlreiche Erfolge und lässt sich auch in der Ökonomischen Bildung, und hier von der schulischen Bildung (Liening 2006) bis zur beruflichen (Weiter-)bildung (Liening und Mittelstädt 2009; Liening et al. 2013), anwenden:

> „Die Synergetik beschreibt selbstorganisierte Ordnungsbildung in Systemen durch das Verhalten der Systemkomponenten. Sie bezieht sich auf Systeme, die durch Offenheit, Dynamik und Komplexität geprägt sind" (Schiepek et al. 1997, S. 123).

Die Theorie der Selbstorganisation ist eine mächtige Alternative zu den typischen traditionellen, mechanistischen Sichtweisen, wie wir sie z. T. immer noch in der Wirtschaftswissenschaft, aber auch in Bildungskontexten finden (Liening 1999).

Die nachfolgende Abbildung veranschaulicht das Konzept der Synergetik:

Abbildung 1: Das Synergetische Konzept

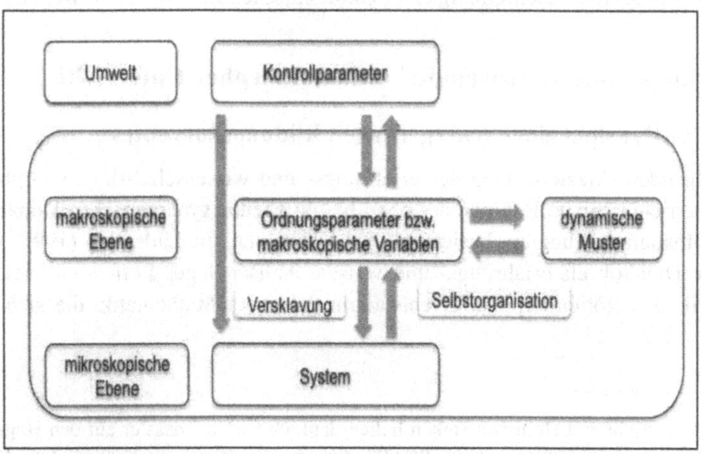

Quelle: In Anlehnung an: Strunk und Schiepek (1994), S. 27.

Voraussetzung für den Selbstorganisationsprozess ist, dass das System ein offenes System ist. Denn ein System kann nur selbstorganisierend existieren, wenn ihm von außen Energie zugeführt wird, so wie ein durch Reibung gebremstes Pendel ausschließlich nur dann permanent schwingen kann, wenn ihm dauerhaft Energie zugeführt wird. Die Energie determiniert dabei nicht das konkrete Verhalten des Systems, die Art der Bewegung - am Beispiel des Pendels also die Pendelbewegung –, aber ohne sie käme die Bewegung, käme die Dynamik des Systems, zum Erliegen.

Kurzum: Nur offene Systeme können selbstorganisiert evolutorische Strukturen hervorbringen. Alle anderen sterben, chemisch gesprochen, den Wärmetod (Prigogine und Nicolis 1987). In diesem Kontext spricht man von Kontrollparametern, die jedoch allenfalls eine unspezifische Kontrolle durch die Umwelt symbolisieren (Tschacher und Brunner 1997, S. 102). Letztendlich geben diese die Ordnungsstruktur nicht vor, ermöglichen diese einerseits jedoch, indem sie durch die Steuerung der Energieversorgung Einfluss auf die Mikroebene nehmen. Aus der Mikroebene entstehen durch Selbstorganisationsprozesse mit entsprechenden Rückkopplungen, die Haken (1983, S. 211) im Sinne eines ‚terminus technicus' als „Versklavung"[1] bezeichnet, neue Strukturen. Diese Strukturen werden durch wenige Ordnungsparameter gekennzeichnet und charakterisieren insbesondere die Dynamik der Ordnungsstruktur. Durch die gegenseitige Beeinflussung sämtlicher Parameter ergibt sich z. B. auch ein Wechselspiel zwischen Ordnungsparametern und Kontrollparametern. Einmal so entstandene Muster können sich bei Änderung eines Kontrollparameters wieder destabilisieren, was abermals zu neuen Ordnungsparametern führen kann (Phasenübergänge). Welche der möglichen Verhaltensweisen sich letztendlich als Ordnungsparameter niederschlagen, kann oftmals nur schwer prognostiziert werden, da bereits eine kleinste Änderung in den Anfangsbedingungen zu vollkommen anderen Ordnungsparametern führen kann, was ohne diese Änderung eher unwahrscheinlich gewesen wäre. Gerade in dieser offenen, dynamischen Beschreibung von Komplexität, die durch Anreize dynamische Muster erzeugt, die weder verordnet noch erzwungen werden, sondern selbstorganisiert erfolgen, liegt der Reiz, diese Theorie für die Beschreibung einer Ökonomischen Bildung zu verwenden.

4. Erfahrungs- und wissenschaftshomomomorpher Unterricht

4.1. Ein erster Baustein eines synergetischen Bildungskonzeptes

Die im Folgenden skizzierte Idee des erfahrungs- und wissenschaftshomomorphen Wirtschaftsunterrichts, die im Rahmen des oben beschriebenen synergetischen Konzeptes als Kontrollparameter fungiert, basiert auf den Konzepten, die Ladenthin (1995) für die allgemeine Didaktik als erfahrungs- und wissenschaftsanaloges Lernen entwickelt hat. Der Begriff des Homomorphismus entstammt dabei der Mathematik, die sich in

[1] Persönliche Gespräche mit Hermann Haken ließen deutlich werden, dass er auf den Begriff „Versklavung" als ‚terminus technicus' besteht, der jedoch gerade im Kontext von Bildungsprozessen immer wieder zu Irritationen führt, weshalb er im Folgenden nicht weiter verwendet wird.

diesem Sinne mit strukturerhaltenen Abbildungen zwischen zwei Strukturen beschäftigt, die das hier gemeinte vielleicht besser umschreiben als der Begriff des Analogons.[2]

4.2. Erfahrungshomomorpher Unterricht

Betrachtet man die oben beschriebenen Merkmale von Erfahrung, dann gibt es trotz des defizitären Charakters doch eine Reihe von Übereinstimmungen zwischen den Erfahrungen im Wirtschaftsalltag und Ökonomischer Bildung. So ist Lernen im Bildungsprozess des Wirtschaftsunterrichts immer auch subjektbestimmt wie auch subjektbestimmend. Erst wenn ökonomisches Wissen nicht als isolierte Tatsache wahrgenommen, sondern gleichsam verinnerlicht wird, kann dieses Wissen zur Ökonomischen Bildung des Lernenden beitragen. Diese Verinnerlichung und das damit verbundene „für-wahr-halten" zwingt den Lernenden dazu, sich in seinem Verhältnis zur Welt neu zu sehen. Insofern ist übrigens Ökonomische Bildung immer auch handlungsrelevant.

In den Erfahrungen im Wirtschaftsalltag bezieht der Einzelne sein ökonomisches Wissen damit auf sich, auf seine eigene individuelle Lebenssituation. In diesem Sinne also, dass Erfahrungen nämlich stets auf die eigene Person bezogen sind, verweist Ökonomische Bildung auf die eigenen Erfahrungen im – von Komplexität durchdrungenen – Wirtschaftsleben. Deshalb ist Ökonomische Bildung zwar nicht mit Erfahrung gleichzusetzen, aber Ökonomische Bildung benötigt diese Erfahrung.

Ein Bildungsprozess sollte insofern immer auch *erfahrungshomomorph* sein. Ein solcher erfahrungshomomorpher Unterricht kann gelingen, wenn er z. B. mit Planspielen (z. B. Business Games), Fallstudien (z. B. nach der Sherman-Methode), Wikis oder ökonomischen Experimenten (Experimental Learning) angereichert wird, die die Möglichkeit der Einbeziehung von Erfahrungen und Alltag erlauben und dabei die intrinsische Motivation fördern.

4.3. Wissenschaftshomomorpher Unterricht

Was man aufgrund der obigen Bemerkungen zweitens benötigt, sind nicht nur erfahrungshomomorphe, sondern zugleich *wissenschaftshomomorphe* Lernarrangements. Wissenschaftshomomorphe Lernarrangements thematisieren die wirtschaftswissenschaftlichen Erkenntnisse, ohne dabei zukünftige Entscheidungen weder zu determinieren, noch sie zu behindern. Hierzu kann die Lehrperson in einem dialogischen Sinne beitragen, um den Lernenden zu befähigen, eine je eigene, aber rational begründete Einsicht in die ökonomische Denkweise zu erlangen. Dieser Dialog kann nur gelingen, wenn sich Lehrende und Lernende bewusst sind, dass sie um eine gemeinsame ‚Wahrheit' miteinander ringen. Im wissenschaftlichen Diskurs kann man sich nie sicher sein, dass in der Auseinandersetzung mit der ökonomischen Wirklichkeit Fehler unterlaufen und Irrtümer entstehen. So wird das ökonomische Wissen immer nur zur vorläufigen

---

2 Der Begriff des Analogons hat von der Antike bis in die Neuzeit vielfältige Wandlungen vollzogen. Der mathematische Begriff der Homomorphismus ist hingegen eindeutiger definiert und gleicht in der Tat eher der frühen antiken (mathematischen) Deutung des Begriffs des Analogons. Ferner wird der Begriff oftmals mit komplexen Strukturen in Verbindung gebracht, was in diesem Zusammenhang eine der Kernthesen trifft.

Gewissheit. Die Idee des Irrtums impliziert nach Popper aber die Idee der Wahrheit, die – als höchster Maßstab – als notwendige Bedingung der Möglichkeit von Wissenschaft, vorausgesetzt werden muss (Pähler 1988, S. 254 ff.). Damit sind Schüler *und* Lehrer hinsichtlich der wirtschaftswissenschaftlichen Erkenntnisse an die Idee der Wahrheit gebunden. Insofern stehen Lernende und Lehrende auf der gleichen Stufe und können nur gemeinsam versuchen, wirtschaftswissenschaftliche Erkenntnisse zu durchdringen, zu verstehen, zu kritisieren und im Hinblick auf Geltung beanspruchende Sinnbestimmungen letztendlich als ‚wahr' zu erkennen oder abzulehnen.

Dieses Bekenntnis: ‚Ja, ich habe die wirtschaftswissenschaftliche Position XY verstanden, und vor dem Hintergrund meiner als bedeutsam erkannten Herausforderungen stehe ich dazu/lehne ich sie ab' (Geltungsanspruch), kann nur eine je individuelle, auf rationalem Diskurs und rational begründete Entscheidung sein.

4.4. Die Bedeutung des wissenschafts- und erfahrungshomomorphen Unterrichts als synergetischer Kontrollparameter

Erst ein Wirtschaftsunterricht, der wissenschafts- und erfahrungshomomorph zugleich ist, ermöglicht eine zukunftsoffene, rationale Auseinandersetzung mit wirtschaftlichen Herausforderungen, die es letztendlich dem Lernenden ermöglicht, seine Zukunft selbst zu gestalten.

Insofern stellen dergestalt gedachte Lernarrangements den *Kontrollparameter* im synergetischen Sinne dar, der das dynamische, nicht-lineare System „Bildungsprozess" von außen mit Energie versorgt und damit einen wichtigen Einfluss auf den Bildungsprozess nimmt, ohne jedoch dabei im Vorfeld den Bildungsprozess in irgendeiner Form zu determinieren. Die Dynamik im Bildungsprozess kann damit zwar gefördert, Phasenübergänge oder im Jargon der Ökonomischen Bildung gesprochen „thresholds" (Davies und Mangan 2007) können eingeleitet, die Ergebnisse jedoch nicht vorherbestimmt werden, was für einen bildenden Unterricht von besonderer Bedeutung ist.

5. Wissen und Haltung

5.1. Die Bildung von Wissen

Ein dergestalt gedachter wissenschafts- und erfahrungshomomorpher Unterricht gibt den Lernenden z. B. in der gymnasialen Oberstufe Anreize, Wissensstrukturen herauszubilden, die in der Ökonomischen Bildung anerkannt sind (DeGÖB 2009) und es dem Einzelnen erlauben, Handlungssituationen ökonomisch zu analysieren, ökonomische Systemzusammenhänge zu erklären, Rahmenbedingungen der Wirtschaft zu verstehen und mitzugestalten und Entscheidungen ökonomisch begründen zu können.

Ein solcher Unterricht berücksichtigt die hier als interne Parameter bezeichneten kognitiven Stile sowie kognitive[3] und soziale Gewohnheiten[4] der Lernenden, greift ex-

[3] Das Konzept des kognitiven Stils beschreibt die Art und Weise, wie ein Mensch denkt, das heißt, wie er mit Informationen umgeht. Während manche Menschen z.B. eine textuelle Darbietung von Informationen bevorzugen, können andere besser mit einer Kombination von

terne Parameter wie ihre Alltagserfahrungen, vorwissenschaftlichen Theorien, soziale Herkunft etc. sowie deren diversen Sichtweisen auf die Welt auf und befähigt die Lernenden durch eigene, selbstorganisierte und immer wieder rückgekoppelte Auseinandersetzungen mit dem wirtschaftswissenschaftlich fundierten Stoff im Dialog mit dem Lehrenden, das notwendige zukunftsoffene Wissen zu generieren.

Während die internen und externen Parameter in Bezug auf Bildung zunächst eher diffus oder gar chaotisch anmuten und im synergetischen Kontext einer *Mikroebene* zugeordnet sind, finden wir das sich herauskristallisierende zukunftsoffene Wissen als *Ordnungsparameter* einer dynamischen, geordneten Struktur auf einer höheren, so genannten *Makroebene* wieder.

Konkret kann dies bedeuten, dass die Lernenden verstehen lernen, in Nutzen-Kosten-Kalkülen zu denken, Transaktionskosten zu berücksichtigen, Opportunitätskosten bei Entscheidungen abzuwägen, die je eigene Selbständigkeit (Entrepreneurial Spirit) bewusster zu (er-)leben etc. Diese konkreten Ordnungsparameter entstehen dabei nicht nur selbstorganisierend, sondern werden auch durch ständige Rückkopplungsprozesse stabilisiert oder ggf. destabilisiert.

Ökonomisches Wissen als Teil der Ökonomischen Bildung sollte sich daher strukturbildend – wie Kruber (1996, S. 51) betont – z. B. auf Denken in Kategorien der ökonomischen Verhaltenstheorie, Denken in Kreislaufzusammenhängen oder auch Denken in Ordnungszusammenhängen beziehen.

5.2. Die Bildung von Haltung

In diesem Zusammenhang muss bedacht werden, dass es nicht nur darum gehen kann, dass man am Ende individuell, situationsabhängig, zukunftsoffen, nachhaltig oder sachgerechte, sondern auch ‚richtige' Entscheidungen zu treffen in der Lage ist.

Hierbei spielt die Frage nach der individuellen Bedeutsamkeit einer Sachlage eine wichtige Rolle. Die damit verbundene Beantwortung der Frage, welche Lösung nun die individuell ‚richtige' ist, kann aber aufgrund des Anspruchs der Werturteilsfreiheit nicht in der Wissenschaft selbst und auch nicht aufgrund von Erfahrungen zu beantworten sein. Wissenschaft und Erfahrungen zeigen mir auf, was ich tun *kann,* nicht aber, was ich tun *soll!* Die Frage nach diesem Sollen bedarf der Herausbildung von *Werturteilsfähigkeit* sowie *moralischer Urteilsfähigkeit*!

Werturteilsfähigkeit zu erwerben bedeutet, im rationalen Dialog das Werten zu lernen. Dies führt letztendlich dazu, zu ergründen, welche Bedeutung etwas für einen selbst besitzt. Oder wie Pöppel (1990, S. 38) sagt:

Text und Bild arbeiten. Riding und Rayner (1998, S. 114 ff.) identifizieren „wholistic-analytic" und „verbal-imagery" als die zwei Dimensionen, in denen sich der kognitive Stil eines Menschen einordnet.

[4] Kognitive Gewohnheit ist eine bevorzugte Vorgehensweise beim Denken und Lernen, die auf erlernten Vorlieben beruht und die (im Gegensatz zum kognitiven Stil) sehr wohl verändert werden kann.

„Das Ziel meines Wertens liegt also zwischen sachlicher Erkenntnis und sittlichem Handeln, zwischen Einsicht und Wollen [...]."

Darüber hinaus muss der Lernende angeleitet werden, sein Leben nach selbst gewählten Grundsätzen *verantwortlich* zu gestalten. Diese Grundsätze dürfen aber nicht der Gefahr der subjektiven Beliebigkeit anheimfallen oder auf Tradierung basieren, dessen Rechtfertigung in einem ‚das war schon immer so' besteht. Vielmehr müssen diese Grundsätze auf Geltung beanspruchende Sinnbestimmungen zurückzuführen sein. Damit ist aber Moral nicht länger als festes System unterschiedlich verbindlicher Normen für menschliches Handeln zu betrachten. Hinter diesem Ziel steht eine neue Definition von Moral, die letztendlich das sich im Handeln vollziehende Ergebnis von rationalen Wertungen im Hinblick auf Geltung beanspruchende Sinnbestimmungen meint und damit einen dynamischen *Emergenzprozess* im Sinne der Theorien Komplexer Systeme aufzeigt.

Der Bildungsprozess kann in diesem Verständnis ebenfalls nur ein dialogischer sein, der seinerseits, wie im Bereich des Wissens, eine als notwendig gedachte Voraussetzung hat, die hier als das sittlich ‚Gute' umschrieben werden kann. Ein solcher Bildungsprozess ist „weder Affirmation an ein vergangenes, noch an ein gegenwärtiges, noch an ein zukünftiges Normensystem" (Pöppel 1990, S. 23).

Somit entsteht im Sinne eines synergetisch gedeuteten Bildungsprozesses diese neue, emergente und dynamische Struktur, deren Ordnungsparameter Wissen und Haltung umfassen und mit Ökonomischer Bildung umschrieben werden können. Diese Struktur wird im Rahmen eines selbstorganisierenden Rückkopplungsprozesses in Abhängigkeit von den Anreizsituationen, die durch die veränderbaren Kontrollparameter (wissenschafts- und erfahrungshomomorphe Lernarrangements) gestaltet werden, erzeugt. Da auch die Kontrollparameter Rückkopplungsprozessen unterliegen, werden diese durch den Bildungsprozess selber immer wieder in Frage gestellt und neu gestaltet.

6. Synergetisches Modell Ökonomischer Bildung – Der Dortmunder Ansatz

Die oben erschlossenen komplexen Zusammenhänge lassen sich zusammenfassend als Modell einer synergetischen Ökonomischen Bildung darstellen.

Wissen und Haltung sind somit dynamische Muster einer Makroebene, die im Bildungsprozess, angeregt durch wissenschafts- und erfahrungshomomorphe Lernarrangements, entstehen und die je individuell das auf einer gedachten Mikroebene zunächst beobachtbare Sammelsurium von internen Parametern wie kognitive Stile und Gewohnheiten, externen Parametern wie Alltagstheorien und Erfahrungen, vorwissenschaftlichen Erkenntnissen etc. letztendlich selbstorganisierend und immer wieder mit den eigenen Parametern reflektierend, ordnen und zurechtrücken.

Abbildung 2: Synergetisches Modell der Ökonomischen Bildung - Das Dortmunder Modell.[5]

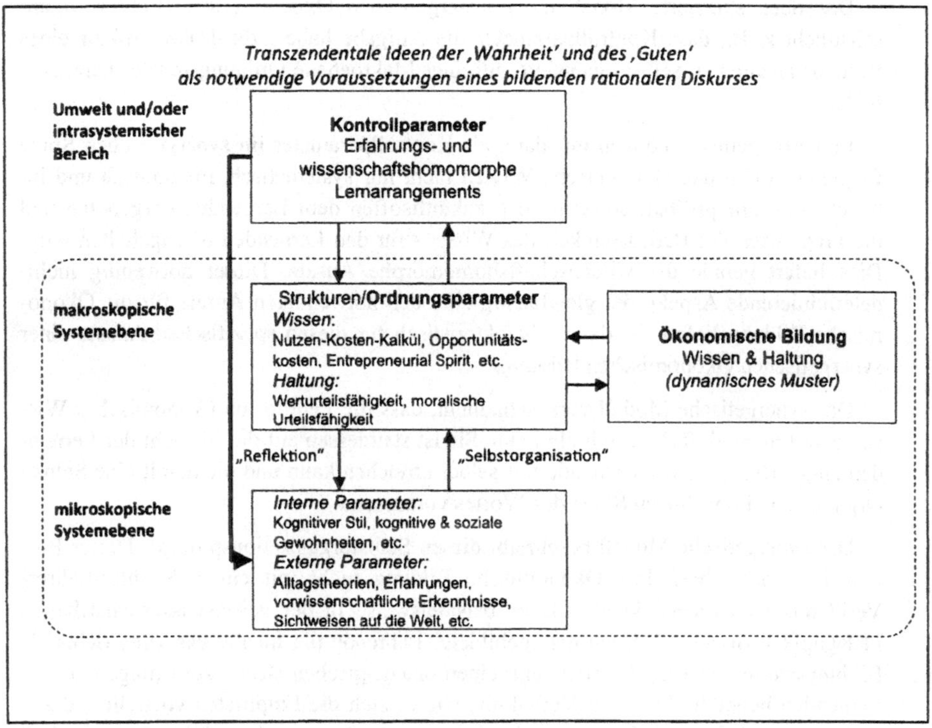

---

[5] Da der Autor den entsprechenden Lehrstuhl für Ökonomische Bildung an der TU Dortmund inne hat, wird das Modell auch „Dortmunder Modell" genannt.

7. Schlussbemerkung – ein Plädoyer für ein allgemeinbildendes Fach Wirtschaft

7.1. Das synergetische Modell Ökonomischer Bildung

Das oben skizzierte Modell einer synergetischen Ökonomischen Bildung veranschaulicht z. B., dass Kontrollparameter die Aufgabe haben, die Mikrostruktur eines Systems anzuregen, selbstorganisiert auf einer Makroebene Ordnungsmuster herauszubilden.

Lernarrangements können nur dann als Kontrollparameter im synergetischen Sinne fungieren, wenn das ökonomische Wissen nicht nur systematisch, methodisch und intersubjektiv überprüfbar, sondern auch zukunftsoffen dem Lernenden dargeboten und die Frage nach der Bedeutsamkeit des Wissens für den Lernenden offengehalten wird. Dies liefert gerade der wissenschaftshomomorphe Ansatz. Dieser notwendig nichtdeterminierende Aspekt, der gleichzeitig aber den notwendigen Anreiz für die Ökonomische Bildung liefert, ist damit charakteristisch für diesen spezifischen Ansatz einer synergetischen Ökonomischen Bildung.

Das synergetische Modell veranschaulicht, dass die Lehrperson ökonomisches Wissen damit nicht einfach vermitteln kann. Sie ist stattdessen auf die Einsicht der Lernenden angewiesen, die der Lernende nur selber erreichen kann und die damit eine Selbst-Organisation im wahrsten Sinne des Wortes voraussetzt.

Das synergetische Modell beschreibt diesen Selbstorganisationsprozess. Dieser Prozess impliziert aber, dass Ökonomische Bildung nicht mit einem Schüler-Lehrer-Verhältnis einhergehen kann, wie es beispielsweise in der geisteswissenschaftlichen Pädagogik vertreten wird, wo der ‚gebildete' Lehrende die Inhalte des Unterrichts als Bildungswerte quasi repräsentiert und einen pädagogischen Bezug zum ‚ungebildeten' Lernenden herstellt. Auch ein Verhältnis, wie es sich die Empiristen vorstellen, das – basierend auf behavioristischen, mechanistischen Ansätzen – als reaktive Abhängigkeit des Lernenden vom Lehrenden betrachtet wird, indem das Wissen durch optimale Lehrstrategien, Beobachtung und Messung des Wissenstands vermittelt werden soll, muss verworfen werden. Dieser Ansatz, wie er durch die PISA-Studien motiviert wird, und der das Lehrer-Schüler-Verhältnis auf ein Input-Output-Modell reduziert, steht im Widerspruch zum wissenschaftshomomorphen Zugang.

Vielmehr fordert der wissenschaftshomomorphe Ansatz ein dialogisches Verhältnis von Lehrenden und Lernenden. Sie sind damit Partner und prinzipiell an die Vernunft gebunden. Der eine soll dem anderen nicht etwas ‚beibringen' oder ‚vermitteln', sondern beide können sich im rationalen Diskurs dem notwendigen ökonomischen Wissen nähern. Dadurch wird eine subjektivistische oder gar ideologische Überfremdung ausgeschlossen. Letztendlich steht damit die synergetische Ökonomische Bildung in der Tradition der Aufklärung: „Habe Muth dich deines *eigenen* Verstandes zu bedienen!" (Kant 1995, S. 162)

Was aber, wenn der Lernende im ökonomischen Unterricht sich seines eigenen Verstandes gar nicht selbstorganisierend bedienen will? Auf der einen Seite soll in Anbetracht der Idee der Freiheit des Menschen auf dessen Einsicht in die Wahrheit der Dinge gesetzt werden. Auf der anderen Seite stellt sich die Frage, ob der Lernende dieses dialogische Angebot überhaupt annehmen will. Kant (1983, S. 711) formulierte das Problem in einer einfachen prägnanten Frage: „Wie kultiviere ich die Freiheit bei dem Zwange?"

Die Antwort kann nur lauten:

Ein weiterer Kontrollparameter, umschrieben mit erfahrungshomomorphen Lernarrangements, muss die notwendige intrinsische Motivation anregen und das Wissen in den Zusammenhang zurückstellen, aus dem es entstanden ist. Der dynamische Prozess, der individuell bei jedem Einzelnen – wenn er denn gelingt – die dynamische Struktur ‚Ökonomischer Bildung' hervorbringt, kann im Wirtschaftsunterricht dabei nur einsetzen, wenn der Lehrende, also derjenige, der die Kontrollparameter zunächst plant und vorgibt, Richtiges und Falsches benennt, ohne dabei zu bevormunden. Dabei muss der Lehrende aber die Notwendigkeit des Wissenserwerbs zur Geltung bringen, ohne jedoch normativ zu sein. Zur Begründung dieses Geltungsanspruches muss „das Denken sein Wissen vor den Richterstuhl der Wahrheit bringen. Dieser Richterstuhl muss als Bedingung in der eigenen Vernunft vorausgesetzt werden" (Heitger 1990, S. 18 f.). Diese Geltungsbindung ist weder willkürlich, weder dogmatisch noch beliebig, noch ist sie weltanschaulich oder religiös, sondern vielmehr notwendig.[6] Petzelt (1964, S. 185) stellt hierzu fest:

> „Kein Lehrer darf ‚wirken' wollen, sondern er dient dem Lehrgut, damit der Lernende sich in seiner Führung selbst in eigenen Akten unterrichtet. Kein (Lehrender, d. Verf.) darf wirken, sondern er zeigt jene Haltung als Muster, nach welcher der (Lernende, d. Verf.) selbst in eigenen Akten seine Haltung zu gestalten hat, also sich selbst erzieht."

Diese Form der Selbstorganisation, wie sie in dem vorliegenden synergetischen Modell beschrieben wird, in dem der Lernende sich letztendlich selbst erzieht, in dem er sich seiner selbst in Bezug auf sein Leben in der Wirtschaft bewusst wird, dieser emergente Prozess führt zu einer dynamischen Struktur, der Ökonomischen Bildung, die aus eingesehenem ökonomischen Wissen und der Haltung zu diesem Wissen besteht. Sie führt zu einem dynamischen Prozess, bei dem der Lernende Verantwortung für sein eigenes Wissen übernehmen muss.

7.2. Konsequenzen und Forderungen

Aus der Tatsache, dass sich die Komplexität moderner Industrie-, Dienstleistungs- und Wissensgesellschaften, die sich aus strukturellen Zusammenhängen zwischen Wirtschaft und Gesellschaft, zwischen Technologie und Natur, zwischen Politik und Medien etc. ergibt, nicht allein aus den Erfahrungen des Alltags erschließen lassen, folgt aber auch, dass der Erwerb ökonomischer Grundkenntnisse notwendig ist, um als gebildet zu gelten.

Wenn also Ökonomische Bildung auf die Fähigkeit zielt, wirtschaftliche Lebenssituationen (selbst-)verantwortlich bewältigen zu können, so muss diese Form der Bildung somit ein integraler Bestandteil der Allgemeinbildung sein, denn eine Vielzahl von Ent-

6 Anders formuliert: Die Wahrheit kann als eine vorausgesetzte apriorische Bestimmung, bzw. als transzendental angesehen werden (Heitger 1990, S. 18 f.).

scheidungen, die im Alltag getroffen werden müssen, sind ökonomischer Natur. Ökonomische Bildung ist darüber hinaus für die politische Willensbildung unabdingbar. Ob über Europa ein Rettungsschirm aufgespannt wird, Konjunkturpakete verabschiedet, Steuern erhöht oder gesenkt werden, die EZB die Leitzinsen verändert oder nicht, oder ob eine kriselnde Bank gerettet wird – um die Konzepte von Regierung und Opposition beurteilen zu können, braucht es (mindestens) ökonomisches Grundwissen.

Unwissen macht verführbar! Es kann zur Dämonisierung der dann unverstandenen Kräfte des Marktes wie auch zum irrationalen Glauben an die Möglichkeiten des Staates beitragen.

- Konsequenterweise muss daher erstens eine Ökonomische Bildung für *alle* Bürger eingefordert werden, die zeitgemäß ist, ohne dabei dem Zeitgeist zu folgen; die irreversible Entwicklungen berücksichtigt, ohne dabei zu konditionieren; die also bildend ist und damit zur Verantwortung und der Fähigkeit erzieht, diese Verantwortung in der Wirtschaftspraxis wahrzunehmen.
- Dies setzt zweitens eine adäquate Berücksichtigung in den Lehrplänen der allgemeinbildenden Schulen voraus.
- Drittens kann jedoch nur dann eine erfolgreiche Ökonomische Bildung realisiert werden, wenn auch in der Lehrerausbildung eine entsprechend wissenschafts- und praxisbezogene ökonomische Ausbildung erfolgt.

  Die Entscheidungen für die Zukunft kann aber nur jeder Lernende für sich in der alltäglichen Wirtschaftspraxis fällen. Sie können nicht in der Schule ‚eingeübt' werden. Denn im Handeln wird die Einheit von Wissen und Haltung auf individuelle Weise immer wieder neu gegenwärtig und zugleich erneuert. Bei jedem Menschen ist diese Einheit einmalig. Sie kann als charakteristisches Merkmal seiner Ökonomischen Bildung betrachtet werden, die er im Wirtschaftsunterricht erwirbt.
- Dies erfordert viertens eine hinreichende Ausstattung der Hochschulen mit Lehrstühlen für Ökonomische Bildung bzw. ‚Wirtschaftswissenschaft und ihre Didaktik'. Dies schließt den Erhalt bisheriger Lehrstühle ein und fordert den Ausbau der vorhandenen Institute sowie eine stärkere Berücksichtigung Ökonomischer Bildung an den Hochschulen der neuen Bundesländer.

Aus diesen vier Forderungen folgt ein Plädoyer für ein eigenständiges Fach „Wirtschaft" an allgemeinbildenden Schulen.

Wenig hilfreich ist es, wenn man, wie in Nordrhein-Westfalen (NRW), meint, unter dem Begriff „Sozialwissenschaften" aus drei beliebig ausgewählten wissenschaftlichen Disziplinen ein Schulfach gestalten zu können. Einerseits zeigt die Praxis an den Schulen, dass sich ein solches Integrationsfach als so formbar erweist, dass es je nach zeitlicher, räumlicher oder personeller Situation inhaltlich wahllos modifiziert werden kann. Alle „Integrationslösungen" gehen, wie Kaiser und Kaminski (1997, S. 29) zurecht feststellen, „zu Lasten einer Vermittlung von elementaren ökonomischen Erkenntnissen". Andererseits, das zeigt die Praxis an den Universitäten bei der Lehramtsausbildung, kann es kaum gelingen, dass die Studierenden das Wesen der Ökonomik erfassen. Die Aufgabe des Studierenden, – wie üblich –, sich zwei Fächer ergänzt um das Fach Pädagogik zu erarbeiten, ist bereits eine enorme Herausforderung. Wenn dann eine der beiden Fächer auch noch wie beim NRW-Schulfach „Sozialwissenschaften" aus drei Fachdisziplinen besteht, deren Sichtweisen auf die Welt zum Teil diametral auseinander liegen, zeigt sich leicht die damit verbundene Problematik, fachlich kompetente Lehrende auszubilden. Oder wie Krafft (2010, S. 236) zutreffend kritisch bemerkt:

> „Wenn der Lehrer die ausreichende ökonomisch-fachliche Qualifikation nicht hat, kommt es in solchen Fällen zu einem fachdidaktischen Multimix, in dem am Beispiel des Früchtebreis die Besonderheiten der Obstsorten erklärt werden soll. Was verbleibt, ist der Brei ..."

Es bleibt die Hoffnung, dass die Verantwortlichen Einsicht in die Notwendigkeit Ökonomischer Bildung als integraler Bestandteil der Allgemeinen Bildung finden und diese Einsicht in den Lehrplänen allgemeinbildender Schulen umsetzen.

Vieles ist noch zu tun. Das vorgestellte Modell weiter zu entwickeln, empirisch zu evaluieren und zu konkretisieren wird eine wichtige Aufgabe für die Zukunft wirtschaftsdidaktischer Forschung sein.

Der Autor ist davon überzeugt, dass das in diesem Aufsatz skizzierte synergetische Modell Ökonomischer Bildung in seiner Weiterentwicklung und Umsetzung dazu beitragen kann, die Vision seines Doktorvaters, des Ehrenvorsitzenden und Gründers der ‚Deutschen Gesellschaft für Ökonomische Bildung', Univ.-Prof. Dr. Dietmar Krafft, zu fördern, jungen Menschen ein verantwortungsvolles, sinnerfülltes Leben in Wirtschaft und Gesellschaft zu ermöglichen.

Literatur

Blankertz, Herwig (1980), Theorien und Modelle der Didaktik, Weinheim, München.

Buck, Günter (1989), Lernen und Erfahrung: Epagogik, Darmstadt.

Davies, Peter und Jean Mangan (2007), Threshold concepts and the integration of understanding in economics, in: Studies in Higher Education, Vol. 32, S. 711-726.

DeGÖB – Deutsche Gesellschaft für Ökonomische Bildung (2009), Kompetenzen der ökonomischen Bildung für allgemein bildende Schulen und Bildungsstandards. http://degoeb.de/uploads/degoeb/09_DEGOEB_Abitur.pdf (abgerufen am 27.04.2014).

Haken, Hermann (1977), Synergetics: An Introduction; Nonequilibrium Phase Transitions and Self-Organization in Physics, Chemistry and Biology, Berlin u. a.

Haken, Hermann (1983), Synergetik, Berlin, Heidelberg, New York.

Haken, Hermann (2006), Die Rolle der Synergetik in der Managementtheorie: 20 Jahre später, in: Ewald Brunner und Timo Meynhardt (Hg.), Selbstorganisation Managen, Beiträge zur Synergetik der Organisation, Münster, New York, München, Berlin, S. 17-18

Heitger, Marian (1990), Moralität und Bildung, in: Aloysius Regenbrecht und Karl Gerhard Pöppel (Hg.), Moralische Erziehung im Fachunterricht, Münster, Vol. 7.1, S. 12-48.

Herbart, Johann Friedrich (1806), Allgemeine Pädagogik aus dem Zweck der Erziehung abgeleitet, Göttingen.

Hölderlin, Friedrich (2001), Sämtliche Gedichte und Hyperion, Frankfurt am Main.

Kaiser, Franz-Josef und Hans Kaminski (1997), Methodik des Ökonomieunterrichts, Bad Heilbrunn.

Kant, Immanuel (1983), Über Pädagogik, in: Wilhelm Weischedel (Hg.), Kant – Werke in sechs Bänden, Band 10: Schriften zur Anthropologie, Geschichtsphilosophie, Politik und Pädagogik, Darmstadt, S. 691-761.

Kant, Immanuel (1995), Beantwortung der Frage: Was ist Aufklärung, in: Immanuel Kant (Hg.), Der Streit der Facultäten und kleinere Abhandlungen, Köln, S. 10-22.

Klafki, Wolfgang (1989), Die bildungstheoretische Didaktik im Rahmen kritisch-konstruktiver Erziehungswissenschaft, in: Herbert Teske, Rita Gudjons und Rainer Winkel (Hg.), Didaktische Theorien, Hamburg, S. 11-28.

Krafft, Dietmar (1988), Änderung der schulischen Anforderungen durch neue Technologien, in: Bundesfachgruppe für ökonomische Bildung (Hg.), Ökonomische Bildung: Aufgabe für die Zukunft, Bergisch Gladbach, S. 175-191.

Krafft, Dietmar (2010), Retten Pisa und Bologna die ökonomische Bildung in der Bundesrepublik? in: Yvonne Boenke (Hg.), Lieber einen Knick in der Biographie als einen im Rückgrat, Festschrift für Horst Herrmann, Münster, S. 226-240.

Kruber, Klaus-Peter (1996), Der „systematische“ Ort für die Ethik in der Marktwirtschaft: ein Problem für die ökonomische Bildung, in: Hans-Jürgen Albers (Hg.), Deutsche Gesellschaft für ökonomische Bildung / Ethik und ökonomische Bildung, Bergisch Gladbach, S. 39-57.

Ladenthin, Volker (1995), Wissenschafts- und erfahrungsanaloger Unterricht, in: Karl Gerhard Pöppel und Aloysius Regenbrecht (Hg.), Erfahrung und schulisches Lernen, Münster, S. 15-29.

Ladenthin, Volker (2006), Die Ökonomie muss als Teil des schulischen Bildungsauftrags neu interpretiert werden, in: Orientierungen zur Wirtschafts- und Gesellschaftspolitik 1. Jg., S. 41-46.

Liening, Andreas (1999), Komplexe Systeme zwischen Ordnung und Chaos, Münster, Hamburg, London.

Liening, Andreas (2006), iLearning: Ein synergetischer Ansatz zum selbstorganisierten Lernen im Rahmen ökonomischer Bildung, in: Timo Meynhardt und Ewald Brunner (Hg.), Selbstorganisation Managen, Beiträge zur Synergetik der Organisation, Münster u. a., S. 179-205

Liening, Andreas und Ewald Mittelstädt (2009), iReturn: A synergetic approach for self organized learning – Start working effectively after parental leave, Proceedings 10th International Conference on Human Resource Development: HRD – Complexity and Imperfection, Newcastle (UK).

Liening, Andreas, Guido Strunk und Ewald Mittelstädt (2013), Transitions between lower and higher level management learning in times of crisis: Experimental study based on the theories of nonlinear dynamic systems within a business simulation game: Nonlinear Dynamics, Psychology, and Life Sciences, Vol. 17, S. 517-541.

Menze, Clemens (1980), Wissenschaft und Schule. Zur Wissenschaftsorientierung als Problem der Schule, in: Vierteljahrsschrift für wissenschaftliche Pädagogik, 56. Jg. S. 177-188.

Pähler, Klaus (1988), Erkenntnis und Entscheidung im Kritischen Rationalismus Karl Poppers, in: Ulrich O. Sievering (Hg.), Kritischer Rationalismus heute, Hanau, S. 241-267.

Petzelt, Alfred (1964), Grundzüge systematischer Pädagogik.

Pöppel, Karl Gerhard (1990), Moralische Erziehung im Fachunterricht: Zur Einheit von Unterricht und Erziehung, in: Aloysius Regenbrecht und Karl Gerhard Pöppel (Hg.), Moralische Erziehung im Fachunterricht, Münster, Vol. 7.2, S. 27-48.

Prigogine, Ilia und Gregoire Nicolis (1987), Die Erforschung des Komplexen, München.

Regenbrecht, Aloysius (1995), Erfahrung und Unterricht, in: Karl Gerhard Pöppel und Aloysius Regenbrecht (Hg.), Erfahrung und schulisches Lernen, Münster.

Riding, Richard und Stephen Rayner (1998), Cognitive Styles and Learning Strategies: Understanding Style Differences in Learning and Behaviour, London.

Schiepek, Günter, Andreas Manteufel, Guido Strunk und M. Reicherts (1997), Kooperationsdynamik in Systemspielen, in: Werner Langthaler und Günter Schiepek (Hg.), Selbstorganisation und Dynamik in Gruppen, Münster, S. 123-162.

Strunk, Guido und Günter Schiepek (1994), Dynamische Systeme: Grundlagen und Analysemethoden für Psychologen und Psychiater, Heidelberg.

Tschacher, Wolfgang und Ewald Johannes Brunner (1997), Die Dynamik psychosozialer Systeme, in: Werner Langthaler und Günter Schiepek (Hg.), Selbstorganisation und Dynamik in Gruppen, Münster, S. 104-122.

Christian Müller, Hans Jürgen Schlösser, Michael Schuhen und Andreas Liening (Hg.)
Bildung zur Sozialen Marktwirtschaft
Schriften zu Ordnungsfragen der Wirtschaft · Band 99 · Stuttgart · 2014

Spielbasiertes Lernen in der ökonomischen Bildung – ein Systematisierungsversuch

Bernd Remmele

Inhalt

1. ‚Lernspiel' – ein Oxymoron?

Entwicklungsgeschichtlich besteht eine enge Verbindung zwischen Spielen und Lernen – allerdings mit einer gewissen Dominanz im Bereich der Prozeduralisierung, da der Spielaspekt der Wiederholbarkeit dem Einübungsprozess von bestimmten Verhaltensweisen entgegenkommt.[1] Die Verbindung zwischen Spielen und Lernen ist schon bei vielen nicht-menschlichen Spezies offensichtlich. Interessant ist hierbei, dass auch schon zwischen animalischen Spielern durch entsprechende Signale oder Rituale deutlich gemacht wird, das ist jetzt nicht Ernst sondern Spiel (Bateson 1981, S. 249 f.). Es wird so der spezifische geschützte Rahmen hergestellt, innerhalb dessen Spielen und in der Folge Lernen möglich wird, ohne dass aus dem jeweiligen Verhalten ‚ernste' Konsequenzen folgen würden.[2]

Auch menschliches Spiel ist häufig von mehr oder weniger intendiertem und mehr oder weniger inzidentellem Lernen begleitet. Wenn man Fußball spielt oder ggf. trainiert[3], lernt man z. B. etwas über das Verhalten und den Umgang mit sphärischen Körpern oder über soziales Verhalten oder über die eigene Emotionalität. Das Verhältnis von Lernen und Spielen ist in diesen Fällen entwicklungsgeschichtlich bewährt. So sieht auch Klafki (1964, 129) – im Anschluss an Fröbel (o.J.) – das Spiel als eine Frühform kategorialer Bildung, insofern sich Kind und Gegenstand hierin gegenseitig und füreinander erschließen. Hier ist allerdings wohl eher das individuelle ‚freie' Spiel und weniger Regelspiele und sportliche Wettkämpfe gemeint.

Moderne didaktische Ansätze versuchen entsprechend zunehmend, dieses förderliche Verhältnis zwischen Spielen und Lernen auch auf Fälle auszuweiten, die nicht so bewährt sind. Eine zentrale Frage in Hinsicht auf spielbasiertes Lernen ist daher, für welche Lernziele (Lern-)Spiele überhaupt eine geeignete Methode darstellen. Angesichts der weit verbreiteten Begeisterung für spielbasiertes Lernen wird diese Frage gerne übergangen. Man hofft, durch die Verknüpfung mit einem vermeintlichen Spielverlauf das Problem der Lernmotivation umgangen zu haben, da ja Spielen intrinsisch motiviert ist. Doch es gibt Gründe, hier etwas skeptischer zu sein. Zum einen zeigen verschiedene Metastudien, dass sich die Lerneffekte bei der Nutzung von Spielen nur sehr bedingt gegenüber anderen (auch weniger schülerzentrierten) Methoden verbessern (Wilson et al. 2009); dies betrifft insbesondere kognitive Lernziele; bei den deutlich weniger relevanten affektiven Lernzielen sieht es jedoch besser aus.[4] Das mag natürlich daran lie-

---

1 Hieraus kann sich auch ein didaktisches Problem ergeben, insofern Spiele zwar sehr gut Entscheidungen im Hinblick auf abgeschlossene und wiederholbare Perioden abbilden können, damit aber von der Kontinuierlichkeit von Entscheidungen in einem Unternehmen divergieren (Kuppinger und Wüst 2010).

2 Vgl. Huizingas (1956, S. 15ff) klassische Definitionskriterien: raum-zeitliche Begrenzung, Freiheitlichkeit, Nicht-Eigentlichkeit, Eingenommenheit, materielle Uninteressiertheit, Ordnung, Spannung und Gemeinschaftsbildung.

3 Wenn man trainieren muss, dann ist es vielleicht schon nicht mehr spielen.

4 „Games engage the affective dimensions of labor too. Minerva Software (formerly Cyberlore) is making service workers empathetic, in a virtual store complete with point-of-purchase display, where they cultivate sale skills; the basis of this simulation is Cyberlore's

gen, dass gute und schlechte Spiele in einen statistischen Topf geworfen wurden; d. h. für gute Lernspiele mit kognitivem Lernziel ist damit noch nicht zwingend etwas gesagt.

Zum anderen differenziert sich in letzter Zeit die Diskussion im Hinblick auf sogenannte Serious Games (z. B. Becker 2006 sowie Schlösser et al. in diesem Band). Ein Kernpunkt der Kritik ist, dass es sich bei diesen häufig gar nicht um (gute) Spiele handelt, sondern lediglich um eine Verpackung von Lernstoff, der nur äußerlich an bestimmte Spieltypen (bei den Serious Games häufig narrativ strukturierte Computerspiele) erinnert. Serious Games können so zwar relevante Spielaspekte – gewissermaßen oberflächlich – aufweisen, die für eine intrinsische Motivation sorgen könnten, die – tieferliegende – Spielmotivation wird aber durch den erkennbaren Lernzweck verdrängt. Teilweise sind solche Games nicht nur schlechte Spiele, denen es nicht gelingt, einen adäquaten Spannungsbogen[5] aufzubauen, sondern sie versagen auch darin, irgendwelche Lerngehalte sinnvoll zu vermitteln, weil etwa der motivationale und zeitliche Aufwand, sich durch die ‚Spielumgebung' hindurch zu manövrieren, viel größer ist als beispielsweise beim Blättern durch eine gedruckte Präsentation des Stoffes.

Damit ist auch klar, dass hinsichtlich der Nutzung von spielbasiertem Lernen in der ökonomischen Bildung – analytisch – eine Abgrenzung zu (bloßen) Simulationen zu machen ist. Simulationen sind nicht per se spielerisch, da sie teilweise gar nicht in der Lage sind, einen geeigneten Spannungsbogen o. Ä. aufzubauen. Abgesehen davon hängt es selbstverständlich auch von der Lernsituation ab, in die der simulierende Lerner geworfen ist. Eine Baggersimulation kann für einen Schreibtischarbeiter etwas sehr Spielerisches haben, insofern sie einen kreativ befriedigenden Gestaltungsraum öffnet (Sandkasten). Ein Flugsimulator dürfte bei einer Pilotenschülerin andere Stimmungslagen eröffnen als bei einer Laiin, die gerne mal in Hongkong ins Meer crasht. Ein Patientensimulator kann/soll ggf. sogar frustrieren, um Fehlerquellen zu entdecken. Dasselbe gilt für unterschiedliche Unternehmens- oder Marktsimulationen – je nach dem, ob sie im sonst freudlosen Schulunterricht, in einem Assessmentcenter oder einer teamorientierten Weiterbildungsveranstaltung eingesetzt werden (Liening, Krafft und Schlösser 2009).

Wenn man den Kontext als einen spielerischen Zugang nicht generell entgegengesetzt annimmt, dann richtet sich der Fokus einer systematischen Differenzierung von Lernspielen auf die möglichen intrinsischen Motivationsdimensionen, die sich aus der mit den Lerninhalten korrespondierenden Form der Lernspiele ergibt.

2. Der Lern-Spiel-Verdrängungseffekt

Selbst der beste Spieldesigner hat bei der Entwicklung von Lernspielen mit dem angedeuteten allgemeinen Problem zu kämpfen. Es herrscht eine prinzipielle Spannung zwischen der Spiel- und der Lernmotivation. Spielen zeichnet sich durch seine Abgeho-

---

earlier game Playboy Mansion, in which players had to 'persuade' models in a lavish Hugh Hefner-esque pad to pose topless" (Dyer-Witheford und de Peuter 2009).

[5] Vgl. hierzu Heckhausens (1973) Begriff des „Aktivierungszirkels".

benheit von der realen ernsten Welt, von der man sich insbesondere freiwillig absondert, und durch seine intrinsische Motiviertheit aus. Wenn man ein Spiel als Lernspiel erkennt, oder wenn man in einem Lehr-Lern-Zusammenhang dazu aufgefordert wird, ein Lernspiel zu spielen, dann werden der Bezug zu einem Transferbereich in der realen Welt und das vorgegebene Ziel, dafür etwas zu lernen, präsent. Es bedarf daher ggf. einer gewissen didaktischen Kunst oder Gewöhnung bei den Lernern/Spielern, dass das Spielen in den Vordergrund rückt und man das Lernen vergisst.

Neben der begrenzten Fähigkeit der Spieldesigner und der Spannung zwischen Spiel- und Lernmotivation gibt es aber noch eine weitere Ursache, warum es mit der Lerneffizienz von Lernspielen hapern kann: Die Struktur des gegebenen Lernbereichs ist dafür ungeeignet, in die Struktur eines (guten) Spieles übertragen zu werden. Hierin liegt eine für die weitere Argumentation wesentliche – scheinbar triviale – Vorannahme: Spielen eignet sich dort zum Lernen, wo sich die Struktur des Zulernenden in eine spielerische Form mit den jeweiligen motivationalen Ressourcen sinnvoll transferieren lässt.

Was im realen Leben enervierend ist, bleibt dies meist auch, wenn es durch Spielelemente angereichert wird. Nur weil man T-Shirts im Akkord und damit im Wettbewerb mit anderen näht, macht es noch lange keinen Spaß. Durch das Tragen einer Uniform nimmt man zwar durch Verkleidung eine andere Rolle an, aber ein Spielen ist das eher nicht. Arbeiten ist eben nicht Spielen. Nur weil Gottesdienste einem liturgischen Narrativ folgen und rituelles Singen beinhalten, heißt dies noch nicht, dass alle mit freudiger Begeisterung dabei sind. Nur weil man auf dem Rummel für Karussells Geld ausgibt, bezahlt man auf einer Fähre nicht extra dafür, dass man seekrank wird. Und das Abschließen einer Lebensversicherung für sich oder auch andere verbindet man wohl selten mit dem Kitzel einer Lotterie.

Lernbereiche der ökonomischen Bildung haben allerdings den Vorteil, dass sich in ihnen Strukturen finden lassen, die eine mögliche Übertragbarkeit gewährleisten. Wenn daher Lernspiele unbefriedigend bleiben, kann es sein, dass es sich nicht nur einfach um ein schlechtes Spiel, sondern auch um ein für den spezifischen (Lern-)Zweck ungeeignetes Spiel handelt.

3. Ähnlichkeiten zwischen Spielwelt und Erlernwelt

Es geht also darum, strukturelle Ähnlichkeiten zu finden, die einen geeigneten Transfer zwischen der Spielwelt und der Erlernwelt ermöglichen. Strukturelle Ähnlichkeiten zwischen Spielen und Wirtschaften finden sich dabei sowohl auf der inhaltlichen wie der motivationalen Ebene (Remmele 2010; o.V. 2010).

Die Wettbewerbsneigung (agon)[6] – ob nun angeboren oder notwendiges Ergebnis der Sozialisation in einer endlichen Welt – ist eine fundamentale motivationale Ressource

---

6 Agon, alea, mimicry und ilinx sind die von Caillois (1982) auf phänomenologischer Ebene bestimmten Spielformen sowie mit diesen korrespondierenden Motivationen. Rauscherfahrungen (ilinx) sind für Lernspiele gerade auch im Bereich der ökonomischen Bildung wohl nur von geringer Relevanz. Rollenspiele (mimicry) können zwar sehr sinnvoll in der ökonomischen Bildung eingesetzt werden (vgl. Ebbers 2011), Rollenübernahme ist aber kaum als

für das Spielen und das Wirtschaften. Dies gilt insbesondere in einer modernen, individualistisch geprägten Kultur, die diese Neigung bis zu einem gewissen Maße toleriert bzw. sogar wertschätzt. Denn der Wettbewerb kann bekanntermaßen auch darin bestehen, bessere Produkte, in Hinsicht auf Qualität und/oder Preis, als der ‚Gegner' zur Verfügung zu stellen. Eine Vielzahl von Spielen wird dadurch angetrieben, eine bessere Entscheidung zu treffen oder eine Handlung besser auszuführen als der Mitspieler. Eine Übertragung ist hier also naheliegend und in vielen Spielen der ökonomischen Bildung gebräuchlich. Zentral für die Möglichkeit, Entscheidungen erfolgreich in Handlungen umzusetzen, ist die Stabilisierung des Verhältnisses von Handlung und Ergebnis durch allgemeine Regeln. Spielregeln (so wie property rights) stellen geradezu das Individuum her, das dadurch in die Lage versetzt wird, bestimmte Ereignisse mehr oder weniger deutlich auf eigene Entscheidungen, ggf. im Verhältnis zu den Entscheidungen der anderen, kausal zu beziehen.

Ein interessanter Aspekt besteht darin, dass der Erfolg auf Märkten nicht nur durch die Kompetenz und/oder die Motivation bestimmt wird, sondern dass Märkte zufallsoffen sind (alea). "Capitalism is a system that enshrines the gambler as an essential part of its operation ..." (Graeber 2011, S. 357) Oft entscheidet der Zufall, ob man zur rechten Zeit am rechten Ort ist, darüber, ob eine noch so große Leistung überhaupt wahrgenommen und abgenommen wird. Offensichtlich baut wiederum eine große Zahl von Spielen auf den Zufall als Spannungsgenerator. Die klassische Form, diesen Aspekt in Spielen einzubauen, der sich auch in verschiedenen Spielen der ökonomischen Bildung findet, ist die Ereigniskarte – selbstverständlich kann das unerwartete Ereignis auch durch andere Medien in den Spielprozess Eingang finden.[7]

Für die sog. Self-Determination-Theory sind Autonomie- und Kompetenzerfahrung[8] wichtige motivationale Ressourcen (z. B. Deci und Ryan 1985), die spielerisches Verhalten ebenso antreiben können wie wirtschaftlich relevantes Verhalten. Dies reicht von der eben schon betonten einfachen Erfahrung der individuell gesteuerten Umsetzung einer autonomen Entscheidung über die Beherrschung einer mehr oder weniger offenen Aufgabe bis zur kreativen Neuschaffung von Handlungsräumen.

Ein wichtiger Versuch, Formen intrinsischer Lernmotivation mit Blick auf Spielformen zu differenzieren, stammt von Malone und Lepper (1987, vgl. hierzu auch Habgood 2007, S. 20 ff.). Sie unterscheiden zum einen vier eher auf das jeweilige Individuum bezogene interne Motivationsfaktoren: Challenge, Curiosity, Control, Fantasy; zum anderen drei eher interpersonal gelagerte Faktoren: Cooperation, Competition, Recognition. Die internen Faktoren sowie der Wettbewerbsaspekt decken sich weitgehend mit den bereits erwähnten Analysen. Kooperation und Anerkennung entsprechen letztlich

---

spezifische motivationale Ressource oder als spezifisches Anwendungsfeld im wirtschaftlichen Bereich zu betrachten.

7 „It is, we suggest, no coincide that in the early twenty-first century 'virtual trading' means both on-line stock market speculation and the buying and selling of digital game goods." (Dyer-Witheford und de Peuter 2009).

8 Autonomieerfahrung, Kompetenzerfahrung und Zugehörigkeitserfahrung sind die von Deci und Ryan (1985) im Rahmen ihrer Self-Determination-Theorie bestimmten Zustände, die intrinsisch motiviert ablaufen (können).

der dritten Dimension der Self-Determination-Theory, d. h. der Zugehörigkeitserfahrung. Eine typische Verknüpfung zwischen Spielebene und Wirtschaftswelt scheint hier mit Blick auf diese Dimension also nicht gegeben.

Obwohl eine Vielzahl von Spielen darauf basieren, sind antisozial bzw. nicht prosoziale Antriebe ein bisher eher vernachlässigter Bereich der Analyse von Spielmotivationen. Solche Antriebe sind z. B. Schadenfreude, Betrügen, Spielverderberei und Sabotage aber auch Gier und Sadismus. Von Mitspielern kann Verhalten, das auf entsprechende Motivationen zugeschrieben wird, bis zu einem gewissen Maße toleriert werden, bevor der Rahmen des Spiels platzt. Es ist teilweise selbst ein Spiel zu testen, wann der Rahmen platzt (für eine weitergehende Analyse vgl. Remmele und Whitton 2013). Entsprechende Motivationen, die nicht mit einem fairen Wettbewerb einhergehen, bestimmen selbstverständlich auch Verhalten in der wirtschaftlichen Welt. Allerdings scheint es auch hier ein theoretisches Desiderat zu bestehen (z. B. Goldschmidt 2005). Da dieser Bereich aber bisher analytisch wenig Beachtung gefunden hat und natürlich auch, weil solches Verhalten kaum als Lernziel verfolgt wird, finden sich keine nennenswerten Lernspiele.[9] Monopoly ist zwar ein sehr erfolgreiches Spiel, es wird aber typischerweise nicht dazu eingesetzt, das Erfolg garantierende Verhalten für den Transfer in die reale Welt systematisch zu üben.

Insgesamt aber erklären die vielgestaltigen strukturellen Ähnlichkeiten – neben der spezifischen finanziellen Förder- bzw. Nachfragestruktur im Bereich der ökonomischen Bildung –, warum es so viele und auch manche gute Spiele gibt. Eine Übersicht zu gewinnen ist daher mittlerweile ungeheuer schwer. Im Internet finden sich verschiedene mehr oder weniger überquellende Repositorien, z. B. für deutsche Business-Games eine Liste der SAGSAGA[10] oder für den englischsprachigen Raum die 'Games Economists Play'[11] (diese Listen unterscheiden selbstverständlich nicht so streng zwischen Spiel und Simulation). Darüber hinaus gibt es verschiedene gedruckte bzw. druckbare Auswahlsammlungen, hier nur einige deutschsprachigen: Behme (2006), Schlösser et al. (2009), Jacobs (2010), Wachsmann (2010).

4. Klassifizierungsdimensionen für Spiele der ökonomischen Bildung

Die bisherige Darstellung blieb auf der allgemeinen Ebene, versuchte aber deutlich zu machen, dass es im Bereich der ökonomischen Bildung nicht nur eine Spielform gibt – es gibt ja auch nicht nur ein Lernziel. Es bietet sich daher an zu versuchen, die beiden Bereiche systematisch weiter zu differenzieren, um mögliche Parallelen deutlicher bestimmen zu können oder Teilbereiche auszumachen, die weniger gut zusammenpassen.

Im Hinblick auf die Unterscheidung im Lernbereich ist es sinnvoll, schon eine Differenzierung zu wählen, die spielrelevante Handlungs- und Entscheidungsstrukturen wi-

---

[9] Im Bereich der Ethik finden sich dagegen häufig Spiele – typischerweise Rollenspiele – die darauf zielen, den Umgang mit antisozialem Verhalten und entsprechenden Motivationen unter verschiedenen Zielstellungen zu üben.

[10] URL: http://www.sagsaga.org/index.php?id=22 (abgerufen am 30 Mai 2013).

[11] URL: http://www.marietta.edu/~delemeeg/games/ (abgerufen am 30 Mai 2013).

derspiegelt und nicht einfach bestimmten fachlichen Differenzierungen folgt. Eine geeignete Unterscheidung könnte daher Folgende sein:

a) Unternehmen von innen, d. h., es geht um das Problem (die Spannung), wie sich bestimmte Entscheidungen auf Unternehmensprozesse und -strukturen auswirken;

b) Marktteilnahme, d. h., es geht um das Problem, wie es einzelnen Handelnden, inklusive Unternehmen, gelingt, sich durch geeignete Maßnahmen auf einem Markt zu behaupten;

c) Marktsteuerung, d. h., es geht um das Problem, wie sich die Wahl bestimmter Systembedingungen auf die einzelnen Systemelemente oder bestimmte Prozesswerte auswirkt.

Die Entscheidungsprobleme sind hier jeweils deutlich verschieden. Es geht hier um Fragen der Organisation, des Wettbewerbs und des Systems, deren Konstellation etwa durch ein unterschiedliches Verhältnis zu den Mitspielern oder die unterschiedliche Rolle linearer und zirkulärer Kausalzusammenhänge divergiert.

Die zweite zu dieser Dreiteilung querliegende Unterscheidung ist die des Regelbezugs, d. h. zwischen Regelhaftigkeit und Offenheit, zwischen Handlung i.e.S. und Gestaltung. Damit werden die eher mit regelbezogenen Typen gegen die eher kreative Motivationsdimension gestellt. Diese Unterscheidung korrespondiert in gewissem Maße mit der zwischen ‚choice within rules' und ‚choice of rules'. In den drei Bereichen kann es dann jeweils darum gehen, bestimmte wirtschaftliche Handlungszusammenhänge durchzuspielen oder bestimmte Gegebenheiten der wirtschaftlichen ‚Spiel-Welt' zu gestalten.

Nun gilt es, mit Hilfe einer Klassifizierungsmatrix für Spiele der ökonomischen Bildung zu zeigen, dass es sich bei den zwei Dimensionen fachliche Differenzierung und Regelbezug um solche handelt, dass in den Feldern der sich ergebenden Matrix relevante Spielformen bzw. dort spezifische spielerische Motivationslagen auftauchen (Abbildung).

Konkrete Spiele können selbstverständlich an mehren der Felder partizipieren. Komplexe Spiele können bzw. sollten durchaus mehrere Aspekte sinnvoll ansprechen.

1) Manager

‚Manager' ist eine Funktion, die in sehr vielen Bereichen auftaucht. So kann man Managerin eines ‚normalen' Unternehmens sein aber etwa auch eines Fußballclubs oder einer Familie. Es gilt Entscheidungen in Bezug auf eine Vielzahl von möglichen Ressourcen, Zielen, Handlungsoptionen etc. typischerweise innerhalb eines relativ eindeutig ‚regulierten' Handlungsrahmens abzuwägen und zu treffen. Dies erlaubt sowohl in der Realität wie in der Spielwelt, Motivation aus den gegebenen Herausforderungen zu gewinnen. Wesentliche Aspekte von „challenge", d. h. dem durch die Herausforderung gesetzten Spannungsbogen, sind für Malone und Lepper (1987) uncertain outcome, multilevel of goals und performance feedback. Diese Aspekte sind in typischen Managementsituationen unschwer zu entdecken. Vor einem solchen spannungsreichen Hintergrund ist insbesondere auch die Erfahrung von Autonomie und Kompetenz möglich.

Das Einüben der Komplexität von Entscheidungen scheint hierbei ein zentrales und lösbares Lernziel entsprechender Managementspiele. Ein Transferpotential – zumindest in Hinsicht auf die Einsicht in die Komplexität möglicher Entscheidungssituationen – scheint daher gegeben.

Abbildung: Klassifikation von Spielen der ökonomischen Bildung

	Handlung	**Gestaltung**
In Organisation oder Strukturen	1) Manager[12] Handlungen innerhalb eines Unternehmens, eines Haushalts oder einer analogen Organisation Entscheidungen hinsichtlich Ressourcen, Produktionszahlen, Personal, Nachhaltigkeit etc. (im Rahmen eines relativ eindeutig strukturierten Spielsettings)	2) Entrepreneur Etwas ‚unternehmen', i. S. eines kreativen Unternehmertums (auch Intrapreneur oder Unternehmer seiner selbst etc.) Entwicklung eines Businessplans, einer Marketingstrategie, eines Produkts etc. (im Rahmen eines relativ offenen Spielsettings)
Auf Märkten	3) Händler Handlungen auf Märkten, Preisbildung, Wettbewerb um Aufträge, Entscheidungen im Rahmen eines marktartigen ‚Spielfeldes', in dem mehrere echte oder virtuelle Mitspieler als Käufer oder Verkäufer konkurrieren	4) Marktmeister Einrichten eines 'Marktplatzes', einer Auktion etc. Entwicklung der Regeln für eine wirtschaftliche Institution insbesondere mit Blick auf die sich daraus ergebenden Handlungen der einzelnen Marktteilnehmer und deren Beziehungsstrukturen
Am Steuerpult	5) Wirtschaftsminister Experimentieren mit wirtschaftspolitischen und ökonomischen Systemgrößen, z. B. Steuern, Geldmenge, Inflationsrate, Zinshöhe, Handelsbilanzen, Produktivität etc. Entscheidungen im Rahmen eines nach festen (quantitativen) Regeln organisierten Wirtschaftssystems	6) Gott Entwicklung einer Gesellschaft von Grund auf: Städte, Klassen/Schichten, Rohstoffe, Industrien etc. Entscheidungen in einem relativ offenen Handlungsraum, insbesondere mit Blick auf ihre evolutorischen Konsequenzen

Quelle: Eigene Darstellung

2) Entrepreneur

Ein Entrepreneur ‚unternimmt' etwas, er gestaltet in einer mehr oder weniger freien und kreativen Form. Die Gestaltung kann sich dabei auf verschiedene, gerade auch wirtschaftlich relevante Felder, inklusive der eigenen (Arbeits-)Biographie, beziehen. Auch hier rührt Motivation aus der Herausforderung her – ferner aber auch aus „fantasy", d. h. eine motivationale Ressource, die spezifische emotionale Bedürfnisse einschließen

---

[12] Die Namen der einzelnen Felder sind generell in einem sehr weiten Sinne zu verstehen.

kann. Die erfahrene Autonomie hat damit auch einen tendenziell anderen Charakter als in einer festen Regelumgebung.

Entsprechende Gestaltungen sind sowohl in spielerischer wie wirtschaftlicher Umgebung möglich, wobei hier die Möglichkeit eines Transfers der Spielerfahrung in die reale Welt eher kritisch zu beurteilen ist. Zum einen geht es um Kompetenzen, deren bereichsübergreifender Charakter fraglich ist, und zum anderen ist unklar, inwieweit betreffende offene Situationen in den beiden Bereichen analog genug strukturiert sind. Dies betrifft sowohl die Möglichkeit der wirtschaftlichen Welt, analoge Situationen in einer Spielwelt zu implementieren, als auch die Wahrscheinlichkeit, dass der Spielwelt analoge Situationen in der realen Welt je auftauchen.

3) Händler

Beim Händler auf (designten) Märkten, auf denen sich echte und/oder virtuelle Konkurrenten finden, spielt wiederum die Herausforderung zu bestehen sowie eben der Antrieb, besser zu sein als andere, eine wichtige motivationale Rolle. Die Wettbewerbsmotivation verbindet sich dabei aber auch leicht mit der Schadenfreude und anderen eher antisozialen Antrieben. Den Marktprozess vor dem Hintergrund eigener ökonomischer Entscheidungen transparent machende Lernspiele dürften/sollten darüber hinaus auch von „curiosity“ profitieren, denn in der realen Welt sind die entsprechenden Mechanismen für den Teilnehmer häufig kaum präsent.

Bisher tendieren Marktspiele dazu, an mikro-ökonomischen Theoriesträngen anzuschließen und den systemischen Charakter von Märkten vermitteln zu wollen. Dies läuft in einem gewissen Maße der Erfahrung von Marktteilnehmern entgegen, die Märkte eher als Netzwerke auffassen (White 2002). Wenn man sich das Verhalten in Spielen ansieht, in denen intensiv gehandelt, im Sinne von getauscht, wird, so liegt die Vermutung nahe, dass sich auch hier eher netzwerkartige Strukturen ausbilden. Natürlich ist es immer möglich, Regelstrukturen so zu gestalten, etwa mit bestimmten Auktionsverfahren, dass das Verhalten mit der Theorie übereinstimmt. Im Hinblick auf mögliche Lernprozesse schiene beim Spieldesign und beim Unterrichtseinsatz eine genauere Differenzierung angemessen.

4) Marktmeister

Eine eher den Unterscheidungen der Klassifizierungsmatrix geschuldete (mögliche) Parallele zwischen wirtschaftlicher Realwelt und (lernrelevanter) Spielwelt ist der Marktmeister, der die Regeln eines 'Marktplatzes' gestaltet. Gängige Spiele scheinen in diesem Feld eher selten.

Ganz abgesehen von den auch heute noch umkämpften Regeln auf Wochenmärkten (Verkaufszeiten, Umfang bestimmter Warengruppen, Standgrößen etc.), ist selbstverständlich auch auf höheren Ebenen (EU) die Gestaltung von Märkten und das sich daraus ergebende wechselseitige Verhalten der Marktteilnehmer eine spannende gestalterische Aufgabe. Hier kann (intellektuelle) Neugier durchaus Befriedigung finden. Zumindest auf wissenschaftlicher oder wissenschaftspropädeutischer Ebene ist daher auch mit einem relevanten Lerneffekt zu rechnen.

5) Wirtschaftsminister

Auch makroökonomische Steuerungsentscheidungen, wie sie ein ‚Wirtschaftsminister' (oder natürlich auch Finanzminister, Präsident, Notenbankchef etc.) ausführt und dann vor dem Hintergrund der weiteren Entwicklungen des gesteuerten realen oder virtuellen Systems beurteilt und anpasst, bieten hinreichende strukturelle Parallelen zwischen Spiel- und Erlernwelt.

Inwieweit der reale Steuermann hierbei durch „curiosity" (insbesondere im Bezug auf „complexity") bewegt wird, mag dahin gestellt sein. Für einen lernenden Spieler oder spielenden Lerner können geeignete Simulationen intellektuelle Herausforderungen und ggf. Kompetenzerfahrungen bieten.

6) Gott

Natürlich wissen wir nicht, was Gott antreibt und was er denkt. Dass es allerdings eine in Computerspielen vielfältig verwirklichte und entsprechend ökonomisch sehr erfolgreiche Spielidee darstellt, in einem relativ offenen Handlungsraum die Rolle Gottes einzunehmen und die Entwicklung ganzer Gesellschaften oder der Evolution zu bestimmen, ist fraglos. Es zeigt sich hier somit ein herausfordernder Mix aus kreativen (ggf. auch destruktiven) Antrieben und auf Komplexität bezogene Neugier.

Insgesamt haben wir es hier häufig mit auch für Erwachsene geeigneten Spielen zu tun, die dazu dienen, komplexe Entscheidungen einzuüben, wie sie sich in der Welt der Wirtschaft in einem sehr weiten Sinne stellen. Nicht nur die Komplexität der Entscheidungen, sondern auch die Voraussetzungen in Hinsicht auf deklaratives Wissen sind dabei z. T. sehr hoch und können damit weitreichende Lernprozesse in Gang setzen.

Sich dafür zu üben, Gott zu werden ist wohl für die meisten von uns unnötig. Allerdings ist es in einer Demokratie für die meisten von Bedeutung, umfassende sozioökonomische Dynamiken und die ihrer Komplexität innewohnenden Gestaltungs- und Entscheidungsproblematiken abschätzen zu können.

Literatur

Bateson, Gregory (1981), Ökologie des Geistes, Frankfurt am Main.

Becker, Katrin (2006), Design Paradox: Instructional Games. Vortrag für Future Play, The International Conference on the Future of Game Design and Technology, The University of Western Ontario, London, Ontario, Canada, October, 10.12.2006

Behme, Nadine (2006), Planspiele zur ökonomischen Bildung: Spielanleitungen mit Kopiervorlagen, Berlin.

Caillois, Roger (1982), Die Spiele und die Menschen: Maske und Rausch, Frankfurt am Main.

Deci, Edward und Richard M. Ryan (1985), Intrinsic motivation and self-determination in human behavior, New York.

Dyer-Witheford, Nick und Greig de Peuter (2009), Empire@Play: Virtual Games and Global Capitalism, in: ctheory (5/13/2009). URL: http://www.ctheory.net/articles.aspx?id=608 (abgerufen am 28.01.2014).

Ebbers, Ilona (2011), Rollenspiel und Szenisches Spiel, in: Thomas Retzmann, Methodentraining für den Ökonomieunterricht II, Schwalbach, S. 111-124.

Fröbel, Friedrich (o.J.), Entwurf eines Planes zur Begründung und Ausführung eines Kindergartens, Leipzig.

Goldschmidt, Nils (2005), Ist Gier gut? Ökonomisches Selbstinteresse zwischen Maßlosigkeit und Bescheidenheit, Freiburg discussion papers on constitutional economics, No. 05/10.

Graeber, David (2011), Debt: The first 5,000 years, Brooklyn, N.Y.

Habgood, Matthew Peter Jacob (2007), The effective integration of digital games and learning content. University of Nottingham, United Kingdom, URL: http://etheses.nottingham.ac.uk/385/1/Habgood_2007_Final.pdf (abgerufen am 26.03.1014).

Heckhausen, Heinz (1973), Entwurf einer Psychologie des Spiels, in: Andreas Flitner, Das Kinderspiel, München, S. 133-149.

Huizinga, Johan (1956), Homo ludens, Hamburg.

Jacobs, Heinz (2010), Ökonomie spielerisch lernen: Kompetenz gewinnen: Spiele, Rollenspiele, Planspiele, Simulationen und Experimente, Schwalbach/Ts.

Klafki, Wolfgang (1964), Das pädagogische Problem des Elementaren und die Theorie der kategorialen Bildung, Weinheim.

Kuppinger, Bernd und Kirsten Wüst (2010), Alles nur ein Spiel? - Über die Realitätsnähe von Unternehmensplanspielen, in: WiSt - Wirtschaftswissenschaftliches Studium 39. Jg., S. 160-163.

Liening, Andreas, Dietmar Krafft und Hans Jürgen Schlösser (2009), Energie, Klimaschutz und Verbraucher: Eine computerunterstützte Simulation, Dortmund.

Malone, Thomas und Marc Lepper (1987), Making learning fun: A taxonomy of intrinsic motivation for learning, in: Richard Snow und Marshall Farr (Eds.), Aptitude learning and instruction III, Hillsdale, S. 223-253.

O.V. (2010), See A Game Handbook. Antwerpen et al.

Remmele, Bernd (2010), Game-Based Fostering of Entrepreneurial Attitudes? in: Proceedings of the 4th European Conference on Games Based Learning, Copenhagen, S. 352-358.

Remmele, Bernd und Nicola Whitton (2013), Transgressing or displacing the magic circle: the impact of negative gaming behaviours, in: Thomas M. Connolly et al. (Eds.), Psychology, Pedagogy and Assessment in Serious Games. Hershey, S. 111–126.

Schlösser, Hans Jürgen et al. (2009), Ökonomische Experimente, Berlin.

Wachsmann, Frank (2010), Lernspiele Wirtschaft: Anleitungen mit Kopiervorlagen, Berlin.

White, Harrison (2002), Markets from networks: socioeconomic models of production, Princeton.

Wilson, Katherine A, Wendy L. Bedwell, Elizabeth H. Lazzara, Eduardo Salas, C. Shawn Burke und Jamie L. Estock (2009), Relationships Between Game Attributes and Learning Outcomes: Review and Research Proposals, in: Simulation & Gaming, Vol. 40, S, 217-266.

Christian Müller, Hans Jürgen Schlösser, Michael Schuhen und Andreas Liening (Hg.)
Bildung zur Sozialen Marktwirtschaft
Schriften zu Ordnungsfragen der Wirtschaft · Band 99 · Stuttgart · 2014

Serious Games in der ökonomischen Bildung

Hans Jürgen Schlösser, Marco Rehm und *Michael Schuhen*

Inhalt

1. Einleitung

Lernen durch Spielen hat eine lange Tradition in den Bildungswissenschaften und in der Bildungspraxis (zum Überblick Döring 1997; Fritz 1991). Eine besondere Bedeutung haben dabei das Spielen im Kindergarten, die Theaterpädagogik, Rollenspiel und Szenisches Spiel sowie heilpädagogische Anwendungen erlangt (vgl. dazu jeweils Heiland 1989; Dörger 2005; Ebbers 2011; Heimlich 2001). Mit dem Einsatz von Personal Computern im Bildungssystem haben zusätzlich fachdidaktische Anwendungen stark an Bedeutung gewonnen, speziell für rechenintensive Spiele (als Pionierarbeit im deutschsprachigen Raum vgl. Krafft et al. 1987).

Schon bald hat sich in der Wirtschaftsdidaktik, insbesondere am seinerzeit von Dietmar Krafft und Gerd-Jan Krol geleiteten Institut für Ökonomische Bildung der Universität Münster, eine umfangreiche wissenschaftliche Literatur dazu entwickelt (z. B. Liening 1992; 1999; Schlösser 1995). Schließt man sich der Vorstellung vom „Erfahrungsorientierten Lernen" in Computersimulationen (Liening 1999) an, so kann Lernen in Spielen in analoger Weise mit Konzepten der Erlebnispädagogik behandelt werden. Dabei ist die zunehmende Rechenleistung der Computer bedeutsam, erlaubt sie doch die Entwicklung von Videospielen und damit den Übergang von der tabellengestützten Simulation zum Serious Game.

Die immer höher entwickelten Grafikfähigkeiten der Rechner haben die „Gamification" der Bildung in vielen Bereichen, angefangen beim Militär, ermöglicht und vorangetrieben. Die Verschmelzung von Computer(video)spielen mit Lernumgebungen wird damit begründet, dass Spielen eine anthropologische Konstante darstellt, beispielsweise bei Zichermann und Cunningham (2011, S. IX), die neurowissenschaftlich argumentieren: „we are hardwired to play". Anscheinend wird die Gesellschaft immer spielbesessener (ebd.), was aber kein Problem darstellen muss, wenn man den beiden Autoren folgt (ebd. S. X): „When done well, gamification helps align our interest with the intrinsic motivations of our players, amplified with the mechanics and rewards that make them come in, bring friends, and keep coming back."

Was bedeutet aber in diesem Zusammenhang ‚gut gemacht'? Wenn dies nicht definiert wird, immunisieren sich Autoren wie Zichermann und Cunningham mit ihrer Aussage gegen Kritik. James Paul Gee, der selbst durchaus Hoffnungen auf „creating smarter students through digital learning" in der „anti-education era" hegt, warnt vor der unkritischen Annahme einer schönen neuen Spaßwelt, in welcher dem Lerner alles zu leicht gemacht und Enttäuschung und Leid erspart wird. Schließlich beraubt dies den Lernenden fundamentaler Lernchancen:

> „People who never confront challenge and frustration, who never acquire new styles of learning, and who never face failure squarely may in the end become impoverished humans. They may become forever stuck with who they are now, never growing and transforming" (Gee 2013, S. 115).

Die didaktische Analyse und Bewertung von Serious Games wird dadurch erschwert, dass bisher keine einhellige Definition verfügbar ist. Damit gehen unterschiedliche Perspektiven von Entwicklern und Nutzern der Games einher. Schließlich sind heute noch viel Fragen hinsichtlich der Einbettung von Serious Games in didaktische Konzepte offen.

2. Definitions- und Abgrenzungsprobleme aus Sicht eines Fachdidaktikers

In der Literatur zu unserem Thema findet sich eine Vielzahl von Begriffen: Serious Games, Pervasive Games, Alternate Reality Games oder Playful Design (vgl. Zichermann und Cunningham 2011 und die dort angegebene Literatur). Von besonderer Bedeutung erscheint uns die Unterscheidung von Edutainment (Education through Entertainment), Planspielen und Simulation Games. Unter Edutainment werden in der Regel behavioristische Lernspiele verstanden, die auf Wissenszuwachs abzielen, meist eingeschränkt auf curricular relevantes Wissen (Egenfeldt-Nielsen 2007, S. 24). Für Charsky (2010, S.181 f.) sind bei Edutainment die Ziele des Spiels gleichbedeutend mit den Lernzielen. In ihrem Standardwerk über Serious Games betonen Michael und Chen (2006, S. 24), dass Serious Games weit mehr sind als Edutainment.

Planspiele hingegen sind regelgeleitete Spiele, bei denen die Spieler eine Modellwelt auf vorgegebene Ziele hin manipulieren. Auch dies erfüllt nicht den Anspruch von Serious Games. Diese sollen in viel stärkerem Maße auf entdeckendes Lernen abstellen. Ihr Einsatz hat anfänglich im Bereich des informellen Lernens gelegen, also Lernen ohne vorherige Instruktion und ohne abschließende Debriefing/Reflexionsphase. Allerdings gelingt es bisher den Verfechtern von Serious Games nicht, eine klare definitorische Abgrenzung zu liefern. Anscheinend vertraut man in der Community auf implizites Wissen um die Definition – „I know it when I see it“. Definitionen in der Literatur sind entweder enumerativ, indem beispielhaft Spieltitel genannt werden, oder es wird aufgezählt, was ein Serious Game alles nicht ist (Charsky 2010, S. 179 ff.).

Fazit: Es herrscht so wenig Konsens darüber, was ein Serious Game ist, dass darunter alle Spiele gefasst werden können, die einen Realitätsbezug aufweisen und für Bildungszwecke genutzt werden oder auch nur genutzt werden können. Außerdem wird Serious Game von der Software-Industrie intensiv als Marketingbegriff genutzt, um als neues Label für herkömmliche Simulationssoftware herzuhalten.

Auch die Arbeitsdefinition von Michael und Chen (2006, S. 17) wirft mehr Fragen auf, als sie Antworten zu geben vermag: „a serious game is a game in which education (in its various forms) is the primary goal rather than entertainment“ (vgl. kritisch zur mangelnden Operationalität solcher Definitionen Juul 2005). Immerhin wird hier klargestellt, dass die Prioritätensetzung auf Education und nicht auf Entertainment liegt. Dies sehen Spieleentwickler und Spieleverwender aber oft ganz unterschiedlich.

3. Die Perspektive der Entwickler und Verwender

Wir unterscheiden im Folgenden die Perspektive der Spieleentwickler (Informatiker) und die Perspektive der Spieleverwender (Bildungswissenschaftler). Aus der Entwicklersicht definieren Informatiker Serious Games anhand ihrer Charakteristika. Nach Charsky (2010, S. 179) handelt es sich bei Serious Games um Software mit „characteristics to provide learners with an authentic learning experience where the entertainment and learning are seamlessly integrated". Diese Spielcharakteristika bestehen in Wettbewerb, Spielzielen, unterschiedlichen Wegen der Zielerreichung, Regeln, Herausforderungen und Authentizität. Bildungswissenschaftler dagegen charakterisieren Serious Games hauptsächlich über ihre Verwendung. Ein Spiel ist dann und nur dann ein Serious Game, wenn es in Bildungskontexten verwendet wird. Diese Sichtweise lässt sich am Beispiel des bekannten Computerspiels *Sim City* verdeutlichen:

Wird das Spiel von Jugendlichen in der Freizeit gespielt, dann ist es als Unterhaltungsspiel anzusehen. Setzt es hingegen eine Geographielehrerin im Unterricht ein, um städtebauliche Prinzipien zu lehren, wird es als Serious Game verwendet. Egenfeldt-Nielsen (2007, S. 35) spricht daher von einem „educational computer game", das als „commercial entertainment title" vermarket worden ist.

Zwischen den beiden Perspektiven oszillieren auch Michael und Chen (2006, S. 21), wenn sie einerseits Serious Games von der Entwicklungs- und Intentionsseite her definieren – „explicit and carefully thoughtout educational purpose" –und anderseits auf die jeweilige Verwendung des Spiels abstellen: „entertainment games reapplied to other purposes can also be considered serious games". Danach wäre ein Spiel ein Serious Game, wenn es als solches eingesetzt wird. Diese Definition ist zirkulär und daher unbrauchbar.

4. Fachdidaktischer Fokus zur Charakterisierung von Serious Games als handlungsorientierte Methode

Im Zentrum fachdidaktischer Überlegungen stehen zum einen Lehren und Lernen und zum anderen fachdidaktische Prinzipien, Methoden und Inhalte. Auch wenn informelle Lernprozesse wesentlich für die ökonomische Bildung von Jugendlichen sind, und ein Spielen in der Freizeit ist ein solcher informeller Lernprozess, sollen für die nachfolgende Charakterisierung Lehren und Lernen als eine Einheit aufgefasst werden, damit das planmäßig geleitete, bzw. bewirkte Lernen, bezogen auf Unterricht, im Mittelpunkt stehen kann (Glöckel 1996, S. 325; Peterßen 2001, S. 22 f.)

Nimmt man diese Überlegungen als Ausgangspunkt und die folgende allgemeine Charakterisierung von Spielen als gegeben,

- die Teilnahme ist freiwillig,
- das Spiel findet abseits des (realen) Alltagslebens statt,
- die Spieler gehen in der Spielwelt auf (Immersion, Flow),
- das Spiel findet innerhalb klarer räumlicher und zeitlicher Grenzen statt,
- das Spiel basiert auf Regeln, die eine spielinhärente Ordnung kreieren,
- das Spiel schafft eine Gruppe, die sich über die Teilnahme am Spiel definiert,

so ergeben sich für die Diskussion von Serious Games als gegebenenfalls neue fachdidaktische Methode erste Anknüpfungspunkte. Nicht alle für Spiele allgemein aufgezählten Eigenschaften liegen bei Serious Games als fachdidaktische Methode vor. So ist die Freiwilligkeit der Teilnahme in der hier betrachteten formalen Bildungsperspektive nicht gegeben, weil sie von der Lehrperson vorgeschrieben wird. Die Immersion kann als erwünschte Begleiterscheinung des Spiels angesehen werden. Sie kann beispielsweise erreicht werden durch instant feed back und Anpassung der Herausforderung an die Fähigkeit der Spielerin. Die Immersion (Flow-Zustand) geht einher mit dem schrittweisen Meistern von Herausforderungen auf dem Weg zum Spielziel, das häufig ein kompetitives ist. Dies impliziert, dass die Spieler etwas über das Spiel lernen.

Beim Spielen nehmen, wie Gee (2004) zu Recht bemerkt, die Spieler beachtliche Mühen auf sich. Serious Games nutzen diese Volition aus und enthalten deshalb Charakteristika, die denen von Unterhaltungsspielen ähneln. Im Unterschied zu reinen Unterhaltungsspielen

- verfolgen sie jedoch ein Bildungsziel,
- weisen über die Spielwelt hinaus,
- werden zu Bildungszwecken eingesetzt und
- basieren auf einer didaktischen Konzeption.

Die Spielziele – beispielsweise, im Wettbewerb mit anderen Spielern oder einem simulierten Rivalen durch Sammeln von Scores zu bestehen – sind in der Regel allerdings nicht identisch mit dem Bildungsziel, beispielsweise ökonomische Grundbildung – ein Mangel, der eine Kategorisierung als fachdidaktische Methode erschwert. Entwickler und Verwender argumentieren, dass das Lernen sich in Serious Games aus dem Spielen selber ergeben soll. Begründet wird dies damit, dass Serious Games Charakteristika aufweisen, die kommerziellen Computerspielen ähneln. Letztere werden von den Spielern freiwillig und oft sehr lange gespielt. Daher sollen diese Charakteristika, die als motivationsfördernd gelten, in Serious Games erhalten bleiben (Egenfeld-Nielsen 2007, S. 28). Eine klare Ausweisung von Lernzielen, der Grundlage für eine fachdidaktische Strukturierung von Unterricht, ist nicht vorgesehen und wird z.T. auch als motivationshemmend angesehen: Vielmehr sollen die Ziele des Spiels gerade nicht mit den Lernzielen identisch sein und können durchaus implizit sein, also durch den Spieler selber festgelegt werden, da Tätigkeiten, die um ihrer selbst willen ausgeführt werden, eine intrinsische Motivation des Tätigen zugrunde liege.

5. Empirische Studien zu Serious Games

Es bleiben gewisse Zweifel, ob der Lernertrag (Helmke 2009) der Methode ihren Einsatz rechtfertigt. Auch ein Blick in empirische Studien zum Thema Serious Games eröffnet keine eindeutig positive oder negative Einschätzung.

In der Lehr-Lern-Methodenforschung lassen sich zwei Richtungen unterscheiden: die effektivitätsorientierte und die deskriptive Lehr-Lern-Methodenforschung. (Terhardt 2000, S. 98; Schuhen 2008). Die Lehrmethodenforschung muss dabei als ein Aspekt der Unterrichtsforschung aufgefasst werden (Beck 1987), die im Bereich des sozialwissenschaftlichen Unterrichts – im Unterschied zur beruflichen Bildung – wenig ausgeprägt ist (Pätzold et al. 2003).

Es überwiegen deskriptive Forschungsansätze, die die Effektivität von Serious Games damit begründen, dass Spieler sich in einer Spielwelt die Regeln dieser Welt eigenständig aneignen, was einem konstruktivistischen Lernprozess gleichkomme. Durch den Fokus auf Problemlösung trainieren diese Spiele „Higher order thinking skills“ z.B.

durch Rekonstruktion des Game-Models, um es erfolgreich zu manipulieren – im Unterschied zu Edutainment (Charsky 2010, S. 180 f.).

Dem Learning-by-Design-Standpunkt zufolge liegt die Lerneffektivität darin begründet, dass Serious Games Charakteristika von kommerziell erfolgreichen digitalen Spielen aufgreifen, die den Spieler motivieren, weiterzuspielen und ihn aufregen (Charsky 2010, S. 181; siehe auch Gee 2004). Dazu gehört im Fall von Serious Games, dass es ein kompetitives Element gibt, der Spieler sich also in irgendeiner Weise mit anderen realweltlichen Spielern oder einem simulierten Gegner misst. Dieser Wettbewerb kann im Spiel selber stattfinden oder über den Vergleich eines Punktwerts o.ä. als Resultat des Spiels. Im Wettbewerb zu bestehen kann eines der Spielziele von Serious Games sein. Diese ergeben sich immer aus den Regeln und der Geschichte des Spiels, sind also nicht identisch mit den Lernzielen wie bei Edutainmenttiteln. Ziele können in Serious Games also auch vom Spieler selber gesetzt werden (Charsky 2010, S. 181; siehe dazu auch Alessi und Trollip 2001). Wenn die Ziele durch den Spieler teilweise selber gesetzt werden können, dann erfordert dies ein offenes Vorgehen im Spiel – auch dies im Unterschied zu Edutainment, wo es nur richtig/falsche Lösungen auf dem Weg zum Erreichen des Spielziels gibt. Edutainment ist also linear angelegt, während Serious Games vorgehensoffen sind. Die Regeln in Serious Games sind so gestaltet, dass der Benutzer innerhalb der Regeln eine große Vielfalt an Entscheidungen treffen kann und somit jeder einzelne Spieldurchlauf einzigartig ist. Daher sind auch die Ergebnisse in Serious Games abgestuft und vielschichtiger als in Edutainmenttiteln. Diese vom Gamedesign ausgehende Denkschule hat ungeachtet ihrer umfassenden theoretischen Herleitung bislang allerdings wenig handfeste empirische Nachweise dafür führen können, dass die Lernwirksamkeit an den Charakteristika liegt.

Der zweite und empirische bei weitem besser gestützte Theoriestrang, der die Wirksamkeit von Serious Games propagiert, ist die Lehr-Lernmethodenforschung, die der nach der konkreten Verwendung eines Spiels fragt und dieses meist durch Interventions- oder Vergleichsstudien experimentell testet. Im Zuge dieser Überlegungen muss auch der bereits angeführte Charsky (2010) zugeben, dass eine Strategie, die auf Versuch und Irrtum beruht, in einem Spiel ebenso Erfolg haben kann, aber ein „trial and error approach maybe an effective serious game design only if supported with integrated assistance" (Charsky 2010, S. 187). Diese „assistance" wird bei Spielen in Bildungskontexten vor allem durch die Reflexion über das Spielgeschehen nach Runden und/oder am Ende des Spiels vorgenommen und begründet die Lernwirksamkeit (Crookall 2010; Petranek 2000; Kendall und Harrington 2003). Sie muss folglich in die Evaluation der Methode miteinbezogen werden.

Rehm hat hierzu eine umfassendere effektivitätsorientierte Lehr-Lernmethoden-Studie durchgeführt, in der er zeigen konnte, dass Spieler von kommerziellen Aufbau- und Managerspielen beim Spielen nur wenig über Ökonomie lernen, auch wegen der fehlenden Reflexion über das Spielgeschehen und über die Implikationen über die Spielwelt hinaus (Rehm 2012, S. 176). Er bescheinigt den auf dem Markt befindlichen Aufbau- und Managerspielen deshalb einen nur begrenzten Nutzen in für Bildungsprozesse. Chiodo und Flaim stellen in diesem Sinne als Ziel der Reflexionsphase bei Planspielen heraus „to make some transition between the rules of the game and real-life situations" (Chiodo und Flaim 1993, S. 120).

Unter der Perspektive des Konstruktivismus' findet in der Reflexionsphase eine Akkommodation statt: die Anpassung vorhandener Schemata an neue Erfahrungen, hier die Erfahrung im Planspiel, die während der Reflexion generalisiert wird. Dies geht zurück auf Dewey, nach dem ein Erzieher verpflichtet ist, pädagogisch wertvolle Erfahrungen bei den Schülern zu ermöglichen. Dies geschehe, wenn die vom Erzieher kreierte Umwelt mit den Fähigkeiten und Bedürfnissen der Zöglinge in Wechselwirkung treten könne. Diese Erfahrungen sollen aber nicht auf Späteres vorbereiten – Vorratslernen also –, sondern Erfahrungen sollen zunächst einmal nur „voll begriffen und angewandt werden", wenn Ziel-Mittel-Zusammenhänge und Ursache-Wirkung-Zusammenhänge von den Schülern begriffen werden können. Dies geschehe in der Reflexion über eine Erfahrung mit dem Ziel der zukünftigen Erfahrungslenkung (Dewey 1986, S. 295 ff.).

6. Benötigen Digital Natives neue Methoden?

Ein Hauptargument für den Einsatz von digitalen Spielen in Bildungskontexten, das immer wieder genannt wird, ist das „digital natives"-Argument. Demzufolge sei die heutige Generation mit digitalen Geräten und Spielen aufgewachsen, und die spielerische Herangehensweise komme dieser Generation entgegen. Die von Prensky (2001a, 2001b) proklamierten Digital Natives würden anders denken als die Lehrergeneration, z.B. parallel statt sequentiell, dreidimensional und würden durch den Gebrauch von simulativen Spielwelten hypothesentestend lernen (Prensky 2001b, S. 3 f.).

Diese Behauptungen haben sich aber weitgehend als grobe Verallgemeinerung herausgestellt, wie Schulmeister in einer Revision des digital natives-Konzepts herausgearbeitet hat. Angesichts der sehr unterschiedlichen Nutzung von digitalen Medien von einer Generation zu sprechen verbiete sich überhaupt (Schulmeister 2009, S. 72 ff). Auch im Zusammenhang mit digitalen Bildungsangeboten im Rahmen des groß angelegten britischen MoleNet-Projekts musste festgestellt werden, dass alleine die Bedienung der Anwendungen eine hohe Hürde für die Jugendlichen darstellte und somit die digital-natives-These verworfen werden musste (Attewell et al. 2009, S.80 f.).

7. Fazit

Am Ende bleibt die Frage, ob die Zukunft des Lernens nicht doch – zumindest teilweise – in diesen neuen computerbasierten Spielen liegt. Vor knapp 25 Jahren schrieb Dietmar Krafft (1990, S. 21) über die Verbreitung des Computers:

> „Die neue Dimension des Erfahrungsverlustes besteht darin, dass nun nicht nur die Tätigkeiten und die Instrumente zu ihrer Ausübung aus den Haushalten entfernt und in gesonderte ‚Arbeitsstätten', die Unternehmungen gebracht wurden, sondern dass nun durch die Mikroelektronik diese Instrumente selbst ‚entanschaulicht' werden. Das Räderwerk einer mechanischen Uhr oder die Funktionen einer mechanischen Schreibemaschine, sind durch Anschauung nachvollziehbar, ihre Einzelteile sind greifbar; die Regelelektronik einer modernen Uhr bleibt der Anschauung verschlossen, ihr Aufbau ist erklärbar, jedoch nicht "fassbar". Der Kopf ist gefordert, die Hand verzichtbar."

Krafft (1990, S. 23) stellte im Zuge seiner Überlegungen die für ihn aus dem Blickwinkel der ökonomischen Bildung wichtige Frage:

„Können wir und wie lange können wir auf die Vermittlung von Kenntnissen über die Handhabung neuer technologischer Instrumente, die im Privatbereich und im Wirtschaftsleben eine immer größere Bedeutung gewinnen, verzichten, ohne dass gravierende Mängel der Qualifikation der Bevölkerung zu gesamtwirtschaftlichen und gesamtgesellschaftlichen Schäden führen?"

Sein Vorschlag von damals lautete:

„Ein erstes, relativ leicht erreichbares Ziel liegt darin, Computer zu Simulationen einzusetzen. Hierbei werden Vorgänge, die unterschiedlichen Fachdisziplinen zugeordnet sein können, anschaulich durchgespielt und dabei die Zusammenhänge erläutert. Auf diesem Wege lassen sich bei guten Simulationsmodellen erlernen:

die Praxis der Bedienung von Computern,

die Möglichkeit der Nutzung von Computern,

die Grenzen der Anwendbarkeit von Computern" (Krafft 1990, S. 31).

Vielleicht ist es wieder an der Zeit, sich Neuem zu öffnen und die Entwicklung sowohl in informellen als auch in formellen Bildungsprozessen empirisch zu begleiten.

Literatur

Alessi, Stephen M. und Stanley R. Trollip (2001), Multimedia for learning: Methods and development. 3. Auflage, Boston.

Attewell, Jill, Carol Savill-Smith und Rebecca Douch (2009), The Impact of mobile learning. Examining what it means for teaching and learning, London.

Beck, Klaus (1987), Die empirischen Grundlagen der Unterrichtsforschung: Eine kritische Analyse der deskriptiven Leistungsfähigkeit von Beobachtungsmethoden, Göttingen.

Charsky, Dennis (2010), From Edutainment to Serious Games: A Change in the Use of Game Characteristics, in: Games and Culture, Vol. 5, Nr. 2, S. 177-198.

Chiodo, John J. und Mary L. Flaim (1993), The Link between Computer Simulations and Social Studies Learning: Debriefing, in: Social Studies, Vol. 84, Nr. 3, 119-121.

Crookall, David (2010), Serious Games, Debriefing, and Simulation/Gaming as a Discipline, in: Simulation & Gaming, Vol. 41, S. 898-920.

Dewey, John (1986), Erziehung durch und für Erfahrung, eingeleitet, ausgewählt und kommentiert von Helmut Schreier, Stuttgart.

Dörger, Dagmar (2005), Spiel- und Theaterpädagogik studieren, Berlin u.a.

Döring, Sabine (1997), Lernen durch Spielen: Spielpädagogische Perspektiven institutionellen Lernens, Weinheim.

Ebbers, Ilona (2011), Rollenspiel und Szenisches Spiel, in: Thomas Retzmann: Methodentraining für den Ökonomieunterricht II, Schwalbach, S. 111-124.

Egenfeldt-Nielsen, Simon (2007), Educational Potential of Computer Games, New York.

Fritz, Jürgen (1991), Theorie und Pädagogik des Spiels: Eine praxisorientierte Einführung, Weinheim.

Gee, James Paul (2004), Learning by Design: Games as Learning Machines, URL: http://www.gamasutra.com/view/feature/130469/learning_by_design_games_as_.php (abgerufen am 18.04.2014).

Gee, James Paul (2013), The Anti-Education Era: Creating Smarter Students through Digital Learning, New York.

Glöckel, Hans (1996), Vom Unterricht: Lehrbuch der allgemeinen Didaktik. 3. Auflage, Bad Heilbrunn/Obb.

Heimlich, Ulrich (2001), Einführung in die Spielpädagogik, Eine Orientierungshilfe für sozial-, schul- und heilpädagogische Arbeitsfelder, 2. Auflage, Bad Heilbrunn, Obb.

Heiland, Helmut (1989), Die Pädagogik Friedrich Fröbels, Aufsätze zur Fröbelforschung 1969-1989, Hildesheim.

Helmke, Andreas (2009), Unterrichtsqualität und Lehrerprofessionalität: Diagnose, Evaluation und Verbesserung des Unterrichts, Seelze.

Juul, Jesper (2005), Half-Real: Video Games between Real Rules and Fictional Worlds, Cambridge.

Kendall, Ken W. und Robert Harrington (2003), Strategic management education incorporating written or simulation cases: an empirical test, in: Journal of Hospitality & Tourism Research, Vol. 27, Nr. 2, S. 143-165.

Krafft, Dietmar (1987), Energie und Verbraucher: Computergestützte Simulation (zus. mit Klaus Breuer und Hans Jürgen Schlösser), Köln.

Krafft, Dietmar (1990), Neue Technologien und wirtschaftlicher Wandel: Herausforderungen an die Schule und die Arbeitskreise Schule/Wirtschaft, in: Unternehmensverband der Metallindustrie für Dortmund und Umgebung e.V. (Hg.), 25 Jahre Arbeitskreis Schule/Wirtschaft, Dortmund.

Liening, Andreas (1992), Intelligente tutorielle Systeme: Eine kritische Analyse unter Berücksichtigung ihrer Einsatzmöglichkeiten in der Wirtschaftsdidaktik, Hamburg, Münster.

Liening, Andreas (1999), Didaktische Innovationen: Neue Ansätze zur Entwicklung computergestützter ökonomischer Planspiele, in: Gerd-Jan Krol und Klaus-Peter Kruber (Hg.), Die Marktwirtschaft an der Schwelle des 21. Jahrhunderts: Neue Aufgaben für die ökonomische Bildung?, Bergisch Gladbach, S. 237-260.

Michael, David und Sande Chen (2006), Serious Games: Games that Educate, Train, and Inform, Boston.

Pätzold, Günter, Jens Klusmeyer, Judith Wingels und Martin Lang (2003), Lehr-Lernmethoden in der beruflichen Bildung, Oldenburg.

Peterßen, Wilhelm H. (2001), Lehrbuch allgemeine Didaktik, 6. Auflage, München.

Petranek, Charles F. (2000), Written Debriefing: The Next Vital Step in Learning with Simulations, in: Simulation Gaming 2000, Vol. 31, S. 108-118.

Prensky, Marc (2001a), Digital Natives, Digital Immigrants, in: On the Horizon, Vol. 9, Nr. 5, S. 1-6.

Prensky, Marc (2001b), Digital Natives, Digital Immigrants, Part II: Do They Really Think Differently?, in: On the Horizon, Vol. 9, Nr. 6, S.1-6.

Rehm, Marco (2012): Ökonomischer Kompetenzerwerb in kommerziellen Aufbau- und Managerspielen, Dissertation, Siegen.

Schlösser, Hans Jürgen (1995), Modelltheoretische Aspekte von Computersimulationen im handlungsorientierten Unterricht, in: Hans Jürgen Albers (Hg.), Handlungsorientierung und ökonomische Bildung, Bergisch Gladbach, S. 197-212.

Schuhen, Michael (2008), Kompetenzorientierung in der ökonomischen Bildung: von der Notwendigkeit einer empirischen Perspektive bei der Diskussion Handlungsorientierter Methoden, in: Günter Seeber (Hg.), Forschungsfelder der Wirtschaftsdidaktik., Bad Schwalbach, S. 104-112.

Schulmeister, Rolf (2009), Gibt es eine „Net Generation"?, Erweiterte Version 3.0. Hamburg, URL: http://www.zhw.uni-hamburg.de/uploads/schulmeister_net-generation_v3.pdf (abgerufen am 18.04.2014).

Terhart, Ewald (2000), Lehr-Lern-Methoden: Eine Einführung in Probleme der methodischen Organisation von Lehren und Lernen, 3. Auflage, Weinheim.

Zicherman, Gabe und Christopher Cunningham (2011), Gamification by Design: Implementing Game Mechanics in Web and Mobile Apps, Sebastopol (CA).

Christian Müller, Hans Jürgen Schlösser, Michael Schuhen und Andreas Liening (Hg.)
Bildung zur Sozialen Marktwirtschaft
Schriften zu Ordnungsfragen der Wirtschaft · Band 99 · Stuttgart · 2014

Online-Unterhaltungsmedien in der Ökonomischen Bildung – Das Potenzial von Apps und Social Games zur Förderung ökonomischer und medialer Kompetenz

Ewald Mittelstädt und *Claudia Wiepcke*

Inhalt

1. Ökonomische Bildung: fachbezogen, lebensnah, unterhaltsam

Mit dem Wahlspruch „Alternatives to chalk and talk“ (Becker und Watts 2000) ist in der Wirtschaftswissenschaft der Trend aufgekommen, unterhaltsame Inhalte wie Kuriositäten und Boulevardthemen aufzugreifen und für fachbezogene Lehr-Lern-Arrangements didaktisch aufzubereiten. Levitt und Dubner (2007, S. 12) argumentieren: „... die Ökonomie ist eine Wissenschaft, die uns ausgezeichnete Werkzeuge zur Verfügung stellt, um Antworten zu finden, aber sie leidet unter einem ernsten Mangel an interessanten Fragen.“ U.a. Levitt ist es zu verdanken, unterhaltsame Fragen in der Ökonomik wie z.B. ‚Warum Drogendealer noch bei ihren Müttern wohnen‘ etabliert zu haben und damit auch für die Lehre zu erschließen (Mittelstädt, Drost und Faeseke 2009).

Für Professor Dr. Dietmar Krafft ist dies nicht neu. Er ist ein Wirtschaftsdidaktiker, dem es wichtig ist, Ökonomische Bildung anschaulich, lebensnah und begreifbar zu machen. Er fasziniert durch sein Talent, ökonomische Sachverhalte verständlich auszudrücken und seine Bereitschaft dies auch unorthodox zu tun. Für ihn ist klar, dass es in der Ökonomischen Bildung nicht darum gehen kann, eine Mini-Wirtschaftswissenschaft abzubilden. So wendet Krafft (1995, S. 1) sich in einem einführenden Lehrbuch mit folgenden Worten direkt an die Lernenden:

> „Vielmehr geht es darum, Ihnen eine Hilfe zu bieten, wirtschafts- und gesellschaftskundliche Zusammenhänge fachkundiger beurteilen zu können und eine Grundlage für weiterführende Studien zu haben. Ich sehe es als wichtig an, daß das Wirtschaftsgeschehen nicht für sich allein, sondern stets im gesamtgesellschaftlichen Zusammenhang betrachtet werden muß, so daß stets gesellschaftliche Bezüge herzustellen sind.“

Ökonomik ist für ihn keine vierte oder fünfte Fremdsprache, die man beherrschen muss. Ihm ist nahezu jedes Mittel recht, damit Lernende ‚Wirtschaft‘ verstehen. Dabei kommt er ohne Indifferenzkurven in Ertragsgebirgen, ohne mathematische Formelsammlung und Ökonometrie aus. Er lehrt im besten Sinne mit Herz, Hand und Verstand. Dabei bedient er sich praktischer und lebensnaher Fälle, simuliert Unternehmenssituationen und setzt Exkursionen sowie Expertengespräche ein. Rätsel des alltäglichen (Wirtschafts-)Lebens will Dietmar Krafft mit Hilfe der Wirtschaftswissenschaft erklären. Ökonomische Bildung muss für ihn selbstverständlich sein und zeigen, wie die Welt wirklich funktioniert.

Inspiriert vom Schaffen Dietmar Kraffts haben sich die Autoren die Frage gestellt, was bedeutet seine Haltung zur ökonomischen Bildung unter Berücksichtigung der Lebenswirklichkeit von Jugendlichen und jungen Erwachsenen zu Beginn des 21. Jahrhunderts? Eine wesentliche Veränderung im Alltag der Zielgruppe ist in Hinsicht auf die Medienausstattung und -nutzung festzustellen. In den Jahren 2001 bis 2013 hat das Internet rasch Verbreitung gefunden. Zumindest bei den 17- bis 19-Jährigen ist „das im Internet sein“ (91 %) sogar vor dem Fernsehen (85 %) das meistgenutzte Medium; die ab 14-Jährigen verweilen im Durchschnitt drei bis vier Stunden täglich im Internet (MPFS 2013). Daher liegt es auf der Hand, das Potenzial von Online-Medien für die ökonomische Bildung zu betrachten. Dabei ist eine enge Verbindung von Unterhaltungsmedien und dem Internet festzustellen. Klassische Fernsehformate wie Spielfilme und Serien, Musik- und Videoclips bzw. ursprünglich offline verwendete Formate wie

Computer- und Videospiele haben im Zuge der Digitalisierung bzw. Verfügbarkeit von Breitbandanschlüssen ihren Weg ins Internet gefunden. Zudem sind mit Social Games und Apps eigenständige Online-Formate entstanden. Während es zum Einsatz von Filmen (z.B. Sexton 2006) und Musik (z.B. Tinari und Khandke 2000) sowie Computerspielen (z.B. Woltjer 2005) bereits zahlreiche Arbeiten gibt, ist aufgrund der Neuartigkeit von Apps und Social Games noch wenig darüber in der ökonomischen Bildung publiziert worden.

Ausgehend von einer Erörterung des Begriffs Unterhaltungsmedien (Kapitel 2), zu denen Apps und Social Games zählen, werden induktiv anhand der beiden Beispiele „mission: decision" (App) (Kapitel 3) und „Farmville" (Social Game) (Kapitel (4) Handlungsempfehlungen zur Gestaltung von online-basierten Lehr-Lern-Arrangements entwickelt und abschließend das Potenzial diskutiert (Kapitel 5).

2. Unterhaltung als didaktisches Prinzip

Der Unterhaltungsbegriff ist sehr vielseitig und unterliegt einer permanenten Weiterentwicklung. Im Rahmen der Massenkommunikation zu Beginn des 20. Jahrhunderts wurde Unterhaltung als eine Eigenschaft angesehen, die bestimmte Kulturprodukte kennzeichnet. Unterhaltung gilt u.a. als Zeitvertreib und findet sich in Begriffen wie Unterhaltungskunst, Unterhaltungsmusik, Unterhaltungsliteratur oder auch Unterhaltungsfilm wieder (Reinhardt 2005, S. 37). Reinhardt ordnet dem Begriff Unterhaltung vier Hauptfunktionen zu:

1) Ablenkung und Zeitvertreib gelten als zentrale Funktion von Unterhaltung und beinhalten Entspannung und u.U. sogar einen gewissen Grad an Realitätsflucht.

2) Interaktion thematisiert die gesellschaftliche und soziale Funktion von Unterhaltung. Sie gilt als gemeinschaftsfördernd sowie als Mittel der Sozialisation. Durch die Bereitstellung kommunikativer Inhalte fördert sie die Interaktion und Identifikation von Personen. Gleichzeitig nimmt sie eine gesellschaftsbestimmende Funktion ein, in dem sie Rückschlüsse auf die Zugehörigkeit zu bestimmten sozialen Gruppen und den sozialen Status zulässt.

3) Förderung der persönlichen Identität, die durch die Bedürfnisse von Individuen wie z.B. Liebe oder Selbstverwirklichung hervorgerufen werden.

4) Unterhaltung als Vermittlung von Information und Bildung, in dem mit Hilfe von ‚Heiterkeit' Informationen bewusst oder unbewusst zur Verfügung gestellt werden (Prager 1971, S. 96).

Die letzte Funktion von Unterhaltung hat sich u.a. auch unter dem Begriff Edutainment etabliert. Edutainment setzt sich aus den Wörtern ‚Education' (Bildung, Erziehung) und ‚Entertainment' (Unterhaltung, Zeitvertrieb) zusammen. Das Konzept findet in der Mediendidaktik im Rahmen der elektronischen Wissensvermittlung (z.B. bei der Auswahl und Begründung von Computerspielen bzw. -programmen) die häufigste Anwendung (siehe z.B. Erlinger 1997; Reinhardt 2005). Dabei werden Inhalte spielerisch und unterhaltsam vermittelt, Lernprozesse erfolgen implizit. Ziel ist es, die Lernmotivation zu steigern und damit Lernerfolge zu begünstigen (Lin-Klitzing 2009). Im Folgenden werden zwei Online-Unterhaltsmedien vor dem Hintergrund der vier genannten Hauptfunktionen vorgeführt.

3. App „mission: decision“ – Entscheidungen ökonomisch begründen

3.1. Didaktische Vorführung

In der App „mission: decision“ (DSV 2014) sind Jugendliche auf einer Einkaufstour durch die Stadt. Sie können zwischen Sport, Mode und Musik wählen (vgl. Abbildung 1).

Abbildung 1: App „mission: decision“

Quelle: DSV 2014.

Bei der Einkaufstour werden die Spielenden mit Gratis- und Lockangeboten, Einrahmungs- und Referenzeffekten sowie Denkschubladen konfrontiert. Diese Auslöser für typische Verhaltensirrtümer dienen dazu, zentrale ökonomische Paradigmen und Konstrukte kennenzulernen. So heißt es in der Auswertung (DSV 2014):

- „Das Umfeld beeinflusst deine Entscheidungen, aber mache dir klar, dass du für deine Entscheidungen verantwortlich bist.
- Vernünftige Entscheidungen sind nur möglich, wenn dir vorher bewusst ist, welche Ziele du hast und welche Möglichkeiten es gibt.
- Nichts ist gratis, denn jede Entscheidung ist mit Kosten verbunden und sei es durch den Verzicht auf die nächstbeste Möglichkeit.

– Entscheidungen wirken sich auf die Zukunft aus. In der Vergangenheit versunkene Kosten können nicht mehr zurückgeholt werden."

In der App werden die Entscheidungsorientierung und das Rationalitätsprinzip fokussiert, beides sind zwei Kernelemente der Wirtschaftswissenschaft (Mittelstädt 2011, S. 47 f.). Sie eignet sich explizit zur Förderung des Kompetenzbereiches „Entscheidungen ökonomisch begründen" (DeGÖB 2004, S. 1), da Situationen betrachtet werden, in denen Verhaltensanomalien systematisch vorliegen. Auf diese Weise wird deutlich, dass Rationalität nicht immer intuitiv gegeben ist (Simon 1955) und dass die Wirtschaftswissenschaft eine Vielzahl von Konstrukten entwickelt hat, um Entscheidungsrationalität zu begünstigen (Mittelstädt und Wiepcke 2012).

3.2. Medienanalyse

Als App (engl. Kurzform für application) wird ein Anwendungsprogramm für Mobilgeräte bezeichnet. Zu unterscheiden ist zwischen mobilen Web-Apps, die über einen Browser (Internet-Darstellungsprogramm) betrieben werden, und nativen Apps, die vor Betrieb installiert werden müssen. Da native Apps direkt mit dem Betriebssystem verbunden sind, können diese Sicherheitslücken aufweisen und direkten Zugriff auf das Gerät verschaffen, d.h. zu allen darüber verfügbaren Dateien und Datenbanken, aber auch auf die verwendeten Bauteile wie GPS, Gyro- und Bildsensoren, Kamera oder Mikrofon. Die Hersteller von Mobilgeräten versuchen dem entgegenzuwirken, indem der Zugriff nur auf spezifische Schnittstellen zugelassen wird. Einerseits ist aus der Perspektive des Verbraucherschutzes problematisch, dass Apps ohne (bewusstes) Einverständnis Daten sammeln und versenden. Andererseits zeigen ökonomische Experimente zum Datenschutz (Beresford, Kübler und Preibusch 2010), dass trotz Bekundungen von 95 % der Probanden über die Wichtigkeit des Schutzes persönlicher Daten 91 % derselben Kohorte bereits für eine Preisreduktion von EUR 1 bereit waren, sensible persönliche Daten zu offenbaren.

Der Einsatz von Apps, z.B. auf Smartphones führt jenseits von Verbraucher- und Datenschutzdebatten zu grundlegenden Veränderungen im Konsum und Alltagsleben. Nicht nur Unternehmen (und Staaten) haben mit dem Datensammeln begonnen, auch die Nutzenden selbst erschließen sich Körper- und Lebensdaten zur Optimierung des eigenen Ichs. Unter den Schlagworten „Quantified Self" oder „Lifelogging" werden mit Hilfe von Apps sportliche Leistungen verbessert, Gewicht reduziert, Haushaltsbuch geführt oder Schlafzeiten in den Biorhythmus eingepasst. Dies folgt der Logik, sämtliche Lebensbereiche zu optimieren, d.h. nutzenmaximierend zu gestalten. Die Apps sorgen für Transparenz und Anreize, die oftmals durch sozialen Austausch verstärkt werden. Die Logik erklären Thaler und Sunstein (2008) in ihrer verhaltensökonomischen Nudge-Theorie. Nudges bezeichnen Anstupser oder Schubser, die in die Entscheidungsstruktur eingefügt werden, um dabei zu helfen, bessere Entscheidungen zu ermöglichen.

Mit Hilfe der App „mission: decision" werden die negativen Schubser offenbart, die – oft von Unternehmen bewusst eingesetzt – dafür sorgen, dass Menschen sich systematisch nicht rational verhalten. Die besondere Lerngelegenheit beim Einsatz von Apps liegt in der Thematisierung von Daten- und Verbraucherschutzaspekten, um den reflektierten Umgang mit Apps zu befördern. Im Sinne einer alltagsökonomischen Ausgestaltung haben Apps auch das Potenzial, z.B. durch Verwendung von digitalen Haushaltsbüchern, ökonomische Entscheidungen besser treffen zu können. Im Speziellen bietet die App „mission: decision" die Möglichkeit, über den bewussten und unbewussten Einsatz von Schubsern aus individueller, unternehmerischer und staatlicher Sicht zu diskutieren.

4. Social Game „Farmville" – Handlungssituationen ökonomisch analysieren

4.1. Didaktische Vorführung

Farmville ist ein kostenfreies Computerspiel von Zynga, das als sogenanntes „Social Game" über das soziale Online-Netzwerk Facebook ab 13 Jahren gespielt werden kann.

Abbildung 2: Bildschirmfoto von Farmville

Quelle: Wikimedia 2010.

In Farmville[1] führen die Spielenden einen landwirtschaftlichen Betrieb (vgl. Abbildung 2), d.h. fortlaufend sind Investitions- und Produktprogrammentscheidungen über

[1] Im Juli 2009 veröffentlicht, hatte Farmville laut dem Brancheninformationsdienst AppData bereits im September 2009 rund 35 Mio. Nutzer pro Monat. Diese Anzahl stieg bis Februar 2010 auf 80 Mio. aktive Spieler und sank dann anschließend von 34 Mio. im August 2011 auf 18 Mio. im August 2012. Dann wurde Farmville 2 veröffentlicht, das jedoch nicht an die Erfolge der ersten Version anknüpfen konnte. Im Jahre 2011 war die Wirtschaftssimulation für 29 % (USD 90 Mio.) des Zynga-Umsatzes und 12 % (USD 445 Mio.) des Facebook-Umsatzes verantwortlich. Zynga nutzte die Welle der Farmville-Euphorie und realisierte im Dezember 2011 den größten IT-Börsengang seit Googles im Jahre 2004. Seitdem prägten je-

den Anbau von Nutzpflanzen, die Haltung von Nutztieren, die Anschaffung von Traktoren, Erntemaschinen, Gebäuden etc., aber auch die Verschönerung des Bauernhofes zu treffen. Diese sind selbst (pflügen, säen, ernten) oder mit Nachbarn (aushelfen, bauen etc.) umzusetzen. Jede Aktivität ist dabei mit Kosten verbunden (Pflügen, Säen etc.). Aus den Nutzpflanzen und -tieren können Erlöse erzielt werden, oder sie gehen in die weitere Wertschöpfung ein, z.B. in die Produktion von Brot, Wein etc. Neben den Kosten für Saat und Tiere braucht es eine spezifische Zeitdauer, bis etwas heranreift. Eine Besonderheit ist, dass Tiere nicht geschlachtet werden, sondern z.B. Milch erzeugen oder Trüffel finden. Nach einem simplen, selbsterklärenden Einstieg werden die verfügbaren Aktivitäten, Nutzpflanzen und -tiere, Gerätschaften, Nachbarschaftsdienste etc. fortschreitend umfangreicher. Aus ökonomischer Sicht sind die Spielenden dazu angehalten, ihre Handlungssituation zu analysieren, d.h. Liquidität einzuplanen, bei Investitionen das optimale Verhältnis von Input und Output unter Berücksichtigung von Zeit zu finden, Erntevorgänge zu disponieren und mit Nachbarn zu kooperieren. Zentrale Steuerungsgrößen sind aus ökonomischer Sicht der Return on Investment und der Ertrag pro Stunde. Ferner ist einzuschätzen, wie sich der Markt entwickelt, denn einige Güter wecken offensichtlich größere Begehrlichkeiten bei anderen und verteuern sich dadurch. Im Spiel sind fortlaufend Handlungssituationen ökonomisch zu analysieren (DeGÖB 2004, S. 1), und es lassen sich ökonomische Grundlagen erarbeiten wie Gewinnmaximierung, Kapitalakkumulation, Investitionen, Opportunitätskosten, Engpassorientierung, Kooperation, Make-or-Buy-Entscheidungen, Losgrößen etc. Daran lassen sich soziale und ökologische Themen anknüpfen wie Spekulation auf Nahrungsmittel, fairer Handel oder industrielle Landwirtschaft. Aus verbraucherrechtlichen Gründen ist es empfehlenswert, zur Durchführung spezielle Facebook-Konten anzulegen und den Einsatz von Facebook Credits zu untersagen. Unter Umständen sind schul- oder kultusspezifische Regelungen zum Einsatz von Facebook im Unterricht zu beachten. Krom (2012) berichtet für den Hochschuleinsatz, dass

- 83 % der Studierenden den Einsatz sehr befürwortet haben,
- sich in Gruppenvergleichen zeigt, dass sich die soziale Interaktion der Studierenden online wie offline stark verbessert hat,
- die Kommunikation zwischen Studierenden und Dozenten intensiviert wurde,
- der kompetente Umgang mit Social Media gefördert werden konnte und
- Corporate-Social-Responsibility-Themen durch das eigene Handeln stärker in den Vordergrund gerückt sind.

4.2. Medienanalyse

Das Geschäftsmodell von Social Games beruht darauf, durch eine enge Symbiose mit einem sozialen Netzwerk und mit Hilfe einer kostenfreien Basis-Version eine große

---

doch Umsatzrückgange, Quartalsverluste und zwei Entlassungsrunden die Entwicklung von Zynga, da die vorhandenen Spiele für das veränderte Nutzungsverhalten (vom PC zum Smartphone) nur eingeschränkt geeignet waren. Auf diese Weise stellt die Unternehmung Zynga ebenfalls eine interessante Fallstudie für den Ökonomieunterricht dar (vgl. Koch 2011 und WiGy 2013).

Spielgemeinde aufzubauen. Erst eine große Spielgemeinde ermöglicht die gewünschten sozialen Effekte, so dass eine virale Verbreitung erreicht werden kann. Die Erlösströme beruhen auf dem Verkauf von werbefreien Premium-Versionen, dem Angebot von kostenpflichtigen Zusatzfunktionen, dem Schalten von Werbung und/ oder der Verwertung von Spielendendaten. Loftus und Loftus argumentieren bereits 1983, dass Videospiele eine operante Konditionierung im Sinne Skinners (1938) darstellen. Social Games gehen jedoch noch einen Schritt weiter. Durch das unmittelbare Einbinden von Freunden wird ein Wettbewerb kreiert, der permanente Vergleiche ermöglicht. In der Regel werden Spielende ständig veranlasst, in ihrem Freundkreis dafür Werbung zu machen bzw. diese als Ressource im Spiel einzubinden. Sind Social Games daher als problematisch anzusehen? Die empirische Analyse von Spielendenverhalten zeigt (Pannicke und Zarnekow 2011) einen eher reflektierten Umgang, denn

- gerade die Einfachheit und geringe Komplexität von Social Games wird den Wünschen der Spielenden nach Entspannung gerecht,
- die Interaktion auf virtuellen dritten Plätzen (neben privater Haushalt und Arbeitsplatz) wird bewusst zur Pflege von Beziehungen genutzt,
- die wenigsten folgen den Monetarisierungsbestrebungen und
- Sicherheits- und Privatheitsbedenken sind weitgehend vorhanden.

5. Online-Unterhaltungsmedien im Rahmen einer Didaktik der Vielfalt

Der Begriff Bildung ist sehr vielseitig und hat eine lange wechselvolle Geschichte hinter sich. Er wird in verschiedenen Facetten diskutiert und zumeist programmatisch gebraucht. Gegenwärtig hat sich in der Öffentlichkeit der Begriff „Bildung" als umfassender Oberbegriff für alle Bereiche des Erwerbs, der Erweiterung oder Vertiefung von Wissen, Fähigkeiten, Fertigkeiten und Einstellungen etabliert (Mittelstädt 2011, S. 31). Übergreifendes Ziel von Bildung ist die Entwicklung geistiger, persönlicher, sozialer und kultureller Fähigkeiten für eine selbstverantwortliche Bewältigung von Lebenssituationen in der Gesellschaft (Tenfelde 2012, S. 440). Bildung vollzieht sich lebenslang, entwickelt sich stetig weiter und ist einer Vielzahl von Einflussfaktoren unterworfen, wie z.B. der Ökonomisierung, Globalisierung oder auch Digitalisierung.

Die umfassenden Facetten von Bildung sind nach Meyer (2009) mit einer „Didaktik der Vielfalt" zu erreichen. Sie enthält sowohl Bewährtes als auch Neues und gibt leistungsstarken wie -schwachen Lernenden Halt. Eine Didaktik der Vielfalt bedient sich nicht nur eines Lernansatzes, sondern kombiniert mehrere didaktische Modelle miteinander und ermöglicht somit auch eine Vielfalt der Lernorte, Lernformen oder auch Lernmethoden und -medien. Vor diesem Hintergrund können gerade Online-Unterhaltungsmedien als ein relevantes Instrument von Bildung legitimiert werden. Sie vereinen gegenwärtig wie kaum etwas anderes die Veränderungen der Lebenswirklichkeit von Jugendlichen im ökonomischen, globalen und digitalen Sinne und sind eine Projektionsfläche für soziale und kulturelle Verhaltensweisen. Ihr Einsatz kann auf diese Weise legitimiert werden. Doch worauf ist bei ihrem Einsatz zu achten, d.h. welche Schlüsse lassen sich aus den vorgestellten Online-Unterhaltungsmedien für die Nutzung im Unterricht ziehen?

(Online-)Unterhaltungsmedien sind in der Abgrenzung von Sachtexten zu betrachten (Winkler 2004). Insbesondere Apps und Social Games weisen einen hohen symbolischen Charakter auf, sie sind immer technisch, haben durch ihre Bekanntheit einen vernetzenden Charakter und legen dem Kommunizierten eine Form auf. Je selbstverständlicher Online-Unterhaltungsmedien benutzt werden, desto mehr haben sie die Tendenz zu verschwinden. Ihre Nutzung ist weitgehend unbewusst. Aus der Unbewusstheit resultiert ihre Attraktivität für Bildungsprozesse, aber auch ein Gefahrenpotenzial. Daher dürfen Online-Unterhaltungsmedien nicht nur für vermittelnde, instrumentelle Funktionen genutzt werden, sie können und sollen auch selbst zum Gegenstand der Analyse und Beurteilung werden:

- mit dem Ziel des Herausarbeitens von Gestaltungskriterien (Online-Medien als „ästhetische Produkte"),
- mit dem Ziel der Aufdeckung von Manipulationstechniken (Online-Medien als Produkt mit „Kommunikationsabsichten und dahinterliegenden Interessen"), z.B. Analyse der Geschäftsmodelle von Apps und Social Games, verbraucherrechtlichen Aspekten u.v.m.

Dies kann in besonderem Maße gelingen, wenn Online-Unterhaltungsmedien von Lehrpersonen und Lernenden für die eigenen Produktionen verwendet werden:

- zur Dokumentation wichtiger unterrichtlicher oder schulischer Ereignisse,
- als Ermöglichung von Rückkoppelungen bei der Reflexion sozialen Verhaltens, z. B. durch Ton- und Videoaufzeichnungen von Gruppendiskussionen oder Rollenspielen,
- als Möglichkeit, Herstellungserfahrungen zu gewinnen und sie mit künstlerischen, dokumentarischen und/oder medienkritischen Absichten zu verbinden, z.B. Produktion eines Videofilms.

Mit der Vorstellung einer App und eines Social Games wurden zwei kontroverse Online-Unterhaltungsmedien ausgewählt. Veröffentlichungen wie die Monografie von Spitzer (2012) „Digitale Demenz: Wie wir uns und unsere Kinder um den Verstand bringen" zeigen einerseits die Relevanz des Themas, andererseits aber auch die damit verbundenen Befürchtungen. Der Einsatz von Online-Unterhaltungsmedien ist daher stets zu hinterfragen. Wichtige fachdidaktische Fragestellungen, gerade im Hinblick auf den Einsatz von Apps und Social Games, lauten daher: Welche (emotionale) Wirkung löst das konkret einzusetzende Online-Unterhaltungsmedium auf die Lernenden aus? Wie soll die Lehrkraft damit umgehen? Wird durch den Medieneinsatz eine größere Durchdringungstiefe beim Lernen erreicht? Steigert es die Effektivität? Inwieweit erleichtert der Medieneinsatz die Durchführung des Unterrichts? Steigert es die Effizienz? In Bezug auf die ökonomische Bildung verbergen sich dahinter gleichfalls bedeutsame Forschungsfragen für zukünftige Untersuchungen.

Erklärung zu möglichen Interessenskonflikten:

Die Autoren des Beitrags sind auch die Autoren der App „mission: decision", finanziert durch den Deutschen Sparkassenverlag.

Literatur

Becker, William E. und Michael Watts (2000), Teaching Economics to Undergraduates: Alternatives to Chalk and Talk, Northampton.

Beresford, Alastair R., Dorothea Kübler und Sören Preibusch (2010), Unwillingness to Pay for Privacy: A Field Experiment, IZA-Discussion Paper, No. 5017, Berlin.

DeGÖB – Deutsche Gesellschaft für ökonomische Bildung (2004), Kompetenzen der ökonomischen Bildung für allgemein bildende Schulen und Bildungsstandards für den mittleren Schulabschluss, URL: http://www.degoeb.de (abgerufen am 21.01.2014).

DSV – Deutscher Sparkassenverlag (2014), App „mission: decision", URL: http://www.mission-decision.de (abgerufen am 21.01.2014).

Erlinger, Hans-Dieter (Hg.) (1997), Neue Medien-Edutainment: Medienkompetenz, München.

Koch, Michael (2011), „Täglich spielend Geld ausgeben": Jugendliche als Zielgruppe im Markt für digitale Spielangebote, in: Unterricht Wirtschaft + Politik,1. Jg., S. 12-17.

Krafft, Dietmar (1995), Warum Wirtschaftswissenschaft: Eine Einführung, Münster.

Krom, Cynthia L. (2012), Using FarmVille in an Introductory Managerial Accounting Course to Engage Students, Enhance Comprehension, and Develop Social Networking Skills, in: Journal of Management Education, Vol. 36, S. 848-865.

Levitt, Steven D. und Stephen J. Dubner (2007), Freakonomics: Überraschende Antworten auf alltägliche Lebensfragen, München.

Lin-Klitzing, Susanne (2009), Vom möglichen Bildungswert populärer Kultur, in: Jan-Arne Sohns und Rüdiger Utikal (Hg.), Popkultur trifft Schule: Bausteine für eine neue Medienerziehung, Weinheim, S. 130-144.

Loftus, Geoffrey R. und Elizabeth F. Loftus (1983), Mind at play: The psychology of video games, New York.

Meyer, Hilbert (2009), Didaktische Modelle, Berlin.

Mittelstädt, Ewald (2011), Ökonomische Schulentwicklung, Frankfurt am Main.

Mittelstädt, Ewald, Jenny Drost und Juliane Faeseke (2009), Warum Drogendealer bei ihren Müttern wohnen, in: Unterricht Wirtschaft, 10. Jg., S. 46-51.

Mittelstädt, Ewald und Claudia Wiepcke (2012), Verhaltensökonomische Experimente – Wirtschaftliche Entscheidungen im Unterrichtsexperiment, Stuttgart.

MPFS – Medienpädagogischer Forschungsverbund Südwest (2013), 15 Jahre JIM-Studie: Jugend, Information, (Multi-)Media, in: Studienreihe zum Medienumgang 12- bis 19-Jähriger, URL: http://www.mpfs.de (abgerufen am 09.01.2014).

Pannicke, Danny und Rüdiger Zarnekow (2011), Postadoption von Social Games: Eine empirische Studie, in: Tagungsband Informatik 2011 URL: http://www.informatik2011.de (abgerufen am 21.01.2014).

Prager, Gerhard (1971), Unterhaltung und Unterhaltendes im Fernsehen, Mainz.

Reinhardt, Ulrich (2005), Edutainment: Bildung macht Spaß, Münster.

Sexton, Robert L. (2006), Using Short Movie and Television Clips in the Economics Principles Class, in: Journal of Economic Education, 37. Jg., S. 406-417.

Simon, Herbert A. (1955), A behavioral model of rational choice, in: Quarterly Journal of Economics, Vol. 69, S. 99-118.

Skinner, Burrhus F. (1938), The Behavior of Organisms, New York.

Spitzer, Manfred (2012), Digitale Demenz: Wie wir uns und unsere Kinder um den Verstand bringen, München.

Tenfelde, Walter (2012), Ökonomische Bildung, in: Hermann May und Claudia Wiepcke (Hg.), Lexikon der ökonomischen Bildung, München, S. 440-443.

Thaler, Richard H. und Cass R. Sunstein (2008), Nudge: Improving Decisions About Health, Wealth, and Happiness, New Haven.

Tinari, Frank D. und Kailash Khandke (2000), From Rhythm and Blues to Broadway: Using Music to Teach Economics, in: Journal of Economic Education, 31. Jg., S. 253-270.

WiGy (2013), Zynga: Spiel mit Grenzen, in: Wirtschaft aktuell im Unterricht vom 05.06.2013. URL: http://www.wigy.de (abgerufen am 09.01.2014).

Wikimedia (2010), A screenshot of the Farmville game play, in: Wikipedia, URL http://de.wikipedia.org/wiki/FarmVille (abgerufen am 09.01.2014).

Winkler, Hartmut (2004), Mediendefinition, in: Medienwissenschaft, 4. Jg., S. 9-27.

Woltjer, Geert B. (2005), Decisions and Macroeconomics: Development and Implementation of a Simulation Game, in: Journal of Economic Education, 36. Jg., S. 139-144.

Christian Müller, Hans Jürgen Schlösser, Michael Schuhen und Andreas Liening (Hg.)
Bildung zur Sozialen Marktwirtschaft
Schriften zu Ordnungsfragen der Wirtschaft · Band 99 · Stuttgart · 2014

Ökonomisch-technische Modernisierungen und die Aufgabe des Bildungssystems

Eberhard Jung

Inhalt

1. Vorbemerkung und Zielsetzung

Ohne Zweifel: Das wissenschaftliche Werk Dietmar Kraffts ist vielfältig, umfassend und facettenreich, seine Qualität steht außer Frage. Anlässlich des besonderen Datums versucht der vorgelegte Beitrag eine kleine, aber bedeutende Facette im wissenschaftlichen Werk des Lebensjubilars längsschnittartig zu reflektieren.[1] Diese beinhaltet den Zusammenhang zwischen technischem Fortschritt, von ihm ausgelösten neuen lebens- und arbeitsweltlichen Veränderungen und den Inhalten schulischer Curricula. Der entsprechende gesellschaftliche Diskurs wurde im letzten Drittel des 20. Jahrhunderts unter der Thematik: Neue Technologien und deren Auswirkungen (auf Technik, Wirtschaft, Bildung) geführt. Er fand zuerst unter Wissenschaftlern statt, mit Fokus auf arbeitsweltliche Veränderungen. Seit den beginnenden 1980er Jahren hielt die Entwicklung gleichermaßen Einzug in die Lebens- und Lernwelt, wo sie auch das Bildungs- und Freizeitverhalten beeinflusste.[2]

Schon bald wurde deutlich, dass zur effizienten Nutzung der neuen Möglichkeiten geänderte Denkweisen und besondere Befähigungen erforderlich waren, die es zu erwerben galt. Welche dies genau waren und wo sie zu erwerben waren, blieb lange ungeklärt. Grundsätzlich waren die Akteure auf allen Ebenen des Bildungssystems gefordert, bei der Bewältigung der neuen Herausforderungen mitzuwirken, die keinesfalls den informellen Lernebenen des Alltagslernens überlassen werden sollten.

Eine besondere inhaltliche Affinität ergab sich aus der arbeitsweltlichen Bedeutung und der Gliederung in wirtschaftliche und technische Berufe im Rahmen der Beruflichen Bildung. Deshalb wurde der neue Gegenstandsbereich eng mit den allgemeinbildenden Unterrichtsdisziplinen Wirtschaft und Technik verknüpft. In diesem Sinne machte sich der Münsteraner Professor für Wirtschaftswissenschaft und Didaktik der Ökonomischen Bildung, Dietmar Krafft, und mit ihm ein Teil der Bundesfachgruppe für ökonomische Bildung (der späteren Deutsche Gesellschaft für Ökonomische Bildung DeGÖB) „auf den Weg", den Gegenstandsbereich sachanalytisch zu durchdringen und für eine (allgemeinbildende) fachdidaktische Vermittlung aufzubereiten.

Im vorgelegten Beitrag sollen die Inhalte und Botschaften Dietmar Kraffts nach ca. 25 Jahren erneut gelesen und vor dem Hintergrund der zwischenzeitlich eingetretenen Entwicklungen gewichtet werden – wohl wissend, dass deren Ausmaß und Dynamik damals nur zu vermuten war. Deshalb sollen der rote Faden verdeutlicht und ausgewählte Aspekte einer Nachbetrachtung unterzogen werden. Nach ca. einem Vierteljahrhundert gilt es, sie auf ihren Prognosegehalt hin zu untersuchen.

---

[1] Der Gegenstandsbereich wurde für ein jeweils abweichendes Publikum über einen Zeitraum von acht Jahren in drei wissenschaftlichen Beiträgen thematisiert (s. Krafft 1988; 1990, 1996).

[2] Denn wegen einer kontinuierlich zunehmenden Wissenschafts-, Arbeitswelt-, Alltagstauglichkeit der Anwenderprogramme konnte sich mittelfristig kein Lebensbereich den nutzenstiftenden und zeitsparenden, aber auch mit neuen Herausforderungen einhergehenden Anwendungen entziehen. Zumal mit jeder Prozessorgeneration die Systeme leistungsfähiger und preiswerter wurden und mit jedem neuen Betriebssystem die Anwendungen nutzerfreundlicher, alltagstauglicher und kreativer.

2. Inhalte und Intentionen

Im Rahmen der Erkenntnisfindung wird von einem existentiellen Zusammenhang zwischen dem technischen Fortschritt, dem wirtschaftlichem Wachstum, der Wohlstandsentwicklung und den Aufgaben des Bildungssystems ausgegangen. Speziell versucht Dietmar Krafft, die Notwendigkeit curricularer Revisionen über drei in bildungsökonomischer und wirtschaftsdidaktischer Tradition stehenden Leitfragen zu erschließen. Die erste bezieht sich auf den Qualifikationswandel im privaten und beruflichen Leben und die Möglichkeiten der Schule, diesem Rechnung zu tragen. Die zweite fragt danach, ob die Gesellschaft (bzw. wie lange die Gesellschaft) auf die Vermittlung des Gegenstandsbereichs neuer Technologien verzichten könne, ohne dass sich gesamtwirtschaftliche und/oder gesamtgesellschaftliche Nachteile einstellten? Die dritte Leitfrage beinhaltet die schulische Behandlung des Themas und fragt nach den anzustreben Zielen und den methodischen Arrangements (Krafft 1988, S. 181).[3]

2.1. Technischer Fortschritt und Wohlstandssicherung

Zur Erzielung von Antworten setzt die Erkenntnisfindung an der Reflexion der technologischen Entwicklung in der Nachkriegszeit und den frühen Jahren der Bundesrepublik Deutschlands an. Sie zielt auf die Aufrechterhaltung (den weiteren Ausbau, Abstiegsvermeidung) der wirtschaftlichen Leistungsfähigkeit und der Wohlstandsentwicklung der jungen Republik, die sich nach dem Zweiten Weltkrieg in einem sagenhaften Aufstieg vollzogen hatte und deren Errungenschaften es nunmehr zu verteidigen galt. Da die qualitative und quantitative Bereitstellung des Produktionsfaktors Arbeit dabei einen wesentlichen Einflussfaktor bildete, geriet das Bildungssystem in den Fokus der Betrachtung. So richtete sich der Blickpunkt auf den damaligen durch die neuen Technologien ausgelösten Innovationsschub und dessen Folgen. Speziell zielte er auf den Zusammenhang zwischen der Akzeptanz von technischer und ökonomischer Allgemeinbildung und wirtschaftlicher Entwicklung (Krafft 1990, S. 17 f.).

Die Existenz besonderer Herausforderungen begründete Krafft in Anlehnung an die vom französischen Intellektuellen (Journalist, Autor und Herausgeber) Jean-Jacques Servan-Schreiber[4] vertretene These einer technologischen Unterlegenheit Europas gegenüber den USA im Rahmen der damaligen wirtschaftlichen Entwicklungsphase (beginnende 1960er Jahre). Zeitgemäß würde diese der von den Basisinnovationen Elektronik und Petrochemie getragenen vierten Kondratieff'schen Langwelle (dazu Fn. 11) zugeordnet. Diese daraus resultierende Furcht vor dem Verlust von Erreichtem habe deutsche Bildungspolitiker zum Gegensteuern motiviert. Als Reaktion erkennt Dietmar Krafft „eine Vielzahl von oftmals mehr hektischen als durchdachten Initiativen" mit

---

3 1990 kommt noch eine vierte Frage hinzu, die die Aufgaben der Arbeitskreise Schule/ Wirtschaft im Zusammenhang mit den neuen Technologien und dem rapiden wirtschaftlichen Wandel zum Gegenstand hat (Krafft 1990, S. 24).

4 Jean-Jacques Servan-Schreiber (1968) nahm in „Le Défi Américain" (dt: „Die amerikanische Herausforderung"), in einem von Michel Albert verfassten Dossier, die These eines heimlichen Wirtschaftskriegs zwischen den USA und Europa auf, in dem Europa in wesentlichen Aspekten (Managementmethoden, Technologien, Forschungsanstrengungen) unterlegen war (www. wikipedia.org/wiki/ Jean-Jacques Servan-Schreiber).

dem Ziel, „Wirtschafts- und Technikunterricht – sei es als Fach oder als Unterrichtsprinzip – in den allgemeinbildenden Schulen zu verankern" (Krafft 1988, S. 175).[5]

Zu ergänzen bleibt, dass in diesen Jahren neben der *amerikanischen Herausforderung* weitere ökonomisch-technische Herausforderungen beschrieben wurden, die Anlass für entsprechende Reaktionen des Bildungssystems ergaben: In den beginnenden 1960er Jahren erforderten die sich modernisierenden Produktionsverfahren und Arbeitsstrukturen in der Bundesrepublik Deutschland die Bereitstellung neuer beruflicher Qualifikationen. Diese konnten angesichts einer veralteten Berufsstruktur und einem erschöpften Arbeitsreservoir nur begrenzt bereitgestellt werden (Dedering 1994, S. 2 f.).[6] Diesen Wandel in den Rahmenbedingungen hatte der *Deutsche Ausschuss für das Erziehungs- und Bildungswesen* in seinen Empfehlungen zur Hauptschule (1969), der ersten großen Bildungsreform der Nachkriegszeit, berücksichtigt. Dieser forderte u.a. eine Erweiterung des Fächerkanons zwecks Hinführung zur Wirtschafts- und Arbeitswelt. Dabei sollte die Arbeitslehre als Fach einen wesentlichen Teil der Aufgaben leisten (KMK 1969). In der offiziellen Begründung wurde auf die wandelnden „Arbeitsstrukturen und Produktionsweisen" Bezug genommen. Hintergründig wirkte jedoch auch die Furcht vor einer technologischen Unterlegenheit des Westens im Wettlauf der Systeme.[7] So mag es damals eine doppelte Furcht – a) die des Westens gegenüber einer technologischen Überlegenheit der Ostblockstaaten, b) die des westlichen Europas vor der amerikanischen Herausforderung – gewesen sein, die die entsprechenden Befürchtungen speiste und in Georg Pichts (1964) Botschaft einer bundesdeutschen „Bildungskatastrophe" mitschwang und Bildungspolitiker zu Mobilisierungskampagnen motivierte.[8]

2.2. Anforderungen an das Bildungssystem

Das von Dietmar Krafft beschriebene Bestreben, Wirtschaft- und Technikunterricht in den allgemeinbildenden Schulen zu verankern, führte zur Etablierung des Bildungsziels *Hinführung zur Wirtschafts- und Arbeitswelt* in Haupt- und Gesamtschulen. Dieses wurde hauptsächlich durch das Fach Arbeitslehre (integrativ/additiv) gesichert, wobei die additive Organisationsform Wirtschaftslehre und Technik als eigenständige Fächer

---

[5] Dieses ernüchternde Urteil scheint dem bundesdeutschen Bildungsföderalismus und den damals harten Auseinandersetzungen zwischen Reformern und Beharrern (A- und B-Bundesländern) geschuldet.

[6] Die Verknappung des Produktionsfaktors Arbeit wurde einerseits durch eine seit langem boomende Wirtschaft hervorgerufen, die durch die geburtenschwachen Kriegsjahrgänge im natürlichen Nachwuchs dezimiert war. Andererseits war sie durch den Mauerbau von ihrem kostenlosen Zustrom qualifizierter Arbeitskräfte weitestgehend abgeschnitten worden. Der heraufziehende Mangel wurde durch die Anwerbung ausländischer Arbeitnehmer kompensiert, deren Qualifikationen den gestellten Anforderungen zumeist wenig entsprachen.

[7] Im Oktober 1957 hatte die Sowjetunion den ersten Erdsatelliten (Sputnik) gestartet, 1959 flog die Zweistufenrakete „Lunik" zum Mond, am 12. April 1961 umrundete der sowjetische Major Gagarin als erster Mensch im Weltraumflug die Erde und demonstrierte damit eine wissenschaftlich-technische Überlegenheit, die als „Sputnik-Schock" in die westliche Kulturgeschichte einging (dazu: Dedering 1994, S. 125 ff., 132 ff.; Jung 1998, S. 2 f.).

[8] Georg Picht (1964) prägte das Schlagwort, das den Modernisierungsrückstand des deutschen Bildungswesens zum Ausdruck bringen sollte. Er erkannte Defizite in inhaltlich-curricularer, struktureller-organisatorischer und gesellschaftsbildungspolitischer Hinsicht.

enthielt. Damit wurde an eine in der deutschen Bildungsgeschichte lange bestehende Tradition angeknüpft, die von den Industrieschulen des 18. und 19. Jahrhunderts über die erwerbswirtschaftlichen Lebensbezüge der Arbeitsschulbewegung bis in die Gegenwart reichte (Böhm 2005, S. 38 f.). Lediglich das durch den Neuhumanismus begründete Zurückdrängen der Arbeitswelt aus den Schulen führte zu einer Unterbrechung und begründete damit u.a. die bis heute andauernde weitgehende arbeitsweltbezogene Abstinenz vieler Schulen sowie die Trennung von Bildung und Ausbildung (dazu: Kaiser 1974, Teil A, S. 15-61).

Jedoch war – so die Erkenntnis Kraffts – dem ersten Versuch einer Berücksichtigung aktueller ökonomisch-technischer Herausforderungen im Curriculum und den Stundentafeln allgemein bildender Schulen kein nachhaltiger Erfolg beschieden. In den reformbewegten 1970er Jahren traten gegenläufige Entwicklungen hervor, die eine gewisse Skepsis zu technischen und wirtschaftlichen Entwicklungen einnahmen.[9] Gemäß der Erkenntnis, dass äußere Herausforderungen innere Übereinstimmungen fördern, traten erneute ökonomisch-technische Herausforderungen hervor (nunmehr die „amerikanisch-japanische"), die erneut Grundängste weckten und eine erneute Aufbruchsstimmung auslösten: die der Neuen Technologien (Krafft 1990, S. 18 f.).

2.3. Von den neuen Technologien zur Globalisierung

Die neuen Technologien drangen im letzten Drittel des vergangenen Jahrhunderts in Verbindung mit aus Japan kommenden neuen Arbeitsorganisationskonzepten (Lean Production, Lean Management) in die Wirtschafts- und Arbeitswelt ein und begannen das bisher technisch Mögliche mit einer ungeahnten Intensität und Geschwindigkeit zu revolutionieren. Neben den menschlichen Arbeitsbedingungen begannen sie immer mehr Einfluss auf die Lebens-, Freizeit- und Lernbedingungen zu nehmen. Ihren Kernbereich bildet die Mikroelektronik und ihre Anwendungen in der Computer-, Informations-, und Kommunikationstechnik.[10] Zwischenzeitlich wuchs deren Einfluss auf alle Lebensbereiche so stark, dass aktuelle Typisierungen die Gesellschaft als Informations- oder Kommunikationsgesellschaft oder Netzwerkgesellschaft bezeichnen. Wirtschaftstheoretisch handelt es sich dabei um die Vielfalt der Entwicklungen, die auf der Basisinnovation des fünften Kondratieff'schen Zyklus, der Mikroelektronik,[11] basieren und

---

[9] Hier zielt D. Krafft überaus diskret auf den Mainstream der damaligen *Neuen Sozialen Bewegungen* (Umwelt-, Anti-Atom-Bewegung usw.). Denn es waren die Zeiten (so der kritische Mainstream), in denen Computer hauptsächlich als Steuerungseinheit für Massenvernichtungswaffen und Kernkraftwerke galten und sich gegenwärtig auf den Weg machten, in den Unternehmen Arbeitsplätze im großen Stil weg zu rationalisieren.

[10] Dabei stellt die Mikroelektronik die technischen Basiselemente (integrierte Schaltungen, Speicherbausteine, Benutzeroberflächen usw.) bereit, die universelle Datenverarbeitung oder Computertechnik die komplexen Systeme der Informationsverarbeitung, während die Telekommunikationstechnologie, die schnelle und massenhafte Übertragung von Daten zwischen den Akteuren (Betriebe, staatliche Institutionen, Haushalte usw.) sicherstellt (Briefs 1985, S. 1081; Henning 1989, S. 382 ff.; Schröder 1999, S. 307 ff.).. Weitere Bereiche bilden die Biotechnologie und die neuen Werkstoffe.

[11] Als Basisinnovationen werden grundlegende Innovationen bezeichnet, die umfassendes technisches Neuland erschließen, in hohem Maße das Tempo und die Richtung des Innovationsprozesses beeinflussen und eine Fülle von Nachfolgeinnovationen auslösen. Gemäß der

die derzeitige digitale Revolution ausgelöst haben. Ihre tragenden Elemente sind der PC, das Internet und die Telekommunikation, die in ihrem Zusammenwirken das Informations- und Kommunikationszeitalter konstituieren.

Diese Entwicklung vollzog sich nahezu zeitgleich mit weiteren interdependenten Veränderungen, die in den hoch entwickelten Volkswirtschaften des ausgehenden 20. Jahrhunderts viele Menschen verunsicherten und um ihren Wohlstand fürchten ließen. Einerseits waren es die Ergebnisse der dargestellten Symbiose aus dem dynamisch technischen Fortschritt (Mikroelektronik, Computertechnik, Vernetzung, Handy, Internet usw.) und neuen Arbeitsorganisationskonzepten, die flexible Rationalisierungen in einem ungeahnten Ausmaß ermöglichten. Andererseits waren es die politisch-administrativen Prozesse der Deregulierung und Liberalisierung, die auf die Zurücknahme staatlichen Einflusses auf das Marktgeschehen zielten und bis zur Transformation der zweiten Welt reichten. Schließlich war es der als Globalisierung bezeichnete weltwirtschaftliche Strukturwandel,[12] der eine neue Qualität vernetzter Aktivitäten entstehen ließ, die den bisherigen Formen grenzüberschreitender wirtschaftlicher Aktivitäten einen dynamischen Schub versetzten, der von den nicht wenigen Kritikern als Turbokapitalismus bezeichnet wurde.

2.4. Der Wandel in den Qualifikationsanforderungen

Die sich aus neuen Technologien sowie den geänderten Arbeitsorganisationskonzepten ergebenden qualifikatorischen Erfordernisse sollen wegen ihrer Bedeutung für die Thematik kurz betrachtet werden. Diese hatte Baethge (1988, S. 10) mit Blick auf die Produktions- und Verwaltungstätigkeiten in einer schrumpfenden Industriegesellschaft prognostiziert. Entgegen allseits virulierender Ängste über menschenleere Fabrikhallen (Automatisierung) und dequalifizierte Arbeitnehmer (Arbeitsteilung) stellte er die zukünftigen qualifikatorischen Erfordernisse unter den Imperativ einer effizienten Nutzung neuer Technologien. Diesem sei am besten durch qualifizierte Arbeitskräfte innerhalb intelligenter Arbeitsorganisationen nachzukommen. In Weiterführung der von Kern und Schuhmann (1984) offengelegten Grenzen der Arbeitsteilung prognostizierte er, dass in Überwindung tayloristischer und fordistischer Prinzipien der Arbeitsorganisation „die neuen Technologien integrative Arbeitsorganisationskonzepte provozierten oder zumindest begünstigten". Mit den neuen Produktionskonzepten gingen Neubewertungen des menschlichen Faktors und veränderte Nutzungsstrategien der Arbeitskraft einher, die „die Entfaltung der Qualifikations- und Handlungskompetenzen der Arbeitskräfte und nicht mehr deren weitgehende Strangulierung" zum Gegenstand neuer Rationalisierungsprogramme erhoben.

„Theorie der langen Wellen" von Nikolai D. Kondratieff (1892 bis 1938) ergänzen lange Wellen kurze und mittlere Konjunkturzyklen. Das aktuelle Verständnis geht auf Schumpeter zurück, der die „Kondratieff-Zyklen" in einen Zusammenhang mit den Basisinnovationen brachte. Danach trägt die jeweilige Basisinnovation die Entwicklung der Weltwirtschaft, die wellenförmig verläuft (http://www.wirtschaftundschule.de/lehrerservice/ wirtschaftslexikon/b/basisinnovationen/).

[12] Dieser kennzeichnet sich durch die Deindustrialisierung traditioneller Industriekerne und die Industrialisierung von Schwellen- und Entwicklungsländern sowie dem Aufstieg der Finanzindustrie.

Damit strebte der „japanische Teil" der von D. Krafft beschriebenen Herausforderung eine neue Symbiose zwischen technologischer Modernisierung, geänderter Arbeitsorganisation und dem sparsamen Umgang mit Ressourcen an. Erinnern wir uns: „Von jedem die Hälfte" – in Produktentwicklung, Produktion und Vertrieb – definierte die MIT-Studie (Womack et al. 1992, S. 19) das Credo der „Schlanken Produktion".[13] Die permanenten Verbesserungsaktivitäten waren es, die den jeweils aktuellen Stand der technologischen Entwicklung einbezogen, der angesichts der implizierten Dynamik immer nur ein Zwischenstand war. Hinzu kam, dass die mikroelektronischen und informationstechnischen Leistungen der Systeme permanent leistungsfähiger, kostengünstiger und von ihren Abmessungen her kleiner wurden. Deshalb spielte der Produktionsfaktor Kapital sowohl bei der Durchrationalisierung von Produktions- und Verwaltungsabläufen (Haefner 1996, S. 14) als auch bei privater Anwendung neuer Informationstechnologien und der Umgestaltung des privaten Lebens eine immer geringere Rolle.

Einen Versuch, die Folgen dieser ineinander verwobenen Entwicklungen auf die Arbeitsplätze der Zukunft zu verdeutlichen, hatte der Ökonom und Arbeitsminister der ersten Clinton-Administration Robert Reich prognostiziert. Er definierte drei zukünftige Arbeitstypen (routinemäßige Produktionsdienste, kundenbezogene Dienstleistungen und symbolanalytische Dienste; Reich 1993, S. 191-200), die sich definitorisch teilweise mit üblichen Arbeitskategorien deckten. Sie sollten drei Viertel der zukünftigen Arbeitsplätze in den USA umfassen und prinzipiell auf Europa übertragbar sein.[14]

Anzumerken bleibt, dass angesichts der ineinander verwobenen ursächlichen Prozesse (technologische Entwicklung, geänderte Arbeitsorganisation, Liberalisierung, Deregulierung, Europäisierung, Globalisierung) sich die für die Arbeitsplatzentwicklung angedeuteten Tendenzen in dramatischer Weise bestätigten: Die monotonen, routinemäßigen Arbeitsplätze der Massenproduktion gerieten in ein doppeltes Spannungsverhältnis. Sie fielen einerseits der technologischen Modernisierung zum Opfer, anderer-

---

[13] Die wesentlichen Merkmale von lean production und lean management waren Teamarbeit, permanente Verbesserungsaktivitäten, ausgeprägte Kommunikations- und Informationsmöglichkeiten, Delegation von Verantwortung und Konzentration auf die Wertschöpfung, mit möglichst geringem personellen, zeitlichem und maschinell-instrumentellem Aufwand (Schmitz und Schultetus 1992, S. 17).

[14] Unberücksichtigt blieben der Primärsektor (Land- und Forstwirtschaft, Bergbau), das Gesundheitswesen und der öffentliche Dienst (Reich 1993, S. 201). Die Merkmale der Arbeitstypen waren:

a) Routinemäßige Produktionsdienste: Monotone Arbeitsplätze der Massenproduktion mit überwiegend körperlicher Beanspruchung, routinemäßiges Überwachen, mechanisches Anwenden von Regeln und einfache Arbeiten an Computern. Einsatzgebiete sind der Produktionsbereich sowie Teile der Verwaltung, die derzeitig dominierende Entlohnungsart ist der Zeit- bzw. Akkordlohn.

b) Kundenbezogene Dienste (Dienstleistungen): Erbringung im direktem Kontakt mit dem Kunden, Patienten oder Klienten, deshalb weder transportier- noch lagerbar. Ebenfalls sind sie auch nicht zu importieren und werden gegenwärtig im Zeitlohn vergütet.

c) Symbolanalytische Dienste (kreative Vorleistungen): Problemidentifizierungs-, Problemlösungs- und strategische Vermittlungstätigkeiten. Sie umfassen Innovationen in Forschung, Entwicklung, in Produktion und Dienstleistung in allen ihren Bereichen (Absatzförderung Vertragsanbahnung, -management, Finanzierung usw.; Reich 1993, S. 201).

seits sahen sie sich einem immer schärfer werdenden europäischen und globalen Wettbewerb ausgesetzt, in dem niedrige Arbeitskosten und Formen des Sozial- und Umweltdumpings wesentliche Entscheidungsgrundlagen für ihre Verlagerung bildeten. Wegen ihres weitgehenden Routinecharakters und verhältnismäßig hoher Preise gerieten auch die im direkten Kontakt mit dem Kunden, Patienten oder Klienten zu erbringenden Dienstleistungen unter einen wachsenden Rationalisierungsdruck. Auch hier ermöglichte die Anwendung neuer Technologien eine Vielzahl arbeitsplatzersetzender Anwendungen (Blanpain und Sadowski 1994, S. 84).[15]

Angesichts des gewaltigen weltweiten Strukturwandels wurde deutlich, dass sog. reife Volkswirtschaften den hohen Lebensstandard ihrer Bürger nur aufrechterhalten konnten, wenn sie in der Lage waren, einerseits an den auf neuen Märkten erzielten Erfolgen zu partizipieren und andererseits qualitativ hochwertige und innovative Produkte anzubieten. Als diese galten sog. „Hochleistungsprodukte der Nischenproduktion", z.B. in der Umwelt- und Energietechnik, der Automatisierungs- und Prozesstechnik, der Kommunikationstechnik und des Anlagebaus usf. Sie erfolgreich herzustellen erfordert die Beherrschung zeitgemäßer Qualifikationen und Formen des kreativen Arbeitens von allen an der Wertschöpfungskette Beteiligten, gerade auch der Arbeitnehmer.

Die nunmehr erforderlichen Qualifikationsprofile waren multifunktional, sie integrierten verschiedene Basis-, Ergänzungs- und Schlüsselqualifikationen und befähigten zu einer manuellen Flexibilität, zur Anwendung neuer technologischer Module, zur Problemanalyse hin zur Befähigung zum vernetzten Denken und zur Synthese unterschiedlicher Funktionen. Ebenfalls ebneten sie bisherige Hierarchien und befähigten Arbeitnehmer zur Bewältigung integrierter Aufgabenbereiche: von Dispositions-, Planungs- und Wartungsaufgaben zur Gruppenarbeit, der Ausübung von Kontrollfunktionen und zur Teilnahme an kontinuierlichen Verbesserungsprozessen (Schmitz und Schultetus 1992, S. 45 ff.).

3. Die neue Qualität des Lernens

Von der Erkenntnis ausgehend, dass jeder technologische Entwicklungsschritt, der Einzug in die Lebens- und Arbeitswelt findet, auch Folgen für das menschliche Lernen habe, hob Krafft die besondere Qualität der durch neue Technologien veränderten Lernerfordernisse hervor. Dabei gehe jeder lerntechnische Entwicklungsschritt mit einem Sinnverlust einher, der Lernprozesse immer abstrakter werden lasse und dem ganzheitlichen Lernen (Kopf, Herz und Hand) neue Dimensionen verleihe. Immer komplexere Systeme müssten zielgerichtet und problemlösend angewandt werden. Die dazu erforderlichen Befähigungen beinhalten die Anwendung von Software-Hardware-Kombinationen, die Beherrschung von Mensch-Maschinen-Systemen, deren vielfältige

---

15 Erschwerend kam hinzu, dass die begrenzten finanziellen Möglichkeiten der „Modernisierungsverlierer" – vieler Arbeitsloser, Kranker und Benachteiligter –, die durch Leistungskürzungen des Sozialstaates immer mehr von der Nachfrage nach Dienstleistungen abgekoppelt werden, diesen Bereich nicht im gewünschten Maße expandieren ließen (ebd.).

Anwendungsmöglichkeiten und permanente Erweiterungen und Vernetzungen.[16] Grundsätzlich lasse der damit einhergehende Sinn- und Erfahrungsverlust das Lernen abstrakter werden. Der Abstraktionszuwachs resultiere daraus, dass sich – durch die Mikroelektronik bedingt – nicht nur die Tätigkeiten und die Instrumente zu ihrer Ausübung von den Menschen entfernten, sondern darüber hinaus noch entanschaulicht würden (Krafft 1988, S. 177 f.).[17] Ebenfalls habe sich das in allen vorherigen Entwicklungsstufen geltende Paradigma gewandelt, nach dem funktionales Wachstum immer mit quantitativer Ausweitung (größere Maschinen, mehr Materialumsatz, höhere Häuser, größere Fabriken) verbunden war. Mit der Mikroelektronik sei eine neue Qualität entstanden: Funktionale Steigerungen, z.B. Leistung und Geschwindigkeit von Mikroprozessoren, Kapazität von Speicherelementen usw., würden nunmehr über Verkleinerungen, Verdichtungen, Intensivierungen und der Reduzierung der eingesetzten Ressourcen (Arbeitszeit, Materie, Energie) herbeiführt (ebd., S. 179).

Die sich daraus entwickelnden arbeits- und lebensweltlichen Veränderungen implizieren Auswirkungen auf das Lern- und Kommunikationsverhalten und führen zu Konsequenzen für die Organisation von Lehr-Lern-Prozessen. Diese kennzeichnen sich durch eine dynamisch ansteigende Informationsfülle, deren ständige und schnelle Verfügbarkeit sowie die zunehmende Komplexität der vernetzten Subsysteme lassen Arbeiten und Lernen immer mehr miteinander verschmelzen.[18]

Dietmar Krafft sah in den aufgezeigten Entwicklungen einen Grund für die Herausbildung einer eher distanzierten Haltung der meisten erwachsenen Menschen gegenüber den neuen Technologien. Ebenfalls verweist er auf Unterschiede zwischen Erwachsenen und Jugendlichen. Letztere seien weniger durch Erfahrungen mit traditionellen Technologien geprägt, weshalb sie für die Anwendungen der neuen Technologien offener seien. Jedoch scheint sich an der dargestellten Grundhaltung zwischenzeitlich einiges gewandelt zu haben.

Aktuell vermittelt die Sinus Familienstudie (AOK-Familienstudie 2014, Kapitel Medien im Familienalltag, S. 32-44) vertiefte Einblicke in den Medienkonsum und die Medienkompetenz von Kindern, Jugendlichen und Eltern.[19] Weitere Befunde verdeutlichen, dass durch die zunehmende Verbreitung von Smartphones, Tablets und Spielkonsolen „der Medienkonsum von Kindern immer schwerer zu kontrollieren" sei (ebd., S. 39) und bereits 9- bis 12-Jährige „über versierte Strategien" verfügten, die „Kontrollme-

---

[16] Im Zusammenwirken dieser hoch komplexen Einheiten tritt in den Hintergrund, was in jeder Einheit im Detail passiert. Die Funktionseinheiten werden als Black Boxes wahrgenommen.

[17] Beispielhaft vergleicht D. Krafft ein mechanisches Uhrwerk mit einem elektronischen. Während die Funktion des Räderwerks durch Anschauung nachvollziehbar wäre, sei die Funktionsweise des elektronischen Uhrwerks durch Anschauung nicht mehr fassbar.

[18] Zu Recht erkannte D. Krafft, dass zukünftig nicht mehr die in Arbeitsprozessen gewonnene Erfahrung das wichtigste Kapital des Arbeitnehmers darstellt, sondern seine Lernfähigkeit (Verstehen und Anwendung neuer Entwicklungen).

[19] So antworten die Eltern von 10-12 Jährigen auf die Frage, welche elektronischen Geräte von Ihren Kindern eher alleine und welche eher mit ihnen gemeinsam genutzt würden (Auszug), dass 55 % ihrer Kinder den Computer, 42 % das Internet, 45 % den Smartphone und 20 das Tablet PC „eher alleine" nutzten (ebd., S. 33).

chanismen ihrer Eltern zu umgehen". Hinsichtlich der Einschätzung der Medienkompetenz von Eltern (Selbsteinschätzung) und Kindern (Fremdeinschätzung) präsentiert sich die Elternschaft überaus selbstbewusst. Sie schätzen ihre eigene Kompetenz um ein Vielfaches höher ein als die ihrer Kinder und beurteilen deren technische Medienkompetenz höher als die inhaltliche (ebd., S. 40 f.). Gerade dieser Befund legitimiert das Erfordernis nach einer interdisziplinären schulischen Vermittlung der Gegenstandsbereiche neuer Informationstechnologien und Internetökonomie (Schröder 2011), die nicht alleine im Ökonomieunterricht stattfinden kann.

4. Auswirkungen auf die Curriculumentwicklung sowie auf die Lehr-Lern-Prozesse

Soll Schule die aufgezeigten Herausforderungen annehmen, ergeben sich verschiedene Ansatzpunkte, einerseits die Lerninhalte und didaktischen Prinzipien, andererseits die Methoden und Medien. Ebenfalls hält Krafft (1996, S. 2) Veränderungen in der Lehrerrolle für erforderlich.

Die curricularen Herausforderungen, die sich durch das Spannungsverhältnis zwischen einer sich schnell wandelnden Lebens- und Arbeitswelt und traditionellen Bildungsinhalten ergeben, verdeutlicht Krafft am Beispiel des Säbelzahntigercurriculums. In dieser immer noch hoch aktuellen Fabel über eine prähistorische Curriculumentwicklung (zitiert nach Krafft 1996, S. 27 f.) wurden die Bildungsziele (Ernährung, Kleidung, Sicherheit) auf die damaligen lebensweltlichen Herausforderungen bezogen und in das Bildungssystem (theoretisch, programmatisch, praktisch) integriert. Als sich die Lebensbedingungen änderten (u.a. die Säbelzahntiger ausstarben), war der Stamm – wegen des Einflusses des sich zwischenzeitlich herausgebildeten Bildungsetablissements – nicht in der Lage, das Curriculum zu revidieren und die neuen lebensweltlichen Anforderungen einzubeziehen. Denn die alten Anforderungen waren zu Grundbestandteilen der Bildung des Stammes und somit zum Kulturgut geworden. Für „das Neue" – das keine Bildung, sondern lediglich Ausbildung sei – war kein Platz, da das bestehende Curriculum ohnehin inhaltlich überfrachtet sei. Dietmar Krafft erkennt in der Episode starke Bezüge zur Situation technischer und ökonomischer Curriculuminhalte in allgemeinbildenden Schulen im ausgehenden 20. Jahrhundert.

Hinsichtlich der Notwendigkeit, entsprechende Lernformen in schulische Lernprozesse zu integrieren, hatte Dietmar Krafft bereits damals den Weg gewiesen. In Bezug auf die Erkenntnisse von Zukunftsforschern und auf die Erfahrungen von Wirtschaftspraktikern benannte er die schulisch zu fördernden Fähigkeiten: Einsichtsfähigkeit, Analysefähigkeit, Konzeptionsfähigkeit, soziale und organisatorische Phantasie, Kreativität und Teamfähigkeit (Krafft 1996, S. 28). Deutlich wird, dass diese eine Symbiose aus dem traditionellen schulischen Lernen und neuen Anforderungen darstellen. Auch sind sie Teil der Qualifikationsanforderungen, deren Vermittlung Berger (1984, S. 27) einst vom gesamten Bildungssystem (nicht nur der allgemeinbildenden Schule) gefordert hatte.[20] In diesem Sinne fordert Dietmar Krafft, dass es zum Erreichen dieser

[20] Berger forderte u.a.: Fähigkeiten zur Systemanalyse: Analyse, Strukturierung und Konzeptionierung von Problemen im Gesamtzusammenhang; Fähigkeiten der Projektbearbeitung

Ziele der Öffnung der Lehrpläne bedürfe. Damit könnten Veränderungen in der Umwelt (Lebens-, Arbeits-, Lernwelt) angemessen einbezogen, einer mangelnden Flexibilität und drohenden Verkrustungsgefahr entgegengewirkt werden. Den Schulen komme dabei die Aufgabe zu, Lernende auf die Anforderungen der aufgezeigten dynamischen Prozesse mit immer neuen Lernherausforderungen vorzubereiten. Da diese Prozesse in Art und Umfang nicht präzise zu beschreiben seien, handele es sich nicht um spezielle Kenntnisse, sondern um Grundqualifikationen und Fähigkeiten (Krafft). Mit dieser Beschreibung definierte Dietmar Krafft bereits damals die lernerischen Grundlagen der aktuellen Gesellschaftsformation.

Anzumerken bleibt, dass die Informations-, Kommunikations-, Netzwerk- oder Wissensgesellschaft aus dieser Perspektive eine Kompetenzgesellschaft darstellt, die in den vielen Diskursen als Wissensgesellschaft bezeichnet wird. Natürlich bildet „Wissen" eine bedeutende Ressource, die viel mehr beinhaltet als reine Information. Jedoch entfaltet es seine herausforderungsbewältigende Wirksamkeit erst durch ein interdependentes Zusammenwirken mit der Motivation (Wollen), dem zielgerichteten Anwenden (Handeln), dem Einbezug von Werten und Normen sowie dem Überprüfen und Verbessern (Evaluieren, Reflektieren). Damit handelt es sich bei dem als Wissen bezeichneten um Kompetenz[21] im Sinne einer Befähigung zur positiven Bewältigung von Herausforderungen in Lebens-, Arbeits- und Lernsituationen (Jung 2010, S. 13 ff.; Wollersheim 1993, S. 78 f.).

Prozesse des Kompetenzerwerbs umfassen ein Fülle qualifikatorischer Aspekte, die Weinert (dazu Klieme et al. 2003) als Kompetenzfacetten (Fähigkeit, Wissen, Verstehen, Können, Handeln, Erfahrung und Motivation) bezeichnete. Diese wirken im Rahmen konkreter Erwerbsprozesse zielgerichtet zusammen (dazu Jung 2010, S. 26 f.). Schulische Lehr-Lern-Prozesse, die dem Anspruch auf Kompetenzerwerb gerecht werden wollen, haben die in der Klieme-Expertise definierten Merkmale aufzunehmen. Danach könne von Kompetenz gesprochen werden, wenn:

- von den Lernenden gegebene *Fähigkeiten genutzt* und erweitert werden,
- auf vorhandenes *Wissen* zurückgegriffen und dieses eigenständig beschafft und erweitert werden kann,
- die Fähigkeit, sich Wissen zu beschaffen und anzueignen, gegeben ist oder entwickelt wird,
- wesentliche fachliche Inhalte und zentrale Zusammenhänge einer Domäne (und darüber hinaus) verstanden werden,

---

(Zielfindung, arbeitsteilige Bearbeitung, Koordination der Problemlösung); Fähigkeiten des Maschineneinsatzes und der Maschinenbedienung (systemisch Informieren, problemlösende Informationsverarbeitung); Fähigkeiten zur Effizienz-, Kosten- und Nutzenbetrachtung (effizienter Umgang mit Ressourcen).

21 „Selbst wenn Wissen als systematisch zusammenhängende Informationen definiert wird, deklaratives (Kenntnisse, Modelle, Theorien) vom prozeduralen (Methoden), konzeptuellen (Zusammenhänge, Wahrnehmungen, Deutungen) und weiteren elaborierten Wissensformen unterschieden wird und die Relevanz von Wissen für Denken und Handeln einleuchtet", bleibt eine entscheidende Erkenntnislücke zum Kompetenzbegriff (Jung 2010, S. 37 ff.).

- Handlungsentscheidungen getroffen und strategisch entwickelt, erprobt und verbessert werden,
- in die Durchführung der Handlung verfügbare Fertigkeiten einfließen,
- Gelegenheiten genutzt und Erfahrungen gesammelt werden,
- aufgrund entsprechender handlungsbegleitender Kognition genügend Motivation zum Handeln gegeben ist (Klieme u.a. 2003, S. 74 f., erweitert).

Schulische Kompetenzerwerbsprozesse basieren auf realistischen (Lern-) Herausforderungen und erfordern deren zielgerichtetes Bewältigen.[22] Sie sind in komplexe, interdisziplinäre und teilweise ungeordnete Lernsituationen zu integrieren, die auch als „offen" bezeichnet werden. Sie ergänzen den „Normalunterricht" um Aspekte, die alle in den jüngeren pädagogisch-didaktischen Diskursen (Handlungsorientierung, Methodenvielfalt, Kompetenzerwerb, Konstruktivismus) umfangreiche Beachtung fanden. Natürlich bilden sie besondere Herausforderungen an die Schulorganisation, die Qualität der Lehr-Lern-Arrangements und die Persönlichkeit der Lehrenden. Aus der didaktischen Perspektive verläuft der erforderliche Wandel der Lernkultur weg von instruktivistischen und hin zu konstruktivistischen Lernkonzepten (Jung 2012). Diese kennzeichnen sich u.a. durch nichtlineares, individualisiertes Lernen, durch konstruktionsabhängiges, offenes Wissen, durch autonomes anwendungsbezogenes Lernen, lernerzentrierten Lehr-/Lernprozessen und offenen Lehr-/Lernformen, in denen der Lehrende die Rolle des Kompetenzvermittlers (Berater, Coach) annimmt (Hallet 2006, S. 17).

Darüber hinaus befähigt die hier umrissene Unterrichtskultur zum selbstverantworteten und eigenständigen Lernen im Sinne der Bewältigung von (Lern-) Herausforderungen. Sie wird von der humanistischen Vorstellung über das Individuum und dessen eigenständigem, verantwortungsbewusstem und vernunftbezogenem Handeln getragen (Kaiser 2003, S. 129). Methodisch-didaktisch bietet der seit langem diskutierte handlungsorientierte Ansatz (z.B. Gudjons 1997, S. 126 f.; Kaiser 2003, S. 127 f.) ein angemessenes Instrumentarium, der um die dargebotenen Aspekte des Kompetenzerwerbs zu ergänzen ist. Denn gerade im Umgang mit den neuen Technologien und ihren Anwendungen kann als gesichert gelten, dass sich der Kompetenzerwerb nur über einen handelnden Erwerb des Bildungsgegenstandes sichern lässt, wozu neue Bildungsmedien verfügbar sein müssen. Hinsichtlich der methodischen Umsetzung enthalten die beiden von Thomas Retzmann (2007; 2011) herausgegebenen Methodenbände der Ökonomischen Bildung und weitere Veröffentlichungen (zumeist von DeGÖB Autoren, z.B. Henning 1989) genügend Beispiele zur Integration allgemeinbildender ökonomischer

[22] Die Artikulation des Kompetenzlernens in Bewältigungsschritten umfasst am Beispiel des Projektlernens die Punkte: 1. Herausfordernde Lern-, Lebens- oder Arbeitssituation wahr- und annehmen; 2. Zielsetzung, Überwindung der Herausforderung entwickeln; 3. Erwerb/Aktualisierung und Weiterentwicklung kognitiver, sozialer, strategischer und handlungsbezogener Befähigungen; 4. zielgerichteter Einsatz vorhandener und entwickelter Potentiale; 5. Regulierung der ursächlichen Herausforderung (Bewältigung); 6. Reflexion der Bewältigungsschritte und der erzielten Ergebnisse (Jung 2010, S. 183).

und informationstechnologischer Bildungsgegenstände, auf die Bezug genommen werden kann.[23]

5. Ausblick

5.1. Zusammenfassung

1. Es kann zwischen allen am Bildungsgeschehen beteiligten Gruppen als konsensual gelten, dass die Vermittlung des Gegenstandsbereichs neuer (Informations-)Technologien Aufgabe der formalen Bildung ist – sie kann nicht den informellen Lernebenen überlassen werden (dazu Macha et al. 2011). Dieser Anspruch erfordert, dass sie in Schulen und Hochschulen einen anerkannten Lehr-/Lerngegenstand bilden muss. Dazu gehören ausdifferenzierte pädagogisch-didaktische Konzeptionen, die unterschiedliche Ebenen (Expertenebene, Anwenderebene) und Fachstrukturen (eigenständiges Fach, Teil aller Fächer, Teil affiner Fächer) berücksichtigen und den technologischen Wandel einbeziehen. Ebenfalls ist eine angemessene personelle und sachliche Ausstattung sicherzustellen. Dass dabei eine besondere Affinität zu der technischen und der ökonomischen (Allgemein-)Bildung besteht, bedarf keiner zusätzlichen Begründung.

2. Diese Anforderungen gelten auch in Zeiten einer hohen Nutzerfreundlichkeit der IT-Systeme, in denen keine tieferen informationstechnischen Kenntnisse mehr erforderlich sind. Dieser Anspruch wird bereits bei der Konstruktion neuer Soft- und Hardwaregenerationen berücksichtigt, was im ökonomischen Interesse der Hersteller begründet liegt, die mit ihren Produkten weltweit möglichst viele Kunden erreichen wollen. Aus der legitimatorischen Perspektive ist es erforderlich, dass sich die Akteure des Bildungssystems nicht zu Vollstreckungsgehilfen der Marketingabteilungen von IT-Unternehmen und deren ständig neuen Produkten degradieren lassen, sondern sich als selbstbewusste Vermittlungsinstanzen eines zeitgemäßen Bildungsverständnisses definieren.

3. In dessen Mittelpunkt steht die Vermittlung der Befähigung zur positiven Bewältigung von gegenwärtigen und zukünftigen Lebens- und Arbeitssituationen, die zeitgemäß – auch über neue Informationstechnologien – anzustreben ist. Dieses Bestreben steht in der Tradition der Curriculumtheorie (Befähigung zur Bewältigung), die um die kompetenztheoretische Perspektive (Integration von Wollen, Wissen, Handeln, Reflektieren, Selbsttätigkeit, Selbstverantwortung) erweitert wurde.

4. Auf der schulischen Ebene ist es erforderlich, traditionelle Bildungsziele mit Blick auf die Herausforderungen von Gegenwart und Zukunft zu erweitern – also die Anforderungen des Kommunikationszeitalters einzubeziehen. Dazu sind das Curriculum, die angewandten Methoden und eingesetzten Medien anzupassen, d.h. auf den Stand zu bringen, der Kompetenzerwerb zulässt und von engagierten Theoretikern und Praktikern ohnehin seit Jahren diskutiert und praktiziert wird. Klar muss sein, dass bei einem in

[23] Zusätzlich bietet das Internet eine Fülle zeitgemäßer Bereicherungen (z.B. Recherche, Webquests, LizzyNet usw.; dazu Arndt 2008, S. 218 ff.; Bönkost u.a. 2007, S. 89 ff.). Ebenfalls sind die Materialien der Arbeitsagentur (planet-beruf, berufe Net) und Materialien zur Selbst- und Berufserkundung (Arndt 2008, S. 221) über dieses Medium nutzbar.

den Bildungsstufen gleichbleibenden Zeitbudget die Ergänzungen „neuer Lerninhalte" eine Reduzierung „traditioneller" beinhaltet.

5. Die hierzu erforderlichen Revisionen verlaufen in den unterschiedlichen Schularten höchst verschieden. Sie sind - obwohl ebenfalls auch von Debatten begleitet - in der Beruflichen Bildung nahezu zu einem Selbstverständnis geworden.[24] In den Sekundarstufen I vieler Bundesländer werden die neuen Herausforderungen sehr ernst genommen.[25] Das Schlusslicht in der curricularen Reformbereitschaft bilden die Gymnasien, die sich – abgesehen von hoffnungsvollen Ausnahmen – in ihrem pädagogischen Wirken noch überwiegend der neuhumanistischen Tradition verpflichtet fühlen. Hier scheitern notwenige Versuche zu curricularen Revisionen, die im Rahmen der zumeist verwandten bildungstheoretischen Didaktik (Kategorien: Gegenwartsbezug und Zukunftsbedeutung) erforderlich wären, an personellen, organisatorischen und administrativen Besonderheiten.[26] Dabei starren die zwischenzeitlich konkurrierenden Organisationseinheiten (wie das Kaninchen auf die Schlange) auf die nächste PISA-Erhebung, das anstehende Schulmonitoring und die zentral gestellten Abituraufgaben, was jeden pädagogisch-didaktischen Reformwillen zu ersticken scheint.[27] Verkannt wird dabei, dass die kritisierten bundesdeutschen PISA-Leistungen durch einen mangelnden Anwendungsbezug des vermittelten Wissens (Literacy-Konzept) begründet wurden, dem eine geänderte Lern- und Schulkultur (s.o.) entgegenwirkt.

6. Der kurz referierte Befund der aktuellen Familienstudie, in der die Eltern die technische Medienkompetenz ihrer Kinder höher einschätzten als die inhaltliche (AOK 2014, S. 40 f.), definiert den schulischen Handlungsbedarf. Während die technische Medienkompetenz sich auf das Handling der IT-Bausteine und Systemeinheiten bezieht, zielt die inhaltliche auf das eigentlich Wichtige, das Verstehen, Bewerten und Reflektieren. Denn ein schneller Zugriff auf weltweit zirkulierende Daten nutzt wenig, wenn deren Inhalte und Wechselwirkungen nicht verstanden werden und der Nutzer sich nicht

---

24 Hier bringen Änderungen der Berufsstruktur (neue Berufe, Wegfall alter Berufe, Hybridberufe usw.) und die Modernisierungen beruflicher Ausbildungsinhalte (Neuordnungen) in immer kürzeren Abständen die Ausbildungsinhalte auf den aktuellen Stand von Technik, Ökonomie und Arbeitsorganisation. Darüber hinaus bildete die große curriculare Reform (Einführung des Lernfeldcurriculums) die Grundlage dafür, berufsbezogenes Lernen als Erwerbsprozess beruflicher Handlungskompetenz zu organisieren.

25 So bildet z.B. in Baden-Württemberg die Technik schon lange ein eigenständiges Schulfach, und die Wirtschaftskunde wird nach den Halbfächern (Gemeinschaftskunde - Wirtschaftslehre; Wirtschaftslehre - Informatik) ab 2015 zum Fach Wirtschaftslehre - Berufsorientierung. Ebenfalls besitzt in diesem Bundesland die Methodenvielfalt eine besondere Tradition, was nicht zuletzt durch die Projektprüfung im Rahmen der Realschulabschlussprüfung zum Ausdruck kommt.

26 Natürlich besitzen die vielen in humanistischer Tradition gebildeten Lehr- und Schulleitungspersonen klare Vorstellungen über „ihren Bildungsbegriff" und die dazugehörenden Bildungsinhalte, die zwischenzeitlich durch die Wissensexplosion, den Modernisierungsdruck, die Organisationsform G 8 und einen mangelnden Mut zur "Entrümpelung" zu erheblichen curricularen Überfrachtungen geführt haben.

27 Hier gilt es gut abzuschneiden! Das verschafft Ansehen, besonders bei den ebenfalls zumeist in humanistischer Tradition stehenden Eltern und den Mitgliedern der Bildungsadministration.

(oder nur wenig) in der Lage sieht, aus den vielen Informationen wertebezogenes Wissen und Handlungsanleitungen zu generieren. Auch nutzen die Möglichkeiten des E-Commerce – die den Kauf und Verkauf von Waren und Leistungen über elektronische Verbindungen umfassen – wenig, wenn keine valide Bedarfsanalyse zugrunde gelegt werden kann und die individuellen Zugangsdaten nicht sicher sind. Ebenso hilft die Beherrschung der technischen Möglichkeiten eines Bildlabors wenig, wenn der Nutzer keine Kenntnisse über den Bildaufbau und die Ästhetik zweidimensionaler Darstellungen besitzt.

7. Diese in der Familienstudie benannte inhaltliche Medienkompetenz ist es, die im Rahmen der Bewältigung von Lernherausforderungen und Versuchen der Welterklärung Lernen auf ein höheres Niveau transformiert. Denn die Systeme der neuen Informationstechnologien sollen in Schulen als Bildungsmedien genutzt und nicht als Infotainment-Ausstattung verwandt werden. Ebenfalls ist ein kritischer Umgang derzeit wichtiger denn je; gerade in einer Zeit, in der das Selbstbild der Internetbranche[28] ins Wanken geraten ist und die Internetkriminalität stark ansteigt, in der sich ein lockerer Umgang mit den eigenen Daten als überaus fahrlässig erwiesen hat, da er zu nachhaltigen individuellen Schädigungen führen kann. Aus diesen (und weiteren) Gründen ist ein kritischer Umgang mit den neuen Technologien wichtiger denn je.

5.2. Anmerkungen zu den Zielgruppen der Beiträge

Wenn Wissenschaft die Erweiterung des Wissens durch Forschung und dessen Weitergabe durch Lehre und Publikation umschreibt, ist es die Funktion wissenschaftlicher Veröffentlichungen, neu erschlossene Gegenstandsbereiche der jeweiligen Fachwelt und der interessierten Öffentlichkeit zu präsentieren. Dabei bilden die Weitergabe gesicherter Erkenntnisse, deren zeitgemäße Erklärung und Anwendung sowie deren Wechselwirkung im jeweiligen Wirklichkeitsbereich den möglichen Schwerpunkt. Während im ökonomisch-technischen Bereich Innovationen relativ schnell Marktreife erlangen, verlaufen sie im erziehungs- und gesellschaftswissenschaftlichen Bereich oftmals sehr zäh – besonders dann, wenn der angestrebte Nutzen nur langfristig messbar ist und von traditionellen Interessenlagen abweicht. Hier ist es mit einer einmaligen Veröffentlichung nicht getan, hier gilt es nachzuhaken, den Gegenstandsbereich und die neuen Erkenntnisse aktuell zu halten und Überzeugungsarbeit zu leisten. Dieses strategische Element von wissenschaftlichen Veröffentlichungen gilt es bei den drei Krafft'schen Beiträgen (siehe Fußnote 1) mit zu berücksichtigen. Dabei ist die Botschaft an unterschiedliche Adressatengruppen gerichtet, die alle als Multiplikatoren für Bildung/ökonomische Bildung zu bezeichnen sind und an hervorgehobener Stelle um die Akzeptanz des Inhaltes bemüht sind.

Auch besitzt der Wandel in den Bezugsgruppen eine klare Tendenz. Was zuerst unter Wissenschaftlern diskutiert wurde, gelangt über den Diskurs mit engagierten Wirt-

[28] Diese stellt sich gerne als „Hüter der Demokratie, als Retter der freien Welt, als ‚guter globaler Bürger' (so der Google Verwaltungsratsvorsitzende Eric Schmidt)" dar, der „für die Befreiung der Menschen durch das Internet kämpft" (Wagner 2014).

schafts- und Schulpraktikern zu den mit dem Gegenstandsbereich befassten Lehrkräften. Damit sollte der Weg bereitet werden, dass die Krafft'sche Botschaft auch in der Schulorganisation und Unterrichtswirklichkeit ankommt, selbst wenn die offiziellen Curricula, die schulischen Ausstattungen und die Qualifikation der Lehrkräfte damals „noch nicht so weit" waren.

Literatur

Arndt, Holger (2008), Digitale Medien im Berufsorientierungsunterricht, in: Eberhard Jung (Hg.), Zwischen Qualifikationswandel und Marktenge: Konzepte und Strategien einer zeitgemäßen Berufsorientierung, Hohengehren, S. 214-223.

AOK-Familienstudie (2014), Forschungsbericht des SINUS-Instituts Teil 1: Repräsentativbefragung von Eltern mit Kindern von 4 bis 14 Jahren, im Auftrag des AOK-Bundesverbandes Berlin, März 2014, online: http://www.aok-bv.de/imperia/ md/ aokbv/presse/pressemitteilungen/archiv/2014/aok_familienstudie_2014_gesamtbericht_ band_1.pdf (abgerufen am 27.04.2014).

Baethge, Martin (1988), Die Herausforderung der gesellschaftlichen und ökonomischen Entwicklung für die politische Bildung, in: Materialien zur Politischen Bildung, „Politische Bildung 2000", Dokumente der Tagung Königswinter, Leverkusen, S. 8-18.

Berger, Rolf (1984), Neue Technologien und die Anforderungen an Bildung und Gesellschaft, in: Bundesarbeitsgemeinschaft Schule/Wirtschaft et al. (Hg.), Internationale Zusammenarbeit Schule und Wirtschaft, Kolloquium und Erfahrungsaustausch, 29.11.-01.12.1984, Gutach bei Freiburg, S. 6-28.

Blanpain, Roger und Dieter Sodowski (1994), Habe ich morgen einen Job? Die Zukunft der Arbeit in Europa, München.

Böhm, Winfried (2005), Wörterbuch Pädagogik, Stuttgart.

Bönkost, Klaus-Jürgen, Ulrich Graf und Elisabeth Waltke (2007), Digitale Medien im berufs- und studienorientierenden ökonomischen Unterricht, in: Schule – Wirschaft/Arbeitsleben, Bd. 1: Innovative Wege in Arbeit und Beruf, Beiträge zu Berufsorientierungsprojekten, Hohengehren S. 89-121.

Briefs, Ulrich (1985), Neue Technologien: Teil Folgebewertung Arbeitsbedingungen, in:Erich Ott und Alfred Boldt – Bundesanstalt für Arbeitsschutz (Hg.), Handbuch Humanisierung der Arbeit, Band II, Bremerhaven S. 1089-1111.

Dedering, Heinz (1994), Einführung in das Lernfeld Arbeitslehre, München/Wien.

Gudjons, Herbert (1997), Pädagogisches Grundwissen, Bad Heilbrunn.

Haefner, Klaus (1996), Soziale Einkommensverteilung – nicht „Arbeit für alle" ist das Problem, in: Frankfurter Rundschau vom 21.09.1996, S.14.

Hallet, Wolfgang (2006), Didaktische Kompetenzen: Lehr- und Lernprozesse erfolgreich gestalten, Stuttgart.

Henning, Bernd (1989), Sozioökonomische Perspektiven der Neuen Technologien (mit Planspiel), in: Bundeszentrale für politische Bildung (Hg.), Grundfragen der Ökonomie, Bonn, S. 381-449.

Jung, Eberhard (1998), Aktuelle Herausforderungen an das Lernfeld Arbeitslehre, in: Didaktik der Berufs- und Arbeitswelt, Heft 2/3, S. 2-12.

Jung, Eberhard (2010), Kompetenzerwerb: Grundlagen, Didaktik, Überprüfbarkeit, München.

Jung, Eberhard (2012), Entrepeneurship-Education und Arbeitnehmerorientierung als didaktische Herausforderungen, in: Thomas Retzmann (Hg.), Entrepreneurship Education und Arbeitnehmerorientierung in der ökonomischen Bildung, Schwalbach 2012, S. 13-35.

Kaiser, Franz-Josef (1974), Arbeitslehre: Materialien zu einer didaktischen Theorie der vorberuflichen Erziehung, Bad Heilbrunn.

Kaiser, Franz-Josef (2003), Grundannahmen eines Lernkonzepts für die ökonomische Bildung unter besonderer Berücksichtigung selbstorganisierten und selbstgesteuerten Lernens, in: Franz-Josef Kaiser und Hans Kaminiski (Hg.), Wirtschaftsdidaktik, Bad Heilbrunn, S. 125-149.

Kern, Horst und Michael Schuhmann (1984), Das Ende der Arbeitsteilung: Rationalisierung in der industriellen Produktion, München.

Klieme, Eckhard, Hermann Avenarius, Werner Blum, Peter Döbrich, Hans Gruber, Manfred Prenzel, Kristina Reiss, Kurt Riquarts, Jürgen Rost, Heinz-Elmar Tenorth und Helmut Vollmer (2003), Zur Entwicklung nationaler Bildungsstandards: Eine Expertise, Berlin – Bonn.

KMK – Kultusministerkonferenz (1969), Empfehlungen zur Hauptschule, Beschluss der Kultusministerkonferenz vom 03.07.1969. 131 Sitzung, Auszug, in: betrifft: erziehung, Heft 8/1969, 29; verfügbar unter: http://www.kmk.org/fileadmin/ veroeffentlichungen_beschluesse/1969/_07_03_Hauptschule.pdf (abgerufen am 08.04.2011).

Krafft, Dietmar (1988), Änderung der schulischen Anforderungen durch neue Technologien, in: Bundesfachgruppe für ökonomische Bildung (Hg.), Ökonomische Bildung – Aufgabe für die Zukunft, Bergisch Gladbach, S. 175-192.

Krafft, Dietmar (1990), Neue Technologien und wirtschaftlicher Wandel: Herausforderungen an Schule und die Arbeitskreise Schule/Wirtschaft, in: Unternehmensverband der Metallindustrie für Dortmund und Umgebung e.V. (Hg.), 25 Jahre Arbeitskreis Schule/Wirtschaft 1964-1989. Dortmund, S. 17-35.

Krafft, Dietmar (1996), Der Einsatz neuer Technologien im Unterricht, in: arbeiten und lernen, 6. Jg., Heft 21, I/96, S. 26-31.

Macha, Klaas, Maria Neubauer, Marco Rehm und Michael Schuhen (2011), Informelles Lernen und Ökonomische Bildung, in: Hans Jürgen Schlösser und Michael Schuhen (Hg.), Siegener Beiträge zur Ökonomischen Bildung, 1/2011; online: http://dokumentix.ub.uni-siegen.de/opus/volltexte/2011/523/pdf/informelles_lernen_und_oekonomische_bildung.pdf (abgerufen am 27.04.2014).

Picht, Georg (1964), Die deutsche Bildungskatastrophe: Analyse und Dokumentation, Freiburg im Breisgau.

Retzmann, Thomas (Hg.; 2007), Methodentraining für den Ökonomieunterricht, Band I, Schwalbach/Ts.

Retzmann, Thomas (Hg.; 2011), Methodentraining für den Ökonomieunterricht, Band II, Schwalbach/Ts.

Reich, Robert B. (1993), Die neue Weltwirtschaft: Das Ende der nationalen Ökonomie, Frankfurt.

Schröder, Rudolf (1999), Multimedia: Neue Informations- und Kommunikationstechnologien, in: Franz-Josef Kaiser und Günter Pätzold (Hg.), Wörterbuch der Berufs- und Wirtschaftspädagogik, Bad Heilbrunn, S. 206-209.

Schröder, Rudolf (2011), Informationstechnologien und Internetökonomie, in: EKONOMIKA, Heft 1/2011 Novosibirsk/Oldenburg S. 3-9; online: http://www.ioeb.de/zeitschrift-ekonomika (abgerufen am 27.04.2014).

Servan-Schreiber, Jean-Jacques (1968), Die amerikanische Herausforderung, Hamburg.

Schmitz, U. und W. Schultetus (1992), Berufliche Qualifikationen, in: Institut für angewandte Arbeitswissenschaft e.V. (Hg.), Lean Production: Idee – Konzept – Erfahrungen in Deutschland, Köln, S. 43-49.

Wagner, Marie Katharina (2014), Google wird die Welt nicht retten, Frankfurter Allgemeine Zeitung vom 22.03.2014; online: http://www.faz.net/ aktuell/politik/ausland/internet-und-demokratie-google-ist-nicht-der-retter-der-welt-12859400.html (abgerufen am 27.04. 2014).

Wollersheim, Heinz-Werner (1993), Kompetenzerziehung – Befähigung zur Bewältigung, Frankfurt.

Womack, James P., Daniel T. Jones und Daniel Roos (1992), Die zweite Revolution in der Autoindustrie, Frankfurt – New York.

Christian Müller, Hans Jürgen Schlösser, Michael Schuhen und Andreas Liening (Hg.)
Bildung zur Sozialen Marktwirtschaft
Schriften zu Ordnungsfragen der Wirtschaft · Band 99 · Stuttgart · 2014

Der Modellversuch „Wirtschaft an Realschulen" in NRW – Zentrale Ergebnisse einer Erhebung der Projekterfahrungen

Dirk Loerwald

Inhalt

1. Ausgangslage

Seitdem ökonomische Bildung als Teil von Allgemeinbildung diskutiert wird, wird auch die Frage danach gestellt, wie sie im Schulwesen institutionalisiert werden soll (vgl. zum Überblick Loerwald und Schröder 2011). In den Bundesländern werden ganz verschiedene, in der Regel schulformspezifische Varianten realisiert und immer wieder modifiziert. Auch wenn über die Notwendigkeit ökonomischer Allgemeinbildung heute ein breiter gesellschaftlicher, politischer und wissenschaftlicher Konsens existiert, gerät die institutionelle Etablierung dieser Bildungsaufgabe immer wieder in einen nicht selten interessenpolitisch motivierten Konflikt.

Seit Anfang der 1970er Jahre engagiert sich Dietmar Krafft als Professor für Wirtschaftswissenschaften und ihre Didaktik für ein eigenständiges Schulfach Wirtschaft. Dieses Engagement wird nicht allein in Form von wissenschaftlichen Beiträgen deutlich, sondern ebenso auf den Ebenen der Bildungspolitik und der Schulpraxis. Exemplarisch kann hier die auf seine Initiative hin gegründete Landes- und spätere Bundesfachgruppe für Ökonomische Bildung angeführt werden, die heute als Deutsche Gesellschaft für Ökonomische Bildung die Etablierung eines Schulfachs Wirtschaft in der Satzung festgelegt hat. Ebenso stehen die zahlreichen von Dietmar Krafft herausgegebenen und verfassten Schulbücher und Unterrichtsmaterialien für seine Überzeugung, dass an der Basis in den Schulen etwas bewegt werden muss, damit ökonomische Bildung erfolgreich umgesetzt werden kann.

In Nordrhein-Westfalen ist die ökonomische Bildung je nach Schulform und Schulstufe in unterschiedlichen Fächern verankert wie beispielsweise Arbeitslehre, Sozialwissenschaften oder Politik/Wirtschaft. Ein eigenständiges Schulfach Wirtschaft gibt es nicht. Die curricularen Neuerungen der vergangenen Jahre interpretieren die ökonomische Bildung entweder als Querschnittsaufgabe anderer Fächer (RdErl. d. MSJK v. 15.01.2004 – 522.6.08.0315) oder als optionale Schwerpunktbildung innerhalb bestehender Fächer (RdErl. d. MSJK v. 27. 4. 2004 – 522-6.03.15-14302). Auch wenn die typisch bildungspolitische Logik eines solchen ‚kostenneutralen' Vorgehens nachvollziehbar ist, sind berechtigte Zweifel an der Wirksamkeit der aufgeführten Maßnahmen nicht von der Hand zu weisen (siehe dazu ausführlich Loerwald und Krol 2010; Kaminski und Krol u. a. 2005 oder Loerwald und Zoerner 2005).

Insbesondere an den Realschulen bleibt die ökonomische Bildung bis dato eher randständig, weil es im Kanon der Pflichtfächer kein explizit ausgewiesenes Fach für die ökonomische Bildung gibt. Einzelne wirtschaftliche Inhalte sind hier im Fach Politik aufgeführt. Im Wahlpflichtbereich können Schulen ein Fach Sozialwissenschaften anbieten. An diesem Defizit hat der 2014 abgeschlossene Modellversuch „Wirtschaft an Realschulen" angesetzt.

2. Der Modellversuch „Wirtschaft an Realschulen" in NRW

In den Jahren 2010 bis 2014 wurde an insgesamt 70 Realschulen im Land Nordrhein Westfalen (NRW) in einem groß angelegten Modellversuch ökonomische Bildung im

Rahmen eines eigenständigen Faches unterrichtet. Innerhalb des Modellversuchs gab es zwei Varianten: eine im Pflichtbereich und eine im Wahlpflichtbereich des Fächerangebots an Realschulen in NRW. An der Mehrzahl der Realschulen wurde das Pflichtfach Wirtschaft eingeführt. Alle übrigen Schulen haben ein Wahlpflichtfach Ökonomie erprobt.

Die explizite Zielsetzung des Modellversuchs lautete: „Schülerinnen und Schüler sollen Kenntnisse über wirtschaftliche Zusammenhänge erwerben und befähigt werden, ökonomische Fragen in gesellschaftliche Zusammenhänge einzubetten" (MSW NRW 2014, S. 5). Die konzeptionelle Ausrichtung auf ein Pflichtfach Wirtschaft bzw. ein Wahlpflichtfach Ökonomie, war von der Überzeugung getragen, dass ein eigenständiges Fach „besser geeignet ist, Schülerinnen und Schülern einen ökonomischen Kompetenzerwerb zu ermöglichen, als andere Institutionalisierungsvarianten" (MSW NRW 2014, S. 15).

Das 15-köpfige Entwicklungsteam, das den Modellversuch federführend begleitet hat, wurde entsprechend der beiden an den Schulen erprobten Varianten in eine „Untergruppe Wirtschaft" und eine „Untergruppe Ökonomie" unterteilt. Zusätzlich zum Entwicklungsteam wurde der Modellversuch durch einen Beirat begleitet, in dem verschiedene gesellschaftliche Interessengruppen und wissenschaftliche Positionen vertreten waren.

Die Begleitforschung im Modellversuch stand von Beginn an vor zwei grundlegenden Problemen. Zum einen war die konzeptionelle Ausrichtung sehr offen und damit war eine Vergleichbarkeit der Arbeit an den Schulen kaum möglich. Es gab keine klaren Rahmenvorgaben. Alleine deshalb ist eine systematische Evaluation im Sinne der Modellversuchsforschung nicht möglich gewesen. Zum anderen fehlte es an finanziellen Mitteln, die für eine weitreichende empirische Unterrichtsforschung notwendig gewesen wären.

Gleichwohl sollte die bildungspolitische Entscheidung über die Fortführung des Modellversuchs auch auf der Basis der Erfahrungen der Projektbeteiligten getroffen werden, sodass vom Ministerium für Schule und Weiterbildung (MSW) in NRW eine Auswertung der Projekterfahrungen ausgeschrieben wurde. Den Zuschlag hat das Institut für Ökonomische Bildung (IÖB) an der Universität Oldenburg erhalten, woraufhin ich in Zusammenarbeit mit dem Projektteam ein Erhebungsdesign entwickelt und die Aufbereitung der Ergebnisse vorgenommen habe.[1] Im Folgenden werden die zentralen Ergebnisse dieser Erhebung dargestellt, so wie sie auch in den Abschlussbericht eingeflossen sind (siehe MSW NRW 2014, S. 25 ff.).

3. Erhebungsdesign und Stichprobe

Am Modellversuch „Wirtschaft an Realschulen" sind viele Akteure beteiligt gewesen. Mit insgesamt 70 teilnehmenden Schulen und einer entsprechend hohen Anzahl an

1 Für die praxisfundierten Rückmeldungen aus dem Projektteam bedanke ich mich ebenso wie für die kompetente und zuverlässige Organisation und Bearbeitung der Online-Befragung durch Uwe Diener.

Schulleiterinnen und Schulleitern, Lehrkräften, Eltern und Schülerinnen und Schülern liegen zahlreiche Einzelerfahrungen vor. Diese individuellen Erfahrungen mit dem Pflichtfach Wirtschaft bzw. dem Wahlpflichtfach Ökonomie an Realschulen wurden im November und Dezember 2012 quantitativ mit Hilfe eines Online-Fragebogens erhoben. Damit liegt eine aggregierte Rückmeldung der Projektbeteiligten vor.

Es ist an dieser Stelle darauf hinzuweisen, dass es sich bei der Erhebung nicht um eine systematische Evaluation des Modellversuchs handelt. Aufgrund finanzieller, zeitlicher und anderer Restriktionen konnten weder die konkreten Lehr-Lern-Prozesse in den Schulen noch die institutionellen Rahmenbedingungen (z. B. Stundenkontingente, Jahrgangsstufen etc.) noch die begleitenden Dokumente (z. B. die Handreichung zum Fach Wirtschaft oder der Kernlehrplan für das Wahlpflichtfach Ökonomie) systematisch evaluiert werden. Was aber möglich war, ist eine Erhebung der Projekterfahrungen.

Diese Erhebung wurde mit Hilfe von vier Teilfragebögen realisiert, die jeweils an eine spezifische Akteursgruppe gerichtet war. Befragt wurden Schülerinnen und Schüler, Lehrkräfte, Eltern und Schulleitungen. Alle in Frage kommenden Personen wurden zur Teilnahme an der Befragung aufgefordert, die freiwillig und anonym erfolgte. Die vier Fragebögen enthalten zum Teil inhaltsgleiche Items, um Vergleiche herstellen zu können, und zum Teil spezifisch auf die befragte Gruppe hin ausgerichtete Fragestellungen.

Die Datengrundlage der Auswertung ist recht umfangreich. Insgesamt liegen Antworten von ca. 3500 Schülerinnen und Schülern vor. Der bereinigte Datensatz (bei dem zum Beispiel Duplikate oder unvollständig ausgefüllte Befragungen entfernt wurden) enthält immer noch die Rückmeldungen von 2807 Schülerinnen und Schülern. Dazu kommen 1106 Rückmeldungen von Eltern, 108 Rückmeldungen von Lehrkräften und 50 Rückmeldungen von Schulleitungen.

Es liegt in der Natur der Sache, dass diese Ergebnisse nur an Schulen erhoben wurden, die sich per Entscheidung der Schulkonferenz willentlich dafür ausgesprochen hatten, an diesem Modellversuch teilzunehmen. Von daher darf zumindest bei Schulleitungen und Lehrkräften eine grundlegend positive Einstellung zum Fach Wirtschaft bzw. Ökonomie erwartet werden.

Die Fragebögen beziehen sich inhaltlich auf die folgenden vier Bereiche:

- Einschätzungen zur ökonomischen Bildung allgemein,
- Einschätzungen zum Schulfach Wirtschaft bzw. Ökonomie,
- Erfahrungen mit dem Fach Wirtschaft bzw. Ökonomie,
- Perspektiven für die ökonomische Bildung an der Realschule in NRW.

4. Zentrale Ergebnisse der Erhebung

4.1. Einschätzungen zur Relevanz ökonomischer Bildung

In der öffentlichen, wissenschaftlichen und bildungspolitischen Debatte besteht heute ein breiter Konsens darüber, dass allgemeinbildende Schulen die Heranwachsenden auch auf die Herausforderungen vorbereiten sollen, die ihnen in ökonomisch geprägten Lebenssituationen begegnen. Ökonomische Bildung ist zu einem wichtigen Teil der

Allgemeinbildung geworden. Auch in der Befragung kommt dieser Grundkonsens für ökonomische Bildung zum Ausdruck. Die Mehrheit der Befragten sieht ökonomische Bildung als einen integralen Bestandteil heutiger Allgemeinbildung an (siehe Abb. 1). Der Aussage „Ökonomische Bildung gehört heute zur Allgemeinbildung" stimmten 98 % der befragten Schulleitungen, 97,2 % der befragten Lehrkräfte zu, und 89,6 % der befragten Eltern stimmten dieser Aussage voll bzw. eher zu.

Abbildung 1: Einschätzungen zu der Aussage „Ökonomische Bildung gehört heute zur Allgemeinbildung"

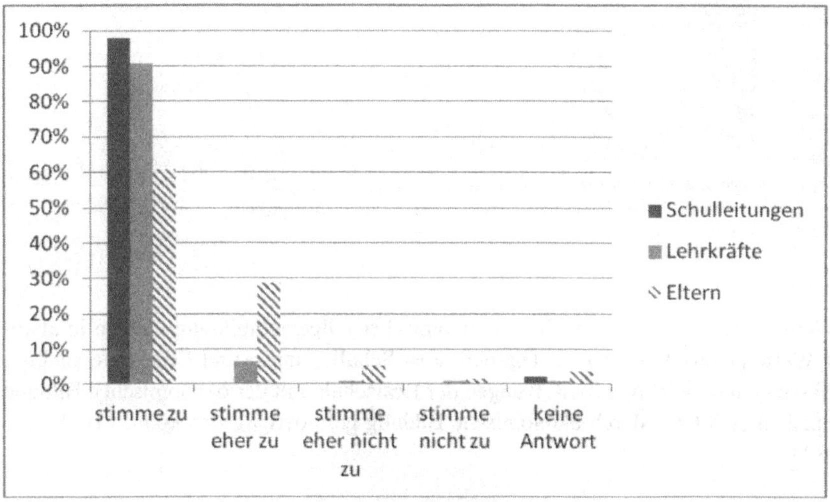

Aufgrund der begrenzt zur Verfügung stehenden Unterrichtszeit kann aber nicht alles, was zur Allgemeinbildung zu zählen ist, auch in Schulen unterrichtet werden. Und nur, weil die Befragten die ökonomische Bildung grundsätzlich für wichtig halten, muss das noch nicht bedeuten, dass sie darin auch zwangsläufig eine schulische Aufgabe sehen. Daher wurde in der Erhebung auch nach der Bedeutsamkeit der Vermittlung wirtschaftlicher Inhalte in der Schule gefragt, und auch diese wurde insgesamt als hoch eingestuft (siehe Abb. 2). Sehr eindeutig sind die Ansichten der Schulleitungen, die der Aussage „Die Vermittlung wirtschaftlicher Inhalte in der Schule ist wichtig" fast ausnahmslos voll zustimmten (98 %). Auch die Lehrkräfte stimmten dieser Aussage mit 98,15 % voll bzw. eher zu. Das Urteil der Eltern (Zustimmung 90,78 %) und der Schülerinnen und Schüler (Zustimmung: 80,37 %) fällt in der Tendenz ähnlich aus.

Abbildung 2: Einschätzungen zu der Aussage „Die Vermittlung wirtschaftlicher Inhalte in der Schule ist wichtig"

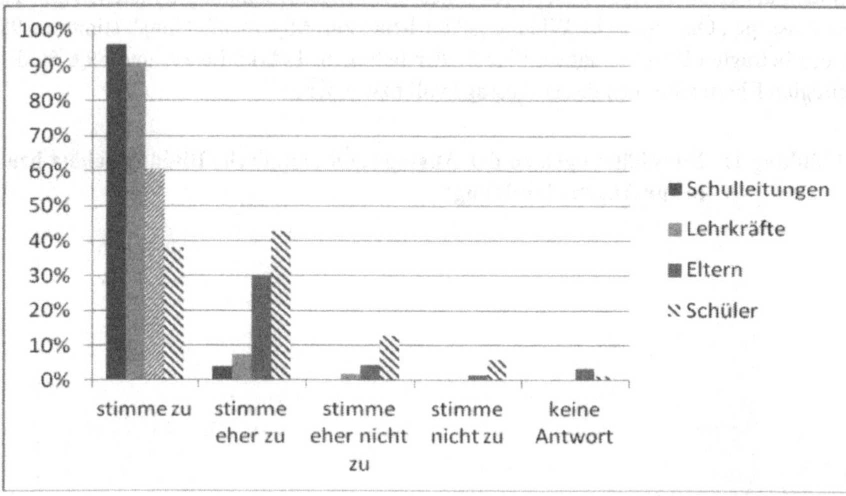

Weitere Fragen zum Themenfeld ökonomischer Allgemeinbildung wurden in ähnlicher Weise positiv beantwortet. Die befragten Schulleitungen und Lehrkräfte sind der Auffassung, dass wichtige Zielsetzungen der Realschule mit der ökonomischen Bildung kompatibel sind bzw. durch ökonomische Bildung gefördert werden können (siehe Tabelle 1).

Tabelle 1: Einschätzungen zur Relevanz von Teilaufgaben ökonomischer Bildung

Aussage:	Zustimmung[2] (Schulleitungen)	Zustimmung (Lehrkräfte)
„Die Realschule sollte Kinder und Jugendliche gut auf die Wirtschafts- und Arbeitswelt vorbereiten."	100 %	98,15 %
„Ein Schulfach Wirtschaft bzw. Ökonomie wird den Übergang von der Schule in den Beruf erleichtern."	96 %	92,59 %
„In einem Schulfach Wirtschaft bzw. Ökonomie können wichtige Bildungsanliegen der Realschule gefördert werden wie z. B. Verbraucherbildung, Berufsorientierung, Finanzielle Allgemeinbildung."	100 %	93,52 %

Auch die befragten Eltern sind mehrheitlich der Ansicht, dass die Realschule Kinder und Jugendliche gut auf die Wirtschafts- und Arbeitswelt vorbereiten sollte (Zustimmung: 94,39 %). Darüber hinaus lehnt die Mehrheit der befragten Eltern ab, dass ökonomische Bildung nur für einige interessierte Schülerinnen und Schüler im Wahl-

2 Mit dem Begriff „Zustimmung" werden hier und im Folgenden die Antworten „stimme zu" und „stimme eher zu" zusammengefasst.

pflichtbereich angeboten werden sollte (Ablehnung[3]: 63,2 %). Die Mehrheit der Schülerinnen und Schüler glaubt, dass der Wirtschaftsunterricht den Übergang von der Schule in den Beruf erleichtern kann (Zustimmung: 78,69 %).

Die bis hier skizzierten Ergebnisse machen deutlich, dass ökonomische Bildung von der deutlichen Mehrheit der Befragten als ein integraler Bestandteil von Allgemeinbildung gesehen wird. Daran schließt sich aber unmittelbar die Frage an, *wie* ökonomische Bildung im allgemein bildenden Schulwesen institutionell etabliert werden soll. Zur Beurteilung dieser Frage wurden die Schulleitungen, Lehrkräfte und Eltern gebeten, die folgenden drei Institutionalisierungsvarianten in eine individuell wünschenswerte Rangfolge zu bringen.

a) Unterrichtsprinzip: „Wirtschaft als Thema in den Fächern Politik, Geschichte und Erdkunde (kein gesondertes Fach)",

b) Integrationsfach: „Wirtschaft als Bestandteil in einem Fach Sozialwissenschaften (neben Soziologie und Politik)",

c) Eigenständiges Fach: „Wirtschaft als eigenständiges Unterrichtsfach".

Zu jeder dieser Institutionalisierungsvarianten wurde die Befragten gebeten, anzukreuzen, ob es sich ihrer Meinung nach um die beste, die zweitbeste oder die drittbeste Lösung handelt. Die Ergebnisse zeigen, dass die Mehrheit der Schulleitungen (86 %), der Lehrkräfte (75,93 %) und der Eltern (54,79 %) in einem eigenständigen Unterrichtsfach Wirtschaft die beste Lösung sehen. Das Integrationsfach wird von den Schulleitungen und Lehrkräften mehrheitlich als zweitbeste und von den Eltern mehrheitlich als drittbeste Lösung angegeben.

Wie oben dargestellt, konnten sich die Schulen im Modellversuch für ein Wahlpflichtfach Ökonomie oder ein Pflichtfach Wirtschaft entscheiden. Daher wurde den Schulleitungen und Lehrkräften die Frage gestellt, welche der beiden erprobten Varianten sie bevorzugen würden. Das Ergebnis fällt recht eindeutig zugunsten des Pflichtfachs Wirtschaft aus. 80 % der Schulleiterinnen und Schulleiter sowie 70,37 % der Lehrkräfte favorisieren das Pflichtfach Wirtschaft. Erstaunlich ist, dass zum Teil auch solche Schulen, die das Wahlpflichtfach Ökonomie erproben, ein Pflichtfach Wirtschaft bevorzugen würden. Es haben 24 % der Schulleitungen und 9,3 % der Lehrkräfte für ein Pflichtfach Wirtschaft als „beste Lösung" votiert, obwohl (!) an ihrer Schule das Wahlpflichtfach Ökonomie erprobt wird.

Die bisherigen Ergebnisse zeigen, dass ökonomische Bildung als wichtig erachtet wird und dass die Mehrheit der befragten Teilnehmerinnen und Teilnehmer des Modellversuchs in einem eigenständigen Fach Wirtschaft die beste Lösung sieht. Um einen Anhaltspunkt für die relative Relevanz der ökonomischen Bildung zu erhalten, wurden darüber hinaus die Eltern gebeten, das eigenständige Fach Wirtschaft hinsichtlich seiner Bedeutsamkeit im Vergleich zu anderen Fächern zu bewerten. Die Ergebnisse der Befragung zeigen, dass die Kernfächer Deutsch, Mathematik und Englisch mehrheitlich als

3 Mit dem Begriff „Ablehnung" werden hier und im Folgenden die Antworten „stimme eher nicht zu" und „stimme nicht zu" zusammengefasst.

wichtiger eingeschätzt werden als ein Schulfach Wirtschaft. Umgekehrt sind die Einschätzungen hinsichtlich der Fächer Religion, Kunst und Musik. Hier wir ein Schulfach Wirtschaft als wichtiger angesehen. Die Mehrheit der befragten Eltern stuft ein eigenständiges Fach Wirtschaft als genauso wichtig ein, wie die naturwissenschaftlichen und gesellschaftswissenschaftlichen Fächer der Realschul-Stundentafel.

4.2. Fremd- und Selbsteinschätzungen zum Interesse an Wirtschaft

Über allgemeine Einschätzungen zur ökonomischen Bildung hinaus, wurden in den Befragungen auch konkrete Erfahrungen mit dem Wirtschafts- bzw. Ökonomieunterricht im Modellversuch abgefragt. So wurden beispielsweise Eltern, Lehrkräfte und Schülerinnen und Schüler mit Hilfe verschiedener Items zu dem Einfluss des Modellversuchs auf das Schülerinteresse an wirtschaftlichen Themen befragt. Das Interesse von Schülerinnen und Schülern an einem Unterrichtsgegenstand ist eine wesentliche Voraussetzung für erfolgreiche Lehr-Lern-Prozesse. Das Wollen ist dem Können sachlogisch vorgelagert, sodass Lernbereitschaft vorhanden sein muss, damit die Lernfähigkeit unter Beweis gestellt werden kann (vgl. grundlegend dazu Schlag 2012). Zugleich ist Interesse eine pädagogische Zielsetzung schulischer Lehr-Lern-Prozesse.

In der pädagogischen Interessenforschung wird zwischen bekundetem und tatsächlich gezeigtem Interesse unterschieden. Um Letztgenanntes zu erheben, sind aufwändige empirische Verfahren notwendig, die in Umfang und Ausrichtung den konzeptionellen Kern des vorliegenden Modellversuchs weit übersteigen würden. Gleichwohl kann auch das bekundete Interesse Auskunft darüber geben, wie die Schülerinnen und Schüler sich selbst einschätzen bzw. zu welcher Fremdeinschätzung Eltern und Lehrkräfte gelangen.

Der Zuwachs an Interesse wird von Eltern und Lehrkräften im Durchschnitt als (moderat) positiv eingeschätzt. Sie geben mehrheitlich an,

- dass sie von den Schülerinnen und Schülern häufiger auf wirtschaftliche Themen angesprochen werden als zuvor (Zustimmung Lehrkräfte: 72,23 %; Zustimmung Eltern: 52,62 %),
- dass die Schülerinnen und Schüler sich vermehrt für wirtschaftliche Themen in den Medien interessieren (Zustimmung Lehrkräfte: 75 %; Zustimmung Eltern: 56,61 %) und
- dass die Schülerinnen und Schüler häufiger über ihre berufliche Zukunft sprechen (Zustimmung Lehrkräfte: 64,81 %; Zustimmung Eltern: 63,83 %).

Die befragten Jugendlichen antworten hinsichtlich ihres Interessenzuwachses differenziert. Ganz allgemein haben 69,8 % die Aussage „Wirtschaft interessiert mich gar nicht" abgelehnt. Hinsichtlich der Interessenszuwächse haben vergleichsweise wenige angegeben, dass sie sich mehr für ihre berufliche Zukunft (Zustimmung: 27,54 %) oder für wirtschaftliche Themen in den Medien (Zustimmung: 45,99 %) interessieren, seitdem sie am Wirtschafsunterricht teilnehmen. Die Mehrheit spricht aber nach eigenen Aussagen häufiger mit Lehrkräften (Zustimmung 70,39 %), Eltern (Zustimmung 59,39 %) und Freunden (Zustimmung 80,15 %) über wirtschaftliche Themen.

Das Interesse an Wirtschaft wird auch durch die Art und Weise der unterrichtlichen Vermittlung beeinflusst, und weil wirtschaftliche Themen oft komplex und voraussetzungsvoll sind, besteht die Gefahr, dass sie trocken und theoriebeladen unterrichtet werden. Daher wurden die Lehrkräfte in der Befragung in diesem Kontext zu ihren unterrichtlichen Erfahrungen befragt. Sie waren mehrheitlich der Auffassung, dass sich das Fach Wirtschaft bzw. Ökonomie gut eigne, um

- handlungsorientierten Unterricht durchzuführen (Zustimmung: 86,11%),
- lebensnah zu unterrichten (Zustimmung: 94,44%) und
- Praxiskontakte zu realisieren (Zustimmung: 85,19 %).

Lediglich 26,86 % der befragten Lehrkräfte stimmten der Aussage zu, dass es ihnen schwer falle, die Schülerinnen und Schüler für wirtschaftliche Themen zu motivieren.

Auch die Schülerinnen und Schüler wurden gefragt, wie sie den Wirtschaftsunterricht einschätzen. Zur Abstimmung standen positiv und negativ besetzte Adjektive (siehe Abb. 3), und es kann festgehalten werden, dass sich gewisse Vorurteile (z. B. ‚Wirtschaft ist langweilig‘) mehrheitlich nicht bestätigen ließen und dass die Schülerinnen und Schüler überwiegend ein positiv besetztes Bild vom Wirtschaftsunterricht im Modellversuch haben.

Abbildung 3: Schülereinschätzungen zu der Aussage „Das Fach Wirtschaft ist ...“

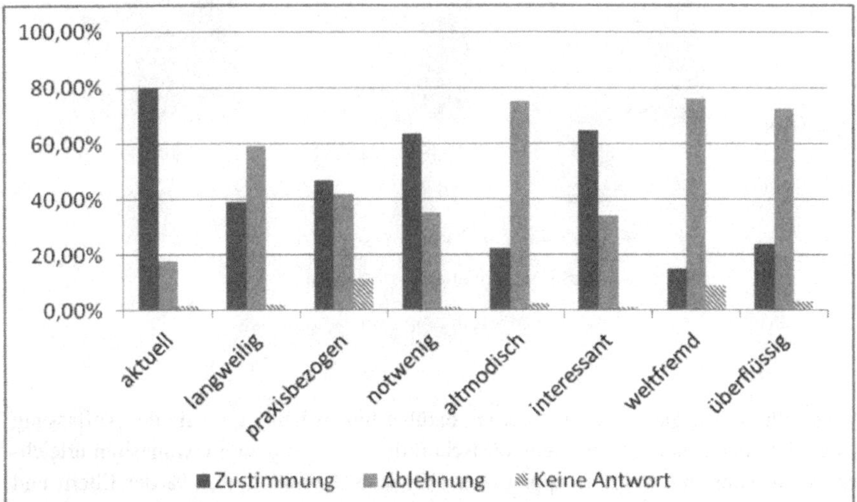

4.3. Fremd- und Selbsteinschätzungen zum Wissenszuwachs

Um tatsächliche Kompetenzzuwächse messen zu können, bedarf es einer objektiven, reliablen und validen Testdiagnostik, die mit Hilfe klassischer und probabilistischer Auswertungsverfahren Erkenntnisse generiert (vgl. grundlegend dazu Moosbrugger und

Kelava 2012). Für eine solche Diagnostik liegen weder domänenspezifische, empirisch validierte Instrumente vor, noch gab es im Rahmen des Modellversuchs die finanziellen und zeitlichen Mittel, diese zu entwickeln. Aus diesem Grund kann hier nicht mehr und nicht weniger geleistet werden als eine Erhebung von Einschätzungen der unmittelbar am Lehr-Lern-Prozess beteiligten Akteure. Dazu wurden die Lehrkräfte, die Schülerinnen und Schüler und die Eltern befragt, wie der Wissenszuwachs der Schülerinnen und Schüler eingeschätzt wird und ob die im Unterricht erworbenen Kenntnisse den Übergang in den Beruf bzw. den Übergang zum Berufskolleg erleichtern werden. Am deutlichsten sind die Einschätzungen der Lehrkräfte: 97,22 % sehen einen erkennbaren Wissenszuwachs bei ihren Schülerinnen und Schülern, 87,97 % sind der Auffassung, dass Wirtschaftsunterricht den Berufseinstieg erleichtert, und 84,26 % sehen darin einen erleichterten Übergang in ein Berufskolleg. Aber auch die Schülerinnen und Schüler und die Eltern sind mehrheitlich dieser Auffassung (siehe Abb. 4).

Abbildung 4: Einschätzungen zum Wissenszuwachs und zum Nutzen des erworbenen Wissens

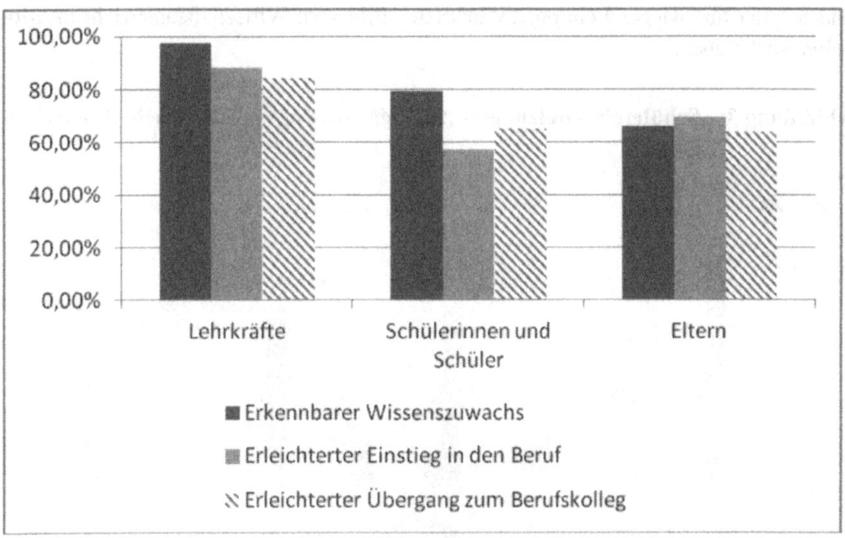

Die Eltern und die Lehrkräfte wurden darüber hinaus befragt, ob sie der Auffassung seien, dass der Unterricht im Fach Wirtschaft den Übergang zum Gymnasium erleichtern wird. Hier sind beide Gruppen eher skeptisch. Lediglich 45,3 % der Eltern und 51,86 % der Lehrkräfte stimmen der Aussage voll bzw. eher zu. Möglicherweise liegt eine der Ursachen für diese vergleichsweise zurückhaltende Rückmeldung darin, dass der Bereich der ökonomischen Bildung in der gymnasialen Oberstufe und insbesondere im Zentralabitur nur eine untergeordnete Rolle spielt. Ein wenig eindeutiger wird von den Schülerinnen und Schülern wiederum die Aussage eingeschätzt, ob sie das im Wirtschaftsunterricht Gelernte auch außerhalb der Schule nutzen können. Hier stimmten 65,62 % voll bzw. eher zu.

Auf den ersten Blick erstaunlich ist, dass immerhin 30,56 % der Lehrkräfte die erworbenen ökonomischen Kompetenzen im Fach Wirtschaft bzw. Ökonomie nicht höher einschätzen als im Fach Sozialwissenschaften. Ein differenzierter Blick zeigt jedoch, dass dies fast ausschließlich die Schulen betrifft, die das Pflichtfach Wirtschaft erprobt haben. Das Pflichtfach Wirtschaft wird an vielen Schulen nicht nur früher unterrichtet als das Wahlpflichtfach, es wird auch nur ein- bis zweistündig pro Woche unterrichtet, wohingegen für das Wahlpflichtfach drei Wochenstunden zur Verfügung stehen. Im Wahlpflichtbereich waren es dann auch 89,47 % der Lehrkräfte, die der Aussage zustimmten, dass im Fach Ökonomie ein höherer ökonomischer Kompetenzerwerb eingetreten ist, als im Fach Sozialwissenschaften.

4.4. Konflikte innerhalb der Schulen

Die Einführung eines neuen Faches ist keine leichte Aufgabe. Vorhandene Strukturen müssen modifiziert werden, und die Akteure, die sich in den bisherigen Strukturen etabliert haben, werden in der Regel skeptisch gegenüber Neuerungen sein. Wößmann (2007, S. 130) spricht in diesem Zusammenhang von „institutioneller Trägheit" im deutschen Schulsystem und fragt, wie lange sich die deutsche Gesellschaft diese noch leisten will bzw. kann. Im Kontext des Modellversuchs können die systemimmanenten Innovationshemmnisse zu Reibungspotenzialen innerhalb des Lehrerkollegiums einer Schule führen. In der Befragung wurden die Schulleiterinnen und Schulleiter und die Lehrkräfte vor diesem Hintergrund gebeten, zu folgenden möglichen Problemfeldern Stellung zu nehmen:

- „Die Einführung des Faches Wirtschaft bzw. Ökonomie hat an der Schule Probleme mit dem Fach Sozialwissenschaften verursacht."
- „Die Einführung des Faches Wirtschaft bzw. Ökonomie hat an der Schule Konflikte im Lehrerkollegium verursacht."
- „Es gibt an der Schule eine Unterversorgung mit Fachlehrkräften im Bereich Wirtschaft."
- „Die Kommunikation in der fachübergreifenden Konferenz mit den Fächern Politik, Geschichte, Erdkunde hat sich als schwierig herausgestellt."

Die Ergebnisse zeigen, dass mutmaßliche Problemfelder von den im Modellversuch beteiligen Schulleitungen und Lehrkräften insgesamt als eher gering eingeschätzt werden (siehe Abb. 5-6).

Abbildung 5: Einschätzungen der Schulleitungen zu schulinternen Koordinationsproblemen

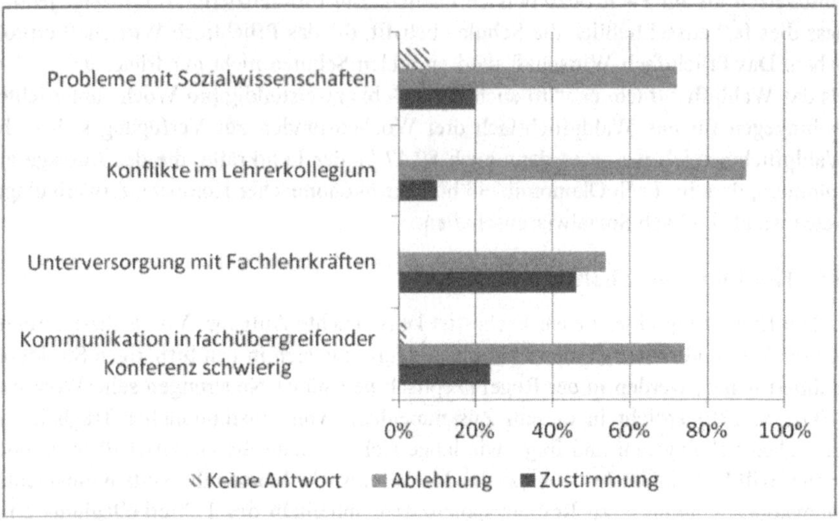

Abbildung 6: Einschätzungen der Lehrkräfte zu schulinternen Koordinationsproblemen

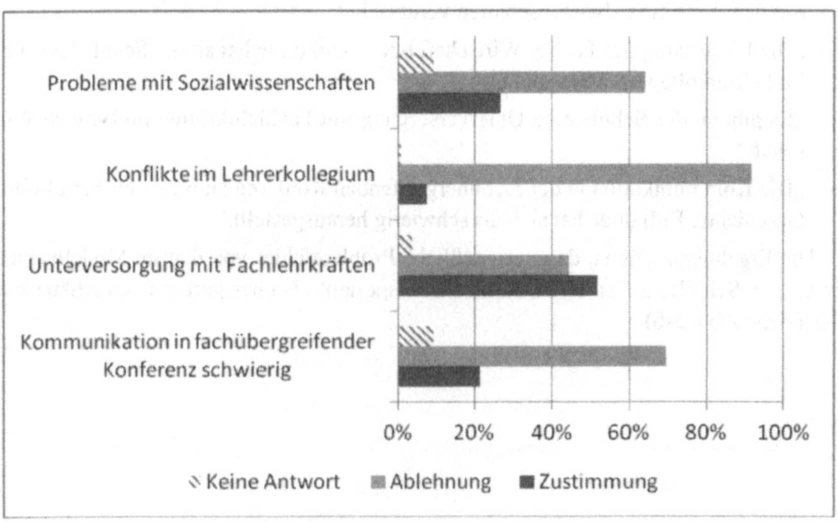

In den wenigsten Schulen hat es nach Einschätzung der Schulleitungen und der Lehrkräfte Probleme mit dem Fach Sozialwissenschaften gegeben. Für das Pflichtfach Wirtschaft war diese Rückmeldung zu erwarten, aber auch in den Schulen, die das

Wahlpflichtfach Ökonomie angeboten haben, wurden mehrheitlich keine Konflikte gesehen. Dieser Umstand ist aber sicher auch darauf zurückzuführen, dass in vielen Schulen mit dem Wahlpflichtfach Ökonomie das Fach Sozialwissenschaften gar nicht parallel angeboten wurde.

Konflikte innerhalb des Lehrerkollegiums wurden in fast keiner der beteiligten Schulen gesehen. Auch die Kommunikation mit den anderen Fächern wurde mehrheitlich als unproblematisch eingeschätzt. Auch wenn es in der Einschätzung von Schulleitungen und Lehrkräften kaum Konfliktfelder gegeben hat, ist die Einführung eines neuen Faches zumindest kurzfristig immer mit Opportunitätskosten verbunden, die sich im Modellversuch überwiegend in Form von weniger Politikunterricht und/oder weniger Ergänzungsstunden gezeigt haben. Eine Ursache dafür ist sicher darin zu sehen, dass viele Inhaltsfelder, die im Wirtschaftsunterricht behandelt wurden, aus dem Kernlehrplan des Faches Politik übernommen wurden. Damit wurde der Politikunterricht inhaltlich entlastet und auf die politischen Kernthemen fokussiert. Eine weitere Erklärung dafür ist, dass im Modellversuch vor allem die Politiklehrkräfte an den Schulen den Wirtschaftsunterricht realisieren mussten. In einem solchen Modell nehmen die verfügbaren Stunden der Politiklehrkräfte für Politikunterricht zwangsläufig ab. Gleichwohl ist dieser Umstand nicht wünschenswert, und hier liegt die zentrale Aufgabe der Bildungspolitik, politische und ökonomische Bildung an Schulen gleichermaßen zu ermöglichen und zwar jeweils gleichwertig mit Fächern wie Erdkunde, Geschichte, Sport, Religion, Kunst oder Musik.

Problematisch sind die Rückmeldungen zur Unterversorgung mit Fachkräften, die nahezu von der Hälfte der Schulleiterinnen und Schulleiter und von mehr als der Hälfte der Lehrkräfte gesehen wurde. Dies ist deshalb bemerkenswert, weil es sich um Schulen handelt, die freiwillig am Modellversuch teilgenommen haben, die also aller Wahrscheinlichkeit nach besser mit Wirtschaftslehrkräften ausgestattet sind als die meisten anderen Realschulen in NRW. Eine fachspezifische Lehrerbildung im Bereich Wirtschaft an Realschulen könnte dieses Problem entschärfen und gleichzeitig der Unterversorgung mit Fachlehrkräften entgegenwirken. Aber auch Lehrerfortbildungen gewinnen an Bedeutung, wenn ein neues Fach etabliert wird und die Unterversorgung mit Fachlehrkräften vergleichsweise hoch ist. Auch wenn die beteiligten Lehrkräfte im Modellversuch an unterschiedlichen Fortbildungen teilgenommen haben, ist der Bedarf an zusätzlichen Fortbildungen durchaus noch gegeben. Lediglich 20,37 % der befragten Lehrkräfte sieht keinen individuellen Bedarf an weiteren Fortbildungsangeboten. 28,7 % wünschen sich weitere fachlich-inhaltlich ausgerichtete Angebote und 49,07 % weitere methodisch-didaktisch ausgerichtete Angebote.

4.5. Resümee der Schulen

Insbesondere in größeren Städten mit mehreren Schulen und in Regionen, in denen der demografische Wandel bereits zu sinkenden Schülerzahlen führt, stehen Schulen im Aufmerksamkeitswettbewerb. Die Außenwahrnehmung einer Schule ist damit nicht nur ein öffentliches Anliegen, sondern auch zentral für die Wettbewerbsfähigkeit der Schule. Die Ergebnisse der Befragung zeigen, dass die deutliche Mehrheit der Schulleitungen mit der Teilnahme am Modellversuch auch eine positive Außenwahrnehmung durch Eltern, Unternehmen und Berufskollegs verbindet (siehe Tab. 2). Insgesamt wird die Teilnahme am Modellversuch von der Mehrheit der Schulleiterinnen und Schulleiter (Zustimmung: 88 %) als Erfolg gewertet.

Tabelle 2: Einschätzungen der Schulleitungen zur Außenwahrnehmung des Modellversuchs

Aussage:	Zustimmung	Ablehnung	Keine Antwort
„Die Eltern der Kinder haben den Modellversuch positiv wahrgenommen."	90 %	---	10 %
„Die regional angrenzenden Berufskollegs haben den Modellversuch positiv wahrgenommen."	62 %	10 %	28 %
„Die mit der Schule vernetzten Unternehmen haben den Modellversuch positiv wahrgenommen."	86 %	2 %	12 %
„Die Teilnahme am Modellversuch war ein Erfolg für die Schule."	88 %	8 %	4 %

Eine zentrale Frage an alle beteiligten Akteure ist sicher, ob sie sich nach all den Erfahrungen im Modellversuch für ein Schulfach Wirtschaft bzw. Ökonomie aussprechen würden. Die Ergebnisse sind hier eindeutig mehrheitlich befürwortend (siehe Abb. 7-8).

Abbildung 7: Antworten der Lehrkräfte und Schulleitungen zur Frage, ob es ein Pflichtfach Wirtschaft an Realschulen in NRW geben solle

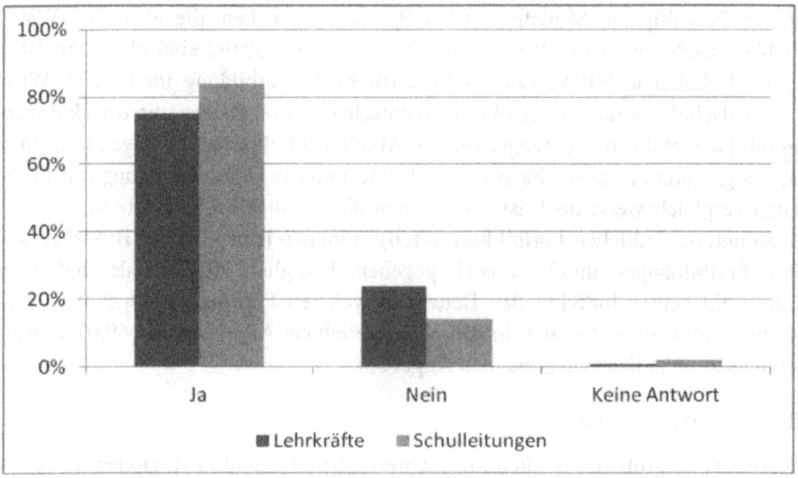

Die Mehrheit der Schulleiterinnen und Schulleiter (Zustimmung: 84 %) und der Lehrkräfte (Zustimmung: 75 %) befürworten ein Schulfach Wirtschaft. Hinzu kommt, dass sich von den restlichen Schulleiterinnen und Schulleitern mehr als die Hälfte für ein Wahlpflichtfach Ökonomie aussprechen. Letztlich sind lediglich 4 % gegen beide

Varianten (2 % haben keine Antwort abgegeben). Bei den Lehrkräften verhält es sich ähnlich: Mehr als die Hälfte derjenigen, die sich nicht für ein Pflichtfach Wirtschaft aussprechen, sind für ein Wahlpflichtfach Ökonomie. Das impliziert, dass lediglich 9,27 % der befragten Lehrkräfte weder ein Pflichtfach Wirtschaft noch ein Wahlpflichtfach Ökonomie befürworten. Hier liegen die Enthaltungen bei 0,93 %.

Recht ähnliche Relationen kommen in den Befragungen der Eltern und der Schülerinnen und Schüler zum Ausdruck. Hier wurde aber auf die Differenzierung zwischen Pflichtfach Wirtschaft und Wahlpflichtfach Ökonomie verzichtet, weil davon auszugehen ist, dass diese Unterscheidung nicht bekannt ist.

Abbildung 8: Antworten der Eltern und Schüler/innen auf die Frage, ob es ein Schulfach Wirtschaft bzw. Ökonomie an Realschulen in NRW geben solle

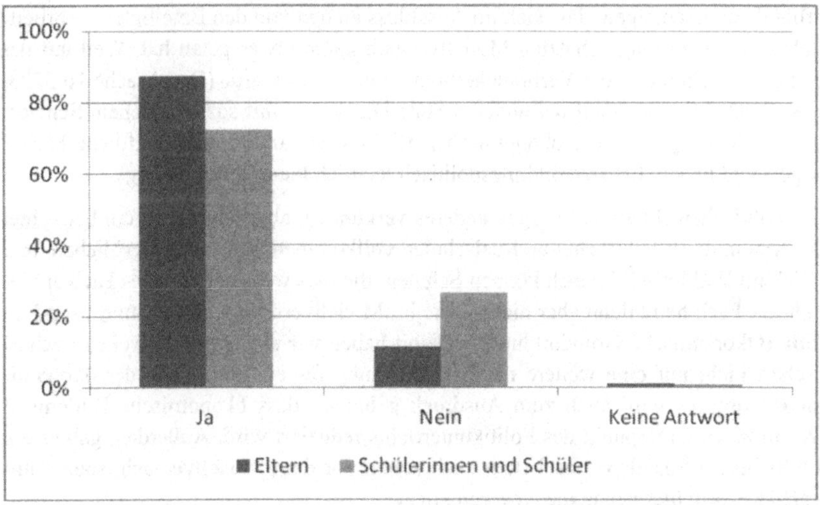

Die deut liche Mehrheit der Eltern (87,34 %) und der Schülerinnen und Schüler (72,32 %) spricht sich für ein Schulfach Wirtschaft bzw. ein Wahlpflichtfach Ökonomie aus.

5. Ausblick

Insgesamt zeigen die Ergebnisse der Befragung, dass ökonomische Bildung aus Sicht der am Modellversuch beteiligten Akteure mehrheitlich als allgemeinbildungsrelevant eingeschätzt wird und dass die Realisierung in einem eigenständigen Fach Wirtschaft als beste Lösung favorisiert wird. Die Erfahrungen im Modellversuch legen dar, dass der Wirtschafts- bzw. Ökonomieunterricht das Wissen über und Interesse an wirtschaftlichen Themen bei den Schülerinnen und Schülern steigern konnte und dass sich die beteiligten Akteure positive Effekte in der Wirtschafts- und Arbeitswelt erhoffen. Mögliche Konflikte der Einführung eines Schulfachs Wirtschaft wurden als eher gering eingeschätzt. Die Möglichkeiten eines lebensnahen, praxisorientierten und handlungsorientierten Wirtschaftsunterrichts wurden hingegen mehrheitlich gesehen. Es lässt sich festhalten: Wirtschaftsunterricht kann – wie in anderen Bundesländern bereits üblich – auch an Realschulen in NRW gelingen und für die beteiligten Akteure positive Auswirkungen haben, wenn die entsprechenden Rahmenbedingungen dafür geschaffen werden.

Aktuell ist bundesweit zu beobachten, dass die institutionelle Etablierung der ökonomischen Bildung in einem Spannungsfeld zwischen Marginalisierung und Spezialisierung steht. Auf der einen Seite wird sie in Form von Spiegelstrichen in den Lehrplänen von Fächern wie Gemeinschaftskunde, Politik, Erdkunde oder Geschichte angerissen und damit in nennenswertem Umfang fachfremd unterrichtet und inhaltlich marginalisiert. Auf der anderen Seite werden Fächer wie Verbraucherbildung, Alltags- und Lebensökonomie oder Unternehmertum und damit eine Ausdifferenzierung der ökonomischen Bildung in mehrere kleine Fächer gefordert. Auch in NRW hat genau dieser Konflikt dazu beigetragen, dass sich im Anschluss an den von den Beteiligten mehrheitlich als erfolgreich eingeschätzten Modellversuch kaum etwas getan hat. Weil auf der einen Seite die Stärkung der Verbraucherbildung gefordert wurde (Drucksache 16/3223, Landtag NRW) und sich auf der anderen Seite Didaktiker mit soziologischem Schwerpunkt für die Integration der ökonomischen Bildung in sozialwissenschaftliche Fächer stark gemacht haben, hat sich bildungspolitisch letztlich kaum etwas bewegt.

Die politischen ‚Fanfaren' mögen anderes verkünden, aber ganz nüchtern betrachtet ist der Kanon der Pflichtfächer an Realschulen vollkommen unverändert geblieben, und lediglich im Wahlpflichtbereich können Schulen, die dies wollen, ein neues Fach anbieten. Dieses Fach heißt dann aber nicht – wie im Modellversuch – „Ökonomie", sondern „Politik (Ökonomische Grundbildung)". Damit haben wir in der bundesweiten Fächerlandschaft nicht nur eine weitere neue Bezeichnung für ein Ankerfach der ökonomischen Bildung, es wird auch zum Ausdruck gebracht, dass ökonomische Bildung in NRW auf einen Unterpunkt des Politikunterrichts reduziert wird. Außerdem gab es ein Wahlpflichtfach Sozialwissenschaften auch schon vor dem Modellversuch, sodass unklar bleibt, worin hier genau die Neuerung liegt.

Damit hat das Schulfach Wirtschaft in NRW ein politisches ‚Begräbnis erster Klasse' erfahren, und es stellt sich die Frage, wie dies mit Blick auf einen von den Beteiligten mehrheitlich als erfolgreich eingestuften Modellversuch passieren konnte. Provokant formuliert könnte man antworten: Hier hat der der homo oeconomicus gleich mehrfach zugeschlagen. Wenn (a) politische Akteure ein individuelles Interesse an Verbraucherbildung haben, weil sie beispielsweise am REVIS-Curriculum mitgearbeitet haben oder im Landfrauenverband aktiv sind, (b) Gewerkschaften um ihren Einfluss auf Schule und Unterricht bangen und (c) Fachdidaktiker mit soziologischem Schwerpunkt ihr schulisches Handlungsfeld in Gefahr sehen, dann kann sich die Mehrheit der befragten 2807 Schülerinnen und Schüler, 1106 Eltern, 108 Lehrkräfte und 50 Schulleitungen im Modellversuch ein Fach Wirtschaft bzw. Ökonomie noch so sehr wünschen, es wird einfach anders entschieden. Dies ist sicher wieder einmal eine sehr ernüchternde Lektion in Sachen Bildungspolitik, von denen der mit dieser Festschrift geehrte Dietmar Krafft in seinem Berufsleben sicherlich auch einige über sich ergehen lassen musste. Das Herzblut, mit dem Dietmar Krafft – ungeachtet einiger kleiner Rückschläge – die ökonomische Bildung über viele Jahre und noch bis ins höhere Alter vorantreibt und weiter entwickelt, kann als Vorbild dienen; auch dafür, dass es irgendwann gelingen wird, die ökonomische Bildung auch an den Realschulen in NRW nachhaltig zu etablieren.

Literatur

Kaminski, Hans, Gerd-Jan Krol u. a. (2005), Stellungnahme zu den institutionellen Neuerungen in der ökonomischen Bildung in Nordrhein-Westfalen, Münster/Oldenburg.

Loerwald, Dirk und Gerd-Jan Krol (2010), Ökonomische Bildung in Nordrhein-Westfalen: Ergebnisse einer Erhebung unter Gymnasiallehrerinnen und -lehrern, in: Unterricht Wirtschaft, 11. Jg., S. 53-57.

Loerwald, Dirk und Rudolf Schröder (2011), Zur Institutionalisierung ökonomischer Bildung im allgemeinbildenden Schulwesen, in: Aus Politik und Zeitgeschichte (APuZ), 61. Jg., S. 9-15.

Loerwald, Dirk und Andreas Zoerner (2005), Ökonomische Bildung vor dem Durchbruch? Kritische Anmerkungen zu einigen schulpolitischen Reformen in NRW, in: Unterricht Wirtschaft, 6. Jg., S. 2-3.

Ministerium für Schule und Weiterbildung (MSW NRW) (2014), „Wirtschaft an Realschulen", Abschlussbericht zum Modellversuch 2010-2014, Düsseldorf.

Moosbrugger, Helfried und Augustin Kelava (Hg.) (2012), Testtheorie und Fragebogenkonstruktion, 2. Auflage, Berlin/Heidelberg, S.7-26.

Schlag, Bernhard (2012), Lern- und Leistungsmotivation, 4. Auflage, Wiesbaden.

Wößmann, Ludger (2007), Letzte Chance für gute Schulen: Die 12 großen Irrtümer und was wir wirklich ändern müssen, München.

Christian Müller, Hans Jürgen Schlösser, Michael Schuhen und Andreas Liening (Hg.), Bildung zur Sozialen Marktwirtschaft
Schriften zu Ordnungsfragen der Wirtschaft · Band 99 · Stuttgart · 2014

Plädoyer für ein Fach „Wirtschaft/Ökonomie" an den Realschulen in Nordrhein-Westfalen[1]

Thomas Retzmann

Inhalt

---

[1] Bei diesem Beitrag handelt es sich um die gekürzte und überarbeitete schriftliche Stellungnahme des Verfassers im Rahmen der öffentlichen Anhörung des Ausschusses für Schule und Weiterbildung des Landtags Nordrhein-Westfalen am 11. Dezember 2013.

1. Vorbemerkungen

Am 11. Dezember 2013 fand eine öffentliche Anhörung des Ausschusses für Schule und Weiterbildung des Landtags Nordrhein-Westfalen statt. Der Verfasser war als Sachverständiger dazu eingeladen, zu einem Katalog von 14 Fragen Stellung zu nehmen. Die folgenden Ausführungen beschränken sich auf ausgewählte Fragen; im Einzelfall werden auch nur Teilaspekte daraus aufgegriffen:

- Sind die Grundlagen ökonomischer und verbraucherrelevanter Bildung Ihrer Auffassung nach besser im Rahmen eines Unterrichtsfachs „Wirtschaft" oder im Rahmen eines Unterrichtsfachs „Verbraucherbildung" zu vermitteln?
- In welchem Umfang sind Aspekte der Verbraucherbildung bereits in den derzeit gültigen Curricula und im Rahmen der Lehrerausbildung verankert? Inwiefern sehen Sie hier Handlungsbedarf?
- Wie lässt sich Wirtschaft als Pflichtfach einführen, ohne das Stundenkontingent für Schülerinnen und Schüler auszudehnen?
- Welche Chancen und Gefahren sehen Sie einerseits bei einem eigenen Fach „Wirtschaft" und andererseits bei dem Ansatz, fächerübergreifend und kompetenzorientiert vorzugehen?
- Welche Chancen und Gefahren sehen Sie einerseits darin, sich auf das Feld der Volks- und Betriebswirtschaft zu beschränken und andererseits ökonomische Zusammenhänge in Einbettung eines sozialwissenschaftlichen Kontextes zu vermitteln?
- Von wissenschaftlicher Seite wird vielfach moniert, dass in übergreifenden Lernbereichen, in die der Erwerb ökonomischer Kenntnisse integriert ist, eine umfängliche Vermittlung ökonomischer Kenntnisse zwangsläufig nicht den benötigten Raum einnehmen kann, um Jugendlichen das benötigte Wissen zu vermitteln, das sich über Kenntnisse des Wirtschaftssystems bis hin zum Umgang mit Verträgen erstreckt. Wie bewerten Sie diese Kritik?

Anlass dieser Anhörung war der Antrag der Fraktion der SPD und der Fraktion BÜNDNIS 90/DIE GRÜNEN „Verbraucherbildung in der Schule nachhaltig und vielfältig gestalten!" sowie der Antrag der Fraktion der FDP „Profilbildung des Realschulbildungsgangs stärken – Fach „Wirtschaft" als verbindliches Schulfach einführen". Gegenstand und Zeitpunkt der Anhörung sind im Zusammenhang mit dem nordrhein-westfälischen Modellversuch „Wirtschaft an Realschulen" zu sehen. Die politische Entscheidung der Ministerin über die Fortführung oder aber Einstellung der erprobten Fächer „Wirtschaft" (Pflichtfach) bzw. „Ökonomie" (Wahlpflichtfach) wurde binnen der nächsten Wochen erwartet.

2. Stellungnahme zu einem Unterrichtsfach „Verbraucherbildung"

2.1. Kritik eines eigenständigen Unterrichtsfachs „Verbraucherbildung"

Die Einrichtung eines Unterrichtsfachs „Verbraucherbildung" wäre ein Novum im Bildungssystem. Schon aus Gründen der Durchlässigkeit des Bildungssystems ist dessen Einrichtung kritisch zu sehen. Es würde die sonstigen Bemühungen um die Förderung von Mobilität, Durchlässigkeit des Bildungssystems und Vergleichbarkeit der Bildungsabschlüsse konterkarieren. Die Sonderkonstruktion in Schleswig-Holstein (Umbenennung des Faches „Haushaltslehre" im Zuge der Verabschiedung eines neuen Lehrplans) ist ohne Nachahmer geblieben. Nicht einmal der Verbraucherzentrale Bundesverband (VZBV) hält ein eigenständiges Fach für notwendig.[2] Die Integration der Verbraucherbildung in verschiedene Fächer sei ebenso gut möglich. Entscheidend sei, dass es zukünftig mehr Verbraucherbildung in der Schule gebe, damit die Schülerinnen und Schüler auf die ökonomischen Anforderungen des Alltags und des Lebens besser vorbereitet werden. Auch die Resolution des Verbraucherzentrale Bundesverbandes „Verbraucherkompetenzen frühzeitig fördern – mehr Verbraucherbildung in die Schulen" vom Mai 2013 enthält keine dementsprechende Forderung nach einem eigenständigen Schulfach „Verbraucherbildung".[3]

Ein Fach „Verbraucherbildung" wäre auf ganzer Linie (!) monoperspektivisch. Es würde über Jahre hinweg lediglich eine von mehreren sinnvollen Perspektiven auf die Welt eingeübt. Das ist bildungstheoretisch nicht zu rechtfertigen. Eine umfassende Bildung der gesamten Persönlichkeit würde nicht einmal angestrebt. Das Resultat wäre ein völlig einseitiger Blick auf die Welt, der den Heranwachsenden keine hinreichende Orientierung in der immer komplexer werdenden Wirtschaft erlaubt.

Gewiss: Die Verbraucherperspektive einzunehmen ist wichtig; aber doch nicht ausschließlich! Und richtig: Alle Menschen sind Verbraucher; doch sind sie weitaus mehr als das. Will man neben einem Fach „Verbraucherbildung" für jede weitere Facette des wirtschaftlichen Lebens neue monoperspektivische Fächer einrichten, die jeweils nur eine einzige Perspektive kultivieren? Etwa ein Fach „Arbeitnehmerbildung"? Dafür sprechen mindestens genauso gute Gründe. Und noch ein Fach „Unternehmerbildung"? Letzteres nicht einmal, um die interessenpolitische Ausgewogenheit des Fächerkanons zu gewährleisten, weil dies kein pädagogisches Argument wäre; vielmehr um eine berufliche Option der Schülerinnen und Schüler nicht systematisch zu unterschlagen.

Monoperspektivische Fächer wie „Verbraucherbildung", „Arbeitnehmerbildung", „Unternehmerbildung" verengen den geistigen Horizont der Schülerinnen und Schüler, statt ihn zu erweitern und sind in der Sekundarstufe II ohne Anschluss. Sie sind deshalb Einbahnstraße und Sackgasse zugleich.

---

[2] So Gerd Billen als Teilnehmer der Podiumsdiskussion anlässlich der Tagung „Defizite in der Ökonomischen Bildung – Was tun?" am 10. Juni 2013 auf Einladung des Bundesverbandes der Banken in Anwesenheit des Verfassers.

[3] Siehe URL: https://www.verbraucherstiftung.de/kampagnen/buendnis_verbraucherbildung (abgerufen am 26.11.2013).

Ganz im Gegensatz zur konsequent kultivierten Monoperspektivität wären dessen Inhalte polymorph. Ihnen fehlt dadurch die nötige Kohärenz, die ein Fach als Fach ausmacht. Die Verbraucherbildung umfasst anspruchsvolle Gegenstandsbereiche, die traditionell in bereits etablierten Fächern thematisiert werden – allerdings von Lehrerinnen und Lehrern mit ganz unterschiedlicher Fakultas, die aufgrund eines mehrjährigen einschlägigen Studiums in der jeweiligen Domäne kompetent sind und aufgrund ihrer langjährigen Erfahrung mit der Materie professionell agieren. Nur Ausnahmetalente wären von derart vielgestaltigen Gegenstandsbereichen inhaltlich nicht überfordert. Ein Fach „Verbraucherbildung" kollidiert daher mit dem Anspruch der Professionalisierung des Lehrerhandelns.

Ein anschauliches Bild der Inkohärenz der Inhalte eines solchen Faches vermitteln die Unterrichtsvorhaben, die laut Verbraucherzentrale Bundesverband für die Verbraucherbildung empfehlenswert sind und deshalb von ihm zum „Unterrichtsmaterial der Woche/des Monats" erklärt wurden.[4] Ausgewählte Beispiele:

Abbildung 1: Unterrichtsmaterial der Woche/des Monats des VZBV

Datum	*Thema*	*Datum*	*Thema*
28.10.2013	Nicht alles, was geht, ist auch erlaubt. Downloaden, tauschen, online stellen – Urheberrecht im Alltag	16.09.2013	Versicherungsbetrug – ein Kavaliersdelikt? Ethische Norm und wirtschaftlicher Vorteil in einer ausgewählten Dilemmasituation *
16.10.2013	Lernzirkel Kartoffel	14.10.2013	Mehr als Einheitsgrün: Agrobiodiversität
07.10.2013	Googelnder Widipedianer	26.08.2013	Umweltfreundlich Mobil
09.09.2013	Medien nonstop? Wie Jugendliche Grenzen ziehen lernen	30.09.2013	Umwelt- und Sozialsiegel: Wie informativ und glaubwürdig sind sie? *
19.08.2013	Verkehr, Klima, Nachhaltigkeit	05.08.2013	Lust auf Obst und Gemüse
15.07.2013	Wissen rechnet sich	08.07.2013	Medien und Sexualität
01.07.2013	Gesunde Ernährung und Esskultur	24.06.2013	Armut und Hunger beenden
04.02.2013	Starke Passwörter	09.08.2012	Wasser – Quelle des Lebens
03.12.2012	Gesund essen: Fit für den Tag	10.12.2012	Tatort Tropenwald
08.04.2013	Lebensmittelinfektionen am Beispiel von Salmonellen	07.02.2012	Cold Calling: Belästigung durch unerwünschte Telefonwerbung *

* Herausgegeben von Thomas Retzmann und Tilman Grammes (2014)

Eine progressive Kompetenzentwicklung ist bei einem derart polymorphen Curriculum mit Elementen ganz verschiedener Domänen nicht zu erwarten. Mehr noch: Welcher einzelne Lehrer beherrscht all diese Inhalte: Hygieneregeln für die Küche, Ernährungslehre, Kryptographie, Urheberrecht, Versicherungsrecht, Verkehrspolitik, Klima-

4 Siehe URL: http://www.verbraucherbildung.de → Meldungen.

schutz, Entwicklungspolitik etc.? Kraft welcher Fakultas? Welche Studienfächer müssten in welchem Umfang studiert werden, um auf allen Inhaltsfeldern fachkompetent zu sein?

Dies wirft Anschlussfragen auf: Ist das Thema „Starke Passwörter" nicht ungleich besser im Fach Informatik aufgehoben, wo es in einen didaktisch gegliederten Prozess der Kompetenzentwicklung eingebettet ist? Ist der Zusammenhang von „Verkehr, Klima, Nachhaltigkeit" nicht bereits bestens im Fach Geographie verankert? Und braucht der Mathematikunterricht nicht lebensweltliche Beispiele aus dem Verbraucheralltag, um zu zeigen, dass und wie Wissen sich rechnet? Etc.

Würde die Verbraucherbildung nicht enorm davon profitieren, wenn ihre vielfältigen Themen von ausgebildeten Fachlehrern unterrichtet würden? Aufgrund der zunehmenden Lebensweltorientierung des Unterrichts gewinnt die Verbraucherbildung bereits jetzt in einer Vielzahl von Fächern an Bedeutung – ein Ansatzpunkt, der unbedingt auszubauen wäre. Die Schlussfolgerung liegt auf der Hand: Verbraucherbildung ist – so wie sie von ihren Befürwortern selbst konzipiert wird – in der Schule eine Querschnittaufgabe und daher als Unterrichtsprinzip allen Fächern aufzugeben, die dazu beitragen können: von der Biologie und Mathematik über die Religion und Ethik bis zur Informatik und Wirtschaft – um nur einige zu nennen. Die Verbraucherbildung ist viel zu wichtig, als dass man sie einem Schulfach alleine übertragen darf.

Um eine bessere Verbraucherbildung in den bereits etablierten Fächern der allgemein bildenden Schulen tatsächlich zu gewährleisten, könnten Schulen sich ein entsprechendes Profil geben. Die Verbraucherzentrale Bundesverband befürwortet solche „Verbraucherschulen" und lobt entsprechende Vorbilder öffentlichkeitswirksam: „Von solchen ‚Verbraucherschulen' brauchen wir mehr …" (Salzmann 2012).

Ein etwaiges Fach „Verbraucherbildung" würde das bestehende Defizit an ökonomischer Bildung nicht beseitigen: erstens, weil ökonomische Sachverhalte und Methoden nur unter vielen anderen auftauchen; zweitens, weil somit keine Kontinuität gegeben ist, auf die eine progressive Kompetenzentwicklung angewiesen ist. Man darf vom Fach „Verbraucherbildung" wenn überhaupt, so nur marginale Beiträge zur ökonomischen Bildung erwarten. Aus empirischen Studien ist seit langem bekannt, dass reine Kurse zur Konsumentenbildung keine (!) messbaren Effekte im Hinblick auf die ökonomische Bildung zeitigen (siehe Walstad und Soper 1988).

2.2. Probleme und offene Fragen bezüglich der fachwissenschaftlichen Lehrerbildung

Für alle Schulfächer muss es entsprechende Studienfächer an den Universitäten und (!) Studienseminare im Vorbereitungsdienst geben. Ein etwaiges Fach „Verbraucherbildung" darf schon allein deshalb keinesfalls ohne einschlägige Fakultas unterrichtet werden, weil es gesundheits- und sicherheitsrelevante Sachverhalte beinhaltet, wie die Vermeidung von Salmonelleninfektionen im Haushalt oder den Schutz sensibler persönlicher Daten durch sichere Passwörter (zum Beispiel beim Onlinebanking). Dafür sind fachlich bestens qualifizierte Lehrerinnen und Lehrer vonnöten. Man stelle sich vor, es käme in diesem Unterricht zu fachlichen Fehlern! Wer wollte für die Konsequenzen dann die Verantwortung übernehmen?

Die Verbraucherbildung wäre als Studienfach eine große Herausforderung für die universitäre Lehrerbildung, insbesondere hinsichtlich der Zusammenstellung der polymorphen, fachwissenschaftlichen Studienanteile. Es stellt sich die Frage, an welchen Hochschulen in Nordrhein-Westfalen Lehrerinnen und Lehrer für dieses Fach mit einer hinreichenden fachlichen Breite wissenschaftlich ausgebildet werden könnten.

Handlungsbedarf besteht daher zunächst einmal darin, eine vollständige Bestandsaufnahme der Möglichkeit einer qualitativ hochwertigen Lehrerbildung an den Hochschulen des Landes Nordrhein-Westfalen durchzuführen. Diese sollte geeignet sein, die politische Entscheidung zu fundieren und die Umsetzbarkeit der Beschlüsse in die Praxis zu gewährleisten. Die Bestandsaufnahme sollte deshalb unbedingt auch die erforderliche Zahl neu einzurichtender, insbesondere fachdidaktischer Professuren für die Verbraucherbildung ausweisen – unter Angabe der Kosten, die den Hochschulen dadurch entstehen, sowie der Möglichkeiten ihrer Finanzierung durch das Land.

Die KMK sichert die Qualität der fachwissenschaftlichen Lehrerbildung durch Fachprofile, in denen fachliche Mindeststandards für die Lehrerbildung festgelegt werden, deren Einhaltung bei der Akkreditierung von Studiengängen zu prüfen ist. Für ein Fach „Verbraucherbildung“ existiert kein solches Profil. Verbraucherbildung ist lediglich ein untergeordneter Bestandteil des Fachprofils „Arbeit, Technik, Wirtschaft“. Im Studienbereich Haushalt und Ernährung wie auch im Studienbereich Textil finden sich Fragmente der Verbraucherbildung wie z. B. der Verbraucherschutz. Beide Studienbereiche sind nicht namensgebend für das Fachprofil. Im gesamten Fachprofil wird das Wort „Verbraucherbildung“ nicht einmal erwähnt.

Nach einer etwaigen politischen Entscheidung zur Einrichtung eines Faches „Verbraucherbildung“ vergehen mindestens 8 Jahre (im Durchschnitt wesentlich mehr)[5], bis grundständig ausgebildete Lehrerinnen und Lehrer für das Fach „Verbraucherbildung“ den Schuldienst antreten können. Diese sind dann noch ohne jede Berufserfahrung. Erklärt man die Verbraucherbildung dagegen zum Prinzip aller Fächer, kann die Verbraucherbildung spätestens ab dem nächsten Schuljahr verbessert werden.

3. Stellungnahme zu einem Unterrichtsfach „Wirtschaft/Ökonomie“

3.1. Begründung eines eigenständigen Unterrichtsfachs „Wirtschaft/Ökonomie“

Bildung dient, so Klafki (1963, S. 43) in seiner Bildungstheorie, der doppelseitigen Erschließung von Mensch und Wirklichkeit. Dem Individuum soll die Welt erschlossen werden, in der es lebt. Diese ist in der Moderne komplexer geworden und stärker ökonomisch geprägt denn je. Ökonomische Bildung dient daher der Orientierung der Her-

[5] 1-2 Jahre für die Einrichtung erster Studiengänge an ausgewählten Universitäten; 5-6 Jahre Studium, 1½-2 Jahre bis Ende des Vorbereitungsdienstes – dies alles unter der Annahme, dass keine zeitlichen Friktionen eintreten.

anwachsenden in der wirtschaftlichen Wirklichkeit. Bildung dient aber auch der Erschließung des Menschen für diese, seine Wirklichkeit. Dementsprechend sollen die Schülerinnen und Schüler im Unterrichtsfach „Wirtschaft" zur aktiven Teilhabe an ihrer ökonomisch geprägten Welt befähigt werden. Sie sollen Kompetenzen erwerben, die sie als Verbraucher, Erwerbstätige und Wirtschaftsbürger selbstbestimmt, tüchtig und verantwortungsvoll handeln lassen (Krafft 2008; 1999; 1984).

Selbst der klassische Begriff von Bildung impliziert ökonomische Bildung. Diese darf allerdings nicht der ‚Abrichtung' für die ‚Erfordernisse des Marktes' dienen, sondern muss sich an der regulativen Idee des Menschen orientieren. Bildungswissenschaftlern zufolge gehört Ökonomie deshalb in den Bildungsprozess,

> „weil sie zum Menschen gehört und der Bildungsprozess den Menschen in seiner ‚Totalität' anspricht und nicht sein schöngeistiges Bruchstück. ... Gegen die Thematisierung von Wirtschaftsfragen gibt es keinen bildungstheoretischen Einwand. Aber nicht alles, was bildungsrelevant ist, findet in der Schule statt"(Ladenthin 2006, S. 44 f.).

Ökonomie ist bildungsrelevant, weil Wirtschaften eine unhintergehbare Bedingung menschlichen Daseins und eine Leitfrage menschlicher Existenz ist. Der daraus folgende Eigenwert ökonomischer Bildung kann am besten in einem eigenständigen Fach mit einer eigenen Perspektive gewährleistet werden. Daher folgern Bildungswissenschaftler: „Wenn Wirtschaft eine Leitfrage unserer Existenz ist, dann kann man diese Leitfrage nicht soziologisch, politisch oder historisch beantworten – sondern eben nur wirtschaftlich" (Ladenthin 2006, S. 45).

Das Unterrichtsfach „Wirtschaft" ist geeignet, den Schülerinnen und Schülern eine wirtschaftliche Sichtweise auf die Welt zu eröffnen, die im bisherigen Fächerkanon unterrepräsentiert ist oder bisweilen gänzlich fehlt und ihnen daher oftmals verschlossen bleibt. Wie in jedem anderen Schulfach, so wird auch im Fach „Wirtschaft" ein spezifischer Zugang zur Wirklichkeit entwickelt. Die Grundlagen ökonomischer Bildung zu vermitteln bedeutet, „das spezifische Denken der Ökonomie als einer fachlichen Disziplin zu vermitteln" bzw. die „Vermittlung des Paradigmas des besten Einsatzes von knappen Ressourcen" (Hurrelmann 2013) – in privaten Haushalten, Betrieben und Unternehmen ebenso wie auf der Ebene des Staates. Es geht selbstverständlich nicht darum, dem alle anderen Sichtweisen unterzuordnen. Vielmehr tritt die ökonomische Perspektive lediglich neben andere Perspektiven auf die Welt, die aus eigenem Recht heraus mit einem eigenständigen Fach in der Schule vertreten sind, in dem die Schülerinnen und Schüler Zeit und Gelegenheit haben, die Einnahme der fachspezifischen Perspektive grundlegend einzuüben.

Die für ein gelingendes Leben in der modernen Gesellschaft notwendigen Grundlagen ökonomischer Bildung der heranwachsenden Generation können am besten durch ein eigenständiges Fach mit einer professionellen Lehrerbildung gewährleistet werden. Qualität in der schulischen Bildung ist nur durch Professionalität der Lehrenden zu erlangen, dies kann man an allen anderen Domänen ablesen. Die Wirtschaftsdidaktiker in Nordrhein-Westfalen haben gegenüber dem Ministerium für Schule und Weiterbildung sowie öffentlich ihre Bereitschaft erklärt, im Rahmen ihrer Möglichkeiten einen Beitrag dazu zu leisten, nicht zuletzt durch qualifizierte Lehreraus- und -fortbildung (unter anderem in der Arbeitsgruppe ökonomische Bildung 2011, S. 5).

Dem Fach „Wirtschaft“ an der Realschule sollte auch die Aufgabe der ökonomischen Verbraucherbildung und der finanziellen Allgemeinbildung überantwortet werden, deren Stärkung im Koalitionsvertrag verabredet wurde. Es ist zunächst für die Professionalität der Lehrerinnen und Lehrer und sodann für den Bildungserfolg der Schülerinnen und Schüler von zentraler Bedeutung, dass die berechtigten Anliegen der Verbraucherbildung, der gelingenden privaten Haushaltsführung, der finanziellen Allgemeinbildung sowie der Orientierung in der Arbeits- und Berufswelt im schulischen Fächerkanon nicht länger isoliert nebeneinander stehen, sondern sich in einem Fach „Wirtschaft/Ökonomie“ integriert werden.

Ein Fach schafft klare Zuständigkeiten statt organisierter Nichtverantwortlichkeit! In den Schulen sorgt die Integration der unterschiedlichen Aspekte und Teilbereiche der ökonomischen Bildung (vor allem ökonomische Verbraucherbildung, finanzielle Allgemeinbildung, Arbeits- und Berufsorientierung sowie Entrepreneurship Education) in ein Fach „Wirtschaft“ für klare Zuständigkeiten und Verantwortlichkeiten, was bei einer Aufteilung auf mehrere Fächer (Geschichte, Erdkunde, Politik) nicht gewährleistet ist.

Allen Realschulen des Landes sollte die Möglichkeit erhalten bleiben bzw. eröffnet werden, die ökonomische Bildung ihrer Schülerinnen und Schüler im Rahmen eines Kern- und/oder eines Wahlpflichtfachs „Wirtschaft/Ökonomie“ zu fördern. Renommierte Wissenschaftler anderer Disziplinen (z. B. Jugendsoziologie und Bildungswissenschaften) empfehlen ebenfalls mit guten Gründen die Einrichtung eines eigenständigen Schulfaches, dem die Verantwortung für die ökonomische Bildung übertragen wird. Der Vorstand der Deutschen Gesellschaft für Ökonomische Bildung hat dem Ministerium für Schule und Weiterbildung mit Schreiben vom 19. Februar 2013 die volle Unterstützung bei der dauerhaften Einführung des Faches an den Realschulen des Landes angeboten.

Die Argumente für das Fach „Wirtschaft“ sind „so stark, wie man es sich nur wünschen kann. Das Fach repräsentiert einen existenziell wichtigen Aspekt der heutigen Lebenswelt. Es ist nicht nachvollziehbar, warum ausgerechnet dieses Fach nicht im Fächerkanon vertreten sein sollte“ (Hurrelmann 2013). Es ist als Fach legitimiert, weil es „ein Proprium, einen eigenen Gegenstand mit spezifischen Methoden“ (Ladenthin 2006, S. 45) hat. Es verfügt damit über die für ein Fach und die Kompetenzentwicklung nötige Kohärenz der Inhalte und Methoden.

3.2. Das angebliche Problem fehlender Zeit für ein eigenständiges Fach

(1) Gemäß Rahmenvorgabe „Ökonomische Bildung in der Sekundarstufe I“ (Ministerium für Schule, Jugend und Kinder 2004), die beginnend mit dem Schuljahr 2005/2006 verbindlich umzusetzen war, verwenden alle Schulen des Landes bereits bis zu 200 Unterrichtsstunden für die ökonomische Bildung. In der Rahmenvorgabe heißt es auf Seite 28:

> „Sofern die obere Bandbreite des für die gesellschaftswissenschaftlichen Fächer vorgesehenen Stundenvolumens ausgeschöpft wird und der entsprechende Unterricht uneingeschränkt erteilt werden kann, steht für die ökonomische Bildung in der Sekundarstufe I ein Volumen von ca. 200 Unterrichtsstunden zur Verfügung. Bei einer Gleichverteilung

auf die Jahrgangsstufen ergeben sich ... in jeder Doppeljahrgangsstufe durchschnittlich 65 Unterrichtsstunden."

Unter Verweis auf den Erlass des Ministeriums ist die Frage daher wie folgt zu beantworten: Die Schulen bündeln den bereits jetzt im Umfang von bis zu 200 Stunden erteilten, jedoch über diverse Fächer hinweg verstreuten Ökonomieunterricht in einem Fach „Wirtschaft".

(2) Alle am Modellversuch „Wirtschaft an Realschulen" teilnehmenden Schulen haben das (Wahl-)Pflichtfach „Wirtschaft/Ökonomie" mit der Maßgabe eingeführt, dass sich das Stundenkontingent für die Schülerinnen und Schüler nicht erhöht. Dass dies geradezu problemlos möglich ist, wurde von den 70 Realschulen unter Beweis gestellt. Der Entwurf des Abschlussberichts enthält eine ausführliche Darstellung der dabei beschrittenen Wege. Um diese qualifizierten Ausführungen hier nicht zu doppeln, sei auf die Ergebnisse der Evaluation des Modellversuchs verwiesen, die im Abschlussbericht des Ministeriums dargelegt sind.

Aus (1) und (2) ergibt sich, dass keine (!) zusätzlichen Stundendeputate erforderlich sind, um ein Mindestmaß (!) von 200 Stunden Ökonomieunterricht an den Realschulen des Landes Nordrhein-Westfalen zu erteilen. Es bedarf lediglich einer anderen zeitlichen und organisatorischen Regelung, wie sie an den Modellversuchsschulen beispielgebend erfolgte.

Jedoch ist die in der Fragestellung enthaltene Restriktion kritisch zu hinterfragen. Das föderale Bildungssystem ermöglicht es den Ländern, voneinander zu lernen. Dies gilt auch für die Überwindung von Restriktionen, für die die Bildungspolitik zuständig ist. An dieser Stelle sollen nur zwei Anregungen gegeben werden, die ggf. erweiterbar sind:

Das baden-württembergische Modell der Kontingentstundentafel ermöglicht den Schulen inhaltliche Schwerpunktsetzungen. Dafür vorgesehene Stundenkontingente können die Schulen zur Profilierung nutzen. Eine solche Kontingentstundentafel könnte in Nordrhein-Westfalen von den Schulen dazu genutzt werden, zum Beispiel beim Ökonomieunterricht einen für Schülerinnen und Schüler attraktiven Schwerpunkt zu setzen, ohne das Gesamtstundenkontingent auszudehnen.

Das Gesamtstundenkontingent liegt in Nordrhein-Westfalen weit hinter anderen Bundesländern zurück. Schon die *PISA-E-Studie* offenbarte diesbezüglich gravierende Unterschiede der Lebensverhältnisse der Bürger der Bundesrepublik Deutschland. In Nordrhein-Westfalen wurden von der ersten bis zur neunten Jahrgangsstufe 623 Unterrichtsstunden weniger erteilt als in Thüringen (Baumert et al. 2002, S. 13). Die Schülerinnen und Schüler in Thüringen haben bekanntlich bei den jüngsten Lern- standserhebungen in Mathematik und den drei Naturwissenschaften sehr gut abgeschnitten. Mehr Unterricht bedeutet bessere Leistungen, so resümieren renommierte Bildungsforscher. Insofern ist zu fragen, ob die Bildungspolitik in Nordrhein-Westfalen nicht aus ganz anderen Gründen sehr gut beraten wäre, das Gesamtstundenkontingent für alle Schülerinnen und Schüler auf das Niveau jener Bundesländer anzuheben – oder sich diesem wenigstens zu nähern –, die ihren Landeskindern bessere Bedingungen bieten. Dann könnte auch in Nordrhein-Westfalen für ein Fach „Wirtschaft/Ökonomie" mehr als nur ein Minimum an Unterricht gewährleistet werden.

Es stünde Nordrhein-Westfalen gut zu Gesicht, den Schülerinnen und Schülern nicht nur ein unverzichtbares Minimum an ökonomischer Bildung zu gewähren, sondern eine bestmögliche ökonomische Bildung. Gibt man sich mit der Gewährleistung lediglich eines Mindestmaßes zufrieden, sieht man sich in Bildungsvergleichsstudien sehr wahrscheinlich mit dem Ergebnis konfrontiert, dass man auf den hinteren Plätzen landet – hinter den Bundesländern, die nicht das Minimum, sondern mindestens den Durchschnitt, wenn nicht gar das Optimum an Bildung für ihre Landeskinder anstreben. Insofern empfiehlt sich auch in der ökonomischen Bildung der Blick in andere, zum Teil benachbarte Bundesländer, die weitergehende Anstrengungen für eine bessere ökonomische Bildung unternehmen. In Thüringen und Bayern gibt es bereits seit langem ein eigenständiges Fach „Wirtschaft und Recht". An den Realschulen in Niedersachsen gibt es seit 2011 sogar ein „Profilfach Wirtschaft", an den Realschulen plus in Rheinland-Pfalz wurde unlängst das Wahlpflichtfach „Wirtschaft und Verwaltung" eingeführt, und Baden-Württemberg steht unmittelbar vor der Einführung eines eigenständigen Pflichtfaches „Wirtschaft" in allen Schulen der Sekundarstufe I.

3.3. Die dramatisierten, aber unbelegten Gefahren des eigenständigen Faches

Gefahr Nr. 1: „Das Fach Wirtschaft gefährdet den Sozialstaat!?" Gegen das Fach „Wirtschaft" wird der Vorwurf erhoben, dass es dem Ziel diene, „den Sozialstaat zurückzubauen" (Zurstrassen 2012, S. 12 f.). Die Arbeitgeberverbände beabsichtigten damit, „den Sozialstaat ins Visier" zu nehmen.

Sollte dieser Vorwurf zutreffen, so wäre dies ungeheuerlich. Das Sozialstaatspostulat des Art. 20 Abs. 1 GG ist ebenso wie andere normative Maßgaben des Grundgesetzes von jeglichem Ökonomieunterricht ausnahmslos zu beachten, egal ob dieser fachlich oder fachübergreifend erteilt wird. Zweifel an der Richtigkeit der Behauptung sind allerdings angebracht: Weder werden Belege für den Rückbau des Sozialstaates vorgelegt, noch dafür, dass dieses Ziel im Ökonomieunterricht verfolgt wird, und erst recht nicht dafür, dass es zwischen Ökonomieunterricht im Fach und der Entwicklung des Sozialstaats einen Wirkungszusammenhang gibt. Der Zweifel wird genährt durch den Umstand, dass in diesem Zusammenhang die nachweislich falsche Behauptung aufgestellt wird, „belastbare empirische Daten" über die geringen Wirtschaftskenntnisse von Jugendlichen und jungen Erwachsenen lägen nicht vor; verfügbar und gefragt seien statt dessen lediglich „Propagandadaten".

Gefahr Nr. 2: „Das Fach Wirtschaft als Fach der Wirtschaft!?" Gegen das Fach „Wirtschaft" wird eingewandt, dass es von Interessengruppen der Wirtschaft politisch gefordert wird und dass dessen Inhalte damit potenziell durch partikulare Interessen einseitig dominiert werden. Konkret „steht zu befürchten, dass ein Schulfach Wirtschaft zum Fach der Wirtschaft und Wirtschaftsverbände wird ..." (Hedtke 2011, S. 3).

Als Beleg für die behauptete „Verflechtung von Wissenschaft, Wirtschaft und Politik" und die daraus erwachsende Gefahr dient eine „Netzwerkskizze". Diese Netzwerkskizze basiert vor allem auf einer studentischen (?) Internetrecherche. Die Verfasserin belegt ihr Ergebnis mit 78 Internetverweisen. Sie qualifiziert ihre Recherche ostentativ als eine „Vorstudie zu einer methodisch anspruchsvolleren Netzwerkanalyse". Sie erhebe „keinen Anspruch auf Vollständigkeit", die Treffer seien „ungewichtet" in die Netzwerkskizze eingeflossen, die lediglich als „Rohmaterial" für eine „methodisch aufwändigere, differenziertere Netzwerkanalyse" anzusehen sei (Möller 2011, S 29). Im Rahmen der öffentlichkeitswirksamen Verbreitung mutierte dieses unvollständige und ungewichtete Rohmaterial jedoch zur „Netzwerkstudie". Diese ungerechtfertigte Aufwertung einer Internetrecherche zur wissenschaftlichen Studie, auf der sehr weit reichende Behauptungen und Bewertungen aufgebaut werden, wurde von der wissenschaftlichen Vereinigung der Fachdidaktiker aufgrund „einseitig verkürzender Darstellungen, unzulässiger Verallgemeinerungen und gravierender methodischer Mängel der so genannten ‚Netzwerkskizze'" (DeGöB 2011a) öffentlich gerügt.

Die vorgebliche „Netzwerkstudie" taugt demnach nicht als wissenschaftlicher Beleg dafür, dass dieses Netzwerk real, hochgradig aktiv und auch noch politisch einflussreich ist. Es kann daher nicht verwundern, dass die Interpretationen und Meinungen, die zusammen mit dieser methodisch leicht angreifbaren Netzwerkskizze dargeboten werden, öffentlich scharf zurückgewiesen worden sind – unter anderem von einem Verband, in dem insbesondere Lehrerinnen und Lehrer für die ökonomische und die politische Bildung organisiert sind. Sie sehen diese Kampagne als Teil eines „Feldzuges" gegen die angeblich „wirtschaftsliberal-konservativ geprägte und einseitig auf Unternehmerinteressen ausgerichtete ökonomische Bildung". Letztere werde in Gestalt von „Verschwörungstheorien" pauschalisierend unter „Generalverdacht" gestellt (Landesverband Schleswig-Holstein der DVPB 2011, S. 26).

Eine weitere Schrift desselben Autorenkreises (Hedtke et al. 2010), die ebenfalls eine „interessenpolitisch einseitige Tendenz" von Konzeptionen ökonomischer Bildung aus „Unternehmersicht" behauptet, ist im wissenschaftlichen Diskurs genauso scharf kritisiert worden. Die so genannte „Expertise" enthalte „abwegig verkürzende und verzerrende Argumentationsfiguren", die „auch bei gutem Willen nicht nachvollziehbar" seien (Krol, Loerwald und Müller 2011, S. 201, 211). Die Behauptungen hielten einer näheren Überprüfung nicht stand, da die Autoren „keine Belege" anführten, so dass leicht der „Eindruck einer Polemik" entstehen könne (Kammertöns 2011, S. 124).

Zweifellos: Die Wirtschaftsverbände fordern ein Fach „Wirtschaft". Und ebenso unzweifelhaft ist, dass im Fach „Wirtschaft" Unternehmerinteressen nicht über Arbeitnehmer- und Verbraucherinteressen dominieren dürfen – zum einen aufgrund der gebotenen Neutralität der Schule und zum anderen um der ökonomischen Bildung der Schülerinnen und Schüler willen.

Die Einrichtung eines Faches mit klaren curricularen Vorgaben, zugelassenen Schulbüchern und wissenschaftlich ausgebildeten Lehrerinnen und Lehrern ist das wirksamste Mittel zur Abwehr jeglicher Versuche der illegitimen Indienstnahme und der Indoktrination, aber auch der Verunglimpfung.

Das Ministerium für Schule in Nordrhein-Westfalen hat hier und jetzt die Möglichkeit, durch die Einführung und curriculare Ordnung eines Faches „Wirtschaft/Ökonomie" sowohl die staatliche Hoheit über die Bildung unter Beweis zu stellen als auch den berechtigten Interessen der Schülerinnen und Schüler an einer lebensdienlichen ökonomischen Bildung Rechnung zu tragen.

Gefahr Nr. 3: „Ökonomische Bildung unterzieht Schülerinnen und Schüler einer Gehirnwäsche!?" Gegen die „orthodoxe" ökonomische Bildung wird der Vorwurf erhoben, dass Lernende „in der Pflichtschule" zur orthodoxen Perspektive „gezwungen" würden. Die Orientierung an der wissenschaftlichen Hauptströmung der Volkswirtschaftslehre käme einer „Gehirnwäsche" gleich (iböb 2012). Gegenüber Praxiskontakten „Schule-Wirtschaft", die oftmals ersatzweise an die Stelle des fehlenden Unterrichtsfaches treten, wird der Vorwurf der Indoktrination der Schülerinnen und Schüler erhoben. Ursächlich für den Rückgriff auf diese „Expertise von Unternehmen und Verbänden" sei unter anderem eine „mangelnde Qualifikation der Lehrer". Ebenso würden „selektive, tendenziöse und manipulative Unterrichtsmaterialien gratis zur Verfügung gestellt", die dem „Kampf um die Köpfe der Kinder" und nicht der Bildung mündiger Wirtschaftsbürger dienten.[6]

Es ist sicherlich völlig unstrittig, dass für Manipulationen jeglicher Art und Couleur in der Schule keinerlei Raum sein sollte. Schon der Versuch sollte unterbunden werden. Unter dem Deckmantel gewünschter Praxiskontakte tummeln sich leider auch kritikwürdige Initiativen für eine nur vermeintlich bessere ökonomische Bildung. Wenn die Lehrenden das Feld gleich ganz räumen, um Mitarbeiter von Unternehmen den Ökonomieunterricht machen zu lassen, so ist dies unbestritten der völlig falsche Weg. Es ist dagegen nicht nachzuvollziehen, warum ausgerechnet wissenschaftlich ausgebildeten Lehrerinnen und Lehrern die Befähigung zur Verhinderung und Aufdeckung von externen Manipulationsversuchen fehlen sollte. Richtig ist, dass Praxiskontakte Schule-Wirtschaft der wissenschaftlich angeleiteten Reflexion und ggf. der Ideologiekritik bedürfen, für die im eigenständigen Fach „Wirtschaft/Ökonomie" der Raum wäre, der jedoch fehlt, wenn der Praxiskontakt statt des Ökonomieunterrichts stattfindet.

Unklar ist darüber hinaus, warum das ansonsten völlig unstrittige Wissenschaftsprinzip der Curriculumentwicklung, das von der Bildungskommission des Deutschen Bildungsrates (1970) etabliert wurde, im Falle der ökonomischen Bildung suspendiert werden sollte. Woran sollen die zu lehrenden Inhalte gemessen werden, wenn nicht am Stand der wissenschaftlichen Erkenntnis in der Bezugswissenschaft des Faches? Welcher gegenüber den Wissenschaften privilegierte Zugang zur Erkenntnis der wirtschaftlichen Wirklichkeit existiert? Wäre nicht gerade dann der Manipulation und Indoktrination Tür und Tor geöffnet, wenn die Unterrichtsinhalte nicht wissenschaftlich abgesichert wären?

Gefahr Nr. 4: „Kumpanei naiver Schul- und Bildungsministerien mit der Wirtschaft!?" Der Bildungspolitik sowie -administration wird der Vorwurf gemacht bei der Bekämpfung der unter (2) und (3) aufgezeigten Gefahren zu „versagen" – gepaart mit

---

6 Alle Zitate von: URL: http://www.dw.de/wirtschaftsunterricht-mangelhaft/a-16761359 (abgerufen am 22.11.2013).

den Vorwürfen der „Naivität" und sogar der Verdächtigung der „Kumpanei mit den Wirtschaftsverbänden und den großen Unternehmen".[7]

Derart pauschale Vorwürfe und Verdächtigungen sind m. E. wissenschaftlich nicht zu rechtfertigen. Sie sind aber auch nicht hilfreich. Wünschenswert ist dagegen, dass das Ministerium für Schule und Weiterbildung „Regeln guter Praxis" für Praxiskontakte Schule-Wirtschaft formuliert und Sanktionen vorsieht für den Fall, dass gegen diese Regeln verstoßen wird. Da illegitime Versuche der Manipulation und Indoktrination in allen gesellschaftswissenschaftlichen Fächern vorkommen können, sollten die Regeln möglichst allgemeingültig sein.

Fazit: Die in der öffentlichen Diskussion von Hochschullehrern gelegentlich dramatisierten Gefahren des Schulfaches „Wirtschaft" basieren auf rein politischen Vorwürfen oder sind sogar unsachlich-persönlich (ad hominem), jedenfalls vom wissenschaftlichen Standpunkt aus nicht haltbar. Es gibt neben lobenswerten Initiativen sicherlich auch Versuche der Instrumentalisierung ökonomischer Bildung durch partikulare Interessen. Dies rechtfertigt es jedoch nicht, dass Unterstellungen verbreitet und pauschale Vorurteile gegenüber der ökonomischen Bildung in der Schule geschürt werden. Die Wirtschaftsdidaktiker in Nordrhein-Westfalen wenden sich geschlossen gegen beides – sowohl gegen die Instrumentalisierung als auch gegen die Desavouierung der ökonomischen Bildung (Arbeitsgruppe Ökonomische Bildung 2013, These 8).

3.4. Die realen Chancen der ökonomischen Bildung im eigenständigen Fach

Die Ausführungen hier ergänzen nur noch, was unter den voranstehenden Fragen nicht angeführt wurde.

Chance Nr. 1: Eine bessere ökonomische und finanzielle Bildung der Schülerinnen und Schüler! Es gibt hinreichend viele, methodisch sehr gut abgesicherte Studien zum Stand ökonomischer und finanzieller Bildung – auch aus Projekten, die von der Deutschen Forschungsgemeinschaft gefördert wurden (siehe Beck 1993 sowie Beck und Krumm 1998). Sie haben empirisch belastbare Befunde zu gravierenden Wissens- und Fähigkeitsdefiziten von Schülerinnen und Schülern sowie von jungen Erwachsenen zu Tage gefördert. Besonders sei auf zwei ausgewählte Studien jüngeren Datums verwiesen, die von sehr renommierten Bildungsforschern durchgeführt wurden: Prof. Dr. Gerd Gigerenzer (Geschäftsführender Direktor am Max Planck Institut für Bildungsforschung) und Prof. Dr. Klaus Hurrelmann (Wobker et al. 2012). Letztgenannter zieht aus den Befunden seiner Studien (Hurrelmann und Karch 2010; 2013) den Schluss, dass die Einführung eines Pflichtfaches „Wirtschaft" notwendig ist:

> „Wir leben in einer Welt, in der im Alltag praktisch keine Entscheidungen ohne wirtschaftliche Komponenten getroffen werden. Die schulischen Lehrpläne sind jedoch weitgehend für einen wirtschaftsfreien Raum konzipiert. Das muss sich ändern" (Hurrelmann 2010, S. 22).

Es ist in diesem Zusammenhang bemerkenswert, dass dezidierte Gegner des Unterrichtsfachs „Wirtschaft" die Orientierung der ökonomischen Bildung an zukünftigen

---

[7] Zitate von: URL: http://www.dw.de/wirtschaftsunterricht-mangelhaft/a-16761359 (abgerufen am 22.11.2013).

„Lebenssituationen wie Finanzanlagen, Altersvorsorge oder zukünftige Selbstständigkeit" ablehnen, weil diese erst „später relevant" werden könnten.[8] Dies ist ein weiteres starkes Indiz dafür, dass eine lebensdienliche ökonomische und finanzielle Bildung nur im eigenständigen Fach gewährleistet ist. Diesen Gegnern ist zu entgegnen: Weil diese Situationen später relevant sind, kann und sollte darauf rechtzeitig und besser vorbereitet werden. Schuldenprävention hat beispielsweise nur dann eine Chance, wenn sie rechtzeitig vor der Ver- und Überschuldung einsetzt. Und die Orientierung in der Arbeits- und Berufswelt schafft nur dann die Grundlage für tragfähige Berufswahlentscheidungen, wenn sie nicht erst ‚kurz vor Toreschluss' erfolgt.

Chance Nr. 2: Ökonomische Bildung als Teil einer umfassenden Persönlichkeitsbildung! Wie bereits ausgeführt ergibt selbst die Rückbesinnung auf den klassischen Bildungsbegriff keinen bildungstheoretischen Einwand gegen die ökonomische Bildung. Im Gegenteil, die ökonomische Bildung gehört heutzutage zu einer umfassenden Persönlichkeitsbildung dazu. Die bildungstheoretische Begründung lautet:

> „Wer versucht, die Welt ohne Berücksichtigung der ökonomischen Dimension zu verstehen, kann sie nicht angemessen erfassen. ... Von daher sollte dem Fach eine Stelle im Fächerkanon zukommen. Das Thema Wirtschaft ist allerdings ausschließlich ein Gegenstand des Unterrichts; das Ziel des Unterrichts ist nicht Einführung in die Wirtschaft oder Anpassung an die Wirtschaft, sondern Bildung" (Ladenthin 2006, S. 45).

Chance Nr. 3: Systematischer Kompetenzerwerb statt informelles Lernen en passant! Ein eigenständiges Fach ermöglicht einen erfolgreichen Kompetenzaufbau, weil es die dafür notwendige Kontinuität und die sukzessive Steigerung des Anforderungsniveaus gewährleisten kann. Durch ökonomische Bildung können die Schülerinnen und Schüler unter anderem ihre Entscheidungskompetenz verbessern. Sie durchschauen die kongruenten oder konfligierenden Interessen in wirtschaftlichen Beziehungen und Interaktionen und können wirtschaftspolitische Maßnahmen im Hinblick auf ihre einzel- und gesamtwirtschaftlichen Auswirkungen beurteilen. Wirtschaftliche Sachverhalte sind selbst im alltäglichen Bereich so komplex, dass das Wissen über das richtige und gerechte Handeln nicht mehr im Rahmen der Sozialisation mit vermittelt wird. Informelles Lernen allein genügt in der ökonomischen Domäne nicht mehr.

Chance Nr. 4: Wissenschaftliche Fundierung von Urteil und Handlung statt Lernen durch Versuch und Irrtum! Für alle Fächer der Schule gilt: „Inhalte werden heute ausschließlich durch wissenschaftliche Verfahren legitimiert" (Ladenthin 2006, S. 45). Die Unterrichtsinhalte im Fach „Wirtschaft" sollten daher unter Berücksichtigung bezugswissenschaftlicher Befunde zum wirtschaftlichen Urteilen und Handeln von Menschen festgelegt werden. Ein Lernen durch Versuch und Irrtum ist beim wirtschaftlichen Handeln hochgradig riskant und im Extremfall wirtschaftlich ruinös. Die empirischen Befunde zum Beispiel über Schuldnerkarrieren legen nahe, dass die Menschen eben nicht aus ihren Fehlern lernen, sondern immer und immer wieder die gleichen Fehler begehen. Um aus eigenen Fehlern wie aus den Fehlern anderer zu lernen, vor allem aber um

---

8 Zitate von: URL: http://www.dw.de/wirtschaftsunterricht-mangelhaft/a-16761359 (abgerufen am 22.11.2013).

solche Fehler zu vermeiden, bedarf es der wissenschaftlich fundierten, ökonomischen Reflexion.

Chance Nr. 5: Eine einschlägige und anderen Fächern gleichwertige Lehrerbildung! Was für andere Fächer selbstverständlich ist, muss auch für ein Fach „Wirtschaft" gelten: dass die Lehrenden in einem fachlich einschlägigen Universitätsstudium wissenschaftlich ausgebildet werden. Hierfür bieten die nordrhein-westfälischen Universitäten beste Voraussetzungen, da überall wirtschaftswissenschaftliche Fakultäten vorhanden sind. Die fachliche Professionalität der Fachlehrer kann demnach durch ein einschlägiges Fachstudium an den Hochschulen des Landes in hervorragender Weise gewährleistet werden. Die Hochschullehrer für ökonomische Bildung an den Universitäten Bonn, Dortmund, Duisburg-Essen, Münster und Siegen haben öffentlich ihre Bereitschaft zur Entwicklung von BA-MA-Studiengängen für ein entsprechendes Lehramt an ihren Hochschulen bekundet (Arbeitsgruppe Ökonomische Bildung 2011, S. 5).

Chance Nr. 6: Professionalität des Lehrerhandelns durch fachdidaktische Ausbildung! Fachdidaktiken fördern die Professionalisierung der Lehrerinnen und Lehrer maßgeblich. Bereichsdidaktiken gelten als gefährlich für die fachdidaktische Kompetenz in der Lehrerbildung und in der Unterrichtspraxis. Die Vorläuferorganisation der heutigen Gesellschaft für Fachdidaktik schreibt:

> „Insbesondere auf inhaltlichem und methodischem Gebiet ist eine innovative Weiterentwicklung des Unterrichts in der Schule durch ‚Bereichsdidaktiken' nicht zu erwarten. Es ist heute schwer genug, sich einen fundierten Überblick über die Teildisziplinen schon eines einzigen Faches zu erarbeiten und zu erhalten. ... Es ist schlechterdings unmöglich, sich einen Überblick über mehrere Fächer zu verschaffen, und Lehrerbildung verträgt keine fachdidaktische Inkompetenz. ... Dies gilt selbst für den fächerübergreifenden Unterricht, der auf einen fachlichen Standort angewiesen ist, um von dort aus fachübergreifende Perspektiven entwickeln zu können. Ein solcher Unterricht ist aber nur dann legitimierbar, wenn er von mehreren Fächern her wissenschaftlich verantwortet werden kann. Auf diese Weise wird ein Dialog ermöglicht, der fundierter ist und weiter greift, als dies in „Bereichsdidaktiken" geleistet werden könnte. ‚Bereichsdidaktiken' lassen sich weder sinnvoll in der Wissenschaftsstruktur verankern noch aus der Sache heraus oder wissenschaftstheoretisch begründen. Da die Bildung von ‚Bereichsdidaktiken' konzeptionell nicht zu leisten ist, bleiben zur Begründung allein finanzpolitische Erwägungen. Mit der Konstruktion von ‚Bereichsdidaktiken' wird einmal mehr durch Verschlechterung der Lehrerausbildung der Bildung und Qualifizierung der jungen Generation Schaden zugefügt" (KVFF 1998).

Chance Nr. 7: Fachliche Lehrerweiterbildung überbrückt erfolgreich die Zwischenzeit! Bis einschlägig qualifizierte Wirtschaftslehrer und -lehrerinnen in den Schuldienst eingestellt werden können, vergehen viele Jahre. In dieser Übergangszeit können interessierte Lehrerinnen und Lehrer insbesondere mit einer Fakultas für Sozialwissenschaften den Ökonomieunterricht übernehmen. Bereits im Modellversuch „Wirtschaft an Realschulen" haben diese Lehrerinnen und Lehrer ihre Aufgabe verantwortlich und kompetent wahrgenommen. Lehrerinnen und Lehrer mit einer Fakultas für Sozialwissenschaften unterrichten in der Sekundarstufe II auch den ggf. eingerichteten Schwerpunkt Wirtschaft oder am Weiterbildungskolleg das Fach Volkswirtschaftslehre (siehe Bölke und Retzmann 2013). An den lehrerbildenden Universitäten Dortmund, Münster und Siegen gibt es bereits eine ökonomische Schwerpunktbildung im Lehramtsstudium „Sozialwissenschaften". Dass Lehrerinnen und Lehrer mit einer Fakultas für Sozialwissenschaften bei entsprechender wirtschaftswissenschaftlicher Weiterbildung hinreichend fachlich qualifiziert sind, ein solches Fach kompetent zu unterrichten, darf aus den empirischen Befunden einer einschlägigen Weiterbildungsbedarfsanalyse geschlossen werden (siehe Bank und Retzmann 2012). Die Zwischenzeit sollte für die fachliche Weiterbildung aktiver Lehrerinnen und Lehrer genutzt werden.

Chance Nr. 8: Internationale Profilierung des Hochschulstandorts Nordrhein-Westfalen im Bereich der ökonomischen Bildung! Deutschland verfügt über eine 35 Jahre währende wirtschaftsdidaktische Erfahrung zu den Möglichkeiten und Horizonten ökonomischer Bildung in der Schule. Kein anderes europäisches Land kann eine so produktive wirtschaftsdidaktische Forschung und Entwicklung vorweisen. Im Laufe ihrer Geschichte hatten vier (!) nordrhein-westfälische Hochschullehrer (aus den Universitäten Köln, Münster, Siegen und Duisburg-Essen) den Vorsitz der wissenschaftlichen Fachgesellschaft DeGöB inne. Die nordrhein-westfälische Wirtschaftsdidaktik ist international profiliert und stellt in der Association of European Economics Education (AEEE) sogar den Präsidenten. Die Chance zu einer weiteren internationalen Profilierung des Hochschulstandorts Nordrhein-Westfalen ist im hier interessierenden Zusammenhang sicherlich nachrangig, wenngleich in Zeiten der Bemühung um wissenschaftliche Exzellenz vielleicht nicht unbeachtlich.

3.5. Ökonomische Bildung jenseits von Abbilddidaktik und Transdisziplinarität

Die Deutsche Gesellschaft für Ökonomische Bildung fordert bereits seit langem: „Ökonomische Bildung darf nicht elementarisierte Volks- oder Betriebswirtschaftslehre sein. Bildungsziele und -inhalte sind nach didaktischen Kategorien auszuwählen und zu begründen“ (DeGöB 2011b). Es gilt demnach im Rahmen der ökonomischen Allgemeinbildung insbesondere in der Sekundarstufe I eine so genannte Abbilddidaktik zu vermeiden. Als Gegenstandsbereiche sollten das Wirtschaften in privaten und öffentlichen Betrieben und Unternehmen sowie innerhalb und zwischen Volkswirtschaften natürlich Teil des Curriculums sein – neben anderen.

Eine Beschränkung auf das Feld der Volks- und Betriebswirtschaft wäre für die ökonomische Bildung untypisch und vor allem deshalb wenig sinnvoll, weil dann der gesamte Bereich des Wirtschaftens im privaten Haushalt einschließlich der finanziellen Bildung fehlte. Ökonomische Bildung soll einerseits für den wirtschaftlichen Alltag und für das wirtschaftliche Leben kompetent machen. Andererseits soll der geistige Horizont der Schülerinnen und Schüler erweitert werden, nicht zuletzt um auch eine hinreichende Orientierung in der Arbeits- und Berufswelt zu stiften, die für den gelingenden Übergang ins System beruflicher Bildung unverzichtbar ist (Idee der Bildungskette). Und schließlich sollen ökonomische Zusammenhänge auf der Makroebene und bezüglich der Globalisierung analysiert, verstanden und mitgestaltet werden. Die ökonomische Bildung braucht deshalb das gesamte Spektrum der modernen Ökonomie, nicht nur zwei Teilgebiete.

Innerhalb von Integrationsfächern wie zum Beispiel Sozialwissenschaften fristet die ökonomische Bildung an der Schule seit Dekaden oftmals nur ein Schattendasein. Wie der Politikdidaktiker – und vormalige Sprecher der Gesellschaft für Politikdidaktik und politische Jugend- und Erwachsenenbildung (GPJE) – Georg Weißeno bereits 1989 festgestellt hat, gibt es innerhalb des Faches Sozialwissenschaften sehr verschiedene Lernertypen: soziologisch, ökonomisch und politisch orientierte Lernertypen, die am besten durch unterschiedliche Inhalte und unterrichtliche Herangehensweisen gefördert werden können (siehe Weißeno 1989), deren Lernbedürfnisse derzeit jedoch höchst unterschiedlich bedient werden. Es ist höchste Zeit, dass die ‚Dürreperiode' für die ökonomischen Lernertypen endet. Sie haben ein Recht auf eine bessere Förderung ihrer individuellen Neigungen und Talente.

Der Anspruch der sozialwissenschaftlichen Einbettung ökonomischer Bildung ist in der Praxis kaum einlösbar. Gleichwohl wurde der Anspruch der Interdisziplinarität von Lernbereichen von Didaktikern der Sozialwissenschaften sogar noch zur Transdisziplinarität überhöht. Zur sozialwissenschaftlichen Einbettung ökonomischer Sachverhalte heißt es dazu in einer einschlägigen Schrift beispielsweise: Bezüglich des Themas Sozialpolitik

> „... zeigt die obige Diskussion, dass es Sinn macht, durch transdisziplinäre, additiv-komplementäre Integration zunächst verschiedene Beiträge aus der Erziehungswissenschaft, der Gesundheitswissenschaft, der Ökonomik, der Politikwissenschaft, der Sozialphilosophie und der Soziologie unter dem Dach der egalitaristischen Perspektive zusammenzuführen. Diese sollten dann einer liberalen Perspektive gegenübergestellt werden, die überwiegend durch institutionenökonomische Beiträge konstituiert wird, aber hinsichtlich der Explizierung ihrer impliziten normativen Grundlagen teilweise auf Beiträge aus der Philosophie (Kersting) angewiesen ist und sich partiell auch in soziologischen Beiträgen (...) findet" (Hippe 2010, S. 218).

Diese Antwort auf die gestellte Frage: „Wie ist sozialwissenschaftliche Bildung möglich?" beantwortet die nicht gestellte Frage gleich mit, ob sie überhaupt möglich ist. Es ist offensichtlich, dass dieser transdisziplinäre Anspruch an integrative Schulfächer Schülerinnen und Schüler wie Lehrerinnen und Lehrer gleichermaßen überfordert. Solche Leistungen sind Ausnahmetalenten vorbehalten, stehen nur auf dem Papier und sind nicht stellvertretend für die schulische Praxis.

3.6. Das Commitment der Stakeholder zum eigenständigen Fach

Den Ausführungen seien folgende Thesen vorangestellt:

1. Um der Schülerinnen und Schüler willen findet der gesamte schulische Unterricht statt! Ihr Recht auf Bildung verlangt eine Schülerorientierung auch im Hinblick auf die Bildungsinhalte.
2. Auf die Lehrerinnen und Lehrer kommt es doch letztlich an! Ihr Handeln ist der wichtigste Einflussfaktor von Schule für Bildung, Erziehung und Lernen! Und ihre Leidenschaft reißt die Schüler mit!
3. Wenn Schulleitungen und Lehrerkollegien an einem Strang ziehen, dann fließt die gesamte Energie in die Bildung, statt durch Reibung zu verpuffen.
4. Wenn der Elternwunsch bei sehr grundlegenden Entscheidungen wichtig ist, kann er bezüglich des Faches „Wirtschaft/Ökonomie" nicht unerheblich sein.

5. In der Sekundarstufe I muss auf die Ausbildungsreife hin gearbeitet werden, damit die Ausbildungsbetriebe die Berufsausbildung auf einem soliden Fundament aufbauen können.

(1) Die Einstellungen und Bewertungen seitens der genannten Gruppen (außer: ausbildende Wirtschaft) wurden zum Ende des Modellversuchs im Auftrag des Ministeriums empirisch erhoben. Das Ergebnis ist, kurz gefasst, dass die Zustimmung aller relevanten Anspruchsgruppen von Schule enorm hoch und gefestigt ist. So hohe und über die Dauer eines dreijährigen Modellversuchs hinweg stabile Zustimmungswerte wie diese sind – in Anbetracht der mit Innovationen stets einhergehenden Anpassungsbedarfe und der von den Beteiligten individuell zu schulternden Mehrarbeit – in der schulischen Innovationsforschung kaum je anzutreffen. Ein solches Commitment ist als ein wahrer Glücksfall für die Schulpolitik in Nordrhein-Westfalen zu werten und würde sicherlich in allen anderen Feldern der Weiterentwicklung von Schule sehr begrüßt.

(2) Aufgrund dieses überaus hohen Maßes an Zustimmung hat die ökonomische Bildung in den nordrhein-westfälischen Schulen in den vergangenen drei Jahren eine größere Dynamik entfaltet und somit größere Fortschritte erzielt als in den drei Jahrzehnten zuvor – allein durch die bloße Einräumung einer womöglich nur befristeten Möglichkeit zur Einrichtung eines Faches. Die Durchtrennung des gordischen Knotens hat Eigeninitiative freigesetzt. Diese traf auf einen curricularen Reformstau, der sich mindestens seit der ministeriellen Rahmenvorgabe „Ökonomische Bildung in der Sekundarstufe I" aus dem Jahre 2004 angesammelt hatte. Um wie viel mehr Dynamik in den Schulen und Fortschritt für die ökonomische Bildung der Schülerinnen und Schüler dürfen erwartet werden, wenn das Fach dauerhaft eingerichtet wird – mitsamt der allgemein üblichen Bildungsinfrastruktur aus einschlägiger Lehrerbildung, Kernlehrplänen für das Fach, darauf abgestimmten Schulbüchern usw.

(3) Weil die Möglichkeit zur Einrichtung eines eigenständigen Faches auf eine solche Zustimmung traf, haben alle 70 teilnehmenden Schulen am Modellversuch bis zu seinem zeitlichen Ablauf mit unverminderter Tatkraft mitgewirkt. Nicht eine einzige Schule hat die Erprobung des Wirtschaftsunterrichts im eigenständigen Fach abgebrochen! Dies ist umso bemerkenswerter, als das Ministerium seinerzeit alle Schulen, die Interesse bekundeten, in den Modellversuch aufgenommen hat und nicht lediglich – wie ursprünglich geplant – 30 ausgewählte Realschulen.[9] Eine positive Vorselektion seitens des Ministeriums ist dafür also nicht (!) ursächlich.

(4) Die Leidenschaft der Lehrerinnen und Lehrer für das neue Fach war ansteckend! Die Rückmeldungen der Schülerinnen und Schüler wie auch ihrer Eltern zum Ökonomieunterricht sind überaus positiv. Mit John Hattie ist zu bedenken, dass es letztendlich auf die Lehrkräfte ankommt:

> „Passionate teachers want students to move beyond performance to mastery and investment. It is not enough to merely submit the assignment on time, neat, and to the right word length, but also to actually enjoy the learning that accrues from investing in the activity. No mere mini-max (minimum effort for maximum return) but maxi-max (or maximum engagement in the learning for maximum return). Passionate teachers want stu-

---

[9] Pressemitteilung des Ministeriums für Schule und Weiterbildung vom 18. Juni 2010.

dents to move past the surface. From knowing many facts and ideas to deliberately wanting to relate and extend these ideas" (Hattie 2013).

Die festgestellte Leidenschaft der Realschullehrerinnen und -lehrer für die ökonomische Bildung ist das sprichwörtliche Pfund, mit dem die Schulpolitik des Landes Nordrhein-Westfalen wuchern kann und wuchern sollte.

(5) Das Ausmaß an Zustimmung zur Einrichtung eines eigenständigen Faches unter allen befragten Stakeholdern ist ein kaum zu überbietender empirischer Befund, der für die Verstetigung des Modellversuchs in den Realschulen Nordrhein-Westfalens spricht. Dass die Schulpolitik die bekundeten Interessen der Schülerinnen und Schüler an der ökonomischen Bildung sowie die Wertschätzung der Eltern für die ökonomische Bildung zukünftig übergeht, ist angesichts dieser erdrückenden empirischen Befunde kaum vorstellbar. Ebenso muss das freiwillige Engagement der Lehrkräfte und Schulleitungen betont werden, denen durch jeden anderen Ausgang des Modellversuchs die Wertschätzung ihrer geleisteten Entwicklungs- und Unterrichtsarbeit nachträglich entzogen würde. Eine derart ausgebremste Leidenschaft könnte in anhaltender Frustration münden.

(6) Man stelle sich – zur Beantwortung der Frage – umgekehrt einmal vor, die Bildungspolitik wollte ein beliebiges Fach gegen den erklärten Willen aller maßgeblichen Stakeholder von Schule (Schülerinnen und Schüler, Eltern, Lehrerinnen und Lehrer, Schulleitungen, gesellschaftliche Interessengruppen) einführen.

3.7. Kompetenzentwicklung und Qualitätssicherung im eigenständigen Fach

Die wissenschaftliche Kritik an übergreifenden Lernbereichen, in die der Erwerb ökonomischer Kenntnisse integriert ist, ist berechtigt. In übergreifenden Lernbereichen spielt jede beteiligte Disziplin nur eine untergeordnete Rolle. Es ist eine Binsenweisheit: Je mehr Disziplinen im Lernbereich vertreten sein sollen, desto geringer muss ihr Anteil sein. Bei Gleichverteilung der Unterrichtszeit des Lernbereichs auf die beteiligten Fächer (= n) beträgt der jeweilige Anteil 1/n.

Übergreifende Lernbereiche begünstigen subjektive Schwerpunktbildungen der Lehrerinnen und Lehrer bis hin zur Beliebigkeit (Arbeitsgruppe Ökonomische Bildung 2013, These 5). Für die dadurch benachteiligten Disziplinen des Lernbereichs ist der Anteil am Gesamtdeputat kleiner als 1/n. Problematisch ist, dass solche subjektiven Schwerpunktsetzungen praktisch unentdeckt bleiben und sich somit dauerhaft etablieren können, ohne dass politisch gegengesteuert werden kann, um die ursprünglichen Ziele zu verwirklichen. Ein Mindestmaß an ökonomischer Bildung der Schülerinnen und Schüler kann auf diese Weise also politisch gar nicht gewährleistet werden.

Das System der Qualitätssicherung im Bildungswesen ist auf Fächer und nicht auf Lernbereiche abgestimmt. Das sieht man schon alleine daran, dass die KMK Bildungsstandards für einzelne Fächer verabschiedet hat und nicht für übergreifende Lernbereiche. Die Begründung dafür lautet:

> „Unterrichtsfächer sind aus gutem Grund das Gerüst, das traditionell die Struktur der Lehr- und Lernaktivitäten in den Schulen bestimmt. Unterrichtsfächer korrespondieren mit wissenschaftlichen Disziplinen, die bestimmte Weltsichten (eine historische, literarisch-kulturelle, naturwissenschaftliche usw.) ausarbeiten und dabei bestimmte „Codes"

einführen (z.B. mathematische Modelle, hermeneutische Textinterpretationen). Die Abgrenzung einzelner Fächer innerhalb der übergreifenden Lernbereiche – beispielsweise die Differenzierung oder Integration der naturwissenschaftlichen Fächer oder das Verhältnis zwischen Politik, Geschichte und Geographie – ist immer wieder diskutiert worden und wird in den Ländern unterschiedlich behandelt, aber im Prinzip muss sich die Schule an der Systematik dieser Weltsichten orientieren, wenn sie anschlussfähig sein will an kulturelle Traditionen und an die Diskurse anderer Lebensbereiche" (Klieme et al. 2007, S. 25).

Übergreifende Lernbereiche stehen vor dem Problem, dass die Befunde pädagogisch-psychologischer Forschung nahelegen, dass die Kompetenzentwicklung überwiegend domänenspezifisch erfolgt:

> „Aufgrund der zentralen Rolle fachbezogener Fähigkeiten und fachbezogenen Wissens sind Kompetenzen in hohem Maße domänenspezifisch. … Die Forschung legt sogar nahe, dass die Entwicklung fächerübergreifender Kompetenzen das Vorhandensein gut ausgeprägter fachbezogener Kompetenzen voraussetzt. … [*Daher, Th. R.*] stellen fachbezogene Kompetenzen eine notwendige Grundlage für fächerübergreifende Kompetenzen dar" (Klieme et al. 2007, S. 75).

Daraus wurde von der Kultusministerkonferenz die Konsequenz gezogen, kompetenzbasierte Bildungsstandards für einzelne Fächer zu verabschieden und nicht (!) für Lernbereiche. Werden die Standards in den Fächern erreicht, ist damit die Grundlage für fächerübergreifenden Unterricht gelegt.

Der Jugendforscher, Soziologe und Bildungswissenschaftler Klaus Hurrelmann (2013) verneint die Möglichkeit, es umgekehrt zu machen, mit folgendem Argument:

> „Fachübergreifender Unterricht mit interdisziplinären Komponenten reicht nicht aus. Wichtig ist, das spezifische Denken der Ökonomie als einer fachlichen Disziplin zu vermitteln. Ist dieses spezifische Denken grundgelegt, dann – aber auch nur dann – ist das Fach in der Lage, interdisziplinär und fachübergreifend zum Beispiel im Rahmen von Projektarbeit aufzutreten. Es geht aber nicht umgekehrt."

Der Bildungswissenschaftler Volker Ladenthin (2006, S. 45) skizziert die Konsequenz für die Fächertafel der Schule:

> „Aus dem Umstand, dass wirtschaftliche Fragen mit der fundamentalen Frage nach der Ordnung menschlichen Zusammenlebens und Lebensbewältigung … verbunden ist, kann nicht zwingend abgeleitet werden, ob das Fach am besten in einem Fächerverbund ‚Sozialwissen' oder einzeln unterrichtet wird. Gegen eine Verbindung mit anderen Fächern spricht die einem Fach zukommende spezifische Fachmethodik: Wenn das Fach Wirtschaft unterrichtet wird, weil es eine ganz spezifische Frage stellt, kann die Beantwortung dieser Frage nicht in einem Rahmen von Fächern geschehen, die dieses Spezifikum nicht haben. Man darf einem Fach durch seine Institutionalisierung nicht sein Spezifikum nehmen, um derentwillen man es eingeführt hat."

Fächerübergreifende Lernbereiche können daher nur eine sinnvolle Ergänzung von fächerbezogenem Unterricht sein, in dem allerdings zuvor die Grundlagen gelegt werden müssen. Hurrelmann (2013) führt dazu aus:

> „Lernbereiche zu schaffen ist kreativ. Von der pädagogischen Idee her würde ich es sehr befürworten, dass in den Schulen auf Themen bezogen gearbeitet wird und mehrere Fächer, mehrere Disziplinen kooperieren. Wir müssen das in einem stärkeren Umfang machen als bisher. Aber: Das ist nur möglich, wenn jede einzelne beteiligte Fachdisziplin professionell repräsentiert wird. In der Wissenschaft ist es genauso: Interdisziplinarität, die nicht von hochkarätigen, disziplinär geschulten Menschen gespeist wird, löst sich ins

Nichts auf und ist wertlos. Werden Lernbereiche so definiert, sind sie vorbehaltlos zu begrüßen. Aber die Lernbereiche fachlich kompetent zu speisen, das verlangt eine äußerst gut abgesicherte, disziplinär-professionelle Ausbildung von den jeweiligen Lehrkräften. Wenn ich die nicht habe, dann geht das Konzept nicht auf."

Literatur

Arbeitsgruppe ökonomische Bildung (2011), Kompetenzziele für das allgemein bildende Fach „Wirtschaft / Ökonomie" in der Sekundarstufe I: Ein gemeinsamer Vorschlag nordrhein-westfälischer Hochschullehrer für Ökonomische Bildung, Bonn/Dortmund/Essen/Münster/Siegen, S. 5, URL: http://www.wida.wiwi.uni-due.de/downloads/diskussionspapiere/ (abgerufen am 11.11.2013).

Arbeitsgruppe ökonomische Bildung (2013), Zehn Thesen für ein Schulfach Wirtschaft in Nordrhein-Westfalen. Die Vertreter der nordrhein-westfälischen Wirtschaftsdidaktik, Bonn/Dortmund/Essen/Münster/Siegen.

Bank, Volker und Thomas Retzmann (2012), Fachkompetenz von Wirtschaftslehrern: Grundlagen und Befunde einer Weiterbildungsbedarfsanalyse, Schwalbach/Ts.

Baumert, Jürgen, Cordula Artelt, Eckhard Klieme, Michael Neubrand, Manfred Prenzel, Ulrich Schiefele, Wolfgang Schneider, Klaus-Jürgen Tillmann und Manfred Weiß (Hg.) (2002), PISA 2000: Die Länder der Bundesrepublik Deutschland im Vergleich: Zusammenfassung zentraler Befunde, Berlin.

Beck, Klaus (1993), Dimensionen der ökonomischen Bildung: Meßinstrumente und Befunde, Abschlußbericht zum DFG-Projekt (Az. II A 4 – Be 1077/3) Wirtschaftskundlicher Bildungs-Test (WBT), Normierung und internationaler Vergleich, Nürnberg.

Beck, Klaus und Volker Krumm (1998), Wirtschaftskundlicher Bildung-Test (WBT): Handanweisung, Göttingen.

Bölke, Iris und Thomas Retzmann (2013), Das Fach Volkswirtschaftslehre am Weiterbildungskolleg in Nordrhein-Westfalen: Bestandsaufnahme und Innovationsbedarfe, in: Thomas Retzmann (Hg.), Ökonomische Bildung in der Sekundarstufe II. Konzepte, Analysen und empirische Befunde, Schwalbach/Ts., S. 54-66.

Deutscher Bildungsrat (1970), Strukturplan für das Bildungswesen, Bad Godesberg.

DeGöB – Deutsche Gesellschaft für ökonomische Bildung (2011a), Stellungnahme des Vorstands der Deutschen Gesellschaft für ökonomische Bildung (DeGöB) zum iböb-Diskussionspapier Nr. 1 „Wem gehört die ökonomische Bildung?" URL: http://degoeb.de/uploads/degoeb/DeGoeB%20Stellungnahme%20iboeb%20Nr1.pdf (abgerufen am 05.04.2014).

DeGöB – Deutsche Gesellschaft für ökonomische Bildung (2011b), Forderungen zur ökonomischen Bildung an allgemein bildenden Schulen, URL: http://degoeb.de/index.php?pageforderungen (abgerufen am 26.11.2013).

DVPB – Deutsche Vereinigung für Politische Bildung, Landesverband Schleswig-Holstein (2011), Stellungnahme vom 18.05.2011, in: Polis, 5. Jg., S. 26.

Hattie, John (2013), Good Teaching demands on Passion: Interview with John Hattie, in: Die freie Welt vom 12. April 2013, online: http://www.freiewelt.net/nachricht/good-teaching-demands-on-passion-10011653/ (abgerufen am 25.04.2014).

Hedtke, Reinhold, Gerd-E. Famulla, Andreas Fischer, Birgit Weber und Bettina Zurstrassen (2010), Für eine bessere ökonomische Bildung, Bielefeld.

Hedtke, Reinhold (2011), Wem gehört die ökonomische Bildung? Eine Einführung, Bielefeld.

Hippe, Thorsten (2010), Wie ist sozialwissenschaftliche Bildung möglich? Gesellschaftliche Schlüsselprobleme als integrativer Gegenstand der ökonomischen und politischen Bildung, Wiesbaden.

Hurrelmann, Klaus (2010), im Interview: Pflichtfach Ökonomie, in: Finanztest, hrsg. v. d. Stiftung Warentest. Heft 10/2010, S. 22.

Hurrelmann, Klaus (2013), im Interview (01.07.2013): Das Fach Wirtschaft wird kommen, URL: http://www.lehrernrw.de/schulpolitik/1633-das-fach-wirtschaft-wird-kommen (abgerufen am 12.11.2013).

Hurrelmann, Klaus und Heribert Karch (Hg.) (2010), Jugend, Vorsorge, Finanzen: Herausforderung oder Überforderung? MetallRente-Studie 2010, Frankfurt a. M./New York.

Hurrelmann, Klaus und Heribert Karch (Hg.) (2013), Jugend, Vorsorge, Finanzen: Von der Generation Praktikum zur Generation Altersarmut? MetallRente-Studie 2013, Weinheim und Basel.

iböb Initiative für eine bessere ökonomische Bildung (2012), VWL: „Die Gehirnwäsche muss endlich ein Ende haben", URL: http://www.iboeb.org/debatte/detail/iboeb/vwl-die-gehirnwaesche-muss-endlich-ein-ende-haben.html (abgerufen am 22.11.2013).

Kammertöns, Annette (2011), „Welche Bildung darf es sein?" Überlegungen zu einer „besseren" politisch-ökonomisch-sozialwissenschaftlichen Bildung, in: politische bildung, 44. Jg., S. 120-131.

Klafki, Wolfgang (1963), Studien zur Bildungstheorie und Didaktik, Weinheim.

Klieme, Eckhard et al. (2007), Expertise: Zur Entwicklung nationaler Bildungsstandards, hg. v. Bundesministerium für Bildung und Forschung, Bonn.

Krafft, Dietmar (1984), Possible Developments in the Teaching of Economics, in: Education in Economics and the World of Business, Colloquium Report UNICE, Brüssel.

Krafft, Dietmar (1999), Ökonomische Bildung und Allgemeinbildung, in: Hans Kaminski (Hg.), Ökonomische Bildung und Schule, Neuwied, S. 13-27.

Krafft, Dietmar (2008), Ökonomische Bildung – Stiefkind der Bildungspolitik in Deutschland, in: Dirk Loerwald, Maik Wiesweg und Andreas Zoerner (Hg.), Ökonomik und Gesellschaft: Festschrift für Gerd-Jan Krol, Wiesbaden, S. 185-199.

Krol, Gerd-Jan, Dirk Loerwald und Christian Müller (2011), Plädoyer für eine problemorientierte, lerntheoretisch und fachlich fundierte ökonomische Bildung, Gesellschaft – Wirtschaft – Politik (GWP), 60. Jg., S. 201-212.

KVFF – Konferenz der Vorsitzenden Fachdidaktischer Fachgesellschaften (1998), Fachdidaktik in Forschung und Lehre, Kiel, URL: www.fachdidaktik.org/cms/download.php?cat=40_Ver%C3%B6ffentlichungen&file=Fachdidaktik_Forschung_und_Lehre.pdf (abgerufen am 26.11.2013).

Ladenthin, Volker (2006), Die Ökonomie muss als Teil des schulischen Bildungsauftrags neu interpretiert werden, in: Orientierungen zur Wirtschafts- und Gesellschaftspolitik, H. 107, S. 41-46.

Ministerium für Schule, Jugend und Kinder des Landes Nordrhein-Westfalen (2004), Rahmenvorgabe für die ökonomische Bildung in der Sekundarstufe I., Runderlass vom 15.01.2004 – 522-6.08.0315, Düsseldorf.

Möller, Lucca (2011), Vernetzt mit Wirtschaft und Politik: Eine Netzwerkskizze zu Akteuren der ökonomischen Bildung, Bielefeld.

Retzmann, Thomas und Tilman Grammes (Hg.) (2014), Wirtschafts- und Unternehmensethik in der ökonomischen und gesellschaftspolitischen Bildung. Ein fachdidaktisches Projekt zur Entwicklung exemplarischer Curriculumbausteine. Schwalbach/Ts. Im Erscheinen.

Salzmann, Elke (2012), Wunsch für 2012: mehr Verbraucherschulen, URL: http://blog.verbraucherbildung.de/2012/01/wunsch-fur-2012-mehr-verbraucherschulen/ (abgerufen am 27.11.2013).

Walstad, William B. and John C. Soper (1988), A Report Card on the Economic Literacy of U.S. High School Students, in: American Economic Review, Vol. 78, S. 251-256.

Weißeno, Georg (1989), Lernertypen und Lernerdidaktiken im Politikunterricht: Ergebnisse einer fachdidaktisch motivierten Unterrichtsforschung, Frankfurt/M.

Wobker, Inga, Marco Lehmann-Waffenschmidt, Peter Kenning, und Gerd Gigerenzer (2012), What Do People Know About the Economy? In: Dresden Discussion Paper in Economics, No. 3/12, S. 1-40.

Zurstrassen, Bettina (2012), Den Sozialstaat im Visier. Lobbystrategien der Arbeitgeberverbände für ein Unterrichtsfach Wirtschaft, in: nds (neue deutsche Schule), 64. Jg., S. 12-13.

Christian Müller, Hans Jürgen Schlösser, Michael Schuhen und Andreas Liening (Hg.),
Bildung zur Sozialen Marktwirtschaft
Schriften zu Ordnungsfragen der Wirtschaft · Band 99 · Stuttgart · 2014

Gezeiten der Ökonomischen Bildung

Ilona Ebbers

Inhalt

1. Einleitung

Die Idee, sich mit dem Thema ‚Gezeiten der ökonomischen Bildung' zu beschäftigen, entstand durch das Lesen eines Artikels von Dietmar Krafft, dem Jubilar, dem dieses Buch gewidmet ist. Er wiederum hatte einen Artikel über ‚Notizen zur Geschichte und Gegenwart der Deutschen Gesellschaft für Ökonomische Bildung' (DeGÖB) in einer Festschrift für Hans Jürgen Schlösser veröffentlicht, welcher bei Dietmar Krafft habilitiert wurde. Somit schließt sich ein kleiner Kreis der Generationen von Wissenschaftlern, die neben anderen, die Ökonomische Bildung in Wissenschaft und Lehramtsausbildung in Deutschland befördern. Dies soll zum Anlass genommen werden, sich in diesem Beitrag auf eine geschichtliche Perspektive der Ökonomischen Bildung zu konzentrieren.

Hierfür soll zunächst die Aufmerksamkeit auf den Begriff der Ökonomischen Bildung gelenkt und eine Definition angeführt werden, die in der Tradition der schon erwähnten DeGÖB steht:

> „Das lernende Individuum soll befähigt werden, in ökonomisch geprägten Situationen und Strukturen des gesellschaftlichen Zusammenlebens angemessen zu entscheiden und zu handeln sowie an deren Gestaltung mitzuwirken, um eine lebenswerte Gesellschaft zu sichern und weiter zu entwickeln" (DeGÖB 2004, S. 5).

In dieser Definition liegt der Fokus auf das Erlernen eines gesellschaftlich vertretbaren ökonomischen Handelns des Einzelnen, eine Forderung, die sich schon historisch bei den alten Griechen wiederfinden lässt und durch Aristoteles' Lehre auf die sozialethischen Tugenden der Hausordnung (oikonomia = Haushaltung bzw. Verwaltung) abzielte (siehe Kapitel 2).

Beginnend mit der gelehrten Bildung in der Antike bis in die heutige Zeit hinein, soll nun im weiteren Verlauf des Artikels ein geschichtlicher Abriss zur Ökonomischen Bildung vollzogen werden, bei dem der Frage nachgegangen werden soll, wie Bildung zu wirtschaftlichen Themen im Laufe der Zeit sowohl eine stärkere als auch eine schwächere Bedeutung in einem Bildungssystem hatte, ganz im Sinne eines Zustroms und einer Flaute, wie es auch bei den Gezeiten der Ebbe und Flut bekannt ist – daher auch die Wahl des Titels für diesen Aufsatz.

Nach dem geschichtlichen Abriss wird ein aktuelles Schwerpunktthema, das der Entrepreneurship Education, auch im Spiegel der historischen Entwicklung der Ökonomischen Bildung näher betrachtet.

2. Ökonomische Bildung im Spiegel der Zeit

Bezugnehmend auf die zuvor erwähnte Lehre von Aristoteles, wird bei genauerer Betrachtung deutlich, welche hierarchischen Beziehungen in der häuslichen Gemeinschaft des alten Griechenlands gelebt wurden. Der Mann war im inneren Verhältnis jederzeit über alle anderen Personen gestellt, ob zum Weib, zum Sklaven oder zum Kind. So war beispielsweise die Kindererzeugung und -erziehung für den Hausvater, der als Alleinherrscher galt, bestimmt. Ihm allein oblag zudem die Hausverwaltung. Ganz im Sinne der griechischen Landgutshaltung orientierte sich die Ökonomische Bildung bei Aristoteles an diesem Modell. In seinem Curriculum legte er des Weiteren darauf wert, dass der Erwerb um des Erwerbes willen keine Bedeutung bei der Vermittlung ökonomischer Sachverhalte erhielt. Der ökonomische und ethische Grundsatz, dass bereits Kinder sich bzgl. der Geldgeschäfte und des haus- und staatswirtschaftlichen Umgangs moralisch angemessen verhalten, sollte im Vordergrund stehen.

Dieses Grundprinzip wurde bis ins 18. Jahrhundert als Deutung der bäuerlich-ständischen Lebensordnung bei der Vermittlung Ökonomischer Bildung verfolgt. Neben diesem entwickelte sich im Christentum eine eigene Lehre der Wirtschaft, wie sie beispielsweise von Thomas von Aquin vertreten wurde. Die Ideen des Aristoteles aufgreifend, werden die christlichen Postulate bis ins 18. Jahrhundert verbreitet (vgl. Bokelmann 1964, S. 55). Ganz ähnlich verhielt es sich mit dem Schulplan des Comenius (1592-1670), welcher jedoch nie umgesetzt wurde. Auch er beinhaltete ökonomische Inhalte griechischer Tradition (vgl. Bokelmann 1964, S. 55).

Schulen, die ab dem 16. Jahrhundert den Namen Gymnasium trugen, bildeten zu diesem Zeitpunkt noch in sogenannten realen Fächern aus, zu denen z.B. neben der Physik und Mechanik auch die Ökonomie gehörte (vgl. Bokelmann 1964, S. 56). Hier wird bereits deutlich, dass dem Fach der Ökonomie ein starker Praxisbezug zugesprochen wurde, aus dem sich auch erfahrungsbezogen Unterrichtsprinzipien ableiten ließen.

In dem darauf folgenden Zeitalter des Merkantilismus fand ein stark staatlich geleitetes Interesse an Wirtschaftsbildung und -erziehung statt (vgl. Krafft 2012, S. 89). Diese Epoche erzeugte allgemein eine neue Einstellung zur Haus- und Staatswirtschaft. Die Analogie von oikos und polis, die schon Aristoteles in seiner Ökonomik aufgezeigt hatte, wurde nun zum Prinzip der neuen Staatsökonomie. Damit wurde die Staatswirtschaft als vergrößerte Hauswirtschaft betrachtet. Und ein weiteres Mal wurde die Idee zu den Tugenden des Hausvaters, wie sie bei Aristoteles galten, aufgegriffen. Pestalozzi (1746-1827) beispielsweise vergleicht diese mit denen eines Landesvaters und sieht Gerechtigkeit und Weisheit als beider Grundtugenden an (vgl. Bokelmann 1964, S. 57).

Das 18. Jahrhundert war ebenso geprägt vom Durchbruch des neuen Wirtschaftsdenkens und der Veränderungen der wirtschaftlichen Vernunft durch die Theorien von Adam Smith (1723-1790). Die von Aristoteles und den christlichen Hausvätern als verderblicher Selbstzweck abgelehnte Gewinnwirtschaft wurde wirksam. Arbeitsteilung, technische Produktion und Marktwirtschaft wurden nun bestimmende Merkmale in der neuen Wirtschaftsordnung, und es entstanden die Wissenschaften von den wirtschaftlichen Gesetzmäßigkeiten (vgl. Bokelmann 1964, S. 58).

Diese Veränderungen hatten auch Auswirkungen auf das Schulsystem und die Sinngebung eines humanistischen Gedankengutes. Humboldt setzte sich in dieser Phase mit dem realistischen Schulwesen auseinander und konstatierte, dass er die Schulform der Realschule befürworte, aber ihren Lehrkanon als unvereinbar mit dem des Gymnasiums sähe. Bis zu diesem Zeitpunkt war die Ökonomische Bildung im Fächerkanon auch an Gymnasien verankert und spielte hier eine bedeutsame Rolle im Bildungssystem.

Doch mit der Bildungsreform Humboldts ebbte die Bedeutsamkeit ab und erhielt einen marginalisierten Platz an allgemeinbildenden Schulen. Die didaktischen Ansätze der Wirtschaftskunde des 18. Jahrhunderts wurden an Gymnasien nicht mehr weitergeführt, und Ökonomische Bildung wurde in die Kategorie der Fächer an Realschulen einsortiert, die vor allem auf die berufliche Welt vorbereiten sollten (vgl. Krafft 2012, S. 90). So wurde Ökonomische Bildung mit beruflicher Bildung vermischt bzw. gleichgesetzt und von der humanistischen allgemeinen Bildung getrennt (vgl. Bokelmann 1964, S. 60).

Diese Reformierung, welche in Bezug auf die ökonomische Bildung als Flaute bezeichnet werden kann, hatte Auswirkungen auf das Fach bis in die heutige Zeit hinein. Im Gutachten des Deutschen Ausschusses für das Erziehungs- und Bildungswesen (02.05.1964) wurde eine Verknüpfung der Ökonomischen Bildung mit dem Fach Arbeitslehre empfohlen. Damit erhielt die Ökonomische Bildung offiziell den Status der Eingangsstufe zur beruflichen Bildung und wurde von da an im Alltagsjargon als Blaukittelfach tituliert (vgl. Kaminski 2012, S. 716).

Mit diesem Stigma kämpft die Ökonomische Bildung bis heute, wobei es aktuell immer wieder gesellschaftlich und politisch starke Befürwortungen zur Einrichtung eines Faches Wirtschaft an allgemeinbildenden Schulen gibt. Diese Unterstützung rührt jüngst auch von den Entwicklungen auf dem internationalen Finanzmarkt her. Die Finanzkrise kann durchaus als Katalysator für die stärkere Fokussierung auf die ökonomische Bildung bezeichnet werden. Der Zustrom an Forderungen, ökonomische Themeninhalte an Schulen zu forcieren und fest als Fach zu installieren, wurde und wird deutlich. Doch trotz vieler Bemühungen findet keine deutlich stärkere Berücksichtigung von ökonomischen Inhalten in die Lehrpläne statt. Es kann immer wieder von einem partiellen Aufbäumen der ökonomischen Bildung gesprochen werden.

Allgemein lässt sich konstatierten, dass aktuell in den Bundesländern hinsichtlich der Thematik Ökonomische Bildung überwiegend Heterogenität besteht. Diese bezieht sich auf das Stundendeputat, auf die Einordnung der Disziplin in ein Fach oder in einen Fächerverbund sowie auf die Verankerung in Curricula. Daraus resultiert eine divergierende Behandlung von ökonomischen Inhalten. Nicht zuletzt steht zur Disposition, ob beispielsweise aufgrund von Fachverbünden bzw. integrativen Bezügen eine Verknüpfung der Ökonomische Bildung mit ihrem Referenzsystem möglich ist. Scheitert es hieran, verwischt der Inhalt zu einer Vermengung von Themen, so dass basisdisziplinäre Bezüge vermisst werden. Aber allein auf Grund der in den Stundenplänen zur Verfügung stehenden Zeit stößt die Ökonomische Bildung an ihre Grenzen, obgleich sie eine nachhaltige Bildung leisten könnte (vgl. Kaminski 2012, S. 716).

Die dabei vermittelten Themen der Ökonomischen Bildung sind vielschichtig. Seiner Entstehung nach als jüngstes Thema zu bezeichnen ist beispielsweise die Entrepreneurship Education, die oftmals im Rahmen der Berufsorientierung an allgemeinbildenden Schulen unterrichtet wird. Wie bereits deutlich wurde, steht die Berufsorientierung in der Tradition der Berufe in abhängiger Beschäftigung. Aktuell wird diese Perspektive nun um die berufliche und unternehmerische Selbstständigkeit erweitert. Wie sich dieses Thema entwickeln konnte und wie es von der geschichtlichen Entwicklung der ökonomischen Bildung tangiert wird bzw. wie es diese spiegelt, soll im nächsten Kapitel beschrieben werden.

3. Spuren der Gezeiten der Ökonomischen Bildung in der Entrepreneurship Education

Bevor die Gründe zur Entwicklung einer Entrepreneurship Education angeführt werden, wird eine Definition zu dieser Disziplin vorgestellt.

Entrepreneurship Education kann als eine Aus- und Weiterbildung von Personen bezeichnet werden, die zum unternehmerischen Denken und Handeln in Berufs- und Lebenswelt und/oder zur (innovativen) Unternehmensgründung sowie zur Ausübung eines MitunternehmerInnentums befähigt werden.

Diese Definition macht deutlich, dass es bei der Thematik Entrepreneurship keinesfalls ausschließlich um die Forcierung von zusätzlichen Unternehmensgründungen gehen kann. Vielmehr ist die Entrepreneurship Education als eine Disziplin zu verstehen, die Kreativität und Innovation in allen Lebens- und Berufslagen fördern möchte, damit Lernende gesellschaftliche Entwicklungen konstruktiv weiter unterstützen oder auch Fehlentwicklungen mit neuen Ideen entgegentreten können. Diese Unterstützung kann im privaten Lebensbereich genauso wie in einer abhängigen als auch in einer unabhängigen Beschäftigung stattfinden. Um solche Prozesse, Projekte oder Vorhaben fördern zu können, will die Entrepreneurship Education junge Menschen schon in der Schule dazu befähigen, entsprechende Kompetenzen zu entwickeln. Es handelt sich hierbei beispielsweise um überfachliche Kompetenzen, wie Kreativität und Innovationsfähigkeit, Teamfähigkeit, Entscheidungsfähigkeit, selbstständigem Denken und Handeln, Organisationsfähigkeit, Durchhaltevermögen und Selbstwirksamkeitsüberzeugung sowie Problemlösefähigkeit (vgl. Kirchner und Loerwald 2014, S. 87-92). Es geht also vornehmlich darum, Schülerinnen und Schüler auf die gesellschaftlichen Herausforderungen in der Art vorzubereiten, dass sie aktiv durch kreative Denk- und Handlungsprozesse an diesen partizipieren und diese konstruktiv weiterentwickeln und sich sowohl ihrer Eigenverantwortung als auch der Verantwortung der Gesellschaft gegenüber bei ihren Handlungen jederzeit bewusst sind. Es geht dabei auch um die Unterstützung von nachhaltigen ökonomischen Prozessen. Diese Entwicklung erscheint vor dem Hintergrund der zunehmenden gesellschaftlichen Komplexität und der damit einhergehenden ökonomischen Globalisierung als besonders bedeutsam. Wird der Fokus auf die Förderung der unternehmerischen Selbstständigkeit gelegt, so kann eine Entrepreneurship Education im Schulunterricht recht frühzeitig auch für ein solches Vorhaben sensibilisieren. Falls eine Existenzgründung irgendwann im Laufe der beruflichen Karriere interessant werden sollte, haben die Schülerinnen bzw. die Schüler schon einmal erste Grundlagen hierzu erfahren. Gleichzeitig können sie schon frühzeitig überprüfen, ob eine unternehmerische Selbstständigkeit aus persönlicher Perspektive grundsätzlich denkbar ist. Falls es nicht der Fall sein sollte, ist dieses Ergebnis auch als Erfolg zu verbuchen, da hiermit ein potenzielles persönliches Scheitern vermieden werden konnte.

Aber trotz all dieser Motive wird immer wieder Kritik an einer Einführung einer Entrepreneurship Education und der damit in Verbindung stehenden Schaffung der Kultur einer Selbstständigkeit laut. So wird ein Diskurs zur Beförderung des unternehmerischen Selbst geführt, der verdeutlichen will, dass der politische Wille der individuellen Selbstsorge damit einhergeht, Menschen für die Interessen der Politik zu instrumentalisieren (vgl. Bröling 2007, S. 46-47). Die Beförderung beispielsweise der Kultur einer unternehmerischen Selbstständigkeit scheint aus dieser Sicht vielmehr eine externe Einwirkung auf die Gesellschaft zu sein, also eine Maßnahme, die politisch auferlegt wird, um u.a. ein höheres Wirtschaftswachstum durch Etablierung von innovativen Ideen am Markt zu generieren. Diese Kategorisierung entspricht nicht den weiter oben angeführten Motiven einer Entwicklung einer Entrepreneurship Education und wird damit im Wesentlichen umdefiniert; Dynamiken, die dem historischen Umgang mit der Ökonomischen Bildung ähneln.

Doch dieses geschichtliche Vermächtnis erscheint nicht allein problematisch, auch der aristotelische Gedanke zur Stellung von Mann und Frau im Wirtschaftssystem wirkt sich nachhaltig ungünstig aus. Dies lässt sich allgemein sowohl in ökonomischen Arbeitsbezügen als auch bei Unternehmensgründungen erkennen, womit die Ökonomische Bildung und die sich darin befindende Entrepreneurship Education tangiert werden. So erforschte beispielsweise Bourdieu (2012, S. 14 f.) in den 50er Jahren das Volk der Berber aus einer soziologischen Perspektive. Er machte anhand der dort bestehenden Geschlechterhierarchien deutlich, dass die Einflüsse des alten Griechenlands u.a. auch zur Idee einer Hausverwaltung auf die Entwicklung der mediterranen und/oder europäischen Länder bis heute nachwirken. Diese Feststellung sei auch, so nach Bourdieu, für die Geschlechterhierarchien in den westlichen Teilen Europas zulässig. So kann hier die gesellschaftliche und ökonomische Stellung des Mannes und der Frau, wie sie zu Anfang dieses Beitrages nach Aristoteles beschrieben wurde, bis heute fortlaufend beobachtet werden.

Aus diesem Grunde soll an dieser Stelle abschließend der Faden zur Beschreibung der aktuellen Situation von Frauen hinsichtlich des Vorhabens einer unternehmerischen Selbstständigkeit aufgenommen werden. Damit soll ein weiteres Motiv vorgestellt werden, warum dem Thema Entrepreneurship an Schulen eine hohe Relevanz beigemessen werden sollte.

Wirft man einen Blick in die Fachbücher des Entrepreneurships wird deutlich, dass die Person des Unternehmers nicht geschlechtsneutral behandelt wird. Bereits Max Weber und Joseph Schumpeter haben den Unternehmer eher mit männlich konnotierten Charakteristika beschrieben (vgl. Elven 2010, S. 102). Hierzu zählen beispielsweise Risikofreude, Willensstärke, Leistungsfähigkeit sowie Entschlossenheit. Das Bild des Unternehmers wurde dadurch sehr stark auch gesellschaftlich männlich geprägt. Jedoch konnten bzw. können und wollen sich viele junge Frauen möglichweise nicht mit diesem Bild identifizieren. Auch im Zuge der zunehmenden Qualifikation von Frauen wurde deutlich, dass hier eine Forschungslücke bestand, die es zu schließen galt und gilt. Seit etwa Ende der 80 Jahre des letzten Jahrhunderts rückte dann das Thema in den Wirtschaftswissenschaften stärker in den Fokus (vgl. Bruni et al. 2004, S. 258). Diskursanalytische Publikationen (vgl. z.B. Ahl 2002) konnten deutlich machen, dass wissenschaftliche Publikationen zum Themengebiet des Female Entrepreneurships kontinuierlich einen defizitorientierten Ansatz verfolgten, in der Art, dass Frauen aufgrund ihrer Geschlechtszugehörigkeit eine defizitäre Fähigkeit unterstellt wird, sich beispielsweise als Unternehmerin am Markt durchzusetzen. Werden diese Diskurse von Multiplikatoren in die Gesellschaft getragen, wie beispielsweise an Hochschulen und Schulen oder einfach latent in den Alltag hinein, dann prägen diese Diskurse das gesellschaftliche

Wissen über die Frau als Unternehmerin. Dies hat sogleich einen Einfluss auf das Selbstverständnis der Frauen hinsichtlich ihres beruflichen Status als optionale Unternehmerin. Eine Entrepreneurship Education hat dann die Aufgabe, bereits junge Frauen unabhängig von diesen Vorurteilen zu beruflich und unternehmerisch selbstbewussten und selbstständigen Akteuren auszubilden (vgl. Ebbers et al. 2014, S. 13).

Mit diesem abschließenden Statement konnte nochmals verdeutlicht werden, dass nicht nur allein die Ökonomische Bildung ein Akzeptanzproblem im allgemeinbildenden Schulsystem zu überwinden hat, sondern auch das Thema der Gleichbehandlung der Geschlechter auf dem Arbeitsmarkt und im Arbeitsleben.

Ein Grund mehr, die Arbeit von Dietmar Krafft, die Ökonomische Bildung an allgemeinbildenden Schulen zu befördern, zu unterstützen, weiterzuverfolgen und zu entwickeln.

4. Schlussbetrachtung

Zusammengefasst darf festgestellt werden, dass die Gezeiten der Ökonomischen Bildung aktuell weder auf Sturm noch auf Flaute stehen. Es lassen sich vielmehr Teilerfolge der wissenschaftlich fundierten Einforderung der Implementierung der Ökonomischen Bildung als Fach an allgemeinbildenden Schulen feststellen. Entwicklungen in einzelnen Bundesländern (beispielsweise Pläne in Nordrhein-Westfalen und Baden-Württemberg) machen dies deutlich. Dies lässt hoffen, dass die Notwendigkeiten der Einführung eines eigenständigen Faches Ökonomische Bildung weiter erkannt werden und der dabei behindernde und historisch überholte humanistische Bildungsgedanke überwunden wird. Dass die Entwicklungen dort stehen, wo sie sich aktuell befinden, ist sicherlich auch dem Jubilar Dietmar Krafft zu verdanken, der noch lange so weiter machen möge.

Literatur

Ahl, Helen J. (2002), The Making of the Female Entrepreneurs: A Discourse Analysis on Research Texts on Female Entrepreneurs, Jönköping Business School, Dissertation Series Nr.15.

Bokelmann, Hans (1964), Die ökonomisch-sozialethische Bildung, Heidelberg.

Bourdieu, Pierre (2012), Die männliche Herrschaft, Berlin.

Brökling, Ulrich (2007), Das unternehmerische Selbst: Soziologie einer Subjektivierungsform, Frankfurt am Main.

Bruni, Attila, Silvia Gherardi und Barbara Poggio (2004), Entreprenur-mentality, gender and the study of women entrepreneurs, in: Journal of Organizational Change Management, Vol. 17, S. 256-266.

DeGÖB – Deutsche Gesellschaft für Ökonomische Bildung (2004), Kompetenzen der ökonomischen Bildung für allgemein bildende Schulen und Bildungsstandards für den mittleren Schulabschluss, URL: http://degoeb.de/uploads /degoeb/04_DEGOEB_Sekundarstufe-I.pdf, (abgerufen am 07.04.2014).

Ebbers, Ilona, Alexander Langanka, Kirsten Mikkelsen, Thomas von Rekowski, Anne Weibert und Volker Wulf (2014), Mit KreativITät zur unternehmerischen Selbstständigkeit: Informatik nicht nur für Jungs! 20 genderorientierte Unterrichtseinheiten für die Sek. I, Schwalbach.

Elven, Julia (2010), Entrepreneurial Diversity oder unternehmerische Gleichheit?, ind: Der pädagogische Blick, 18. Jg., S. 95-105.

Kaminski, Hans (2012), Wirtschaftslehre, in: Hermann May und Claudia Wiepcke (Hg.), Lexikon der ökonomischen Bildung, München, S. 715-720.

Kirchner, Vera und Dirk Loerwald (2014), Entrepreneurship Education in der ökonomischen Bildung: Eine fachdidaktische Konzeption für den Wirtschaftsunterricht, Hamburg.

Krafft, Dietmar, Notizen zur Geschichte und Gegenwart der Deutschen Gesellschaft für Ökonomische Bildung, in: Michael Schuhen, Michael Wohlgemuth und Christian Müller (Hg.), Ökonomische Bildung und Wirtschaftsordnung, Stuttgart, S. 87-99.

Christian Müller, Hans Jürgen Schlösser, Michael Schuhen und Andreas Liening (Hg.), Bildung zur Sozialen Marktwirtschaft
Schriften zu Ordnungsfragen der Wirtschaft · Band 99 · Stuttgart · 2014

Johann Joachim Becher – ein früher Anlauf, Wirtschaft und Arbeiten zum Gegenstand von Allgemeinbildung zu machen

Klaus-Peter Kruber

Inhalt

1. Einleitung

Ökonomische Bildung konnte sich erst seit den siebziger Jahren des 20. Jahrhunderts im deutschen Schulwesen als Teil von Allgemeinbildung gegen diejenigen Kräfte durchsetzen, „die entweder schon seit Humboldts Zeiten Ökonomie und Technik ablehnend gegenüberstanden, oder die als politisch-soziologische Kulturkritiker die Rationalität von Ökonomie und Technik als ‚Teufelswerk der Gegenwart' beschworen" (Krafft 1986, S. 12). Lange Zeit hat das in Deutschland vorherrschende neuhumanistische Bildungsverständnis die Befassung mit Wirtschaft der beruflichen Bildung zugeordnet. Dabei gab es gerade in Deutschland bereits im 17. und 18. Jahrhundert viel versprechende Anläufe, Arbeiten und Wirtschaften als Teil einer allgemeinen Erziehung zu einer der Natur des Menschen gemäßen „Glückseligkeit" zu begreifen. Herausragender Vertreter dieser Denkansätze ist Johann Joachim Becher (1635-1682), der als merkantilistischer Wirtschaftspolitiker, Wirtschaftspädagoge, Alchimist und Projektemacher ein abenteuerliches Leben in der Zeit nach dem Dreißigjährigen Krieg führte.

2. Becher – Polyhistor und Projekteschmied im barocken Deutschland

Das 17. Jahrhundert war das Zeitalter des Barock. Geistesgeschichtlich war es die Zeit der Aufklärung und der beginnenden Naturwissenschaften: Neue Ideen über das Universum, Mensch und Gesellschaft und die Anfänge experimenteller Physik und Chemie vermischten sich mit mittelalterlichem Denken und Alchimie und Astrologie. Politisch war es das Zeitalter des Absolutismus. Der Fürst löste sich von der Kontrolle durch Adel und Stände, er kontrollierte die politische und ökonomische Macht. Der Herrscher kümmerte sich um den Außenhandel und um die Entwicklung der Wirtschaftskraft seines Territoriums, um Mittel für seine Hofhaltung, seine Verwaltung, für Festungsbauten und Militär abzweigen zu können (Merkantilismus). In diese Umbruchzeit wurde Becher 1635 in Speyer als Sohn eines protestantischen Pfarrers geboren (später konvertierte er zum Katholizismus). Der Vater verstarb früh, Johann Joachim wuchs in Armut und als Autodidakt auf. Mit 15 Jahren begann er seine „Lehr- und Wanderjahre", die ihn nach Schweden, Holland und durch ganz Deutschland führten. Auf diesen Reisen lernte er nach eigenen Angaben Descartes, Mersenne und andere berühmte Gelehrte seiner Zeit persönlich kennen (vermutlich wohl eher ihre Werke). In Mainz promovierte er 1660 zum doctor medicinae. Als Mathematicus und Medicus war er bis 1664 am Hof des Kurfürsten von Mainz tätig. 1664 bis 1667 lebte er am Hofe des Kurfürsten von Bayern in München. Hier entstanden die Manuskripte für seine bis heute nachwirkenden Werke.

Als wirtschaftstheoretisches und wirtschaftspolitisches Hauptwerk des Merkantilisten Becher gilt der 1668 erstmals (und 1673 in erweitertem Umfang) erschienene „Politische Discurs" (vgl. hierzu Klaus und Starbatty 1990, S. 21 ff.). Der Titel dieses lehrbuchhaft angelegten Werkes, das 1990 als Faksimile-Nachdruck wieder aufgelegt wurde, gibt einen Überblick über die Inhalte:

> „Politischer Discurs von den eigentlichen Ursachen deß Auf- und Abnehmens der Städt / Länder und Republicken / in specie, wie ein Land Volckreich und Nahrhaft zu machen

und in eine rechte societatem civilem zu bringen. Auch wird von dem Bauren- Handwerks- und Kaufmannsstand / derer Handel und Wandel / item Von dem Monopolio, Polypolio und Propolio (= Kartell, KPK), von algemeinen Land-Magazinen / Niederlagen / Kaufhäusern / Montibus pietatis (= Vorform von Sparkassen, KPK), Zucht- und Werckhäusern / Wechselbäncken und dergleichen / außfürlich gehandelt".

Fast zeitgleich entstanden Bechers wirtschaftspädagogische Hauptwerke „Methodus didactica" (1668) und der „Moral Discurs" (1669). Auch hier geben bereits die Titel (hier zitiert nach Oßwald 2000, S. 143) Aufschluss über die Inhalte:

„Methodus didactica. Das ist: Gründlicher Beweis / daß die Weg und Mittel / welche die Schulen bißhero insgemein gebraucht / die Jugend zu Erlernung der Sprachen / insonderheit der Lateinischen / zu führen / nicht gewiß / noch sicher seyen / sondern den Regulen und Natur der rechten Lehr / und Lern-Kunst schnurstracks entgegen lauffen / derentwegen nicht allein langweilig sondern auch gemeiniglich unfruchtbar / und vergeblich ablauffen", und „Moral discurs. Von den eigentlichen Ursachen deß Glücks und Unglücks / Allwo gleichsam auf einer Wagschal Alle und jede menschliche Actiones auf der gantzen Welt / so zum Guten / und Bösen gericht / ohnpartheyisch erwogen werden".

Am kurfürstlich-bayerischen Hof in München gründete Becher ein Commerzkollegium (ein wirtschaftspolitisches Beratergremium), Manufakturen und eine Handelskompagnie, und er verhandelte im Auftrag des Kurfürsten (erfolglos) bayrische Kolonialpläne mit der holländischen Westindischen Companie. Von 1668 bis 1678 war Becher als Römisch-Kaiserlicher Commerzien-Rath in Wien tätig. Auch hier gründete er wirtschaftspolitische Beratergremien, baute eine Seidenmanufaktur auf, gründete entsprechend seinen pädagogischen und wirtschaftspolitischen Vorstellungen ein Kunst- und Werkhaus, bemühte sich um den Handel mit Holland, entwickelte erneut Pläne für Kolonien in Guyana und wurde von Kaiser Leopold mit chemischen Experimenten betraut. Er verbesserte Maschinen und technische Geräte und erforschte Mineralien. Erfolglos bemühte er sich, aus Sand Gold zu gewinnen und arbeitete verbissen an einem Perpetuum mobile. Persönlich war er nach Angaben früher Biografen ein unsteter und eher schwieriger Mensch. Über Fragen der Finanzierung seiner Projekte kam es zum Zerwürfnis mit seinem Förderer, dem Hofkammer-Präsidenten Graf Sinzendorf. Vom Kaiser beauftragt, französische Importgüter beschlagnahmen zu lassen, reiste er 1678/79 durch Westdeutschland nach Holland und blieb dort bis 1680, möglicherweise auch, um sich finanziellen Forderungen zu entziehen. Seine beiden letzten Lebensjahre verbrachte Becher in London; dort ist er 1682 (nach anderen Quellen 1685) verstorben (Oppenheim 1875, S. 201 ff.; Fenske 2001).[1]

3. Menschenbild und pädagogische Grundgedanken bei Becher

Geprägt von christlicher Tradition einerseits, Naturrechtslehre und beginnender Aufklärung andererseits, und vor dem Hintergrund prägender Erfahrungen von Not und

---

1 Als wohl bedeutendster merkantilistischer Ökonom im deutschen Sprachraum wird Becher in der Theoriegeschichte der Nationalökonomie viel beachtet, vgl. Stavenhagen (1963, S. 24 ff.). Monografien über den Ökonomen Becher finden sich z.B. bei Hassinger (1951) und bei Klaus und Starbatty (1990). Mit dem Pädagogen Becher befassen sich Martin Becher (1937) und Oßwald (2000). Die beiden letzteren Autoren sind auch die wichtigste Quelle für meine Ausführungen. Zu einem kurzen Überblick zum Leben und Wirken Bechers vgl. Kruber (2001).

Elend im und nach dem Dreißigjährigen Krieg ist für Becher „Glückseligkeit“ das anzustrebende oberste Ziel des Menschen auf Erden (Oßwald 2000, S. 47). Glückselig ist der Mensch, wenn er seiner Natur gemäß lebt. Dazu gehört ein Gott gefälliges Leben, aber auch eine dem „Stand der Menschheit“ entsprechende „Nahrung“ und die Möglichkeit, diese „Nahrung“ zu erwerben. Mit dieser Aufwertung diesseitiger Wohlfahrt unterscheidet er sich von der bei den Theologen und Pädagogen seiner Zeit noch vorherrschenden christlichen Tradition, nach der allein jenseitiges Glück zählt.

Für den Christen Becher ist die Seele des Menschen ein Ebenbild Gottes. Er nennt fünf „Stücke“ (oder „notiones“), die die Gottebenbildlichkeit des Menschen ausmachen: Religion, Tugend, Wissen, Nahrung und Leben. „Dann wann wir diese fünff Puncten gebrauchen / wie sie uns Gott gegeben hat / seynd wir wahrhafftig recht glückselig“ (Moral discurs, 16, zitiert nach Oßwald 2000, S. 56). Oßwald weist darauf hin, dass aus heutiger Sicht in diesem Katalog religiöser, geistiger und materieller Werte ästhetische und Lustwerte fehlen.

> „Dadurch erfährt Bechers Idealbild eine gewisse Einseitigkeit und dazu eine Herbheit und Strenge ... Die Folge ist, daß Becher Menschenideale wie der literarisch-ästhetisch durchgebildete Schöngeist oder der Galanthomme des zeitgenössischen Adels oder gar hedonistische Ideale absolut fern lagen“ (Oßwald 2000, S. 63).

Oßwald erklärt das mit dem persönlichen Erfahrungshintergrund Bechers und mit seiner immer wieder betonten Absicht, ein allgemein gültiges Erziehungskonzept für den „gemeinen Mann“ (und explizit auch für die Frau!) zu entwerfen.

Unter den fünf Stücken ist aus unsrer Sicht besonders die „Nahrung“ von Interesse. „Nahrung“ bezeichnet bei Merkantilisten alle Mittel zum Lebensunterhalt (nicht nur Nahrungsmittel im heutigen Sinne, sondern alle Mittel, die der privaten Lebensführung dienen – wir würden von Einkommen sprechen). Auskömmliche Nahrung und die Fähigkeit, sie durch eigene berufliche Arbeit zu erwerben, gehören zu den elementaren Lebensbedürfnissen, und sie sind den anderen Werten ebenbürtig.

> „Die Einbeziehung der Nahrung, also der äußeren lebenswichtigen materiellen Wirtschaftsgüter samt der Fähigkeit, sie sich zu beschaffen, als wesensnotwendiges Element in das Bild vom Menschen bedeutet eine Wende im abendländischen Denken. Becher ist wohl der erste, der sie aller traditioneller und zeitgenössischer abwertender Einschätzung zum Trotz vertrat und voll bejahte. Bei der Gleichheit der Menschen galt die Bewertung des Wirtschaftens für alle Menschen, für Hoch und Niedrig“ (Oßwald 2001, S. 30 f.).

Wirtschaftliche Bildung ist nach Becher Teil von grundlegender Erziehung für alle – wir würden heute sagen: von Allgemeinbildung. Für alle Menschen ist eine Grundbildung nötig: „absonderlich ist Lesen, Schreiben, Rechnen, Buchhalten jedem nötig und nützlich“. Daneben „wäre es auch gut, daß der Mensch einige generalia in Wissenschafften hätte, so zu seiner eigenen Erlustigung und Erkänntniß, was und wie es in der Welt ist“ (zitiert nach M. Becher 1937, S. 36).

Erziehung ist nicht nur nötig – sie ist nach Becher auch möglich, ja, Erziehung ist das (einzig) wirksame Mittel, die Menschheit aus Bestialität und Not zu befreien.

> „Werden jedoch Kinderzucht und Menschenzucht nicht richtig angewendet, so gehören sie zu den ersten Ursachen der menschlichen Unglückseligkeit. Sie sind dann der Ursprung alles teuflischen Unglücks, das es auf der Welt gibt“ (M. Becher 1937, S. 31).

Der Merkantilist Becher teilt hier den Erziehungsoptimismus vieler Pädagogen seiner Zeit, beispielsweise von Vive (1492-1540), Ratke (1571-1635) oder Comenius (1592-1670), auf die er sich bezieht (meistens, wie in seiner Zeit üblich, ohne sie zu zitieren). Er geht aber über sie hinaus, indem er der Erziehung nicht nur Bedeutung mit Blick auf jenseitiges Heil und soziales Zusammenleben im Diesseits zuweist, sondern – als Merkantilist – wirtschaftliche Erziehung als Grundlage für den ökonomischen Wohlstand einer Volkswirtschaft ansieht. Produktivität der Bauern, Qualität des Handwerks und Erfolg des Kaufmanns hängen ab von der Ausbildung und dem Fleiß der wirtschaftenden Menschen, und ihr arbeitsteiliges Zusammenwirken ist Voraussetzung für eine „volckreiche und nahrhaffte Gemein" (Thema des Lehrbuchwerks Politischer Discurs). Eine wohlhabende „Gemein" wiederum schafft die Grundlage für Abgaben an den Staat und die Macht des Fürsten. Damit wird wirtschaftliche Erziehung zur Aufgabe des Staates und (auch) zu einem Instrument der Wirtschaftsförderung.

> „In der That aber so könte Regenten und Herren / nichts nähers / bessers noch nötigers proponiert werden / als gute Auferziehung der Jugend / dann diese ist das Fundament und vornemste Maxima deß Staats so wol wegen dessen objecti als auch subjecti / welches sich niemand verwundern soll / dann ich es durch eine ohnfehlbare Consequenz und stattlich beweisen kan / auch nur an unserem Deutschland / dan was ist das eigentliche Interesse von Deutschland anders als dessen Wolstand?" (Methodus didactica, Vorrede, zitiert nach Oßwald 2000, S. 91).

Modern ausgedrückt: Investitionen in Humankapital sind das wirksamste Instrument, um Wachstum und Wettbewerbsfähigkeit zu fördern.

4. Schulpläne und didaktische Grundsätze

Bei Becher findet sich in besonders typischer und ausgewogener Weise der „Dreiklang der Aufklärungspädagogik" (Georg und Kunze 1981, S. 25 ff.): Philanthropismus (Vertrauen auf die Machbarkeit von Glück durch Erziehung), Utilitarismus (Nützlichkeit für die Gesellschaft) und Industriosität (Vermittlung von Arbeitstugenden). Becher bleibt allerdings nicht bei bloß theoretischen Betrachtungen stehen, er macht sie auch zur Grundlage von Plänen für eine umfassende Schulreform und versuchte, sie in seinem Kunst- und Werkhaus in Wien in die Tat umzusetzen.

In seinem Spätwerk „Psychosophia oder Seelen-Weißheit" (1678) entwickelte Becher ein revolutionäres Modell für ein umfassendes staatliches Schulsystem, das im Kern aus vier Schularten bestehen sollte. Grundlage ist die Lese-, Schreib- und Rechenschule. Alle Kinder bis zum 10. Lebensjahr haben sie zu durchlaufen. Die übrigen Schularten – Lateinschule (10.-13. Lebensjahr), Mechanische Schule (ab 13. Lebensjahr) und Philosophische Schule (ab 15. bis 25. Lebensjahr) – bauen darauf auf (M. Becher 1937, S. 37 ff.; Oßwald 2000, S. 99 ff.) Die Lateinschule „lehret nach einem gewissen methodo die Lateinische Sprache in drey Jahren aus dem Fundament" (M. Becher 1937, S. 38). Sie ist die Grundlage für den Zugang sowohl zur Mechanischen Schule als auch für die wissenschaftlichen Studien in der Philosophischen Schule. In allen Schularten legt Becher Wert auf didaktische Prinzipien. Unterricht und Lehrmethoden sollen sich an den Educanden und am Lehrstoff orientieren: „ein anders ists / Kinder Wissenschafften lehren / ein anders ists / sie wollen Wörter und Sprachen lehren" (Methodus didactica S. 88, zitiert nach Oßwald 2000, S. 109). Insbesondere wendete sich Becher gegen das sture Auswendiglernen und Abfragen von Stoff. Er fordert „naturgemäßen Unterricht“, der Erkenntnis mit Tun verbindet. Dazu gehören Bossieren (Zerlegen und wieder Zusammenfügen von Gegenständen) und die Einrichtung von Naturalienkabinetts in den Schulen. Die Kabinette umfassen nicht nur Pflanzen, Tierpräparate und Mineralien, sondern vor allem Werkzeuge und fertige Produkte aus den Manufakturen. Die zugrunde liegende Theorie mutet sehr modern an: „Die lebendige Einbildung / ist vil fester/ als die durch Bilder geschicht“ (Methodus didactica S. 50, zitiert nach Oßwald 2000, S. 110). Ein solches Lehr-Lernkonzept erfordert im Übrigen auch didaktisch ausgebildete Lehrkräfte: „Hierauß haben Praeceptores nun zu ersehen / dass es nit genug seye / zu ihrer Profession, dass sie gelehrt seynd /und daß sie fähige Subjecta haben / sondern es gehöret eine sonderliche Kunst darzu / das medium applicationis (Mittel des Beibringens) zu finden“ (Methodus didactica S. 69, zitiert nach Oßwald 2000, S. 109).

> In der Mechanischen Schule „erhält der Schüler grundlegende Anleitungen für alle Handwerke ... Für jeden Berufstätigen ist auch die Beherrschung der Buchhaltung wichtig ... Er (Becher, KPK) verliert sich bei dieser Schulung nicht in beruflichen Spezialitäten, sondern er will Kräfte fördern und wecken, die ganz allgemein für jeden Beruf von Bedeutung sind. Ein Abrichten auf bestimmte Fertigkeiten will er nicht betreiben“ (M. Becher 1937, S. 39).

Die Mechanische Schule ist – zusammen mit dem Kunst- und Werkhaus – Bechers wohl kreativste pädagogische Idee. Sie zielt auf allgemeine Berufsbefähigung und Berufsvorbereitung und hätte wohl für die meisten Heranwachsenden am Ende ihrer Schulzeit gestanden. Eine vertiefte Ausbildung von Fachkräften in den handwerklichen oder kaufmännischen Berufen erfolgt nach Bechers Plänen durch die Lehre in den Zünften (die er grundlegend reformieren will) bzw. in den Kunst- und Werkhäusern (das ist wohl die von Becher bevorzugte Ausbildungsinstitution).

Die vierte Schulart ist die Philosophische Schule. Sie erfordert den Durchgang durch die Lateinschule und lehrt „nach einem gewissen Methodum allerhand Wissenschafften“, darunter insbesondere auch Naturwissenschaften. Teil dieser Schulen und des Unterrichtskonzepts ist ein „Theatrum Naturae und Artis“, das den Praxisbezug auch an dieser wissenschaftlichen Schule ermöglichen soll. Bechers Ideal ist nicht der weltabgewandte Philosoph, sondern eher jemand, der wie Becher selbst, theoretische Erkenntnis mit praktischer Anwendung für neue Geräte oder Verfahren verbindet. „Ob Becher mit der philosophischen Schule die Universität ersetzen will, oder ob sie als eine Art technische Hochschule neben der Universität bestehen soll, ist aus seinen Schriften nicht eindeutig zu entnehmen“ (M. Becher 1937, S. 42). Bechers Schulpläne muten sehr modern an, allerdings hatten sie zu seiner Zeit keine Realisierungschance und wurden auch darüber hinaus wenig beachtet. Praktische Anwendung fand dagegen ein anderes Projekt Bechers: das Kunst- und Werkhaus.

5. Kunst- und Werkhaus

Auf seinen Reisen in Holland und in einigen deutschen Städten hatte Becher eine Einrichtung kennen gelernt, die in der Zeit nach dem Dreißigjährigen Krieg Verbreitung gefunden hatte: das Arbeits- oder Werkhaus (in der damaligen Terminologie auch Zuchthaus genannt). Bettler und Obdachlose, die in dieser Zeit die Städte überschwemmten, wurden entweder einfach davongejagt oder in Zuchthäusern zwangsweise beschäftigt, um sie von der Straße zu bringen. Auch für Becher gehört es zur „Armen-Policey" eines gut regierten Staates, solche Einrichtungen zu unterhalten. Bereits im Politischen Discurs von 1668 heißt es.

> „Wann nemblich viel Bettler in einem Lande seynd / solche Leuth nur in die Arbeit zu stellen / und in ehrliche Bürgerliche Nahrung zu bringen / ist kein näher Mittel / als ein allgemeines Werck-Hauß. Ich lobe nicht diejenige / welche ordnen / daß man die Bettelleuth auß einem Landt jagen / verweisen und vertreiben solt / es wäre dänn Sach / daß sie nicht arbeiten wolten / vielmehr seynd die jenige lobenswerth / welche die arme Leuth suchen / in die Arbeit zu stellen / und gedencken / daß sie so manchen Bürger dem Vatterlandt geworben / so manchen Bettler sie zu ehrlicher Nahrung gebracht haben" (Becher 1668, S. 207).

Allerdings geht Becher bereits damals über diese Zielsetzung hinaus. Er unterscheidet bereits im Politischen Discurs „zweyerlei" Werkhäuser:

> „eines zur Straff für die böse Menschen-Betrieger / und Dieb ... Die andere Art von Werckhauß ist das Gutwillige / da jeder wandrender Gesell Arbeit findet / und nicht fechten (= Rotwelsch: betteln, KPK) lauffen darff / da die arme Kinder / und jede Leuth / so Lust zur Arbeit haben / täglich ihr Brot finden können" (Becher 1668, S. 208).

Ein solches Werkhaus beruht auf einem Privileg des Fürsten, es unterliegt „Obrigkeitlicher inspection" und ist gekennzeichnet durch gute Bezahlung der Arbeitskräfte: „dardurch wird es geschehen / daß / so sehr die Leuth nun ein Werck-Hauß fürchten / so sehr sie nachmalen es lieben / und verlangen werden" (Becher 1668, S. 209). Ein solches Werkhaus bringt Menschen in Arbeit, ermöglicht ihnen, sich und ihre Familien zu ernähren, macht sie zu nützlichen Mitgliedern der „Gemein". Das Werkhaus erzeugt marktfähige Produkte und trägt zur Entwicklung von Gewerbe und Wirtschaft insgesamt bei. Becher sieht die Errichtung von Werkhäusern auch als eine Investitionsgelegenheit für Reiche und für „Verläger" (Verleger = Unternehmer, die Heimarbeiter beschäftigen), und er betrachtet sie als ein wirtschaftspolitisches Instrument, um die monopolähnliche Stellung der Zünfte zu brechen (Becher 1668, S. 211).

Die im Politischen Discurs in einem kurzen Kapitel angedachte Idee des Werkhauses entwickelt Becher im Zuge seiner wirtschaftspädagogischen Überlegungen weiter. Dies kommt auch in der neuen Bezeichnung „Kunst- und Werkhaus" zum Ausdruck, die er später häufig verwendet. Das Kunst- und Werkhaus sollte eine Musterwerkstatt werden, in der innovative Techniken aus dem Ausland angewendet und Arbeitskräfte für neue Gewerbezweige und qualitativ anspruchsvolle Produktionsprozesse geschult werden sollen. Deshalb sollten auch ausländische Fachkräfte angeworben werden. Weitere wirtschaftspolitische Ziele sind die Stärkung des nationalen Gewerbes, Konkurrenz zu den Zünften, die Zurückdrängung der Einfuhr von ausländischen (Luxus-)Gütern und die Verbesserung der eigenen Exportmöglichkeiten – ganz im Sinne der merkantilistischen ökonomischen Doktrin.

Erst in Wien gelang es Becher nach langen Anstrengungen, Sponsoren für das Projekt zu gewinnen – nicht zuletzt mit dem Versprechen, das Werkhaus werde reiche Gewinne abwerfen. Die Hoffnung auf betriebswirtschaftliche Gewinne aus einem Werkhaus, das technologisch eine Pionierfunktion übernehmen und als Ausbildungsstätte fungieren sollte, war wenig realistisch, wie sich dann ja auch sehr bald zeigte. Volkswirtschaftlich war eine Musterwerkstatt sicher eine rentable Investition mit erheblichen positiven externen Effekten, die mittelfristig zu Wachstum führen konnte. Aber mit diesem Argument waren zu Bechers Zeiten noch kaum Finanzmittel für das Projekt zu mobilisieren.

1676 wurde das Kunst- und Werkhaus auf dem Berghügel Tabor bei Wien eröffnet. Es umfasste eine Werkstatt zur Erzeugung von Majolicgeschirr, eine Seidenmanufaktur, eine Wollmanufaktur, eine venezianische Glashütte, eine Apotheke zur Herstellung von Arzneien, Laboratorien für Farben und Spirituosen und eine Schmelzhütte. Becher war als Direktor der Leiter des Projekts, aber er trug auch die Hauptlast des Risikos. Schon bald kam es zu heftigem Streit mit dem Hauptsponsor, Hofkämmerer Graf von Sinzendorf. Bereits nach wenigen Monaten musste Becher die Gewinn bringenden Seiden- und Wollmanufakturen verkaufen. Zermürbt von Intrigen und finanziell ruiniert musste er aufgeben. „Damit war das Schicksal des Werkhauses besiegelt. Becher blieb noch einige Zeit in Wien und reiste dann ab, um die Durchführung des Reichsediktes ‚in Bannisierung der frantzösischen Waaren' in den größeren Städten zu überwachen" (M. Becher 1937, S. 69). 1677 übernahm der Merkantilist Wilhelm von Schröder (1640-1688) die Leitung des Werkhauses. Allerdings war auch ihm kein dauerhafter Erfolg beschieden: 1679 starben viele seiner englischen Tuchmacher an der Pest, andere Fachkräfte verließen das Werkhaus, ständige Querelen mit Geldgebern und Hofbeamten lähmten die Arbeit. Schließlich wurde ihm 1681 das Privileg entzogen, das Werkhaus wurde stillgelegt. In den Türkenkriegen brannte es 1683 ab. „1686 verließ Schröder Wien, und damit verschwand auch der letzte Träger des Werkhausgedankens aus der kaiserlichen Hauptstadt" (M. Becher 1937, S. 71.; vgl. zum Schicksal des Werkhauses auch Hassinger 1951, S. 203 f.).

6. Nachwirkungen

Bechers Ideen waren zu seiner Zeit nicht völlig neu, darauf weisen Martin Becher, Hassinger und Oßwald immer wieder hin. Mit anderen Merkantilisten steht er am Anfang bildungsökonomischen Denkens (Eckhardt 1980). Viele seiner Ideen und Projekte – beispielsweise sein Schulplan – hatten zu seiner Zeit keine Erfolgschance. Eigenständige Leistung und bleibendes Verdienst von Becher ist die stark betonte Verbindung von wirtschaftspolitischen und wirtschaftspädagogischen Überlegungen. Eine (auch) auf diesseitige „Glückseligkeit" zielende allgemeine Erziehung, die Wirtschaften und Beruf zu einem zentralen Gegenstand und methodischen Ansatzpunkt von Lehren und Lernen macht, ist ein innovatives Konzept, das für Bechers Zeit wohl zu früh kam und sich erst im 20. Jahrhundert durchsetzen und in ein modernes Konzept ökonomischer Allgemeinbildung ausformen konnte.

Bechers Pläne blieben allerdings im folgenden Jahrhundert nicht ganz ohne Auswirkungen. Sie gelten als Vorläufer für die „Mathematische und Mechanische Realschule" von Christoph Semler (1669-1740) in Halle (1708) und für die „Industrieschulen", die im 18. Jahrhundert in vielen deutschen Ländern entstanden: Angestrebt wurde eine allgemeine Volksschule mit enger Verbindung von Wissensvermittlung, Gesinnungsbildung und praktischer Arbeit im „Literär- und Industrieunterricht" (Ferdinand Kindermann, 1740-1801). „Es sollte eine Schule fürs Leben" entstehen, „die bereits die Bewältigung der Arbeitswelt mit einbezog" (Kaiser 1974, S. 21). Die Entwicklung der Industrieschulen entsprach in der Realität allerdings bei Weitem nicht den Ansprüchen ihrer aufgeklärten Vordenker. In der Praxis setzten sich ganz überwiegend blanker Utilitarismus und die Erziehung zu Fleiß und Anpassung in nackter Form durch: Es entwickelten sich Produktionsanstalten mit Kinderarbeit und wenig Bildung, geleitet oft von ehemaligen Feldwebeln, die wenig pädagogisches Talent und keinerlei Ausbildung für ihre Aufgaben hatten (Kaiser 1974, S. 23 ff.; Georg und Kunze 1981, S. 29). Gegen diese Entartung der Industrieschulen richtete sich im 19. Jahrhundert die Kritik durch Wilhelm v. Humboldt (1767-1835) in Preußen und Friedrich Niethammer (1766-1848) in Bayern. Ihre neuhumanistische Bildungsreform forderte eine strenge Trennung von zweckfreier Bildung der Persönlichkeit und anwendungsbezogenen Kenntnissen. Solche auf Arbeit und Beruf bezogenen Kenntnisse zu vermitteln sei nicht Aufgabe der allgemeinen Schulen, sondern der Berufsausbildung und spezieller Berufsschulen. Bezeichnend ist das berühmte Zitat von Wilhelm von Humboldt:

> „Was das Bedürfnis des Lebens oder eines einzelnen seiner Gewerbe erheischt, muss abgesondert, und nach vollendetem allgemeinem Unterricht erworben werden. Wird beides vermischt, so wird die Bildung unrein, und man erhält weder vollständige Menschen, noch vollständige Bürger einzelner Klassen" (zitiert nach Kaiser 1974, S. 28 f.).

Georg und Kunze (1981, S. 33 ff.) sprechen von der Verdrängung des Konzepts allgemeiner Arbeitserziehung durch den Bildungsidealismus. Erst mit Georg Kerschensteiner (1854-1932) und den Reformpädagogen (u.a. Theodor Litt, 1880-1962) wurde diese Trennung in Frage gestellt und die Befassung mit Arbeit und Wirtschaft (wieder) als potenziell allgemeinbildend angesehen (Kruber 2005, S. 188 ff.). Es dauerte noch lange, bis sich diese Erkenntnis auch in der Schulwirklichkeit niederschlug. Erst seit den ökonomischen und technologischen Herausforderungen der 1970er Jahre hat „Wirtschaft" in Deutschland als Teil eines Fächerverbundes (bspw. Arbeitslehre in der Hauptschule, Politik / Wirtschaft im Gymnasium) oder – seltener – als eigenes Fach einen Platz im Curriculum von Allgemeinbildenden Schulen gefunden.

Literatur

Becher, Johann Joachim (1668), Politischer Discurs von den eigentlichen Ursachen des Auf- und Abnehmens der Städt / Länder und Republicken / in specie, wie ein Land Volckreich und Nahrhaft zu machen und in eine rechte societatem civilem zu bringen ..., Franckfurt (Faksimilenachdruck, Düsseldorf 1990).

Becher, Martin (1937), Johann Joachim Bechers wirtschaftspädagogisches Wirken, Dissertation, Leipzig.

Eckhardt, Wolfgang (1980), Bildungsökonomisches Gedankengut im Zeitalter des deutschen Merkantilismus, in: Zeitschrift für Berufs- und Wirtschaftspädagogik, Bd. 76, S. 348-354.

Fenske, Hans (2001), Johann Joachim Becher: Leben und Wirksamkeit, in: Schriftenreihe der Johann Joachim Becher-Gesellschaft zu Speyer, H. 14, S. 9-24.

Georg, Walter und Andreas Kunze (1981), Sozialgeschichte der Berufserziehung, München

Hassinger, Herbert (1951), Johann Joachim Becher (1635-1682): Ein Beitrag zur Geschichte des Merkantilismus, Wien.

Kaiser, Franz-Josef (1974), Arbeitslehre, 3. Auflage, Bad Heilbrunn.

Klaus, Joachim und Joachim Starbatty (1990), Johann Joachim Bechers „Politischer Discurs": Ein Vademecum zu einem universellen merkantilistischen Klassiker, Düsseldorf.

Krafft, Dietmar (1986), Wirtschaft im Wandel: Herausforderung der Schule, in: Hans-Joachim Gottschol und Dietmar Krafft (Hg.), Zur Zukunft der ökonomischen Bildung, Köln, AGV Metall, S. 11-20.

Kruber, Klaus-Peter (2001), Johann Joachim Becher (1635-1682): merkantilistischer Ökonom, Wirtschaftspädagoge und Alchimist, in: Unterricht Wirtschaft, 2. Jg., S. 79-85 und in: Schriftenreihe der Johann Joachim Becher-Gesellschaft zu Speyer, H. 15, S. 3-14.

Kruber, Klaus-Peter (2005): Ökonomische Bildung: ein Beitrag zur Allgemeinbildung? Eine immer wieder neue Frage an den Wirtschaftsunterricht, in: Georg Weißeno (Hg.), Politik und Wirtschaft unterrichten, Wiesbaden, S. 187-202.

Oppenheim (1875), Becher, Johann Joachim, in: Kgl. Bayerischen Akademie der Wissenschaften (Hg.), Allgemeine Deutsche Biographie, Zweiter Band, Leipzig, S. 201-204.

Oßwald, Hans Georg (2000), Die wegweisenden pädagogischen Vorstellungen des Johann Joachim Becher von Speyer (1635-1682), Baltmannsweiler.

Oßwald, Hans Georg (2001), Johann Joachim Bechers Bild vom Menschen, in: Schriftenreihe der Johann Joachim Becher-Gesellschaft zu Speyer, H. 15, S. 15-46.

Stavenhagen, Gerhard (1963), Geschichte der Wirtschaftstheorie, Göttingen.

Christian Müller, Hans Jürgen Schlösser, Michael Schuhen und Andreas Liening (Hg.),
Bildung zur Sozialen Marktwirtschaft
Schriften zu Ordnungsfragen der Wirtschaft · Band 99 · Stuttgart · 2014

Zum Glück was Neues?
Happiness Research und Ökonomik

Jan Karpe

„Die wahren Lebenskünstler sind bereits glücklich,
wenn sie nicht unglücklich sind.“

Jean Anouilh

Inhalt

1. Einleitung: Happiness Research als Forschungsfeld

Happiness boomt. Weltweit. Der Dalai Lama vertritt – mit großer Resonanz – das Glück multimedial, beschreibt die „Regeln des Glücks“(Dalai Lama und Cutler 2012) und produziert einen Film über „Paths of Happiness“. Chris Gardners Verfilmung seines monatelang ganz oben auf der New York Times-Bestsellerliste stehenden „Streben nach Glück“ spielt über 150 Mio. US $ ein. In Südafrika gibt es seit kurzem täglich einen ‚TV-Glücksbericht‘, ähnlich einer Wetterkarte. Auch in Deutschland werden jährlich öffentlichkeitswirksame Glücksberichte erhoben (Raffelhüschen und Köcher 2013). Zugleich wird eine verkaufsträchtige Glücksliteratur für den Massenmarkt produziert – obwohl (oder weil?) sie (etwa vom Feuilleton) kaum rezensiert wird. Als Verkaufsschlager erweisen sich in erster Linie möglichst leicht lesbare Ratgeber sowie (selbsternannte) „Handbücher“ zum Glück (für viele Baldauf und von Gehlen 2012; Langenscheidt 2012).

Happiness matters. Glück ist indes nicht allein Thema für esoterisch anmutende Trivialratgeber und spirituell angehauchte Leichtkostmedien, sondern mittlerweile ein ernstzunehmendes und interessantes wissenschaftliches Forschungsfeld für Philosophen, Psychologen, Pädagogen, Neurowissenschaftler, Soziologen und neuerdings auch für Ökonomen. Eine wissenschaftlich orientierte *Glücksforschung* (= Happiness Research), die fragt, was Menschen unter Glück verstehen und welche Faktoren (in welchem Maße) Glück fördern oder hemmen, hat in den letzten Jahren eine hohe Dynamik entwickelt. Es handelt sich um eine *interdisziplinäre Forschungsrichtung* in den Sozialwissenschaften. Die Interdisziplinarität ist dabei nicht gekünstelt. Wie in diesem Beitrag gezeigt wird, ist Happiness Research auf komplementäre Beiträge aus verschiedenen Disziplinen angewiesen. Auch die Ökonomik kann einen wichtigen Beitrag leisten.

In diesem Artikel sollen maßgebende Erkenntnisse einer interdisziplinären Happiness Research dargestellt und in ihrer Relevanz für die Ökonomik diskutiert werden. Analysiert wird sowohl der Beitrag der Ökonomik zur Glücksforschung als auch theoretische Implikationen für die Ökonomik aus der Happiness Research. Abschließend wird die Praxisrelevanz der Glücksforschung für die Wirtschaftspolitik, Unternehmen und Individuen (Bürger resp. Verbraucher) skizziert.

Um das Forschungsfeld ‚Glück‘ einzugrenzen, ist im folgenden Kapitel 2 zunächst eine Begriffspräzisierung zielführend, die insbesondere für den deutschen Sprachraum angebracht erscheint. Forschungsgegenstand ist demzufolge Glück im Sinne des subjektiven Wohlbefindens bzw. der persönlichen Lebenszufriedenheit. In Kapitel 3 werden die Wissenschaftsdisziplinen angeführt, die zur Happiness Research beitragen und die Bedingungen des Glücklich-Seins zu erforschen suchen. Hierbei wird der interdisziplinäre Charakter der Glücksforschung verdeutlicht.

Kapitel 4 diskutiert den spezifischen ökonomischen Beitrag zu einer interdisziplinär angelegten Happiness Research. Dabei wird deutlich, dass die Ökonomik die Glücksthematik und ihre offenen Fragen nicht allein bearbeiten, gleichwohl aber einen wichtigen Problemlösungsbeitrag leisten kann. Eine Hauptfragestellung einer empirischen Glücksforschung ist, wie Glück gemessen wird. In Kapitel 5 werden die wichtigsten

Messkonzepte skizziert und kritisch gewürdigt. Aus inzwischen einer kaum mehr zu überblickenden Zahl empirischer Forschungsarbeiten lassen sich fünf zentrale Glücksfaktoren ableiten: Gesundheit; befriedigende Arbeit; familiäre Beziehungen und soziales Umfeld; persönliche Freiheit und die finanzielle Lage (Einkommen). Die Haupterkenntnisse zu diesen Glücksfaktoren werden in Kapitel 6 beschrieben.

Kapitel 7 und 8 befassen sich mit der theoretischen und praktischen Relevanz der Happiness Research: Die Glücksforschung ist für die Ökonomik theoretisch bedeutsam und anspruchsvoll, weil sich die vorherrschende (neoklassisch geprägte) Lehrbuchökonomik als sperrig erweist. So wird Glück in den (neoklassischen) Verhaltensmodellen Becker'scher Provenienz den exogen gegebenen – und eben nicht zu diskutierenden – Präferenzen zugeschlagen (Becker 1993). Die Integration von Glück erfordert eine andere – moderne – Perspektivierung bzw. Fokussierung der Ökonomik. Zum einen sind psychologische Glücksmesskonzepte, wie sie in Kapitel 5 dargelegt werden, in die Ökonomik einzubringen. Dies spricht für eine Operationalisierung bzw. Kardinalisierung eines bislang ordinalen Nutzenkonzepts. Zum anderen ist das auf (vollständig oder beschränkt) rationalen Akteuren basierende homo-oeconomicus-Modell zu erweitern. Hier liegen mit dem Konzept mentaler Modelle (Denzau und North 1994), der Behavorial Economics (Kahneman 2003, 2006) und dem Konzept der Internal Constraints (Buchanan 1995; Sen 2002) fundierte Theorieansätze vor, die das homo oeconomicus-Modell empirisch anreichern und psychologische Erkenntnisse systematisch in die Ökonomik einbringen. Ansatzpunkte für die theoretische Integration der Glücksforschung in die Ökonomik werden in Kapitel 7 vertieft.

Praktisch bedeutsam ist die Frage nach den zentralen Faktoren von Glück insofern, als deren Beantwortung die (evtl. vergessenen oder geringgewichteten) Faktoren offenlegen, die für menschliches Glück als fundamental angesehen werden können. Die positivistische Mission der Happiness Research, die sozialen, politischen, kulturellen und ökonomischen Bedingungsfaktoren für Glück zu eruieren, kann für den gesellschaftlichen Diskurs normativ genutzt werden, um Konsequenzen für die Wirtschaftspolitik, für Unternehmen und für den Einzelnen (z. B. in seiner Rolle als Verbraucher) zu diskutieren. Die praktische Relevanz der Glücksforschung wird in Kapitel 8 betrachtet.

2. Glück als Gegenstand der Happiness Research

„Willst Du glücklich sein, so lerne erst leiden."

Iwan Turgenjew

Gegenstand der Glücksforschung ist ein im deutschen Sprachraum diffuser Glücksbegriff. Hier scheint zunächst eine Begriffspräzisierung von ‚Glück' angeraten. Im Englischen und im Französischen existiert die Unterscheidung von Zufallsglück (‚luck' resp. ‚fortune') und Wohlbefindensglück (‚happiness' resp. ‚bonheur'). Demgegenüber gibt es hierzulande für beides nur ein Wort, welches sowohl den glücklichen Zufall als auch das Glücksgefühl beschreibt: ‚Glück'. Glücksforschung thematisiert nun typischerweise nicht das Zufallsglück wie etwa Wahrscheinlichkeiten für Lotteriespiele o. ä. Sie ist vielmehr auf Glück im Sinne des Well-Beings bzw. der Lebenszufriedenheit fokussiert. Hierbei lässt sich zwischen einer *hedonistischen* Interpretation im Sinne eines lustvollen (kurzfristigen) Wohlbefindens und einer *eudaimonistischen* (umfassenden) Lebenszufriedenheit differenzieren.

Fasst man Glück rein hedonistisch als Luststeigerung, gelangt man schnell zu einem Konflikt zwischen (leichtlebiger) Lust und höheren (z. B. ethischen) Werten, wie ihn jüngst Hartmut Kliemt (2012) überzeugend beschrieben hat. Das berühmte Diktum von John Stuart Mill (2006, S. 26), dass er lieber ein unzufriedener Sokrates als ein zufriedenes Schwein sei, scheint die Zielgröße Glück für ein gelungenes Leben zu hinterfragen. Mill fasst Glück hier hedonistisch, d.h. auf Luststeigerung zielend. Dem kann die klassische Lebenskunstlehre in der antiken Philosophie bis hin zu Kant gegenübergestellt werden, welche fordert, die geistigen, sozialen und kulturellen Möglichkeiten des Menschen voll auszuschöpfen, damit der Mensch zu seiner Erfüllung komme. Aristoteles beispielsweise verurteilte das hedonistische Wohlbefinden als vulgär, da es die Menschen dazu verleite, ihrem jeweiligen Verlangen quasi sklavisch zu folgen – was letztlich nicht zu einem guten Leben führe. Die eudaimonistische Perspektivierung des Glücks rät den Menschen, nicht jeder Lustversprechung nachzugeben, sondern vielmehr in Übereinstimmung mit ihren innersten Werten im Sinne eines guten ‚gelingenden' Lebens zu handeln. Erst dann erlebten Menschen eine länger anhaltende Zufriedenheit mit dem Leben.

Der Mill'sche Konflikt kann teilweise entschärft (wenn auch nicht vollständig gelöst) werden, wenn man annimmt, dass die Glückssuchenden für ein gelungenes (gutes) Leben neben subjektiven Lusterlebnissen auch ein Leben anstreben, das sich umfassender als eine reine Lustmaximierung gestaltet und gewissermaßen eine objektive Erfahrungsqualität besitzt. In diesem Kontext sei auf das prominente Gedankenexperiment des Philosophen Robert Nozick (1993, S. 127 ff.) verwiesen. Nozicks Vorschlag lautet, man solle sich eine Erfahrungsmaschine vorstellen, die jede beliebige Erfahrung vermitteln könne, wenn man an sie angeschlossen wäre. Man würde in einem Tank in Nährflüssigkeit schweben und wäre per Elektroden mit der Maschine verbunden. Diese Maschine könne die Gefühlswelt nun derart stimulieren, dass es sich so anfühlt, als würde man Fallschirmspringen, Delikatessen essen, Sex haben oder ein gutes Buch schreiben. Man wäre in dieser Erfahrungsmaschine unbeschreiblich glücklich. Dieses Glück wäre jedoch nicht echt, weil keine objektiven Tatsachen perzipiert würden. Das Glück in der Erfahrungsmaschine würde auf einer (perfekten) Simulation des wahren Lebens beruhen, aber eben nicht auf dem wahren Leben. Nozicks „Frage ist nicht, ob man die Maschine ausprobieren würde, sondern ob man sich für den Rest seines Lebens hineinsetzen sollte" (Nozick 1993, S. 127). Würde man sich wünschen, für immer an diese Maschine angeschlossen zu werden? Nozick negiert. Die Menschen seien nicht allein an Lust interessiert, Menschen sähen ein gelungenes Leben auch in der Tatsache, dass sie in gewichtiger Weise mit der Wirklichkeit verbunden sind und nicht in einem Wahn leben (ebd., S. 130). Nozicks Erfahrungsmaschine zeigt, dass Glücksempfindungen nicht gleichzusetzen sind mit einem guten (gelungenen) Leben, welches immer auch eine gewisse Gebundenheit an reale Fakten erfordert.

Zielführend scheint in diesem Kontext die Kategorisierung des deutschen Philosophen Wilhelm Schmid (2007) zu sein, der seit einigen Jahren starke mediale Aufmerksamkeit bekommt. Er vertritt die (gut begründete) These, dass das direkte Anstreben von Glück zum Scheitern verurteilt sei, und Glück – ökonomisch formuliert – als Nebenprodukt von Sinn abfalle. Langfristig gebe es nur Glück, wenn es Sinn gebe. Lebenssinn resultiere – auch – aus einer Auseinandersetzung mit der realen Welt. Schmid unterscheidet vier Glücksarten: das ‚Zufallsglück', das hedonistische Wohlfühlglück und zwei weitere Glücksformen (das ‚Glück der Fülle' und das ‚Glück des Unglücklichseins'), welche sich einem umfassenden Glücksbegriff im Sinne einer eudaimonistischen Lebenszufriedenheit zuschlagen lassen. Diese gesamtheitliche Lebenszufriedenheit umfasse auch unangenehme, schmerzliche und negative Erfahrungen. Die Weite der Erfahrung vermittele erst das richtige Leben, weshalb Schmid zufolge das sinngebende (eudaimonistische) Glück als umfassender und dauerhafter als das flüchtige und oft kurzfristige Zufalls- und Wohlfühlglück anzusehen ist (ebd., S. 31). Dieser Plausibilität wird in der Glücksmessung Rechnung getragen, indem stärker die gesamte Lebenszufriedenheit als das kurzfristigere Wohlfühlglück fokussiert wird.

3. Happiness Research als interdisziplinärer Ansatz

Glücksforschung ist keine genuin ökonomische Kernkompetenz, sie wird entscheidend von Psychologen (für viele Lyubomirsky 2007), aber auch von Philosophen (Pieper 2007), Pädagogen (Bucher 2009), Soziologen (Bellebaum 2002) und Neurowissenschaftlern (Spitzer 2007) betrieben. Einen Überblick über den gegenwärtigen Stand der ökonomischen Glücksforschung gibt das von L. Bruni und P. L. Porta (2007) herausgegebene „Handbook on the Economics of Happiness" sowie das Buch „Happiness. A Revolution in Economics" von B. Frey (2008).

Interessanterweise deutet sich im Kernfach der Glücksforschung – der Psychologie – in den letzten Jahren ein Paradigmenwechsel hin zum Glück an. Lange Zeit herrschte in dieser empirischen Wissenschaftsdisziplin die Klinische Psychologie mit ihrer Konzentration auf Persönlichkeitspathologien vor. So gab es in der psychologischen Forschung im Zeitraum von 1887 bis 1999 zum Oberthema Depression etwa 22 mal mehr Publikationen (insgesamt knapp 87.000) als zum Thema Glück mit nicht einmal 4.000 Veröffentlichungen (dazu detailliert Myers 2000). Neuerdings nimmt die Kritik an dieser pathologisierenden Ausrichtung der Psychologie zu. Verstärkte Forschungsanstrengungen sind seit einigen Jahren in der sogenannten ‚Positiven Psychologie' mit einer spezifischen Fokussierung auf Glück zu beobachten (grundlegend hier Auhagen 2004; Gilbert 2006; Seligman 2008). Von großer Bedeutung gerade auch für die Economics of Happiness ist Daniel Kahneman als einziger Psychologe, der je einen Nobelpreis der Ökonomie (genauer: den von der schwedischen Reichsbank in Erinnerung an Alfred Nobel gestifteten Preis der Wirtschaftswissenschaften) verliehen bekam (im Jahr 2002). Kahneman steht für die Integration psychologischer Erkenntnisse in die Wirtschaftswissenschaft und hat die ‚Behavorial Economics' entscheidend mitbegründet, die für die Economics of Happiness von zentraler Bedeutung ist (grundlegend Kahneman 2003).

Auch in der Philosophie steht die Glücksthematik seit Beginn dieses Jahrhunderts verstärkt auf der Agenda. So bringt das renommierte Journal für Philosophie 2001 einen Band heraus, der allein dem Begriff ‚Glück' gewidmet ist. Die Philosophin Annemarie Pieper (2007) unterscheidet in ihrem lesenswerten Buch „Glückssache – Die Kunst gut zu leben“ sechs Lebensformen und die damit entsprechend korrespondierenden Glückskonzeptionen: das Kontinuum reicht von der ästhetischen Lebensform (das ‚sinnliche Glück‘) über die sittliche Lebensform (das ‚eudämonistische Glück‘) bis hin zur religiösen Lebensform (das ‚kontemplative Glück‘).

Der Mainzer Philosoph Erwin Hufnagel (2002) identifiziert unterschiedliche moderne Seinsarten des Glücks, die er an antike ‚Lehrmeister des Glücks' knüpft: das analytische Glück (Protagoras) das selbstlose Glück (Aristoteles), das sinnliche Glück (Epikur) und das resignative Glück (Chrysipp). Mit ihrem Rekurs auf differierende Glücksformen schärfen beide Philosophen den Blick für unterschiedliche Wertauffassungen und Lebensstile in modernen, sich ausdifferenzierenden pluralistischen Gesellschaften. Fernerhin tragen sie der auch bei vielen Ökonomen verankerten Auffassung Rechnung, dass letztlich jeder einzelne selbst seine Glückslebensform zu finden habe.

Soweit es um das hedonistische Glück im Sinne von Lustempfindungen geht, ist in den letzten Jahren der Neurowissenschaft ein Durchbruch in der Glücksforschung gelungen: Je nachdem, in welchen Bereichen Hirnströme fließen, können positive oder negative Gefühle mit neuesten Messtechnologien wie der Magnetresonanztomografie sichtbar gemacht werden (Spitzer 2007, S. 86). Besondere Bedeutung für das (hedonistische) Glücksempfinden kommen dem lateralen Hypothalamus, dem Belohnungszentrum im Gehirn (Nucleus Accumbens) und den subkortikalen Regionen zu. Dabei scheint das Streben nach Glück fundamental. So wurden Ratten beobachtet, denen eine Elektrode ins Gehirn verpflanzt wurde, die das Lustzentrum aktiviert. Die Ratten konnten einen Hebel betätigen, um angenehme Gefühle zu erzeugen, hierfür ließen sie sogar ihr Futter stehen. In einem ähnlichen Experiment wählten ausgehungerte Ratten mit einer glücksstimulierenden Elektrode zwischen drei zu betätigenden Hebeln, die jeweils für Wasser, Futter oder Elektrodenstimulation sorgten. Trotz Hunger und Durst wählten sie den Lustgewinn (dazu und zu den Einzelstudien Bucher 2009, S. 55 f.).

4. Der Beitrag der Ökonomik

Was kann nun die Ökonomik zur Glücksforschung beitragen? Ökonomik kann systematisch als Lehre vom Umgang mit knappen Ressourcen gefasst werden. Und bei Glücksfragen hat man es in der Regel mit Knappheiten zu tun. Bei den knappen Ressourcen handelt es sich um materielle und immaterielle Güter, aber auch um persönliche Fähigkeiten, Wissen und Zeit. Das Glücksstreben steht unter der Bedingung universaler Knappheit. Sofern es um ökonomische Fragen geht, nämlich um Fragen, wie mit knappen Ressourcen (wie Freizeit oder grundlegend: Lebenszeit) umgegangen wird und (normative) Schlussfolgerungen gezogen werden, wie knappe Ressourcen wirksam eingesetzt werden sollten, sind (auch) Glücksprobleme ökonomisch analysierbar. Zwar kann die Ökonomik Glücksfragen nicht allein und vollständig lösen. Indem sie Knappheiten glücksrelevanter Faktoren ins Visier nimmt, kann sie aber einen wichtigen Beitrag zur Glücksforschung leisten.

Der ökonomische Beitrag wird deutlich, wenn man sich vor Augen führt, dass moderne Ökonomik spätestens seit Gary Becker (1993) als allgemeine Verhaltenswissenschaft gefasst werden kann. Diese Wissenschaft hat vornehmlich die Aufgabe, Erklärungen und Prognosen über menschliche Verhaltensweisen unter bestimmten (typisierten und durch Knappheit geprägten) Situationsbedingungen zu liefern. Die moderne Ökonomik unterscheidet sich von anderen Sozialwissenschaften wie Soziologie, Politologie und Psychologie demnach nicht (mehr) durch den Gegenstand der Analyse. Eine verhaltenswissenschaftlich orientierte Ökonomik weitet ihr Forschungsinteresse vielmehr auf traditionell außerhalb der ökonomischen Gegenstandsbereiche liegende Gebiete aus. In diesem Sinne wird die Ökonomik imperialistisch: Als Belege für außerökonomische Anwendungsfelder moderner Ökonomik seien hier so unterschiedliche Bereiche wie die Neue Politische Ökonomie (Kirsch 2004), die ökonomische Analyse von Revolutionen (Apolte 2012) und die ökonomische Theorie von Schule (Loerwald 2008) angeführt.

Wenn sich aber die moderne Ökonomik von den übrigen Sozialwissenschaften nicht (mehr) durch die Gegenstandsfelder ihrer Forschung abgrenzen lässt, woran erkennt man dann ökonomische Analysen? Die Antwort lautet: an ihrem methodologischen Ansatz. Nicht mehr was, sondern wie die Ökonomik analysiert, definiert das Abgrenzungskriterium zu anderen Wissenschaften. Damit werden außerökonomische Bereiche wie Moral (z. B. Kirchgässner 1996) oder eben auch Glück ökonomisch analysierbar. Der methodologische Ansatz der Ökonomik wird in Kapitel 7 dargelegt und problematisiert.

An dieser Stelle sei erwähnt, dass die Glücksorientierung in der Ökonomie traditionell stark verankert ist – sowohl in der schottischen Moralphilosophie von Adam Smith und John Stuart Mill als auch in der Ethik des Bentham'schen Utilitarismus, welcher das ‚größtmögliche Glück der größtmöglichen Zahl' forderte. Auch in der modernen Ökonomik wird auf die utilitaristische Überlegung zurückgegriffen, dass das einzige, was um seiner selbst gewünscht werde, letztlich immer etwas wie 'Befriedigung', 'Wohlbefinden', 'Glück' oder ähnliches sei, etwas, was in der Ökonomik seit der Hinwendung zur Neoklassik in den 1950er-Jahren üblicherweise mit dem terminus technicus ‚Nutzen' beschrieben wird. Nutzen beschränkt sich dabei nicht auf Güternutzen, auf Gewinn oder auf mit Marktpreisen bewertete Güter und Dienstleistungen, sondern kann Werte wie Ansehen, Macht, Respekt, Wissen sowie Anerkennung und Zuneigung enthalten – in Anlehnung an den 2013 verstorbenen Ökonomen Armen Alchian auch als ‚alchianeske' Nutzenarten bezeichnet. Daher ist es nicht richtig, die Ökonomik (genauer: deren Annahmen) auf egoistische Individuen mit rein materiellen Interessen zu reduzieren. Bereits Adam Smith billigte den Menschen in seinem 1759 erschienenen philosophischen Hauptwerk „Theory of Moral Sentiments" auch andere als egoistische Verhaltensweisen zu. Und auch in den Verhaltensmodellen der modernen Ökonomik ist eigeninteressiertes nicht mit egoistischem Verhalten gleichzusetzen. Vielmehr lässt sich – wie bereits Gary Becker gezeigt hat – das Wohlergehen anderer als Variable in die Nutzenfunktion sowohl mit positivem Grenznutzen (Benevolenz) als auch mit negativem Grenznutzen (Neid) einbauen, so dass der Nutzen eines Individuums vom eigenen Güter-Vektor sowie vom Güter-Vektor eines anderen Individuums abhängt.

Nun werden in der öffentlichen Diskussion – und gerade auch im Bildungskontext – häufig Zerrbilder einer auf egoistische Nutzenmaximierung fokussierten Ökonomik verwendet. So wird in dem jüngst erschienenen Bestseller des Feuilletonisten Frank

Schirrmacher „Ego: Das Spiel des Lebens" der „brutale Egoismus" der Ökonomik gegeißelt, der den Abbau moralischer Werte und der Solidarität sowie die Ausbeutung der Schwachen fördere (Schirrmacher 2013). Gerade auch von (selbsternannten) Vertretern einer ‚besseren' ökonomischen Bildung wird „die Erziehung zum Denken und Handeln als kühl kalkulierender homo oeconomicus in allen Lebensbereichen" (Hedtke et al. 2010, S. 3) kritisiert. Es drohe die auf „Totalbewirtschaftung des Lebens zielende Kosten-Nutzen-Kalkulation, die alles Tun und Trachten [...] unter den ökonomischen Vorbehalt des ‚Sich-Rechnen-Müssens' stellt" (Engartner 2013). Diese vorurteilsbeladene (teils wirre, aber in jedem Fall ignorante) Argumentation einiger ökonomisch wenig versierter Journalisten, Sozialwissenschaftler und Pädagogen unterstellt der Ökonomik ein Menschenbild egoistischer Permanentkalkulatoren und als Folge ein Vordringen eigennütziger, materieller Orientierungen – und das in gerne postulierten ‚postmaterialistischen' Gesellschaften!

Diese Fehlinterpretationen und Überzeichnungen verhindern eine konstruktive Auseinandersetzung mit dem ökonomischen Beitrag zur Bearbeitung aktueller gesellschaftlicher Fragen – wie der Frage nach Glück. Damit lassen sie die hohe Fruchtbarkeit ökonomischer Verhaltensmodelle für die Glücksforschung nicht zur Anwendung kommen. Zwei Argumente für die Ergiebigkeit ökonomischer Verhaltensmodelle seien hier angeführt:

(1) Zum einen stellt das ökonomische Verhaltensmodell, welches sich auf einen (vollständig oder beschränkt) rationalen homo oeconomicus bezieht, weder eine normative Handlungsempfehlung noch eine psychologische oder empirische Behauptung dar. Vielmehr wird das homo-oeconomicus-Modell als methodisches Prinzip verwendet, welches dazu anregt, die Bedeutung ökonomischer, kultureller und sozialer Handlungsbedingungen (Anreize) für das Verhalten zu verdeutlichen bzw. zu reflektieren. Die außerordentliche Fruchtbarkeit dieses Ansatzes in anderen Sozialwissenschaften – sei es als Rational Choice in der Soziologie, als Economic Analysis of Law in der Rechtswissenschaft oder als Public Choice in der Politikwissenschaft – ist hinreichend belegt. Auch in der Ökonomischen Bildung lässt sich das heuristische Potenzial des ökonomischen Verhaltensmodells sehr gut nutzen (hierzu eingehend Krol, Loerwald und Müller 2011).

(2) Zum anderen sind in den letzten Jahren in der modernen Ökonomik sehr erfolgreiche, empirisch aussagefähige Verhaltenskonzepte mit größerer psychologischer Vielfalt insbesondere für komplexe Entscheidungssituationen unter Unsicherheit konzipiert worden. Diese Konzepte berücksichtigen kognitive Verzerrungen, ideologiegeprägte Verhaltensmuster und Informationsfehlbewertungen systematisch. Zu nennen ist hier die Prospect Theory (Kahneman und Tversky 1979; Tversky und Kahneman 1992), das Konzept mentaler Modelle (Denzau und North 1994) sowie das Konzept der Internal Constraints bzw. des Committed Behavior (Buchanan 1995; Sen 2002). Diese Ansätze und deren Potenzial für eine Economics of Happiness werden in Kapitel 7 skizziert.

5. Ansätze und Probleme der Glücksmessung

„Glücklich ist nicht, wer anderen so vorkommt,
sondern wer sich selbst dafür hält."
Lucius Annaeus Seneca

In der Glücksforschung wird Glück üblicherweise durch Selbsteinschätzung und nicht durch Fremdbefragungen oder externe Beobachtungen überprüft bzw. gemessen. Hierfür gibt es unterschiedliche Begründungen. Betont sei hier die Auffassung, dass die Individuen letztlich selbst am besten wissen, was sie glücklich macht. Die Menschen sind selbst „die besten Richter ihrer Erfahrungen" (Myers 1993, S. 27). Gilbert (2006, S. 129) fasst die psychologische Auffassung zusammen: „Der ehrliche Echtzeit-Bericht [über Glück] ist eine ungefähre Annäherung an seine subjektive Entwicklung, aber eine andere Möglichkeit gibt es nicht."

Diese psychologische Sichtweise entspricht letztlich der vorherrschenden liberal-subjektivistischen Perspektive der Ökonomik. Bereits der austro-amerikanische Ökonom Ludwig von Mises (1940, S. 15)führte aus:

> „Wenn wir das Handeln betrachten, können wir es nur im Hinblick auf die Ziele und Zwecke tun, die ihm vom handelnden Menschen gesetzt werden. Über die Ziele und Zwecke selbst können wir keine weitere Aussage machen als die, dass sie handelnden Menschen als Ziele und Zwecke erscheinen; sie stehen außerhalb unserer Erörterungen. [...] In diesem Sinne kann man von dem Subjektivismus der Wissenschaft vom Handeln sprechen. Man muss Glückseligkeit, Nutzen und Nützlichkeit subjektivistisch verstehen als das, was der handelnde Mensch sucht, weil er es für erstrebenswert erachtet."

Vornehmlich Psychologen haben nun mehr oder minder elaborierte Glücksmesskonzepte entwickelt. An dieser Stelle seien zwei bedeutende Konzepte skizziert, die auf die Offenlegung von längerfristigen Niveaus des (Lebens-)Glücks zielen: die Konzepte ‚Lebenszufriedenheit' sowie ‚Eudaimonistisches Wohlbefinden':

Ed Diener entwickelte das Konzept der Lebenszufriedenheit aus der einfachen Idee heraus, dass man die Leute nur nach der allgemeinen Beurteilung ihres Lebens fragen muss, um ihre Zufriedenheit mit dem Leben insgesamt festzustellen (Diener et al. 1985). Dieners ‚Satisfaction With Life Scale' gilt als bekanntestes und handlichstes Messinstrumentarium und wurde bislang am häufigsten eingesetzt (Bucher 2009, S. 29). Es umfasst fünf Items, die nach der individuellen Lebenszufriedenheit fragen (z. B. Item 1: „In den meisten Bereichen entspricht mein Leben meinen Idealvorstellungen."). Dafür gibt es eine siebenstufige Skala von starker Ablehnung (1 Punkt) hin zu starker Zustimmung (7 Punkte). Maximal sind entsprechend 35 Punkte zu erreichen; ein Punktwert oberhalb von 30 gilt als extrem zufriedenes Leben, während z. B. ein Punktwert zwischen 15 und 19 ein leicht unzufriedenes Leben signalisiert.

Demgegenüber fragt das Konzept *Eudaimonistisches Wohlbefinden* 120 Einzelitems ab, die unter sechs Hauptdimensionen kategorisiert werden: Autonomie, Bewältigung der äußeren Lebensumstände, persönliches Wachstum, positive Sozialbeziehungen, Lebenssinn und -ziel sowie Selbstakzeptanz (Ryff 1989). Mit diesen Hauptdimensionen wird intendiert, die eudaimonistische (umfassende) Lebenszufriedenheit besser und aussagefähiger zu erfassen als kurzfristige Momente eines hedonistischen Wohlbefindens.

Allerdings ist die Selbstbefragung zur Lebenszufriedenheit bzw. zum Wohlbefinden nicht frei von methodischen Problemen. Zu nennen sind Verzerrungen durch (a) aktuelle Stimmungen, (b) kulturelle Standards sowie (c) die retrospektive Beurteilung.

(a) *Aktuelle Stimmungen* werden übergewichtet und verzerren Glücksbilanzen systematisch. Man kann z. B. mit kleinen Geschenken Antworten zur Lebenszufriedenheit positiv beeinflussen. So wurden in einer amerikanischen Studie Probanden zu einer Glückserfassung gebeten. Wenn diese vorher kleine (unerwartete) Geschenke bekamen (sie fanden ‚zufällig' einen Dollar), wurde das Leben positiver beurteilt (dazu und zu weiteren, ähnlich gelagerten Einzelstudien Bucher 2009, S. 36 f.). Grund hierfür ist die Dopaminausschüttung, die das Belohnungszentrum (den Nucleus Accumbens) im Gehirn aktiviert und zu positiveren Bewertungen führt (Spitzer 2007, S. 102).

(b) Unterschiedliche *kulturelle Werte* beeinflussen die Glücksforschung. In individualistischen Kulturen, insbesondere in solchen, in denen die protestantische Ethik wirkt, kommt dem persönlichen Streben nach Glück ein anderer (bedeutsamerer) Stellenwert zu als in (z. B. asiatischen) kollektivistischen Gesellschaften. In individualistischen Kulturen ist mehr Selbstbestimmung möglich und wünschenswert. So ist in den Vereinigten Staaten das Glücksstreben (‚pursuit of happiness') in der Verfassung verankert. Demgegenüber sind kollektivistische Gesellschaften im Anspruch auf Glück zurückhaltender und räumen der Verbundenheit mit der Gemeinschaft häufig den Vorrang ein. Diese Differenz in der Glückserwünschtheit schränkt interkulturelle Vergleiche ein.

(c) Eine *retrospektive Beurteilung* von Glück, die ex-post-Abfrage von Glückserlebnissen, steht seit längerem in der Kritik der psychologischen Forschung. Es handelt sich eben nicht um leicht quantifizierbare Messgrößen, die ex post häufig verzerrt wahrgenommen werden. Um es mit Bucher(2009, S. 39) zu sagen: „Es ist viel schwieriger, sich an vergangene Gefühlszustände als an die Zahlen auf den Lohnzetteln zu erinnern."

Um der Kritik an der retrospektiven Beurteilung Rechnung zu tragen, sind zwei vielversprechende Methoden entwickelt worden, das Glückserleben unmittelbarer und differenzierter zu erfassen: die Erlebnisstichprobenmethode und die Tagesrekonstruktionsmethode. Beide Methoden scheinen sinnvoll, um realitätsnähere, detailliertere und prozessuale Einblicke in das Glückserleben zu ermöglichen.

Bei der Erlebnisstichprobenmethode (‚Experience-Sampling Method') werden aktuelle Befindlichkeiten wie Langeweile, Einsamkeitsgefühl, aber auch Angeregtheit und Glücksempfinden zu verschiedenen (häufig zufallsbedingten) Zeiten abgefragt. Die entsprechende Technik besteht darin, die Probanden während einer Untersuchungsperiode (z. B. einer Woche) mehrmals täglich mit Hilfe eines Signals (z. B. piepsende Uhr) aufzufordern, das aktuelle Erleben und die aktuelle Situation zu charakterisieren. Die Erlebnisse werden dann mit den jeweils vorherrschenden Tätigkeiten verbunden. So kommt man etwa zur Erkenntnis, dass Menschen (mehrheitlich) am späteren Nachmittag und am frühen Abend mehr Glück erleben als am Vormittag und zum Wissen darüber, dass der Glückszenit bei den Wochentagen am Samstag erreicht wird und bereits am Sonntag überschritten wird (Egloff et al. 1995).

Daniel Kahneman und sein Forscherteam schlagen die sogenannte *Tagesrekonstruktionsmethode* (‚Day Reconstruction Method') vor. Hierbei werden die Probanden mit einem elaborierten Interviewfragebogen dazu angehalten, einen Tag in verschiedene Aktivitätsepisoden zu unterteilen – wie Ausgehen, Arbeit, Essen, Sex – und für diese jeweils Dauer und erlebtes Glücksniveau zu erfassen (Kahneman et al. 2004). Dies führt teils zu wenig überraschenden Erkenntnissen – wie dem Sachverhalt, dass längeres Pendeln (zwischen Wohnort und Arbeit) mit hoher Unzufriedenheit korrespondiert. Interessant bei der Kahneman-Studie, bei der mehr als 900 Frauen befragt wurden, war etwa, dass die Pflege von Kindern als weniger beglückend empfunden wird als Kochen und Einkaufen. Überdurchschnittlich glücklich waren die Probanden vor allem beim Sex und im Zusammensein mit Freunden resp. Sozialkontakten.

An der Erasmus Universiteit Rotterdam wird seit 1994 unter der Leitung von Ruut Veenhoven die *World Database of Happiness* geführt, welche alle empirischen Forschungsarbeiten auf dem Gebiet der Glücksforschung fortlaufend systematisiert und aufbereitet (http://worlddatabaseofhappiness.eur.nl/). Hieraus ist die größte Datenbank zum Thema Glück entstanden, die Daten über das Glücksempfinden in 91 Ländern erfasst. Zudem enthält sie Daten über spezielle Gruppen wie Kinder, Menschen mit Behinderung oder Lottogewinner sowie über Korrelationen von Glück mit angrenzenden Themen wie etwa Einkommen oder Gesundheit.

Große weltweite Aufmerksamkeit bekommt aktuell der jüngst vom Sustainable Development Solutions Network der Vereinten Nationen veröffentlichte „World Happiness Report 2013“. Erstellt wurde diese Studie von den Ökonomen John Helliwell, Richard Layard (einem der führenden Glücksforscher von der London School of Economics) und Jeffrey D. Sachs (Helliwell, Layard und Sachs 2013). Hierin wurde nach der Einschätzung der jeweils eigenen Lebenszufriedenheit gefragt, woraus sich ein Ranking der glücklichsten Länder ergibt.

Auch für Deutschland existieren empirische Glücks- bzw. Zufriedenheitsanalysen, die auf große Publikumsresonanz stoßen. Hier ist insbesondere der seit 2011 jährlich editierte „Deutsche Post Glücksatlas“ zu nennen, dessen aktuelle Version vom Ökonomen Bernd Raffelhüschen und der Meinungsforscherin Renate Köcher erstellt wurde (Raffelhüschen und Köcher 2013).

6. Wesentliche Glücksfaktoren aus der Happiness Research

„Bevor man etwas brennend begehrt, sollte man das Glück dessen prüfen, der es bereits besitzt.“

François de La Rochefoucauld

Als fundierte Forschungsarbeiten zu den wesentlichen Glücksfaktoren liegen konzeptionelle psychologische Abhandlungen (Auhagen 2004; Gilbert 2006; Lyubomirsky 2007; Seligman 2008) und ökonomische Analysen (Binswanger 2006; Bruni und Porta 2007; Frey und Frey Marti 2010; Layard 2005) vor. Diese stützen sich auf eine Vielzahl empirischer Untersuchungen. Ohne auf die Publikationen und empirischen Studien hier en detail eingehen zu können, sei resümiert, dass diese letztlich zu ähnlichen Ergebnissen hinsichtlich der Glücksfaktoren kommen, welche die Kriterien für deren Aussagefähigkeit (Reliabilität, Validität und Konsistenz) erfüllen. Exemplarisch seien hier die 10 wichtigsten Glücksfaktoren nach einer Studie des Allenbacher Instituts für Demoskopie visualisiert (Abbildung 2).

In Anlehnung an diese und ähnliche Studien seien die vielen Faktoren zu fünf maßgeblichen Glücksclustern zusammengezogen, zu denen im Anschluss wesentliche Erkenntnisse beschrieben werden. Dies sind:

(a) Gesundheit; körperliches Wohlbefinden

(b) Abwesenheit von Arbeitslosigkeit; befriedigende Arbeit

(c) Partnerschaft; Familie; Kinder; soziale Beziehungen

(d) Demokratie; persönliche Freiheit; politisches System

(e) finanzielle Lage (Einkommen, Vermögen).

Zu a) Gesundheit; körperliches Wohlbefinden

Wenig überraschend nimmt Gesundheit in den meisten aller Glücksbefragungen eine Spitzenposition unter den glücksrelevanten Faktoren ein. Dabei gibt es eine interessante Fehlbewertung: Die objektive Gesundheitseinschätzung der Ärzte unterscheidet sich von der Selbstbewertung der Patienten. Die Bewertung der Ärzte ist häufig negativer. Dies lässt sich mit Präferenzadaption erklären: Kranke vergleichen sich mit Personen, denen es gesundheitlich noch schlechter geht, dies führt zur Diskrepanz der Einschätzungen (Frey und Frey Marti 2010, S. 15 f.).

Allerdings stellt sich die Kausalitätsfrage. Es ist nicht allein so, dass Gesundheit zu Glück führt, sondern auch umgekehrt: Eine Reihe empirischer Studien kommt zu dem Schluss, dass glückliche Menschen gesünder sind als unglückliche resp. unzufriedene: Beispielsweise lebten diejenigen, die ihr Altern als glücklich einschätzen durchschnittlich zwischen sieben und zehn Jahren länger (Veenhoven 2008). Auch werden positive Gesundheitswirkungen auf Blutdruck, Stresshormonabbau, Immunsystem und Schmerzempfindungen bei Menschen beobachtet, die sich glücklich fühlen (zu den Einzelstudien Bucher 2009, S. 137 ff.).

Abbildung 1: Die zehn wichtigsten Glücksfaktoren

Quelle: Allensbacher Archiv, IfD-Umfrage Nr. 10046, Oktober 2009 (eigene Darstellung).

Zu b) Abwesenheit von Arbeitslosigkeit; befriedigende Arbeit

Unstrittig in allen sich mit dieser Thematik befassenden Studien ist, dass Arbeitslosigkeit das Glück signifikant reduziert. Der negative Effekt von Arbeitslosigkeit ist der stärkste aller erklärenden Variablen (wobei für Männer signifikant höhere Nutzenverluste als für Frauen festzustellen sind). Zu beachten sind hohe psychische und physische Kosten: Psychisch verursacht Arbeitslosigkeit Depression, Angst und ein vermindertes Selbstwertgefühl. Auch ist Arbeitslosigkeit der physischen Gesundheit abträglich und führt zu körperlichen Krankheiten und höheren Mortalitätsraten (Holleder und Brand 2006). Eine Studie weist bei Arbeitslosigkeit ein zwei- bis dreifach erhöhtes Risiko für Selbstmord aus; das Risiko steigt mit der Länge der Arbeitslosigkeit (Oswald 1997).

Ein Teil der negativen Effekte kann durch den Einkommensunterschied zwischen Beschäftigten und Arbeitslosen erklärt werden (pekuniärer Effekt). Eine Glücksreduzierung tritt aber auch dann auf, wenn man den Einkommensunterschied vollständig kompensiert (nicht-pekuniärer Effekt). Blanchflower und Oswald (2004) berechnen auf Basis amerikanischer Querschnittsdaten eine notwendige Kompensation von 60.000 $ (pro Jahr), um eine männliche Person für die nicht-pekuniären Kosten der Arbeitslosigkeit zu entschädigen.

Ursache für die nicht-pekuniären Wohlfahrtsbeeinträchtigungen von Arbeitslosigkeit sind die Geltung und die Stärke sozialer Normen innerhalb von Volkswirtschaften. Die

Stärke von sozialen Normen ist durch die Vorstellungen der relevanten Bezugspersonen (Nachbarn, Freunde, Bekannte u. ä.) darüber geprägt, inwieweit Arbeitslose versuchen sollten, von dem jeweils eigenen (Arbeits-)Einkommen zu leben. Die Geltung dieser sozialen ‚Arbeitsnorm' übt auf Arbeitslose einen mehr oder weniger starken Anreiz aus, zu arbeiten und nicht von Dritten (z. B. dem Staat) abhängig zu werden. Diese Norm ist wirksam, weil ihre Nichterfüllung (Arbeitslosigkeit) von der Gesellschaft bzw. von der entsprechenden Bezugsgruppe geahndet wird: Das Individuum wird im Falle der Arbeitslosigkeit mit mehr oder weniger starken Sanktionen belastet. Diese Sanktionen reichen vom 'schiefen Angucken' eines Arbeitslosen bis hin zu Freundschafts-, Solidaritäts- und Vertrauensentzug. Hier kann von gesellschaftlich sanktionierten (Arbeits-) Normen gesprochen werden, welche gerade in den durch die protestantische Arbeitsethik beeinflussten Leistungsgesellschaften wie Großbritannien und den USA stark ausgeprägt sind (dazu grundlegend Di Tella, MacCulloch und Oswald 2001; Stutzer und Lalive 2004).

Der Drang zu einer (sinnvollen) Arbeit kann auch ein eigenständiges Handlungsmotiv sein; die Arbeitsnorm wird dann Teil der Persönlichkeit. In diesem Sinne sind Arbeitsnormen internalisiert und als intern bindende Verhaltenskodizes bzw. als interne Regeln wirksam. Als Arbeitsloser spürt man ein vermindertes Selbstwertgefühl aus sich selbst heraus.

Interessanterweise kann auch dann, wenn man selbst nicht arbeitslos ist, eine hohe Arbeitslosenquote das eigene Zufriedenheitsniveau senken. Dies liegt daran, dass man selbst ein raueres soziales Klima erwartet, sich Sorgen um seinen eigenen Arbeitsplatz macht und/oder ein Mitgefühl für die Arbeitslosen entwickelt. Großen Einfluss auf die Lebenszufriedenheit hat auch die Art der Arbeit. Nach ökonometrischen Untersuchungen, insbesondere Regressionsschätzungen, sind Selbstständige mit ihrer Arbeit zufriedener als Angestellte. Dies gilt auch dann, wenn Selbstständige länger arbeiten und weniger verdienen als Angestellte (Frey und Frey Marti 2010, S. 99). Fernerhin sind Beschäftigte in gemeinnützigen Non-Profit-Unternehmen häufig zufriedener als in gewinnorientierten Unternehmen (Benz 2005). Ein entscheidender Grund für Zufriedenheit liegt in der wahrgenommenen Autonomie und Selbstbestimmung. Dies trifft auch auf ehrenamtliche Tätigkeiten zu, die aus intrinsischer Motivation erfolgen und die soziale Gratifikationen in sich tragen.

Mihaly Csikszentmihalyi (2010) hat mit seinem in die Psychologie eingeführten Begriff ‚Flow' einen wichtigen Beitrag von (beruflichen oder ehrenamtlichen) Aktivitäten zur Lebenszufriedenheit aufgedeckt. Mit ‚Flow' (fließen, strömen) bezeichnet er einen Zustand, in dem eine optimale Balance zwischen Anforderungen und Fähigkeiten herrscht. Wenn man sich in einer solchen Situation „jenseits von Angst und Langeweile" befinde, sei man von der Aufgabe „gefesselt" und gehe vollkommen in ihr auf. Diese Situationen werden von den Betroffenen häufig ex post als glücklich beschrieben. Plausibel ist nun, dass diese Flow-Erlebnisse häufig bei intrinsischer Motivation und damit z. B. bei ehrenamtlicher Tätigkeit realisiert werden können. Dies ist vielen Menschen nicht unbedingt bewusst. Frey und Frey Marti (2010, S. 108) vermuten, dass Menschen den Nutzen aus zukünftigen Tätigkeiten nicht korrekt vorhersehen: „Sie unterschätzen den Nutzen von intrinsisch gesteuerten Tätigkeiten im Vergleich zum Nutzen extrinsischer Tätigkeiten, wie zum Beispiel zusätzlichem Einkommen durch Überstunden."

Zu c) Partnerschaft; Familie; Kinder; soziale Beziehungen

Die wichtigsten persönlichen Beziehungen bestehen in der Partnerschaft und in der Familie. In zahlreichen Untersuchungen wurde ein glückserhöhender Effekt der Ehe (und neuerdings auch von festen Partnerschaften) nachgewiesen. Verheiratete Personen äußern ein höheres subjektives Wohlbefinden als Ledige, Verwitwete oder Geschiedene. Ähnlich positive Werte haben Personen in festen Partnerschaften. Zwei Gründe werden angeführt, warum die Ehe mit einem höheren Glücksniveau korrespondiere: Zum einen biete die Ehe zusätzliche Quellen, um das Selbstbewusstsein zu stärken; sie helfe beispielsweise, sich dem Arbeits- und Karrierestress zumindest partiell zu entziehen. Zum anderen können Verheiratete eher von einer dauerhaften und unterstützenden intimen Beziehung profitieren und leiden weniger unter Ängsten und Einsamkeit (Argyle 1999). Demgegenüber ziehen Trennung, Scheidung und der Tod des (Ehe-) Partners signifikant hohe Glückseinbußen nach sich, wobei Männer deutlich stärker unter dem Verlust leiden als Frauen.

Kinder scheinen – zumindest in den ersten Jahren nach der Geburt – eher unglücklich zu machen. Argyle (1999) analysierte vier autonome Studien, 2003 werteten die Psychologen J. Twenge, K. Campbell und C. Foster 97 Studien zum Zusammenhang zwischen Kindern und Glück aus (Twenge, Campbell, Foster 2003) – beide Analysen kommen zu demselben Ergebnis: Eltern sind in den ersten Jahren nach der Geburt ihres Kindes eher unzufrieden. Während der Grundschulzeit steigt die Glückskurve der Eltern wieder leicht an, bevor das Glücksniveau dann während der Pubertät der Kinder zum absoluten Tiefpunkt rauscht. Erst wenn die Kinder aus dem Haus ausziehen, steigt die Zufriedenheitsrate der Eltern wieder fast auf das Niveau vor der Geburt an (falls sie noch zusammen sind). Dies bedeutet, dass das von Journalisten und Politikern dramatisierte ‚Empty-Nest'-Syndrom als Glückskiller verlassener Eltern – jedenfalls als Massenphänomen – nichts weiter als ein Mythos ist.

Das Ausmaß des Vertrauens in die Mitmenschen sowie die Anzahl bzw. Qualität der Freundschaften haben entscheidenden Einfluss auf das Glücksempfinden. So gaben in einer Studie 26 Prozent der Menschen an, sehr glücklich zu sein, wenn sie weniger als fünf enge Freunde haben; bei mehr als fünf Freunden stieg diese Zahl auf 38 Prozent (Myers 2000, S. 62). Demgegenüber betont eine amerikanische Studie mit über 400 jungen Erwachsenen, dass weniger die Anzahl der Freunde als vielmehr die Qualität der Freundschaften entscheidenden Einfluss auf die Lebenszufriedenheit habe (Demir und Weitekamp 2007). Während die Freundesanzahl entscheidend von Persönlichkeitsvariablen wie Extravertiertheit abhänge, korreliere die Zufriedenheit allein mit der Enge bzw. Qualität der Beziehungen. Diener und Seligman (2004, S. 18) resümieren diese Erkenntnis: „The quality of people`s social relationship is crucial to their wellbeing."

Zu d) Demokratie; persönliche Freiheit; politisches System

Nach einer Studie stellen sich im OECD-Ländervergleich eine niedrige Korruptionsrate, hohe wirtschaftliche Freiheit, eine kleine Schattenwirtschaft und ein hohes Bildungsniveau als entscheidende Kriterien für Lebenszufriedenheit dar (Bergheim 2007).

Dementsprechend sind Einwohner von Ländern mit umfassenden demokratischen Institutionen tendenziell glücklicher. Dabei ist „der Glückseffekt der Demokratie statistisch signifikant, also durchaus aussagekräftig" (Frey und Frey Marti 2010, S. 82).

Die Nationen, in denen die Bürger ihr Leben weitestgehend frei von staatlicher Gängelung und Repression gestalten können, haben die höchsten Glückswerte. Gerade in als tolerant und liberal geltenden Ländern mit politischer Dezentralisierung und (direkt) demokratischen Mitbestimmungsmöglichkeiten wie der Schweiz, den skandinavischen Ländern, Island und den Niederlanden existiert ein sehr hohes Glücksniveau. Allerdings kann durch größere politische Freiheit das Glücksniveau auch sinken, wenn sich ökonomische Indikatoren gleichzeitig verschlechtern, wie in den postkommunistischen Ländern geschehen. Die glückssteigernden Effekte werden dann durch wirtschaftliche Unsicherheit überkompensiert.

Zu e) Geld/Einkommen

Zu keinem Feld der Glücksforschung wurde in den letzten Jahrzehnten von Ökonomen mehr geforscht als zum Zusammenhang von Glück und Einkommen. Richard Layard (2005, S. 43 ff.) weist darauf hin, dass – unbeschadet meist hoher Wachstumsraten der westlichen Länder nach dem Zweiten Weltkrieg – über diese Zeit hinweg keine Zunahme der Lebenszufriedenheit (des Glücksempfindens) zu verzeichnen war. So lag in den USA der Prozentsatz der Menschen, die sich als sehr glücklich bezeichneten, konstant bei etwa 30 Prozent, obwohl sich das reale Pro-Kopf-Einkommen in dieser Zeit verdreifachte.

Dieser Zusammenhang wurde erstmals von Richard Easterlin (1974) empirisch belegt, der 30 Umfragen aus 19 Ländern aus dem Zeitraum von 1946 bis 1970 heranzog (Easterlin 1974). Easterlin konstatierte auch in späteren Analysen bei internationalen Vergleichen einen schwächeren Zusammenhang zwischen subjektivem Glück und Einkommen als bei intranationalen Vergleichen. Auch stellte er anhand intertemporaler Studien fest, dass US-Amerikaner im untersuchten Zeitraum trotz Einkommenszuwächsen nicht glücklicher geworden seien. Easterlins These: Die Menschen hätten sich an den zunehmenden Reichtum gewöhnt. Während in ärmeren Nationen die Lebenszufriedenheit mit dem Einkommen steige, verfliege die glücksbringende Wirkung von Geld in wohlhabenden Ländern, in denen eine gewisse Schwelle des Wohlstands überschritten wurde. Sind die Grundbedürfnisse eines Menschen einmal gedeckt, behauptete Easterlin, steigere zusätzliches Einkommen das Wohlbefinden nicht spürbar. Mehrere Studien belegten diesen Zusammenhang. So kam der Ökonom Andrew Oswald in einer großangelegten Analyse von Einkommen und Umfragen zu subjektiver Lebenszufriedenheit zum Ergebnis, dass Einkommenszuwächse in den USA und Europa die subjektive Lebenszufriedenheit nur in geringem Maße steigerten (für viele Oswald 1997).

Dieser Zusammenhang avancierte als ‚Easterlin-Paradox' zu einem Klassiker der Sozialwissenschaften. Easterlin und sein Forscherteam fassten dieses Paradox so zusammen, dass „over a time a higher rate of economic growth does not result in a greater increase of happiness. [...] Thus in the short term happiness and subjective well-being are positively related, but over the long term [...] the realtionship is nil" (Easterlin et al. 2010, S. 3 f.) .

Für das Easterlin-Paradox werden drei Argumente vorgebracht (Easterlin 1974 und 2001; Binswanger 2006):

(1) *Abnehmender Grenznutzen des Einkommens*: Demzufolge nimmt die Zufriedenheit von Menschen bei steigendem Einkommen zu, allerdings mit abnehmender Rate (relativ zum steigenden Einkommen). Nach gewissen Sättigungstendenzen von materiellen Gütern in hochindustrialisierten Wohlstandsgesellschaften sei es daher sinnvoller, auf immaterielle Güter hinzuarbeiten.

(2) *Hedonische Adaption*: Hierunter versteht man die Tendenz der Menschen, nach einem stark positiven oder negativen Lebensereignis relativ schnell zu einem relativ stabilen Zufriedenheitslevel zurückzukehren. Individuen gewöhnen sich an neue Umstände, und ihr subjektives Wohlbefinden passt sich entsprechend an. Zufriedenheit ergibt sich aus Veränderung und schwindet mit dauerhaftem Konsum (hedonistischer Effekt eines dauerhaften oder wiederholten Reizes). Die hedonische Adaptation führt dazu, dass Individuen weniger auf wiederholte oder kontinuierliche Stimuli ansprechen. Daher wird von (hedonischen) ‚Tretmühlen des Glücks' gesprochen, wenn es darum geht, dass mehr Wohlstand bzw. mehr Einkommen die Menschen nicht in erwarteter Weise glücklicher mache (Binswanger 2006).

(3) *Sozialer Vergleich*: Menschen beurteilen ihre Situation nicht absolut, sondern relativ. Es gibt keinen absoluten Maßstab für das subjektive Glück, relevant sind bei der subjektiven Bestimmung des Zufriedenheitsniveaus vielmehr soziale Vergleiche (hierzu eingehend Frey und Frey Marti 2010, S. 57 ff.). Eine Gehaltserhöhung von 100 Euro steigert die Zufriedenheit eines Mitarbeiters beispielsweise nur, wenn sein Kollege nicht im gleichen Zuge 300 Euro mehr für die gleiche Arbeit bekommt. Erfährt jeder in der Gesellschaft eine Steigerung seines Einkommens, ist die Zufriedenheitswirkung vernachlässigbar.

Einige jüngere Forschungsarbeiten sehen das Easterlin-Paradox kritisch. So haben die Ökonomen Betsey Stevenson und Justin Wolfers (2008) eine Vielzahl von Untersuchungen über ökonomisches Wachstum und subjektives Wohlbefinden ausgewertet. Dabei verglichen sie sowohl Glücksindikatoren verschiedener Länder als auch Aussagen über die Zufriedenheit armer und reicher Menschen innerhalb einzelner in einem längeren Zeitraum. Anders als Easterlin skalierten sie die Einkommen logarithmisch, so dass die Einkommenszuwächse nicht absolut, sondern prozentual beobachtet wurden. Dabei zeigte sich, dass der Zusammenhang zwischen subjektivem Glück und Einkommen für intranationale, internationale und intertemporale Vergleiche sehr ähnlich ist. Diese Ergebnisse widersprechen denen Easterlins, dessen Paradox auf der Annahme beruht, intranationale Vergleiche würden stärkere Glücksunterschiede bedeuten als internationale, bzw. relatives Einkommen sei wichtiger für Zufriedenheit als absolutes Einkommen. In eine ähnliche Kerbe schlägt jüngst der Magdeburger Ökonom Joachim Weimann. Der Titel des Buches, das er zusammen mit seinen Kollegen Andreas Knabe und Ronnie Schöb 2012 publizierte, lautet entsprechend programmatisch: „Geld macht doch glücklich. Wo die ökonomische Glücksforschung irrt" (Weimann, Knabe und Schöb 2012).

Die Stevenson/Wolfers-Studie blieb nicht ohne Kritik. So stellte Easterlin mit seinem Team 2010 eine neue Studie vor, in der die Entwicklung in 37 Ländern über einen Zeitraum von durchschnittlich 22 Jahren untersucht und dabei erstmals auch Entwicklungsländer und osteuropäische Staaten im Übergang zur Marktwirtschaft einbezogen werden (Easterlin et al. 2010). Dieser Studie nach wächst die Lebenszufriedenheit nirgendwo dauerhaft mit der Wirtschaft. Lediglich in Übergangsgesellschaften wie Südkorea oder Russland war das subjektive Wohlergehen der Menschen vorübergehend an das Wachstum der Wirtschaft gekoppelt, doch spätestens nach zehn Jahren habe sich dieser Zusammenhang wieder aufgelöst. In China, wo sich das durchschnittliche Pro-Kopf-Einkommen in weniger als zehn Jahren verdoppelt hat, zeigte sich sogar ein leichter, wenn auch statistisch nicht signifikanter Rückgang der Lebenszufriedenheit.

Wie auch immer die einzelnen Studien voneinander abweichen, einig sind sie sich in dem Punkt, dass die Lebenszufriedenheit nicht in demselben Ausmaße wie das Realeinkommen (oder andere materielle) Güter wachse. Dies könnte implizieren, dass auf individueller Ebene dem Realeinkommen und auf volkswirtschaftlicher Ebene dem Bruttoinlandsprodukt häufig zu viel Bedeutung beigemessen wird. Der Glücksökonom Richard Layard (2005, S. 19 und 62) drückt dies so aus:

> „Wenn wir nicht erkennen, wie schnell uns unsere materiellen Besitztümer langweilen, dann geben wir zu viel Geld für ihre Anschaffung aus, und zwar auf Kosten unserer Freizeit. Wir unterschätzen gern, wie schnell wir uns an neue Gegenstände gewöhnen; die Folge ist, dass wir viel zu viel Zeit darauf verwenden, zu arbeiten und Geld zu verdienen, und andere Aktivitäten vernachlässigen."

7. Integration der Happiness Research in die Ökonomik

> „Der Ökonom, der nur Ökonom ist, wird leicht zum Ärgernis, wenn nicht gar zu einer regelrechten Gefahr."
>
> Friedrich August von Hayek

Unbeschadet ihrer liberalistischen und utilitaristischen Wurzeln steckt die ökonomische Glücksforschung noch in den Kinderschuhen. Dies hängt entscheidend mit der methodologischen Blockierung durch die neoklassische Modellwelt seit den 1950er Jahren zusammen. Die Neoklassik, als deren Vorläufer Alfred Marshall und Leon Walras und als deren Hauptvertreter Kenneth Arrow, Gerard Debreu und Frank Hahn gelten können, arbeitet zwar in vielen Problembereichen mathematisch, negiert aber zugleich die Möglichkeit einer Kardinalisierung von Nutzen. Die Begründer der modernen Mikroökonomik John Hicks und Lionel Robbins vertraten die methodologische Auffassung, dass sich der Nutzen nicht sinnvoll quantifizieren lasse. Entsprechend werden bis heute in der Ökonomik in der Regel ordinale und interpersonal nicht vergleichbare Nutzenkonzepte verwendet. Demgegenüber wurden in Kapitel 5 vielversprechende empirische Ansätze für eine kardinale Messung von Zufriedenheit bzw. Glück aufgezeigt. Diese sind zwar von Psychologen entwickelt worden. Dennoch arbeiten bereits Ökonomen erfolgreich mit diesen Messkonzepten und entwickeln die Messung von Erfahrungsnutzen und individueller Wohlfahrt systematisch weiter (siehe hierzu insbesondere Kahneman und Krueger 2006).

Erkenntnisse aus der Happiness Research bringen fernerhin ein grundlegendes Modell der (neoklassisch geprägten) Lehrbuchökonomik ins Wanken: das Modell des homo oeconomicus. In der Ökonomik wird prinzipiell angenommen, dass Menschen rational und eigeninteressiert handeln und daher ihre (Opportunitäts-)Kosten zu minimieren suchen. Es wird davon ausgegangen, dass der homo oeconomicus diejenigen Entscheidungen trifft, die seinen subjektiven Präferenzen am besten entsprechen. Bei der Anwendung dieses Modells gehen Ökonomen typischerweise wie folgt vor: Man spezifiziert zunächst die Kostenfaktoren, um anschließend (im Modell) abzuleiten, wie sich Kostenänderungen auf das individuelle Verhalten auswirken. Dies vergleicht man mit den tatsächlichen (empirisch ermittelten) Kosten- und Verhaltensänderungen. Bei etwaigen Diskrepanzen zwischen Modell und Realität wird die Rationalitätsannahme nicht in Frage gestellt. Vielmehr wird angenommen, dass wesentliche Kosten(kategorien) zur Erklärung des observierbaren Verhaltens keine Berücksichtigung fanden. Fehler sind demzufolge in der Abschätzung der Kostenspezifizierungen zu suchen. Diese gilt es nun aufzufinden, um das Verhalten im Nachhinein (post-hoc) zu erklären.

Nun ist allerdings gerade im Kontext von Glücksfragen zu beobachten, dass in empirischer Sicht die Hypothese rationalen Verhaltens nicht nur hochgradig falsifizierbar, sondern gleichsam de facto falsifiziert ist. Viele Menschen verhalten sich kurzsichtiger, als sie eigentlich wollen. Auch sind sie nicht fähig, richtig vorauszusehen, welchen Nutzen ihnen bestimmte Güter in der Zukunft bringen werden. Bei materiellen Gütern und auch beim Einkommen wird der zukünftige Nutzen überschätzt, bei immateriellen Gütern wie Freizeit oder Freunden wird er unterschätzt.

Wie lassen sich nun solche Beobachtungen mit dem homo oeconomicus-Modell vereinbaren? Hier verweisen die Vertreter des Modells auf den methodologischen Status: Im ökonomischen Verhaltensmodell würden nicht wirkliche Eigenschaften von wirklichen Akteuren abgebildet, sondern Eigenschaften von Handlungssituationen. Im Mittelpunkt stünden keine Erklärungen spezifischer individueller Verhaltensweisen, sondern vielmehr Erklärungen bestimmter Makrophänomene, die als aggregierte Resultate von typisierten individuellen Handlungen unter bestimmten Situationsbedingungen interpretiert werden. Es handele sich um eine Mustererklärung – eine „Erklärung im Prinzip" statt einer „Erklärung im Detail", wie Friedrich von Hayek es formulierte – bei der man auch ohne Informationen von spezifischen individuellen Handlungssituationen (und Glückspräferenzen) auskomme (zur Bedeutung von Mustererklärungen in der Ökonomik grundlegend Hayek 1967, insbesondere S. 11 ff.).

Zu beachten ist allerdings, dass mit dieser Heuristik ein in sich geschlossenes Analyseschema angewendet wird: Im Verständnis dieses Ansatzes sind empirische Tests nicht auf die Modellannahmen, sondern auf die Modellergebnisse zu beziehen. In dieser Auffassung ist nicht die zentrale Annahme des neoklassischen Analysemodells – die Annahme individuellen Rationalverhaltens – auf ihren Realitätsgehalt zu überprüfen, sondern vielmehr die aus dieser Annahme abgeleiteten Hypothesen. Damit hat sich – in der Sprache von Imre Lakatos (1974) – die Rationalitätsannahme im homo oeconomicus-Modell zu einem nicht zu falsifizierenden und somit kritikimmunen Kernbestandteil eines ökonomischen Forschungsprogramms entwickelt. Diese Kritikimmunität ist im Falle des ökonomischen Verhaltensmodells bewusst durch eine Immunisierungsstrategie herbeigeführt worden. Allerdings besteht bei kritikimmunen Theoriebestandteilen immer die Gefahr, dass Forschungsprogramme ihren Wert für die Erkenntnis verlieren.

Dem stehen mögliche Erkenntnisgewinne durch nützliche kritikimmune Fiktionen gegenüber.

Die kritikimmunisierende Abschließung des ökonomischen Verhaltensmodells kann also geboten sein, wenn zu erwarten ist, dass dieses Modell eine Vielzahl erkenntnisfördernder Aussagen ermöglicht. Und in der Tat kann der große Erfolg dieses Modells (gerade auch in anderen Sozialwissenschaften) nun gerade mit seinem Sparsamkeitsgebot (hinsichtlich seiner Annahmen) erklärt werden. Gerade weil man nicht auf das Verhalten bestimmter konkreter Individuen, sondern vielmehr auf das typische Verhalten typisierter Individuen abstellt, lassen sich Aussagen über Situationen treffen, über die der Beobachter wenig Konkretes weiß.

Nun gilt mittlerweile jedoch als gut belegt, dass die (empirische) Aussagefähigkeit des homo oeconomicus-Modells stark eingeschränkt ist, weil die Menschen nicht rational handeln *wollen* oder nicht rational handeln *können*: Zum einen gibt es empirische Evidenz dafür, dass individuelles Handeln weniger durch rationale Maximierungsüberlegungen als vielmehr durch Fairnessstandards geprägt ist. Beispielweise bieten in den Experimenten zum Ultimatum-Spiel Versuchssubjekte in der Rolle des Anbieters durchschnittlich 40 Prozent des aufzuteilenden Betrages an (hierzu grundlegend Ockenfels 1999). Diese Abweichung von gewinnmaximierendem Verhalten lässt sich dadurch erklären, dass man Meta-Präferenzen für Gerechtigkeit, Fairness oder Gleichheit unterstellt.

Zum andern hat man es in der Realität häufig mit schlecht strukturierten Entscheidungssituationen mit hoher Komplexität und großer Unsicherheit zu tun (Kahneman 2003). Betroffen scheinen insbesondere auch Entscheidungen über (Lebens-)Glück, bei denen die Eintrittswahrscheinlichkeiten der künftigen Umweltzustände unbekannt sind und/oder Knight'sche Ungewissheit herrscht, also nicht einmal die möglichen Umweltzustände bekannt sind (hierzu Knight 1921): Wie zufrieden werden wir mit unserer Jobentscheidung? Hier sind (vollständige) Information über Situationsmerkmale wie Pendelzeiten, alternative Städte, Karriereplanungen, Kollegen und Arbeitsinhalte nicht beschaffbar und verarbeitbar. Die mit Hilfe der substantiellen Rationalitätsannahme abgeleiteten Erklärungs- und Prognoseergebnisse sind für diese Entscheidungskonstellationen unzureichend.

Dies rechtfertigt die Suche nach besseren Erklärungsmodellen. Dafür stehen der Ökonomik drei vielversprechende Theorieansätze zur Verfügung, die hier aus Platzgründen nur angedeutet werden können:

(1) Die *Prospect Theory* wurde von Daniel Kahneman und Amos Tversky als eine psychologische Alternative zum ökonomischen Verhaltensmodell entwickelt und schrittweise weiterentwickelt (Kahneman und Tversky 1979; Tversky und Kahneman 1992). Sie beschreibt die Entscheidungsfindung in Situationen der Unsicherheit und enthält prominente Widerlegungen einer empirischen Interpretation des Rationalmodells, z. B. eine systematische Höherbewertung von Dingen, die man besitzt ('Endowment Effect'), und die Berücksichtigung für die anstehende Entscheidung an sich irrelevanter (vergangener) Kosten ('Sunk Cost Effect') (Kahneman 2006).

(2) Das *Konzept mentaler Modelle* von Arthur Denzau und Douglass North (2004) weist der subjektiven Situationsdeutung auf Basis interner Perzeptionsmuster bzw. kognitiver Bewertungsstrukturen (mentaler Modelle) maßgebliche Bedeutung zu. Beeinflusst werden die mentalen Modelle durch Ideologien. Ideologien sind die Heuristiken, über die die Menschen verfügen, um sich ihre Welt zu erklären (wie Religionen oder der Kommunismus). Sie stellen den gemeinsamen kulturellen Bezug dar, der die mentalen Modelle systematisch beeinflusst. Wenn die Informations- und Sanktionsrückkopplung nicht genügt, um Fehlbewertungen der Situation spürbar werden zu lassen, werden Individuen auch langfristig an fehlleitenden mentalen Modellen festhalten, die nicht rational sind.

(3) Ein drittes verwandtes Konzept ist das der *internen Verhaltensregeln*, welches von den Nobelpreisträgern James Buchanan (1995) und Amartya Sen (2002) in die Diskussion eingebracht wurde. Hierbei wird davon ausgegangen, dass „human behavoir is influenced also by norms that act as internal constraints“ (Buchanan 1995, S. 78). Dieses Konzept betont eine mögliche Bindung der Individuen an höherwertige Verhaltensregeln, die weder auf das eigene Wohlergehen noch auf andere beispielweise altruistische Handlungsergebnisse gerichtet sind. Dieses ‚Committed Behavior‘ fragt nicht nach möglichem Output oder einer Zielerreichung, sondern schwächt die Annahme einer ‚Self-Goal Choice‘ von Handlungsalternativen zugunsten einer nicht-intentionalen Regelbindung von Handlungen ab. Dieses Konzept geht also weiter als die Modellierung einer umfassenden Nutzenfunktion mit auch altruistischen Inhalten, da die Berücksichtigung der Interessen anderer Individuen immer noch intentional ist, während die Regelbindung von Verhalten vollkommen unabhängig von jedweden Handlungsergebnissen erfolgt.

Allen drei Theorieansätzen ist die Modellierung der Menschen als teils rationalen, teils rational beschränkten, teils aber auch irrationalen, durch gruppendynamische Ansteckungsprozesse, Konformitätsdruck und Ideologien beeinflussten Individuen gemeinsam. Diese Konzepte können bei komplexen Entscheidungen über die Lebenszufriedenheit empirisch gehaltvollere Aussagen treffen als das ökonomische Verhaltensmodell Gary Beckers, welches psychologische und sozialisationsspezifische Aspekte ausklammert. Eine bedeutsame Frage in diesem Kontext ist allerdings, ob sich bei dem Übergang auf die psychologisch angereicherten Verhaltensmodelle Verluste an Erklärungskraft ergeben, weil nun die hohe Fruchtbarkeit des homo-oeconomicus-Modells nicht mehr angezapft werden kann.

Der Wissenschaftstheoretiker Thomas Kuhn hat auf Erkenntnisverluste hingewiesen, die dadurch entstehen, dass man auf (überlegene) Paradigmen bzw. Theorien umsteigt, diese aber gleichwohl bestimmte Fragen nicht mehr beantworten können (und sollen), die das alte, überholte Paradigma bereits beantwortet hatte (Kuhn 1996, S. 178 ff.) . Da Kuhn solche Erkenntnisverluste für möglich hielt, hat man sie als ‚Kuhnsche Verluste' bezeichnet (so etwa bei Lütke 2001, S. 172 f.). Kuhnsche Verluste würden auftreten, wenn die neuen (für die Integration der Glücksforschung überlegenen) Verhaltenskonzepte bestimmte Fragen nicht mehr beantworten können, die das homo oeconomicus-Modell noch überzeugend beantwortet hatte. Solche Kuhnschen Verluste würden eventuell den wissenschaftlichen (Erkenntnis-)Fortschritt hinterfragen, der mit dem Übergang auf ein neues Paradigma verbunden wäre.

Hier sei jedoch die Auffassung vertreten, dass in einem situationsbezogenen Ansatz, wie ihn etwa Denzau und North (1994) vorschlagen, keine Kuhnschen Verluste auftreten: Der Grad menschlicher Rationalität hängt demnach von der Strukturiertheit der Entscheidungssituation ab. Grob lassen sich dabei zwei Entscheidungssituationen unterscheiden: gut und schlecht strukturierte. Gut strukturierte Entscheidungssituationen sind dadurch gekennzeichnet, dass den Individuen Informationen mehr oder minder leicht zugänglich sind. Darüber hinaus existiert ein spürbares Informations- und Sanktionsfeedback für die spezifischen Handlungen. In gut strukturierten Entscheidungssituationen steht zu erwarten, dass sich Verhalten aus mehr oder weniger rationalen Kalkülen rekonstruieren lässt – und damit das homo oeconomicus-Modell gute Voraussagen ermöglicht.

Allerdings sind die Voraussetzungen für solche Situationen nicht immer gegeben. Relevant für Glücksfragen in einer zunehmend komplexen und schwerer zu durchschauenden Welt scheinen in der Regel schlecht strukturierte Situationen, in denen Informationen schlecht zugänglich sind und die Individuen keine Rückkopplung über die Konsequenzen ihres Verhaltens erhalten. Unter solchen Konstellationen bleiben Lernblockaden bestehen: Die Individuen bewerten die Situationen mit falschen mentalen Modellen und korrigieren diese im Laufe der Zeit wegen unzureichenden Informationsfeedbacks nicht bzw. nur marginal. Bei diesen schlecht strukturierten Entscheidungssituationen (hohe Komplexität, hohe Informations- und Entscheidungskosten, mangelndes Feedback) hingegen werden die Individuen weniger rational handeln (können). Dabei geht das Konzept mentaler Modelle auch über die Annahme beschränkter Rationalität hinaus. Es wird die Möglichkeit zugelassen, dass sich Menschen auch dauerhaft an ‚falschen' mentalen Modellen orientieren und sich irrational verhalten können.

8. Praktische Relevanz der Glücksforschung

Bei der praktischen Relevanz der ökonomischen Glücksforschung lassen sich konzeptionell drei Ebenen unterscheiden: die Makroebene (Wirtschaftspolitik), die Mesoebene (Unternehmen, Organisation) und die Mikroebene (Individuum).

Auf der Makroebene geht es in der ökonomischen Glücksforschung um Fragen, inwiefern Wirtschaftswachstum, Arbeitslosigkeit und Inflation, aber auch institutionelle Faktoren wie die Ausgestaltung demokratischer Entscheidungsprozesse das individuelle Wohlbefinden beeinflussen. In der praktischen Wirtschaftspolitik spielen die Erkenntnisse der Glücksforschung bislang keine große Rolle. In der Vergangenheit dominierte die Fixierung auf die Wachstumsrate des realen Bruttoinlandsprodukts. Wenn das Ziel der Wirtschaftspolitik die Steigerung der individuellen Wohlfahrt darstellt, stellt sich die grundsätzliche Frage, warum (quantitatives) Wirtschaftswachstum als (alleiniges oder dominierendes) wirtschaftspolitisches Ziel verfolgt werden soll, legen doch Erkenntnisse der Glücksforschung nahe, dass dies kein wesentlicher Schlüssel zu mehr Glück ist (für viele Binswanger 2006).

Mittlerweile gibt es einige vielversprechende Messkonzepte, die sich mit einer systematischen Berücksichtigung von Lebenszufriedenheit als Wohlfahrtsindikator befassen. Spätestens mit dem 1987 durch die World Commission on Environment and Development (Brundtland Commission) der Vereinten Nationen ins Leben gerufene Leitbild einer ‚nachhaltigen' oder ‚zukunftsfähigen' Entwicklung (*Sustainable Development*) wurden wichtige politische Impulse für die Ergänzung tradierter Wohlfahrtsindikatoren gegeben. Mit der Einbringung von subjektivem Wohlbefinden ergeben sich neue Ideen für ein neues differenzierteres Wohlfahrtsmaß. Entsprechend sind sowohl für die nationale als auch für die internationale Politik innovative Messkonzepte entwickelt worden:

(1) In Deutschland wurde im Jahr 2011 eine *Enquete-Kommission* ‚Wachstum, Wohlstand, Lebensqualität' ins Leben gerufen, um einen ganzheitlichen Indikator für Wohlstand und Lebensqualität zu entwickeln und die Möglichkeiten und Grenzen der Entkopplung von Wachstum, Ressourcenverbrauch und technischem Fortschritt auszuloten. Ziel ist ein gut kommunizierbares Indikatorensystem zur Messung von Wohlstand, sozialer Entwicklung und Lebensqualität. Im Abschlussbericht vom Juni 2013, der von allen Fraktionen des Deutschen Bundestages einstimmig beschlossen wurde, wurden neben der Dimension des materiellen Wohlstands gleichrangig die Wohlstandsdimensionen ‚Soziales/Teilhabe' und ‚Ökologie' beschrieben (Deutscher Bundestag 2013). Diese drei in Anlehnung an das Sustainability-Leitbild abgeleiteten Dimensionen bzw. Säulen (ökonomisch, sozial, ökologisch) werden durch zehn Einzelindikatoren zur Beschäftigung, Bildung, Gesundheit, Umwelt und Freiheit operationalisiert.

(2) Die *Commission on the Measurement of Economic Performance and Social Progress* (CMEPSP) war eine Expertenkommission unter dem Vorsitz der ökonomischen Nobelpreisträger Joseph Stiglitz und Amartya Sen, die im Auftrag der französischen Regierung unter Nicolas Sarkozy untersuchte, mit welchen Mitteln sich Wohlstand und sozialer Fortschritt messen ließen, ohne sich einseitig auf Einkommensgrößen wie das Bruttosozialprodukt zu stützen. Hierbei wurden acht Kriterien entwickelt, die für das Glück der Menschen als wesentlich angesehen werden: materieller Lebensstandard (Einkommen, Konsum, Vermögen), Gesundheit, Bildung, persönliche Tätigkeiten einschließlich Arbeit, politische Stimme und Governance, soziale Verbindungen und Beziehungen, Umwelt (gegenwärtige und künftige Bedingungen) sowie Unsicherheit (Stiglitz, Sen und Fitoussi 2010).

(3) Auch die OECD integriert Erkenntnisse aus der Glücksforschung und hat mit dem *Better Life Index* eine Erhebungsmethode entwickelt, bei der für die Einwohner ihrer 34 Mitgliedsstaaten zehn verschiedene Bewertungskriterien herangezogen werden: Wohnverhältnisse, Einkommen und Berufswelt, das Gemeinwesen, Bildung, Umwelt, Regierungsführung, Gesundheit, Zufriedenheit mit dem eigenen Leben, Sicherheit und die Work-Life-Balance. Interessant ist, dass diese Kriterien über ein Online-Tool abgefragt werden. Die Ergebnisse können dann von jedem Nutzer seinen Prioritäten entsprechend in eine eigene Rangfolge gebracht werden (http://www.oecdbetterlifeindex.org/).

(4) Die Vereinten Nationen haben den *Human Development Index* entwickelt, der sich aus (nationalen) Wohlfahrtsindikatoren nach drei Hauptkriterien zusammensetzt: (a) ein langes und gesundes Leben, gemessen anhand der Lebenserwartung bei Geburt, (b) Bildungsgrad (gemessen anhand des Alphabetisierungsgrades Erwachsener und des Schulbesuchs auf allen drei Stufen des Bildungssystems) und (c) ein angemessener Le-

bensstandard (gemessen anhand des bereinigten Pro-Kopf-Einkommens in US-Dollar). Die Ergebnisse werden seit 1990 im jährlich erscheinenden Human Development Report des Entwicklungsprogramms der Vereinten Nationen (UNDP) veröffentlicht (aktuell Human Development Report Team 2013).

(5) Der kleine, tibetisch-buddhistisch geprägte Himalaya-Staat Bhutan hat durch seinen König Jigme Wangchuck das Bruttonationalglück (*Gross National Happiness*) offiziell als Wohlstandsmaß eingeführt. Dies ist der glückspaternalistische Versuch, seine Bewohner durch eine behutsame, in Einklang mit der traditionellen buddhistischen Kultur stehende Entwicklung glücklicher zu machen. Im Zentrum stehen die Förderung einer sozial gerechten Gesellschafts- und Wirtschaftsentwicklung, die Bewahrung und Förderung kultureller Werte, der Schutz der Umwelt und gute Regierungs- und Verwaltungsstrukturen (zu Ausgestaltung und Bewertung en detail Fremuth, Kulessa und Weiler 2010). Einen ähnlichen Weg gingen Ecuador und Bolivien mit der Verankerung des indigenen Prinzips des „Sumak kawsay" („gutes Leben", span. „buen vivir") in der ecuadorianischen Verfassung von 2008 und der bolivianischen Verfassung von 2009.

Neben Ansätzen zur verbesserten Wohlfahrtsmessung existiert eine Reihe wirtschaftspolitischer Vorschläge aus der Glücksforschung, die darauf abzielen, Einkommens-, Beschäftigungs- und Inflationsbedingungen zu schaffen, die die Lebenszufriedenheit der Menschen erhöhen. Diese ‚Beglückungsvorschläge' von Experten und Politikern sind allerdings nicht immer unproblematisch, weil sie eine Vielzahl staatlicher Interventionen rechtfertigten, ohne auf deren Voraussetzungen und Nebenfolgen zu achten. Häufig gleicht die normative Glücksforschung einem Modularkasten mit vielen einzelnen Schrauben, an denen durch politische Interventionen gedreht werden soll – ohne die damit verbundenen Legitimitäts- und Akzeptanzprobleme zu berücksichtigen. Der britische Glücksforscher Richard Layard (2005) schlägt beispielsweise eine höhere Besteuerung von Arbeitseinkommen vor. Da viele Menschen mehr arbeiteten, als für ihr Glück gut sei, solle Arbeit höher besteuert werden. So lasse sich ein angemessenes Verhältnis von Arbeit und Freizeit erreichen. Zugleich formulieren er und sein Forscherteam Vorschläge zur Reduzierung der Arbeitslosigkeit: Da Arbeitslosigkeit – wie in Kapitel 6 beschrieben – stark negative Auswirkungen auf das Wohlergehen habe, sei eine aktivierende Arbeitsmarktpolitik nach dem Grundsatz des Förderns und Forderns zu realisieren, womit sich das Well-Being insgesamt erhöhe (Layard, Nickell und Jackman 1991). Die Frage nach gesellschaftlicher Akzeptanz und der Kompatibilität zu den evolvierten kulturellen Institutionen und Normen dieser Maßnahmen wird hierbei nicht gestellt.

Auf der *Mesoebene* geht es auf betriebswirtschaftlicher Ebene um die Schaffung von Rahmenbedingungen in Unternehmen, welche die Zufriedenheit der Mitarbeiter am Arbeitsplatz erhöhen. So stellte eine großangelegte Studie, bei der mehr als 14.800 Unternehmen und Arbeitnehmer in sieben europäischen Ländern befragt wurden, die Tendenz der Arbeitgeber fest, die Zufriedenheit ihrer Mitarbeiter zu überschätzen (StepStone 2012). Defizite werden oft nicht erkannt und demzufolge werden auch keine Maßnahmen zur Verbesserung der Situation ergriffen. Umgekehrt führten zufriedene Mitarbeiter zu mehr Engagement, geringerem Personalumschlag, weniger Fehlzeiten und einer effektiveren Rekrutierung neuer Mitarbeiter. Die wesentlichen Determinanten für die Mitarbeiterzufriedenheit sind nach dieser Studie weniger die Gehaltshöhe als vielmehr ‚weiche' Faktoren wie Vertrauen, die Vereinbarkeit von Beruf und Privatleben, Anerkennung und ein angenehmes Betriebsklima. Auch familienfreundliche Maßnahmen, die die Vereinbarkeit von Beruf und Familie in Unternehmen fördern und deren Vielfalt von Arbeitszeitflexibilisierung über Betriebskindergärten und Teleheimarbeitsplätzen hin zu Zeitkonten im Sinne der Work Life Balance reicht, können sich für das Unternehmen lohnen, da sich eine höhere Arbeitszufriedenheit in höherer Produktivität niederschlage (Dilger, Gerlach und Schneider 2007).

Auf der *Mikroebene* ist der Einzelne in seiner Rolle als Bürger oder Konsument angesprochen. Den Einzelnen kann – gerade in weit entwickelten Volkswirtschaften – eventuell die Erkenntnis weiterbringen, dass kein ‚Mehr' an materiellen Gütern, sondern vielmehr ein ‚Mehr' an sozialen Kontakten seine Lebenszufriedenheit erhöht. In der Praxis gibt es in den westlichen Wohlstandsgesellschaften seit einigen Jahren eine Zunahme von Ansätzen, die sich unter dem Schlagwort ‚Sharing Economy' oder ‚Collaborative Consumption' zusammenfassen lassen. Gemeinsam ist diesen Ansätzen, dass sie mit tradierten individualisierten Konsumgewohnheiten brechen. Diese häufig webbasierten Ansätze basieren auf „sharing, swapping, trading, or renting products and services, enabling access over ownership" (Botsman 2013). Das Kontinuum reicht von der gemeinsamen Nutzung von Gütern wie Autos (Carsharing) über Tauschplattformen, auf denen Medien wie DVDs, CDs, Bücher und/oder Games getauscht werden, bis hin zu Verleihringen, bei denen man sich mit einer lokalisierten Karte Gegenstände in seiner Nachbarschaft ausleiht, ohne an der Haustür nebenan klingeln zu müssen. Genau betrachtet bedeuten diese Konzepte nicht zwangsläufig weniger Konsum, es verändert sich nur die Art des Konsums. Durch die neuen Möglichkeiten wurden zugleich neue Bedürfnisse geschaffen: Beispiel hierfür ist das ‚Couchsurfing', was vielen, auch mit geringerem Einkommen, erst neue Mobilität ermöglicht.

Insgesamt lässt sich die Gefahr feststellen, dass bei der Diskussion der praktischen Relevanz von Erkenntnissen aus der Glücksforschung ein ‚Glückspaternalismus' oder gar eine Art „Glücksdiktatur" (Frey und Frey Marti 2010, S. 21) durch Experten, Politiker, Unternehmer das Wort geredet wird. Ökonomen folgen zwar heute en gros der liberalistischen Linie, dass Individuen in ihrer jeweiligen Rolle als Bürger, Unternehmer, Mitarbeiter und Verbraucher souverän sind und für sich selbst entscheiden, was gut für sie ist. Gleichwohl ist die Glücksforschung tendenziell gefährdet, einem naturalistischen Fehlschluss zu unterliegen, also (unzulässigerweise) vom Sein aufs Sollen zu schließen. Dieser Fehlschluss erfolgt, wenn man vom (empirischen) Wissen um die Glücksfaktoren unmittelbar auf das normative Postulat schließen würde, diese auch direkt durch entsprechende wirtschaftspolitische (oder unternehmerische) Maßnahmen anzustreben bzw. zu befördern. Dieser Fehlschluss würde konstatiertes ‚Glücksversagen' durch den Staat (und auf der Mesoebene durch Unternehmen resp. Organisationen) zu heilen versuchen, ohne korrespondierende Akzeptanz- und Legitimitätsprobleme in den Blick zu nehmen. Ein solches Vorgehen mündet in einem unterkomplexen, weil gesellschafts-, gerechtigkeits- und vertragstheoretisch wenig fundierten Utilitarismus.

Gegenwärtig fehlt es der Glücksforschung an einer normativen Theorie der politischen und gesellschaftlichen Gestaltungsprozesse. Es spricht also einiges dafür, dass sich die Glücksforschung bescheiden sollte und paternalistischen Glücksexperten nicht viel Raum lässt. Einer ökonomischen Glücksforschung kann und soll es vor allem um fundierte Erkenntnisse gehen, wie sich alternative institutionelle, kulturelle, ökonomische und soziale Bedingungen auf die (Lebens-)Zufriedenheit auswirken. Hierbei sind noch viele Fragen ungeklärt. Zum Glück gibt es – gerade für Ökonomen – noch viel zu forschen.

Literatur

Apolte, Thomas (2012), Revolutionen als Kollektivgüter, in: Christian Müller, Frank Trosky, und Weber Marion (Hg.), Ökonomik als allgemeine Theorie menschlichen Verhaltens: Grundlagen und Anwendungen, Stuttgart, S. 229-242.

Argyle, Michael (1999), Causes and Correlates of Happiness, in: Daniel Kahneman, Edward Diener und Norbert Schwarz (Eds.), Well-Being: The Foundations of Hedonic Psychology, New York, S. 353-373.

Auhagen, Ann Elisabeth (Hg.) (2004), Positive Psychologie: Anleitung zum „besseren" Leben, Weinheim, Basel.

Baldauf, Manuela und Dirk von Gehlen (2012), Auf leisen Sohlen zum Glück: Das Buch fürs gute Leben, München.

Becker, Gary S. (1993), Der ökonomische Ansatz zur Erklärung menschlichen Verhaltens, 2. Auflage, Tübingen.

Bellebaum, Alfred (Hg.) (2002), Glücksforschung: Eine Bestandsaufnahme, Konstanz.

Benz, Matthias (2005), Not for the Profit, but for the Satisfaction? Evidence on Worker Well-Being in Non-Profit Firms, in: KYKLOS, Vol. 58, S. 155-176.

Bergheim, Stefan (2007), Die glückliche Variante des Kapitalismus, Deutsche Bank Research, Frankfurt/M.

Binswanger, Mathias (2006), Die Tretmühlen des Glücks: Wir haben immer mehr und werden nicht glücklicher: Was können wir tun?, Freiburg/Brsg.

Blanchflower, David G. und Andrew Oswald (2004), Well-Being over Time in Britain and the USA, in: Journal of Public Economics, Vol. 88, S. 1359-1386.

Botsman, Rachel (2013), The Sharing Economy Lacks A Shared Definition, URL: http://www.fastcoexist.com/3022028/the-sharing-economy-lacks-a-shared-definition (abgerufen am 12.02.2014).

Bruni, Luigino und Pier Luigi Porta (Hg.) (2007), Handbook on the Economics of Happiness, Cheltenham.

Buchanan, James M. (1995), Economic Science and Cultural Diversity, in: Kyklos, Vol. 48, S. 193-200.

Bucher, Anton A. (2009), Psychologie des Glücks: Ein Handbuch, Weinheim, Basel.

Csikszentmihalyi, Mihaly (2010), Das flow-Erlebnis: Jenseits von Angst und Langeweile: im Tun aufgehen, 10. Auflage, Stuttgart.

Dalai Lama und Howard C. Cutler (2012), Die Regeln des Glücks: Das Handbuch zum Leben, Freiburg/Brsg.

Demir, Melikşah und Lesley A. Weitekamp (2007), I am so Happy 'Cause Today I Found my Friend: Friendship and Personality as Predictors of Happiness, in: Journal of Happiness Studies, Vol. 8, S. 181-211.

Denzau, Arthur T. und Douglass C. North (1994), Shared Mental Models: Ideologies and Institutions, in: KYKLOS, Vol. 47, S. 3-31.

Deutscher Bundestag (Hg.) (2013), Schlussbericht der Enquete-Kommission „Wachstum, Wohlstand, Lebensqualität – Wege zu nachhaltigem Wirtschaften und gesellschaftlichem Fortschritt in der Sozialen Marktwirtschaft", Drucksache 17/13300, Berlin.

Diener, Ed, Robert A. Emmons, Randy J. Larsen und Sharon Griffin (1985), The Satisfaction with Life Scale, in: Journal of Personality Assessment, Vol. 49, S. 71-75.

Diener, Ed und Martin Seligman (2004), Beyond Money: Toward an Economy of Well-Being, in: Psychological Science in the Public Interest, Vol. 5, S. 1-31.

Dilger, Alexander, Irene Gerlach und Helmut Schneider (Hg.) (2007), Betriebliche Familienpolitik: Potenziale und Instrumente aus multidisziplinärer Sicht, Wiesbaden.

Di Tella, Rafael, Robert J. MacCulloch und Andrew J. Oswald (2001), Preferences over Inflation and Unemployment: Evidence from Surveys of Happiness, in: The American Economic Review, Vol. 91, S. 335-341.

Easterlin, Richard (1974), Does Economic Growth Improve the Human Lot?, in: Paul A. David und Melwin W. Reder (Eds.), Nations and Households in Economic Growth: Essays in Honor of Moses Abramovitz, New York, S. 89–125.

Easterlin, Richard (2001), Income and Happiness: Towards a Unified Theory, in: The Economic Journal, Vol. 111, S. 465-484.

Easterlin, Richard, Laura A. McVey, Malgorzata Switek, Onnicha Sawangfa und Jacqueline Smith Zweig (2010), The Happiness-Income Paradox Revisited, in: Proceedings of the National Academy of Sciences, Vol. 52, S. 22463-22468.

Egloff, Boris, Anja Tausch, Carl-Walter Kohlmann und Heinz Walter Krohne (1995), Relationship between Time of Day, Day of the Week, and Positive Mood: Exploring the Role of the Mood Measure, in: Motivation and Emotion, Vol. 19, S. 99-110.

Engartner, Tim (2013), Ökonomische Bildung: Zwischen Notwendigkeiten und Risiken, URL: http://www.fb03.uni-frankfurt.de/46730106/OeB_Zwischen-Notwendigkeiten-und-Risiken_HLZ_6_2013.pdf (abgerufen am: 12.02.2014).

Fremuth, Michael. L., Manfred Kulessa und Thomas Weiler (Hg.) (2010), Glückseligkeit des Drachens: die Philosophie des Glücks in Bhutan und anderswo, Schriftenreihe der Deutschen Gesellschaft für die Vereinten Nationen, Köln.

Frey, Bruno S. (2008), Happiness: A Revolution in Economics, Cambridge/Mass., London.

Frey, Bruno S. und Claudia Frey Marti (2010), Glück: Die Sicht der Ökonomie, Zürich, Chur.

Gilbert, Daniel (2006), Ins Glück stolpern: Über die Unvorhersehbarkeit dessen, was wir uns am meisten wünschen, München.

Hayek, Friedrich. A. von (1967), Degrees of Explanation, in: Friedrich A. von Hayek (Hg.), Studies in Philosophy, Politics, and Economics, London, S. 3-21.

Hedtke Reinhold, Gerd-E. Famulla,. Andreas Fischer, Birgit Weber und Bettina Zurstrassen (2010), Für eine bessere ökonomische Bildung! Kurzexpertise zum Gutachten ‚Ökonomische Bildung an allgemeinbildenden Schulen – Bildungsstandards und Standards für die

Lehrerbildung im Auftrag des Gemeinschaftsausschusses der Deutschen Gewerblichen Wirtschaft', Leipzig.

Helliwell, John, Richard Layard und Jeffrey Sachs (2013), World Happiness Report 2013, URL: http://unsdsn.org/files/2013/09/WorldHappinessReport2013_online.pdf (abgerufen am 12.02.2014).

Hollederer, Alfons und Helmut Brand (Hg.) (2006), Arbeitslosigkeit, Gesundheit und Krankheit, Bern.

Hufnagel, Erwin (2002), Philosophie des guten Lebens: Antike Lehrmeister des Glücks, in: Alfred Bellebaum (Hg.), Glücksforschung: Eine Bestandsaufnahme, Konstanz, S. 59-78.

Human Development Report Team (2013), Human Development Report 2013: The Rise of the South: Human Progress in a Diverse World, New York.

Kahneman, Daniel und Amos Tversky (1979), Prospect Theory: An Analysis of Decision under Risk, in: Econometrica, Vol. 47, S. 263–292.

Kahneman, Daniel (2003), Maps of Bounded Rationality: Psychology for Behavioral Economics, in: The American Economic Review, Vol. 93, S. 1449-1475.

Kahneman, Daniel, Alan B. Krueger, David A. Schkade, Norbert Schwarz und Arthur A. Stone (2004), A Survey Method for Characterizing Daily Life Experience: The Day Reconstruction Method, in: Science, Vol. 306, 1776-1780.

Kahneman, Daniel (2006), New Challenges to the Rationality Assumption, in: Sarah Lichtenstein und Paul Slovic (Eds.), The Construction of Preference, New York, S. 487- 503.

Kahneman, Daniel und Alan B. Krueger (2006), Developments in the Measurement of Subjective Well-Being, in: Journal of Economic Perspectives, Vol. 20, S. 3- 24.

Kirchgässner, Gebhard (1996), Bemerkungen zur Minimalmoral, in: Zeitschrift für Wirtschafts- und Sozialwissenschaften, Jg. 116, S. 223-251.

Kirsch, Guy (2004), Neue Politische Ökonomie, 4. Auflage, Düsseldorf.

Knight, Frank (1921), Risk, Uncertainty, and Profit, Boston, New York.

Kliemt, Hartmut (2012), Sokrates und das Schwein: Glück und Ökonomik, in: Christian Müller, Frank Trosky und Marion Weber (Hg.), Ökonomik als allgemeine Theorie menschlichen Verhaltens: Grundlagen und Anwendungen, Stuttgart, S. 263-272.

Krol, Gerd-Jan, Dirk Loerwald und Christian Müller (2011), Plädoyer für eine problemorientierte, lerntheoretisch und fachlich fundierte ökonomische Bildung, Diskussionspapier, Centrum für Interdisziplinäre Wirtschaftsforschung, Münster.

Kuhn, Thomas (1996), Die Struktur wissenschaftlicher Revolutionen, 13. Auflage, Frankfurt/M.

Lakatos, Imre (1974), Falsifikation und die Methodologie wissenschaftlicher Forschungsprogramme, in: Imre Lakatos und Alan Musgrave (Hg.), Kritik und Erkenntnisfortschritt, Braunschweig, S. 89-189.

Langenscheidt, Florian (2012): Langenscheidts Handbuch zum Glück, München.

Layard, Richard (2005), Die glückliche Gesellschaft: Kurswechsel für Politik und Wirtschaft, Frankfurt/M., New York.

Layard, Richard, Stephen Nickell und Richard Jackman (1991), Unemployment: Macroeconomic Performance and the Labour Market, Oxford.

Loerwald, Dirk (2008), Anreize im deutschen Schulwesen: Eine problemorientierte Analyse aus ökonomischer Sicht, Weinheim, Basel.

Lütke, Christoph (2001), Ökonomische Wissenschaftstheorie, Würzburg.

Lyubomirsky, Sonja (2007), Glücklich sein: Warum Sie es in der Hand haben, zufrieden zu leben, Frankfurt/Main.

Mill, John S. (2006), Utilitarismus, Hamburg.

Mises, Ludwig von (1940), Nationalökonomie: Theorie des Handelns und des Wirtschaftens, Genf.

Myers, David G. (1993), The Pursuit of Happiness: Discovering the Pathway to Fulfillment, Well-Being, and Enduring Personal Joy, New York.

Myers, David G. (2000), The Funds, Friends, and Faith of Happy People, in: American Psychologist, Vol. 55, S. 56-67.

Nozick, Robert (1993), Vom richtigen, guten und glücklichen Leben, München.

Ockenfels, Axel (1999), Fairness, Reziprozität und Eigennutz: Ökonomische Theorie und experimentelle Evidenz, Tübingen.

Oswald, Andrew J. (1997), Happiness and Economic Performance, in: Economic Journal, Vol. 107, S. 1815-1831.

Pieper, Annemarie (2007), Glückssache: Die Kunst gut zu leben, 4. Auflage, München.

Raffelhüschen Bernd und Renate Köcher (2013), Deutsche Post Glücksatlas, München.

Ryff, Carol D. (1989), Happiness is Everything, or is it? Explorations on the Meaning of Psychological Well-Being, in: Journal of Personality and Social Psychology, Vol. 57, S. 1069-1081.

Schirrmacher, Frank (2013): Ego - Das Spiel des Lebens. München.

Schmid, Wilhelm (2007), Glück: Alles, was Sie darüber wissen müssen, und warum es nicht das Wichtigste im Leben ist, Frankfurt/M.

Schneider, Wolf (2007): Glück! Eine etwas andere Gebrauchsanweisung, Reinbek bei Hamburg.

Seligman, Martin (2008), Der Glücks-Faktor: Warum Optimisten länger leben, 4. Auflage, Bergisch-Gladbach.

Sen, Amartya (2002), Rationality and Freedom, Cambridge – London.

Spitzer, Manfred (2007), Kann, darf, soll oder muss man Glück wissenschaftlich untersuchen?, in: Manfred Spitzer und Wilf Bertram (Hg.), Braintertainment: Expeditionen in die Welt von Geist und Gehirn, Stuttgart – New York, S. 121-157.

StepStone (Hg.) (2012), Glückliche Mitarbeiter – erfolgreiche Unternehmen? StepStone Studie über Glück am Arbeitsplatz 2012/2013: Ergebnisse und Empfehlungen, URL: http://www.stepstone.de/b2b/stellenanbieter/jobboerse-stepstone/upload/studie_gluck_am_arbeitsplatz.pdf?cid=B2C_CLC_SY (abgerufen am 12.02.2014).

Stevenson, Betsey und Justin Wolfers (2008), Economic Growth and Subjective Well-Being: Reassessing the Easterlin Paradox, Discussion Paper No. 3654, Forschungsinstitut zur Zukunft der Arbeit, Bonn, URL: http://ftp.iza.org/dp3654.pdf (abgerufen am 12.02.2014).

Stiglitz, Joseph, Amartya Sen und Jean-Paul Fitoussi (2010), Mismeasuring Our Lives: Why GDP Doesn't Add Up. The Report by the Commission on the Measurement of Economic Performance and Social Progress, New York.

Stutzer, Alois und Rafael Lalive (2004), The Role of Social Work Norms in Job Searching and Subjective Well-Being, in: Journal of the European Economic Association, Vol. 2, S. 696-719.

Tversky, Amos und Daniel Kahneman (1992), Advances in Prospect Theory: Cumulative Representation of Uncertainty, in: Daniel Kahneman und Amos Tversky (Hg.), Choices, Values and Frames, Cambridge, S. 44-66.

Twenge, Jean M., W. Keath Campbell und Craig A. Foster (2003), Parenthood and Marital Satisfaction: A Meta-Analytic Review, in: Journal of Marriage and Family, Vol. 65, S. 574-583.

Veenhoven, Ruut (2008), Effects of Happiness on Physical Health and the Consequences for Preventive Health Care, in: Journal of Happiness Studies, Vol. 9, S. 449-469.

Weimann, Joachim, Andreas Knabe und Ronnie Schöb (2012), Geld macht doch glücklich: Wo die ökonomische Glücksforschung irrt, Stuttgart.

Teil II:

Verbraucherbildung

Christian Müller, Hans Jürgen Schlösser, Michael Schuhen und Andreas Liening (Hg.)
Bildung zur Sozialen Marktwirtschaft
Schriften zu Ordnungsfragen der Wirtschaft · Band 99 · Stuttgart · 2014

Der Beitrag der ökonomischen Bildung zur Verbraucherbildung

Gerd-Jan Krol

Inhalt

1. Einleitung

Verbraucherbildung ist heute wieder ein bildungspolitisches Thema. In Schleswig-Holstein wurde jüngst das Schulfach Haushaltslehre durch Verbraucherbildung ersetzt. Die Kultusministerkonferenz hat im September 2013 einen Beschluss zur Verbraucherbildung an Schulen vorgelegt (KMK 2013). Der Ausschuss für Schule und Weiterbildung des nordrhein-westfälischen Landtages veranstaltete im Dezember 2013 eine öffentliche Anhörung zu Anträgen auf Einführung eines Unterrichtsfaches „Wirtschaft" oder alternativ „Verbraucherbildung" an Realschulen. Im März 2013 hat die Deutsche Stiftung Verbraucherschutz eine „Praxisorientierte Bedarfsanalyse zur schulischen Verbraucherbildung" vorgelegt, an der übrigens kein Experte für ökonomische Bildung beteiligt war. Dabei ist Verbraucherbildung immer ein zentrales Anliegen der ökonomischen Bildung gewesen ist. Wenn nun, wie in den oben genannten Maßnahmen, Verbraucherbildung ohne explizite Bezüge zur ökonomischen Bildung oder gar alternativ dazu gesehen wird, dann liegt dem offenbar die Einschätzung zugrunde, dass die wirtschaftlichen Aspekte bei der Anbahnung erwünschter Konsumkompetenzen in schulischen Lernprozessen zureichend von anderen Disziplinen oder gar durch Primär- und Sekundärerfahrungen eingebracht werden können.

Hier wird eine dezidiert andere Position vertreten. Angesichts der zunehmenden Ökonomieabhängigkeit des alltäglichen Lebens, angesichts der Dynamik ökonomischer Strukturen und Prozesse mit weitreichenden wirtschaftlichen, sozialen und ökologischen Folgen können imitations- und erfahrungsbasierte Lernprozesse nicht länger Grundlage für eine verantwortete Zukunftsgestaltung sein, und zwar weder auf der Ebene individueller Alltagsentscheidungen noch auf kollektiver Ebene der politischen Gestaltung von Regeln für ein geordnetes Miteinander. Vielzahl und Vielfalt gegebener bzw. sich abzeichnender ökonomisch geprägter Problemlagen für Individuen, Gruppen, Staaten und Staatengemeinschaften mit jeweils gravierenden sozialen und ökologischen Auswirkungen und Gestaltungserfordernissen im Rahmen von Marktwirtschaft und Demokratie belegen den Stellenwert einer ökonomischen Bildung, die die „Gesetzmäßigkeiten" wirtschaftlicher Abläufe angemessen einbezieht und in Kompetenzanbahnungen für Bürger verfügbar macht. Auf dieser Grundlage hat ökonomische Bildung Heranwachsende als Verbraucher, zukünftig Erwerbstätige und Wirtschaftsbürger zu befähigen, mit einem hohen Maß an Selbstbestimmung Verantwortung für sich und andere zu übernehmen. Hier ordnet sich auch eine Verbraucherbildung ein, die zu selbstbestimmtem und verantwortetem Konsum befähigen will und die neben der Teilhabe an Marktprozessen auch die Stärkung von Verbraucherinteressen im politischen Raum in den Blick nimmt. Im Folgenden wird zur Frage des Beitrags der ökonomischen Bildung zur Verbraucherbildung Stellung genommen. Es versteht sich von vornherein, dass naturwissenschaftlich ernährungsphysiologische Aspekte nicht von der ökonomischen Bildung abgedeckt werden können.

Blickt man bis in die 70er Jahre zurück, so war die Verbraucherbildung zunächst durch eine funktionale, ordnungspolitische Ausrichtung geprägt. Beispielhaft kann auf die Rolle der Verbraucherbildung im „wirtschaftspolitischen Programm zur Stärkung des Verbrauchers am Markt" des Landes Nordrhein-Westfalen von 1974 und seine Umsetzung verwiesen werden (Der Minister für Wirtschaft, Mittelstand und Verkehr des Landes NRW 1974, S. 6 ff.). Danach sollte die Verbraucherpolitik „die Wettbewerbspolitik unterstützen", und zwar durch Stärkung der Machtposition der Verbraucher am Markt und durch Erhöhung der Markttransparenz (ordnungspolitische Aufgaben). Weiterhin sollte sie vor dem Hintergrund der damaligen hohen Inflationsraten preisbewusstes Kaufverhalten fördern und damit einen Beitrag zu mehr Preisstabilität leisten (konjunkturpolitische Aufgabe). Sie sollte insbesondere für einkommensschwache Bevölkerungsschichten Marktinformationen bereitstellen und vor Missbrauch der Gewerbe- und Vertragsfreiheit ebenso schützen wie vor Beeinträchtigungen der Gesundheit und Sicherheit durch einzelne Produkte (sozialpolitische Aufgabe). In diesen Kontext wurde die Verbraucherbildung eingeordnet. Als grundlegend für den Erfolg der so konzipierten Verbraucherpolitik wird die aktive Mitarbeit der Verbraucher erachtet. Die Implikationen für die Verbraucherbildung (damals noch überwiegend Verbrauchererziehung genannt) kommen in folgender Formulierung des Programms zum Ausdruck:

> „Der Verbraucher kann jedoch den Anforderungen, die an ihn zur Verwirklichung der Konsumenteninteressen gestellt sind, nur gerecht werden, wenn er die Funktionsweise der Marktwirtschaft versteht und seine eigene Rolle in diesem System erkennt ... Daraus ergibt sich zugleich die verbraucherpolitische Aufgabe, den Konsumenten Grundkenntnisse über die soziale Marktwirtschaft, insbesondere über den Ablauf der Wirtschaftsprozesse und die Bedeutung des Verbraucherschutzes zu vermitteln. Das Grundlagenwissen, das zum Verständnis marktwirtschaftlicher Zusammenhänge erforderlich ist, kann nur durch systematische Unterrichtung der Verbraucher vermittelt werden. Mit diesem Unterricht ist bereits in den Schulen zu beginnen.. " (ebd., S. 8) (bildungspolitische Aufgaben)

Verbraucherbildung war in diesem Programm explizit auf die Stärkung der Wettbewerbsordnung ausgerichtet, von der man gleichzeitig eine wirksame Stärkung der Verbraucherinteressen erwartete.

Die Umsetzung des bildungspolitischen Teils ist eng mit dem Namen von Dietmar Krafft verbunden. Vor dem Hintergrund noch weitgehend fehlender Fachlehrer entwarf er ein aufeinander abgestimmtes Dreisäulenkonzept, welches in Kooperation mit dem Wirtschaftsministerium und zunächst auch dem Kultusministerium des Landes NRW umgesetzt wurde. Auf der Grundlage zweier Untersuchungen zum Stand der Verbrauchererziehung in Nordrhein-Westfalen – die erste bezogen auf die Hauptschulen (Krafft 1975), die zweite bezogen auf Realschulen und Gymnasien (Krafft 1977)[1] – wurde als zweite Säule ein landesweit flächendeckend durchgeführtes Lehrerfortbildungsprogramm mit drei einwöchigen, jeweils aus fachwissenschaftlicher Grundlegung und unterrichtspraktischer Umsetzung bestehenden Seminaren entwickelt, und zwar zu Stellung und Funktion der Verbraucher im marktwirtschaftlichen System, zu Maßnahmen zur Verbesserung der Marktstellung der Verbraucher sowie zur Position des Verbrauchers in unterschiedlichen Wirtschaftssystemen. Als dritte Säule wurden allen Hauptschulen und ausgewählten Realschulen und Gymnasien von 1978 bis 1994 vier Hefte pro Jahr mit je einer problembezogenen fachwissenschaftlichen Grundlegung sowie

---

[1] Nur kurz erwähnt sei hier auch, dass Krafft seit Mitte der 70er Jahre bis heute verbreitet eingesetzte Schulbücher für den Bereich Wirtschaft herausgibt.

einer fachdidaktisch reflektierten Unterrichtseinheit zu grundlegenden Fragen der Verbraucherbildung zur Verfügung gestellt.[2]

Die Verbraucherbildung in den 70er Jahren sollte vor allem die Bereitschaft der Verbraucher stärken, ihre Interessen auf Märkten und in politischen Prozessen aktiv zu vertreten und die Informations- und Beratungsangebote der im Verbraucherinteresse tätigen Organisationen zu nutzen. Thematisch standen Einkommensverwendungsplanungen, preis-/qualitätsbewusstes Kaufverhalten und Nutzung bereitgestellter, anbieterunabhängiger Verbraucherinformationen, Stärkung der Rechtsposition gegenüber Anbietern und Vertretung von Verbraucherinteressen im öffentlichen Raum (Verbraucherorganisation und Vertretung von Verbraucherinteressen auf kollektiver Ebene) im Mittelpunkt.

Nicht nur die Verbraucherpolitik, auch die Verbraucherbildung war in ihrer Verknüpfung individuellen Verhaltens mit dem ökonomischen Handlungsrahmen ordnungspolitisch verankert. Die Verbraucherbildung stellte Information und Aufklärung über Marktprozesse und Informationen über Handlungspotenziale der Verbraucher auf Märkten in den Mittelpunkt, von denen man sich nicht nur „rationaleres" Verbraucherverhalten versprach, sondern auch eine Stärkung von Preis- und Qualitätswettbewerb und damit eine Aktivierung marktwirtschaftlicher „Selbstheilungskräfte".

Heute fokussiert die Diskussion über die Verbraucherbildung (und auch die ökonomische Bildung) stärker als in den 70er Jahren Fragen des individuellen Kompetenzerwerbs (DeGÖB 2004; Retzmann et al. 2010). Dabei droht das Pendel allerdings in die andere Richtung auszuschlagen, wo diese Diskussion durch eine gewisse System- und Ordnungsvergessenheit geprägt ist. So geht es nach dem Beschluss der Kultusministerkonferenz vom 12.9. 2013 zur Verbraucherbildung beim reflektierten und selbstbestimmten Konsumverhalten „...vor allem um den Aufbau einer Haltung...die erworbenen Kompetenzen im Zusammenhang mit Konsumentscheidungen... zu nutzen" (KMK 2013, S. 2). Einsichten in strukturell angelegte Gesellschafts- und Marktordnungsprobleme und im Verbraucherinteresse liegende Gestaltungserfordernisse kommen hier explizit nicht vor. Die ökonomische Perspektive als Methode zur Aufdeckung neuen problemlösenden Wissens bleibt ebenso ausgeblendet. Stattdessen werden Gegenstandsbereiche genannt, in denen den Verbraucherinteressen besondere Bedeutung zukommt, nämlich Finanzen, Marktgeschehen und Verbraucherrecht, Ernährung und Gesundheit, Medien und Information sowie nachhaltiger Konsum und Globalisierung. Aus diesen Inhaltsbereichen soll kontextübergreifend adressatenspezifisch ausgewählt werden. Fachliche Perspektiven werden nicht genannt. Der allgemeine Hinweis zu Anknüpfungspunkten in bereits etablierten Schulfächern kann auch als Einladung zur Beliebigkeit gelesen werden. Dabei kann gerade die auf den effizienten Einsatz unterschiedlichs-

---

[2] Diese vom Verfasser dieses Beitrags herausgegebene Reihe firmierte 1978-1983 als „Verbrauchererziehung und wirtschaftliche Bildung", ab 1984-1994 als „Wirtschaftliche Grundbildung, Der Verbraucher in der Sozialen Marktwirtschaft" (Leske u Budrich Verlag). Hinzuweisen ist in diesem Zusammenhang auch auf die von F.W. Dörge verfassten Fallstudien zur Verbraucherbildung, insbesondere auf die 1974 von F.W. Dörge u. H. Steffens verfasste Fallstudie zu preis- und qualitätsbewusstem Kaufverhalten „Augen auf beim Schuheinkauf", die verbreitet zum Einsatz kam.

ter knapper Ressourcen fokussierte, ordnungsbewusste ökonomische Perspektive der Verbraucherbildung einzelproblemübergreifende Orientierung geben.

2. Merkmale der ökonomischen Perspektive

Die ökonomische Perspektive untersucht wirtschaftliches Handeln von Haushalten, Unternehmen, Organisationen und staatlichen Entscheidungsträgern unter dem Paradigma bestmöglicher Verwendung knapper Mittel (Zeit, Geld, Wissen, Informationen, natürliche Ressourcen u.a.). Knappheit meint hier, dass mit verfügbaren Mitteln nicht alle Anforderungen/Wünsche zur gleichen Zeit und in vollem Umfang zu erfüllen sind, Mittel also immer konkurrierenden Verwendungen zuzuführen sind. Knappheit bedeutet dann immer Verzicht bei anderen oder an anderer Stelle, wenn einer über Knappes verfügt. Daraus erwächst wirtschaftliche Verantwortung. Sie kommt in einem wirtschaftlichen Umgang mit knappen Mitteln zum Ausdruck. Bewertung und Auswahl des Mitteleinsatzes werden in ökonomischer Perspektive nach Maßgabe (individueller) Vorteilhaftigkeit interpretiert. Es wird davon ausgegangen, dass systematisch die (keineswegs nur monetär zu bemessenden) vorteilhaftesten Varianten zur Realisierung der jeweiligen individuellen Ziele ausgewählt werden, und zwar hier auf (mehr oder weniger regulierten lokalen, regionalen, nationalen, globalen) Märkten und aus einem politisch bestimmten Angebot solcher Güter, die der Markt aus Gründen von Marktversagen nicht bereitstellen kann oder die der Markt (i.d.R. wegen unerwünschter Verteilungswirkungen) nicht bereitstellen soll. Hierzu gehören durch politische Entscheidungen bestimmtes Leistungsangebot wie Schulen, Sportanlagen, Spielplätze, Verkehrsinfrastruktur u.a. ebenso wie Maßnahmen zur Gewährleistung von Sicherheit und Ordnung, aber auch zum Schutz und zur Stärkung der Position der Verbraucher. Verbraucherbildung, die zu individuell und sozial verantwortetem Konsum befähigen will, sollte sich deshalb nicht auf die Ebene individuellen Käuferverhaltens beschränken, sondern auch Möglichkeiten und Wirkungsgrenzen bei der Durchsetzung von Verbraucherinteressen auf kollektiver Ebene mit einbeziehen.

Mit der Entscheidung über die Verwendung knapper Mittel ist immer gleichzeitig ein Verzicht (Opportunitätskosten) an anderer Stelle verbunden. Wer seine Zeit auf Spiel konzentriert, hat Kosten in Form schlechterer Schulleistungen zu tragen, wer auf die Einhaltung sozialer (Mindest-)Standards bei der Herstellung der von ihm verwendeten Güter Wert legt, muss auf das für 5 Euro angebotene T-Shirt verzichten, wer sein Geld unkontrolliert (für das Handy) verwendet, dem fehlt nicht nur das Geld für die Erfüllung anderer Wünsche, er kann auch schnell in eine Verschuldungsfalle geraten, und wenn Politik heute den Wählern schuldenfinanzierte konsumtive Leistungen bereitstellt, so müssen die Nachwachsenden in Höhe des Schuldendienstes Verzicht üben. Solche mit den Entscheidungen für eine Alternative verbundenen Verzichte an anderer Stelle prägen den Alltag. Manchmal werden sie verdrängt, häufig bleiben sie unbewusst, zumal die Kommunikation auf privaten und politischen Märkten die Opportunitätskosten angepriesener Alternativen in aller Regel im Dunkeln lässt, aber sie sind immer existent. Die ökonomische Perspektive ist darauf zugeschnitten, die mit (privaten und öffentlichen) Mittelverwendungen verbundenen Opportunitätskosten ins Licht zu setzen und auf unterschiedliche, jeweils geeignete Weise im Entscheidungskalkül zu verankern.

Entscheidungen über Bedarfsprioritäten im Spannungsfeld von Wertorientierungen und knappen Mitteln lassen sich beispielsweise gut auf der Grundlage der Haushaltsproduktionstheorie (grundlegend siehe Becker 1982) bearbeiten. Sie leitet Bedürfnisbefriedigung nicht unmittelbar aus dem Kauf und Besitz von Konsumgütern ab, sondern diskutiert sie als konkrete Verwendung der Konsumgüter im Haushalt. Die Bedürfnisbefriedigung wird als produktive Leistung des Haushalts/Verbrauchers unter Einsatz knapper Ressourcen an Zeit, Humankapital (konsumrelevantes Wissen und Wertbesetzung des Wissens), Einkommen und Marktgütern bei einer vorgegebenen Infrastruktur (wirtschaftlicher, sozialer, rechtlicher Art) gesehen und ist damit auch normativ diskutierbar (siehe Piorkowsky 2011, S. 108 ff.; Krol 1988; 2008, S. 86 ff.). Diese Perspektive lädt zur theoriegeleiteten Diskussion alltäglicher Konsummuster ein und bietet gute Anknüpfungsmöglichkeiten für die explizite Berücksichtigung pädagogischer und bildungstheoretischer Ziele. Jedenfalls besteht keinerlei Anlass für manchmal geäußerte Befürchtungen, die Einnahme einer ökonomischen Perspektive würde (heranwachsende) Verbraucher schutzlos fremdbestimmten Beeinflussungsversuchen aussetzen. Im Gegenteil, die in der Haushaltsproduktionstheorie eingenommene Perspektivierung kann den Zusammenhang von Bedürfnissen, Bedarfen, Markt- und Entsorgungsverhalten in alltäglichen Entscheidungskontexten transparent und damit stärker reflektierten Entscheidungen zugänglich machen.

Probleme der Durchsetzung von Verbraucherinteressen auf immer komplexeren privaten und politischen Märkten lassen sich fruchtbar auf dem Hintergrund der Kombination von elementarer Markttheorie mit A.O. Hirschmans (1974) Konzept gegen Leistungsabfall bearbeiten. Mittels M. Olsons (1968) Theorie kollektiven Handelns und der Informationsökonomik, aber auch der neuen Institutionenökonomik und der experimentell und empirisch ausgerichteten Verhaltensökonomik lassen sich Verbraucherprobleme danach strukturieren, ob sie besser auf individueller (Verbraucherinformation und -aufklärung als Hilfe zur Selbsthilfe) oder auf kollektiver Ebene (reglementierender Verbraucherschutz) oder in Kombination beider Ebenen zu entschärfen sind. Solche Theorieelemente stellen ein deduktives Rüstzeug für didaktische Entscheidungen bei der Gestaltung induktiv verlaufender, schulischer Lernprozesse bereit, welche es ermöglichen, die Vielfalt alltäglicher Verbraucherprobleme exemplarisch zu strukturieren und das situativ Bearbeitete im Hinblick auf Verallgemeinerungsfähigkeit und Bildungsrelevanz zu prüfen.

3. Grundsätzliche Handlungsmöglichkeiten der Verbraucher auf Märkten

In Anlehnung an A.O. Hirschmans Konzept gegen den Leistungsabfall in Unternehmen, Organisationen und Staaten und dessen Adaption und Modifikation für die Durchsetzung von Verbraucherinteressen durch Scherhorn (1975) lassen sich die vielfältigen alltäglichen Marktverhaltensweisen zu Grundtypen bündeln, nämlich Verbleiben (loyalty), Abwanderung (exit) und Kritik bzw. Widerspruch (voice). Abwanderung meint, dass Verbraucher suboptimale Marktangebote mit Nachfrageentzug bestrafen und die Mittel entweder anderen Märkten oder aber überlegenen Angeboten/ Anbietern/ Herstellern auf dem gleichen Markt zuführen (Zuwanderung). Können Verbraucher diese

Art der Sanktionierung wegen fehlender oder nur zu unzumutbar hohen Kosten bestehender Wahlmöglichkeiten nicht einsetzen, bleibt letztlich nur, (möglichst öffentlichkeitswirksam) die Stimme zu erheben (voice) – von der Kritik an der Ladentheke über die Mobilisierung von Öffentlichkeit bis hin zur Anspruchsdurchsetzung vor den Institutionen der Rechtspflege (Schieds- und Schlichtungsstellen, Gerichte). Voice informiert Anbieter präziser als anonyme Abwanderung/Zuwanderung – negativ als Benennung von Mängeln, positiv als Äußerung von Gründen besonderer Zufriedenheit – und sollte den Anbietern auch deshalb willkommen sein, weil Kritik u. U. schon vor einsetzender Kundenabwanderung Gelegenheit zu Verbesserungen des Angebotes gibt.

Ihre systemische Wirkung unterscheidet sich je nach Marktgegebenheiten. Die durch die Marktform (Wettbewerbs-/Monopolmärkte) oder Produktart (Kosten eines Produktwechsels) wesentlich mitbestimmten Wahlmöglichkeiten sind dafür ebenso bedeutsam, wie die für einen spürbaren Niederschlag in den Wirtschaftrechnungen der Anbieter jeweils erforderliche Anzahl gleichgerichteter Verbraucherreaktionen. In jedem Falle kann eine „kritische Menge" reflektiert abwandernder Verbraucher hinreichen, um positive Wirkungen für alle Verbraucher auf dem jeweiligen Markt zu erzeugen, und nicht selten genügt gar die glaubwürdige Abwanderungsdrohung, um die Anbieter zu gewünschten Reaktionen zu veranlassen. Und was bei privaten Gütern auf Wettbewerbsmärkten hinreichend gleichgerichtete Abwanderung bewirken kann, kann bei durch politische Entscheidungen bestimmte Angebote durch öffentlichkeitswirksame Kritik und glaubwürdige Androhung des Entzugs politischer Loyalität einer kritischen Zahl reflektiert urteilender Bürger zum Einsatz gebracht werden. Das Wissen um diese Zusammenhänge fördert die Bereitschaft zur Übernahme wirtschaftlicher (und politischer) Verantwortung. Allerdings ist hervorzuheben, dass ein solches „systemisches Lernen" nicht immer zu erwarten ist, beispielsweise nicht bei langfristigen Produkten auf Finanzmärkten und bei Gütern und Dienstleistungen mit überwiegenden Erfahrungs- und Vertrauensguteigenschaften (Reisch und Oehler 2009, S. 32). Hier sind dann spezifische Maßnahmen des Verbraucherschutzes gefordert.

Die grundlegenden Handlungsstrategien auf Märkten stellen hohe Anforderungen an die Kompetenzen der Verbraucher, an ihre Analyse-, Urteils-, Handlungs- und Gestaltungskompetenzen. Sie agieren in einem globalen, zunehmend komplexeren Umfeld und haben ihre Entscheidungen unter einem wachsenden Bündel potenziell relevanter Kriterien zu fällen. Sie entscheiden immer – bewusst oder unbewusst – unter Knappheitsbedingungen, Knappheit an Zeit, finanziellen Mitteln, Informationen, Fähigkeiten u.a. Die ökonomischen Knappheitsbedingungen schlagen sich in wirtschaftlichen Kriterien wie z.B. Einkommen, Kosten/Preise, unterschiedlichen Qualitätsdimensionen (objektivierbare wie z.B. Funktionalität, Haltbarkeit, Sicherheit und subjektive wie z.B. sensorische, ästhetische Merkmale) nieder und kommen auch im magischen Dreieck von Zins, Risiko und Fristigkeit/Mittelbindung bei Finanzierungs-, Anlage- und Vorsorgeentscheidungen zum Tragen. Bedarfs-, Budget- und Einkommensverwendungs-, Finanzierungs- und Vorsorgeplanungen sind hilfreiche Strategien zur Bewältigung von unter dem Diktat von Knappheit stehenden Lebenssituationen, weil sie auch unter dem vordergründigen Glanz vorgespiegelten Überflusses unvermeidbare Verzichte an anderer Stelle ins Entscheidungskalkül integrieren. Konsum ist aber immer auch soziales

Handeln und durch soziale Kriterien beeinflusst, wobei hier neue bzw. verschärfte soziale Knappheiten in Form von sogenannten Positionsgütern (Hirsch 1980) bedeutsam werden. Hier geht es um gesellschaftlich knappe Güter wie z.B. sozialer Status (trotz für alle angepriesener Statusversprechen) oder „gute“ Wohnlagen, „alte“ Kunst und Antiquitäten, Güter also, die im Bestand gegeben oder gesellschaftlich knapp sind oder die gar erst im Wirtschaftswachstum knapper werden. Durch bisheriges Wirtschaftswachstum haben sich vor allem ökologische Knappheiten ergeben und verschärft. Sie verlangen nach einer stärkeren Verankerung ökologischer Kriterien auch bei Konsumentscheidungen, wenn die heute allenthalben spürbaren Verwendungskonflikte zwischen den Nutzungen der natürlichen Umwelt als Lieferant von Rohstoffen, als Aufnahmemedium für Schadstoffe und als Bereitstellung für Gesundheit und Wohlbefinden, elementaren Gütern wie unbelastetes Wasser u.a. sich nicht zu einer Gefährdung von Lebensgrundlagen auswachsen sollen. Längst führt nämlich die Nutzung der Umwelt in einer dieser Verwendungskategorien zu spürbaren Verzichten bei den jeweils anderen, ohne dass diese Art von Knappheit systematisch in den wirtschaftlichen Entscheidungskalkülen verankert ist.

Aber auch zwischen den ökonomischen, sozialen und ökologischen Kriterien bestehen Konfliktbeziehungen. Das heute der Verbraucherbildung zugrunde liegende Nachhaltigkeitspostulat will diese Konfliktbeziehungen bewusst machen und Wege aufzeigen, wie sie im Alltagshandeln zu einem subjektiv verantworteten, d.h. durch entsprechende Handlungsgesinnungen geprägten Ausgleich zu bringen sind. Nachhaltigkeit im Alltagshandeln ist aber häufig mit „hohen Kosten“ verbunden und kann in „sozialen Dilemma-Situationen“, in denen das Angestrebte nicht von fehlendem guten Willen „Einzelner“ abhängt, sondern davon, ob die jeweils „Anderen“ den guten Beispielen folgen, in „Verantwortungszumutungen“ einmünden. Wo „Trittbrettfahren“ möglich und in anonymen Handlungskontexten erfahrungsgemäß wahrscheinlich bleibt, trägt der Einzelne die „Kosten“ von Verhaltensänderungen, ohne dass ein spürbarer Beitrag zur Erreichung des angestrebten Zieles zustande kommt. In anonymen Großgruppenkontexten, wie sie heute auf Märkten typisch sind und durch das Internet noch gefördert werden, führt allenthalben vorfindbares Vorteile suchendes bzw. Nachteile vermeidendes Verhalten bei fehllenkenden Anreizen insgesamt zu Ergebnissen, die letztlich keiner will. Hier werden sich intrinsische Handlungsmotivationen nicht umfassend und anhaltend gegen extrinsisch gesetzte Verhaltensanreize behaupten können. Und deshalb sollten (Verbraucher-) Bildungsprozesse nicht nur auf nachhaltigkeitsorientierte Handlungsgesinnungen abzielen, sondern auch die (nur auf der Ebene kollektiven Handeln zu bewirkende) Herbeiführung nachhaltigkeitsorientierter Handlungsbedingungen einbeziehen. Verbraucherbildung, die sozial verantwortete Urteils-, Handlungs- und Gestaltungskompetenzen anstrebt, muss auch die Verhalten prägenden Wirkungen institutioneller Regelungen und Möglichkeiten ihrer Gestaltung mit in den Blick nehmen. In Kleingruppen wird Verhalten anders geregelt als in anonymen Großgruppen, und deshalb darf das, was im Klassenverband möglich erscheint, nicht ohne weiteres verallgemeinert werden. Die ökonomische Perspektive (hier das Konstrukt „sozialer Dilemmata“) bietet für diese Problematik den adäquaten, anschlussfähigen Referenzrahmen. Exemplarisch kann auf die (gerade in Umweltbildungsprozessen lange Zeit vorfindbare, aber mittlerweile überwundene) Diskreditierung von Zertifikaten für Umweltnutzungen als Form von Ablasshandel verwiesen werden, die blind war für die Anreiz- und Lenkungswirkungen einer Verpreisung faktisch knapper, aber bis dahin (weitgehend) kostenlos zugeteilter Umweltnutzungsrechte[3]. Und auch heute dürften Bildungsprozesse noch wenig zum Verständnis von Preisen (und anderen monetären Kategorien) für die Regelung von Knappheitssituationen beitragen.

Nun setzen reflektierte, bedürfnisadäquate Verbraucherentscheidungen dreierlei voraus. Es müssen zunächst Wahlmöglichkeiten auf den Märkten bestehen. Dies ist vor allem eine Frage des (nationalen und internationalen) Wettbewerbs. Dann müssen die Eigenschaftsmerkmale bestehender Wahlmöglichkeiten bekannt sein. Dies ist die Frage nach konsumrelevantem Wissen und der Verfügbarkeit verbraucherrelevanter Informationen (Markttransparenzprobleme). Und schließlich müssen die bekannten Wahlmöglichkeiten auch von den Verbrauchern akzeptiert und genutzt werden. Dies ist die Frage nach dem faktischen Verbraucherverhalten und seinen Determinanten.

4. Markttransparenzprobleme

Die Transparenzproblematik ist nicht darin zu sehen, dass Verbraucher nicht alle Marktangebote und deren Eigenschaftsmerkmale kennen. Das ist weder möglich noch nötig. Die Transparenzproblematik ist vielmehr mit selektiven Wirkungen der Beherrschung der Marktkommunikation durch die Anbieterseite sowie mit bestimmten Eigenschaftsmerkmalen knapper und deshalb kostspieliger Verbraucherinformationen zu begründen.

Angesichts verhaltensbeeinflussender Wirkungen des Marketing muss es der Verbraucherbildung schon im Vorfeld des Markthandelns um die Förderung möglichst reflektierter Bedürfniskonkretisierungen und Bedarfsprioritäten gehen. Auch wenn es mit zunehmender zeitlicher und großer regionaler Distanz zu real existierenden totalitären bzw. autoritären Wirtschaft- und Gesellschaftsordnungen in Vergessenheit zu geraten droht: Die dezentrale Konkretisierung der Bedarfe und Bedarfsprioritäten gehört nicht nur zum legitimatorischen Fundament der Sozialen Marktwirtschaft, sie stellt auch – historisch gesehen – eine Errungenschaft dar, die zu schützen und zu entwickeln ist – sowohl gegenüber unangemessener staatlicher Bevormundung wie auch gegenüber unangemessener (weil überwältigender) Beeinflussung im Rahmen der Marktkommunikation. Das Schlagwort der Konsumentensouveränität beinhaltet in diesem Zusammenhang keine Zustandsbeschreibung, sondern die permanente Aufgabe, auch auf globalisierten, digitalisierten und unübersichtlichen Märkten ein hohes Maß an selbstbestimmtem Verbraucherverhalten zu ermöglichen. Das impliziert den Schutz allgemein oder situativ schutzbedürftiger Konsumenten (beispielsweise in der Persönlichkeitsbildung noch nicht gefestigter Heranwachsender oder auf unübersichtlichen Finanzmärkten) vor Beeinflussungsversuchen mit hohem Überwältigungspotenzial (beispielsweise durch bestimmte Marketingpraktiken oder Anlageberatungsarrangements) mittels regulativer

[3] Während der mittelalterliche Ablasshandel mit dem Versprechen einer Verringerung der Höllenqualen Unerwünschtes (Sündigen) attraktiver machte, belegen Umweltzertifikate bisher weitgehend unentgeltliche Übernutzungen der Umwelt mit Preisen und machen Unerwünschtes so unattraktiver (näheres dazu: Krol 2010, S. 260 ff.).

staatlicher Vorgaben ebenso wie auf der anderen Seite die Abwehr unangemessen bevormundender Regulierungen. Bedürfniskonkretisierungen und Bedarfsprioritäten sind wesentlich durch Persönlichkeitsmerkmale bestimmt, und die hierfür erforderlichen Kompetenzen gehen damit weit über das hinaus, was Verbraucherbildung und ökonomische Bildung allein bewirken können. Aber eine durch ökonomische Bildung fundierte Verbraucherbildung kann den Diskurs über diese Fragen anleiten, indem sie das Bedingungsfeld alltäglichen Handelns in den Blick nimmt, in dem Bedürfnisse unter den Postulaten von Selbstbestimmung und Nachhaltigkeit zu Entscheidungen über den (Nicht-)Kauf und (Nicht-)Gebrauch von Gütern und Dienstleistungen werden[4]. Hier lässt sich Alltagshandeln mit systemischen Wirkungen verbinden und verdeutlicht so die wirtschaftliche Verantwortung von Konsumhandeln in einer freiheitlichen Ordnung, die in Bildungsprozessen transparent sowie in Kompetenzanbahnungen verfügbar zu machen ist, gerade weil weil sie im individualisierten Alltagshandeln nicht (immer) offensichtlich ist.

Damit Verantwortung im wirtschaftlichen Handeln zum Tragen kommen kann, müssen sich Verbraucher über die konkreten Wahlmöglichkeiten informieren und bereit und in der Lage sein, diese auch reflektiert zu nutzen. Damit sind hohe Anforderungen an das Verbraucherverhalten gestellt. Zum Problem der Verbraucherinformation liefert die Informationsökonomie zunächst auf der Grundlage (auch beschränkt) rationalen Verhaltens erhellende Beiträge. Verhaltensökonomische Beiträge (behavioral economics) legen markt- und adressatenspezifische Wirkungsgrenzen verfügbarer Verbraucherinformationen offen. Sich daraus ergebende Forderungen nach Verbraucherschutzmaßnahmen werden gegenwärtig vor allen im Zusammenhang mit Finanzmarktentscheidungen diskutiert (vgl. z.B. Kohlert und Oehler 2009).

5. Verbraucherinformation aus informationsökonomischer Sicht – Potenziale und Grenzen

Angesichts einer kaum zu überschauenden Produktvielfalt und im Wesentlichen von Anbietern gestalteter Kommunikationsstrukturen sowie unterschiedlicher Fähigkeiten und Bereitschaften zur Informationssuche bestehen auf privaten und politischen Märkten Informationsasymmetrien, überwiegend zu Lasten der Verbraucher. Sie können zu asymmetrischen Verträgen führen und dann nicht nur entscheidungsbedingte Wohlfahrts- bzw. Kaufkraftverluste für Verbraucher bewirken, sondern auch einen qualitätsverschlechternden Wettbewerb (Märkte für Zitronen; Akerlof 1970) zur Folge haben. Anders als üblicherweise von Wettbewerbsprozessen erwartet, verdrängen schlechte Qualitäten die guten, wenn Verbraucher mangels verlässlicher Information über die Produktqualität dem Risiko, für gutes Geld nur minderwertige Qualität zu bekommen, verlässlich nur dadurch entgehen können, dass sie sich am (günstigsten) Preis orientie-

[4] Hier sei ausdrücklich auf das theoretisch höchst anspruchsvoll begründete Konzept der Alltags- und Lebensökonomie von Piorkowsky verwiesen. Allerdings wird dieses Konzept in Teilen stark dichotomisierend entwickelt und bringt sich auch mit seiner Hypostasierung des privaten Haushaltes m.E. ohne Not in eine Distanz zu funktionalen und ordnungsbezogenen Betrachtungen (Piorkowsky 2011).

ren. Anbieter überlegener, aber eben auch nur zu höheren Kosten bereitzustellender Produktqualitäten werden dann vom Markt gedrängt, wenn sie ihre überlegene Qualität nicht glaubwürdig kommunizieren können (adverse Marktselektion, Negativauslese). So kommt nach Akerlof kein Markt für gute Gebrauchtwagen zustande, wenn Käufer zwar wissen, dass auch schlechte Gebrauchtwagen auf dem Markt sind, aber im konkreten Fall die Qualität des Fahrzeugs nicht beurteilen können. Und solange ihnen niemand diese Qualitätsunsicherheit abnimmt, werden sie deshalb auch nicht bereit sind, die von den Anbietern guter Gebrauchtwagen geforderten Preise zu zahlen. Und es gibt für Verbraucher mit hohem Sorgfaltsniveau keine entsprechend günstigen Versicherungen, wenn Versicherungen das Sorgfaltsniveau der einzelnen Versicherten nicht kennen und die Prämie deshalb an durchschnittlichen Risikoklassen orientieren, bei der der Sorgfältige immer noch zu viel und der Nachlässige zu wenig zahlt[5]. Gerade weil solche Negativauslese auf Märkten i.d.R. zu Lasten der Verbraucher geht, nicht offensichtlich ist und allenfalls bei krassem Normverstößen (z.B. bei immer wieder auftretenden Lebensmittelskandalen) diskutiert wird, sollte die Auseinandersetzung mit Fragen der Qualitätstransparenz in Verbraucherbildungsprozessen breiter angelegt sein und grundsätzliche Möglichkeiten zur Entschärfung dieser Form von Marktversagen einbeziehen. Drei Ansatzpunkte zum Abbau von Informationsasymmetrien über Qualität des Angebots lassen sich unterscheiden: Informationssuche der jeweils schlechter Informierten (screening), Informationsangebote der besser Informierten (signaling) sowie staatliche, verbraucherpolitische Regulierungen.

Seit jeher gehört die Befähigung zur Informationssuche über jeweils relevante Kriterien vor dem Kauf/Gebrauch von Gütern zum Kern der Verbraucherbildung. Nicht immer jedoch werden systematische Grenzen dieser Strategie im Alltag angemessen berücksichtigt. Denn nicht nur unzureichende, kognitive, finanzielle und zeitliche Ressourcen bewirken einen unzureichenden Informationsstand der Verbraucher, auf die Verbraucherinformationspolitik ja mit einer Senkung der „Informationskosten" zu reagieren versucht. Hinzu tritt die im Gefolge vertiefter nationaler und internationaler Arbeitsteilung und mit der Digitalisierung der Angebotsbedingungen zunehmende Bedeutung von Erfahrungs- und insbesondere Vertrauensguteigenschaften von Konsumgütern. Informationen hierüber lassen sich vor dem Kauf eben nicht ermitteln. Die Preise von Konserven, Fertigpackungen oder Urlaubsreisen kann man vor dem Kauf vergleichen (Suchguteigenschaft), und das Internet ermöglicht heute ein hohes Maß an Preistransparenz, auch wenn man beim Vergleich der Preise von Dienstleistungen sehr genau hinschauen muss, ob den Preisen Vergleichbares zugrunde liegt. Aber ob die Konserven und Fertigpackungen ihre jeweiligen Qualitätsversprechen einlösen und ob der Glanz des Urlaubsangebots vor Ort Bestand hat, lässt sich verlässlich erst nach dem Kauf ermitteln (Erfahrungsguteigenschaften). Und ob einem beim gewählten Arzt die bestmög-

---

5 Ein Beispiel für die Verringerung von Informationsasymmetrien durch moderne Überwachungstechnologie bietet ein neues Tarifmodell der Sparkassen-Direktversicherung, die 5 % Prämienermäßigung für diejenigen in Aussicht stellt, die sich eine Box zwecks Offenlegung ihres tatsächlichen Fahrverhaltens ins Fahrzeug einbauen lassen. Verlässliche Informationen zum Sorgfaltsniveau können zu günstigeren Prämien führen, allerdings um den Preis von Einbußen beim Datenschutz (Przybilla 2013, S. 46).

liche medizinische Versorgung zuteil wird, ob die Geldanlageempfehlung den Wünschen des Anlegers oder dem Provisionsinteresse des Beraters entspricht, ob das schmackhafte Lebensmittel unter Verwendung unerwünschter Zusatzstoffe produziert und haltbar gemacht und ob das Produkt unter Beachtung ethischer Standards hergestellt wurde, wird ein auf sich allein gestellter Verbraucher in aller Regel weder vor noch nach dem Kauf verlässlich in Erfahrung bringen können. Auch hierzu bietet das Internet zwar leicht zugängliche Informationen in Form von Anbieterinformationen, Erfahrungsberichten, Ratings und Testberichten, aber diese Informationen haben selbst wiederum Vertrauensgutcharakter. Ob man will oder nicht, man muss den jeweiligen Qualitätsversprechen vertrauen. Die Frage ist dann, wie auf durch Globalisierung und Internetangebote zunehmend anonymisierten Märkten der Gefahr begegnet werden kann, dass aus unvermeidbarem Vertrauen in Qualitätsversprechen ungerechtfertigtes, blindes Vertrauen mit der Folge von individuellen Fehlkäufen und systemischen Fehllenkungen wird? In der Verbraucherbildung verweist man hier manchmal vorschnell auf bestehende oder zu ergreifende regulierende Maßnahmen des Verbraucherschutzes. Dabei wird aber nicht nur übersehen, dass unter der Fahne des Verbraucherschutzes segelnde Regulierungen nicht immer (nur oder gar überwiegend) dem Verbraucherinteresse dienen müssen[6], sondern auch, dass Anbieter überlegener Qualitäten selbst ein Interesse daran haben, diese glaubwürdig zu kommunizieren. Dabei stehen sie in einem Aufmerksamkeitswettbewerb, in dem detaillierte Informationen zu den jeweils relevanten Eigenschaftsmerkmalen einfach unterzugehen drohen. Stattdessen kommunizieren auch diese Anbieter leicht zu verarbeitende „Qualitätsversprechen" in Form z.B. von (über den gesetzlichen Rahmen hinausgehenden) Garantie- und Kulanzregelungen, großzügigen Rücktritts- und Rücknahmeregelungen, Selbstverpflichtungen sozialer oder ökologischer Art, häufig kombiniert mit einem Sponsoring affiner Projekte, Aufbau und Pflege eines Markennamens u.a. Auch Franchising-Systeme gehören dazu (beispielsweise McDonalds, Coca-Cola u.a.). Sie sichern die (häufig weltweite) Einhaltung von bestimmten Qualitätsstandards. All dies dient dem Aufbau von Unternehmensreputation und soll Verbrauchern ein Versprechen über Qualitätsmerkmale des jeweiligen Angebots signalisieren. Der Aufbau von Unternehmensreputation ist langwierig und kostspielig und kann nur gelingen, wenn nicht (anhaltend) gegen gegebene Qualitätsversprechen verstoßen wird. Dann nämlich wären die für den Reputationsaufbau aufgewendeten Kosten unwiederbringlich verloren, zumal die neuen Informations- und Kommunikationstechnologien solche Verstöße schnell und verbreitet publik werden lassen. Man wird also Unternehmen, die viel in ihre Reputation investiert haben, ein gewisses Qualitätsvertrauen entgegenbringen können.

Informationssuche der Verbraucher (screening) und Qualitätssignale der Anbieter (signaling) können Informationsasymmetrien verringern, aber nicht beseitigen. Insbe-

---

[6] So hat die Einführung des Europäischen Binnenmarktes den protektionistischen Charakter vieler vorgeblich verbraucherpolitischer Maßnahmen offengelegt und eliminiert, und der Europäische Gerichtshof überwacht die Einhaltung in der EU geteilter Normen. Die gegenwärtigen Verhandlungen zwischen EU und USA über ein Freihandelsabkommen können sich allerdings nicht immer auf geteilte Normen stützen und sind auch in Fragen des Investitionsschutzes noch mit erheblichen Risiken verbunden.

sondere bei Vertrauensgütern, auf Märkten mit langfristig bindenden Produkten (z.B. bei bestimmten Finanzprodukten) und auf Märkten, auf denen keine dauerhaften Kundenbeziehungen angestrebt werden (beispielsweise bei Anbietern mit Laufkundschaft oder nur befristet agierenden Anbietern im Internet) bleibt die Gefahr von Fehlkäufen hoch. Ergänzend und flankierend sind deshalb verbraucherpolitische Regulierungen des Staates unverzichtbar. Sie können bei hohen Risiken (z.B. der Gefährdung von Gesundheit und Sicherheit) direkt verhaltensnormierend wirken (Verwendungsverbote, Mindestqualitäts- Sicherheits- und Haftungsstandards, Bauvorschriften, Regulierung von Werbung u.a.). Sie können aber auch durch Senkung der Informationskosten für Verbraucher zur Verringerung der Informationsasymmetrien und damit zur Verringerung von Kauf- und Gebrauchsrisiken von Gütern beitragen. Dazu gehören Regelungen von Informationspflichten über Eigenschaftsmerkmale (z.B. Kennzeichnungsvorschriften) oder Regelungen zum Informationsgehalt von Gütezeichen, aber auch Bereitstellung oder Subventionierung anbieterunabhängiger Verbraucherinformationen (von Testurteilen der Stiftung Warentest bis hin zu Vorschlägen, Qualitätsabstufungen komplexer Finanzprodukte mittels Ampelfarben zu kommunizieren) und Hilfen bei der Durchsetzung von Verbraucherrechten, vor allem unter Mithilfe der (i.d.R. aufgrund des Kollektivcharakters allgemeiner Verbraucherinteressen fremdorganisierten) Verbraucherorganisationen[7].

Dies stellt im Wesentlichen auf Hilfen zur Selbsthilfe und damit auch auf eine Stärkung der Selbstheilungskräfte der Märkte ab. Unterstellt wird, dass Verbraucher Hilfen zur Erhöhung des Informationsstandes und zur Verbesserung der Rechtsposition auch nutzen und auf diese Weise bestehende Informations- und Vertragsasymmetrien abgebaut werden.

Aber auch bei vorliegenden oder leicht verfügbaren Informationen wird keineswegs immer rational abwägend entschieden. Verbraucher handeln häufig intuitiv, greifen zu vereinfachten Entscheidungsregeln und agieren nur begrenzt rational. Herdentrieb, Verlustaversionen und übermäßiges Vertrauen prägen das Verhalten in vielen Kontexten. Auch verhalten sie sich nicht immer und nicht nur am eigenen Vorteil orientiert, sondern sind intrinsisch auch an Fairness und Gerechtigkeitsnormen interessiert und handeln danach, solange dies nicht bestimmte „Kostengrenzen" übersteigt. Sie spenden, kaufen teurere Fair-Trade-Produkte und engagieren sich in sozialen, ökologischen und entwicklungspolitischen Projekten. Entscheidungskontext, Emotionen, Gewohnheiten und Bezugsgruppenverhalten werden als wichtige Determinanten alltäglichen Verbraucherverhaltens gesehen (Reisch und Oehler 2009, S. 33). Die auf der Annahme rationalen Verhaltens argumentierende Informationsökonomik blendet diese sogenannten Verhaltensanomalien aus. Sie stehen im Mittelpunkt der Verhaltensökonomie (behavioral economics), die mittels experimenteller und empirischer Untersuchungen nach systematischen, d.h. nicht zufälligen und sich damit auf einer Makroebene auch nicht wieder ausgleichenden Anomalien im Verbraucherverhalten sucht. Anbieter und deren Marktkommunikation nutzen solche sogenannten „Anomalien", etwa wenn angesichts der

[7] Zu nennen sind hier vor allem die 1964 gegründete Stiftung Warentest sowie die Verbraucherzentralen der Länder.

Neigung zum „Kurzfristdenken" Vorteile eines Produktes herausgestellt werden, aber längerfristig anfallende Nutzungs- und Entsorgungskosten im Dunkeln bleiben (Beispiel: günstige Drucker, teure Druckpatronen) oder Nutzung und anfallende Kosten entkoppelt werden (Flat-Rates) oder mit niedrigen Einstiegspreisen bei gleichzeitig versteckten hohen Ausstiegskosten geworben wird. Besonders problematisch ist, wenn in unübersichtlichen Entscheidungssituationen mit gezielt selektiven Voreinstellungen (sogenannten „Defaults" beispielsweise bei Angeboten im Internet) gearbeitet wird, die sich die Neigung zu Nutze machen, vorgegebene Einstellungen einfach zu übernehmen[8]. Verhaltensanomalien zu Lasten der Verbraucher können nicht nur situations- und zielgruppenspezifische verbraucherpolitische Regulierungen begründen, sie legitimieren auch in besonderer Weise eine Forcierung der Verbraucherbildung mit dem Ziel, den Beeinflussungsmechanismen des Marketings mit Stützungen reflexiven Verbraucherverhaltens zu begegnen. Auch machen sie das Leitbild eines „mündigen Verbrauchers" nicht obsolet, aber es ist je nach Marktgegebenheiten sowie Wissen und Handlungspotenzialen der Verbraucher zu differenzieren und zu ergänzen. Leitbilder sind Idealkonstrukte und wollen nicht Realität widerspiegeln, sondern (überprüfbare) Verbesserungen realer Zustände anleiten. Das und nicht die Widerspiegelung von Realität definiert die Abgrenzung zur Ideologie. Für eine Verbraucherbildung, die einen Beitrag zu Mündigkeit im Spannungsfeld von individueller Selbstbestimmung und sozialer Verantwortung leisten will, ist das Leitbild des mündigen Verbrauchers (und Wirtschaftsbürgers) Legitimation und Auftrag zugleich.

6. Zusammenfassung

Der mit dem Leitbild des mündigen Verbrauchers in der Verbraucherbildung verbundene Anspruch, Heranwachsende in der Bearbeitung von exemplarischen, ökonomisch geprägten Lebenssituationen mit fundierten Analyse-, Urteils-, Entscheidungs- und Gestaltungskompetenzen auszustatten, kann im Rahmen einer ökonomischen Bildung so gut wie nur eben möglich zur Geltung gebracht werden. Dabei ist der Beitrag der ökonomischen Bildung zur Verbraucherbildung zwar auf Gegenstandsbereiche des Verbraucherhandelns auf Güter-, Anlage-, Kredit- und Vorsorgemärkten bezogen, aber nicht daraus abzuleiten. Der Beitrag der ökonomischen Bildung liegt vielmehr in einer spezifischen Betrachtung des Verbraucherhandelns in diesen Gegenstandsbereichen – von Bedürfniskonkretisierungen und Bedarfsentscheidungen im Vorfeld über das Kauf- und Gebrauchshandeln bis hin zu Ressourcenverbrauchs- und Entsorgungsaspekten, nämlich überall mit knappen Mitteln unterschiedlichster Art besser (wirtschaftlicher) umzugehen.

---

8 Ein überprüfbarer Hinweis auf die Bedeutung solcher „Default"-Situationen für Verhaltensausprägungen lässt sich auch aus Vergleichen der Organspendebereitschaft ableiten. So sind in Deutschland weniger als 10 % Organspender, während der Anteil in Österreich über 90 % liegt. In Deutschland ist die Organspende an eine explizite Bereitschaftserklärung gekoppelt, in Österreich gilt die „Voreinstellung", dass jeder als potenzieller Organspender in Frage kommt, solange er nicht ausdrücklich widersprochen hat.

Der ökonomischen Bildung geht es also nicht um eine Ausrichtung Heranwachsender an die Erfordernisse der Wirtschaft, wie manchmal unterstellt wird. Es geht ihr um einen originären Beitrag zur Allgemeinbildung. Ökonomische Bildung gibt Heranwachsenden in wirtschaftlich geprägten Lebenssituationen Orientierung und will sie zur möglichst selbstbestimmten, kompetenten und verantworteten Teilhabe an ihrem ökonomisch geprägten Lebensumfeld als Erwerbstätige und Wirtschaftsbürger, aber eben auch als Verbraucher befähigen. Dies ist das Ziel der ökonomischen Bildung, wohingegen problembehaftetes wirtschaftendes Handeln in den unterschiedlichen Handlungsfeldern die Gegenstände bereitstellt, die in der ökonomischen Bildung mit spezifischen Fragestellungen und Methoden bearbeitet werden (vgl. dazu Ladenthin 2006, S. 44 f.; Retzmann 2013). Der Bildungsbeitrag liegt also in einer ganz bestimmten, von anderen Fachperspektiven abweichenden (diese in Bildungsprozessen aber nicht ausschließenden) Betrachtung wirtschaftlich geprägter Lebenssituationen, der ökonomischen Perspektive. Diese ist für Analyse-, Urteils-, Entscheidungs- und Teilhabe- bzw. Gestaltungskompetenz in diesem Lebensbereich grundlegend. Sie kann in der Verbraucherbildung von der Reflexion über Bedürfnisbefriedigung und Bedarfsprioritäten, über das Handeln auf Güter- und Finanzmärkten bis hin zur Berücksichtigung von Ethik- und Nachhaltigkeitspostulaten zur Anwendung gebracht werden.

Literatur

Akerlof George (1970), The Market for „Lemons“: Quality, Uncertainty and the Market Mechanism, in: Quarterly Journal of Economics, Vol. 84, S. 488-500.

Becker, Gary S. (1982), Der ökonomische Ansatz zur Erklärung menschlichen Verhaltens, Tübingen.

KMK Kultusministerkonferenz (2013), Verbraucherbildung an Schulen, URL: http://www.kmk.org/fileadmin/veroeffentlichungen_beschluesse/2013/2013_09_12-Verbraucherbildung.pdf (abgerufen am 10.04.2014).

DeGÖB – Deutsche Gesellschaft für ökonomische Bildung (2004), Kompetenzen der ökonomischen Bildung für allgemein bildende Schulen und Bildungsstandards für den mittleren Schulabschluss, April 2004, online: http://degoeb.de/uploads/degoeb/04_DEGOEB_Sekundarstufe-I.pdf (abgerufen am 10. April 2014).

Der Minister für Wirtschaft, Mittelstand und Verkehr des Landes NRW (Hg.) (1974), Wirtschaftspolitisches Programm zur Stärkung des Verbrauchers am Markt, Schriftenreihe des Ministeriums für Wirtschaft, Mittelstand und Verkehr, Bd. 6, Köln.

Deutsche Stiftung für Verbraucherschutz (2013), Praxisorientierte Bedarfsanalyse zur schulischen Verbraucherbildung, URL: http://www.verbraucherstiftung.de/sites/default/files/pages/130312_gesamtbericht_verbraucherbildung_imug.pdf (abgerufen am 10. April 2014).

Dörge, Friedrich-Wilhelm und Heiko Steffens (1974), Augen auf beim Schuheinkauf, Ravensburg.

Hirsch, Fred (1980), Die sozialen Grenzen des Wachstums: Eine ökonomische Analyse der Wachstumskrise, Reinbek bei Hamburg.

Hirschman, Albert Otto (1974), Abwanderung und Widerspruch: Reaktionen auf Leistungsabfall bei Unternehmen, Organisationen und Staaten, Tübingen.

Kohlert Daniel und Andreas Oehler (2009), Scheitern Finanzdienstleistungen am Verbraucher? in: DIW, Verbraucherpolitik zwischen Markt und Staat: Vierteljahreshefte zur Wirtschaftsforschung, S. 81-95.

Krafft, Dietmar und Forschungsstelle für empirische Sozialökonomik E.V. Köln (1975), Verbrauchererziehung an den Hauptschulen in Nordrhein-Westfalen: Eine Analyse, Bd. I, II, Düsseldorf.

Krafft, Dietmar (1977), Verbrauchererziehung an den Realschulen und Gymnasien des Landes Nordrhein-Westfalen: Eine Analyse, Bände I, II, III, Düsseldorf.

Krol, Gerd-Jan (1988), Das Konzept rationalen Verhaltens als Bezugsrahmen für eine integrative Theorie des Konsumentenverhaltens, in: Bundesfachgruppe für ökonomische Bildung (Hg.), Ökonomische Bildung: Aufgabe für die Zukunft, Bergisch Gladbach, S. 151-173.

Krol, Gerd-Jan (2008), Verbraucherleitbilder und Implikationen für die Verbraucherpolitik, in: Hermann May, Handbuch zur ökonomischen Bildung, 9. Auflage, München, S. 79-98.

Krol, Gerd-Jan (2010), (Über-)Strapazierte Moral? Zur Bildungsrelevanz des ökonomischen Verhaltensmodells, in: Yvonne Boenke (Hg.), Lieber einen Knick in der Biographie als einen im Rückgrat: Festschrift zum 70. Geburtstag von Horst Herrmann, Münster, S. 253-275.

Ladenthin Volker (2006), Die Ökonomie muss als Teil des schulischen Bildungsauftrags neu interpretiert werden, Orientierungen zur Wirtschafts- und Gesellschaftspolitik H. 107, S. 41-46.

Landtag des Landes Nordrhein Westfalen (2013), URL: http://www.landtag.nrw.de/ portal/WWW/GB_II/II.1/Pressemitteilungen-Informationen-Aufmacher/Pressemitteilungen-Informationen/Pressemitteilungen/2013/12/0612_ Anhoerungen_50._KW.jsp (abgerufen am 10.04.2014).

Olson, Mancur (1968), Logik des kollektiven Handelns, Tübingen.

Piorkowsky, Michael-Burkhard (2011), Alltags- und Lebensökonomie, Göttingen.

Przybilla, Steve (2013), Der große Bruder fährt mit, in: Süddeutsche Zeitung vom 7./8. Dezember 2013, S.46.

Reisch, Lucia und Andreas Oehler (2009), Behavioral Economics: Eine neue Grundlage für die Verbraucherpolitik? In: Vierteljahreshefte zur Wirtschaftsforschung, 78. Jg., S. 30-43.

Retzmann, Thomas, Günther Seeber, Bernd Remmele und Hans-Carl Jungebloed (2010), Entwicklung abschlussbezogener Bildungsstandards für die ökonomische Bildung an allen Formen der allgemeinbildenden Schulen: Abschlussbericht an den Gemeinschaftsausschuss der deutschen gewerblichen Wirtschaft, Essen, Lahr, Kiel.

Retzmann, Thomas (2013), Schriftliche Stellungnahme im Rahmen der öffentlichen Anhörung des Ausschusses für Schule und Weiterbildung am 11. Dezember 2013, URL: http://www.landtag.nrw.de/portal/WWW/dokumentenarchiv/Dokument/MMST16-1291.pdf?von1&bis=0 (abgerufen am 10.04.2014).

Scherhorn, Gerhard (1975), Verbraucherinteresse und Verbraucherpolitik, Göttingen.

Christian Müller, Hans Jürgen Schlösser, Michael Schuhen und Andreas Liening (Hg.),
Bildung zur Sozialen Marktwirtschaft
Schriften zu Ordnungsfragen der Wirtschaft · Band 99 · Stuttgart · 2014

Kaufkompetenz von Kindern messbar machen

Michael Schuhen, Gunnar Mau, Hanna Schramm-Klein und Susanne Schürkmann

Inhalt

1. Verbraucherbildung: ein heute vernachlässigter Bereich ökonomischer Bildung?

Verbraucherbildung, Verbrauchererziehung, Konsumentenerziehung werden häufig synonym verwendet, dabei betont doch der Erziehungsbegriff die Wirkung möglicher Sozialisationseinflüsse für den Kompetenzaufbau (siehe hierzu die Studie von Pettersson et al. 2004), und der Bildungsbegriff hebt im Sinne Humboldts auf die Entwicklung der eigenen Persönlichkeit und Individualität durch die Aneignung der Welt ab.

Die Konsumenten- oder Verbrauchererziehung ging aus der philosophisch motivierten Sozial- und Konsumkritik sowie aus der in den 1950er Jahren entstandenen Verbraucherpolitik in Verbindung mit der amerikanischen Konsumerismusbewegung (Pleiß 1987; McGregor 2005) hervor. Vor allem gegen die auf Konsumentenverhalten orientierte Marketingforschung sollte sich ein aufgeklärter mündiger Verbraucher zu Wehr setzen können: Konsumgesellschaft, Manipulation, Überflussgesellschaft etc. als Schlagworte bildeten den Ausgangspunkt für eine in der Konsumentenerziehung beheimatete umfassende Sozial-, Kultur und Konsumkritik (Schinkel et al. 2010).

Die Verbraucherpolitik als Teilbereich der Wirtschaftspolitik hat jedoch einen völlig anderen Fokus und eine andere Motivation. Sie zielt auf eine Verbesserung der sozioökonomischen Position der Verbraucher gegenüber privaten und öffentlichen Anbietern und folgt dem Leitbild des souveränen Konsumenten. Der Ansatz geht von der Marktstellung des Verbrauchers aus und räumt dem Konsum und dem Wohlstand Vorrang ein.

In der Verbrauchererziehung war man der Auffassung, dass dieses Postulat nicht greife, da nicht der mit Kaufkraft ausgestattete Souverän bestimme, sondern die Konsumenten in der schwächeren Marktposition seien. Als Gründe werden monopolistische und oligopolistische Marktstrukturen, Marktstrategien, Intransparenz, mangelnde rationale Konsumentscheidungen sowie gewohnheitsmäßige und impulsive Kaufentscheidungen genannt (Scherhorn 1975, S. 30 ff.). Im Fokus steht das der Gleichgewichtsidee verpflichtete und Verbraucherinteressen bündelnde „Gegenmachtkonzept“ (Scherhorn 1977) – ursprünglich „countervailing power“ von Galbraith (1952) –, das die Rolle des Menschen als in Freiheit handelnder und rational entscheidender Marktteilnehmer anspricht, also auf sein Einkaufsverhalten und seine optimale Einkommensverwendung abstellt (Kollmann 2008, S. 199). Das sehr marktkritische Konzept wurde in der Folgezeit modifiziert. Es ging nicht mehr um vordergründiges Kaufverhalten, sondern nun auch um die Bildung des Konsumenten (Pleiß 1987, S. 40 f.). Er sollte sich die Fragen nach dem „Wie“ und „Wozu“ des Konsums stellen und zu individuellen Lösungen kommen, die nicht der Allgemeinheit schaden. Unter dieser Perspektive wurde die Konsumenten- und Verbraucherbildung ein Schwerpunkt der Haushaltsökonomie (Pleiß 1987, S. 61 ff.).

Einen Schub und eine neue Ausrichtung erfuhr die immer noch unter dem Einfluss Galbraiths stehende Verbraucherbildung durch die Einführung wirtschaftsdidaktischer Lehrstühle in den 1970er Jahren (Krafft 1975; 1977; 1990), die die verbraucherpolitische Perspektive vertraten und die Verbraucherbildung als allgemeinbildenden Auftrag der Schule ansahen. Auch sie verwarfen das rationale Handeln im Sinne eines homo oeconomicus als Modellvorstellung: Der Haushalt als Eigennutzmaximierer, der unter der Annahme gegebener Bedürfnisse und vollständiger Informationen über alle Handlungsalternativen dasjenige Güterbündel wählt, das ihm angesichts gegebenen Einkommens und gegebener Marktpreise den höchsten Nutzen stiftet. Die Annahmen dieses Modells verhindern seine Anwendung, was aber nicht bedeutet, dass das Konzept rationalen Handelns insgesamt für die Verbraucherbildung unzutreffend sei, so ihre These. Denn vollständige Informationen, rationales Kalkulieren und die Realisierung der Ziele ohne Berücksichtigung der Umwelt müssen nicht als Annahmen vorausgesetzt werden (McKenzie und Tullock 1984, S. 32). Vielmehr geht die ökonomische Verhaltenstheorie doch eigentlich nur von den Annahmen aus, dass Individuen absichtsvoll handeln, um ihre eigene Situation zu verbessern. Sie maximieren ihren Nutzen. Dabei ist die Nutzenmaximierung nicht auf Geld und Einkommen beschränkt. Auch immaterielle Güter kommen in Frage. Grundlegend ist die Annahme, dass menschliches Verhalten dadurch motiviert ist, einen individuellen Vorteil zu erlangen, was die Entscheidung zwischen Alternativen voraussetzt. Das Handlungsergebnis ist entscheidend, und jede Handlung verursacht Opportunitätskosten, also die (entgangenen) Nutzen der besten Alternative, die man nicht gewählt hat. Mehr sagt die ökonomische Verhaltenstheorie nicht aus, es ist die Veränderung der Kosten, mit denen im ökonomischen Ansatz Verhalten erklärt wird. Kosten sind hierbei nicht nur in der Gelddimension abbildbar, sondern es können auch zeitliche, psychische, physische und soziale Dimensionen inkludiert sein (Krol 1994, S. 72).

Die Verbraucherorganisationen sind, so Kollmann (2008, S. 199), jedoch bis heute dem Ideal einer subjektiven Nutzenoptimierung (günstiger Preis, hohe Qualität) verpflichtet. Sie wollen die Konsumentensouveränität im Alltag umsetzen und unterstützen dies mit Warentests, Preisübersichten und durch die Nutzung der Verbraucherrechte. Deshalb ist der Fokus der Verbrauchererziehung auch nicht mit der empirischen Wende in der Pädagogik und dem Kompetenzbegriff verbunden.

Die aus der ökonomischen Bildung hervorgegangene Perspektive der Verbraucherbildung sollte sich deshalb diesem neuen interdisziplinärem Forschungsfeld zuwenden, um so zu einer Deskription der Kaufkompetenz von Kindern beizutragen, damit Ansatzpunkte zur Steigerung der Kaufkompetenz von Kindern identifiziert werden und diese Erkenntnisse in Bildungsprojekte einfließen können.

2. Kinder als Konsumenten

Kinder wurden lange Zeit nicht als Konsumenten im engeren Sinne verstanden, da sie doch durch ihre Eltern und mit ihnen konsumierten. Heute sind sie allerdings eine bedeutende Zielgruppe für Händler und Hersteller (Effertz 2008; McNeal 1969; Schor 2004), und das Wachstumspotential dieses Marktes ist beachtlich, denn Kinder beeinflussen die Kaufentscheidungen ihrer Eltern oder Großeltern je nach Produktart in zum Teil erheblicher Art und Weise (Clarke und McAuley 2010). Dies trifft insbesondere auf Produkte zu, die zwar von Erwachsenen gekauft, von den Kindern aber konsumiert werden (wie bspw. Kleidung, Süßigkeiten) (Pettersson, Olsson und Fjellström 2004).

Aber auch die Kaufentscheidung von Gütern, an deren Konsum Kinder gar nicht oder nur indirekt beteiligt sind, wird von ihnen beeinflusst (bspw. Autos oder Waschmaschinen). Vor allem in Familien, denen entweder besonders wenig (Hamilton 2009; Hamilton und Catterall 2006; Wilson und Wood 2004) oder besonders viel Geld zur Verfügung steht, haben Kinder einen großen Einfluss auf die elterlichen Kaufentscheidungen. Auf diese Weise lenken Kinder Transaktionen mit einem zum Teil erheblichen monetären Wert. Schätzungen gehen davon aus, dass Kinder in diesem Bereich ein Marktvolumen in Höhe von 50 Mrd. Euro indirekt steuern.

Ihnen steht ein erhebliches Budget zur Verfügung, über das sie selbständig entscheiden können. Nimmt man die Daten der Kids Verbraucheranalyse (Egmont Mediasolutions 2013) als Grundlage, so stiegen die monatlichen Taschengeldzahlungen von rund 22 Euro in 2005 auf heute über 27 Euro in der Gruppe der 6-13jährigen Kinder. Rechnet man die durchschnittlichen 210 Euro Geldgeschenke hinzu, so beträgt das potentiell direkte Marktvolumen 1,85 Mrd. Euro durch Taschengeld, 1,02 Mrd. Euro aufgrund von Geldgeschenken. Hinzu kommen noch Spareinlagen in Höhe von geschätzten 2,96 Mrd.

Ein Blick auf die verschiedenen Werbekanäle unterstützt ebenfalls das Szenario. Aufgrund ihrer Bedeutung als wichtige Zielgruppe sind Kinder heute Adressaten einer Vielzahl von Marketingbotschaften (persuasivs attepts) (vgl. Cross 2002; Kunkel et al. 2004). So sind Kinder einer steigenden Anzahl direkt an sie gerichteter und auf sie zugeschnittener Werbebotschaften ausgesetzt. Vor allem die zunehmende Anzahl der von Kindern genutzten Medien sowie die leichtere und ortsunabhängige Verfügbarkeit von Medien (bspw. durch das Internet oder Mobiltelefone) tragen dazu bei, dass Kinder heute mehr direkt auf sie zugeschnittener Werbung ausgesetzt sind als jemals zuvor (Kunkel et al. 2004). Darüber hinaus lassen sich in den Märkten eine Vielzahl von Produkten finden, die durch entsprechende Verpackungsgestaltung in bunten Farben und kindgerechten Bildern, ihre Haptik oder durch ihre Zusammensetzung auf Kinder als Käufer zielen (Cook 2009; Honeyman 2010; Lawlor 2000; Wilson und Wood 2004). Schließlich kommen Kinder aber nicht nur mit direkt auf sie zugeschnittenen Marketingbotschaften in Kontakt. Zusätzlich werden auch Werbebotschaften oder andere Marketingaktivitäten, die eigentlich auf Erwachsene zielen, von Kindern wahrgenommen und fließen in ihre Entscheidungen ein. McNeal (2007) kommt so zu dem Schluss, dass nahezu jede Handlung eines Kindes als konsumorientiert interpretierbar sei. Cram und Ng (1999, S. 298) ziehen daraus dieses Fazit: „Even before they learn, write, or do arithmetic children have already become consumers."

Kinder sind aber keine „kleinen Erwachsenen" (Oerter 2007). Sie werden nicht mit allen Kompetenzen eines Erwachsenen geboren, ihre Fähigkeiten – kognitive wie auch affektive – entwickeln sich vielmehr über die ersten Lebensjahre hinweg (Effertz und Teichert 2010; Edelmann 2006). So zeigt eine Vielzahl empirischer Studien, dass Kindern in vielen Bereichen noch nicht die gleichen mentalen Ressourcen und Prozesse wie Erwachsenen zur Verfügung stehen (für eine Übersicht vgl. John 2008). Diese Fähigkeiten entwickeln sich in den ersten 16 bis 20 Lebensjahren aufgrund neuro-anatomischer Veränderungen und zunehmender Lebenserfahrung. Aus diesem Grund zeigen Kinder in unterschiedlichen Phasen ihrer Entwicklung unterschiedliche Defizite sowohl in den kognitiven Strukturen des eigenen Wissens als auch in ihren Entscheidungsstrategien. In Anlehnung an Piaget strukturiert John (2008) diese Entwicklung in drei Phasen (*perceptual stage*, 3 bis 7-jährige Kinder; *analytical stage*, 7 bis 11-jährige Kinder; *reflective stage*, 11-16-jährige Kinder). In jeder dieser Phasen gibt es Defizite, die auf noch nicht voll entwickelte mentale Prozesse zurückzuführen sind.

So zeichnen sich Kinder zwischen dem 7. und 11. Lebensjahr dadurch aus, dass sie die Gedankenwelt der Fantasie verlassen. Ihr Kindsein endet und der Übergang ins Erwachsenendasein beginnt. Dies verdeutlicht sich auch in der Produktauswahl und im beginnenden Markenbewusstsein. Ab 8 Jahren, so einige Forschungsergebnisse, verstehen Kinder Werbung, was auch dadurch erklärt werden kann, dass dafür ein Hineindenken in andere Rollen und Situationen notwendig ist. So haben beispielsweise Kinder unter acht Jahren Schwierigkeiten, in der Kommunikation die Perspektive des Gegenübers einzunehmen (Carroll und Steward 1984; Flavell 1982, 1999; Kurdek und Rodgon 1975; Selman 1971; Shantz 1975). Diese Fähigkeit ist aber nötig, um die Absichten und Motive des Gegenübers zu entschlüsseln. Dementsprechend schwer fällt es beispielsweise Kindern unter acht Jahren, den werblichen, überzeugenden Charakter der Werbung zu verstehen (Kunkel et al. 2004; Lawlor 2000).

Ab 11 Jahren nehmen die kognitiven Fähigkeiten in Bezug auf Planungsvermögen, Logik und Impulskontrolle zu, da die Kinder mehr und mehr Erfahrungen in diesem Bereich sammeln. Es bilden sich erste Konsumverhaltensweisen, auch dadurch, dass das Taschengeld Gestaltungsspielraum bietet. Die Markenaffinität nimmt deutlich zu, da Markenprodukte nunmehr abstrakte Qualitäten transportieren. Werbung mutiert zum „Helfer" bei der typischen Orientierungslosigkeit und Unsicherheit.

Wieweit aber das Planungsvermögen von Kindern reicht, welche Kompetenz sie bereits in der *analytical stage* zeigen, das ist bisher unter dem Fokus der Kompetenzforschung noch völlig offen. Notwendig ist somit eine Deskription von Kaufkompetenz, um diese im nächsten Schritt messen zu können.

3. Kaufkompetenz von Kindern

Für das Verständnis des Kompetenzbegriffes ist das aus der Psychologie stammende „problem solving" von entscheidender Bedeutung. Als „Problemlösen" lassen sich alle Handlungen auffassen, mit denen ein bestimmter Zielzustand erreicht werden soll. Zur Lösung eines Problems sind daher stets (mindestens) die nachfolgenden drei Schritte erforderlich (Newell und Simon 1972):

- Erfassen des Ist-Zustandes bzw. der Problemstellung,
- Anwendung von Lösungsverfahren,
- Erreichen des gewünschten Soll-Zustandes.

Kompetenz ist also die Fähigkeit, mit Hilfe von Problemlöseprozessen Situationen zu bewältigen. Solche Situationen können somit Schachspielen, aber auch die Planung einer Auslandsreise oder eben das Einkaufen sein.

Um die in der Forschung gängige Definition von Weinert (2001, S. 27f) aufzugreifen und für die nun abzuleitenden Definition von Kaufkompetenz nutzbar zu machen, sollen Kompetenzen als die

> „bei Individuen verfügbaren oder durch sie erlernbaren kognitiven [Strukturen oder Prozesse des Erkennens und Wissens betreffenden] Fähigkeiten [Gedächtnis, Sprache, Wahrnehmung, Aufmerksamkeit usw.] und Fertigkeiten [Handlungen, die zur Bewältigung wiederkehrender Anforderungen eingesetzt werden] [verstanden werden], um bestimmte Probleme zu lösen [„overcome barriers between a given state and a desired goal" French/Funke 1995, S. 8], sowie die damit verbundenen motivationalen [die Beweggründe betreffend, die jemandes Entscheidung, Handlung beeinflussen], volitionalen [willensmäßigen] und sozialen Bereitschaften und Fähigkeiten, um die Problemlösungen in variablen Situationen erfolgreich und verantwortungsvoll nutzen zu können" (Hinzufügungen der Autoren in eckigen Klammern).

Die Problemsituation, auf die sich Kaufkompetenz bezieht, stellt der Kaufprozess dar. Für dessen Strukturierung bieten sich Kaufprozessmodelle an, die spätestens seit den 1960er Jahren in der Kaufverhaltensforschung weite Verbreitung gefunden haben (Rau und Samiee 1981, S. 300). Insbesondere das Modell von Engel, Blackwell und Miniard (1995) eignet sich durch seine hohe Akzeptanz zur schematischen Darstellung des Kaufprozesses. Das Modell strukturiert den Kaufprozess in fünf Schritten:

- Problem-/Bedürfniserkennung,
- Informationssuche,
- Evaluation der Alternativen,
- Kaufentscheidung und
- Nachkaufbewertung (Stokes und Lomax 2008, S. 120).

Ausgelöst wird der Prozess durch einen bestimmten Stimulus, z.B. Hunger, Wahrnehmung eines Produktes etc., durch den ein bestimmter Mangel festgestellt wird. Wenn der Konsument das Problem erkannt hat, sucht er nach Alternativen, um sein Problem lösen zu können. Der potenzielle Käufer generiert Informationen aus eigenen, internen Erfahrungen und externen Quellen, wie Marketingaktivitäten, Freunden, Empfehlungen etc., die den Kaufprozess beeinflussen (Abdallat und Emam 2011, S. 14). Die Suchintensität hängt dabei von den Informationskosten und dem antizipierenden Nutzen ab. Der Informationssuche schließt sich im dritten Schritt die Evaluation der verschiedenen Optionen an. Die Bewertung der Alternativen erfolgt anhand gewisser Kriterien, die der Zielsetzung des Konsumenten entsprechen (Stokes und Lomax 2008, S. 121). Anhand der Evaluation entscheidet sich der Konsument für ein bestimmtes Gut, und der eigentliche Kauf dieses Gutes findet statt. In der Nachkaufphase bewertet der Konsument das Kaufergebnis bezüglich seiner Erwartungen.

Anhand des Modells von Engel, Blackwell und Miniard (1995) ist eine hypothetische Herleitung des Begriffs der Kaufkompetenz möglich. Kaufkompetenz umfasst somit die gesamte Organisation des Kaufprozesses. Beginnend bei der Problemstellung, also der Erörterung der benötigten Güter in gewünschter Beschaffenheit und Menge, über die Einschätzung, an welchem Ort diese am besten gekauft werden und wie viel Geld dafür zur Verfügung steht, bis hin zum Kauf des Gutes, bei dem die Marketingaktivitäten durchschaut und nach gutem Wissen gehandelt werden kann. Ähnlich definieren Lee und Marshall (1998, S. 26) mit Bezug auf den Kauf von Lebensmitteln drei Stufen:

- configuration: Stufe de Orientierung „Was gibt es alles?"
- negotiation: Stufe der Verhandlung „Welche Unterschiede existieren"?
- outcome: Stufe des Resultats „Welche Wahl wird getroffen?"

Abschließend soll dies zur folgenden Definition zusammengefasst werden:

Kaufkompetenz umfasst die kognitiven, motivationalen, volitionalen und sozialen Fertigkeiten, die Konsumenten in die Lage versetzen, den gesamten Kaufprozess so zu bewältigen, dass die eigenen Ziele und Bedürfnisse erreicht und die Herausforderungen sowie das eigene Handeln verstanden und reflektiert werden können.

4. Design der Studie und Diskussion möglicher Alternativen

Im Mittelpunkt des Projekts stand die Frage, wie die Kaufkompetenz von Kindern im Alter von 8 bis 10 Jahren erhoben werden kann. Prinzipiell stehen folgende Erhebungsverfahren zur Auswahl:

- Konfrontation der Schülerinnen und Schüler mit einer realen, standardisierten Aufgabe (Standardisiertes Experiment),
- Einschätzungen der Performanz der Kinder im Alltag durch ihre Eltern,
- Selbsteinschätzungen zur Ausprägung von Teilkompetenzen,
- Paper-pencil Tests mit offenen oder geschlossenen Fragestellungen sowie
- Erfassung der Leistungsfähigkeit in realitätsnahen Einkaufssimulationen.

Eine Konfrontation mit realen Aufgaben wäre im Vergleich zu allen anderen Erhebungsverfahren schwer zu realisieren – selbst wenn versucht wird, den Standardisierungsgrad hoch zu halten. Weiterhin ist dieses Vorgehen mit erheblichem Finanzierungsaufwand verbunden. Es müssten in diesem Fall innerhalb eines Supermarktes Items definiert werden, die beobachtbar und messbar sind, um die Performanz der Kinder abschätzen zu können. Damit dies ohne Einflussnahme der Interviewer oder anderer Supermarkteinkäufer geschieht, müssten ggf. Videostudien durchgeführt werden. Aufwand und Nutzen stehen hierbei in keiner Relation zueinander. Dieses Verfahren ist bei einer größeren zu testenden Population deshalb nicht zielführend.

Eine Einschätzung der Performanz der Kinder im Alltag durch ihre Eltern wäre zwar kostengünstig, die Einschätzungen würden sich jedoch notgedrungen auf unterschiedliche Anforderungssituationen beziehen, zudem ist – auch bei indikatorengestützten Verfahren – mit subjektiv gefärbten Einschätzungen zu rechnen, vor allem dann, wenn die Einschätzungen von Eltern vorgenommen werden. Der Einsatz von unabhängigen Beobachtern vor Ort ist jedoch sehr aufwändig, da eine längere Beobachtung notwendig wäre. Auch hier ist zu sagen, dass dieses Verfahren für übergreifende Vergleiche nicht ausreichend geeignet erschien.

Zielführender erschienen hingegen Selbsteinschätzungen, die innerhalb des strukturierten Interviews von den Kindern eingefordert wurden. Sie bezogen sich auf von den Kindern definierte Einkaufssituationen, so dass der Abstraktionsgrad gering gehalten werden konnte. Zwar gilt auch hier, dass Selbsteinschätzungen keine realen Daten zur tatsächlichen Ausprägung der Kompetenz liefern, da sie in hohem Grade subjektiv verzerrt sind. Aber im Fragebogendesign wurde versucht, durch eine standardisierte Auswahl der Situationen Vergleichbarkeit herzustellen.

Paper-pencil-Tests mit offenen und geschlossenen Fragestellungen sind zwar die am meisten eingesetzte Methode bei Kompetenztests, bergen jedoch zwei Probleme: Zum einen sind sie in einem deutlich anwendungsbezogenen Kompetenzbereich wie dem Einkaufen nicht angemessen (Nickolaus et al. 2009). Zum anderen sind sie aber auch vor dem Hintergrund der Lese- und Schreibfähigkeiten in der 3. und 4. Schulkasse nicht ratsam.

Deshalb wurde innerhalb der Studie eine Kombination aus Interview und Simulation gewählt, da aus der psychologischen Forschung bekannt ist, dass Kinder sich in Interviewsituationen anders verhalten als in ihrem täglichen Umgang. So fühlen sich Kinder in Frage-Antwort-Situationen eher in einem schulischen Setting, wo es darauf ankommt, ‚richtig' und ‚falsch' im Sinne des Fragenden zu antworten. Folglich dominieren meist kognitiv-motivierte Aussagen. Dennoch sind diese Aussagen für den angestrebten Analysezweck notwendig, um die Diskrepanz zwischen Wissen und eher affektiven und konativen Elementen, die das Einkaufen prägen, identifizieren zu können.

Die Einzelinterviews wurden mit insgesamt 266 Kindern durchgeführt, die geleitet wurden von einem computergestützten Fragebogen. So sollte eine Beeinflussung der Kinder durch den Interviewer – außer dem beschriebenen Effekt – durch einen Interviewleitfaden und eine vorangegangene Schulung ausgeschlossen werden. Um die Dauer jedes Interviews auf 15 und 20 Minuten zu begrenzen, gab es Frageblöcke, die zufällig ausgewählt wurden.

Der Fragebogen gliedert sich in mehrere Abschnitte. Um ein umfassendes Bild des Kaufverhaltens bei Kindern zu erlangen, wurden nach dem ersten allgemeinen Block mit Fragen zum Kaufverhalten, Taschengeld und Einstellungskriterien zwei unterschiedliche Blöcke erarbeitet, die nicht von allen Kindern bearbeitet wurden. Die Auswahl der Blöcke wurde durch einen Würfel zufallsbasiert den Kindern zugewiesen. Insgesamt 122 Kinder bearbeiteten den Block zwei zum Themenschwerpunkt Werbung und Marken und 144 Kinder den Block drei zur Thematik der Problemerkennung und der Alternativbewertung. Durch die Teilung der Probanden in zwei Gruppen sind bei der Auswertung teilweise kleinere Zahlen als die der Gesamtgruppe angegeben. Der vierte Block wurde von allen Probanden bearbeitet und umfasst die Rolle des Kaufberaters und der Nachkaufbewertung. Bei der zweiten Kohorte wurde der Fragebogen durch einen fünften Block zur Supermarktsimulation erweitert.

Die Interviews fanden jeweils in einem freien Klassenraum der beteiligten Grundschulen (schulisches Setting) statt, so dass sie auch ungestört verliefen. Es wird vermutet, dass durch den Fragebogen und die Interviewsituation besonders das „Wissen" über das Einkaufen bei den Kindern angesprochen wird, im Ergebnis sich aber keine repräsentativen Prozessschritte darstellen lassen und sich die Ergebnisse von tatsächlichen Handlungen, also dem realen Kaufprozess unterscheiden. Daher wurde explizit auch die

These untersucht, dass eine reine Fragebogenanalyse nicht ausreichend ist, um die Kompetenz von Kindern während des Kaufprozesses beschreiben zu können.

Um diese These zu bekräftigen, wurden neben den 266 Kindern weitere 170 Kinder als Probanden hinzugezogen. Der zweiten Kohorte wurde neben dem Fragebogen zusätzlich eine Simulationsstudie vorgelegt. Die Kinder erhielten die Aufgabe, in einem Supermarkt für ihre Mutter einkaufen zu gehen. Alles, was sie kaufen sollten, stand auf einem Einkaufszettel. Dafür hatten sie ein festgelegtes Budget zur Verfügung, wobei es ihnen freigestellt war, welche Güter sie nun letztendlich konsumierten. Diese Simulation haben die Kinder eigenständig – ohne die vorher beschriebene Prüfungssituation – durchgeführt. So konnte, realitätsnah, das Einkaufsverhalten erfasst werden. Die Vergleichbarkeit der Ergebnisse war gewährleistet, da die Rahmenbedingungen, anders als beim Experiment im Supermarkt, konstant gehalten werden konnten. Vielfältige Studien (siehe eine Auflistung bei Nickolaus et al. 2009) zeigen inzwischen, dass dieses Verfahren eine verlässliche Abschätzung der Leistungsfähigkeit ermöglicht.

5. Ergebnisse

Basis jeder Kaufentscheidung sind die finanziellen Mittel, über die die Kinder frei verfügen können. Deshalb wurden die Kinder gefragt, für welche Güter sie ihr Taschengeld ausgeben, von wem sie Taschengeld regelmäßig erhalten und was sie glauben, woher die Eltern das Geld haben, damit sie überhaupt Taschengeld bekommen.

Abbildung 1: Konsumausgaben

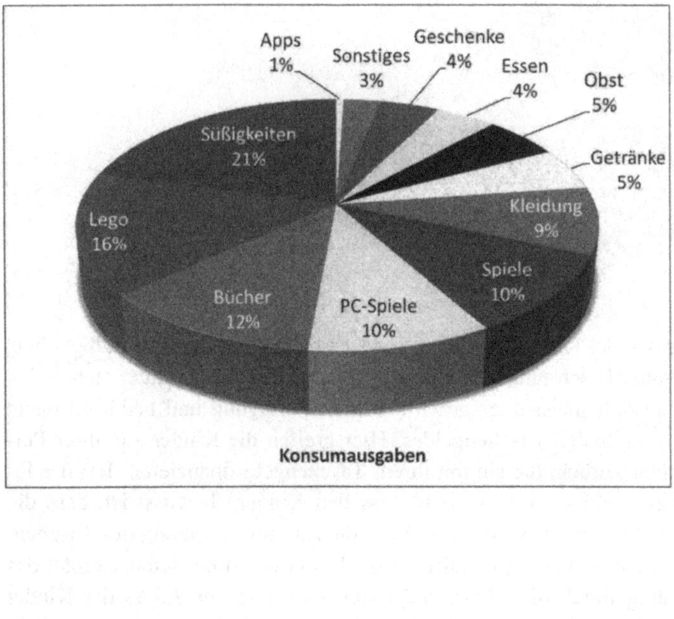

Abbildung 2: Zusammensetzung Taschengeld

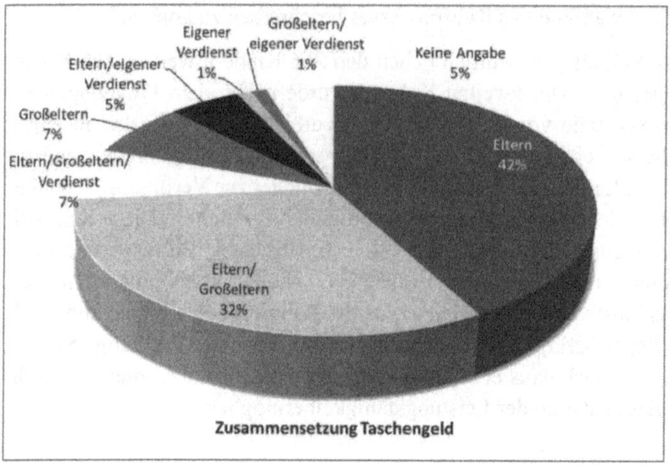

Abbildung 3: Woher haben deine Eltern das Geld für dein Taschengeld?

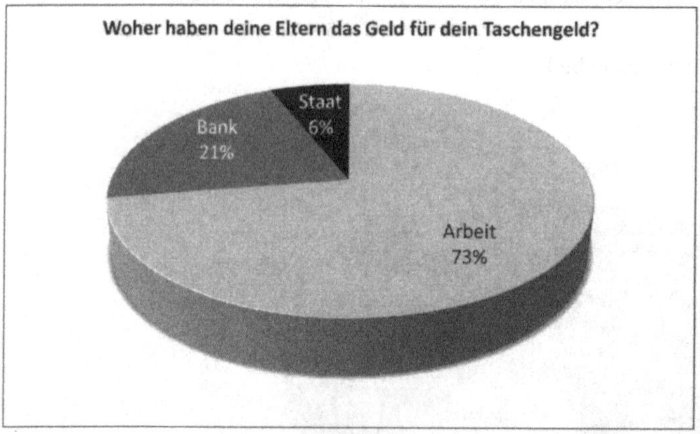

Die Konsumausgaben der Kinder konzentrieren sich dabei vor allem auf Süßigkeiten, Lego und Bücher, wobei Essen und Getränke nachrangig sind. Diese Güter stehen den Kindern in ihrem Haushalt meist uneingeschränkt zur Verfügung und bedürfen daher keiner Anschaffung mittels des Taschengeldes. Hier greifen die Kinder aus ihrer Perspektive auf Luxusgüter zurück, die sie mit ihrem Taschengeld finanzieren. Bei der Finanzierung des Taschengeldes wird deutlich, dass den Kindern bewusst ist, dass die Eltern das Geld durch ihren Beruf verdienen. Auch die Zusammensetzung des Taschengeldes ist bei den Kindern eindeutig identifizierbar. Ein Großteil der Kinder erhält das Taschengeld regelmäßig durch die Eltern und Großeltern, und nur 7,5 % der Kinder gaben an, dass sie mit ihrem Taschengeld nicht auskommen. Abbildung 1 verdeutlicht damit, dass den Kindern bewusst ist, wie sich ihr Taschengeld zusammensetzt und wofür sie dieses ausgeben. Daher kann hier die Aussage getroffen werden, dass Kinder bewusste Kaufentscheidungen treffen.

Im Kaufprozess ist es, ausgehend von der Annahme, dass Kinder bewusste Entscheidungen in diesem Prozess treffen, spannend zu beobachten, ob sie auch in der Lage sind, Produktkosten und die Preisbestimmung von Gütern zu reflektieren: ein wesentlicher Aspekt, wenn es darum geht, im Bereich der Informationssuche und des Abwägens Entscheidungen vorzubereiten. Um einzuschätzen, wie viele Kriterien und welche Kriterien Kinder bei der Kaufentscheidung anlegen, sollten sie die Rolle eines Kaufberaters übernehmen. Die Kaufberatung eines Freundes/ihrer Freundin bezog sich auf die Anschaffung eines neuen Fahrrades und wurde durch spezifische Fragen zur Bereitschaft und zu Kriterien, die in den Augen der Kinder wichtig sind, um eine gute Kaufentscheidung zu treffen, erhoben.

Abbildung 4: Kriterien in der Kaufberatung

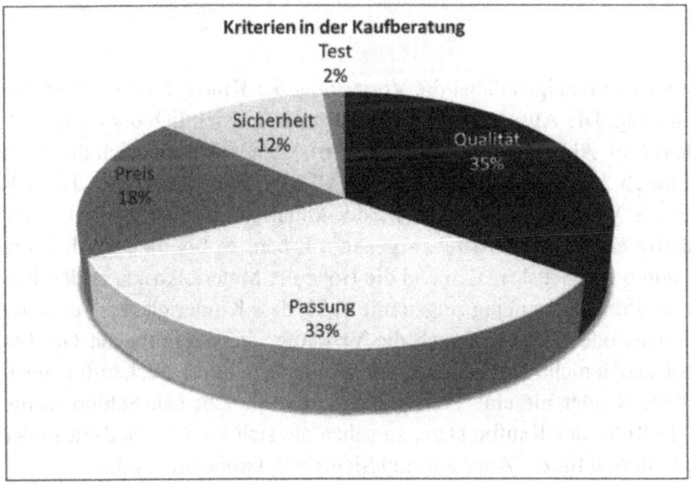

Abbildung 5: Produktkosten

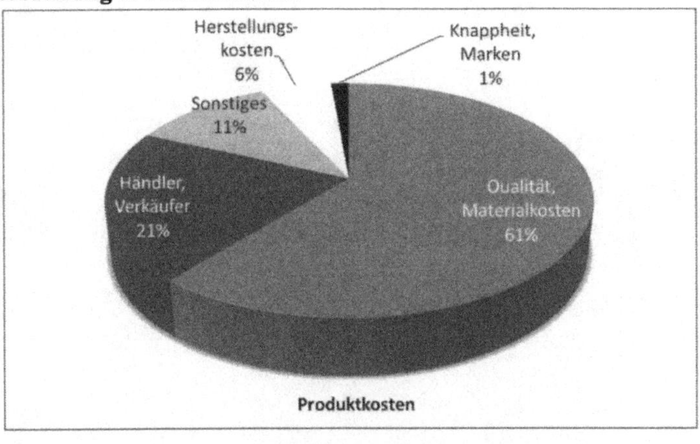

Abbildung 6: Preisbestimmung

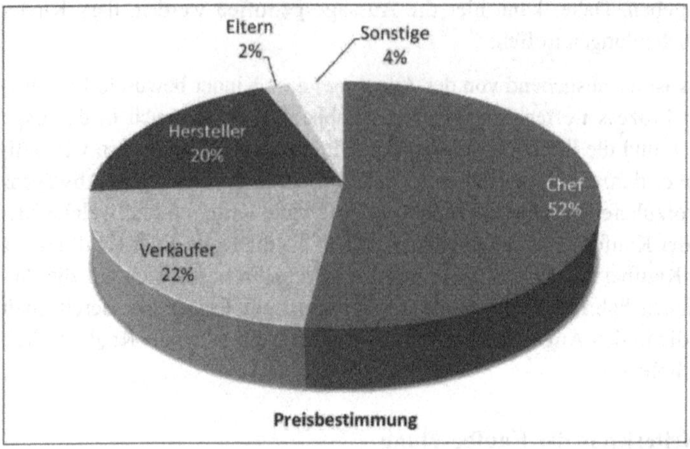

Die Abbildungen 5 und 6 zeigen dabei die Vorstellung der Kinder zu Produktkosten und zur Preisbestimmung. Die Aussagen der Kinder wurden hinsichtlich der dargestellten Merkmale codiert (vgl. Abbildung 5; Produktkosten). Demnach ergibt sich die Höhe der Produktkosten durch Attribute wie Qualität, den Händler, die Marke, den Herstellungsprozess sowie der Verfügbarkeit und Höhe der Materialkosten. Anzumerken ist, dass die Kinder häufig ein bis zwei Kriterien genannt haben, wobei die Mehrheit der Kinder die Kosten durch Qualitätskriterien und die Höhe der Materialkosten erklärt hat. Die Vorstellungen zur Preisbestimmung zeigen mit 51 %, dass Kinder glauben, dass der Chef des Unternehmens oder alternativ auch die Verkäufer den Preis für ein Gut bestimmen. Der Preis ist auch nicht verhandelbar, was u.a. auch darauf zurückzuführen ist, dass die Mehrzahl der Kinder nie eine Preisverhandlung miterlebt hat. Schlüpfen die Befragten nun in die Rolle des Kaufberaters, so sehen sie sich zu 72,2 % dazu in der Lage. Wesentliche Kriterien für die Auswahl sind Sicherheit, Größe und Farbe.

Tabelle 1: Ergebnisse mit Bezug zu mathematischen Fragestellungen

Mathematische Beobachtungen (Korrelationen)					
	Reicht dein Taschengeld aus	Sparst du von deinem Taschengeld etwas?	Würdest du deine/n Freund/in bim Einkaufen beraten?	Kinderschutz beim Einkaufen	Gehst du gerne einkaufen?
Reicht dein Taschengeld aus	1	,332**	-,007	-,052	-,002
Sparst du von deinem Taschengeld etwas?		1	-,006	,000	-,020
Würdest du deine/n Freund/in bim Einkaufen beraten?			1	,454**	,553**
Kinderschutz beim Einkaufen				1	,440**
Gehst du gerne einkaufen?					1
**. Die Korrelation ist auf dem Niveau von 0,01 (2-seitig) signifikant.					

Innerhalb des Kaufprozesses sind ferner mathematische Fähigkeiten der Kinder mehrfach gefordert. Geht es zum einen darum, überschlagen zu können, wie viel Geld man für den Einkauf benötigt und ob das Wechselgeld korrekt zurückgegeben wurde, so sind auch Mengen-Preisvergleiche für die Kalkulation eines „günstigen" Einkaufs unabdingbar. Tabelle 1 verdeutlicht die Problematik beim mathematischen Verständnis der Kinder. Spardauer bedeutet hier, dass die Kinder angeben sollten, ob ein bestimmtes Sparziel mit vorhandenen finanziellen Mitteln erreicht wird oder nicht. Dies wurde lediglich von 31,7 % der Kinder eingeschätzt. Der Großteil konnte hier keine Angaben machen. Besser können die Kinder einschätzen, ob das Wechselgeld beim Brötchenkauf ausreicht. Diese Frage wurde von 52,19 % korrekt beantwortet. Im Zuge der mathematischen Beobachtungen zeigt sich, dass Kinder, die Geld sparen, auch befinden können, dass ihr Taschengeld ausreicht. Auch ergeben sich positive Korrelationen bei den Zusammenhängen, dass Kinder, die gerne Einkaufen gehen und sich in der Rolle des Kaufberaters sehen, auch über das Wissen verfügen, dass sie beim Einkaufen geschützt sind (Taschengeldparagraph).

Um das Bild des Kindes im Kaufprozess zu komplementieren, werden abschließend noch soziodemographische Einflussfaktoren wie die Zahl der Geschwister, die Sprache, die zu Hause gesprochen wird, die Anzahl der Bücher zu Hause, die Verfügbarkeit eines eigenen Fernsehers, das Sparverhalten und Borgen auf die vorgestellten Faktoren untersucht. Hier zeigt sich keinerlei Beeinflussung. D.h., die Vorstellung über Produktkosten und über die Preisbildung sowie die Einnahme der Rolle als Kaufberater sind unbeeinflusst von direkten Umweltfaktoren. Positive Korrelationen ergeben sich aber in den Zusammenhängen zwischen der Motivation zum Einkaufen und der Vorstellung der Kinder über die Preisbestimmung und die Produktkosten. Hier zeigt sich, dass mit zunehmender Motivation die Vorstellungen spezifischer werden. Auch zeigen Kinder, die eine hohe Motivation zum Einkaufen zeigen, große Bereitschaft, die Rolle des Kaufberaters zu übernehmen.

Um die Kompetenz der Schülerinnen und Schüler im Kaufprozess zu beurteilen, wurde in einem zweiten Schritt der Fragebogen nochmals in Verbindung mit einer Simulation eingesetzt. 170 Kinder zwischen 8 und 10 Jahren sollten nun zusätzlich diese Aufgabe in einem virtuellen Supermarkt lösen:

„Du bekommst von deinen Eltern den Auftrag, die Produkte auf der Liste einzukaufen. Sie möchten, dass du möglichst wenig Geld ausgibst. Dir stehen 15 Euro zur Verfügung:

Einkaufszettel

- *eine rote und eine gelbe Paprika*
- *1 x Müsli*
- *1 x Duschgel für den Vater*
- *1 x Flasche Wasser*
- *1 x Chips*
- *1 x Joghurt"*

Dafür hatten sie ein festgelegtes Budget zur Verfügung, wobei es ihnen freigestellt war, auch andere Güter zu konsumieren und zwischen teuer und günstig zu unterscheiden.

Die Simulationsdaten ergeben, dass es zwei Typen von Kindern in Bezug auf das Konsumverhalten gibt. Ausgewertet wurde der Warenkorb, den die Kinder am Ende der Simulation hatten, die Höhe der finanziellen Mittel und die zurückgelegte Wegstrecke im Supermarkt. Auch wurde untersucht, ob die Kinder die genannten Produkte kauften und ob sie zwischen günstigen und teuren Produkten unterschieden. Die Ergebnisse aus der Supermarktsimulation wurden in einem abschließenden Schritt korrelativ mit den Datenblöcken aus den standardisierten Fragebögen zusammengeführt, um weitere Muster im Konsumverhalten der Kinder zu identifizieren. Dabei spielten die Einnahmen und Ausgaben, das Kaufverhalten und Vorstellungsvermögen von Preisen, das vorhandene Wissen und die Erfahrungen sowie äußere Einflussfaktoren, bspw. Werbung und gezielte Produktentwicklung, für Kinder eine Rolle.

Das vermutete asymmetrische Bild der Ergebnisse des Fragebogens wird durch die Ergebnisse der Supermarktsimulation bestätigt. Das Preisbewusstsein der Kinder, das sich schon divergierend im Fragebogen zeigt, wird durch die Simulation ebenfalls widerlegt. So zeigen Kinder im direkten Kaufprozess, dass sie nicht eher zu den günstigeren Produkten neigen, sondern zu den teureren Markenprodukten, obwohl Sie nur ein begrenztes Budget zur Verfügung haben. So kauften 83,5 % der Kinder verstärkt die teuren Produkte.

Auch kann festgestellt werden, dass Kinder in einem Supermarkt ihren Auftrag als nebensächlich ansehen und sich schnell in der Produktvielfalt verlieren. Trotz klarem Auftrag und einem begrenzten Budget kauften 71.9 % der Kinder weitere Produkte ein, und 21,6 % kauften Produkte ein, die nicht auf ihrem Einkaufzettel zu finden sind und vermehrt dem Eigenkonsum dienen. Lediglich 23,7 % der Kinder kauften die korrekte Anzahl an Produkten und kamen mit ihrem Budget aus. Die Kinder waren im Supermarkt selbst eher planlos unterwegs, denn bei nur 23,3 % der Kinder war die zurückgelegte Wegstrecke zielstrebig.

6. Neue Aufgaben für die ökonomische Bildung?

Die Studie zeigt, dass zum einen das Wissen über Einkaufen und die verschiedenen Prozessschritte ungleich verteilt ist, insbesondere hängt das Wissen über das Einkaufen von der Einstellung zum Einkaufen und den eigenen/familiären Einkaufserfahrungen ab. Deshalb ist es bedeutsam, Wissens- und Kompetenzdefizite zu identifizieren, um dann zielgerichtet neue Materialien zur Unterstützung der Verbraucherbildung bei Kindern und Jugendlichen zu entwickeln (Krafft 1975; 1977; 1990; Krafft et al. 1977). Die ökonomische Bildung ist also aufgefordert, Kindern und Jugendlichen zu helfen, zu mündigen und selbstbestimmten Verbrauchern zu werden.

Literatur

Abdallat, Muhannad M. A. und Emam Hesham El–Sayed E. (2011), Consumer Behavior Models in Tourism, Analysis Study, Department of Tourism and Hospitality, Faculty of Tourism and Archeology King Saud University, URL: http://faculty.ksu.edu.sa/73944/ DocLib/Consumer%20Behavior%20Models%20and%20Consumer%20Behavior%20in%20 Tourism.PDF (abgerufen am 03.04.2014).

Carroll, Jacqueline J. und Margaret S. Steward (1984), The Role of Cognitive Development in Children's Understandings of Their Own Feelings, in: Child Development, Vol. 55, S. 1486-1492.

Clarke, Peter und Andrew McAuley (2010), Parental Evaluation of Popular Brand Names Given as Christmas Gifts and Sources of Information Used in These Decisions, in: Journal of Consumer Marketing, Vol. 27, S. 534-542.

Cook, Daniel T. (2009), Knowing the Child Consumer: Historical and Conceptual Insights on Qualitative Children's Consumer Research, in: Young Consumers: Insight and Ideas for Responsible Marketers, Vol. 10, S. 269-282.

Cram, Fiona und Sik H. Ng (1999), Consumer Socialisation, in: Applied Psychology, Vol. 48, S. 297-312.

Cross, Gary (2002), Valves of Desire: A Historian's Perspective on Parents, Children, and Marketing, in: Journal of Consumer Research, Vol. 29, S. 441-447.

Edelmann, Iris (2006), Der Einfluss von Kindern auf den Kaufprozess ihrer Mütter, Consumer Science, Diskussionsbeitrag Nr. 9.

Effertz, Tobias (2008), Kindermarketing: Analyse Und Rechtliche Empfehlungen, Frankfurt am Main.

Effertz, Tobias und Thorsten Teichert (2010), Kindermarketing aus neurologischer Sicht: Empfehlungen für ethisch korrekte Gestaltungen des Marketing-Mix, Journal für Betriebswirtschaft, Jg. 60, S. 203-236.

Egmont Mediasolutions (2013), Kids Verbraucheranalyse, Berlin.

Engel, James F., Blackwell, Roger D. und Paul W. Miniard (1995),Consumer Behavior, 8. Aufl, Fort Worth.

Flavell, John H. (1982), On Cognitive Development, in: Child Development, Vol. 53, S. 1-10.

Flavell, John H. (1999), Cognitive Development: Children's Knowledge About the Mind, in: Annual Review of Psychology, Vol. 50, S. 21-45.

French, Peter A. und Joachim Funke (Hg.) (1995), Complex Problem Solving: The European Perspective. Hillsdale.

Galbraith, John Kenneth (1952), American Capitalism: The Concept of Countervailing Power, New York.

Hamilton, Kathy (2009), Consumer Decision Making in Low-Income Families: The Case of Conflict Avoidance, in: Journal of Consumer Behaviour, Vol. 8, S. 252-267.

Hamilton, Kathy und Miriam Catterall (2006), Consuming Love in Poor Families: Children's Influence on Consumption Decisions, in: Journal of Marketing Management, Vol. 22 (9), S. 1031-1052.

Honeyman, Susan (2010), Consumerism, Sweets, and Self-Determined Choice, in: The International Journal of Children's Rights, Vol. 18, S. 253-265.

John, Deborah R. (2008), Stages of consumer socialization: The development of consumer knowledge skills und values from childhood to adolescence, in: Curtis P. Haugtvedt, Paul M. Herr und Frank R. Kardes (Hg.), Handbook of consumer psychology, New York, London, S. 221-245.

Kollmann, Karl (2008), Konsumentenbildung, in: Reinhold Hedtke und Birgit Weber (Hg.), Wörterbuch Ökonomische Bildung, Schwalbach/Ts., S. 198-200.

Krafft, Dietmar (1975), Verbrauchererziehung an den Hauptschulen. in Nordrhein-Westfalen: Eine Analyse, Untersuchung im Auftrag des Ministers für Wirtschaft, Mittelstand und Verkehr des Landes Nordrhein-Westfalen durch die Forschungsstelle für empirische Sozialökonomik e.V. Köln, Münster, Düsseldorf.

Krafft, Dietmar (1977), Verbrauchererziehung an den Realschulen und Gymnasien des Landes Nordrhein-Westfalen: Eine Analyse, Untersuchung im Auftrag des Ministers für Wirtschaft, Mittelstand und Verkehr des Landes Nordrhein-Westfalen, Münster, Düsseldorf.

Krafft, Dietmar, Gerd-Jan Krol und Friedrich Willke (1977), Der Verbraucher in der Marktwirtschaft, hrsg. vom Niedersächsischen Minister für Wirtschaft und Verkehr, Stuttgart.

Krafft, Dietmar (1990), Didaktische Kriterien zur Analyse von Schulbüchern für den Lernbereich „Haushalt", in: Hildegard Rapin (Hg.), Der private Haushalt im Unterricht: Eine Schulbuchanalyse aus haushaltswissenschaftlicher und didaktischer Sicht, Frankfurt, New York, S. 69-89.

Krol, Gerd-Jan (1994), Ökonomische Verhaltenstheorie, Verbraucher und Umwelt, in: Klaus-Peter Kruber (Hg.), Didaktik der ökonomischen Bildung. Hohengehren, S. 70-80.

Kunkel, Dale, Brian L. Wilcox, Joanne Cantor, Edward Palmer, Susan Linn und Peter Dowrick (2004), Report of the Apa Task Force on Advertising and Children, Washington, D.C., USA, APA Section: Psychological Issues in the Increasing Commercialization of Childhood.

Kurdek, Lawrence A. und Maris M. Rodgon (1975), Perceptual, Cognitive, and Affective Perspective Taking in Kindergarten through Sixth-Grade Children, in: Developmental Psychology, Vol. 11, S. 643-650.

Lawlor, Margaret-Anne (2000), Advertising to Children: Concepts and Controversies, in: European Journal of Marketing, Vol. 34, S. 1414-1417.

Lee, Kwai Christina C. und Roger Marshall (1998), Measuring influence in the family decision-making process using an observational method, in: Qualitative Market Research: An International Journal, Vol. 1, S. 88-98.

McGregor, Sue (2005), Sustainable consumer empowerment through critical consumer education: a typology of consumer education approaches, in: International Journal of Consumer Studies, Vol. 29, S. 437-447.

McKenzie, Richard B. und Gordon Tullock (1984), Homo oeconomicus: Ökonomische Dimensionen des Alltags, Frankfurt am Main.

McNeal, James U. (1969), The Child Consumer: A New Market, in: Journal of Retailing, Vol. 45, S. 15-22.

McNeal, James U. (2007), On Becoming a Consumer: The Development of Consumer Behavior Patterns in Childhood, London.

Newell, Allen und Herbert A. Simon (1972), Human Problem Solving, Englewood Cliffs.

Nickolaus, Reinhold, Tobias Gschwendtner und Stefan Abele (2009), Abschlussbericht für das Bundesministerium für Bildung und Forschung: Die Validität von Simulationsaufgaben am Beispiel der Diagnosekompetenz von Kfz-Mechatronikern: Vorstudie zur Validität von Simulationsaufgaben im Rahmen eines VET-LSA, Stuttgart.

Oerter, Rolf (2007), Sozialisation, Enkulturation und Konsum, in: Lutz von Rosenstiel und Dieter Frey (Hg.), Marktpsychologie: Enzyklopädie der Psychologie, Bd. 5, Göttingen, S. 559-604.

Pettersson, Anette, Ulf Olsson und Christina Fjellström (2004), Family Life in Grocery Stores: a Study of Interaction between Adults and Children, in: International Journal of Consumer Studies, Vol. 28, S. 317-328.

Pleiß, Ulrich (1987), Begriffliche Studien zur Konsumentenerziehung, Baltmannsweiler.

Rau, Pradeep und Saeed Samiee (1981), Models of Consumer Behavior: The State of the Art, in: Journal of Academy of Marketing Science, Vol. 9, S. 300-316.

Scherhorn, Gerhard (1975), Verbraucherinteresse und Verbraucherpolitik, Göttingen.

Scherhorn, Gerhard (1977), Erziehung zur Konsumfreiheit, in: Hauswirtschaftliche Bildung, 1977, 51. Jg., S. 3-9.

Schinkel, Anders, Doret de Ruyter und Jan Steutel (2010), Threats to autonomy in consumer societies and their implications for education, in: Theory and Research in Education, Vol. 8, S. 269-287.

Schor, Juliet (2004), Born to Buy: The Commercialized Child and the New Consumer Culture, New York.

Selman, Robert L. (1971), Taking Another's Perspective: Role-Taking Development in Early Childhood, in: Child Development, Vol. 42, S. 1721-1734.

Shantz, Carolin U. (1975), The Development of Social Cognition, in: Eileen Mavis Hetherington (Hg.), Review of Child Development Research, Vol. 5, S. 257-323.

Stokes, David R. und Wendy Lomax (2008), Marketing: a brief introduction, Stamford.

Weinert, Franz E. (2001), Vergleichende Leistungsmessung in Schulen - eine umstrittene Selbstverständlichkeit, in: Weinert, Franz E. (Hrsg.). Leistungsmessungen in Schulen, Weinheim, S. 17–31.

Wilson, George und Katie Wood (2004), The Influence of Children on Parental Purchases During Supermarket Shopping, in: International Journal of Consumer Studies, Vol. 28, S. 329-336.

Christian Müller, Hans Jürgen Schlösser, Michael Schuhen und Andreas Liening (Hg.),
Bildung zur Sozialen Marktwirtschaft
Schriften zu Ordnungsfragen der Wirtschaft · Band 99 · Stuttgart · 2014

Ansätze für ein neues Haushaltsverständnis in der ökonomischen Grund- und Allgemeinbildung

Michael-Burkhard Piorkowsky

Inhalt

1. Einführung

Mein erster Ausflug in die Wirtschaftsdidaktik hatte zum Ziel, die Darstellung des privaten Haushalts im Unterricht zu analysieren. Wirtschaftsdidaktisch fundiert und begleitet wurde der Ausflug von Dietmar Krafft. Damals ging es uns um die Darstellung des Haushalts in der Arbeits- und Hauswirtschaftslehre (Krafft 1990; Piorkowsky 1990). Einige Anregungen für ein erweitertes, modernes Haushaltsverständnis finden sich noch heute in der Literatur und wohl auch im Unterricht. Aber vor einigen Jahren hat die Hauswirtschaftslehre begonnen, sich als Ernährungs- und Verbraucherlehre neu zu erfinden und damit von einem tendenziell ganzheitlichen Haushaltsbegriff abgewandt.

Nun bietet sich eine wunderbare Möglichkeit nach vielen Jahren und näherer Befassung mit Ansätzen, Konzepten und Konzeptionen der Wirtschaftsdidaktik hier noch einmal anzusetzen und für eine angemessene Thematisierung des Haushalts in der ökonomischen Bildung zu plädieren. Das Thema drängt sich geradezu auf. Denn in jüngster Zeit sind Publikationen zur ökonomischen Allgemein- bzw. Grundbildung erschienen, die zum einen die mehr oder weniger differenzierte Verbraucherrolle gegenüber dem Haushaltszusammenhang hervorheben, aber zum anderen auch Argumente für eine teilweise Überwindung von Rollendifferenzierungen im Zusammenhang mit der Verbraucherrolle liefern. Das läuft auf die Frage hinaus, ob Verbraucher oder Haushalt die treffendere Akteurskategorie in der ökonomischen Bildung ist.

Im Folgenden wird zunächst die herkömmliche Betrachtung von ökonomischen Akteuren und Rollen in drei neueren und grundlegenden Publikationen dargestellt und kommentiert. Anschließend werden zwei Ansätze für eine integrative Betrachtung von herkömmlich differenzierten ökonomischen Akteuren bzw. Rollen dargestellt. Die herangezogenen Publikationen stehen beispielhaft als Belege für die Begründung des Eindrucks eines sich andeutenden Wandels im Verständnis der Verbraucherrolle und des Haushaltszusammenhangs. Daraus wird ein Plädoyer für ein erweitertes Haushaltsverständnis als eine Grundlage ökonomischer Bildung abgeleitet und begründet.

2. Akteure und Rollen in ausgewählten Konzepten für die ökonomische Grund- und Allgemeinbildung

Die Konzepte bzw. Konzeptionen der ökonomischen Grund- und Allgemeinbildung folgen wohl fast alle ausdrücklich oder stillschweigend[1] dem Kreislaufmodell der Wirtschaft und orientieren sich an den dort unterschiedenen ökonomischen Institutionen bzw. Akteuren in Organisationen und den ihnen zugeschriebenen ökonomischen Funktionen oder Rollen in den Organisationen und in der Gesamtwirtschaft. Das gilt auch für die drei hier im Zentrum stehenden Ansätze, Konzepte oder Konzeptionen bzw. Kataloge für ökonomische Kompetenzen und Standards der ökonomischen Bildung. Diese

---

[1] So z.B. das Lebenssituationen-Qualifikationen-Konzept von Ochs und Steinmann (1978, S. 193 und 197); vgl. dazu Piorkowsky (2009, S. 52 f.).

werden im Folgenden oft kurz als Bildungskonzeption bezeichnet und nach den Hochschulstandorten, an denen die Autoren wirken, benannt.

2.1. Die Oldenburger Konzeption für die ökonomische Bildung als Allgemeinbildung von der Primarstufe bis zur Sekundarstufe II

In der Oldenburger Bildungskonzeption werden die Akteure im Wirtschaftsgeschehen wie folgt beschrieben (Kaminski et al. 2008, S. 11):

> „Private Haushalte, Unternehmen und Staat sind die wesentlichen Akteure in einer Wirtschafts- und Gesellschaftsordnung. Die nähere Bestimmung der Funktionen dieser Akteure ist nur möglich, wenn die Funktionen der einzelnen Wirtschaftssubjekte im Wirtschaftsprozess, zum Beispiel als Arbeitnehmer/-in, als Konsument/-in, als Wähler/-in, als Unternehmer-/in, und die bestehenden Austauschprozesse zwischen ihnen deutlich werden."

Mit der Fokussierung auf gesamtwirtschaftliche Zusammenhänge und der Grundorientierung am Modell des Geld- und Güterkreislaufs der Wirtschaft und damit an Austauschbeziehungen werden die ökonomischen Funktionen privater Haushalte vor allem in der Beschaffung von Marktgütern und dem Angebot von Arbeitskraft und Ersparnissen gesehen. Überwiegend werden Kaufentscheidungen thematisiert und die Beschaffung und Nutzung der Güter unter den Konsumbegriff subsumiert. „Arbeit und Beruf" werden in einem eigenen Inhaltsbereich der ökonomischen Bildung zusammengefasst (ebenda, S. 12). Allerdings wird betont, dass keine isolierten Einsichten in einzelne Inhaltsbereiche vermittelt werden dürfen, sondern die Wechselwirkungen zwischen den Handlungen der Wirtschaftssubjekte und die Interdependenzen wirtschaftlichen Geschehens deutlich werden müssen. Empfohlen wird deshalb, im Unterricht geeignete Themen zu wählen, mit denen die Komplexität der Beziehungen zwischen Haushalten, Unternehmen, Staat und Ausland in einer marktwirtschaftlichen Ordnung veranschaulicht werden können (ebenda, S. 23).

Im Haushaltsverständnis der Oldenburger Bildungskonzeption spielt die Käuferrolle die alles überragende Hauptrolle im Privathaushalt. Arbeit und Beruf sind, wie bereits gesagt, einem eigenen Inhaltsfeld zugeordnet, in dem beispielhaft Aspekte von Erwerbs- und Haushaltsarbeit angesprochen werden. Es finden sich insbesondere auch Stichworte für Aktivitäten und Ergebnisse der Haushaltsarbeit jenseits von Kaufentscheidungsprozessen im Zusammenhang mit finanzieller Allgemeinbildung und in den jahrgangsweise gegliederten Inhaltsaspekten, z.B. „Geldanlage, Altersvorsorge, Vermögensbildung", „Haushaltsproduktion", „Arbeitsteilung der Mitglieder eines privaten Haushalts" und „gesellschaftlicher Wert der Hausarbeit" (ebenda, S. 37, 43, 47, 55 und 57). Gegenüber dem von Kaminski herausgegebenen Lehrbuch von Eggert et al. (2005) zeigt sich hier ein neues Haushaltsverständnis. Das Oldenburger Lehrbuch kommt ohne ein Stichwort „Hausarbeit", „Haushaltsarbeit" bzw. „Haushaltsproduktion" aus und behandelt „Haushaltsproduktion" lediglich im Zusammenhang mit der vermeintlichen Vernachlässigung der Schattenwirtschaft in der Entstehungsrechnung des Sozialprodukts (Eggert et al. 2005, S. 352-353).[2]

---

[2] Vgl. dazu auch die Feststellung von Kaminski (2013, 2. Absatz): „Es ist völlig richtig zu fordern, dass Kinder und Jugendliche sich in einem höheren Maße als bisher mit der zentra-

Erwähnt sei auch, dass von Kaminski et al. (2008, S. 47, 49 und 51) „ehrenamtliche Arbeit" im Zusammenhang mit dem Inhaltsfeld Arbeit und Beruf und „Wirtschaftsbürger" im Zusammenhang mit Interessengruppen – wohl im Sinne von zivilgesellschaftlichem Engagement – sowie „Konsum und Umwelt" als einen Inhaltsaspekt der Akteurskategorie Privater Haushalt, „Umweltverträglichkeit der Produktion" als einen solchen mit Bezug auf Unternehmen und „Verhältnis Ökonomie und Ökologie" mit Bezug auf Staat und Wirtschaftsordnung angesprochen werden.

2.2. Die Essen-Lahr-Landau-Kieler Konzeption für die ökonomische Bildung an allgemeinbildenden Schulen

In der Bildungskonzeption von Retzmann et al. (2010, S. 14 f.) werden die ökonomischen Akteure in Orientierung an den – so die Autoren – „in der Wirtschaftsdidaktik gängigen Rollenbezeichnungen" dargestellt. Unterschieden werden drei Oberrollen mit insgesamt 14 Unterrollen. Im Einzelnen sind dies die Rollen als Verbraucher (Konsumenten, Geldanleger, Kreditnehmer, Versicherungsnehmer), Erwerbstätige Arbeitnehmer bzw. Selbstständige/Unternehmer (Berufswähler, Auszubildende, Arbeitnehmer, Produzenten/Anbieter, Entrepreneure, Arbeitgeber) und Wirtschaftsbürger (Transferempfänger, Beitrags-/Steuerzahler, Wähler, Engagierte). Die Autoren begründen ihre Differenzierung wir folgt (ebenda, S. 15):

> „Die Rollenkonzepte erheben nicht den Anspruch auf Vollständigkeit, sondern auf Maßgeblichkeit. Sie strukturieren die ökonomisch geprägte Lebenswelt und nicht die Kompetenzbereiche ökonomischer Bildung [d.s. Entscheidung und Rationalität (des Einzelnen), Beziehung und Interaktion (mit Anderen), Ordnung und System (des Ganzen), M.-B.P.], denn es gibt nicht *die* Kompetenzen eines Verbrauchers, Unternehmers oder Wirtschaftsbürgers. Kompetenzen sind an ihren Träger gebunden, nicht an die spezifische Situation, in der sie gebraucht werden. Seine Kompetenzen nimmt das Individuum deshalb auch mit, wenn (es) die Situation wechselt. Das unterscheidet sie von situationsabhängigen Qualifikationen. Verfügen Schülerinnen und Schüler beispielsweise über eine ausgeprägte ökonomische Entscheidungskompetenz, so können sie grundsätzlich Kosten und Nutzen jeder Handlungsalternative systematisch gegeneinander abwägen – ganz gleich, ob sie sich in der Rolle des Konsumenten oder Berufswählers befinden."

Retzmann et al. (2010, S. 15) halten es für sinnvoll, die hier besonders interessierende Verbraucherrolle in die Teilrollen des Konsumenten, des Geldanlegers, des Kreditnehmers und des Versicherungsnehmers zu unterscheiden, weil

> „die Individuen in diesen Rollen erstens auf unterschiedlichen Märkten (Gütermarkt, Geld- und Kapitalmarkt, Versicherungsmarkt) und zweitens auf verschiedenen Seiten des Marktes (als Nachfrager und Anbieter) agieren und dabei ganz unterschiedliche Interessen (z.B. Güterkauf, Vermögensbildung, Risikovorsorge) verfolgen. Damit gehen vielfach ähnliche, zum Teil aber auch unterschiedliche Anforderungen einher, die den Besonderheiten der jeweiligen Situation und der jeweiligen Rahmenbedingungen geschuldet sind."

Tatsächlich werden mit der gewählten Rollen(unter)gliederung Aktivitätsbereiche stark ausdifferenziert und teils plausibel zusammengefasst, z.B. Kaufentscheidungen und Entscheidungen für Finanzdienstleistungen zum Verbraucherverhalten, teils aber

---

len Funktion der privaten Haushalte in der Gesellschaft auseinandersetzen, und es ist zu fragen, welchen Beitrag das Bildungssystem zu leisten hat."

auch sachlich im Haushaltskontext zusammengehörendes getrennt, z.B. Transfereinnahmen und Steuerzahlungen als Wirtschaftsbürger von den übrigen monetären Zu- und Abgängen als Konsument. Diese Zergliederung z.B. von Einnahmen und Ausgaben, wie auch tendenziell von monetärer Einkommenserzielung und -verwendung insgesamt und die aus dem Haushaltszusammenhang herausgelösten Entscheidungen zur Erwerbstätigkeit, wirken etwas künstlich. Es entspricht aber, wie die Autoren anmerken, der in der Wirtschaftsdidaktik gängigen Differenzierung ökonomischer Aktivitätsbereiche und Rollenzuordnungen mit der domänenspezifischen Orientierung an Tauschhandlungen – womit allerdings eine spezielle Rolle als Haushaltsproduzent nicht in den Blick kommt (ebd., S. 15 und 21)[3].

Dennoch werden in den Standards für die Kompetenzbereiche ökonomischer Bildung nach Abschlüssen auch Themen zur Arbeit im Haushalt jenseits von Kaufentscheidungen und Entscheidungen zur Nutzung von Finanzdienstleistungen angesprochen, z.B. „Arbeitsabläufe in Haushalten" und „Aufgaben in der Familie", sowie ökologische Folgewirkungen wirtschaftlicher Aktivitäten thematisiert (ebd., S. 25 f., 36 f.). Für die Ausbildung von Ökonomielehrern für das Lehramt an Gymnasien / Gesamtschulen (Sek II) empfehlen Retzmann et al. (2010, S. 129) sogar die Einrichtung eines Wahlpflichtbereichs (2 aus 4) „Haushaltsökonomik". Das wäre wohl ein Novum an den Hochschulstandorten der Autoren.

2.3. Die Lahr-Landauer Konzeption für die ökonomische Grundbildung für Erwachsene

Ökonomische Grundbildung für Erwachsene soll – so Remmele et al. (2013, S. 24) – zur Lebensbewältigung und Lebensgestaltung in ökonomisch geprägten Alltagssituationen befähigen. Dazu wird weiter ausgeführt:

> „Da eine konkrete Auflistung der Situationen nicht möglich bzw. nicht sinnvoll ist – dafür sind sie zu vielfältig und veränderlich – behelfen wir uns mit Typisierungen. In unserem Konzept geschieht das über die Zuordnung zu Rollen des Verbrauchers, des Erwerbstätigen und des Wirtschaftsbürgers."

Die ökonomische Verbraucherbildung ist in finanzielle Grundbildung und Konsumentengrundbildung unterteilt, die Erwerbstätigenbildung ist scherpunktmäßig auf abhängige Beschäftigung ausgerichtet, und die Wirtschaftsbürgerbildung zielt auf das Verständnis von kollektiver Interessenvertretung, der Aufgaben und Finanzierung des Staates sowie grundlegender Eckpunkte der Wirtschaftsordnung (ebd., S. 117-120).

Für die hier besonders interessierende Verbraucherrolle werden, wie auch für die Erwerbs- und Wirtschaftsbürgerrolle, Kompetenzen formuliert, die – so die Autoren – nicht an der schulischen Bildung, sondern an lebensweltlich induzierten Anforderungen für Erwachsene mit tendenziell benachteiligter Bildungsbiographie ausgerichtet sind und freiwillig nachgefragt werden sollen (ebd., S. 113 f.). Die Autoren untergliedern deshalb die Verbraucherbildung in finanzielle Grundbildung und Konsumentengrund-

---

[3] Vgl. dazu z.B. im Lehrbuch von May (2008) die Gliederung des Stoffs in Konsumökonomie, Arbeitsökonomie und Gesellschaftsökonomie. Auch in diesem Lehrbuch findet sich kein Stichwort „Hausarbeit", „Haushaltsarbeit" bzw. „Haushaltsproduktion".

bildung mit der Begründung, dass dies nicht nur der Literaturlage, sondern auch der Praxis der Angebote in der Erwachsenenbildung entspricht, obwohl die beiden Teile nach ihrem Verständnis systematisch zu einer zusammenhängenden Verbraucherbildung gehören (ebd., S. 72).

Hinsichtlich der Verbraucherteilrolle beim Umgang mit Geld und Finanzdienstleistungen geht es in der ökonomischen Grundbildung für Erwachsene um gängige Inhalte der finanziellen Grund- oder Allgemeinbildung, wie Wissen, Fähigkeiten und Bereitschaft zur Informationsbeschaffung für einen Vergleich von Finanzprodukten, Treffen von Entscheidungen über Geldanlage, Versicherungen und Finanzierungen unter Berücksichtigung des Bedarfs und des Einkommens, Buchführung über Einnahmen und Ausgaben, Kenntnis moderner Technologien im Zahlungsverkehr und moderner Zahlungsmittel, Risikobewusstsein sowie Grundverständnis des Systems der sozialen Sicherung (ebd., S. 117).

Hinsichtlich der Verbraucherteilrolle als Konsument geht es z.B. um Wissen, Fähigkeiten und Bereitschaft zum langfristigen Denken und Planen von Käufen unter Berücksichtigung von Bedarf, Einkommen, Ausgaben und absehbaren finanziellen Verpflichtungen sowie sozialen und ökologischen Folgewirkungen des eigenen Konsums, Kenntnis wichtiger Produktkennzeichnungen sowie Verbraucherrechte und Verbraucherschutzorganisationen, Wahrnehmung und Bewertung von Werbestrategien der Anbieter. Genannt werden in diesem Zusammenhang auch „die finanzielle Bedeutung der eigenen Haushaltsproduktion gegenüber Konsumausgaben kennen und abwägen“ sowie „den ökonomischen Wert der Hausarbeit erkennen“ (ebd., S. 118).

Bemerkenswert ist, dass die Autoren nicht nur die Ausdifferenzierung der Verbraucherrolle und Verbraucherbildung selbstkritisch kommentieren, sondern auch an vielen Stellen ihrer Analyse und in den Schlussfolgerungen deutlich machen, dass die Rollendifferenzierungen problematisch sind, wenn Ziel der Bildungsbemühungen ist, dass ökonomisch geprägte Lebenssituationen persönlich erfolgreich und sozial verantwortlich bewältigt und gestaltet werden können.

Bereits in einer ersten Übersicht über ökonomisch geprägte Lebenssituationen und ökonomische Rollen als Verbraucher, Erwerbstätige und Wirtschaftsbürger stellen Remmele et al. (2013, S. 27) zur Rolle des Wirtschaftsbürgers abschließend fest:

> „Die Abgrenzung zu den anderen Lebenssituationen ist primär analytisch, da Menschen in allen diesen Lebenssituationen zugleich Wirtschaftsbürger und Verbraucher oder Erwerbstätige sind.“

In der Zusammenfassung der Ausführungen zur ökonomischen Verbraucherbildung heißt es (ebd., S. 89):

> „Dabei überschneiden sich die Bereiche teilweise mit denen der Wirtschaftsbürgerbildung, insbesondere wenn es um Prinzipien der (ökologischen) Nachhaltigkeit, um die Übernahme von (gesellschaftlicher) Verantwortung und Regulierung sozial sowie ökologisch verantwortlichen Konsums geht.“

Und zu den Inhalten der Wirtschaftsbürgerbildung wird einleitend festgestellt (ebd., S. 101 f.):

„Wirtschaftsbürgerbildung bezieht sich auf das Verhältnis und die Rolle des Einzelnen in der Gesellschaft. Da der Einzelne sowohl als Verbraucher als auch als Arbeitnehmer im Hinblick auf das gesellschaftliche Ganze agiert, finden sich zu diesen zwei Grundbildungsbereichen deutliche Überschneidungen. Der Einzelne soll befähigt werden, sein Leben im Hinblick auf die eigenen Ressourcen aber auch auf das gesellschaftliche Ganze verantwortlich zu gestalten. Dazu ist die Vermittlung von Kenntnissen und Kompetenzen notwendig, die dazu beitragen, das eigene Verhalten (z.B. hinsichtlich von eigenen finanziellen Beiträgen, staatlichen Leistungen, Kaufentscheidungen) kritisch zu reflektieren. Sie sollen den Einzelnen aber auch befähigen, wirtschafts- und sozialpolitische Aktivitäten des Staates zu verstehen, kritisch beurteilen und beeinflussen zu können.“

Die Frage drängt sich auf, warum nicht gleich – konzeptionell – ein mehr ganzheitlicher Haushaltskontext für den Einstieg in die ökonomische Grundbildung für Erwachsene (aber auch generell, für die ökonomische Bildung für Schüler, die ja erfolgreiche und verantwortliche Erwachsen werden sollen) gewählt wird. Dann könnten, entlang der biographischen Gestaltung der Lebenslage und an kritischen Lebenssituationen orientiert und evidenzbasiert, die – so sinngemäß die Autoren – anspruchsvollen Aufgaben bei der Haushaushaltsgründung, der Haushaltsführung, der Familiengründung und der Gestaltung des Familienlebens einschließlich Haushalts-, Ehrenamts- und Erwerbsarbeit thematisiert werden (vgl. Remmele et al. 2013, S. 12, 26, 113 und 131).

Tatsächlich finden sich weitere Äußerungen, Ansätze und Argumente für eine integrative Betrachtung von Akteuren und Rollen im Haushaltszusammenhang in der Literatur. Im Folgenden werden zunächst zwei spezifisch fokussierte Beiträge dazu betrachtet.

3. Integrative Betrachtungen von Akteuren und Rollen im Haushaltszusammenhang

Remmele und Seeber (2012) haben ihre oben dargestellte Argumentation in einem Aufsatz vertieft, in dem sie eine Integration von finanzieller Bildung und Wirtschaftsbürgerbildung begründen. Und Muster (2012) hat in einem Aufsatz auf Hindernisse bei der Gestaltung eines mehr nachhaltigen Konsums aufgrund von Erwerbstätigkeit unter ungünstigen Bedingungen hingewiesen, die wohl durch eine Integration der beiden Bereiche in der ökonomischen Bildung gemildert werden könnten.

3.1. Finanzielle Bildung und Wirtschaftsbürgerbildung

Remmele und Seeber (2012) verstehen ihren Ansatz der Verbindung von finanzieller Bildung und Wirtschaftsbürgerbildung als Teil eines integrativen Konzepts der ökonomischen Bildung an Schulen. Sie begründen diesen Ansatz mit der faktischen Vernetzung der individuellen Finanzwirtschaft privater Haushalte mit der institutionellen Struktur der Gesamtwirtschaft, insbesondere mit der Möglichkeit der politischen Einflussnahme und Gestaltbarkeit finanzwirtschaftlicher Institutionen in Marktwirtschaften mit parlamentarischer Demokratie und zivilgesellschaftlichen Organisationen. Für eine kompetente Einflussnahme bedarf es dabei grundlegender finanzwirtschaftlicher und allgemeiner ökonomischer Kenntnisse (ebd., S. 189).

Als empirische Belege für mangelhafte finanzwirtschaftliche Kompetenzen verweisen die Autoren insbesondere auf entsprechende Erkenntnisse aus Umfragen, aus

Schulden- und Überschuldungsstatistiken sowie aus der verhaltensökonomischen Forschung. Dennoch plädieren sie nicht etwa für eine Konzentration auf die Vermittlung von rein praktischem Wissen und Handlungsbereitschaft, sondern von systematischem ökonomischen Wissen, insbesondere auch über das Zusammenspiel von Politik und Märkten, um Kompetenzen für ökonomisch reife Bürger zu fördern (ebd., S. 192).

Besonders eingängige Argumente für die Integration von finanzieller Bildung und Wirtschaftsbürgerbildung liefern die seit Jahren anhaltende Verlagerung finanzieller Vorsorge von der stattlichen auf die persönliche Ebene und die Abwälzung von Risiken aus dem Bankensystem auf die Privathaushalte. Gerade wenn es um strukturelle Änderungen im ökonomischen Institutionengefüge und kritische Wandlungen in der ökonomischen Moral bei Mitgliedern einflussreicher Akteursgruppen geht, sind nicht nur individuelle, sondern kollektive Reaktionen geboten, sei es verständige Akzeptanz oder kompetente ökonomisch-politische Aktion (ebd., S. 195).

Dies ist auch ein breit akzeptierter Standpunkt in der Theorie und Praxis der Verbraucherpolitik, die Abwanderung und Widerspruch nicht nur als mögliche Reaktionen gegenüber einzelnen Anbietern und Angeboten am Markt verstehen (vgl. dazu Reisch 2003). Es ist aber auch klar, dass damit die Rollen des Käufer-Verbrauchers und des Konsum-Bürgers nicht mehr getrennt, sondern ineinander verwoben gedacht und ausgebildet werden müssen. Der Käufer-und-Konsum-Bürger ist – so kann man es auch in Abwandlung eines bekannten Sprichworts sagen – immer mindestens mit einem Bein im Haushalt.

Kritisch zu sehen ist allerdings, dass Remmele und Seeber (2012, S. 197) in ihrer Konzeption der finanziellen Bildung nur die Ausgabenseite der privaten Haushalte betrachten und die Einnahmenseite durch Erwerbstätigkeit zwar ansprechen, aber in der integrierten Finanz- und Wirtschaftsbürgerbildung für vernachlässigbar halten. Aber auch hier liegen sie auf einer Linie mit der herrschenden Theorie und Praxis der Verbraucherpolitik (vgl. dazu Stauss 1982).

3.2. Bildung für nachhaltigen Konsum und Erwerbstätigkeit

Mit Blick auf einen mehr nachhaltigen Konsum wird die integrative Betrachtung von Konsum- und Erwerbswelt am Institut für Berufliche Bildung und Arbeitslehre der Technischen Universität Berlin für äußerst wichtig erachtet. Muster (2012, S. 169) legt dar, dass negative Einflüsse aus dem Berufsleben die Bemühungen um einen mehr nachhaltigen Konsum erheblich behindern können, und plädiert für einen integrativen Ansatz auf der Grundlage einer „Work-Life-Research"-Perspektive.

Mögliche negative Einflüsse aus dem Berufsleben auf einen mehr nachhaltigen Konsum diskutiert Muster (2012, S. 167-170) mit Bezug auf die Arbeitszeiten und Arbeitsbedingungen, die Trennung von Wohn- und Arbeitsstätte, die Übernahme schlechter Beispiele aus der Berufswelt sowie unterschiedliche Normen und Praktiken im Beruf und im Haushalt und daraus resultierende Rollenkonflikte. Einige Beispiele seien genannt: Lange Arbeitstage lassen weniger Zeit für „Ökoarbeit", wie Einkäufe zu Fuß oder mit dem Fahrrad, Trennung von Hausmüll und Gänge zum Altglascontainer. Unterschiedliche Arbeitszeiten von Haushaltsmitgliedern begünstigen verschwenderische

Energienutzungen, z.B. wenn mehrmals am Tag Speisen gekocht bzw. erwärmt werden. Nachtschichten erschweren die Nutzung öffentlicher Verkehrsmittel. Unerfreuliche Arbeitsbedingungen werden durch umweltintensive Freizeitaktivitäten kompensiert. Die räumliche Trennung von Erwerbsstätte und Wohnung zwingt zum Pendeln. Bevorzugtes Wohnen in städtischen Randlagen fördert tendenziell die Auto-Mobilität. Wenig Rücksichtnahme auf ökologische Erfordernisse in der Berufswelt, z.B. Verschwendung von Energie, anderen Rohstoffen oder schwer verkäuflichen Waren, kann verhaltensprägend für den privaten Bereich sein. Möglich ist aber auch, dass ein als übertrieben wahrgenommenes Umweltmanagement im Erwerbsbereich zu Reaktanz im Privatbereich führt.

Um mehr Umweltverantwortung im Konsum, d.h. in der privaten Haushaltsführung, zu erreichen, erscheint es angezeigt, nicht nur mehr Aufschluss über die Zusammenhänge zu erlangen, sondern auch bei Bildungsbemühungen die Konflikte und die Möglichkeiten zu einer Lösung in den Blick zu rücken. Ein Teil der Verantwortung liegt bei den Haushaltsmitgliedern als Haushaltsproduzenten, Konsumenten und Erwerbstätige. Und ihre Verantwortung sollten sie als „ganze Menschen" wahrnehmen können, im öffentlichen Bereich als Wirtschaftsbürger und im privaten Bereich nicht nur in der Verbraucherrolle, sondern mit einem die Erwerbsarbeit einschließenden umfassenderen Verständnis als Haushaltsführende, die ja auch über ihre Erwerbstätigkeit entscheiden (vgl. dazu Strümpel 1972).

Allerdings beeinflusst die Berufstätigkeit das Konsumverhalten nicht nur im Hinblick auf ein umweltverantwortliches Verhalten, sondern generell. Es ist schon lange bekannt und gut belegt, dass die Berufswelt, also Arbeitskollegen sowie Berufsrollen und -positionen, und die damit vermittelte Schichtzugehörigkeit die Nachfrage und Nutzung von Konsumgütern mitprägen (vgl. dazu die Beiträge in Haupt und Torp 2009)[4]. Deshalb lehnen einige Wissenschaftler auch schon länger die traditionelle Trennung der Verbraucherrolle und der Arbeitnehmerrolle als „Rollenschizophrenie" ab, wie Stauss (1982, S. 68) feststellt.

4. Vom produzierenden Haushalt zur Verbraucherrolle und zurück in die Gegenwart

Ohne zu tief in die ökonomische Dogmengeschichte einzusteigen, soll im Folgenden zunächst schlaglichtartig dargelegt werden, warum und wie im Zuge der Entwicklung der modernen Ökonomik – und auch in der Soziologie – der Haushaltszusammenhang in der Theorie aufgelöst und in Teilrollen zerlegt wurde. Anschließend werden, anknüpfend an die oben dargestellten neueren Entwicklungen in der ökonomischen Grund- und Allgemeinbildung, weitere Argumente für eine Konzeption eines zeitgemäßen Haushaltsverständnisses in der ökonomischen Bildung präsentiert.

---

[4] Siehe insbesondere die Beiträge in Kapitel II., Soziale Lagen und Identitäten.

4.1. Von der Haushaltung zum Konsumenten

Im „Wörterbuch der Volkswirtschaft" hat Elster (1911, S. 1302 f.) unter dem Stichwort „Haushaltung" ausgeführt:

> „H. ist jetzt fast ausschließlich eine Kategorie der K o n s u m t i o n, während früher allgenmein und heute noch auf dem Lande (s. Bücher oben im Art. ‚Gewerbe' sub VI) zur H. auch Produktionskategorien gehörten. Jetzt trifft für die Privat-H. im ganzen die Engelsche Definition zu, die nur die Ordnung der Konsumtion in zeitlich und äußerlich beschränktem Umkreis mit einigen qualitativen Erfordernissen als H. anspricht."

Es war wohl tatsächlich die Fokussierung auf die Ausgabenseite der Haushaltsbudgets, die zur Gleichsetzung von Marktnachfrage und Ausgabenverhalten mit Bedürfnisbefriedigung durch Güterkauf führte. Aber nicht die Statistik, sondern die sich durchsetzende neoklassische Ökonomik mit ihrem Interesse an der Erklärung der Funktion von Märkten und Preisen, gestützt auf eine subjektive Wertlehre, lieferte dafür das wissenschaftliche Fundament (vgl. dazu Nonn 2009, S. 222). Hinzu kam die Wahrnehmung eines zunehmenden Verlustes an agrarischen und handwerklichen Funktionen der Haushalte für die Versorgung der Haushaltsmitglieder und dessen Darstellung in Werken von historisch orientierten Ökonomen (vgl. dazu Egner 1952, S. 80-100).

Das Markt-Kauf-Paradigma zur Beschreibung des privaten Haushalts in der ökonomischen Theorie fand nach und nach Eingang in die etablierten Lehrbücher, z.B. bei Eucken (1947) und Stackelberg (1951). Die Ausblendung des Faktums der ganz normalen Haushaltsarbeit begründeten die Autoren mit dem Erfordernis einer idealtypischen Beschreibung der Haushalte als Akteure am Markt, aber sie wiesen zumindest auf die idealtypische Stilisierung hin.

Bei Eucken (1947, S. 141) ist dazu in seinen „Grundlagen der Nationalökonomie" nachzulesen:

> „Wir sprachen schon davon, daß die geschichtlich gegebenen Haushaltungen der Familie kleine, teilweise zentralgeleitete Wirtschaftsgebilde darstellen, in denen ein wichtiger Teil des heutigen [!, M.-B.P.] gesamtwirtschaftlichen P r o d u k t i o n s prozesses abläuft. Im ‚Haushalt' der reinen ‚Verkehrswirtschaft' aber wird k e i n Gut hergestellt, es wird weder gekocht, noch gewaschen noch genäht. Alle Güter und Leistungen, welche die Haushalte brauchen, werden konsumreif aus Betrieben gekauft und im Haushalt lediglich verbraucht. (...) In Betrieben wird produziert, in den Haushalten konsumiert, – wobei aus den Haushalten zugleich ein Angebot von Arbeitsleistungen oder Sparsummen erfolgt, aus denen sich Einkommen ergibt."

Stackelberg (1951, S. 107-108) begründete in seinen „Grundlagen der theoretischen Volkswirtschaftslehre" mit Bezug auf Eucken die Auflösung des Haushalts in seine Funktionen am Markt wie folgt:

> „Die Haushaltung, mit der wir es bei der Betrachtung der Marktwirtschaft zu tun haben, ist in gewissem Sinn ein ‚Idealtyp': sie produziert nichts ‚im Haus fürs Haus' und ist auch mit keinem Betrieb zu einer Einheit verbunden. Vielmehr gibt sie ihre produktiven Leistungen ganz an einen oder mehrere Betriebe ab, bezieht dafür Geldeinkommen und erwirbt mit diesem Geldeinkommen die Güter, die sie zur Deckung ihres Bedarfs benötigt. Wir wissen, daß wir mit dieser Beschränkung einen Teil der Wirklichkeit unberücksichtigt lassen; so stellt z.B. die bäuerliche Wirtschaft einen guten Teil ihrer Bedarfsgüter selber her. Aber da es uns um den Aufbau der Marktwirtschaft geht, ist diese Vereinfachung erlaubt."

Hicks (1952, S. 21) begründete seine – schon fast rollentheoretisch formulierte – Differenzierung von Haushalten und Unternehmen in seiner „Introduction to Economics", sowohl mit der Notwendigkeit theoretischer Klarheit als auch mit ausführlichen Erörterungen der Probleme der Messung und Bewertung der Haushaltsproduktion:[5]

> „Henceforward we shall mean by *production* any activity directed to the satisfaction of other people's wants through exchange; we shall use the word *producer* to mean a person engaging in production in this sense. A person whose wants are satisfied by such production we shall call a *consumer*."

In Deutschland hat wohl als erster Ökonom und Wirtschaftspolitiker der frühere Wirtschaftsminister und Bundeskanzler Erhard (1969, S. 29) über die „Rolle des Konsumenten" geschrieben und damit auf die gesamtwirtschaftliche Funktion der Marktentnahme durch private Haushalte in freiheitlichen Marktwirtschaften, insbesondere für die Beschäftigung, hingewiesen:

> „Die Soziale Marktwirtschaft mußte vielmehr Konsumenten ‚produzieren', um entsprechend der steigenden Ergiebigkeit der Volkswirtschaft das ständig und rasch wachsende Sozialprodukt auch absetzen zu können."

Dass Ludwig Erhard sich nicht über die produktiven Leistungen in den privaten Haushalten im Klaren war, ist unvorstellbar. Bei einflussreichen Konsumsoziologen, wie auch bei Sozialökonomen[6], gewinnt man einen gegenteiligen Eindruck.

In der deutschen Soziologie gilt Wiswede (1972) als Begründer der rollentheoretischen Betrachtung des Verbraucherverhaltens (Schrage 2009, S. 330). Wiswede scheint sich, wie auch andere Konsumsoziologen nach ihm[7] an dem Hicks`schen Diktum zu orientieren, dass alles, was Mitglieder privater Haushalte in der ökonomischen Dimension des Lebens tun, als Konsum zu verstehen und entsprechend zu bezeichnen sei. Tatsächlich beruht die Negation produktiver Leistungen der privaten Haushalte bei Wiswede, wie wohl auch bei anderen Autoren, nicht auf einem idealtypischen Ansatz oder auf messtheoretischen Bedenken, sondern auf einem agrarwirtschaftlich und handwerklich geprägten Produktionsverständnis. Wiswede (1972, S. 274) beschreibt zwar präzise die Aufgaben der zeitgemäßen Haushaltsführung, aber er erkennt nicht deren produktiven Charakter:

> „Man darf nicht übersehen, daß die eigentlich konsumtive Sphäre, wie wir sie heute verstehen: als Treffen von Kaufentscheidungen, Planung und Verwertung von Informationen, Anschaffung von dauerhaften Gütern und deren Verwendung etc. (…) [früher einen ganz anderen Charakter hatte, M.-B.P.] (…) der Kauf eines neuen Wagens, die Anschaffung eines Wohnhauses oder die Neugestaltung der Küche: all das stand nicht zur Debatte …".

Es sei dahingestellt, ob nicht auch in vor- und frühindustrieller Zeit in privaten Haushalten unterschiedlicher sozialer Schichten solche Entscheidungen über größere Anschaffungen und Veränderungen der Behausung anstanden und dafür Informations- und Planungsaktivitäten entfaltet worden sind. Seit den 1970er Jahren ist das jedenfalls in Deutschland so. Deshalb müsste es unvoreingenommene Leser irritieren, wenn In-

---

5 Siehe dazu Hicks (1952, S. 269-271).

6 Siehe z.B. Schmölders (1969, insbesondere S. 50-51).

7 Siehe z.B. Hellmann (2010, S. 179).

formationsbeschaffung, Entscheidungsfindung, Planung, Kauf und Einsatz von Haushaltsmaschinen und die Neugestaltung der Wohnung nicht als Arbeit, also Produktion, insbesondere als Managementleistung, begriffen wird; ganz zu schweigen, wie Wiswede das tut, von der sonstigen alltäglichen Haushaltsarbeit.

Dabei hatten Parsons und Smelser (1956/2010, S. 20, 24, 54 f., 68, 135 und 141) in ihrem soziologischen Klassiker „Economy and Society" auf bedeutsame Unterschiede zwischen dem analytischen Charakter ihrer Differenzierung von Subsystemen der Gesellschaft in der strukturfunktionalistischen Theorie gegenüber der konkreten Struktur der Wirtschaft hingewiesen, insbesondere mit Bezug auf die mit der ökonomischen Theorie übereinstimmende Differenzierung zwischen dem produktiven Subsystem „Economy" und dem konsumtiven Subsystem „Pattern-Maintenance / Household", und nicht nur die reproduktive Funktion der Haushalte hervorgehoben, sondern auch die Notwendigkeit der Abstimmung der Erwerbsrolle mit anderen Rollen im Haushaltskontext betont. Ausführlich zitiert sei folgender Hinweis (ebenda, S. 54):

> „The relationship between the economy and the latent pattern-maintenance and tension-management sub-system is essentially analytical, i.e., it illustrates the crucial point of interaction between two differentiated functional sub-systems. But the economy does not 'end' at the market for consumer goods. Indeed a good deal of the working capital of the economy is, even in our society, located concretely in households in the form of consumer durables in the process of depreciation. The functional differentiation of society and the concrete structure of collectivities, therefore, are overlapping classifications. As we have pointed out, our analysis deals primarily with the analytical sub-systems."

4.2. Von der Verbraucherrolle zum Haushaltszusammenhang

In neueren alltags- und lebensweltlich orientierten Konzepten für die ökonomische Grund- und Verbraucherbildung deutet sich ein solches Verständnis vom privaten Haushalt an, dass mehr ganzheitlich orientiert ist. Allerdings wird nach wie vor überwiegend statt vom Haushalt von der Verbraucherrolle und mit Bezug darauf von Verbraucherbildung gesprochen (vgl. z.B. Remmele et al. 2013, S. 26). Die Autoren folgen dabei grundlegend dem Konzept der ökonomischen Rolle bzw. der Funktion der Akteure im Modell des Wirtschaftskreislaufs mit einer Fokussierung auf geldvermittelte Austauschbeziehungen und zergliedern nicht nur die Verbraucherrolle in Unterrollen, z.B. Käuferrolle und Anlegerrolle, sondern differenzieren separierte Entscheidungsbereiche, wie Konsumgüterkauf, Erwerbstätigkeit und bürgerschaftliches Engagement. Allerdings stellen einzelne Autoren, die solche Differenzierungen vornehmen, diese auch teilweise wieder in Frage und betonen den lediglich analytischen Charakter des Rollenkonzepts (ebd., S. 27).

Es ist gefühlsmäßig naheliegend und theoretisch gut begründbar, eine weitgehend gelingende Rollenmischung im Haushaltskontext zu erwarten, und jedenfalls angezeigt, eine solche Rollenkonsistenz in Bildungsprozessen zu fördern. In der Lebenswirklichkeit, jenseits vom ökonomischen Separationstheorem, sollen die Mitglieder privater Haushalte ja nicht in isolierten Rollen agieren, sondern eine „Einheit der Verfügungen" (Egner 1952, S. 30) anstreben. Private Haushalte sind Entscheidungszentren und Ausgangsorte von Handlungen der Mitglieder, beginnend mit der Haushaltsgründung und Haushaltsführung, der Erwerbstätigkeit, des ehrenamtlichen und bürgerschaftlichen

Engagements, des Empfangs und der Leistung von Transferzahlungen sowie der Freizeitverwendung, um nur die großen Aktivitätsbereiche zu nennen (vgl. dazu Piorkowsky 2011, S. 166-174, insbesondere S. 167). Auch wenn die genannten Aufgaben nicht alle in „den eigenen vier Wänden" vollzogen werden, finden die diesbezüglichen Überlegungen und Entscheidungen doch im Haushaltskontext statt bzw. sollten im Sinne anzustrebender ökonomischer Rationalität durch ein konsistentes Zielsystem des Haushalts und eine entsprechende Haushaltsplanung fundiert sein. Dies gilt insbesondere für die Abstimmung von monetärer Einkommenserzielung und -verwendung sowie Zeitverwendung für nicht marktgerichtete Aktivitäten (vgl. dazu Jaquemoth und Hufnagel 2007).

Im Hinblick darauf sind die in den neueren Konzepten für die ökonomische Grund- und Allgemeinbildung differenzierten Rollen nicht vollständig. Es fehlt die ausdrückliche Nennung einer Haushaltsarbeitsrolle. Stattdessen wird teils von Hausarbeit und Arbeit in der Familie gesprochen, teils werden solche Tätigkeiten, wie Entscheidungsfindung, Einkaufsplanung und Nutzung von Haushaltsgütern, den Unterrollen der Verbraucherolle zugeordnet und als Konsumaktivitäten verstanden. Die beispielhaft genannten Aktivitäten sind aber höchstes gelegentlich als Freizeitbeschäftigung zu werten. Ganz überwiegend handelt es sich um Arbeit, also Produktion. Das sollte auch terminologisch und im ökonomischen Werteverständnis zum Ausdruck kommen. Haushaltsmitglieder sind immer Haushaltsproduzenten und Konsumenten, also „Prosumenten" (Toffler 1980, S. 282 ff.), und nicht erst dann, wenn sie gemeinsam an einem Text auf einer Internetplattform schreiben, 3-D-Drucker nutzen und/oder in photovoltaische Sonnenkollektoren auf dem Dach investieren und dann sogar zu kleinen Unternehmern werden, wenn sie den nicht genutzten Strom in das öffentliche Netz einspeisen[8].

Generell ergeben sich bei ganz normaler kleinbetrieblicher Selbstständigkeit, z.B. im Handel, im Handwerk, in der Gastronomie und in den freien Berufen, sehr weitergehende Überschneidungen zwischen Erwerbstätigen- und Haushalts- bzw. Verbraucherrolle. Zwangsläufig verzahnen sich in diesen Fällen die erwerbswirtschaftliche Einkommenserzielung und monetäre Einkommensverwendung des Haushalts und der eigenen Unternehmung. Solche „Haushalts-Unternehmens-Komplexe" (Piorkowsky 2012) sind weder als konsumorientierte Ausgabenwirtschaften noch als gesonderte Erwerbsbetriebe zu verstehen. Eine integrative Betrachtung von Haushalt und Unternehmung ist geboten, weil sich besondere Chancen und Risiken ergeben. Die Komplexität der Haushaltsführung nimmt erheblich zu, es entstehen neue Konkurrenzen in der Geld- und Zeitverwendung, insbesondere zwischen Erwerbsarbeit, Haushaltsarbeit und Freizeitnutzung sowie zwischen Konsumausgaben für den Haushalt und Investitionsausgaben für das Unternehmen. Die Risiken prekärer Selbstständigkeit lassen sich z.B. in der Überschuldungsstatistik ablesen. Gescheiterte Selbstständigkeit gehört seit Jahren zu den Auslösern bzw. Hauptgründen der Überschuldung privater Haushalte (vgl. dazu Schlösser 1996; Statistisches Bundesamt 2013).

---

8 Siehe dazu die neu aufkommende Diskussion über High-Tech-Prosumenten bei Blättel-Mink und Hellmann (2010).

Abschließend seien einige weitere Formen der Entgrenzung der traditionell verstandenen Verbraucherrolle angesprochen: Verkäufe „von privat an privat" auf Internetplattformen, Angebot und Nachfrage von Leistungen in Tauschringen, Organisation von Versorgungssaufgaben in Genossenschaften und – informell organisiertes – Sharing, also nicht kaufen und verkaufen, sondern gemeinsames Nutzen. Solche Aktivitäten lassen sich keiner der herkömmlich gedachten Rollen – weder gesondert, noch überlappend – zuordnen, wohl aber der Haushaltsführung im Haushaltszusammenhang.

Literatur

Blättel-Mink, Birgit und Kai-Uwe Hellmann (Hg.) (2010), Prosumer Revisited: Zur Aktualität einer Debatte, Wiesbaden.

Eggert, Katrin, Dorothea Frintrop-Bechthold, Hans Kaminski, Michael Koch (2005), Oec, Ökonomie: Grundlagen wirtschaftlichen Handelns, Braunschweig.

Egner, Erich (1952), Der Haushalt: Eine Darstellung seiner volkswirtschaftlichen Gestalt, Berlin.

Elster, Alexander (1911), Haushaltung, in: Wörterbuch der Volkswirtschaft, 3. Auflage, Jena, S. 1303-104.

Erhard, Ludwig (1969), Die Rolle des Konsumenten in der Sozialen Marktwirtschaft, in: Franz Schneider (Hg.), Die Finanzen des privaten Haushalts: Festschrift für Walter Kaminsky, Frankfurt am Main, S. 22-31.

Eucken, Walter (1947), Die Grundlagen der Nationalökonomie, 5. Auflage., Godesberg.

Haupt, Heinz-Gerhard und Claudia Torp (Hg.) (2009), Die Konsumgesellschaft in Deutschland 1890-1990: Ein Handbuch, Frankfurt am Main.

Hellmann, Kai-Uwe (2010), Konsumsoziologie, in: Georg Kneer und Markus Schroer (Hg.), Handbuch Spezielle Soziologien, Wiesbaden, S. 179-195.

Hicks, John R. (1952), The Social Framework: An Introduction to Economics, Oxford.

Jaquemoth, Mirjam und Rainer Hufnagel (2007), Konsum und Arbeitsangebot: Betrachtungen zu einem dynamischen Gleichgewicht, in: Kurt Gedrich et al. (Hg.), Konsumenten im Fokus der Wissenschaft: Festschrift anlässlich der Emeritierung von Professor Georg Karg, Studien zur Haushaltsökonomie, Bd. 30, Frankfurt am Main, S. 97-119.

Kaminski, Hans, Katrin Eggert, unter Mitarbeit von Karl-Josef Burkhard (2008), Konzeption für die ökonomische Bildung als Allgemeinbildung von der Primarstufe bis zur Sekundarstufe II, Institut für Ökonomische Bildung an der Carl von Ossietzky Universität Oldenburg, im Auftrag des Bundesverbandes deutscher Banken, Berlin.

Kaminski, Hans (2013), Fächer auf der „grünen Wiese": Landfrauenrat fordert eigenes Unterrichtsfach für „Alltags- und Lebensökonomie", IÖB-Standpunkte, 9. Oktober 2013, URL: http://www.ioeb.de/standpunkte (abgerufen am 10.01.2014).

Krafft, Dietmar (1990), Didaktische Kriterien zur Analyse von Schulbüchern für den Lernbereich „Haushalt", in: Hildegard Rapin (Hg.), Der private Haushalt im Unterricht: Eine Analyse von Unterrichtskonzepten aus haushaltswissenschaftlicher und didaktischer Sicht, Reihe Stiftung Der Private Haushalt, Bd. 10, Frankfurt am Main, S. 69-83.

Muster, Viola (2012), Negative influences of working life on sustainable consumption, in: International Journal of Consumer Studies, Vol. 36, S. 166-172.

May, Hermann (2008), Ökonomie für Pädagogen, 14. Auflage, München.

Nonn, Christoph (2009), Die Entdeckung des Konsumenten im Kaiserreich, in: Heinz-Gerhard Haupt und Claudia Torp (Hg.), Die Konsumgesellschaft in Deutschland 1890-1990: Ein Handbuch, Frankfurt am Main, S. 221-231.

Ochs, Dietmar und Bodo Steinmann (1978), Beitrag der Ökonomie zu einem sozialwissenschaftlichen Curriculum, in: Erhard Forndran et al. (Hg.), Studiengang Sozialwissenschaften: Zur Definition eines Faches, Düsseldorf, S. 186-223.

Parsons, Talcott und Neil J. Smelser (1956/2010), Economy and Society: A Study in the Integration of Economic and Social Theory, New York.

Piorkowsky, Michael-Burkhard (1990), Der Lernbereich „Haushalt" aus Sicht der Haushaltswissenschaft, in: Hildegard Rapin (Hg.), Der private Haushalt im Unterricht: Eine Analyse von Unterrichtskonzepten aus haushaltswissenschaftlicher und didaktischer Sicht, Reihe Stiftung Der Private Haushalt, Bd. 10, Frankfurt am Main, S. 19-67.

Piorkowsky, Michael-Burkhard (2009), Lebensweltorientierte Wirtschaftsdidaktik im Vergleich: Lebenssituationen-Qualifikationen-Konzept (LSQ) und Alltags- und Lebensökonomie-Konzept (ALÖ), in: Günther Seeber (Hg.), Forschungsfelder der Wirtschaftsdidaktik: Herausforderungen, Gegenstandsbereiche, Methoden, Schwalbach/Ts., S. 49-63.

Piorkowsky, Michael-Burkhard (2011), Alltags- und Lebensökonomie: Erweiterte mikroökonomische Grundlagen für finanzwirtschaftliche und sozioökonomisch-ökologische Basiskompetenzen, Bonn University Press, Göttingen.

Piorkowsky, Michael-Burkhard (2012), Haushalts-Unternehmens-Komplexe – ein interessantes Konstrukt für die ökonomische Bildung?, in: Thomas Retzmann (Hg.), Entrepreneurship und Arbeitnehmerorientierung: Leitbilder und Konzepte für die ökonomische Bildung in der Schule, hg. im Auftrag der Deutschen Gesellschaft für ökonomische Bildung, Schwalbach/Ts., S. 141-154.

Reisch, Lucia A. (2003), Strategische Grundsätze und Leitbilder einer neuen Verbraucherpolitik, Diskussionspapier des Wissenschaftlichen Beirats für Verbraucher- und Ernährungspolitik beim BMELV, 2., redaktionell überarbeitete Fassung, Stuttgart-Hohenheim, Berlin, 15. Juli 2003, URL: http://www.bmelv.de/cae/servlet/contentblob/382610/PublicationFile/23042/StrategischeGrundsaetzeLeitbilderneueVerbraucherpolitik.pdf (abgerufen am 05.01.2014).

Remmele, Bernd, Günther Seeber, Sandra Speer und Friederike Stoller (2013), Ökonomische Grundbildung für Erwachsene: Ansprüche, Kompetenzen, Grenzen, Schwalbach/Ts.

Remmele, Bernd und Günther Seeber (2012), Integrative Economic Education to Combine Citizenship Education and Financial Literacy, in: Citizenship, Social and Economic Education, Vol. 11, S. 189-201.

Retzmann, Thomas, Günther Seeber, Bernd Remmele und Hans-Carl Jongebloed (2010), Ökonomische Bildung an allgemeinbildenden Schulen: Bildungsstandards, Standards für die Lehrerbildung, im Auftrag des Gemeinschaftshauptausschusses der gewerblichen Wirtschaft unter Vorsitz des ZDH (2009/2010), Essen, Lahr, Landau, Kiel.

Schlösser, Hans Jürgen (1996), Wandel selbstständiger Erwerbstätigkeit, in: arbeiten und lernen, H. 3, S. 14-18.

Schmölders, Günter (1969), Der private Haushalt als Gegenstand der Verhaltensforschung, in: Franz Schneider (Hg.), Die Finanzen des privaten Haushalts: Festschrift für Walter Kaminsky, Frankfurt am Main, S. 45-56.

Schrage, Dominik (2009), Der Konsum in der deutschen Soziologie, in: Heinz-Gerhard Haupt und Claudia Torp (Hg.), Die Konsumgesellschaft in Deutschland 1890-1990: Ein Handbuch, Frankfurt am Main, S. 319-334.

Stackelberg, Heinrich von (1951), Grundlagen der theoretischen Volkswirtschaftslehre, Berlin.

Statistisches Bundesamt (2013), Statistik zur Überschuldung privater Personen 2012, Wiesbaden 2013, URL: https://www.destatis.de/DE/Publikationen/Thematisch/EinkommenKonsumLebensbedingungen/Ueberschuldung/Ueberschuldung5691101127004.pdf?__blob=publicationFile (abgerufen am 13.01.2014).

Stauss, Bernd (1982), Verbraucherbegriff und Verbraucherpolitik, in: Mitteilungsdienst der Verbraucherzentrale Nordrhein-Westfahlen, Nr. 3, S. 66-70.

Strümpel, Burkhard (1972), Empirische Verhaltenstheorie des Privathaushalts, in: Das Wirtschaftsstudium (WISU), 1. Jg., S. 127-132.

Toffler, Alvin (1980), The Third Wave, New York.

Wiswede, Günter (1972), Soziologie des Verbraucherverhaltens, Stuttgart.

Christian Müller, Hans Jürgen Schlösser, Michael Schuhen und Andreas Liening (Hg.)
Bildung zur Sozialen Marktwirtschaft
Schriften zu Ordnungsfragen der Wirtschaft · Band 99 · Stuttgart · 2014

Fallstudie zur Europäischen Verbraucherpolitik – Designschutz bei Autokauf und Reparatur

Heiko Steffens

Inhalt

1. Widmung für Prof. Dr. Dietmar Krafft

Es war ein Glücksfall von schicksalhafter Bedeutung, dass Prof. Krafft mich am 9. Juni 1971 in seinem Institut an der Pädagogischen Hochschule Westfalen-Lippe Abteilung Münster zu einem Beratungsgespräch empfing und mein Promotionsvorhaben – nachdem er von meinem Studium der Wirtschaftswissenschaften gehört hatte – ohne große Umschweife unterstützte und als Doktorvater fördernd und kritisch begleitete.

Übrigens waren wir damals an der Westfälischen Friedrich-Wilhelms-Universität Münster Zeugen eines Methodenstreits zwischen einer neoklassisch geprägten Wirtschaftswissenschaft, vor allem von E. Helmstädter repräsentiert, und der von B. Gahlen geforderten Problemorientierung der Volkswirtschaftslehre, die von G.-J. Krol und A. Schmid fort- und weiterentwickelt wurde.

Während der Arbeiten an der Dissertation setzte Herr Krafft mich mehrfach bei seinen in der Region stark nachgefragten Lehrerfortbildungstagungen ein und trug damit maßgeblich zur Entwicklung einer fachdidaktischen Kompetenz bei, die die Bedürfnisse der Pädagogischen Praxis nach Individualisierung, Konkretisierung, Veranschaulichung von wirtschaftlichen Themen aus dem Lehrplan mit den Ansprüchen der wissenschaftlichen Ökonomie auf Modellbildung, Abstraktion, Formalisierung und Allgemeingültigkeit aus den akademischen Lehrbüchern zu überbrücken vermag. Größere Fortschritte in dieser Richtung wurden, auch das ein Glücksfall, durch die langjährige Zusammenarbeit mit Prof. F.-W. Dörge und die Auseinandersetzung mit seinen wirtschaftsdidaktischen Modellanalysen befördert und ausgebaut. Mit meiner Berufung auf eine Professur an der Pädagogischen Hochschule Berlin im Jahr 1975 lockerten sich unsere Beziehungen, blieben aber durch die Deutsche Gesellschaft für ökonomische Bildung DeGöB lebendig und sind für mich bis heute eine Quelle der Erkenntnis, des Engagements für zivilgesellschaftliche Aufgaben und des Kampfes für eine zugleich lebenswelt- und theoriebasierte ökonomische Bildung.

2. Einführung

Die für die Darstellung eines wettbewerbsrechtlichen Problemfeldes im Überlappungsbereich von nachfrage- und angebotsorientierter Wirtschaftspolitik auf dem europäischen Binnenmarkt gewählte Konzeption einer Fallstudie gehört zum bewährten Methodenrepertoire der Ökonomischen Bildung.

Ihre besondere didaktische Qualität in der vorliegenden Anwendung beruht auf Säulen, die hier nicht allgemein, sondern zielführend zum Thema hin konkretisiert werden:

- Primat einer Problemstellung auf der Mikroebene, die individuelles Verhalten als Indikator kollektiver Interessen- und Lebenslagen in den Mittelpunkt stellt;
- Konfrontation mit den auf den relevanten Märkten vorherrschenden Angebotsformen und -strukturen, Wettbewerbsverhältnissen, autonomen und/oder oktroyierten Veränderungen usw.;
- Anschlussfähigkeit für betriebswirtschaftliche und/oder volkswirtschaftliche Theorien unterschiedlicher Provenienz;

- Fokussierung auf reale Rechtsgebiete (hier z.B. gewerbliche Schutzrechte) und Politikfelder (hier z.B. Europäische Verbraucherpolitik und Industriepolitik), die eine besonders hohe, auch für Lernende/Studierende nachvollziehbare Relevanz bei der Gestaltung der Wirtschaftswelt haben.

3. Medieninformation

In Spiegel Online vom 29. Januar 2013 schrieb ein Wirtschaftsjournalist (Haupt 2013):

> „Schöne Formen können unschön ins Geld gehen. Der Designschutz für Fahrzeugteile führt dazu, dass mancher Kotflügel oder Scheinwerfer für eine Reparatur nur direkt beim Hersteller erhältlich ist – zu entsprechenden Preisen. Ein Monopol, das immer wieder kritisiert wird – aber bislang erhalten bleibt. ...
>
> Seit vielen Jahren tobt rund um dieses Thema ein Streit, in dem der Begriff Reparaturklausel eine wichtige Rolle spielt. Dahinter verbirgt sich die Idee, dass bestimmte Teile von dem Schutz ausgenommen sind und daher von anderen Anbietern nachgefertigt und verkauft werden dürfen – entweder grundsätzlich oder einige Jahre nach Markteinführung eines neuen Modells....
>
> Dass sich Anhänger und Gegner des Designschutzes gegenseitig falsche oder irreführende Angaben vorwerfen, hängt auch damit zusammen, dass die Zukunft des Themas gar nicht so klar ist, wie es scheint. Seit langem wird versucht, die Sache europaweit einheitlich zu regeln. Bereits 2004 gab es einen Vorschlag der EU-Kommission zur Durchsetzung einer Reparaturklausel ...
>
> Für die Kunden einer Reparaturwerkstatt jedenfalls bedeutet das aktuelle Teile-Monopol vor allem eines: Er hat keine Wahl, muss nehmen, was die Rechtslage ihm an Ersatzteilen und Preisen liefert. Er kann sich nicht aus eigenem Willen entscheiden, ob ihm das Teil aus Herstellerproduktion den Preis wert ist, oder ob er einfach darauf vertraut, dass auch ein Zulieferer Bleche zu einem passenden und dabei preiswerten Kotflügel biegen kann."

Auf die Frage einer Journalistin, die bemerkte, dass es in unserem Staat bei der Gesetzgebung einige Defizite gäbe, weil Gesetze und Verordnungen beschlossen würden, bei denen nicht überprüft wird, welche Auswirkungen sie auf die Verbraucherinnen und Verbraucher haben, verwies bereits im Jahr 2009 der Sprecher der Verbraucherzentrale Bundesverbandes vzbv auf das in dieser Fallstudie geschilderte Teilmonopol bei Autoersatzteilen, das auf geltenden gewerblichen Schutzregeln beruht:

> „Wer Autoersatzteile kaufen will, muss Originalteile des Autobauers nehmen. Das macht die Anschaffung natürlich viel teurer als nötig. Nach Berechnungen des ADAC zahlen die Verbraucher jährlich bis zu 260 Millionen Euro dafür, dass die Politik der Autoindustrie dieses Monopol gewährt" (Deges und Fuest 2009).

4. Verbraucherverhalten im Alltag

Im Juni 2010 widerfuhr Herrn und Frau Gschwind-Neubauer ein selbstverschuldeter Unfall mit ihrem 8 Jahre alten Golf III. Die Sache war klar; es war nichts abzustreiten. Die Kfz-Versicherung weigerte sich. Der Fahrzeughalter musste die Kosten der Reparatur an seinem Wagen selbst zahlen. Es war ein reiner Blechschaden, bei dem nur der rechte vordere Kotflügel, die Motorhaube und der rechte Scheinwerfer ersetzt werden mussten.

Als markentreuer Autobesitzer ging Herr Gschwind-Neubauer zuerst zu einer VW-Vertragswerkstatt und erkundigte sich nach den Preisen der entsprechenden Ersatzteile. Der Meister hatte gerade Zeit und erklärte ihm ausführlich, dass solche Ersatzteile unbedingt passen müssten, weil sie sichtbare Bauelemente der Karosserie und überdies auch wichtige Komponenten des Designs eines Autos sind. Er schaute in eine VW-Ersatzteile-Preis-Liste und rechnete aus, dass die für die Behebung des Schadens benötigten Ersatzteile insgesamt 382,90 € plus Arbeitskosten und Mehrwertsteuer kosten würden. Ein teures Vergnügen!

Auf Empfehlung seiner Mitfahrerin und als *souveräner Konsument* fragte Herr Gschwind-Neubauer dann zu Vergleichszwecken bei einer typenfreien Autowerkstatt, bei der er meist Routine-Inspektionen und fällige Reparaturen machen ließ. Unabhängige bzw. typenfreie Werkstätten sind im allgemeinen vertraglich nicht mit VW, Mercedes, BMW, Toyota, Renault etc. verbunden. Die handwerkliche Qualität der Arbeiten ist davon unabhängig. Freie Werkstätten können Ersatzteile aus zwei Quellen beziehen: Original-Ersatzteile vom Autohersteller oder Ersatzteile von freien Ersatzteil-Großhändlern. Der Meister schaute in seine Preislisten und errechnete 218,92 € für die benötigten Ersatzteile. Arbeitskosten und Mehrwertsteuer kämen noch dazu. Auf die Frage des Kunden, ob diese Ersatzteile genauso gut wie Original-Ersatzteile passen würden, erwiderte er lakonisch, andernfalls würden sie ja wohl nicht gekauft.

Zurück zu Hause setzten sich die beiden hin, verglichen und bewerteten die Informationen, die sie recherchiert hatten. Da der Preisunterschied von 163,98 € zum Beispiel mehreren Tankfüllungen entspricht, war der Entschluss schnell gefasst: Die Gschwind-Neubauers ließen ihr Auto bei der freien Werkstatt reparieren – mit preiswerten Ersatzteilen vom freien Markt.

Das war 2010. Zum Vergleich die Preislage von Anfang 2013 nach Erhebungen des ADAC (2013):

Tabelle 1: ADAC Preisvergleich (in EURO): Ersatzteile für VW Golf VI in Deutschland (2013)

Passgenaue Ersatzteile	Hersteller	Freier Händler	Unterschied
Kotflügel vorne rechts	167	101	- 66
Motorhaube	321	157	- 164
Scheinwerfer vorne rechts	194	120	- 74
Σ	682	378	- 304

Bei einem Freundestreffen in Brüssel erzählte Herr Gschwind-Neubauer die Geschichte von seinem Unfall und den Preisunterschieden bei Ersatzteilen seinem Freund Monsieur Valmont aus Frankreich.

Zu seiner großen Überraschung erklärte der, dass so etwas in Frankreich völlig unmöglich sei. Er selbst wäre kürzlich mit seinem Renault Twingo in einem Pariser Parkhaus beim Rücksetzen an einen Pfeiler gestoßen. Der linke hintere Kotflügel war irreparabel zerbeult. Bei der Renault Werkstatt hätte er für einen Ersatzkotflügel 395€ zahlen müssen. Eine andere Möglichkeit, als Original-Ersatzteile zu kaufen, wäre in Frankreich nicht zugelassen. Wegen der gesetzlichen Schutzbestimmungen gäbe es in Frankreich überhaupt keinen freien Ersatzteilmarkt. Er grinste mich dann allerdings an und gab zu, bei nächster Gelegenheit nach Belgien gefahren zu sein, wo anders als in Frankreich ein freier Markt für Ersatzteile existiere. Dort zahlte er nur 268 €, also 127 € weniger als in seinem Heimatland.

Die Freunde gestanden sich gegenseitig ein, über den Autoersatzteile-Markt in Europa vorher noch nie einen Gedanken verschwendet zu haben. Aber als sie es taten, wurde ihnen bewusst, dass es in diesem Sektor offensichtlich noch keinen funktionierenden europäischen Binnenmarkt gibt.

Der folgende Überblick mag das verdeutlichen:

	EU-Mitgliedsstaaten	**ausgewählte Nicht-EU Länder**
1. Design Schutz auf dem Neuwagen-Markt	Alle Mitgliedstaaten	Australien, Japan, USA
2. Design Schutz auf dem Markt für Ersatzteile	Österreich, Zypern, Tschechien, Dänemark, Estland, Finnland, Frankreich, Litauen, Malta, Polen, Portugal, Slowakei, Slowenien, Schweden	Japan (rigide Bestimmungen für Registrierung)
3. Schwebender Design Schutz (Design Schutz rechtlich gesichert. Da sich die Autoindustrie zurückhält, gibt es faktisch Wettbewerb)	Deutschland, Griechenland	
4. Kein Design Schutz auf dem Anschlussmarkt für Ersatzteile	Belgien, Ungarn, Irland, Italien, Lettland, Luxemburg, Niederlande, Spanien, England	Australien, USA

Quelle: ECAR (2005), S. 12, Übersetzung.

5. Relevanter Markt ‚Regulierung und Reparaturklausel'

Die EU-Kommission, von der so gut wie alle Gesetzesvorschläge in der EU ausgehen, wollte diese Diskrepanzen im Binnenmarkt beseitigen und legte im September 2004 einen Entwurf vor, dessen Titel lautete: „Vorschlag für eine Richtlinie des Europäischen Parlaments und des Rates zur Änderung der Richtlinie 98/71/EG über den rechtlichen Schutz von Mustern und Modellen" (Kommission der EU 2004). Dieser Vorschlag erstreckte sich unter anderem auf den Schutz der Autoersatzteile und lieferte ein anschauliches Beispiel für die prekäre Verknüpfung von Verbraucherpolitik und Wirtschaftspolitik. Was zunächst als Randproblem erschien, entpuppte sich bei näherem Hinsehen als ein Schlüsselproblem, das den europäischen Binnenmarkt, die Gewerbefreiheit, den Wettbewerb, die Automobilindustrie, den Schutz des geistigen Eigentums, die Schaffung und Erhaltung von Arbeitsplätzen und natürlich die Verbraucherinteressen an hohen Qualitätsstandards und Wettbewerbspreisen umfasst. Außerdem provozierte der Vorschlag einen politischen Machtkampf zwischen Wettbewerbs- und Industriepolitik und mehr oder weniger einflussreichen Interessenverbänden.

5.1. Der Anschlussmarkt für Ersatzteile

Autos können durch Unfälle lädiert werden. Der Autohalter wird bei Blechschäden nicht gleich ein neues Auto kaufen wollen, sondern die Schäden reparieren lassen, ganz gleich ob die Versicherung die Kosten übernimmt oder nicht. Der Anschlussmarkt umfasst zwei Gruppen von Ersatzteilen:

- sichtbare Teile wie beispielsweise Stoßstangen, Kotflügel, Motorhaube, Scheinwerfer, Windschutzscheibe, Heckklappe etc. Bei einer Reparatur erwartet der Autohalter selbstverständlich die genaue Wiederherstellung des Original-Designs. Die Ersatzteile müssen passen! Andernfalls erfüllen sie nicht ihre Funktion (ästhetisch, technisch, sicherheitlich) und können nicht verkauft werden. Es gibt keine Design-Alternative für sichtbare Karosserieteile.
- unsichtbare Ersatzteile zumeist unterhalb der Motorhaube wie beispielsweise der Motor, die Batterie, die Bremsen etc. (Kommission der EU, 2004, S.3)

Zusatzinformation:

„1. Die Herstellung von *Karosserieblechen* ist eine traditionelle Kerntätigkeit von Fahrzeugherstellern. Karosserieteile aus Metall werden nach wie vor hauptsächlich von den Fahrzeugherstellern selbst produziert. Mit der zunehmenden Auslagerung der Karosserieblechproduktion ändert sich das zwar allmählich, aber alle Anzeichen sprechen dafür, dass die Fahrzeughersteller nach wie vor eine starke Position auf dem Anschlussmarkt besitzen. Kunststoff-Karosserieteile wie Stoßstangen werden häufig von Spezialunternehmen auf der Grundlage von Ausschließlichkeitsvereinbarungen geliefert, die sich auch auf Ersatzteile erstrecken. (Der Gesamtumsatz der unabhängigen Hersteller von Karosserieteilen in der EU wird auf 375 Mio. € veranschlagt. Das entspricht 5% des 7,5 Mrd. € starken Karosserieteile-Gesamtumsatzes in der EU-15).

2. Im Bereich *Autoglas* veranschlagen die Glashersteller die durchschnittliche Austauschrate auf 5%, das entspricht ca. 10 Mio. ausgetauschter Scheiben jährlich. Für die EU-15 wird der Umsatz des Anschlussmarktes für Autoglasprodukte auf 1 Mr. € geschätzt. Auf dem Autoglasmarkt herrscht de facto freier Wettbewerb, da die Fahrzeughersteller von den Glasproduzenten kaufen. Der europäische Autoglasmarkt wird von drei Herstellern beherrscht: Pilkington, Saint Gobin und Glaverbel. Jedes dieser Unternehmen verfügt neben einem hohen Anteil am EU-Markt über eine signifikante globale Präsenz. Schätzungen zufolge entfallen 75% des EU-Anschlussmarktes auf diese drei Firmen.

3. Was die *Beleuchtung* angeht, wird der gesamte Anschlussmarkt auf 1,22 Mrd. € pro Jahr beziffert. Der OES (original equipment suppliers = Originalersatzteil-Hersteller) Anteil wird auf rund die Hälfte veranschlagt. Das Gros der europäischen Produktion von Beleuchtungseinheiten teilen sich heute einige wenige Firmen: Valeo, Hella und Automotive Lighting. Diese Unternehmen haben stets auch den Anschlussmarkt mit den gleichen Beleuchtungsprodukten beliefert. … Die Gussformen für die OE-Produktion von Be-

leuchtungseinheiten werden in der Regel auch für die Herstellung von Erzeugnissen verwendet, die im Anschlussmarkt über unabhängige Vertriebskanäle ohne das Logo des Herstellers verkauft werden." (Kommission der EU 2004, S. 6 f.)

5.2. Die Reparatur-Klausel

Der Sinn eines rechtlichen Schutzes vom Mustern und Modellen liegt darin, die Investitionen der Autohersteller in die Entwicklung neuer Muster und Modelle über den Preis zu vergüten. Dieses Recht am geistigen Eigentum wird im Prinzip weltweit zugestanden. Quelle ist vor allen Dingen die TRIPS-Vereinbarung der World Trade Organization (WTO) von 1993. TRIPS ist das Akronym für „Trade-related aspects of intellectual and industrial property protection", das heißt „handelsbezogene Aspekte des Schutzes des geistigen und industriellen Eigentums". An diesen Rechten hält die EU-Kommission unbedingt fest. Das Besondere an der EU Position ist, dass die unbedingte Geltung dieses Rechts auf den Primärmarkt „Neuwagenkauf" beschränkt wird , auf dem Anschlussmarkt für Ersatzteile hingegen nicht gelten soll. Um diese Differenzierung rechtsverbindlich zu machen, soll eine „Reparatur-Klausel" eingeführt werden. Mit der Reparaturklausel sollen folgende wettbewerbspolitische Ziele erreicht werden:

a) Stärkung der Funktionsfähigkeit des Binnenmarktes.

b) Mehr Wettbewerb im Ersatzteil-Markt.

c) Verbesserung des Zugangs von kleinen und mittleren Unternehmen (KMU) zum Ersatzteilmarkt, der andernfalls von den großen Autokonzernen beherrscht bzw. monopolisiert würde.

d) Die Verbraucher profitieren von einem größeren Angebot sowie niedrigeren Preisen.

e) Die Rechte am geistigen Eigentum werden auf dem Neuwagen-Markt in vollem Umfang geschützt. Die tatsächlichen Kosten für die Design-Entwicklung werden auf 50 bis 60€ pro Fahrzeug geschätzt.

f) Die „Reparatur-Klausel" schließt den Anschlussmarkt für Ersatzteile vom Design-Schutz aus und öffnet diesen Markt für unabhängige Ersatzteil-Hersteller und -Händler (KMU).

Zusatzinformation: Der potenzielle Marktanteil von unabhängigen Herstellern wird auf um die 13 Mrd. € geschätzt. Die Versicherungen haben einen großen Markteinfluss, weil sie festlegen können, gegen welche Art von Ersatzteil das beschädigte Teil ausgetauscht werden muss und was sie für den Austausch zu zahlen bereit sind.

6. Wer profitiert von einer Liberalisierung?

6.1. Die Verbraucher?

Position der EU-Kommission

Für die Verbraucher gibt es bislang keine Transparenz, und sie wissen infolgedessen nicht, ob der Kauf von Ersatzteilen in einem Mitgliedstaat der Gemeinschaft rechtens ist oder nicht. Die Verbraucher haben keine Wahlfreiheit. Sie können nicht zwischen Konkurrenzprodukten wählen. Nach einer Untersuchung der Kommission war der Preisunterschied in Ländern mit Designschutz auf dem Anschlussmarkt für Ersatzteile im Durchschnitt 10% höher als in denen ohne Schutzrechte (Kommission der EU 2004, S. 8)

Position des Europäischen Verbraucherverbandes BEUC

Der europäische Dachverband der Verbraucherorganisationen BEUC ist Mitgliedsverband von ECAR (European Campaign for the Freedom of the Automotive Parts and Repair Market). Der Dachverband der Deutschen Verbraucherorganisationen, der „Verbraucherzentrale Bundesverband" (VZBV), der mit der Position von BEUC harmoniert, formulierte in einer Pressemitteilung:

> „Kleine Blessuren am Auto sind teuer, weil ein Designschutz den Herstellern ein Monopol auf Ersatzteile sichert...10 Mrd. € im Jahr – soviel zahlten die Verbraucher ... in der alten EU (EU 15) für sichtbare Ersatzteile." „Der Verbraucherzentrale Bundesverband (vzbv) begrüßt die Reparaturklausel als wichtiges Signal gegen Monopolgewinne auf Kosten der Autobesitzer" (Verbraucherzentrale Bundesverband 2000).

Position von CARS 21 – hochrangige Vertretung der Autoindustrie beim EU-Kommissar für Industriepolitik:

Die Autoindustrie und einige Mitgliedstaaten sehen die Folgen für die Wettbewerbsfähigkeit der europäischen Autoindustrie.

> „Sie sind darüber besorgt, dass der Kommissionsvorschlag die Hersteller um ihre legitimen geistigen Eigentumsrechte beraubt, den Verbrauchern keinen nachweisbaren Vorteil bringt, die Sicherheit gefährdet und unfairen Wettbewerb durch Billig-Hersteller fördert, die nicht die Entwicklungskosten zu tragen haben. Die Industrie drückt auch ihre Bedenken aus, dass der Vorschlag der Aufhebung des Designschutzes den EU Bemühungen widerspricht, die geistigen Eigentumsrechte weltweit zu stärken" (European Commission 2006, S. 41).

Position der Deutschen Autoindustrie

Es ist sehr unwahrscheinlich, dass die Verbraucher von niedrigen Preisen profitieren. Der Verband der Deutschen Automobilbauer (VDA) z.B. befürchtet bei Freigabe des Ersatzteilmarktes Qualitätsmängel, z.B. bei der Passgenauigkeit, Festigkeit, und führt Sicherheitsbedenken gegenüber nachgemachten Ersatzteilen (Imitationen) ins Feld. Diese Mängel würden die Verbraucher auf mittlere Sicht mit höheren Kosten belasten (Ranocchiari 2005, S. 12).

Eine Expertise der Allianz-Versicherung kontert, dass die Hersteller nur 20% der fraglichen Ersatzteile selbst produzieren und den Großteil von Teileherstellern beschaffen, um sie dann über ihr eigenes Vertriebsnetz teuer weiterzuverkaufen.

Zusatzinformationen:

1. Es ist darauf hinzuweisen, dass die Automobilindustrie selbst Autoteile aus Drittländern importiert. VW importiert z.B. Kotflügel aus Südafrika; Renault importiert Motorhauben aus Taiwan, Audi importiert Rücklichter aus Brasilien.

2. Japanische, Koreanische und US-amerikanische Fabrikate: Die Ersatzteile für diese Fahrzeuge (etwa 15% der Fahrzeuge in der EU) werden fast ausschließlich in Japan, Korea, Taiwan und den USA produziert. Alle betreffenden Fahrzeughersteller haben in

der EU Geschmacksmuster auf Fahrzeugteile angemeldet und kontrollieren daher dieses Segment des Anschlussmarktes vollständig.

3. „Die Einführung des Katalysators wurde bis 1985 immer wieder verschoben, weil die Autoindustrie warnte, ... die Autos würden dadurch langsam, benzingierig und unbezahlbar. ... Doch der Katalysator wurde zum Erfolgsmodell, und die Autoindustrie profitierte sogar von der (steuerlich geförderten) Zunahme der Neuanschaffungen" (Kekulé 2008).

6.2. Die Beschäftigung/ die Arbeitsplätze?

Position der EU-Kommission

Freie Anbieter, insbesondere KMU (Kleine und Mittlere Unternehmen), die imstande wären, Ersatzteile herzustellen, werden Investitionen und die Schaffung von Arbeitsplätzen vermeiden, wenn der Design-Schutz auch auf dem Sekundärmarkt gilt.

Tatsächlich kann es sein, dass die Einführung einer Reparaturklausel negative Effekte auf die Arbeitsplätze bei den Autoproduzenten in der EU verursacht, aber diese Effekte werden als marginal eingeschätzt. Diese Effekte werden im Übrigen durch höhere Marktanteile und Schaffung von Arbeitsplätzen im Ersatzteil-Sektor mehr als kompensiert.

Es handelt sich nicht einfach um ein Nullsummen-Spiel, da das Wachsen des Sekundärmarktes in der EU mit Sicherheit neue Arbeitsplätze in der EU schaffen wird.

Die Autoindustrie importiert bis jetzt viele Autoteile aus Ländern außerhalb der Europäischen Union. VW beispielsweise importiert Kotflügel aus Südafrika, Renault importiert Motorhauben aus Taiwan und Audi Rücklichter aus Brasilien.

Wenn durch die Liberalisierung die KMU in der EU einen größeren Marktanteil erhielten, dann würden wahrscheinlich Arbeitsplätze in die EU zurück transferiert werden. Insgesamt hätte die Liberalisierung keine negativen Auswirkungen auf die Beschäftigung in der EU (Kommission der EU 2004, S. 9 ff.).

Position der Autoindustrie

Wenn es nach der Kommission ginge, würde es in der EU, insbesondere in den zehn neuen Mitgliedstaaten mehr Arbeitsplätze geben, denn einige davon hätten das Potenzial, Ersatzteile zu Wettbewerbspreisen anzubieten. Aber das ist alles andere als sicher. Im Gegensatz dazu wäre es möglich, ja sogar wahrscheinlich, dass die Arbeitsplätze in Nicht-EU-Ländern wachsen. Die größten Ersatzteil-Produzenten befinden sich außerhalb Europas, besonders in Taiwan, und sie exportieren nicht nur Ersatzteile, sondern auch die Maschinen für ihre Herstellung. Jedwede Liberalisierung würde diesen Produzenten Anreize liefern, um auf dem Europäischen Markt aggressiver zu agieren. Damit würden die Schwierigkeiten für die Europäischen Hersteller, die in erster Linie durch KMU repräsentiert werden, steigen (Rannocchiari 2005, S. 12).

Position von ECAR

Durch die Gewährung von Design Schutz setzt man die Fahrzeugbauer in die Lage, außerhalb der EU zu niedrigen Kosten zu produzieren und dann in der EU dank des fehlenden Wettbewerbs zu hohen Monopolpreisen zu verkaufen. Die hohe Profitabilität, die diesem System innewohnt, schafft Anreize für die Autoindustrie, Ersatzteile im Nicht-EU-Ausland zu produzieren. Traurig aber wahr, die EU-Design-Regulierung wirkt wie ein Motor der Verlagerung von Arbeitsplätzen aus der EU hinaus. Der europäische Verbraucher wird gezwungen, diesen Trend zu subventionieren und die Verlagerung von Arbeitsplätzen in Niedrig-Lohn-Länder zu finanzieren.

Gegenwärtig beschäftigen die Fahrzeug-Hersteller etwa 35.625 Arbeitskräfte in der Produktion (12.115 davon in Nicht-EU-Ländern). Der unabhängige Sekundärmarkt beschäftigt 2500 Arbeitskräfte (250 davon in Nicht-Eu-Ländern). Diese Zahlen veranschaulichen die Tatsache, dass die Fahrzeug Hersteller 95%, die freien Hersteller nur 5% des Ersatzteilmarktes beherrschen. Alles in allem importiert die Autoindustrie schon jetzt 40% ihres Teilebedarfs aus Niedrig-Lohn-Ländern (ECAR 2005, S. 25 ff.).

6.3. Rechte des geistigen Eigentums?

Position der EU Kommission

Die effektiven Kosten für die Entwicklung design-geschützter Komponenten betragen etwa 50 bis 60 EURO pro Fahrzeug. Damit ist der monetäre Anreiz für Innovationen beziffert. Die Rendite dieser Investition dürfte vollständig auf dem Primärmarkt für Neuwagen erwirtschaftet werden. Völlig unbeeinflusst davon, ob der Sekundärmarkt durch eine Reparaturklausel liberalisiert wird oder nicht, wird die Autoindustrie das Design auch weiterhin als machtvolles Marketinginstrument nutzen (Kommission der EU 2004, S. 9).

Position der Autoindustrie

> „In rechtlicher Hinsicht erscheinen die Vorschläge (der EU-Kommission -H. St.) zunächst als Bruch wichtiger Bestimmungen des internationalen Rechts, insbesondere des TRIPS Abkommens der WTO, das auch von der EU akzeptiert wird. Das Konzept des „Produkt-Monopols" ergibt sich als natürliche Konsequenz des geistigen Eigentums, sei es in Bezug auf ein komplexes Produkt, sei es in Bezug zu einer seiner Komponenten (wenn geschützt). Die Ausschaltung von Wettbewerb durch unabhängige Ersatzteil-Hersteller ist die notwendige Folge eines industriellen Eigentumsrechts an einem Produkt, das keine andere Form annehmen kann als die ihm durch seinen „Schöpfer" gegebene (er ist der Eigentümer des Exklusivrechts). Das Recht, nicht authorisierte Dritte (Nachahmer – H.St.) zu verklagen, erfüllt nicht den Tatbestand des ‚Missbrauchs einer marktbeherrschenden Stellung'. Das gilt ganz besonders für den Sekundärmarkt" (Ranocchiari 2005, S.10).

Position von ECAR

> „Die ganze Diskussion über TRIPS ist ein Witz. Die EU Design Richtlinie hat eine Reparaturklausel, viele EU Mitgliedstaaten haben eine Reparaturklausel. Ferner haben wichtige Staaten, die TRIPS unterzeichnet haben (Australien, USA), Ersatzteile vom Designschutz ausgeschlossen. Verletzen sie damit alle das TRIPS Abkommen? Die einzig mögliche Antwort darauf ist ein klares NEIN" (ECAR 2005, S. 16).

7. Transaktionskosten im Verbraucheralltag

Eine völlig unerwartete Konsequenz der Erwartung von Herrn und Frau Gschwind-Neubauer, bei der Reparatur ihres Golfs durch den Einbau von nicht-originalen VW

Ersatzteilen Geld zu sparen, zeigte sich zwei Jahre später, als sie den Blechschaden längst vergessen hatten.

Im August 2012 wurde der Golf reparaturanfällig, teure Reparaturen, immerhin hatte er 150.000 km auf dem Buckel. Zeit, einen neuen Wagen zu kaufen. Mit VW war man zufrieden. Ein VW-Händler warb mit der Inzahlungnahme von Altwagen und versprach 3000 € Preisvorteil beim Kauf eines Neuwagens. Frau Gschwind-Neubauer hielt das für einen attraktiven finanziellen Anreiz. – Nach dem Werkstatt-Check des alten Golfs verwies der Händler auf das Kleingedruckte und erklärte, dass dieser Preisvorteil nur für Gebrauchtwagen mit Original VW-Ersatzteilen gelte. Der vordere rechte Kotflügel, die Motorhaube und noch ein paar Teile seien keine Originalersatzteile. Daher könne er nicht 3000 €, sondern nur 1500 € für diesen Gebrauchtwagen geben. Es täte ihm leid, aber das wären nun einmal die Bedingungen. Familie Gschwind-Neubauer war entsetzt. Sollte sie die Ersparnis von einst – in Höhe von 163,98 € - am Ende ganze 1.500 € kosten? Wäre das etwa ein Beispiel für den Missbrauch einer marktbeherrschenden Stellung, die den Autokonzernen von den Verbraucherorganisationen EU-weit vorgeworfen wird?

Die Gschwind-Neubauers wechselten zu Ford. Dort war man an Original VW-Ersatzteilen völlig uninteressiert. Der Verkäufer bot 3000 €. Die Neubauers akzeptierten sofort. Beim Abholen des zugelassenen Neuwagens erfuhren sie, dass der Fordverkäufer für den alten Golf tatsächlich noch 3500 € von einem Aufkäufer aus dem EU-Mitgliedsland Polen erhalten hatte.

8. Sachstand Ende 2013

Viele Institutionen, in erster Linie das Europaparlament, der Europäische Wirtschafts- und Sozialausschuss, Lobbyisten, darunter auch der ADAC (May 2005), Politiker und die Medien haben sich mit Stellungnahmen an der Debatte um den Designschutz beteiligt, z.B. bei Anhörungen der EU-Kommission und des Europäischen Parlaments. Erinnern wir uns an den Titel des Kommissionsvorschlags. Er lautete: „Richtlinie des Europäischen Parlaments und des Rates…“ Der Rat ist der Rat der Minister aus den Mitgliedstaaten, der letztendlich entscheidet. Der Kommissionsvorschlag stammt vom September 2004. Bis Mitte 2013 gab es keinerlei Mitteilung über eine Annahme oder Ablehnung der von der Kommission vorgelegten Richtlinieninitiative für mehr Wettbewerb auf dem Autoersatzteilemarkt.

Dem Europäischen Parlament (EP) kann man keine Untätigkeit vorwerfen. Im Gegenteil. Drei Ausschüsse, namentlich der Rechtsausschuss, der Ausschuss für Binnenmarkt und Verbraucherschutz sowie der Ausschuss für Wirtschaft und Währung, haben sich über knapp drei Jahre ausgiebig mit dem Designschutz und der Folgenabschätzung einer Liberalisierung der gewerblichen Schutzrechte befasst. Bevor das EP am 12. Dezember 2007 der Einführung einer Reparaturklausel uneingeschränkt und endgültig zustimmte, veranlasste es eine Untersuchung der Sicherheitsfragen. Im September 2006 stellte ein 123 Seiten unabhängiger Untersuchungsbericht fest, dass es keinerlei Sicherheitsprobleme für die Fahrzeug-Insassen gibt, die durch den Einbau nicht originaler Ersatzteile verursacht würden (autopolis 2006, S. 66). Im Grunde genommen waren damit alle Sachfragen erschöpfend behandelt und das Verfahren für eine Harmonisierung des Designschutzes mit Reparaturklausel vom Europäischen Parlament frei geschaltet. Die Bürgererwartung, dass nun alles geklärt sei, ist zumeist naiv, denn selbstverständlich läuft die Lobbyarbeit mächtiger Verbände erst zu ihrer Hochform auf, wenn schon alles verloren scheint. Auch dafür ist der vorliegende Fall ein exemplarisches Lehrstück. Ein erster Hinweis auf ein Umdenken in der Kommission erfolgte bereits 2008 in einer Mitteilung übertitelt: „Eine europäische Strategie für gewerbliche Schutzrechte“ (Kommission der EG 2008) mit der Aussage: „…Bei gefälschten Waren denken die Verbraucher manchmal an billige Kleidung und Luxusgüter, sie wissen jedoch nichts über die Gesundheits- und Sicherheitsrisiken gefälschter Arzneimittel, …, elektronischer Bauteile und Kfz-Ersatzteile“ und „Ein staatlicher ‚Null-Toleranz'-Ansatz gegenüber Verletzung der Rechte des geistigen Eigentums würde helfen, die Durchsetzung für die Rechtsinhaber…verbessern“ (ebd. S. 17).

Mit Unterstützung der Materialangebote in dieser Fallstudie kann leicht erschlossen werden, welche Interessenpositionen sich in diesen Formulierungen widerspiegeln bzw. durchgesetzt haben. Eigentlich wäre es auch ein Wunder gewesen, die Reparaturklausel beim – den meisten Verbrauchern völlig unbekannten – Schutz von Mustern und Modellen trotz der nicht unberechtigten Furcht der vom Automarkt abhängigen Autoindustrie vor – nicht durch die Reparaturklausel verursachten – Absatzflauten durchsetzen zu können. Im Oktober 2013 kam dann das endgültige Aus für die Reparaturklausel, als die Kommission in einem Anhang zu einer Mitteilung ohne Federlesen verkündete, dass der Vorschlag „…im Rechtsetzungsverfahren über den rechtlichen Schutz von Mustern und Modellen…“ zurückgenommen würde (Kommission der EU 2013, S. 10).

9. Schlussbemerkung

Von der Zielsetzung her sollte mit der Fallstudie ein Konzept zur Kompetenzerweiterung europäischer Bürger und Bürgerinnen in Schulen und Hochschulen anhand von didaktisch aufbereiteten best-practice-Beispielen aus der Europäischen Union veranschaulicht werden. Sind ‚best-practice'-Beispiele mit Happyend, oder sind sie vielmehr typische Beispiele mit Gewinnern und Verlierern? Je nach EU Politikfeld, z.B. Verbraucherpolitik, Wettbewerbspolitik, Industriepolitik, sind die Erfolgschancen zu differenzieren. Für die Verbraucherpolitik gilt uneingeschränkt der Satz: „Die Verbraucherpolitik ist ein vermintes Feld, weil es um fundamentale wirtschaftliche Interessen geht“ (Oehler et al., 2013). Wenn das so ist, muss der Begriff „best-practice“ auch erfolgreiche Interessendurchsetzung für Politikbereich A und erfolglose Interessenvertretung für Politikbereich B beinhalten können. Mit anderen Worten, die über die Fallstudie angestrebte problemorientierte ökonomische Bildung bleibt so oder so auf „best-practice-Beispiele“ angewiesen, auch wenn dadurch einmal mehr die strukturelle Unterlegenheit der Verbraucherpolitik gegenüber der Industriepolitik sichtbar wird.

Literatur

ADAC (2013), ADAC für billigere Ersatzteile, URL: www.adac.de/infotestrat/adac-im-einsatz/motorwelt/Designs (abgerufen am 26.02.2013), Basisdaten.

Autopolis (2006), The consequences for the safety of consumers and third parties of the proposed directive amending, Directive 98/71/EC on legal protection of design rights, Chichester.

BEUC (2006), Memorandum für die österreichische Präsidentschaft, Brüssel.

Deges, Stefan und Benedikt Fuest (2009), Verbraucherzentralen: „Wir wären am liebsten überflüssig", Interview mit Gerd Billen, in: Rheinischer Merkur Nr. 49 vom 03.12.2009, URL: www.rheinischer-merkur.de/index.php?id=38835 (abgerufen am 07.12.2009)

ECAR (The European Campaign for the Freedom of the Automotive Parts and Repair Market) (2005), Proposal of the European Commission for amending "Design"-Directive 98/71/EC – The "spare parts" Issue, The POSITION of ECAR (abgerufen am 18.03.2014).

European Commission – Enterprise and Industry Directorate-General (2006), CARS 21: A Competitive Automotive Regulatory System for the 21st century, Final Report, European Communities, Brüssel.

Kommission der Europäischen Gemeinschaften (2004), Vorschlag für eine Richtlinie des Europäischen Parlaments und des Rates zur Änderung der Richtlinie 98/71/EG über den rechtlichen Schutz von Mustern und Modellen (Kommissionsvorlage), Brüssel 14.9.2004 [KOM (2004) 582].

Kommission der Europäischen Gemeinschaften (2008), Mitteilung der Kommission an das Europäische Parlament, den Rat und den Europäischen Wirtschafts- und Sozialausschuss: Eine europäische Strategie für gewerbliche Schutzrechte, KOM(2008) 465 endgültig/2, Brüssel 18.08.2008.

Kommission der Europäischen Gemeinschaften (2013), Anhang zur Mitteilung der Kommission an das Europäische Parlament, den Rat, den Europäischen Wirtschafts- und Sozialausschuss und den Ausschuss der Regionen "Effizienz und Leistungsfähigkeit der Rechtsetzung (REFIT): Ergebnisse und Ausblick", Brüssel 2.10.2013.

Haupt, Heiko (2013), Designschutz bei Ersatzteilen: Der Preis der Schönheit, Spiegel-online vom 28.01.2013, online: http://www.spiegel.de/auto/aktuell/hohe-reparaturkosten-wegen-designschutz-bei-autos-a-872053.html (abgerufen am 25.04.2014).

Kekulé, Alexander S. (2008), Die Finanzkrise avanciert zur Mutter aller Ausreden, in: Der Tagespiegel, Berlin 03.12.2008.

May, Ulrich (2005), ADAC, Statement zur Aufnahme einer Reparaturklausel in die Designschutz-Richtlinie 98/71/EC, Manuskript für Public Hearing des European Parliaments /Committee on Legal Affairs, Brüssel 21. April 2005.

Oehler, Andreas et al. (2013), Evidenzbasierung ermöglichen! Auf dem Weg zu einer realitätsnahen und empirisch fundierten Verbraucherpolitik, Stellungnahme des wissenschaftlichen Beirats Verbraucher- und Ernährungspolitik beim Bundesministerium für Ernährung, Landwirtschaft und Verbraucherschutz, online: http://www.bmelv.de/ SharedDocs/Downloads/Ministerium/Beiraete/Verbraucherpolitik/2013_09_EvidenzbasierteVerbraucherpolitik.pdf?__blob=publicationFile (abgerufen am 25.04.2014).

Ranocchiari, Marco (2005), Draft Opinion of the Section for the Single Market, Production and Consumption (Design Protection-H.St.), European Economic and Social Committee, Rapporteur, Brussels 2005, unpublished paper, contra repairs clause).

Verbraucherzentrale Bundesverband (2007), Autoersatzteile: Schluss mit Monopolgewinnen auf Kosten der Autobesitzer, in: vzbv Pressemitteilungen, Berlin 07.12.2007.

Teil III:

Arbeitslehre

Christian Müller, Hans Jürgen Schlösser, Michael Schuhen und Andreas Liening (Hg.)
Bildung zur Sozialen Marktwirtschaft
Schriften zu Ordnungsfragen der Wirtschaft · Band 99 · Stuttgart · 2014

Ökonomische Bildung im Spannungsfeld des Lernbereiches Arbeitslehre und des Faches Wirtschaft

Franz-Josef Kaiser

Inhalt

1. Historischer Rückblick zur Entwicklung der ökonomischen Bildung im Kontext der Arbeitslehre-Diskussion

Die Bemühungen zur Einführung und Ausgestaltung der ökonomischen Bildung in allgemeinbildenden Schulen in Deutschland sind eng verknüpft mit der Diskussion und der Einführung der Arbeitslehre (Empfehlungen und Gutachten des Deutschen Ausschusses 1964). Trotz des Tatbestandes, dass inzwischen die bildungstheoretischen und ideologischen Kontroversen weitgehend der Vergangenheit angehören, scheint es sinnvoll, sich zu vergewissern, welche Schwierigkeiten und Probleme sich im Hinblick auf die Etablierung der ökonomischen Bildung im Kontext der Diskussionen zur Einführung der Arbeitslehre an allgemeinbildenden Schulen ergeben haben.

Nach den Vorstellungen des Deutschen Ausschusses für das Erziehungs- und Bildungswesen sollte die Konzeption der Arbeitslehre die Basis für eine grundlegende Vorbereitung der Schüler auf die Berufs- und Arbeitswelt und die Einführung einer technisch und ökonomisch ausgerichteten Grundbildung als Berufsvorbereitung zur wichtigsten Aufgabe einer zeitnotwendigen Schulreform, insbesondere der Hauptschule, schaffen. Allerdings blieben die Empfehlungen hinsichtlich der Zielsetzung, der Organisation und der unterrichtlichen Ausgestaltung recht allgemein. Daher ist es nicht verwunderlich, dass die Veröffentlichung eine Fülle von Stellungsnahmen für und gegen die Arbeitslehre hervorgerufen hat. (Tollkötter 1967). Nicht zu Unrecht formulierte R. Danzer (1966, S. 30): „Es gibt in Wahrheit nichts an der Arbeitslehre, was nicht schon in Frage gestellt worden wäre, und von einem fertigen Konzept kann nicht die Rede sein."

Einige Mitglieder des Deutschen Ausschusses verstanden die Konzeption der Arbeitslehre lediglich als Teilkomponente einer umfassenden Schulreform. Nach deren Vorstellungen sollte in Rahmen eines Zwei-Säulenmodells neben der gymnasialen Ausbildung eine zweite qualitativ gleichwertige Säule als beruflicher Ausbildungsweg geschaffen werden. Diese Idee wurde z. B. von H. Wenke, einem Schüler Eduard Sprangers, vertreten (Kaiser 1974 und Kaiser 2008, S. 131 f.).

Die Idee des Zwei-Säulenmodells wurde später in der Diskussion um die Reform des Schulwesens als Gegenmodell zur Gesamtschulidee vom Verband Bildung und Erziehung eingebracht. Die Idee, die vorberufliche Bildung als Kern der Übergangsphase bzw. Vorbereitungsphase für die berufliche Ausbildungsphase auf der Sekundarstufe II auszugestalten, wurde darüber hinaus von einer Reihe von Berufs- und Wirtschaftspädagogen, insbesondere von H. Blankertz, A. Kell, G. Kutschar, A. Lipsmeier u. a. verfolgt.

Unter der Leitung von Herwig Blankertz wurde an 30 Kollegschulen der Versuch gestartet, eine Integration der bisherigen gymnasialen Oberstufe mit berufsbildenden Schulen verschiedener Art einschließlich der Berufspflichtschule einzuleiten (Kollegstufe NW 1972). Die Kollegschulen waren so organisiert, dass sie sowohl einen Berufsabschluss als auch eine Studienberechtigung vermitteln. Es ist hinlänglich bekannt, dass eine umfassende Schulreform nach den Idealvorstellungen der Reformpädagogik aus vielfältigen Gründen bisher nicht gelingen konnte. Das größte Manko der Arbeitslehre-

Konzeption des Deutschen Ausschusses ist sicherlich darin zu sehen, dass ihr aufgrund der hauptschulspezifischen Ausrichtung das Etikett der „Blaujackenschule" anhaftete. Dieser Makel wurde auch nicht durch die Bemühungen behoben, die Arbeitslehre als durchgehendes Pflichtfach in den Fächerkanon der Gesamtschule für alle Schüler aufzunehmen.

Während die Realschule sich entsprechend ihres Bildungsauftrages nach anfänglichem Zögern auf Wirtschafts- und Berufsorientierung und ökonomische Bildung als eine ihrer Aufgaben besann, sperrten sich die Gymnasien mit Ausnahme von Bayern unter dem Einfluss des Philologen-Verbandes bis in die 90-er Jahre gegen ein Unterrichtsfach Wirtschaft (Kruber 2008, S. 152).

Trotz vielfältiger berechtigter Kritik an der Arbeitslehre-Konzeption gilt festzuhalten, dass zum ersten Mal auf breiter Basis ein Konsens darüber erzielt wurde, dass eine wirtschaftliche Grundbildung als eine notwendige Bildungsaufgabe der allgemeinbildenden Schule anzusehen ist, und ein breiter bildungstheoretischer bzw. bildungspolitischer Diskurs über die Einbindung der ökonomischen Bildung an allgemeinbildenden Schulen geführt wurde. Auch die Empfehlungen der Kultusministerkonferenz zur Arbeitslehre von 1969 brachten im Hinblick auf die wesentlichen Streitpunkte hinsichtlich der Zielsetzung, Organisation und unterrichtlichen Ausgestaltung keine Klarheit, auch wenn die allgemeinen Lernziele konkreter gefasst waren.

Die bildungstheoretischen und bildungspolitischen Diskussionen im Hinblick auf die weitere Konkretisierung und Entwicklung unterschiedlicher Konzeptionen zur Arbeitslehre wurden vorrangig aus vier Quellen gespeist (siehe auch Abbildung 1):

- in der geistigen Auseinandersetzung mit dem Bildungsideal Wilhelm von Humboldts und des Neuhumanismus,
- in der Industrieschulbewegung des 18./19. Jahrhunderts,
- der Arbeitsschulbewegung, insbesondere der Pädagogik, G. Kerschensteiners, H. Gaudigs, O. Scheibners sowie den Ideen des amerikanischen Philosophen und Pädagogen J. Dewey und
- dem Bildungsideal von Karl Marx und der sozialistischen Pädagogik, wie sie in der Produktionsschule und der Ausgestaltung der polytechnischen Erziehung der DDR verwirklicht wurde (Kaiser 1973, S. 76 ff.).

Während Wissenschaftler und Bildungspolitiker auf der Basis der Empfehlungen des Deutschen Ausschusses über Theorien, Konzepte, Curriculum Entwicklung und Lehrplangestaltung stritten, fochten die Interessenverbände ebenfalls einen immer heftigeren Streit über Grundsatzfragen, wie und in welcher Form die Schüler angemessen mit der Arbeits-, Berufs- und Wirtschaftswelt vertraut gemacht und eine fundierte ökonomische Bildung in allgemeinbildenden Schulen sinnvoll eingeführt werden könnten. So formulierte F. Otte (1976, S.33):

„Polemische Argumentation auf beiden Seiten ließ den Verdacht aufkommen, der Schüler sei zu einer Randfigur geworden. Eine von der Stiftung Mitbestimmung und der Gewerkschaft Erziehung und Wissenschaft (GEW) beauftragte Projektgruppe äußerte 1973 in einem Forschungsvorhaben „Arbeitslehre im gewerkschaftlichen Interesse" den

Verdacht, die bildungspolitische Strategie der Unternehmensverbände ziele darauf ab, ‚der allgemeinbildenden Schule die Aufgabe zuzuweisen, die zukünftige Arbeitskraft auf Mobilität im Sinne einer bloßen Arbeitshaltung vorzubereiten‘."

Abbildung 1: Historische Wurzeln der Arbeitslehre

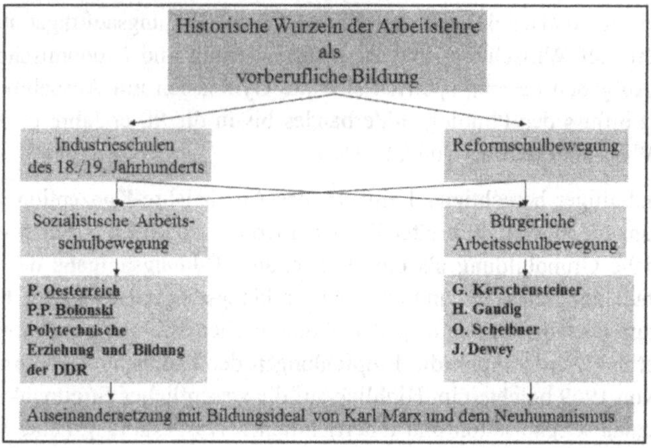

Quelle: Kaiser (2008), S. 134.

Aus meiner Zeit als Hochschullehrer an der Universität Bremen sind mir die ideologischen Grabenkämpfe noch in lebhafter Erinnerung, die von den unterschiedlichen kommunistischen Studentengruppen (z.B. KBB, KBW, MLB, SPARTAKUS usw.) und ihnen nahe stehenden Hochschullehrern an den Universitäten gegen die so genannten bürgerlichen Wissenschaftler geführt wurden, die als „Knechte des Kapitalismus" und „Verräter der Arbeiterklasse" diffamiert wurden. Der Studienschwerpunkt Arbeitslehre – Politik 1971, der an der neu gegründeten Universität in Bremen eingerichtet wurde, sollte nach den Vorstellungen der Planer auf der theoretischen Basis der Politökonomie des Marxismus-Leninismus als Keimzelle für Aktivitäten und Strategien zu grundlegenden Veränderung des kapitalistischen Systems der Bundesrepublik organisiert werden (Kaiser 1974, S. 168).

2. Konzeptionelle Vorstellungen zur Ausgestaltung der ökonomischen Bildung

Neben den bildungstheoretischen und ideologischen Kontroversen, die insbesondere auch die Bildungsbürokratie des Kultur- und Wissenschaftsministerien verunsicherten, standen im Hinblick auf die Realisierung und Ausprägungsformen der ökonomischen Bildung drei Konzeptionen im Mittelpunkt der Diskussion:

(1) Ökonomische Bildung als Unterrichtsprinzip im Rahmen etablierter Fächer

(2) Ökonomische Bildung im Rahmen eines Integrationsbereiches Arbeitslehre

(3) Ökonomische Bildung als selbständiges Fach Wirtschaft.

Zu (1): Die Verfechter der ökonomischen Bildung als Unterrichtsprinzip gingen von der Annahme aus, die ökonomische Bildung könne im Rahmen curricularer Maßnahmen von den etablierten Fächern Geschichte, Geographie, Politik und Sozialkunde übernommen werden. Und die so genannte Einführung in die Themenfelder Betrieb und privater Haushalt könne weitgehend den Fächern Technisches Werken, Textilarbeit und Hauswirtschaft übertragen werden.

Alsbald stellte sich jedoch heraus, dass alle Bemühungen, die ökonomische Bildung lediglich als Prinzip im Rahmen der etablierten Fächer zu realisieren, letztlich nicht gelingen konnten.

> „Überall dort, wo versucht wurde, die ökonomische Bildung im Rahmen traditioneller Fächer als Unterrichtsprinzip einzubringen, kam das einem Staatsbegräbnis erster Klasse gleich" (Kaiser 2008, S. 138).

Zu (2): Der Versuch, eine fundierte ökonomische Bildung im Rahmen der Arbeitslehre als Integrationsbereich zu realisieren, erwies sich ebenfalls in mehrfacher Hinsicht als problematisch. Als besonderer Versuch sei hier exemplarisch der berufspädagogisch fundierte Ansatz der Berliner Arbeitslehre-Konzeption erwähnt. Entsprechend der Stufenfolge des didaktischen Strukturgitters, das von Georg Groth entworfen wurde, sollte in einem Integrationsbereich die Arbeitslehre und damit die ökonomische Bildung in den Klassen 7 bis 9 durch eine Abfolge von Vorhaben sicher gestellt werden (Der Senator für Schulwesen 1970, S. 5). Die Vorhaben sollten nach den Vorstellungen des Beirats zur Arbeitslehre „neben seinem Kern, dem eigentlichen Projekt, auch die zu dessen Realisierung notwendigen Lehrgänge und Übungen" beinhalten (Der Senator für Schulwesen 1970, S. 5). Das bedeutete zugleich, dass in dem Berliner Rahmenplan keine vom Projekt unabhängigen fachlichen Lehrgänge und Übungen ausgewiesen wurden. Da es in Berlin, ebenso wie in den meisten Bundesländern, nicht gelang, neben den traditionellen Fächern in den Schulen Berlins einen Lernbereich Arbeitslehre mit einem eigenen Stundendeputat auszustatten, und es noch keine entsprechende Lehrerausbildung gab, waren die Stundendeputate und Unterrichtsinhalte „den bisherigen Bereichen, Werken, Textilarbeit und Hauswerk entnommen" (Der Senator für Schulwesen 1970, S. 5).

Es ist nicht verwunderlich, dass auf dieser Basis sich weder ein tragfähiges Konzept für ein ökonomisches Basiscurriculum noch eine fundierte wirtschaftswissenschaftliche und in sich konsistente fachdidaktische Lehreraus- und Lehrerfortbildung entwickeln konnte. Da es sich auch in den anderen Bundesländern als schwierig erwies, für die ökonomische Bildung im Stundenplan der Fächer ein eigenständiges Fach zu installieren, wurde in mehrere Bundesländern, wie z.B. Nordrhein-Westfalen, die besondere Aufgabe der Arbeitslehre einer Gruppe von drei Fächern übertragen, die in enger Kooperation betrieben werden sollten: Technisches Werken, Wirtschaftslehre und Hauswirtschaft (Der Kultusminister des Landes Nordrhein-Westfalen 1968).

Zu (3): Die Verfechter für die Einführung eines Schulfaches Wirtschaft verweisen insbesondere auf den Tatbestand, dass der Aufbau und die Ausgestaltung deutscher Schulen nach Fächern organisiert sind und die ökonomische Bildung sich nur in einem Schulfach Wirtschaft mit einem ausgewiesenem Zeitdeputat nachhaltig sicher stellen lässt.

3. Plädoyer für ein eigenständiges Fach Wirtschaft

Wenn man die Bemühungen und Fehlentwicklungen der letzten 50 Jahre seit Veröffentlichung des Gutachtens zur Hauptschule (1964) rückblickend kritisch betrachtet, so kann festgestellt werden: Eine fundierte ökonomische Bildung in den allgemeinbildenden Schulen lässt sich nur durch die Einführung eines eigenständigen Faches oder als eigenständiges Fach in einem Fächerverbund sicherstellen.

Da Schulfächer eine zentrale Bedingung für inhaltlich anspruchsvolles Lernen, für Differenzierung und Vergleich von Lernfortschritten sind, kann letztlich nur durch die Einführung der Wirtschaft als eigenständiges Fach oder als eigenständiges Fach in einem Fächerverbund eine fundierte ökonomische Bildung nachhaltig gewährleistet werden. Tenorth formuliert im Hinblick auf die allgemeine Bedeutung von Schulfächern als Ordnungsschemata für die Organisation von Lehr- und Lernprozessen in Bildungsinstitutionen: „Fächer bündeln Ziele, Voraussetzungen und Realisierungsmöglichkeiten pädagogischer Arbeit in der Schule in komplexer Weise zu einer institutionell abgesicherten Einheit von Lehrplan und Schularbeit" (Tenorth 1999, S. 191 f.).

Hans Kaminski stellt in seinem Beitrag „Problemfelder für die Entwicklung der ökonomischen Bildung im deutschen allgemeinbildenden Schulsystem" fest:

> „Ohne die Etablierung eines Faches wird die ökonomische Bildung keinen festen akzeptieren Stand im Bildungssystem erlangen, weil die Aufbauorganisation des deutschen Schulsystems eine nach Fächern darstellt und nicht nach Prinzipien" (Kaminski 2008, S. 52). Und Weinert konstatiert „Fachlich definierte Disziplinen sind notwendig als Lerndomänen. Fächer sind als Wissenssystem unerlässlich für kognitives Lernen" (Weinert 2001, S. 17 f.).

Die Entwicklung eines Basiscurriculums für die ökonomische Bildung sowie die Etablierung eines Faches Wirtschaft haben nicht nur unmittelbare Auswirkungen auf die Konstruktion von Rahmenrichtlinien oder Lehrplänen, sondern auch auf die Konstruktion von Studiengängen an den Hochschulen, auf die konzeptionelle Ausgestaltung von Fort- und Weiterbildungsmaßnahmen, auf fachdidaktische Entwicklungsforschung, auf Programme zur Forschungsförderung sowie die Bezeichnung und Besetzung entsprechender Lehramtsstudiengänge Ökonomie an Hochschulen.

Nur wenn ein ökonomisches Basiscurriculum als Fach etabliert ist, besteht, wie sich am Beispiel Nordrhein-Westfalen gezeigt haben, überhaupt eine Chance entsprechende Studiengänge für die Ausbildung von ÖkonomielehrerInnen und Professuren für „Wirtschaftswissenschaften und Didaktik" einzurichten. Fachlich fundiertes Wissen ist zugleich eine der grundlegenden Bedingungen für die erfolgreiche Bewältigung komplexer Lernaufgaben, Projekte und Vorhaben. Ein Schulfach Wirtschaft sowie eine fundierte fachwissenschaftliche und fachdidaktische Hochschulbildung sind überdies Voraussetzung für fächerübergreifendes bzw. fächerverbindendes Lernen sowie erfolgversprechende interdisziplinäre Forschung. Dietmar Krafft formuliert in seinem Beitrag „Grenzen der Integration der Sozialwissenschaften im Curriculum":

> „Ohne eine Kooperation von spezialisierten und damit qualifizierten Lehrern werden sozialwissenschaftliche Curricula mit pädagogischen Phrasen verbrämte und für die Beteiligten unüberprüfbare Dogmensammlungen und Begriffsfriedhöfe bleiben, hinter deren Mauern eine Sozialökonomie auf ihre Realisierung hofft" (Krafft 1978, S. 116).

Im Hinblick auf eine professionelle und kompetenzorientierte Lehrerausbildung erhält die Fachdidaktik eine herausragende Bedeutung. Eine professionelle Fachdidaktik stellt gewissermaßen „ein ‚Scharnier' zwischen fachwissenschaftlichem Wissen und pädagogisch-praktischem Wissen dar" (Aff 2013, S. 20). Zum einen ist die fachdidaktische Fragestellung komplexer als die fachwissenschaftliche, weil sie die anstehenden Sachverhalte auch unter dem subjektiven Aspekt des lernenden Individuums in seiner konkreten Situation in den Blick zu nehmen hat. Zum anderen können vor dem Hintergrund fachdidaktischer Kriteriensätze für Lernende auch solche Handlungsfelder bedeutsam sein, die noch nicht Gegenstand systematischer fachwissenschaftlicher Forschung waren.

Schließlich ist es Aufgabe der Fachdidaktik, permanent zu hinterfragen, in wie weit das herrschende fachwissenschaftliche Paradigma ein „bestimmtes Deutungsmuster von Welt" nahe legt und dabei den Blick für andere Sichtweisen bzw. Deutungsmuster versperrt (von Rosen 1999, S. 26). Josef Aff stellt im Hinblick auf den Stellenwert der Fachdidaktik fest,

> „dass für einen lebendigen ökonomischen Unterricht zwischen den Polen Wissenschaftsorientierung und Praxisbezug vor allem eine fundierte fachdidaktische universitäre Ausbildung sowie methodisch und inhaltlich Variantenreiche Lehrbücher und Unterrichtsmaterialien wesentliche Voraussetzungen darstellen" (Aff 1996, S. 367).

4. Schlussbemerkung - Perspektiven zur Weiterentwicklung der Ökonomischen Bildung im Rahmen der Reformmaßnahmen zur Einführung von Bildungsstandards

Die seit einigen Jahren geführte Reformdebatte über die Bedeutung kompetenzorientierter schulischer und universitärer Ausbildung sowie die Einführung von Bildungsstandards könnte Chancen für die positive Weiterentwicklung, Legitimierung und Etablierung einer grundständigen ökonomischen Bildung bieten. Erste positive Ansätze für eine Weiterentwicklung der ökonomischen Grundbildung sind mit der Neufassung des Lehrplanes für die Fächer des Lernbereiches Arbeitslehre in NRW vom 12.12.2012 (Ministerium für Schule und Weiterbildung 2012) und die Erarbeitung des Kerncurriculums Wirtschaft für die Hauptschule der Jahrgänge 7 bis 10 im Jahre 2009 (Niedersächsisches Kultusministerium) sowie das vorliegende Kerncurriculum Wirtschaft für die Oberschule der Schuljahrgänge 7 bis 10 erkennbar (Niedersächsisches Kultusministerium 2013).

Standards könnten sich als bedeutsame Orientierungspunkte und „Gelenkstellen" für Initiativen einer angemessenen Weiterentwicklung und dauerhaften Sicherung der ökonomischen Bildung innerhalb des Schulsystems und der universitären Ausbildung erweisen (Deutsche Gesellschaft für die ökonomische Bildung 2005 und 2006).

Im Rahmen der anstehenden Reformmaßnahmen ließen sich, wie ich es in meinem Beitrag zu dem Tagungsband „Ökonomische Bildung: legitimiert, etabliert zukunftsfähig. Stand und Perspektiven" (Kaminski und Krol 2008) formuliert habe, Standards für die Etablierung und Professionalisierung der ökonomischen Bildung in mehrfacher Hinsicht nutzen.

Generell lassen sich Standards, die für die Etablierung und Professionalisierung der ökonomischen Bildung hilfreich sein könnten, wie folgt unterscheiden:

„*Bildungsstandards* sind so zu formulieren, dass sie festlegen, über welche Kenntnisse, Fähigkeiten und Fertigkeiten als Lernergebnis Schüler und Lehramtstudenten der Ökonomie verfügen müssen, wann wichtige Ziele der Ökonomie-Ausbildung in der Schule und während des Studiums als erreicht gelten sollen und durch entsprechende Aufgabestellungen überprüft werden können. Das bedeutet konkret: Bildungsstandards müssen möglichst „präzise und verständlich" formulieren, was die Lernenden bzw. Studierenden am Ende eines Ausbildungsabschnittes wissen und können müssen.

Prozesstandards sind so zu formulieren, dass sie festlegen, welche Qualitätsmerkmale die Lernprozesse aufweisen sollen und welche Ressourcen gegeben sein müssen, die für effiziente Lehr-/ Lernprozesse wesentlich sind. Das heißt auch: die Lehr-Lernprozesse müssen neben dem Erwerb ökonomisches Wissens auf den Erwerb von individuellen Basisqualifikationen wie Urteilsfähigkeit, Problemlösungsfähigkeit, Entscheidungsfähigkeit und Handlungsfähigkeit ausgerichtet sein.

Institutionenstandards können sicherstellen, dass z.B. an den Hochschulen ein Mindestmaß an finanzieller und personeller Ausstattung für Lehre und Forschung zur professionellen Aus-, Fort- und Weiterbildung von Ökonomielehrern gewährleistet ist.

Systemstandards sind so zu formulieren, dass sie z.B. die Vergleichbarkeit von Studiengängen für Ökonomie-Lehrer an verschiedenen Universitäten durch Rahmenvorgaben und Vereinbarungen für Studienprogramme sicherstellen." (Kaiser 2008, S. 147 f.).

Die Standardisierung als Teil der Umgestaltung bisheriger Studiengänge in Bachelor- und Masterstudiengänge auf der Basis einer modularisierten Studienstruktur sollte von den Fachvertretern der ökonomischen Bildung beherzt genutzt werden, um an allen Hochschulstandorten der Bundesrepublik tragfähige und vergleichbare Studienprogramme zu erstellen.

Dietmar Krafft hat sich als Hochschullehrer durch seinen unermüdlichen Einsatz für ein eigenständiges Fach Wirtschaft an allgemeinbildenden Schulen und für grundständige Studiengänge für die Aus- und Weiterbildung von den Ökonomielehrern an Universitäten sowie durch zahlreiche Publikationen und Beiträge in Sammelbänden, Zeitschriften, Lexika, Multimediaeinheiten und nicht zuletzt durch die viel beachteten Schulbücher für den Lernbereich Arbeitslehre/Wirtschaft (seit 1976 bis heute) große Verdienste für die ökonomische Bildung erworben.

Literatur

Aff, Josef (1996), Wissenschaftsorientierung und Praxisbezug (Situationsorientierung als curriculare und fachdidaktische Herausforderungen für kaufmännische Sekundarschulen, in: Josef Aff und Richard Fortmüller (Hg.), Wissenschaftsorientierung und Praxisbezug, Wien, S. 343-371.

Aff, Josef (2013), Plädoyer für eine Integration statt „Ghettoisierung" des Praxissemesters, in: Susanne Dominici und Josef Aff (Hg.), Handbuch Schulpraxis: Leitfaden zur Ausgestaltung der Praxisphasen in der universitären Lehrerinnenausbildung, Wien, S. 20 ff.

Danzer, Robert (1966), Die Arbeitslehre, in: Bildungsabteilung des Deutschen Industrie-Instituts (Hg.), Vortrags- und Lehrunterlage der wirtschafts- und sozialpolitischen Grundinformationen, 8. Jg., Nr. 11, IV./26, Köln.

Der Kulturminister des Landes Nordrhein-Westfalen (1968), Grundsätze, Bildungspläne, Richtlinien zur Neuordnung der Hauptschule in Nordrhein-Westfalen, Heft 30, Tg. Arbeitslehre, Ratingen.

Der Senator für Schulwesen (1970), Arbeitsgrundlage Fach Arbeitslehre 7.-9. Klasse, Entwurf Frühjahr 1970, Berlin.

Der Senator für Schulwesen (1972), Arbeitsgrundlage Fach Arbeitslehre 10. Klasse, Entwurf Frühjahr 1972, Berlin.

Deutscher Bildungsrat (1974), Zur Neuordnung der Sekundarstufe II, Stuttgart.

Deutsche Gesellschaft für ökonomische Bildung (2005), Standards in der ökonomischen Bildung, Bergisch Gladbach.

Deutsche Gesellschaft für ökonomische Bildung (2006), Kompetenzentwicklung, -förderung und -prüfung in der ökonomischen Bildung, Bergisch Gladbach.

Empfehlungen und Gutachten des Deutschen Ausschusses für das Erziehungs- und Bildungswesen (1964), Folge 7/8, Stuttgart.

Kaiser, Franz-Josef (1974), Arbeitslehre. Materialien zu einer didaktischen Theorie der vorberuflichen Erziehung, Bad Heilbrunn.

Kaiser, Franz-Josef (2008), Fehlentwicklung der ökonomischen Bildung in Deutschland aus historischer Sicht im Kontext der Arbeitslehre-Diskussion, in: Hans Kaminski und Gerd-Jan Krol (Hg.), Ökonomische Bildung: legitimiert, etabliert, zukunftsfähig. Stand und Perspektiven, Bad Heilbrunn, S. 131-149.

Kaiser, Franz-Josef (Hg.) (1978), Die Stellung der Ökonomie im Spannungsfeld sozialwissenschaftlicher Disziplinen, Bad Heilbrunn.

Kaminski, Hans (2008), Problemfelder für die Entwicklung der ökonomischen Bildung im deutschen allgemein bildenden Schulsystem, in: Hans Kaminski und Gerd-Jan Krol (Hg.), Ökonomische Bildung: legitimiert, etabliert, zukunftsfähig. Stand und Perspektiven, Bad Heilbrunn, S. 11-70.

Kaminski, Hans und Gerd-Jan Krol (Hg.) (2008), Ökonomische Bildung: legitimiert, etabliert, zukunftsfähig. Stand und Perspektiven, Bad Heilbrunn.

Kollegstufe NW (1972), Strukturförderung im Bildungswesen des Landes Nordrhein-Westfalen. Eine Schriftenreihe des Kulturministeriums, Ratingen.

Krafft, Dietmar (1978), Grenzen der Integration der Sozialwissenschaften im Curriculum, in: Franz-Josef Kaiser (Hg.), Die Stellung der Ökonomie im Spannungsfeld sozialwissenschaftlicher Disziplinen, Bad Heilbrunn, S. 105-119.

Kruber, Klaus-Peter (2008), Bildungspolitik, Verbandsorganisation und die Entwicklung einer scientific comunity für die ökonomische Bildung, in: Heinz Kaminski und Gerd-Jan Krol (Hg.), Ökonomische Bildung: legitimiert, etabliert, zukunftsfähig. Stand und Perspektiven, Bad Heilbrunn, S. 151-165.

Ministerium für Schule und Weiterbildung des Landes Nordrhein-Westfalen (2012), Kernlehrpläne Arbeitslehre, Kunst, Musik, Sport und Textilgestaltung, Düsseldorf.

Niedersächsisches Kultusministerium (2009), Kerncurriculum für die Hauptschule, Schuljahrgänge 7. - 10. Auch online unter
http://db2.nibis.de/1db/cuvo/datei/2009_hs_wirtschaft_i.pdf (abgerufen am 11.02.2014).

Niedersächsisches Kultusministerium (2013), Kerncurriculum für die Oberschule, Schuljahrgänge 7. – 10. Auch online unter:

http://www.nibis.de/nibis3/uploads/1gohrgs/files/gaschler/kc2013/KCObsWirtschaft.pdf (abgerufen 11.02.2014).

Otte, Frank (1976), Klassenkampf im Klassenzimmer, in: Die Zeit. Nr. 8 vom 13. Februar. Hamburg.

Rosen, Rüdiger von (1999), Memorandum zur ökonomischen Bildung, Frankfurt am Main.

Spranger, Eduard (1965), Grundlegende Bildung – Berufsbildung – Allgemeinbildung, Heidelberg.

Tenorth, Heinz-Elmar (1999), Unterrichtsfächer - Möglichkeiten, Rahmen und Grenzen, in: Ivor F. Goodson, Stefan Hopmann und Kurt Riquarts (Hg.), Das Schulfach als Handlungsrahmen. Vergleichende Untersuchung der Geschichte und Funktion der Schulfächer, Köln, Weimar, Wien, S. 191-207.

Tollkötter, Bernhard (1967), Hauptschule und berufliches Bildungswesen in der Diskussion, Stellungsnahmen zum Gutachten 7/8 des Deutschen Ausschusses, Weinheim.

Weinert, Franz E. (2001), Vergleichende Leistungsmessung in Schulen: eine umstrittene Selbstverständlichkeit, in: Franz E. Weinert (Hg.), Leistungsmessung in Schulen, Weinheim und Basel, S. 17-31.

Christian Müller, Hans Jürgen Schlösser, Michael Schuhen und Andreas Liening (Hg.)
Bildung zur Sozialen Marktwirtschaft
Schriften zu Ordnungsfragen der Wirtschaft · Band 99 · Stuttgart · 2014

Einbindung der Berufseignungsdiagnostik in die schulischen Berufsorientierungskonzepte: eine unterschätze Herausforderung

Rudolf Schröder

Inhalt

1. Vorbemerkungen

Der Einsatz der Berufseignungsdiagnostik in der Berufsorientierung ist kein neues Thema. Hervorzuheben ist das hexagonale Modell von Holland (1985) zur Passung der Eigenschaften des Individuums und des Berufs, das bis heute eine rege Verwendung findet.

In den letzten Jahren werden verstärkt Verfahren zur Berufseignungsdiagnostik insbesondere in der Berufsorientierung der Sekundarstufe I eingesetzt. Diverse Bundesländer schreiben den Einsatz in der Sekundarstufe I vor. In einigen Bundesländern, wie beispielsweise Nordrhein-Westfalen, soll die Durchführung durch freie Träger erfolgen, in anderen Bundesländern, wie Niedersachsen und Baden Württemberg, durch das schulische Personal. Auf Bundesebene hat das Berufsorientierungsprogramm (BOP) des Bundesministeriums für Bildung und Forschung einen großen Stellenwert erlangt, um das sich freie Träger in Kooperation mit Schulen bewerben können: Gefördert wird eine so genannte mehrtägige Potenzialanalyse, an die sich eine mehrtätige Werkstattphase anschließt. In Nordrhein-Westfalen nehmen alle allgemeinbildenden Schulen an dem BOP-Programm teil; finanziert wird allerdings ausschließlich die Potenzialanalyse durch freie Träger. Außerdem wurden im Zusammenhang mit dem Berufsorientierungsprogramm des BMBF Qualitätsstandards für die Potenzialanalysen entwickelt (Weißmann 2010), die den Einsatz simulationsorientierter Verfahren zur Berufseignungsdiagnostik in der Sekundarstufe I einfordern.

Zugleich mehren sich die Stimmen, die die mangelnde Verhältnismäßigkeit zwischen dem Aufwand für die Durchführung und dem Ertrag für die individuelle Berufsorientierung sowie Integrationsförderung und methodische Mängel der Verfahren kritisieren (Lippegaus-Grünau 2012; Preißer 2009, 2010). Hinzu kommt, dass der Umfang der Potenzialanalysen massiv variiert (z. B. drei Tage in Niedersachsen versus einem Tag in Nordrhein Westfalen), woraus zwangsweise Unterschiede hinsichtlich der Erhebungsschwerpunkte und individuellen Ergebnisse resultieren.

Nach der Erfahrung des Autors sind die in der Bildungpraxis zu beobachtenden Probleme nur zum Teil auf die Verfahren als solche, sondern auch auf deren unzureichend reflektierte Nutzung zurückzuführen. Deshalb werden im weiteren Verlauf zunächst die unterschiedlichen Varianten der Berufseignungsdiagnostik sowie deren Einsatzmöglichkeiten in der Berufsorientierung (hierbei ist auch die Studienorientierung eingeschlossen) vorgestellt. Anschließend werden – und das ist der Schwerpunkt dieses Beitrags – die Herausforderungen bei der Anwendung der Berufseignungsdurchführung analysiert und Lösungsstrategien aufgezeigt.

2. Grundlegende Verfahren der Potenzialanalyse

Im Zusammenhang mit der Berufseignungsdiagnostik herrscht eine „babylonische Sprachverwirrung" (Lippegaus-Grünau und Voigt 2012, S. 21). In der Berufs- und Studienorientierung kommen sehr unterschiedliche Verfahrungen zum Einsatz (ausführlich in Rübner und Höft 2012, S. 28 ff.): Grundsätzlich kann zwischen eigenschaftsorientierten Verfahren (auch als psychometrische Verfahren oder Berufs- oder Studienwahltests bezeichnet), simulationsorientierten Verfahren (auch als handlungsorientierte oder assessmentbasierte Verfahren bezeichnet) und biografischen Verfahren unterschieden werden.

Abbildung 1: Eignungsdiagnostische Konzepte und Verfahren

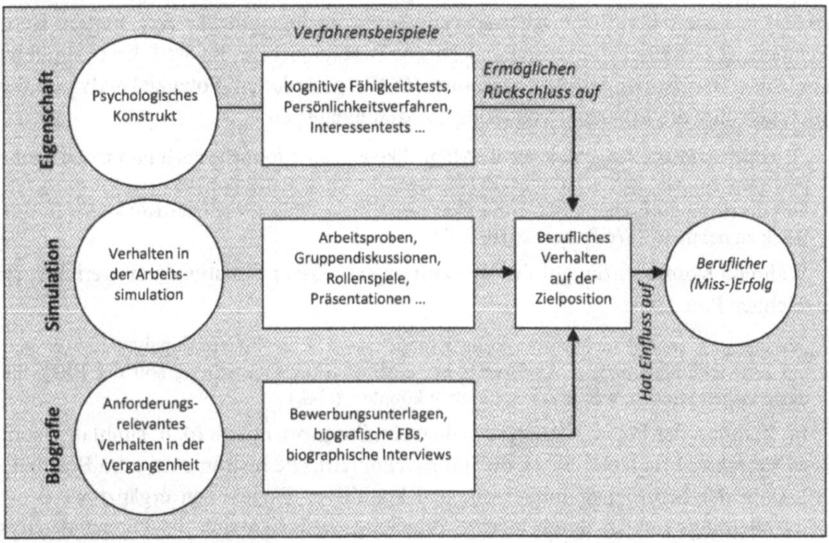

Quelle: Rübner und Höft (2012), S. 29.

Die verschiedenen Verfahren können unter dem Begriff „Berufseignungsdiagnostik" subsummiert werden: „Berufseignungsdiagnostik bezeichnet die Entwicklung, Prüfung und Anwendung psychologischer Verfahren zum Zwecke eignungsbezogener Erfolgsprognosen und Entscheidungshilfen im beruflichen Kontext." (Schuler 2006, S. 717). Unter Eignung kann die doppelte Passung verstanden werden, d. h. der Beruf soll zu den Interessen des Individuums und das Individuum zu den Anforderungen des Berufes passen (Klinck 2012, S. 41 f.).

Die Berufseignungsdiagnostik kann zu unterschiedlichen Zeitpunkten durchgeführt werden (Rübner und Höft 2012, S. 32 f.) als:

- Orientierungs- und Entscheidungsprozess hinsichtlich einer Wahlalternative nach der Schule,
- Einmündungsprozess in einen konkreten Ausbildungsberuf oder Studiengang,

- Ausbildungsprozess, insbesondere bei der Identifikation von Problemen,
- Einmündungsprozess in eine berufliche Startposition.

Im weiteren Verlauf geht es um den Einsatz der Berufseignungsdiagnostik in der Berufs- und Studienorientierung, d. h. um die Wahl und Realisierung einer individuell geeigneten Anschlussalternative nach der Schule. Auch innerhalb des Berufsorientierungsprozesses kann die Berufseignungsdiagnostik zu unterschiedlichen Zeitpunkten erfolgen. Der Einsatz der Berufseignungsdiagnostik kann zu Beginn zur Förderung der Selbsterkenntnis eingesetzt werden, aber auch zu einem späteren Zeitpunkt, um das berufliche Grobziel zu überprüfen und feiner zu justieren. Ein typisches Beispiel für die Überprüfung und Konkretisierung der Studienwahl sind die studienbezogenen Beratungstests der Bundesagentur für Arbeit. Im Rahmen der Berufseignungsdiagnostik zur Förderung der Berufsorientierung in der Sekundarstufe I geht es insbesondere um die Förderung der Selbsterkenntnis über die eigenen Interessen und Kompetenzen und potenziell geeignete berufliche Alternativen, damit die Jugendlichen ihre weitere Berufsorientierung zielgerichteter gestalten können. Besonders relevant sind diesbezüglich die durch das Berufsorientierungsprogramm (BOP) geförderten Potenzialanalysen, deren Anspruch über die Erhebung von Kompetenzen hinausgeht:

> „Kompetenzfeststellungen bieten die Möglichkeiten, über formelle auch informelle Kompetenzen zu erfassen, schulische Erfahrungen durch externe Perspektiven zu ergänzen und durch biografische Ansätze die ganze Person in ihren jeweiligen Kontexten in den Blick zu nehmen" (Weißmann 2010, S. 1).

Während Kompetenzen auf die Bewältigung konkreter Situationen ausgerichtet sind, bezeichnen Potenziale

> „verborgene, (noch) nicht entwickelte Kompetenzen. Eine Potenzialanalyse richtet sich auf Entwicklungsprozesse. Anders als bei einer Leistungsbeurteilung soll der Blick für das geöffnet werden, was (auch noch) sein könnte." (ebd.)

Im Zentrum der Potenzialanalyse stehen handlungsorientierte (d. h. simulationsorientierte Verfahren) (vgl. ebd. S. 2), die um psychometrische Instrumente, zum Beispiel zur Erfassung der beruflichen Interessen, und kognitiver Fähigkeiten ergänzt werden. Es bleibt allerdings unklar, durch welche Erhebungsmethoden sich die Potenzialanalysen von Kompetenzfeststellungen unterscheiden sollen. Dies zeigt sich auch daran, dass in der Praxis zur Durchführung von „Potenzialanalysen" Verfahren zum Einsatz kommen, die den Begriff „Kompetenz" im Namen führen.

3. Qualitätsstandards und Umsetzbarkeit der Berufseignungsdiagnostik in der Schulpraxis

Im Vergleich zu rein psychometrischen haben simulationsorientierte Verfahren den Vorteil, dass die Kompetenzen und Potenziale der Jugendlichen umfassender erfasst werden können; dies betrifft beispielsweise das Sozialverhalten und die motorischen Fähigkeiten. Zugleich ist zu konstatieren, dass die Durchführung handlungsorientierter Verfahren sehr aufwändig ist, weil die Beobachtung der Probanden in konkreten Handlungssituationen nicht automatisiert erfolgen kann. So sind für die Durchführung des in Niedersachsen präferierten Verfahrens mit maximal 16 Schülerinnen und Schülern inklusive individuellen Auswertungsgesprächen fünf bis sechs Arbeitstage anzusetzen.

Angesichts eines solchen, nicht ungewöhnlichen Aufwandes, stellt sich die Frage, wer simulationsorientierte Verfahren im wahrsten Sinne des Wortes „stemmen“ soll: Die Schule oder ein externer Träger. Beide Varianten gehen mit spezifischen Vor- und Nachteilen einher.

Für die Durchführung simulationsorientierter Verfahren durch die Schule spricht die Unabhängigkeit von einer externen Finanzierung durch Förderprogramme oder private Sponsoren, was der Nachhaltigkeit des schulischen Konzeptes zur Berufs- und Studienorientierung zu Gute kommt. Zugleich wird die Einbindung der individuellen Ergebnisse in die weitergehenden Berufsorientierungsmaßnahmen vereinfacht. Der organisatorische Aufwand sollte aber keinesfalls unterschätzt werden:

- Die mit der Durchführung befassten Lehrpersonen sind vom Unterricht freizustellen, d. h. es ist eine Unterrichtsvertretung zu organisieren.
- Oftmals kann aus Ressourcengründen (z. B. Anzahl der fortgebildeten Lehrkräfte, die das Verfahren durchführen) nur eine Hälfte der Klasse an dem Verfahren teilnehmen. Somit stellt sich die Frage nach der Beschulung der anderen Hälfte.
- Wenn Lehrkräfte ihnen bekannte Schülerinnen und Schüler diagnostizieren sollen, besteht die Gefahr der Voreingenommenheit, weshalb eine neutrale und außerschulische Durchführung gefordert wird (Bührmann 2009, S. 170). Der notwendige Tausch von Lehrkräften zwischen den Schulen, um den Anspruch der Unvoreingenommenheit einzulösen, verstärkt die beiden zuvor genannten, organisatorischen Herausforderungen.

Wenn die Potenzialanalyse hingegen von externen Trägern durchgeführt wird, stellt sich zunächst die Frage nach der Finanzierung. Es ist für die Nachhaltigkeit des schulischen Berufsorientierungskonzeptes nachteilig, wenn die Fördergelder jährlich neu beantragt werden müssen. Außerdem ist bei einer extern durchgeführten Berufseignungsdiagnostik zu klären, wie die individuellen Ergebnisse in die weiteren schulischen Berufsorientierungsmaßnahmen einfließen sollen (vgl. Kapitel 4). Dies setzt als ersten Schritt voraus, dass die nachvollziehbar dokumentierten Ergebnisse an die Schule übergeben werden, wobei allerdings datenschutzrechtliche Fragen auftreten können.

Lippegaus-Grünau (2012, S. 81 ff.) ist zuzustimmen, dass man die Diskussion um den Einsatz von simulationsorientierten Verfahren nicht auf die Machbarkeit beschränken sollte; notwendig ist zunächst einmal die Sicherstellung von Qualitätskriterien an die Verfahren als solche (vgl. zu simulationsorientierten Verfahren Lippegaus-Grünau 2012; Weißmann 2010 oder zu eigenschaftsorientierten Verfahren Kanning 2012, 2013). Gleichwohl: eine noch so ausgefeilte Berufseignungsdiagnostik wird ihre Wirkung nicht entfalten, wenn sie unter den realen Gegebenheiten in der Schulpraxis nicht ordnungsgemäß umgesetzt werden kann. Wie dargestellt wurde, ist allein schon der Personaleinsatz und Organisationsaufwand in der Schulpraxis ein erheblicher (Ver-) Hinderungsfaktor.

Im Vergleich zu simulationsorientierten Verfahren ist der Aufwand zur Durchführung von psychometrischen Verfahren deutlich geringer. Außerdem können psychometrische Testverfahren einfacher validiert werden; die Objektivität ist durch die computerbasierte Auswertung gewährleistet. Die Möglichkeit zur Bearbeitung entsprechender

Testverfahren per Papier am Computer ermöglicht einerseits einen organisatorisch flexiblen Einsatz. Anderseits gehen die flexiblen Integrationsmöglichkeiten mit dem Risiko einher, dass die entsprechenden Testverfahren nicht hinreichend in die Schulorganisation integriert oder sogar gänzlich in die Verantwortung der Schülerinnen und Schüler delegiert werden. Wenn entsprechende Verfahren beispielsweise am späten Abend durchgeführt werden, besteht die Gefahr von Messfehlern aufgrund der tendenziell verringerten kognitiven Leistungsfähigkeit. Während bei simulationsorientierten Verfahren die Auswertungsgespräche zu den individuellen Ergebnissen in der Regel fest eingeplant sind, ist dies bei computerbasierten Verfahren nicht unbedingt der Fall. Das bedeutet, dass vermeintliche oder reale Messfehler (die beispielsweise auch auf nicht verstandenen Aufgabenstellungen oder falsch angeklickten Beurteilungsskalen beruhen können) nicht aufgeklärt werden. Auf die generelle Notwendigkeit individueller Auswertungsgespräche wird im nächsten Kapitel eingegangen.

4. Auswertungsgespräche zu den individuellen Ergebnissen

Ohne Auswertungsgespräche zu den individuellen Ergebnissen der Berufseignungsdiagnostik besteht die Gefahr, dass desorientierte und demotivierte Schülerinnen und Schüler zurückbleiben. Wie bereits dargestellt wurde, können vermeintliche oder reale Messfehler nicht aufgeklärt werden. Hinzu kommt die Gefahr, dass die Ergebnisse abgelehnt werden, weil beispielsweise die festgestellten Kompetenzen dem Selbstbild widersprechen oder die vorgeschlagenen Berufe auf der Basis von Klischees beurteilt werden.

Auswertungsgespräche haben somit zunächst einmal die Aufgaben, das Verständnis zu den individuellen Ergebnissen sicherzustellen und die individuelle Bereitschaft zur Auseinandersetzung mit den Ergebnissen herzustellen. Darauf basierend sind die individuellen Ergebnisse zu reflektieren, z. B.:

- Welche Kompetenzen und beruflichen Interessen sind besonders ausgeprägt?
- Wo bestehen Entwicklungspotenziale hinsichtlich der Kompetenzen?
- Wo besteht ein Widerspruch zwischen den beruflichen Interessen und den dafür notwendigen Kompetenzen?
- Welche weiteren Schritte sollen sich anschließen?

Die Gestaltung von Auswertungsgesprächen stellt eine nicht zu unterschätzende Herausforderung dar, weil sehr persönliche Ergebnisse besprochen werden. Die Gestaltung der Auswertungsgespräche stellt neben der generellen Kompetenz zur Führung von Beratungsgesprächen (vgl. Kohn und Göckler 2014, S. 101 ff.; nfb 2012; Schiersmann 2011; Schober 2013, S. 44 f.) auch nicht zu unterschätzende fachliche Anforderungen an die durchführenden Personen. Dies betrifft die Kenntnisse zu

- dem jeweiligen Verfahren der Berufseignungsdiagnostik, um zu den möglicherweise überraschenden Ergebnissen Stellung nehmen zu können,
- den grundsätzlichen Wahlalternativen nach dem angestrebten Schulabschluss und den entsprechenden Fachleuten (insb. Berufsberatung der Arbeitsagenturen, Studi-

enberatung der Universitären, Ausbildungsberatung der Kammern), um bei einem vertieften Beratungsbedarf zielgerichtet weiterleiten zu können,

– dem regionalen Wirtschaftsraum mit den zentralen Berufsfeldern und Beschäftigungsmöglichkeiten, um die aufgezeigten beruflichen Perspektiven vor dem Hintergrund eines möglicherweise notwendigen Wohnortwechsels reflektieren zu können,
– dem Berufsorientierungskonzept der Schule, um anschließende Orientierungsmaßnahmen (z. B. Wahl eines Praktikumsplatzes, gezielte Recherchen auf Ausbildungs- oder Studienmessen) abstimmen zu können und
– den individuellen Förderangeboten und Ansprechpartner der Schule und kooperierender Einrichtungen, um eine mögliche Weiterführung der Beratungsaktivitäten zielgerichtet vorbereiten zu können. Dies betrifft beispielsweise bei vertieften Fragen zu den Anschlussalternativen und Beschäftigungsmöglichkeiten die Beratungsangebote der Arbeitsagenturen und Kammern.

Es liegt auf der Hand, dass gehaltvolle Auswertungsgespräche eine angemessene Qualifizierung der beratenden Personen voraussetzt. In zweitägigen Lehrerfortbildungsmaßnahmen zu simulationsorientierten Diagnostikverfahren können, nach der Erfahrung des Autors, die Grundlagen zur Anwendung des jeweiligen Verfahrens gelegt werden. Die Gestaltung der Auswertungsgespräche lässt sich schwerlich in ein solch enges Zeitkorsett angemessen integrieren. Zu kurz kommt oftmals auch die Einbettung des jeweiligen Verfahrens in die schulischen Berufsorientierungskonzepte, worauf im nächsten Kapitel eingegangen wird.

5. Konzeptionelle Einbindung der Berufseignungsdiagnostik

Das Abheften der individuellen Ergebnisse im Berufswahlpass oder ähnlichen Instrumenten zur Dokumentation des individuellen Berufsorientierungsprozesses ist eine notwendige, nicht aber hinreichende Voraussetzung für die Nachhaltigkeit der Berufseignungsdiagnostik. Notwendig ist darüber hinaus, dass die Berufseignungsdiagnostik und andere Maßnahmen zur Berufs- und Studienorientierung sowie individuelle Förderung effektiv aufeinander abgestimmt sind. Dies betrifft insbesondere die folgenden Maßnahmen:

– Die Potenziale für eine *vertiefende Beratung* zum Beispiel durch die Berufsberatung oder eine sozialpädagogische Einrichtung bleiben weitgehend ungenutzt, wenn zwischen den Beratungen mehrere Monate liegen.
– Die *Beiträge des Fachunterrichts* finden generell in der aktuellen Diskussion zur Berufs- und Studienorientierung eine geringe Beachtung. Hierbei handelt es sich um eine Aufgabe, bei der insbesondere, aber nicht allein der Wirtschaftsunterricht gefordert ist, weil die Berufsorientierung mit dem Übergang in den Arbeitsmarkt verbunden ist (Schröder 2013). Die Berufseignungsdiagnostik kann beispielsweise mit dem Fach Werte und Normen oder Religionslehre, weil die entsprechenden Lehrpläne oftmals Themen zur individuellen Identitätsentwicklung enthalten, vernetzt werden.

- Hinsichtlich der zielgerichteten Recherchen und Praxiskontakte lassen sich in der Praxis weitere „Versandungseffekt" beobachten, weil die Ergebnisse der Berufseignungsdiagnostik nicht berücksichtigt werden. Die Wahl eines geeigneten Praktikumsplatzes und die zielgerichtete Recherche auf Ausbildungs- und Studienmessen sowie in Datenbanken zu Ausbildungsgängen und Studiengängen setzen aber voraus, dass potenziell geeignete Berufsfelder bekannt sind.
- Die Berufseignungsdiagnostik kann auch zur Identifizierung von zu fördernden Kompetenzen eingesetzt werden. Dieser Verwendung kommt entgegen, dass mehrere simulationsorientierte Verfahren, die auch in der Sekundarstufe I eingesetzt werden, ursprünglich vor einem förderpädagogischen Hintergrund entwickelt worden sind. Der Kern der Berufsorientierung wird aber verfehlt, wenn in den Auswertungsgesprächen nur die individuellen Fördermaßnahmen thematisiert werden sollen (Hammer, Ripper und Schenk 2012, S. 68 f.). Der Einsatz der Berufseignungsdiagnostik im Rahmen der Berufsorientierung kann auch per Erlass ad absurdum geführt werden: „Die Rückmeldungen enthalten keine ‚Berufsempfehlungen', sondern Hinweise auf individuelle Potenziale" (Ministerium für Schule und Weiterbildung des Landes Nordrhein Westfalen 2012, S. 3). Auch wenn in der Jahrgangsstufe sieben oder acht schwerlich konkrete Ausbildungsberufe besprochen werden können, sollten doch in Frage kommende Berufsfelder eingegrenzt werden, um die nachfolgenden Orientierungsaktivitäten (z. B. Wahl des Praktikumsplatzes) des Jugendlichen zu unterstützen.

Die entsprechende Weiterverwendung der individuellen Ergebnisse setzt geregelte Möglichkeiten zur Einblicknahme voraus, die mit den Bestimmungen zum Datenschutz abzugleichen sind. Hinsichtlich der Verwendung der Daten ist zwingend ein Konsens zur Transparenz herzustellen – auch, um eine von Misstrauen geprägte Ablehnung der Berufseignungsdiagnostik zu vermeiden. Eine wichtige Rolle kommt diesbezüglich der Elternarbeit zu.

Die Weiterverwendung der Ergebnisse der Berufseignungsdiagnostik bedingt weiterhin, dass die entsprechenden Personen (Lehrkräfte, Sozialpädagogen, Berufsberater usw.) zumindest die Grundzüge der zugrunde liegenden Verfahren kennen, um die Ergebnisse korrekt interpretieren zu können. Insbesondere die schulischen Lehrkräfte sind darüber hinaus gefordert, die Berufseignungsdiagnostik in das schulische Konzept zur Berufs- und Studienorientierung einzubinden (Schröder, Warns und Büschgens 2012, S. 2 ff.).

Hinsichtlich der Weiterverwendung der Ergebnisse der beruflichen Eignungsdiagnostik ist anzumerken, dass zahlreiche Schülerinnen und Schüler nach Abschluss der Sekundarstufe I oftmals weitere Verfahren zur Berufseignungsdiagnostik durchlaufen, insbesondere in der gymnasialen Oberstufe und den Bildungsgängen des Übergangssystems. In der Regel stehen aber die Verfahren nicht miteinander in Beziehung. Dies ist insbesondere dann problematisch, wenn es zu widersprüchlichen Ergebnissen kommt, die nicht auf die individuelle Entwicklung des Jugendlichen zurückgeführt werden können. Aufeinander abgestimmte Verfahren zur Berufseignungsdiagnostik in unterschiedlichen Schulformen bzw. Jahrgangsstufen, die auch Entwicklungsverläufe sichtbar machen, stellen bislang eine Ausnahme dar.

6. Fazit

In diesem Beitrag ging es weniger um die Verfahren zur Berufseignungsdiagnostik als solche. Vielmehr wurden die Durchführung und konzeptionelle Einbindung entsprechender Verfahren in die schulischen Berufsorientierungskonzepte erörtert – zwei, nach Ansicht des Autors, oftmals unterschätzte Herausforderungen.

- Die Durchführung simulationsorientierter Verfahren, die insbesondere in der Sekundarstufe I eingesetzt werden, geht mit einem erheblichen Aufwand einher. Die Ressourcenfrage stellt sich – wenn auch mit unterschiedlichen Ausprägungen – sowohl bei der Durchführung durch die schulischen Lehrkräfte und Sozialpädagogen wie auch bei der Durchführung durch externe Träger. Auch aus Gründen der „Machbarkeit" sollte verstärkt über den Einsatz psychometrischer Verfahren, die zugleich besser zu validieren sind, nachgedacht werden. Allerdings ist zu berücksichtigen, dass auch die Durchführung solcher Verfahren organisiert werden muss und Auswertungsgespräche notwendig sind.
- Damit die Berufseignungsdiagnostik eine nachhaltige Wirkung auf den individuellen Prozess ausüben kann und sich der Ressourceneinsatz lohnt, sollten die Verfahren in die schulischen Berufsorientierungs- und ggf. Förderkonzepte eingebunden werden, wobei die Berufsorientierung eine angemessene Berücksichtigung erfährt.
- Die Handhabung der Berufseignungsdiagnostik inklusive der individuellen Auswertungsgespräche stellt erhebliche Anforderungen an die Akteure. Notwendig sind umfassende Fortbildungsmaßnahmen, die außerdem die konzeptionelle Einbettung der Berufseignungsdiagnostik zum Gegenstand haben.

Bei aller Kritik, die an der Berufseignungsdiagnostik – auch in diesem Beitrag – geübt wird: Diagnostizieren und Beraten sind, auch gemäß des Kultusministerkonferenzbeschlusses (vgl. Sekretariat der Ständigen Konferenz der Kultusminister der Länder in der Bundesrepublik Deutschland 2004, S. 3 ff.), zu Recht ein wesentliches Aufgabenfeld der Lehrerinnen und Lehrer; dies gilt es auch bei der Einbeziehung der Berufsorientierung in der Lehrererstausbildung zu berücksichtigen. Die Wirtschaftslehrkräfte sind bei der Berufsorientierung und somit auch bei Berufseignungsdiagnostik besonders gefordert: Auch wenn sie entsprechende Verfahren nicht unbedingt selber durchführen, sind sie in der Praxis maßgeblich hinsichtlich der Einbettung in das schulische Berufsorientierungskonzept befasst. Hierzu gehört beispielsweise die effektive Verzahnung der Berufseignungsdiagnostik mit den Praxiskontakten. Aus diesem Grund ist die Berufs- und Studienorientierung fest in den Oldenburger Lehramtsstudiengängen Ökonomische Bildung (Haupt-, Real- und Oberschulen) und Politik-Wirtschaft (Gymnasium) verankert, und die theoretischen Grundlagen und die praktische Anwendung der Berufseignungsdiagnostik können im Wahlpflichtbereich vertieft werden.

Literatur

Bührmann, Thorsten (2009), Möglichkeiten und Grenzen von Assessment-Centern zur kompetenzbezogenen Outcome-Analyse in Maßnahmen der Jugendhilfe, in: Birgit Marx und Rüdiger Preißer (Hg.), Die Quadratur des Kreises: Feststellung von Kompetenzen benachteiligter Jugendlicher in der Diskussion und Evaluation, Paderborn/Freiburg, S.144-181.

Hammer, Karsten, Jürgen Ripper und Thomas Schenk (2012), Leitfaden Berufsorientierung, 5. Auflage, Gütersloh.

Holland, John L. (1985), Making vocational choices: A theory of vocational personalities and work environments, Englewood Cliffs, NJ.

Kanning, Uwe Peter (2012), Neun Kriterien zur Bewertung von Berufsorientierungstests, in: Arbeitsförderung Offenbach (Hg.), Berufsorientierung und Kompetenzen: Methoden - Tools - Projekte, Bielefeld, S. 11-24.

Kanning, Uwe Peter (2013), Berufsorientierungstests, in: Tim Brüggemann und Sylvia Rahn (Hg.), Berufsorientierung: ein Lehr- und Arbeitsbuch, Münster u. a., S. 236-250.

Klinck, Dorothea (2012), Anforderungen an moderne Verfahren der Berufseignungsdiagnostik, in: Berufliche Rehabilitation, Heft 1/2012, 37–47.

Kohn, Karl-Heinz P. und Göckler, Rainer (2014): Bildungs- und Berufswissenschaften, in: Rainer Göckler, Matthias Rübner, Karl-Heinz P. Kohn, Ursula Jäger, Michael Franck: Beschäftigungsorientierung beraten und vermitteln, Regensburg, Walhalla, S. 73-104

Krzatala, Karin und Thomas Retzmann (2013), Kompetenzdiagnostik in der Berufsorientierung: Eine Bestandsaufnahme der Potenzialanalyse als Diagnose- und Förderinstrument in der Sekundarstufe I, Essener Beiträge zur ökonomischen und beruflichen Bildung, Universität Essen, URL: http://www.wida.wiwi.uni-due.de/fileadmin/fileupload/BWL-WIDA/Diskussionspapiere/EBOEBB_2013-04_Potenzialanalyse.pdf (abgerufen am: 26.03. 2014).

Lippegaus-Grünau, Petra (2012), Kompetenzfeststellung, Potenzialanalyse: viel Wind und nichts dahinter, in: Arbeitsförderung Offenbach (Hg.): Berufsorientierung und Kompetenzen: Methoden – Tools – Projekte, Bielefeld, S. 75-88.

Lippegaus-Grünau, Petra und Birgit Voigt (2012), Potenzialanalyse in Theorie und Praxis, Band 1: Potenziale erkennen und fördern. Qualität entwickeln, URL: http://bildungsketten.de/_media/120903_Band_1_HR_PotiA_online.pdf (abgerufen am 30.12.2013).

Ministerium für Schule und Weiterbildung des Landes Nordrhein Westfalen (2012), Das Standardelement „Potenzialanalyse" im Rahmen der Landesinitiative „Kein Abschluss ohne Anschluss", URL: http://www.berufsorientierung-nrw.de/cms/upload/pdf/Potenzialanalyse_Arbeitsfassungoeffentlich__Nov2012_.pdf (abgerufen am 30.12.2013).

nfb (Nationales Forum Beratung in Bildung, Beruf und Beschäftigung e.V.) (2012), Beratungsqualität in Bildung, Beruf und Beschäftigung, Kompetenzprofil für Beratende, Berlin: nfb, URL: http://www.beratungsqualitaet.net/upload/Menu_Inhaltlich/Professionalitaet/broschuere_kompetenz.pdf (abgerufen am 02.01.2014).

Preißer, Rüdiger (2009), Empfehlungen zur Durchführung von Qualifizierungsmaßnahmen in der Jugendhilfe, in: Birgit Marx und Rüdiger Preißer (Hg.), Die Quadratur des Kreises: Feststellung von Kompetenzen benachteiligter Jugendlicher in der Diskussion und Evaluation, Paderborn/Freiburg, S. 201-210.

Preißer, Rüdiger (2010), Eignungsanalyse: gravierende Mängel, geringer Nutzen, URl: http://www.good-practice.de/infoangebote_beitrag4115.php (abgerufen am 30.12.2013).

Rübner, Matthias und Stefan Höft (2012), Berufliche Eignungsdiagnostik am Übergang Schule - Beruf, in: Arbeitsförderung Offenbach (Hg.), Berufsorientierung und Kompetenzen: Methoden - Tools - Projekte, Bielefeld, S. 25-52.

Schiersmann, Christiane (2011), Bildungs- und Berufsberatung neu denken, in: Marika Hammerer, Erika Kanelutti und Ingeborg Melter (Hg.), Zukunftsfeld Bildungs- und Berufsberatung: Neue Entwicklungen aus Wissenschaft und Praxis, Bielefeld, S. 81-88.

Schober, Karen (2013), "Quality is a Journey, not a Destination". Internationale Ansätze in Praxis, Politik und Wissenschaft zur Stärkung der Qualität und Professionalität in der Bildungs- und Berufsberatung, in: Marika Hammerer, Erika Kanelutti-Chilas und Ingeborg Melter (Hg.): Zukunftsfeld Bildungs- und Berufsberatung: Neue Entwicklungen aus Wissenschaft und Praxis, Band 2, Bielefeld, S.17-45.

Schuler, Heinz (2006), Berufseignungsdiagnostik, in: Franz Petermann und Michael Eid (Hg.), Handbuch der psychologischen Diagnostik, Göttingen, S. 717-729.

Schröder, Rudolf, Inge Warns und Veronika Büschgens (2012), Einsatz von Kompetenzfeststellungsverfahren, in: Rudolf Schröder, Ludger Wester et al. (Hg.), Handreichung zur Berufs- und Studienorientierung in Niedersachsen, Oldenburg, URL: http://berufsorientierung-niedersachsen.de/?q=system/files/Handreichung-BO_3-2_1210 11_ Kompetenzfeststellung_0.pdf (abgerufen am 30.12.2013).

Schröder, Rudolf (2013), Die Systematisierung der Berufsorientierung als Forschungs- und Gestaltungsfeld der ökonomischen Bildung, in: Zeitschrift für ökonomische Bildung, Ausgabe 1, 137-161, URL: http://www.zfoeb.de/2013_1/schroeder.pdf (abgerufen am 02.01.2014).

Sekretariat der Ständigen Konferenz der Kultusminister der Länder in der Bundesrepublik Deutschland (2004), Standards für die Lehrerbildung: Bildungswissenschaften, Beschluss der Kultusministerkonferenz vom 16.12.2004, URL: http://www.kmk.org/filead min/veroeffentlichungen_beschluesse/2004/2004_12_16-Standards-Lehrerbildung-Bildun gswissenschaften.pdf (abgerufen am 02.01.2014).

Weißmann, Hans (2010), Qualitätsstandards zur Durchführung von Potenzialanalysen in Programmen zur Berufsorientierung des BMBF, URL: http://www.bildungsketten.de/ _media/qualitaetsstandards_bildungsketten.pdf (abgerufen am 02.01.2014).

Teil IV:

Ökonomische Bildung als Beruf und Berufung: Dietmar Krafft als Hochschullehrer

Christian Müller, Hans Jürgen Schlösser, Michael Schuhen und Andreas Liening (Hg.)
Bildung zur Sozialen Marktwirtschaft
Schriften zu Ordnungsfragen der Wirtschaft · Band 99 · Stuttgart · 2014

Vergleichende Evaluationsanalyse in der Interdisziplinären Wirtschaftsforschung: Dietmar Krafft als Objekt der Ökonometrie

Fabian Schleithoff, Johannes Suttner und *Christian Müller*

Inhalt

1. Einleitung

Ökonomische Bildung ist Allgemeinbildung. Das ist wohl die wichtigste Botschaft, die man aus Dietmar Kraffts überaus umfangreichem wissenschaftlichem Werk herauslesen kann. Seit bald einem halben Jahrhundert kämpft Krafft gegen die bildungspolitischen Auswirkungen des liberalistischen Humanismus eines Wilhelm von Humboldt, nach dem sich „Erziehung in kritischer Distanz zur Ökonomie" zu vollziehen habe. Krafft geißelt dies als einen „Rückfall in die Antike" (Krafft 2012, S. 89), in die Zeit platonischer Abwertung des kaufmännischen Lebens und religiöser Wucherverbote, in der materielle Werte keinen Platz in der Erziehung fanden. In der Konsequenz eines noch heute nach diesem Prinzip gestalteten Schul- und Hochschulsystems, in dem ökonomische Kompetenzen allenfalls über den Weg der Berufsbildung in Haupt- und Realschulen vermittelt würden, sei es ausgerechnet jene gesellschaftliche Elite, die in Medien, Politik, Sport oder Kunst das Sagen hat, welche „die geringsten Berührungspunkte mit der Wirtschaft" (Krafft o.J.) habe. An die Stelle selbst einfachster Kenntnisse von Wirtschaftsordnungen und -prozessen träten so bestenfalls „emotional verinnerlichte Glaubenssätze". Und das nicht ohne Folgen:

> „Der fehlende Wirtschaftsunterricht wirkt sich dann wiederum auf die anderen Bevölkerungsschichten nachteilig aus, denn über die Medienakteure und Bildungsexperten, wie ich die Lehrer (auch Hochschullehrer) bezeichnen möchte, entwickelt sich ein wirtschaftsferner Circulus Vitiosus" (Krafft o.J.).

Den Befund eines katastrophalen Zustands des ökonomischen Wissens von Schülerinnen und Schülern, den auch empirische Studien unter Beteiligung des Instituts für Ökonomische Bildung in Münster immer wieder zu Tage förderten[1], wird man als eine Bestätigung dieser düsteren Diagnose lesen dürfen.

Es war daher die „Elementare Wirtschaftslehre", an welcher Krafft immer wieder ansetzte – in der Hochschule (z.B. mit seinem gleichnamigen Lehrbuch; Krafft, Liening, Schlösser und Wilke 1995), in der Schule (siehe aus seinen zahlreichen Schulbüchern z.B. Krafft, Meyer und Harter-Meyer 2012) oder in der Weiterbildung (Krafft und Liening 1999). Im Unterschied zu vielen anderen zog sich Dietmar Krafft jedoch nicht in den akademischen Elfenbeinturm zurück, um dort Büroregale- und -schubladen mit beschriebenem Papier zu füllen, sondern ging energisch voran, seine wissenschaftlichen Erkenntnisse auch gleich selbst in die Praxis umzusetzen. Wie kaum ein anderer initiierte er Praxisprojekte, stieß immer neue Kooperationen mit Schulen an oder half mit, das Geldmuseum der Deutschen Bundesbank zu gestalten.[2] Um wirtschaftlichen Sachverstand einem breiteren Publikum zur Kenntnis zu bringen, gründete er auch die Zeitschrift „Markt", die unter seiner Herausgeberschaft dreimal jährlich durch das Goethe-Institut verlegt wird. Nicht zuletzt war er Mitbegründer der Deutschen Gesellschaft für

---

[1] Vgl. Sczesny und Lüdecke (1998); Müller, Fürstenau und Witt (2007); Würth und Klein (2001); unter Beteiligung des IÖB siehe auch Erner, Gödde-Menke und Oberste (2011a; 2011b).

[2] Seine Vorstellungen über Schule-Praxis-Kooperationen entwickelt er z.B. in Krafft (1990).

Ökonomische Bildung (DeGöB), deren langjähriger Vorsitzender Dietmar Krafft war (siehe dazu Krafft 2012).

Bis heute, anderthalb Jahrzehnte nach seiner Emeritierung, wurde Dietmar erfreulicherweise auch nicht müde, ökonomische Bildung im Hörsaal zu vermitteln. Dabei predigt er nicht nur das Hohelied exzellenzpädagogischen Unterrichts; stets lässt er diesen Maßstab auch für sich selbst gelten. Dass diese Feststellung mehr als nur eine festschrifttentypisch-ultimative Lobhudelei, sondern durch harte empirische Fakten belegbar ist, soll dieser Beitrag zeigen. Erstmals wollen wir Dietmar Krafft selbst zum Thema einer wirtschaftswissenschaftlichen Analyse machen (siehe jedoch auch den Beitrag von Dilger und Lütkenhöner in diesem Band). Mit den Mitteln der angewandten Ökonometrie lassen wir die Studierenden aus Dietmars Veranstaltungen selbst ein Urteil sprechen über seine Qualitäten als Dozierender und untersuchen aus dieser Perspektive Kraffts Lehrengagement im Vergleich zu den drei anderen aktiven Lehrpersonen (wir nennen sie M, A und D, s. 2.2.) am Centrum für Interdisziplinäre Wirtschaftsforschung (CIW), dem vormaligen Institut für Ökonomische Bildung (IÖB), der Universität Münster.

Das Papier ist wie folgt organisiert: In Abschnitt 2 stellen wir die verwendeten Daten und unsere Methodik vor, Kapitel 3 präsentiert einige deskriptive Statistiken und die Ergebnisse unserer Regressionsanalyse. Die zentrale Einsicht unserer Analyse in Kapitel 4 wird niemanden ernstlich überraschen: Auch, was die Vermittlung ökonomischer Bildung im Hörsaal angeht, sind Dietmar Kraffts Qualitäten im ursprünglichen Sinne des Wortes herausragend.

2. Daten und Methodik

2.1. Veranstaltungsevaluationen

Die Evaluationsordnung der Universität Münster räumt den Studierenden eine regelmäßige Möglichkeit ein, ihre Dozentinnen[3] kritisch zu bewerten. Gegenstand sind dabei sowohl die Vorlesungen als auch die Seminare einer Lehrenden. Unserer Analyse legen wir im Folgenden solche Lehrevaluationen zugrunde, die das Rektorat der Universität nach § 10 der Evaluationsordnung (Westfälische Wilhelms-Universität Münster 2009) in Zusammenarbeit mit der Koordinierungskommission für Evaluation und der internen Evaluationskommission für sämtliche Veranstaltungen universitätsintern veröffentlicht.

Die Evaluationsergebnisse sämtlicher Lehrveranstaltungen der wirtschaftswissenschaftlichen Fakultät stehen seit dem Sommersemester 2006 in elektronischer Version zur Verfügung. In die Analyse eingeflossen sind die Evaluationsdaten bis einschließlich des Sommersemesters 2013, d.h. Lehrbewertungen aus insgesamt 15 Semestern. Die

---

3 Gender Mainstreaming ist, wie wir wissen, Dietmar Krafft ein Herzensanliegen (z.B. Krafft und Wiepcke 2005). Wir entsprechen diesem Wunsch dadurch, dass wir – als Ausgleich für die jahrtausendelange Diskriminierung der Frau – der Universität Leipzig folgen (Haerdle 2013) und hier und in den nächsten Jahrtausenden durchgehend die weibliche Form verwenden werden. Vgl. hierzu auch die Ausführungen zur „Entmännlichung des Mannes" bei Hollstein (2012, S. 51 ff.).

Struktur der Evaluationsbögen wurde an die Lehranforderungen der jeweiligen Veranstaltungstypen angepasst. So werden für Vorlesungen und Seminare teilweise differenziert ausgestaltete Leistungsmerkmale der Dozentin sowie Charakteristika der Lehrveranstaltungen abgefragt. Abbildung 1 stellt die wesentlichen Komponenten der verwendeten Fragebögen dar.

Abbildung 1: Evaluationskriterien

Evaluationsfaktoren	
Vorlesungen	Seminare
Globalindikator	Globalindikator
Struktur der Veranstaltung	Seminarkonzeption
Engagement des Lehrenden	Betreuung
Selbsteinschätzung	Eigene Beiträge
Vermittlung der Lehrinhalte	Inhalte des Seminars
Medien/Material	Gesamtbewertung
Gesamtbewertung	

Für Vorlesungen existieren sieben grundlegende Kategorien, die nach Auswertung der Evaluationen veröffentlicht werden. Der Globalindikator gibt die durchschnittliche Bewertung der Veranstaltung über alle zu beurteilenden Kriterien an. Mit der Selbsteinschätzung sollen Studierende ihre eigene Leistungsfähigkeit innerhalb der Vorlesung beurteilen. Zudem werden die Struktur der Veranstaltung, die Qualität der Vermittlung der Lehrinhalte sowie der Medien- und Materialeinsatz der Dozentin bewertet. Schließlich können die Studentinnen die Lehrveranstaltung einer Gesamtbewertung unterziehen.

Die Evaluation von Seminaren umfasst neben Globalindikator und Gesamtbewertung weitere veranstaltungstypspezifische Komponenten. So werden mit der Seminarkonzeption die Struktur und der Aufbau des jeweiligen Seminars bewertet. Da Seminare meist Prüfungsleistungen wie Referate oder Hausarbeiten umfassen, wird weiterhin die Betreuung bei deren Erarbeitung evaluiert. Mit der Komponente „Eigene Beiträge" bekommt die Dozentin ein Feedback darüber, inwieweit sie studentische Wortbeiträge adäquat im Seminar berücksichtigt hat. Schließlich können Studierende die inhaltliche Themenstellung des Seminars bewerten.

Im Benotungssystem der Lehrevaluationen stellt der Wert 1,0 die Bestnote dar; eine 5,0 ist demgegenüber die schlechteste Note.

2.2. Untersuchte Lehrveranstaltungen

Im Folgenden unterstellen wir, dass die veröffentlichten Ergebnisse – ob schriftlich oder online erfasst – die „wahre" Evaluation der Studierenden wiedergeben.[4] Von den Lehrveranstaltungen Dietmar Kraffts werden die Vorlesung „Betriebliches Rechnungs-

[4] Vgl. für Gründe möglicher Abweichungen Meinefeld (2010) und Lütkenhöner (2012).

wesen“ sowie das Seminar „Unternehmensgründung und -organisation“ als regelmäßige universitäre Veranstaltungen analysiert. Daneben stellen wir die Lehrveranstaltungen der drei anderen aktiven (männlichen) Professorinnen des Centrums für Interdisziplinäre Wirtschaftsforschung. Um ihre Anonymität zu sichern und sie vor der Härte des erwartbar demütigenden Ergebnisses zu schützen, machen wir ihre Namen unkenntlich und bezeichnen sie mit den Akronymen M, A und D und poolen ihre Ergebnisse unter dem Kürzel MAD.

Von den MAD-Dozentinnen werden sämtliche Lehrveranstaltungen, die in mindestens zwei Semestern des untersuchten Zeitraums gehalten wurden, als Datenbasis verwendet (siehe Abbildung 2). Hierzu zählen neben Grundlagenveranstaltungen wie „Einführung in die Betriebswirtschaftslehre“, „Makroökonomie“ und „Mikroökonomie“ auch Wahlpflichtfächer wie „Internationales Management“, „Konjunktur und Beschäftigung“ sowie „Grundlagen der Umweltökonomik“. Aufgrund der Vielzahl verschiedener Seminare werden diese in Abbildung 2 als Einheit „diverse Seminare“ aufgeführt.

Abbildung 2: Analysierte Lehrveranstaltungen

Lehrveranstaltungen Krafft		Lehrveranstaltungen MAD		
Vorlesungen	Seminare	Vorlesungen		Seminare
Betriebliches Rechnungswesen	Unternehmensgründung und -organisation	Einführung in die Betriebswirtschaftslehre	Makroökonomie	Integrationsmodul
		Einführung in die Sozialwissenschaften	Mikroökonomie	diverse Seminare
		Einführung in die Wirtschafts- und Finanzpolitik	Öffentliche Betriebe	diverse Projektseminare
		Europäische Wirtschaftspolitik	Ökonomische Politikanalyse	
		Industrielle Beziehungen und Internationales	Public-Choice-Theorie	
		Internationales Management	Strategic Human Resources	
		Konjunktur und Beschäftigung	Grundlagen der Umweltökonomik	
		Kultur- und Medienmanagement		

Durch die Vielzahl von Lehrveranstaltungen und Bewertungskategorien konnte auf diesem Wege ein Datensatz mit insgesamt 566 Evaluationsbeobachtungen erstellt werden.

3. Empirische Ergebnisse

Um einen Überblick über die studentische Bewertung von Dietmar Kraffts Lehrveranstaltungen zu erhalten, werden in Abschnitt 3.1 für jeden Evaluationsfaktor und separiert nach Veranstaltungstyp Durchschnittswerte über den gesamten Untersuchungszeitraum gebildet. Um die Ergebnisse zudem relativ beurteilen zu können, werden die Evaluationsergebnisse der drei MAD-Professorinnenkolleginnen gegenübergestellt. Hier werden getrennt nach Vorlesungen und Seminaren Durchschnittswerte für MAD gebildet.

Im zweiten Teil unserer Analyse (Abschnitt 3.2) unterwerfen wir Dietmar Krafft einer umfangreichen Regressionsanalyse, in der wir auch für andere Einflüsse kontrollieren. Wir führen dabei einen neuen Begriff in die wissenschaftliche Literatur ein: den Krafft-Effekt, den wir mithilfe des Krafft-Dummys messen.

3.1. Deskriptive Statistik

Für das Seminar „Unternehmensgründung und -organisation" erhält Dietmar Krafft eine durchschnittliche Gesamtnote in Höhe von 1,68. Der Vergleich dieses Gesamtergebnisses mit MAD (2,23) zeigt dabei auf, dass sein Seminar im Schnitt mit mehr als einem halben Notenpunkt besser bewertet wird als die Seminare der drei aktiven Kolleginnen am Centrum für Interdisziplinäre Wirtschaftsforschung. Eine (männliche) Studentin bezeichnete dieses Seminar als „beste Veranstaltung des IÖB" (Evaluation Seminar Unternehmensgründung 2006). Die absolut und in relativer Hinsicht hervorragenden Evaluationsergebnisse werden durch die einzelnen Evaluationskriterien bestätigt (siehe Abbildung 3).

Abbildung 3: Durchschnittliche Seminarbewertung

Bewertungstyp	Krafft		MAD	
	Mean	Std. Dev.	Mean	Std. Dev.
Globalindikator	1.93	0.24	2.35	0.27
Seminarkonzeption	1.85	0.27	2.16	0.32
Betreuung	1.98	0.26	2.26	0.43
Eigene Beiträge	2.43	0.16	2.32	0.28
Inhalte des Seminars	1.97	0.19	2.1	0.35
Gesamtbewertung	1.68	0.18	2.23	0.42

Die mit der Note 1,85 bewertete Seminarkonzeption sowie die Note des Inhalts (1,97) des Unternehmensgründungsseminars verdeutlichen, dass Dietmar Krafft seinen Studentinnen strukturell und thematisch überzeugende Seminare anbietet. So werden im freien Kommentarteil von Kraffts Evaluationen wiederholt die interessante Themenstellung, insbesondere in Bezug zur unternehmerischen Praxis, erwähnt (vgl. z.B. Evaluation Seminar Unternehmensgründung 2011). Der Vergleich mit den Seminarkonzeptionen (2,16) und Inhalten (2,1) von MAD verstärkt diesen Eindruck zusätzlich. Auch die Benotung der Betreuung ist mit dem Wert 1,98 in absoluter Hinsicht sowie im Vergleich mit MAD (2,26) hervorzuheben. Das Ergebnis spiegelt sich wiederum in den freien Kommentaren der Evaluierenden, in denen die Studierenden die „sehr gute Betreuung" sowie die „Menschlichkeit" der Dozentin (Evaluation Seminar Unternehmensgründung 2011b) hervorheben.

Das Evaluationskriterium „Eigene Beiträge" ist im Bereich der Seminare der einzige Bewertungsaspekt, in dem Dietmar Krafft trotz guter absoluter Note im Vergleich zu

MAD um 0,11 Notenpunkte schlechter abschneidet. Dies lässt sich jedoch einfach durch Dietmar Kraffts unbändigen Drang erklären, eigenes Wissen weitergeben zu wollen.

Interessant ist schließlich auch die Streuung bei den einzelnen Evaluationsfaktoren. So zeichnen sich die Seminare von Dietmar Krafft durch eine meist deutlich geringere Standardabweichung im Vergleich zu MAD aus. Die Studentinnen scheinen sich entsprechend über die große inhaltliche und strukturelle Qualität seiner Seminare einig zu sein. Deutlich wird dies auch durch studentische Kommentare, in denen häufig gelobt wird, dass „im Gegensatz zu den meisten anderen Uni-Seminaren – wirklich etwas aus der Praxis vermittelt“ (Evaluation Seminar Unternehmensgründung 2012) wird.

Abbildung 4: Durchschnittliche Vorlesungsbewertung

Bewertungstyp	Krafft		MAD	
	Mean	Std. Dev.	Mean	Std. Dev.
Globalindikator	2.40	0.27	2.34	0.41
Struktur der Veranstaltung	2.23	0.23	2.35	0.34
Engagement des Lehrenden	2.00	0.27	2.26	0.52
Selbsteinschätzung	2.72	0.13	2.56	0.37
Vermittlung der Lehrinhalte	2.36	0.27	2.43	0.44
Medien/Material	2.47	0.23	2.40	0.48
Gesamtbewertung	2.46	0.11	2.45	0.49

Sowohl Dietmar Kraffts Vorlesung „Betriebliches Rechnungswesen“ als auch die Vielzahl an MAD-Vorlesungen werden im Durchschnitt mit guter Note gesamtbewertet (siehe Abbildung 4). Die exakten Werte in Höhe von 2,46 bzw. 2,45 verdeutlichen, dass die Vorlesungen am CIW aus Sicht der Studierenden ein einheitlich hohes Gesamtniveau vorweisen. Auffällig ist in diesem Kontext wiederum die deutlich geringere Standardabweichung von Dietmar Kraffts Evaluationen. Entsprechend stimmen die Studierenden – wie schon bei den Seminaren – auch bei seinen Vorlesungen in höherem Ausmaß über die Qualität seiner Lehrveranstaltungen überein. Sicherlich fließen in diese Gesamtnote auch die von Dietmar Krafft vorgetragenen Lebensweisheiten ein, die ein Studierender als für den weiteren universitären Ausbildungsgang ebenso hilfreich bezeichnete wie die Inhalte der Lehrveranstaltung selbst (vgl. Evaluation Vorlesung Betriebliches Rechnungswesen 2013).

Mit der Note 2,23 wird die Struktur der Veranstaltung „Betriebliches Rechnungswesen“ im Vergleich zu MAD um 0,12 Notenpunkte besser bewertet. Übereinstimmend mit dieser guten Note loben die Studierenden die „klare Struktur“ (Evaluation Vorlesung Betriebliches Rechnungswesen 2006) der Vorlesung. Das Engagement des Lehrenden stellt mit der Note 2,0 das bestbewertete Evaluationskriterium dar, das immerhin um einen Viertel-Notenpunkt besser ausfällt als bei MAD. Im Zusammenhang mit seinem Engagement wird in den Evaluationsauswertungen hervorgehoben, dass Dietmar Krafft „selbst am Wochenende“ (Evaluation Vorlesung Betriebliches Rechnungswesen 2006) auf Fragen der Studierenden antwortet und dass „Herr Krafft wirklich will, dass alle die Vorlesung verstehen" (Evaluation Vorlesung Betriebliches Rechnungswesen 2012).

Auch die Vermittlung der Lehrinhalte ist in absoluter wie relativer Hinsicht hervorzuheben. So wird die Vorlesung „Betriebliches Rechnungswesen" in diesem Bereich mit der Note 2,36 bewertet, während die MAD-Kolleginnen die Note 2,43 erhalten. Von studentischer Seite wird hervorgehoben, dass Dietmar Krafft „komplexe Zusammenhänge anschaulich und leicht" (Evaluation Vorlesung Betriebliches Rechnungswesen 2006) erklärt und sich zudem durch einen guten Vortragsstil auszeichnet (vgl. Evaluation Vorlesung Betriebliches Rechnungswesen 2006). Zwar wird Dietmar Krafft in den Bewertungsbereichen „Globalindikator", „Selbsteinschätzung" sowie „Medien/Material" etwas schlechter bewertet als die Vergleichsgruppe MAD, jedoch zeigt sich auch hier anhand der vergleichsweise geringen Standardabweichung, dass die absolut gesehen guten Werte einheitlicher durch die Studierenden bewertet werden.

3.2. Der Krafft-Dummy

Auch in die Domäne der ökonomischen Bildung hat die Ökonometrie siegreich Einzug gehalten. Daher wollen wir uns nach einer ersten Sichtung grundlegender deskriptiver Statistiken nun an eine Regressionsanalyse wagen und mit den Mitteln der induktiven Statistik beurteilen, ob die Evaluationsergebnisse statistisch signifikant von Dietmar Krafft abhängen.

Dazu ist allerdings ein methodischer Schritt unumgänglich: Lehrkräfte und somit auch Hochschullehrerinnen werden in aller Regel als Subjekte bildenden und beeinflussenden Handelns gesehen. Durch die Inhalte ihres Unterrichts wirken sie entscheidend an den Werten und Einstellungen der ihnen anvertrauten Lerngemeinschaft mit. Doch nicht nur die Inhalte sind prägend. Auch scheinbar unterrichtsirrelevante Lehrkörper-Charakteristika wie Habitus oder Duktus oder noch banaler die Sprechweise formen das sowohl im Verstand als auch im Unterbewusstsein vorhandene Bild von Schule und Hochschule. Inwiefern die einzelnen Charakteristika Berücksichtigung in den Evaluationen der Studentinnen finden, können wir anhand ihrer Kommentare höchstens qualitativ erahnen (Stichwort: Menschlichkeit).

Wir fassen daher die Funktionsweise der Einflüsse der individuellen Merkmale des Lehrsubjekts Dietmar Krafft als *Quasi-Black-Box* auf. In der methodischen Umsetzung bedeutet dies, Dietmar Krafft als Objekt zu behandeln. In der Regressionsanalyse lässt sich dieser Schritt dadurch operationalisieren, dass wir Dietmar Krafft als Objekt unserer ökonometrischen Analyse eine Dummy-Variable zuweisen. Diese bezeichnen wir als Krafft-Dummy und den dazugehörigen Koeffizienten als Dietmar-Faktor. Ist der Dietmar-Faktor statistisch signifikant, sprechen wir bei negativer (positiver) Wirkrichtung von einem negativen (positiven) Krafft-Effekt. Die Referenzkategorie des Krafft-Dummys ist die Dozentinnengruppe MAD. Ein Krafft-Effekt ist also immer im Verhältnis zu MAD zu sehen. Da das Lehrangebot am CIW ohnehin ein hohes Niveau hat, ist davon auszugehen, dass bei anderen Referenzkategorien die Krafft-Effekte noch deutlicher ausfallen. Es gilt, dass ein negativer (positiver) Krafft-Effekt eine bessere (schlechtere) Evaluation erklärt.

In Abbildung 5 sind die Dietmar-Faktoren des Grundmodells aufgeführt. Das Grundmodell lautet:

$$note_{ij} = \beta_{0ij} + \beta_{1ij}\ \textit{krafft-dummy} + u.$$

Dabei steht i für den Fachtyp Vorlesung oder Seminar und j für die einzelnen Bewertungstypen, die in der linken Spalte in Abbildung 5 aufgeführt sind.

Im einfachen Grundmodell können wir erkennen, dass für die Vorlesungen kein Krafft-Effekt nachweisbar ist. Die Dietmar-Faktoren der Krafft-Dummys sind in keinem Fall signifikant. Bei den Seminaren verhält es sich hingegen anders: Es liegen drei statistisch signifikante negative Krafft-Effekte vor. Bei den zentralen Bewertungstypen „Globalindikator" und „Gesamtbewertung" sind die Krafft-Effekte sogar höchst signifikant. Hiermit haben wir gezeigt: Das Objekt Dietmar Krafft sorgt bei den Studierenden für bessere Evaluationen.

Abbildung 5: Dietmar-Faktoren des Grundmodells

Bewertungstyp	Vorlesungen	Seminare
Globalindikator	0,06 (0,21)	-0,42 (0,15)***
Struktur der Veranstaltung	-0,12 (0,14)	
Engagement des Lehrenden	-0,26 (0,22)	
Selbsteinschätzung	0,16 (0,15)	
Vermittlung der Lehrinhalte	-0,07 (0,19)	
Medien/ Material	0,06 (0,20)	
Gesamtbewertung	0,00 (0,22)	-0,54 (0,18)***
Seminarkonzeption		-0,31 (0,14)**
Betreuung		-0,28 (0,18)
Eigene Beiträge		0,11 (0,12)
Inhalte des Seminars		-0,13 (0,15)

Signifikanzniveaus: 1 % (*), 5 % (**), 10 % (***); in Klammern: Standardfehler

Doch sind die Ergebnisse auch robust? In einem weiteren Schritt fügen wir Kontrollvariablen für die einzelnen Semester, die wir in unserem Datensatz berücksichtigt haben, hinzu und kontrollieren zusätzlich für den Semestertyp (Winter- oder Sommersemester). Das erweiterte Grundmodell lautet:

$$note_{ij} = \beta_{0ij} + \beta_{1ij}\ \textit{krafft-dummy} + \Sigma_{k=2,\ldots,13}\, \beta_{kij}\ \textit{halbjahr}_k + \textit{semestertyp} + u.$$

Die Ergebnisse sind mit den dazugehörigen Standardfehlern in Abbildung 6 dargestellt. Wir können leicht erkennen, dass dies an den Ergebnissen nicht viel ändert. Die Signifikanzen aus Abbildung 5 bleiben bestehen. Der Dietmar-Faktor bei der Regression für die Seminare und den Bewertungstyp „Globalindikator" fällt etwas geringer aus, ansonsten bleiben die Größenordnungen bestehen. Bei den Regressionen zu den Vorlesungen kommt ein positiver Krafft-Effekt hinzu. Unser Objekt sorgt bei den Vorlesungen dafür, dass die Studentinnen sich selbst schlechter einschätzen. Vermutlich liegt dies an der Überragenheit der Lehrgestalt, vor der die Studierenden sich selbst schlechter einschätzen als gegenüber den anderen Dozentinnen des CIW. Der Dietmar-Faktor ist in unserem Fall ja ein relatives Maß.

Abbildung 6: Dietmar-Faktoren im erweiterten Grundmodell

Bewertungstyp	Vorlesungen	Seminare
Globalindikator	0,09 (0,25)	-0,33 (0,18)*
Struktur der Veranstaltung	-0,07 (0,17)	
Engagement des Lehrenden	-0,15 (0,25)	
Selbsteinschätzung	0,27 (0,15)*	
Vermittlung der Lehrinhalte	0,10 (0,21)	
Medien/ Material	0,20 (0,23)	
Gesamtbewertung	0,18 (0,25)	-0,52 (0,16)***
Seminarkonzeption		-0,28 (0,15)*
Betreuung		-0,27 (0,20)
Eigene Beiträge		0,12 (0,12)
Inhalte des Seminars		-0,14 (0,14)

Signifikanzniveaus: 1 % (*), 5 % (**), 10 % (***); in Klammern: Standardfehler

In einem letzten Schritt überprüfen wir, ob ein Krafft-Effekt über alle Indikatoren eines Fachtyps zusammengenommen besteht. Für diese Analyse verwenden wir wiederum das erweiterte Grundmodell, wobei wir nicht mehr zwischen den einzelnen Bewertungstypen unterscheiden. Da der Bewertungstyp „Globalindikator" bereits einen Durchschnittswert der Indikatoren eines Fachtyps abbildet, nehmen wir diesen aus der Analyse heraus. Das Ergebnis fassen wir in Abbildung 7 zusammen:

Abbildung 7: Globale Dietmar-Faktoren eines Fachtyps im erweiterten Grundmodell

Bewertungstyp	Vorlesungen	Seminare
Struktur der Veranstaltung		
Engagement des Lehrenden		
Selbsteinschätzung	-0,06 (0,08)	
Vermittlung der Lehrinhalte		
Medien/ Material		
Gesamtbewertung		
Seminarkonzeption		
Betreuung		-0,22 (0,07)***
Eigene Beiträge		
Inhalte des Seminars		

Signifikanzniveaus: 1 % (*), 5 % (**), 10 % (***); in Klammern: Standardfehler

Während für die Vorlesungen kein Krafft-Effekt besteht, ergibt sich bei den Seminaren ein starker und klarer Krafft-Effekt. Wie aus der vorhergehenden Analyse zu erwarten ist, ist dieser Effekt negativ. Wir folgern daraus: Krafft kommt an.

4. Die starke Krafft am CIW

Wer ihn und sein Verhältnis zu Studierenden kennt, ahnte es eigentlich schon vorher: Dietmar Krafft predigt nicht nur exzellente ökonomische Bildung, er praktiziert sie auch selbst. Auch die harte Ökonometrie, der wir Dietmar in diesem Beitrag erstmals aussetzen, lässt dieses Ergebnis strahlend aufscheinen: Nach unserer vergleichenden Evaluationsanalyse mit seinen drei Kolleginnen (MAD) am Centrum für Interdisziplinäre Wirtschaftsforschung der Universität Münster sind seine Leistungen im Hörsaal nichts weniger als herausragend.

Sein Seminar zur „Unternehmensgründung und -organisation" erweist sich in unserer deskriptiven Statistik als das mit Abstand beste Seminar des CIW. Ob Inhalt, Seminarkonzeption, Betreuung oder – keinesfalls zuletzt – die „Menschlichkeit" der Dozentin: Stets hat Krafft die Nase vorn. Es überrascht nicht, dass sich ähnliches für seine Vorlesung „Betriebliches Rechnungswesen" erweist. Bezeichnend ist schließlich, dass auch die Streuung in Bezug auf die Evaluationskriterien deutlich niedriger ist als bei MAD: Das Urteil der Studierenden fällt somit weitgehend einhellig aus.

In unserer Regressionsanalyse weisen wir der Dozentin einen Krafft-Dummy zu und ermitteln den dazugehörigen Koeffizienten als Dietmar-Faktor. Im einfachen Grundmodell erhalten wir drei statistisch signifikante negative Krafft-Effekte, die vor allem bei den beiden zentralen Parametern „Globalindikator" und „Gesamtbewertung" höchst signifikant und in Bezug auf verschiedene Kontrollvariablen robust sind: Es ist mithin tatsächlich die Person von Dietmar Krafft, die ursächlich ist für die positiven Evaluationsergebnisse. Auch im erweiterten Grundmodell ergibt sich wiederum speziell für die Seminare ein klarer Krafft-Effekt.

Aus alledem lässt sich nur ein Schluss ziehen: Auch in seinem achten Lebensjahrzehnt hat die Lehrleistung Dietmar Kraffts nichts von ihrer Attraktivität und Qualität eingebüßt. Solange Dietmar aktiv ist, bleibt die akademisch vermittelte ökonomische Bildung am CIW in guten Händen.

„Aller Anfang ist schwer", so ließ schon Goethe im zweiten Gesang seines Epos „Hermann und Dorothea" Hermanns Vater in Hexametern ausrufen, „am schwersten der Anfang der Wirtschaft."[5] Wenn das aber stimmt, dann haben zumindest die Münsteraner CIW-Studierenden einen relativen Vorteil: Denn nach ihrem einhelligen Votum gelingt es Dietmar Krafft weit besser als anderen Dozentinnen, ihnen diesen Anfang möglichst leicht zu machen.

---

5 Goethe (o.J., Vers 166, S. 129). Dass der Dichter selbst indes in höchstem Maße ökonomische Bildung besaß, bewies er gerade mit der Vermarktung dieses Epos selbst, die ihn dazu veranlasste, die später sog. Vickrey-(Zweitpreis-)Auktion zu erfinden und im Verhältnis zu seinen Verlegern in die Tat umzusetzen. Vgl. Moldovanu und Tietzel (1998).

Literatur

Erner, Carsten, Michael Goedde-Menke und Michael Oberste (2011a), Curriculumäquivalente Lernstandserhebung Ökonomischer Bildung: Objektiver Stand und subjektive Selbsteinschätzung in der Jahrgangsstufe 10. Arbeitspapier Universität Münster.

Erner, Carsten, Michael Goedde-Menke und Michael Oberste (2011b), Let the kids decide! The importance of decision making for economic literacy. Arbeitspapier Universität Münster.

Goethe, Johann Wolfgang von (o.J.), Goethes Werke. Erster Teil: Gedichte, herausgegeben von Eduard Scheidemantel. Mit einem Lebensbild von Karl Alt, Berlin u.a.

Haerdle, Benjamin (2013), Sprachreform an der Uni Leipzig. Guten Tag, Herr Professorin, URL: http://www.spiegel.de/unispiegel/wunderbar/gleichberechtigung-uni-leipzig-nutzt-weibliche-bezeichnungen-a-903530.html (abgerufen am 05.04.2014).

Hollstein, Walter (2012), Was vom Manne übrig blieb: Das missachtete Geschlecht, Berlin.

Krafft, Dietmar (1990), Neue Technologien und wirtschaftlicher Wandel: Herausforderungen an Schule und die Arbeitskreise Schule/Wirtschaft, in: Unternehmensverband der Metallindustrie für Dortmund und Umgebung e.V. (Hg.), 25 Jahre Arbeitskreis Schule/Wirtschaft 1964-1989. Dortmund, S. 17-35.

Krafft, Dietmar (2012), Notizen zur Geschichte und Gegenwart der Deutschen Gesellschaft für Ökonomische Bildung, in: Michael Schuhen, Michael Wohlgemuth und Christian Müller (Hg.), Ökonomische Bildung und Wirtschaftsordnung, Stuttgart, S. 87-99.

Krafft, Dietmar (o.J.), unveröffentlichte Rede.

Krafft, Dietmar, Andreas Liening, Hans Jürgen Schlösser und Friedrich Wilke (1995), Elementare Wirtschaftslehre, Neusäß.

Krafft, Dietmar und Andreas Liening (1999), Neue Perspektiven für den Lernenden: Multimedia in der Weiterbildung, in: Chance Weiterbildung. Eine Verlagsbeilage der Frankfurter Allgemeinen Zeitung. 1. März.

Krafft, Dietmar, Heinrich Meyer und Renate Harter-Meyer (2012), Arbeitslehre – Wirtschaft, Band 1: Schülerbuch, Berlin.

Krafft, Dietmar und Claudia Wiepcke (2005), Gender Mainstreaming durch Ökonomische Bildung, in: Bernd O. Weitz (Hg.), Standards der ökonomischen Bildung, Bergisch Gladbach, S. 313-331.

Lütkenhöner, Laura (2012), Effekte von Erhebungsart und -zeitpunkt auf studentische Evaluationsergebnisse, Diskussionspapier des Instituts für Organisationsökonomik 8/2012, Westfälische Wilhelms-Universität Münster, URL: http://www.wiwi.uni-muenster.de/io/for-schen/downloads/DP-IO_08_2012.pdf (abgerufen am 20.03.2014).

Meinefeld, Werner (2010), Online-Befragungen im Kontext von Lehrevaluationen – praktisch und unzuverlässig, in: Kölner Zeitschrift für Soziologie und Sozialpsychologie, Bd. 62, S. 297-315.

Moldovanu, Benny und Manfred Tietzel (1998), Goethe's Second-Price Auction, in: The Journal of Political Economy, Vol. 106, S. 854-859.

Müller, Kirstin, Bärbel Fürstenau und Ralf Witt (2007), Ökonomische Kompetenz sächsischer Mittelschüler und Gymnasiasten, in: Zeitschrift für Berufs- und Wirtschaftspädagogik, 103. Jg., S. 227-247.

Sczesny, Christoph und Sigrid Lüdecke (1998), Ökonomische Bildung Jugendlicher auf dem Prüfstand: Diagnose und Defizite, in: Zeitschrift für Berufs- und Wirtschaftspädagogik, 94. Jg. , S. 403-420.

Westfälische Wilhelms-Universität Münster (2009), Evaluationsordnung der Westfälischen Wilhelms-Universität Münster vom 25. November 2009.

Würth, Reinhold und Hans J. Klein (2001), Wirtschaftswissen Jugendlicher in Baden-Württemberg. Eine empirische Untersuchung, Künzelsau.

Christian Müller, Hans Jürgen Schlösser, Michael Schuhen und Andreas Liening (Hg.)
Bildung zur Sozialen Marktwirtschaft
Schriften zu Ordnungsfragen der Wirtschaft · Band 99 · Stuttgart · 2014

Studentische Evaluationen der Vorlesung *Betriebliches Rechnungswesen*

Alexander Dilger und *Laura Lütkenhöner*

Inhalt

1. Einleitung

Studentische Lehrevaluationen in Form von schriftlichen Befragungen von Studenten (Studentinnen sind jeweils ebenfalls gemeint) zu ihrer individuellen Einschätzung der Qualität besuchter Lehrveranstaltungen sind an deutschen Universitäten mittlerweile gängige Praxis. An der Westfälischen Wilhelms-Universität Münster werden die Lehrveranstaltungen der Wirtschaftswissenschaftlichen Fakultät jedes Semester mittels Papier-Fragebögen evaluiert, die in den jeweiligen Hörsälen und Seminarräumen ausgeteilt werden. Der im Internet veröffentlichte Ablaufplan (siehe o. V. 2014) sieht dabei vor, dass die Evaluation gegen Ende der Vorlesungszeit erfolgen soll. Für die Vorlesung *Betriebliches Rechnungswesen*, die von Herrn Professor Dr. Dietmar Krafft dankenswerterweise freiwillig mit viel Enthusiasmus jeweils im Wintersemester für das Institut für Organisationsökonomik am Centrum für Interdisziplinäre Wirtschaftsforschung der Westfälischen Wilhelms-Universität Münster gehalten wird, liegen außerdem für drei Semester (Wintersemester 2009/10, Wintersemester 2010/11 und Wintersemester 2011/12) zusätzlich Ergebnisse studentischer Online-Evaluationen vor, die durch die Verfasser erhoben wurden. Im Gegensatz zu den offiziellen Lehrevaluationen wurden die Online-Evaluationen für die Vorlesung *Betriebliches Rechnungswesen* jeweils zu drei Zeitpunkten in einem Semester durchgeführt, und es wurden dabei auch die von den Studenten zum Zeitpunkt der Evaluation erwarteten oder bereits bekannten Noten erfasst. Evaluiert wurde jeweils vor der Klausur, kurz nach der Klausur und nach Bekanntgabe der Klausurnoten.

Die Ergebnisse der vor der Klausur erhobenen Online-Evaluationen werden im vorliegenden Beitrag mit den Ergebnissen der offiziellen Lehrevaluationen verglichen. Außerdem wird untersucht, ob ein Zusammenhang besteht zwischen den von den befragten Studenten vor dem Klausurtermin erwarteten Noten und ihren Bewertungen der Vorlesung *Betriebliches Rechnungswesen* vor dem Klausurtermin. Für Studenten, die die Vorlesung *Betriebliches Rechnungswesen* zu mehreren Zeitpunkten in einem Semester evaluiert haben, wird zusätzlich geprüft, ob sie nach Bekanntgabe der Klausurergebnisse ihre Gesamtbewertung der Vorlesung an ihre Klausurnoten angepasst haben und ob sie sich in ähnlicher Weise bei Veränderungen ihrer zum Zeitpunkt der Evaluation erwarteten Noten (vor der Klausur versus nach der Klausur) verhalten haben.

Die Vorlesung *Betriebliches Rechnungswesen* ist für die Studenten ein Pflichtkurs und in den Studienverlaufsplänen in der Regel für das erste Fachsemester im Bachelorstudium vorgesehen. Teilnehmer der Vorlesung sind Studenten, die keinen rein wirtschaftswissenschaftlichen Studiengang (BWL oder VWL) studieren. Die Fächerkombinationen sind dabei sehr vielfältig. Vertreten sind u. a. Studenten, die das Fach Wirtschaftswissenschaften mit dem Fach Politik, Jura, Erziehungswissenschaften, Sozialwissenschaften oder Theologie kombinieren, wobei ein Teil der Studenten auf Lehramt studiert.

Der nachfolgende zweite Abschnitt gibt einen Überblick über die relevante Literatur und zu untersuchenden Hypothesen. Im dritten Abschnitt werden die Erhebung und die Aufbereitung der verwendeten Daten beschrieben. Der vierte Abschnitt stellt deskriptive Statistiken für die Teilnehmer an den Online-Evaluationen dar. Im fünften Abschnitt werden empirische Ergebnisse für die studentischen Evaluationen vor dem Klausurtermin präsentiert und im sechsten Abschnitt solche für Studenten, die zu mehreren Zeitpunkten die Vorlesung von Herrn Professor Krafft evaluiert haben. Im siebten Abschnitt werden diese Ergebnisse diskutiert. Der Beitrag schließt mit einem kurzen Fazit im achten Abschnitt.

2. Literatur und Hypothesen

Es gibt bislang nur wenige Studien, die Online-Evaluationen mit schriftlichen Befragungen in Lehrveranstaltungen vergleichen. In einer Studie von Avery et al. (2006) bezieht sich ein entsprechender Vergleich auf Bewertungen derselben Vorlesungen in verschiedenen Semestern. In einer früheren Studie haben Layne, DeCristoforo und McGinty (1999) innerhalb einer Vorlesung Gruppen von Studenten gebildet, denen verschiedene Evaluationsinstrumentarien offeriert wurden. Studien, bei denen sich die Vergleiche von Online-Evaluationen mit schriftlichen Evaluationen in Lehrveranstaltungen auf denselben Adressatenkreis beziehen, wurden von Meinefeld (2010) und Lütkenhöner (2012) durchgeführt. In der Studie von Meinefeld (2010) erfolgten beide Erhebungen (Online-Befragungen und schriftliche Befragungen in Lehrveranstaltungen) um wenige Wochen versetzt. Lütkenhöner (2012) vergleicht die Ergebnisse von in der letzten Vorlesungswoche durchgeführten Online-Evaluationen mit den offiziellen studentischen Lehrevaluationen, die in der gleichen Woche (oder in der Woche davor) mittels Austeilung von Papierfragebögen im Hörsaal stattfanden. Layne, DeCristoforo und McGinty (1999) beobachteten einen höheren Grad an Zufriedenheit mit den besuchten Lehrveranstaltungen bei Studenten, die an den damals sehr neuen Online-Evaluationen teilnahmen. Die neueren Ergebnisse von Avery et al. (2006), Meinefeld (2010) und Lütkenhöner (2012) lassen hingegen nicht darauf schließen, dass die Erhebungsart einen signifikanten systematischen Einfluss auf die Gesamtbewertungen von universitären Lehrveranstaltungen hat.

Studien, in denen dieselben Studenten universitäre Lehrveranstaltungen zu mehreren Zeitpunkten in einem Semester bewerten, stellen bislang eine Seltenheit dar. In einer solchen Studie von Pruitt, Dicks und Tilley (2011) gaben die befragten Studenten jeweils eine anonyme Kennung an, die sich aus dem ersten Buchstaben ihrer Highschool, ihrem Geburtsmonat sowie den letzten beiden Ziffern ihrer Studentenidentifikationsnummer zusammensetzte. Mit Hilfe dieser Kennungen haben die Autoren 423 Paare von Evaluationsergebnissen verglichen, wobei jeweils zu Beginn und am Ende des Semesters evaluiert wurde. Lütkenhöner (2012 und 2013) ließ dieselben Lehrveranstaltungen zu mindestens drei Zeitpunkten in einem Semester evaluieren: vor dem Klausurtermin, nach der Klausur und nach Bekanntgabe der Klausurergebnisse. Um die Antworten der einzelnen Teilnehmer in den verschiedenen Befragungen zusammenfügen zu können, wurden die befragten Studenten gebeten, bei jeder Befragung eine nur ihnen bekannte Kennung anzugeben. Diese wurde so konzipiert, dass sie, wie auch die Matrikelnummer, individuell verschieden war. Dazu wurde auf die Geburtsdaten der Eltern der befragten Studenten zurückgegriffen.

In einer Reihe von empirischen Studien wurden signifikant positive Zusammenhänge zwischen studentischen Klausurnoten und den Ergebnissen studentischer Lehrevaluationen beobachtet (vgl. u. a. Krautmann und Sander 1999, McPherson, Jewell und Kim 2009, Spooren 2010 und Brockx, Spooren und Mortelmans 2011). Krautmann und Sander (1999) berichten, dass die durchschnittliche Lehrbewertung um 0,34 bis 0,56 Punkte besser ausfällt, wenn die erwartete Durchschnittsnote der Kursteilnehmer um einen Notenpunkt besser ist. Ähnliches ergibt auch eine Studie von Brockx, Spooren und Mortelmans (2011). Ein von diesen Autoren berechnetes Regressionsmodell lässt darauf schließen, dass Studenten, die eine um einen Notenpunkt bessere Note erhalten als die Kursdurchschnittsnote, die Vorlesung um 0,3 Punkte besser bewerten als ihre Kommilitonen. In Übereinstimmung mit diesem Ergebnis zeigen McPherson, Jewell und Kim (2009), dass um einen Notenpunkt bessere Erwartungsnoten im Durchschnitt mit um 0,27 Punkten besseren Evaluationsergebnissen einhergehen. Boysen (2008) führte eine Befragung unter Studenten durch, um zu ermitteln, inwiefern Studenten Lehrevaluationen dazu nutzen, sich für schlechte (erwartete) Noten zu revanchieren. Dass derartige Aspekte bei der Vergabe eigener Lehrbewertungen schon einmal eine Rolle gespielt haben, wurde nur von 8 % der Studenten bestätigt. Immerhin 30 % der Befragungsteilnehmer gaben aber an, Fälle zu kennen, in denen studentische Lehrevaluationen in diesem Sinne genutzt worden waren (vgl. Boysen 2008).

Ausgehend von diesen empirischen Befunden werden im vorliegenden Beitrag die nachfolgenden neun Hypothesen untersucht. Hypothese 1 bezieht sich dabei auf Lehrevaluationen, die – wie auch die offiziellen studentischen Lehrevaluationen – vor dem Klausurtermin erhoben wurden.

Hypothese 1: Es besteht ein signifikant positiver Zusammenhang zwischen der Bewertung der Vorlesung Betriebliches Rechnungswesen vor dem Klausurtermin durch einen Studenten und der von diesem Studenten zum Zeitpunkt der Bewertung erwarteten Klausurnote.

Hypothese 1 wird für alle Studenten getestet, die die Vorlesung Betriebliches Rechnungswesen vor dem Klausurtermin evaluiert haben, wobei es keine Rolle spielt, ob sie die Vorlesung im gleichen Semester auch noch zu einem späteren Zeitpunkt bewertet haben. Für Studenten, die in einem Semester die Vorlesung Betriebliches Rechnungswesen zu mehreren Zeitpunkten evaluiert haben, werden außerdem die Hypothesen 2 bis 9 geprüft.

Hypothese 2: Studenten, die dieselbe Vorlesung innerhalb eines Semesters zu zwei Zeitpunkten bewerten, geben häufiger die gleichen Bewertungen ab als Studenten, die die Vorlesung zu drei Zeitpunkten evaluieren.

Hypothese 3: Bei Studenten, die die Vorlesung in einem Semester zu verschiedenen Zeitpunkten bewerten, sind die Bewertungen jener Studenten stabiler, die häufiger die Vorlesung besuchen.

Hypothese 4: Die Bewertungen von Studenten im ersten Fachsemester variieren stärker zwischen verschiedenen Zeitpunkten als die von Studenten, die sich bereits in einem höheren Fachsemester befinden.

Hypothese 4 liegt die Überlegung zugrunde, dass Studenten zu Beginn ihres Studiums die Lehrqualität möglicherweise schlechter beurteilen können und daher bei mehreren Bewertungen zu verschiedenen Zeitpunkten stärker in ihrem Qualitätsurteil schwanken. Außerdem ist vorstellbar, dass Studenten mit abgeschlossener kaufmännischer Ausbildung die Inhalte der Vorlesung *Betriebliches Rechnungswesen* von vornherein vertrauter sind. Sie können die Vorlesung daher möglicherweise besser beurteilen als ihre Kommilitonen ohne vorherige kaufmännische Ausbildung und geben aus diesem Grund möglicherweise auch stabilere Bewertungen ab, wenn sie dieselbe Vorlesung zu mehreren Zeitpunkten in einem Semester bewerten. Ähnliches könnte auch für Studenten gelten, bei denen mindestens ein Elternteil im kaufmännischen oder wirtschaftswissenschaftlichen Bereich arbeitet. Dies führt zu den Hypothesen 5 und 6:

Hypothese 5: Bewerten dieselben Studenten in einem Semester die gleiche Vorlesung zu verschiedenen Zeitpunkten, so sind die Bewertungen jener Studenten stabiler, die vor Studienbeginn eine kaufmännische Ausbildung absolviert haben.

Hypothese 6: Bewerten dieselben Studenten in einem Semester die gleiche Vorlesung zu verschiedenen Zeitpunkten, so sind die Bewertungen jener Studenten stabiler, bei denen mindestens ein Elternteil im kaufmännischen oder wirtschaftswissenschaftlichen Bereich arbeitet.

Für die von den Studenten zu den verschiedenen Evaluationszeitpunkten während eines Semesters erwarteten Noten und ihre angegebenen tatsächlichen Klausurnoten werden die Hypothesen 7 bis 9 geprüft:

Hypothese 7: Studenten, die zu allen Evaluationszeitpunkten die gleiche Klausurnote erwarten bzw. die erwartete Note erhalten, bewerten dieselbe Vorlesung während eines Semesters häufiger stets gleich als Studenten, deren Notenerwartungen variieren oder von der Klausurnote abweichen.

Hypothese 8: Nach Bekanntgabe der Klausurnoten passen Studenten ihre kurz nach der Klausur abgegebene Gesamtbewertung der jeweiligen Vorlesung in Richtung ihrer Note an.

Hypothese 9: Nach der Klausur passen Studenten ihre vor der Klausur abgegebene Gesamtbewertung der jeweiligen Vorlesung an veränderte Notenerwartungen an.

3. Mehrteilige Online-Evaluationen mit anonymen Kennungen

In drei aufeinanderfolgenden Wintersemestern (2009/10 bis 2011/12) wurden für die Vorlesung *Betriebliches Rechnungswesen* zu jeweils drei Zeitpunkten Online-Evaluationen durchgeführt, in denen Studenten die Vorlesung bewertet haben. Evaluiert wurde vor dem Klausurtermin, kurz nach der Klausur und nach Bekanntgabe der Klausurnoten. Die Datenerhebung erfolgte im Rahmen eines Forschungsprojektes, für das innerhalb eines Zeitraums von sechs Semestern (Wintersemester 2009/2010 bis Sommersemester 2012) in insgesamt 21 Wirtschaftsvorlesungen am Centrum für Interdisziplinäre Wirtschaftsforschung der Westfälischen Wilhelms-Universität Münster Studentenbefragungen durchgeführt wurden (vgl. Lütkenhöner 2012 und 2013).

Die Online-Evaluationen fanden zusätzlich zu den offiziellen studentischen Lehrevaluationen der Wirtschaftswissenschaftlichen Fakultät statt, bei denen kurz vor der Klausur Fragebögen im Hörsaal verteilt wurden. Genauso wie in den offiziellen Evaluationen wurden die Studenten in den Online-Evaluationen gebeten, die Vorlesung sowohl insgesamt zu bewerten als auch in den vier Teilbereichen (1) Struktur, (2) Vermittlung der Lehrinhalte durch den Dozenten, (3) Engagement des Dozenten, (4) eingesetzte Medien und zur Verfügung gestelltes Material. Für die Bewertung wurde den Befragungsteilnehmern dieselbe fünfstufige, am deutschen Schulnotensystem orientierte Skala vorgelegt, die auch in den offiziellen Evaluationen verwendet wurde. Im Gegensatz zu den offiziellen Evaluationen wurden die vier Teilbereiche jedoch mit jeweils nur einer Frage abgedeckt. Die Reduktion der Fragen war motiviert durch die Absicht, die einzelnen Befragungen nicht zu umfangreich werden zu lassen, da dieselben Studenten die Vorlesung zu mehreren Zeitpunkten innerhalb eines Semesters bewerten sollten (vgl. Lütkenhöner 2012). Mit einer geringeren Anzahl an Fragen sollte die Bereitschaft der Studenten gesteigert werden, zu mehreren Zeitpunkten an den Online-Befragungen teilzunehmen und die Fragebögen vollständig auszufüllen. Um die Ergebnisse der Online-Evaluationen später mit den Ergebnissen der offiziellen Lehrevaluationen vergleichen zu können, wurde bei den offiziellen Evaluationen jeweils aus allen Fragen zu einem Teilbereich ein arithmetischer Mittelwert berechnet (vgl. Lütkenhöner 2012).

Im Gegensatz zu den offiziellen Evaluationen wurden in den Online-Evaluationen auch die von den Befragungsteilnehmern zum Zeitpunkt der Evaluation erwarteten Noten abgefragt. Bei den Online-Evaluationen nach Bekanntgabe der Klausurnoten wurden die befragten Studenten dann gebeten, die Note anzugeben, welche sie tatsächlich erhalten hatten. Im Wintersemester 2009/10 wurden die erwarteten und bereits erhaltenen Noten auf der gleichen fünfstufigen Skala erhoben, die auch den Studenten für die Bewertung der Vorlesung vorgelegt wurde. In den darauffolgenden Semestern konnten auch Nachkommastellen für die Noten angegeben werden. Dazu wurde dieselbe elfstufige Notenskala verwendet, die an der Wirtschaftswissenschaftlichen Fakultät der Westfälischen Wilhelms-Universität Münster den Bewertungen der Klausuren zugrunde liegt (1,0; 1,3; 1,7; 2,0; 2,3; 2,7; 3,0; 3,3; 3,7; 4,0; 5,0).[1] Außerdem wurden in den Online-Evaluationen das Geschlecht, das Alter, das Fachsemester, die Anzahl an versäumten Vorlesungsterminen sowie Informationen über das Elternhaus erfragt. In Bezug auf das Elternhaus wurden die Studenten zum einen nach Hochschulabschlüssen der Eltern und zum anderen danach gefragt, ob ein Elternteil oder beide Elternteile im kaufmännischen oder wirtschaftswissenschaftlichen Bereich arbeiten. Außerdem konnten die befragten Studenten angeben, ob sie vor Studienbeginn eine Ausbildung absolviert hatten und ob es sich dabei gegebenenfalls um eine kaufmännische Ausbildung gehandelt hatte.

Um die Antworten von Studenten, die dieselbe Vorlesung zu mehreren Zeitpunkten in einem Semester bewertet haben, einander zuordnen zu können, wurden die befragten Studenten gebeten, bei jeder Befragung dieselbe, nur ihnen persönlich bekannte Kennung anzugeben (vgl. Lütkenhöner 2012 und 2013). Die Kennung sollte aus der Multi-

---

[1] Soweit nicht anders angegeben, werden im Folgenden jeweils ganzzahlige Noten ohne Nachkommastelle betrachtet.

plikation des Geburtstags der Mutter mit dem Geburtstag des Vaters errechnet werden. Dabei wurde im Rahmen der Datenaufbereitung angenommen, dass Antworten, die mit derselben Kennung gekennzeichnet waren, jeweils von demselben Studenten stammen. In den seltenen Fällen, in denen für einen Evaluationszeitpunkt innerhalb eines Semesters Kennungen doppelt vorlagen, wurde auf die Zuordnung verzichtet. Diese Fälle wurden wie Fälle behandelt, bei denen keine Kennungen angegeben worden war.

4. Deskriptive Statistiken

Insgesamt liegen 186 Fälle vor, in denen ein Student die Vorlesung *Betriebliches Rechnungswesen* einmal oder mehrmals innerhalb eines Semesters bewertet hat. Einen Überblick über die Anzahl der Studenten, die sich in den einzelnen Semestern zu den verschiedenen Befragungszeitpunkten an den Online-Evaluationen beteiligt haben, gibt Tabelle 1.

Tabelle 1: Anzahl der Teilnehmer an den Online-Evaluationen

Semester	ca. einen Monat vor dem Klausurtermin	letzte Vorlesungswoche	nach dem Klausurtermin	nach Bekanntgabe der Klausurnoten
WS 2009/10		55	43	39
WS 2010/11	33		40	34
WS 2011/12		6	20	22
Gesamt	33	61	103	95

Von den 118 Studenten, deren Geschlecht bekannt ist, sind 61 % weiblich (siehe Tabelle 2). Dieser Prozentsatz liegt etwas über dem (56 %) in den offiziellen Lehrevaluationen, die in den gleichen Semestern durchgeführt wurden wie die Online-Evaluationen. Das Alter der Teilnehmer an den Online-Evaluationen ist für dieselbe Anzahl an Studenten bekannt wie das Geschlecht. Der hieraus errechnete Durchschnittwert beträgt 22 Jahre. Ob mindestens ein Elternteil im kaufmännischen oder wirtschaftswissenschaftlichen Bereich arbeitet, ist bei 67 Befragungsteilnehmern bekannt.[2] Diese Frage wurde von 37 % der betreffenden Studenten bejaht. 21 % aller 122 Studenten, die angaben, ob sie vor Studienbeginn eine Ausbildung absolviert haben, schlossen eine kaufmännische Ausbildung ab. Das Fachsemester wurde von 111 Studenten angegeben, von denen sich 68 % zum Zeitpunkt der Befragung im ersten Fachsemester befanden. Dieser Prozentsatz liegt etwas unter dem in den offiziellen Lehrevaluationen (72 %). Von den 67 Studenten, die angaben, wie häufig sie bei Vorlesungsterminen nicht anwesend waren, gaben 46 % der Studenten an, maximal einen Vorlesungstermin versäumt zu haben. Da die Vorlesung *Betriebliches Rechnungswesen* in der Regel an 14 Terminen stattfindet, entspricht dies einer Fehlzeitquote von höchstens 7 %. Im Vergleich dazu gaben in den offiziellen studentischen Lehrevaluationen, die sich auf dieselben Semester beziehen

[2] Diese Information wurde im ersten Befragungssemester (Wintersemester 2009/10) noch nicht erfragt.

wie die Online-Evaluationen, 69 % aller Studenten, die sich zu ihrer Fehlzeit äußerten, an, 0 % bis 10 % der Vorlesung versäumt zu haben.[3]

Tabelle 2: Deskriptive Statistiken

	Fallzahl	Min.	Max.	Ø	Σ
Geschlecht (1=weiblich)	118	0	1	0,61	0,49
Alter	118	18	30	21,97	2,58
Eltern(teil) arbeiten(t) im Wirtschaftsbereich	67	0	1	0,37	0,49
Kaufmännische Ausbildung	122	0	1	0,21	0,41
Erstes Fachsemester	111	0	1	0,68	0,47
Maximal einen Vorlesungstermin versäumt	67	0	1	0,46	0,50
Teilnahmen an den Online-Befragungen	186	0	3	1,57	0,80

Eine individuelle Kennung wurde in 174 Fällen (94 %) angegeben. Anhand der Kennungen ist nicht erkennbar, dass Studenten die Vorlesung *Betriebliches Rechnungswesen* in mehreren Semestern besucht haben. Zwei Studenten gaben jedoch an, die Vorlesung nicht zum ersten Mal zu hören. Die von den Studenten angegebenen Kennungen lassen darauf schließen, dass (mindestens) 70 Studenten (38 %) die Vorlesung *Betriebliches Rechnungswesen* in einem der drei betrachteten Semester zu mehreren Zeitpunkten bewertet haben.[4] Davon haben 34 Studenten die Vorlesung zu zwei Zeitpunkten bewertet und 36 Studenten zu drei Zeitpunkten.

Vergleiche der Studenten, die in einem Semester zu mindestens zwei Zeitpunkten an den Online-Befragungen teilgenommen haben, mit jenen Studenten, die nur an einer der drei Befragungen teilgenommen haben, ergeben keine signifikanten Unterschiede in Bezug auf demografische Faktoren wie das Geschlecht, das Alter oder das Elternhaus. Allerdings zeigt sich ein schwach signifikanter Zusammenhang zwischen dem Bewerten der Vorlesung zu mehreren Zeitpunkten und der vor dem Klausurtermin erwarteten Klausurnote. Diese ist bei Studenten, die zu mehreren Zeitpunkten an den Online-Befragungen teilgenommen haben, im Durchschnitt besser als bei Studenten, die nur an einer der drei Befragungen teilgenommen haben (2,30 gegenüber 2,56). Die nach der Klausur erwarteten Noten und die tatsächlichen Klausurnoten unterscheiden sich hingegen nicht signifikant zwischen Studenten, die an mehreren Online-Befragungen teilgenommen haben, und solchen, die nur einmal teilnahmen.

---

3 Im Gegensatz zu den Online-Evaluationen wurden die Studenten in den offiziellen Lehrevaluationen nicht danach gefragt, wie viele Vorlesungstermine sie versäumt haben, sondern ihnen wurden Kategorien von Prozentzahlen für diese Angaben vorgelegt (z. B. 0-10 %).

4 Die tatsächliche Anzahl an Studenten, die die Vorlesung *Betriebliches Rechnungswesen* in einem der drei betrachteten Semester zu mehreren Zeitpunkten bewertet haben, ist vermutlich etwas höher. So ist nicht auszuschließen, dass dieselben Studenten aufgrund von Rechen- oder Tippfehlern verschiedene Kennungen in den Befragungen angegeben haben, so dass ihre Antworten nicht zugeordnet werden konnten. Außerdem haben möglicherweise auch Studenten, die keine Kennung angegeben haben, an mehreren Befragungen innerhalb eines Semesters teilgenommen.

5. Studentische Evaluationen vor dem Klausurtermin

An den Online-Evaluationen, die vor dem Klausurtermin durchgeführt wurden, haben sich in allen drei Semestern deutlich weniger Studenten beteiligt als an den offiziellen Lehrevaluationen (siehe Tabelle 3), vermutlich weil letztere während der Vorlesungszeit im Hörsaal durchgeführt wurden und für erstere zusätzliche Zeit außerhalb der Vorlesung aufgewandt werden musste. Dennoch ist zu beobachten, dass sich in zwei der drei betrachteten Semester die mittlere Gesamtbewertung der Vorlesung *Betriebliches Rechnungswesen* kaum zwischen den beiden Erhebungsarten unterscheidet (siehe Abbildung 1). Im Durchschnitt, errechnet über die Gesamtbewertungen einzelner Studenten in allen drei Semestern, beträgt der Unterschied 0,02 Notenpunkte. Im Wintersemester 2011/12 weichen die mittleren Gesamtbewertungen hingegen um 0,51 Punkte voneinander ab. Jedoch ist auch dieser Unterschied bei einem Mann-Whitney-U-Test nicht statistisch signifikant.

Abbildung 1: Studentische Evaluationen vor dem Klausurtermin – Online-Evaluation versus offizielle, schriftliche Lehrevaluation im Hörsaal

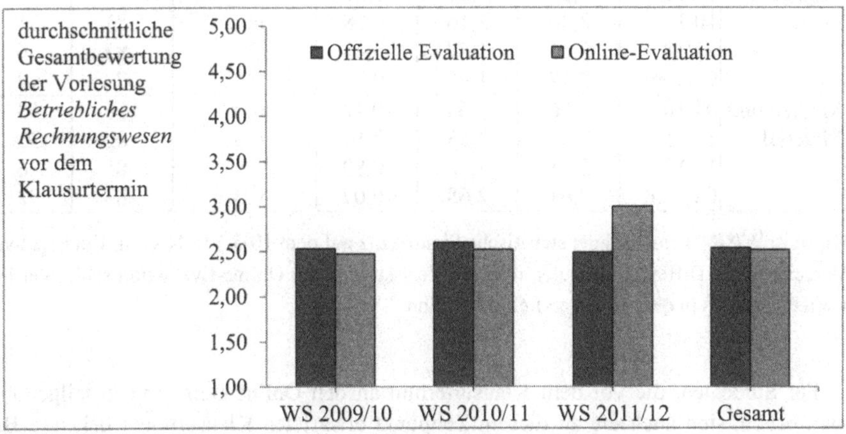

Signifikante systematische Unterschiede zwischen den beiden Erhebungsarten zeigen sich für die Vorlesung *Betriebliches Rechnungswesen* für die Bewertung des Engagements des Dozenten Herrn Professor Krafft und im Wintersemester 2011/12 auch für die Bewertung der eingesetzten Medien und des zur Verfügung gestellten Materials (siehe Tabelle 3). Das Engagement des Dozenten wurde in den Online-Befragungen im Durchschnitt um 0,22 Punkte besser bewertet als in den offiziellen, schriftlichen Lehrevaluationen (1,95 versus 2,17). Die eingesetzten Medien und das Material wurden im Wintersemester 2011/12 hingegen in den Online-Evaluationen im Durchschnitt signifikant schlechter bewertet. Für die Bewertungen der Struktur der Vorlesung und der Vermittlung der Lehrinhalte durch den Dozenten sind keine signifikanten Unterschiede zwischen den Online-Evaluationen, die vor dem Klausurtermin stattfanden, und den offiziellen Lehrevaluationen beobachtbar.

Tabelle 3: Studentische Evaluationen vor dem Klausurtermin – Online-Evaluation versus offizielle, schriftliche Lehrevaluation im Hörsaal

	Winter-semester	Bewertung			Signifikanz (Mann-Whitney-U-Test)	Fallzahl	
		Offiziell	Online	Differenz		Offiziell	Online
Gesamt-bewertung	09/10	2,53	2,47	0,06	n. s.	115	55
	10/11	2,60	2,52	0,08	n. s.	81	33
	11/12	2,49	3,00	-0,51	n. s.	83	6
	Gesamt	2,54	2,52	0,02	n. s.	279	94
Struktur	09/10	2,42	2,67	-0,25	n. s.	114	55
	10/11	2,45	2,55	-0,10	n. s.	80	33
	11/12	2,31	2,33	-0,02	n. s.	84	6
	Gesamt	2,40	2,61	-0,21	n. s.	278	94
Vermittlung	09/10	2,58	2,53	0,05	n. s.	114	55
	10/11	2,41	2,58	-0,17	n. s.	77	33
	11/12	2,39	3,00	-0,61	n. s.	80	6
	Gesamt	2,48	2,57	-0,09	n. s.	271	94
Engage-ment	09/10	2,06	1,85	0,21	*	115	55
	10/11	2,34	2,16	0,18	n. s.	81	31
	11/12	2,15	1,67	0,48	(*)	83	6
	Gesamt	2,17	1,95	0,22	**	279	92
Medien und Material	09/10	2,56	2,68	-0,12	n. s.	116	53
	10/11	2,69	2,55	0,14	n. s.	82	33
	11/12	2,61	3,50	-0,89	*	85	6
	Gesamt	2,61	2,68	-0,07	n. s.	283	92

Hinweis: (*)/*/** kennzeichnet statistische Signifikanz auf dem 10/5/1 %-Niveau. Ein negatives Vorzeichen der Differenz bedeutet, dass die Vorlesung in der Online-Evaluation schlechter bewertet wurde als in der offiziellen Lehrevaluation.

Für Studenten, die vor dem Klausurtermin an den Online-Befragungen teilgenommen haben, sind auch die zu diesem Zeitpunkt erwarteten Klausurnoten bekannt. Bei der Betrachtung dieser Notenerwartungen zeigt sich, wie in Hypothese 1 vermutet, ein auf dem 5 %-Niveau signifikanter Zusammenhang zwischen der vor dem Klausurtermin erwarteten Note und der Bewertung der Vorlesung *Betriebliches Rechnungswesen* vor der Klausur (siehe Tabelle 4).

Tabelle 4: Korrelation der erwarteten Klausurnoten und der Evaluationsergebnisse bei Evaluationen vor dem Klausurtermin

		Vor dem Klausurtermin erwartete (ganzstellige) Note
Gesamtbewertung der Vorlesung *Betriebliches Rechnungswesen* vor dem Klausurtermin	Koeffizient	0,234*
	Signifikanz	0,026
	Fallzahl	90

Hinweis: Spearman-Rho; * kennzeichnet statistische Signifikanz auf dem 5 %-Niveau.

Studenten, die vor dem Klausurtermin erwarten, dass ihre Klausur mit der Note *sehr gut* (1) beurteilt werden wird, bewerten die Vorlesung *Betriebliches Rechnungswesen* im Durchschnitt um 0,15 Punkte besser als Studenten, die mit der Note *gut* (2) rechnen (siehe Abbildung 2). In der Erwartung, mit der Note *befriedigend* (3) beurteilt zu werden, bewerten Studenten die Vorlesung im Durchschnitt um 0,19 Punkte schlechter als Studenten, die eine gute Note (1,7-2,3) erwarten, und um 0,66 Punkte besser als Studenten, die mit der Klausurnote *ausreichend* (4) rechnen. Die Note *mangelhaft* (5) wurde vor dem Klausurtermin nur von einer Studentin erwartet, die die Vorlesung zu diesem Zeitpunkt ebenfalls als mangelhaft bewertet hat. Insgesamt ergibt sich ein eindeutiger, monotoner Zusammenhang zwischen erwarteter Klausurnote und Bewertung der Vorlesung.

In einem (auf Nachfrage erhältlichen) ordinalen Regressionsmodell ist der Zusammenhang zwischen der vor dem Klausurtermin erwarteten Note und der Gesamtbewertung der Vorlesung *Betriebliches Rechnungswesen* auf dem 0,1 %-Niveau signifikant. In diesem Modell wird für das Geschlecht, das erste Fachsemester und eine vor Studienbeginn absolvierte Ausbildung kontrolliert. Diese Kontrollvariablen sind in dem Modell nicht signifikant.

Abbildung 2: Vor der Klausur erwartete Noten und Gesamtbewertungen der Vorlesung *Betriebliches Rechnungswesen*

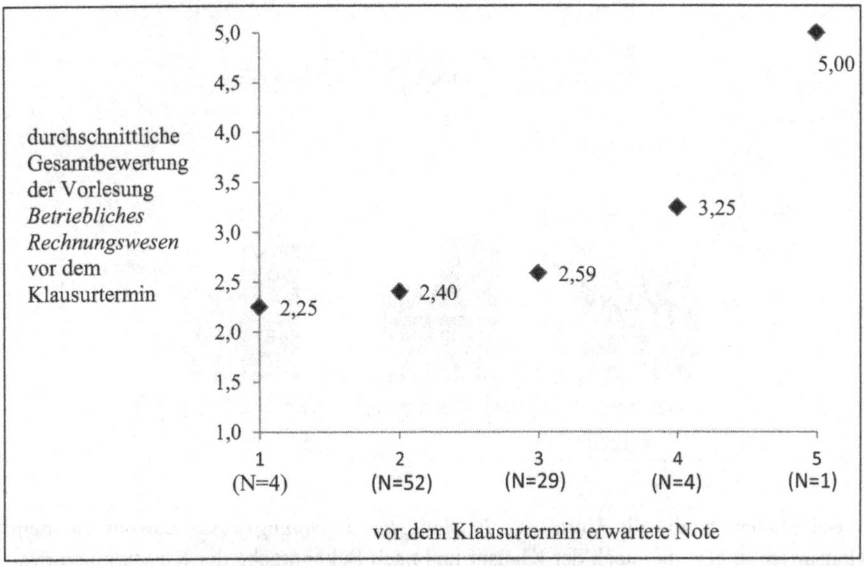

6. Studentische Evaluationen zu mehreren Zeitpunkten

Im Folgenden werden ausschließlich Studenten betrachtet, die die Vorlesung *Betriebliches Rechnungswesen* in einem der drei betrachteten Semester zu mehreren Zeitpunkten bewertet haben. In 51 % dieser Fälle ist die Gesamtbewertung konstant, wobei jedoch durchaus Unterschiede zwischen den betrachteten Semestern erkennbar sind (siehe Tabelle 5). Außerdem zeigt sich, dass Studenten, die die Vorlesung zu zwei Zeitpunkten in einem Semester bewertet haben, in 68 % der Fälle dieselbe Gesamtbewertung abgegeben haben. Studenten, die die Vorlesung zu drei Zeitpunkten evaluiert haben, geben hingegen nur in 36 % der Fälle stets dieselbe Bewertung ab (siehe Abbildung 4), wobei sie jedoch auch mehr Möglichkeiten für abweichende Bewertungen haben. Dieser Unterschied ist bei der Berechnung eines Mann-Whitney-U-Tests auf dem 1 %-Niveau signifikant und bestätigt die in Hypothese 2 formulierte Erwartung.

Tabelle 5: Studenten, die die Vorlesung *Betriebliches Rechnungswesen* zu mehreren Zeitpunkten innerhalb eines Semesters evaluiert haben

Wintersemester	09/10	10/11	11/12	Gesamt
Studenten, die immer gleich bewertet haben (in %)	50	62	38	51
Standardabweichung der Gesamtbewertungen	0,32	0,25	0,41	0,32
Durchschnittliche Anzahl der Bewertungen	2,58	2,57	2,23	2,51
Fallzahl	36	21	13	70

Abbildung 3: Bewertungen und Noten von Studenten, die die Vorlesung *Betriebliches Rechnungswesen* dreimal während eines Semesters evaluiert haben

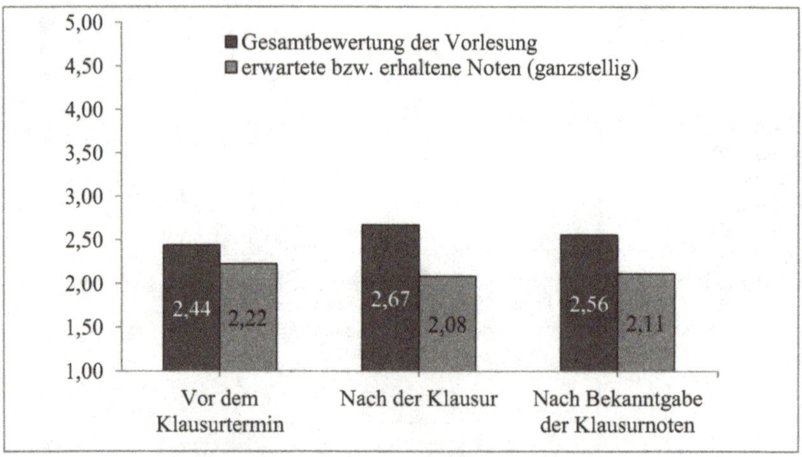

Bei Studenten, die die Vorlesung *Betriebliches Rechnungswesen* sowohl vor dem Klausurtermin als auch nach der Klausur und nach Bekanntgabe der Klausurnoten evaluiert haben, unterscheiden sich die mittleren Gesamtbewertungen zu den verschiedenen Zeitpunkten um maximal 0,23 Punkte (siehe Abbildung 3). Die Unterschiede sind bei der Berechnung von Mann-Whitney-U-Tests nur für den Vergleich der Bewertungen vor dem Klausurtermin und nach der Klausur schwach signifikant auf dem 10 %-Niveau. Die von diesen Studenten vor und nach der Klausur erwarteten Noten unterscheiden sich ebenfalls nicht signifikant voneinander, und sie unterscheiden sich auch nicht signifikant von den angegebenen tatsächlich erhaltenen Klausurnoten. Allerdings liegt der Durchschnitt der in den Online-Evaluationen angegebenen Klausurnoten unter dem (ist also besser als der) Durchschnitt aller Klausurteilnehmer der betrachteten drei Semester (2,11 gegenüber 2,73).

Abbildung 4: Anteil der Studenten (in %), die in einem Semester zu mehreren Zeitpunkten die Vorlesung *Betriebliches Rechnungswesen* evaluiert und dabei jeweils die gleiche Gesamtbewertung vergeben haben

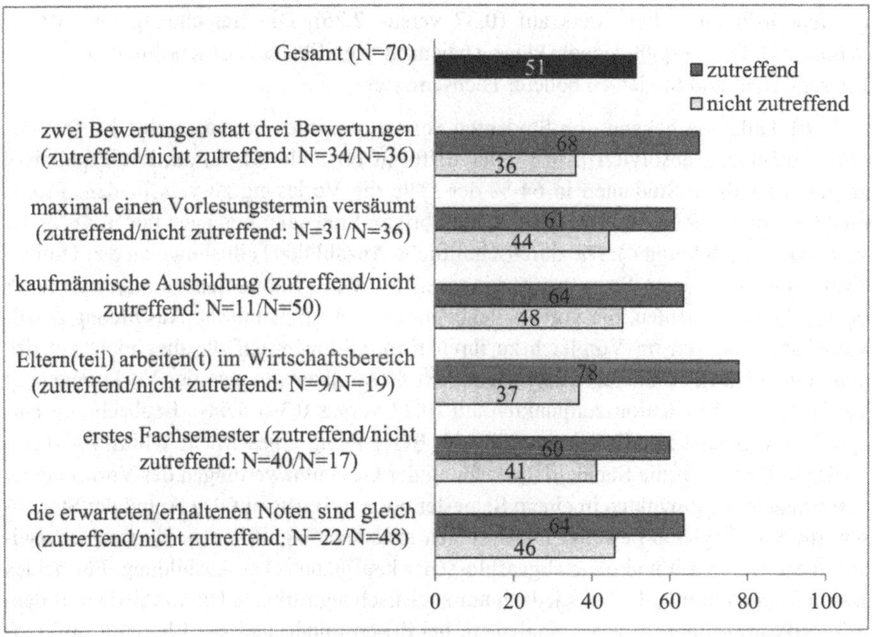

Von den 70 Studenten, die die Vorlesung *Betriebliches Rechnungswesen* zu mehreren Zeitpunkten innerhalb eines der drei betrachteten Semester bewertet haben, geben 31 Studenten an, maximal einen Termin versäumt zu haben, während 36 Studenten der Vorlesung öfter fernblieben. Bei drei Studenten fehlen entsprechende Angaben. Ein Vergleich von Studenten, die maximal einmal abwesend waren, mit Studenten, die mehr als einen Vorlesungstermin versäumt haben, ergibt keinen signifikanten Unterschied in Bezug auf die Anzahl der Teilnahmen an den Online-Evaluationen zu verschiedenen Zeitpunkten. Bei Studenten, die maximal einen Vorlesungstermin versäumt haben, ist jedoch der Anteil derjenigen, die die Vorlesung zu verschiedenen Zeitpunkten gleich bewertet haben, höher als bei denen, die öfter abwesend waren (61 % vs. 44 %, siehe Abbildung 4). Wenngleich dieser Unterschied bei einem Mann-Whitney-U-Test nicht signifikant ist, zeigt ein weiterer Mann-Whitney-U-Test einen auf dem 10 %-Niveau schwach signifikanten Unterschied zwischen den beiden betrachteten Studentengruppen in Bezug auf die Standardabweichung der Gesamtbewertung der Vorlesung zu verschiedenen Zeitpunkten. Diese ist in Übereinstimmung mit Hypothese 3 bei Studenten, die maximal einen Vorlesungstermin versäumt haben, niedriger als bei solchen, die zu mehr als einem Termin nicht anwesend waren (0,25 versus 0,36).

Studenten im ersten Fachsemester haben sich im Vergleich zu ihren Kommilitonen in höheren Fachsemestern im Durchschnitt häufiger an den Online-Evaluationen beteiligt (2,63 versus 2,47). Dennoch ist bei ihnen der Anteil derjenigen höher, die die Vorlesung zu den verschiedenen Evaluationszeitpunkten immer gleich bewertet haben (60 % versus 41 %, siehe Abbildung 4). Entgegen Hypothese 4 weisen sie auch eine niedrigere Standardabweichung der Gesamtbewertung der Vorlesung zu verschiedenen Zeitpunkten innerhalb eines Semesters auf (0,37 versus 2,26). Die Berechnung von Mann-Whitney-U-Tests ergibt jedoch keine statistisch signifikanten Unterschiede zwischen Erstsemestern und Studenten höherer Fachsemester.

In 61 Fällen ist bekannt, ob Studenten vor Beginn ihres Studiums eine kaufmännische Ausbildung absolviert haben. Dies trifft auf elf Fälle (18 %) zu. Die Ergebnisse zeigen, dass diese Studenten in 64 % der Fälle die Vorlesung zu verschiedenen Zeitpunkten immer gleich bewertet haben, die übrigen Studenten hingegen nur in 48 % der Fälle (siehe Abbildung 4). Die durchschnittliche Anzahl der Teilnahmen an den Online-Evaluationen in einem Semester ist hingegen in beiden Fällen nahezu identisch (2,55 versus 2,60). Studenten, die vor Studienbeginn eine kaufmännische Ausbildung absolviert haben, weisen im Vergleich zu ihren Kommilitonen, auf die dies nicht zutrifft, auch eine niedrigere Standardabweichung der Gesamtbewertungen der Vorlesungen zu verschiedenen Evaluationszeitpunkten auf (0,22 versus 0,34). Diese Beobachtung entspricht Hypothese 5. Allerdings ergibt die Berechnung eines Mann-Whitney-U-Tests weder in Bezug auf die Standardabweichung der Gesamtbewertungen der Vorlesung zu verschiedenen Zeitpunkten in einem Semester noch in Bezug auf den Anteil der Studenten, die immer gleich bewertet haben, einen statistisch signifikanten Unterschied zwischen Studenten mit und ohne abgeschlossener kaufmännischer Ausbildung. Für beides lassen Mann-Whitney-U-Tests jedoch auf statistisch signifikante Unterschiede (auf dem 5 %-Niveau) schließen, wenn Studenten, bei denen mindestens ein Elternteil im kaufmännischen oder wirtschaftswissenschaftlichen Bereich arbeitet, mit Studenten verglichen werden, auf die dies nicht zutrifft. Obwohl sich Studenten, bei denen mindestens ein Elternteil im kaufmännischen oder wirtschaftswissenschaftlichen Bereich arbeitet, im Vergleich zu den übrigen Studenten etwas häufiger an den Online-Befragungen beteiligt haben (2,67 versus 2,52), haben sie die Vorlesung signifikant häufiger zu den verschiedenen Evaluationszeitpunkten gleich bewertet (78 % versus 37 %, siehe Abbildung 4). Wie in Hypothese 6 vermutet, weisen sie auch eine signifikant niedrigere Standardabweichung der Gesamtbewertungen der Vorlesungen zu verschiedenen Zeitpunkten auf. Diese beträgt bei Studenten, bei denen mindestens ein Elternteil im kaufmännischen oder wirtschaftswissenschaftlichen Bereich arbeitet, 0,13, bei den übrigen Studenten hingegen 0,41.

Studenten, die zu allen Evaluationszeitpunkten die gleiche Klausurnote erwarten bzw. die erwartete Note erhalten haben, bewerten die Vorlesung häufiger stets gleich als Studenten, deren angegebene Noten variieren. Zudem weisen sie, wie in Hypothese 7 vermutet, eine geringere Standardabweichung der Gesamtbewertungen der Vorlesung zu verschiedenen Zeitpunkten innerhalb eines Semesters auf (0,23 versus 0,36). Mann-

Whitney-U-Tests zeigen jedoch in beiden Fällen keine statistisch signifikanten Unterschiede an. Dennoch ist beobachtbar, dass Studenten, die eine bessere Note erhielten als nach der Klausur erwartet, die Vorlesung nach Bekanntgabe der Klausurnoten im Durchschnitt signifikant besser bewertet haben als kurz nach der Klausur, während sich bei Studenten, die eine schlechtere Note erhielten als erwartet, Gegenteiliges zeigt (0,33 besser versus 0,33 schlechter, siehe Abbildung 5). Die beobachteten Unterschiede sind bei der Berechnung von gepaarten t-Tests jeweils auf dem 5 %-Niveau signifikant und sprechen für die Annahme von Hypothese 8. Hierfür spricht auch, dass bei Studenten, die diejenige Note erhielten, die sie nach der Klausur erwartet hatten, kein signifikanter Unterschied zwischen der Gesamtbewertung der Vorlesung kurz nach der Klausur und der Gesamtbewertung der Vorlesung nach Bekanntgabe der Klausurnoten erkennbar ist.

Abbildung 5: Reaktionen von Studenten auf erhaltene Klausurnoten in ihren Evaluationen

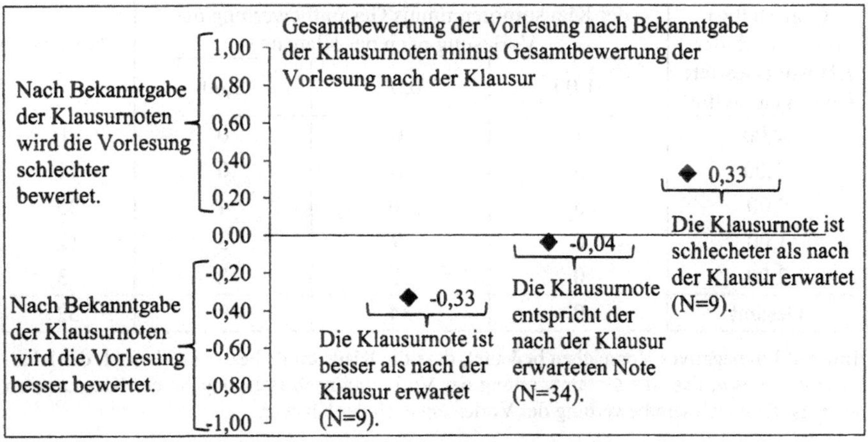

Tabelle 6 zeigt, dass Studenten, die eine bessere Note erhielten als nach der Klausur erwartet, nach Bekanntgabe der Klausurnoten die Vorlesung *Betriebliches Rechnungswesen* in keinem Fall schlechter bewertet haben als kurz nach der Klausur. Nach Erhalt einer besseren Note als nach der Klausur erwartet, bewerteten vier Studenten die Vorlesung besser als nach der Klausur, während acht Studenten an ihrer kurz nach der Klausur abgegebenen Gesamtbewertung festhielten. In gleicher Weise zeigt sich, dass Studenten, die eine schlechtere Note erhielten als nach der Klausur erwartet, die Vorlesung *Betriebliches Rechnungswesen* nach Bekanntgabe der Klausurnoten in keinem Fall besser bewertet haben als direkt nach der Klausur. Nach Erhalt einer schlechteren Note als erwartet, bewerteten fünf Studenten die Vorlesung um einen Punkt schlechter als nach der Klausur. Zehn weitere Studenten blieben in diesem Fall bei ihrer vor der Klausur abgegebenen Gesamtbewertung. Beide Ergebnisse lassen darauf schließen, dass ein Drittel der Studenten, deren Noten anders ausfallen als nach der Klausur erwartet, ihre Gesamtbewertung der Vorlesung in Richtung ihrer erhaltenen Klausurnote anpasst. Die Ergebnisse deuten allerdings auch darauf hin, dass diese Anpassung nicht dem Verhältnis 1:1 entspricht. So änderten Studenten, deren (ganzstellige) Klausurnote sich um zwei Notenpunkte von der nach der Klausur erwarteten Note unterscheidet, ihre Gesamtbewertung der Vorlesung um maximal einen Punkt (und nicht etwa um zwei Punkte) in Richtung der Abweichung der tatsächlichen Klausurnote von der erwarteten Note (siehe Tabelle 6).

Daneben zeigt Tabelle 6 auch, dass 36 % der Studenten, die ihre nach der Klausur erwartete (ganzstellige) Note erhielten, nach Bekanntgabe der Klausurnoten andere Bewertungen abgaben als kurz nach der Klausur. Anders als bei Studenten, die eine andere als nach der Klausur erwartete Note erhielten, weichen die Gesamtbewertungen dieser Studenten jedoch relativ symmetrisch in beide Richtungen ab (siehe Tabelle 6).

Tabelle 6: Reaktionen von Studenten auf erhaltene Klausurnoten in Bezug auf ihre Lehrbewertungen

Klausurnote (ganzstellig) minus nach der Klausur erwartete Note (ganzstellig)	Gesamtbewertung der Vorlesung nach Bekanntgabe der Klausurnoten minus Gesamtbewertung der Vorlesung nach der Klausur			Gesamt
	-1,00	0,00	1,00	
-2,00	1	0	0	1
-1,00	3	8	0	11
0,00	5	16	4	25
1,00	0	9	3	12
2,00	0	1	2	3
Gesamt	9	34	9	52

Hinweis: Ein negatives Vorzeichen bedeutet, dass die Klausurnote besser ist als nach der Klausur erwartet bzw. dass die Gesamtwertung der Vorlesung nach Bekanntgabe der Klausurnoten besser ist als die Gesamtbewertung der Vorlesung nach der Klausur.

Eine Erklärung dafür könnte sein, dass in Tabelle 6 ganzstellige Noten betrachtet werden. Demnach ist nicht auszuschließen, dass bei Studenten, die nach Erhalt der erwarteten Klausurnote anders evaluieren als nach der Klausur, die Klausurnote innerhalb derselben Notenstufe von der erwarteten Note abweicht (d. h., dass sie z. B. statt der erwarteten 2,3 eine 1,7 erhielten). Bei drei der vier Studenten, die nach Erhalt der erwarteten (ganzstelligen) Klausurnote die Vorlesung um eine Note schlechter bewertet haben als vor der Klausur (siehe Tabelle 6), sind die Nachkommastellen der Noten bekannt. Von diesen drei Studenten erhielt ein Student auf die Nachkommastelle genau die zuvor erwartete Note, ein anderer Student eine um 0,3 Notenpunkte bessere Note und ein weiterer Student eine um 0,3 Notenpunkte schlechtere Note. Von den fünf Studenten, die nach Erhalt der erwarteten (ganzstelligen) Note die Vorlesung besser bewerten als vor der Klausur, ist nur bei einem Studenten die Nachkommastelle der Note bekannt. Dieser Student bewertete die Vorlesung nach Bekanntgabe der Klausurnoten um einen Punkt besser (mit *gut* statt *befriedigend*), obwohl seine Note um 0,6 Notenpunkte schlechter war als nach der Klausur erwartet (2,3 statt 1,7). Diese Beobachtungen deuten darauf hin, dass bei Studenten, die ihre nach der Klausur erwarteten (ganzstelligen) Klausurnoten erhielten, Unterschiede in der Bewertung der Vorlesung nach der Klausur und nach Bekanntgabe der Klausurnoten nicht auf kleine Abweichungen von der erwarteten Note zurückzuführen sind, die im Bereich der Nachkommastelle liegen.

Ausgehend von der Beobachtung, dass nach Bekanntgabe der Klausurnoten Studenten ihre Gesamtbewertung der Vorlesung teilweise an ihre Klausurnote anpassen (siehe Tabelle 6), wurde untersucht, ob ein ähnliches Verhalten auch dann zu beobachten ist, wenn sich die erwartete Note verändert. Dabei wurden für jeden einzelnen Studenten die Notenerwartung vor der Klausur mit der Notenerwartung nach der Klausur sowie die jeweilige Gesamtbewertung der Vorlesung verglichen. Die Vergleiche zeigen, dass Studenten, die nach der Klausur eine schlechtere Note erwarteten als vor der Klausur, die Vorlesung *Betriebliches Rechnungswesen* nach der Klausur in keinem Fall besser bewerteten als vor der Klausur (siehe Tabelle 7). Fünf von neun Studenten bewerteten die Vorlesung in diesem Fall um einen Punkt schlechter als vor der Klausur, wobei sich bei vier dieser Studenten die erwartete Note um einen Notenpunkt verschlechtert hatte und bei einem Studenten um zwei Notenpunkte. Die übrigen vier Studenten, deren erwartete Noten sich um einen Notenpunkt verschlechtert hatten, hielten an ihrer vor der Klausur abgegebenen Gesamtbewertung der Vorlesung fest.

Tabelle 7: Reaktionen von Studenten auf Veränderungen ihrer zum Zeitpunkt der Evaluation erwarteten Noten in Bezug auf ihre Lehrbewertungen

Nach der Klausur erwartete Note (ganzstellig) minus vor dem Klausurtermin erwartete Note (ganzstellig)	Gesamtbewertung der Vorlesung nach der Klausur minus Gesamtbewertung der Vorlesung vor dem Klausurtermin				Gesamt
	-1,00	0,00	1,00	2	
-1,00	3	8	4	0	15
0,00	3	18	3	1	25
1,00	0	4	4	0	8
2,00	0	0	1	0	1
Gesamt	6	30	12	1	49

Hinweis: Ein negatives Vorzeichen bedeutet, dass nach der Klausur eine bessere Note erwartet wird als vor der Klausur bzw. dass die Gesamtwertung der Vorlesung nach der Klausur besser ist als vor der Klausur.

Im Durchschnitt fielen die Gesamtbewertungen der Vorlesung von Studenten, die nach der Klausur eine schlechtere Note erwarteten als vor dem Klausurtermin, nach der Klausur um 0,56 Punkte schlechter aus (siehe Abbildung 6). Dieser Unterschied ist bei einem gepaarten t-Test auf dem 5 %-Niveau signifikant und spricht für die Annahme von Hypothese 9. Für Studenten, die nach der Klausur eine bessere Note erwarteten, lässt sich Hypothese 9 hingegen nicht bestätigen. Bei diesen Studenten ist kein signifikanter Unterschied in den Gesamtbewertungen zu den beiden Evaluationszeitpunkten erkennbar. Gleiches gilt für Studenten, die ohne Berücksichtigung der Nachkommastelle nach der Klausur dieselbe Note erwarteten wie vor der Klausur.

Abbildung 6: Reaktionen von Studenten auf Veränderungen ihrer erwarteten Noten in ihren Evaluationen

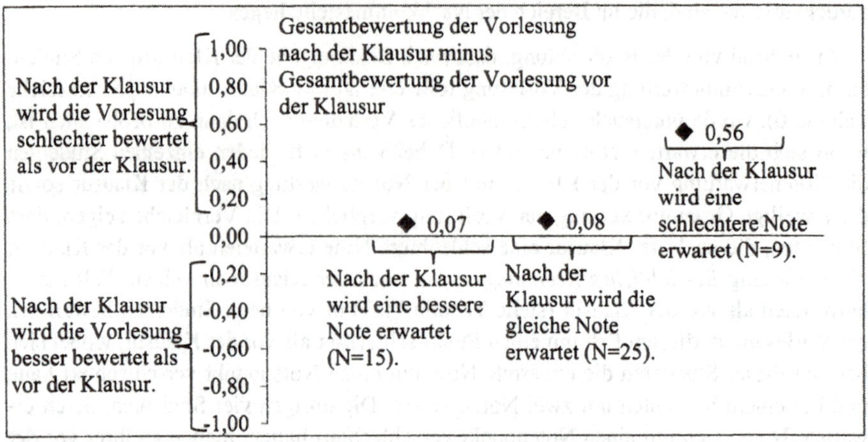

Für Studenten, die nach der Klausur ohne Berücksichtigung der Nachkommastelle die gleiche Note erwarteten wie vor der Klausur, zeigen sich ähnliche Ergebnisse wie für die Vergleiche der Gesamtbewertungen nach der Klausur mit den Gesamtbewertungen nach Bekanntgabe der Klausurnoten. In 28 % dieser Fälle werden, ohne dass sich die erwartete Note verändert hat, nach der Klausur andere Bewertungen abgegeben, wobei keine systematischen Unterschiede erkennbar sind. Drei Studenten bewerten die Vorlesung in diesem Fall besser als nach der Klausur und vier Studenten schlechter. Allerdings deuten Beobachtungen für Studenten, deren Nachkommastelle bekannt ist, nicht darauf hin, dass die Bewertungsunterschiede auf Abweichungen der erwarteten Note zurückzuführen sind, die im Bereich der Nachkommastelle liegen. Von zwei der drei Studenten, die bei gleicher erwarteter ganzstelliger Klausurnote die Vorlesung nach der Klausur besser bewertet haben als vor der Klausur, ist die Nachkommastelle der Noten bekannt. Hierbei handelt es sich um zwei Studentinnen, von denen bei einer Studentin die vor und nach der Klausur erwartete Klausurnote auf die Nachkommastelle genau übereinstimmt, während die andere Studentin nach der Klausur eine um 0,3 Notenpunkte schlechtere Note erwartet. Dennoch bewerten beide die Vorlesung nach der Klausur um einen Punkt besser als vor dem Klausurtermin. Bei den vier Studenten, die bei gleicher erwarteter ganzstelliger Klausurnote die Vorlesung nach der Klausur schlechter bewertet haben als vor der Klausur, ist nur bei einem Studenten die Nachkommastelle der Note bekannt. Die vor und nach der Klausur erwartete Note stimmt bei diesem Studenten auch bei Berücksichtigung der Nachkommastelle überein.

7. Diskussion

Für 70 der insgesamt 186 Teilnehmer an den Online-Befragungen lassen sich anhand der angegebenen individuellen Kennungen Antworten und Lehrbewertungen zuordnen, die zu verschiedenen Zeitpunkten während eines Semesters abgegeben wurden und von denen angenommen wird, dass sie von denselben Studenten stammen. Im Vergleich dazu sind in der Studie von Pruitt, Dicks und Tilley (2011), in der ebenfalls mit anonymen Kennungen gearbeitet wird, unter 867 Bewertungen zu Semesterbeginn und 897 Bewertungen zu Semesterende 423 Bewertungen vertreten, die dieselbe Kennung aufweisen. Demnach ist der Anteil der Fälle, die sich anhand der Kennungen zuordnen lassen, in der Studie von Pruitt, Dicks und Tilley (2011) sogar etwas niedriger als hier. Dabei ist die Kennung von Pruitt, Dicks und Tilley (2011) so konzipiert, dass Fehler bei der Angabe eigentlich weniger wahrscheinlich sind. Der Nachteil dieser Kennung ist jedoch, dass sie die Anonymität der Befragungsteilnehmer nicht gewährleisten kann, da sie auf Informationen beruht, die der Universität bekannt sind (die Highschool, an der der Student seinen Abschluss erworben hat, sein Geburtsmonat und die letzten beiden Ziffern seiner Studentenidentifikationsnummer). Die im Rahmen der vorliegenden Studie verwendete Kennung ergibt sich hingegen aus der Multiplikation der Geburtstage der Eltern des evaluierenden Studenten, welche der Universität oder gar Herrn Professor Krafft als Dozent nicht bekannt sind.

Der für die Vorlesung *Betriebliches Rechnungswesen* beobachtete signifikante Zusammenhang zwischen den von den befragten Studenten vor dem Klausurtermin erwarteten Noten und ihren Bewertungen der Vorlesung vor dem Klausurtermin deckt sich mit den Ergebnissen vorheriger Studien, wie beispielsweise der von McPherson, Jewell und Kim (2009). Die Existenz derartiger Zusammenhänge ist in der Literatur weitgehend anerkannt. Uneinigkeit besteht jedoch darüber, wie diese Zusammenhänge zu interpretieren sind. Marsh (1984) nennt hierfür drei mittlerweile von vielen Autoren übernommene Interpretationsansätze. Nach dem ersten Ansatz sind Noten und Evaluationsergebnisse deshalb positiv korreliert, weil effektivere Lehre zu höheren Lernerfolgen und damit auch zu besseren studentischen Noten führt. Dem zweiten Ansatz zufolge rührt der Zusammenhang zwischen Noten und Evaluationsergebnissen daher, dass Studenten Dozenten im Austausch für bessere Noten mit besseren Lehrbewertungen belohnen. Der dritte Ansatz geht davon aus, dass von vornherein bestehende Unterschiede in den Charakteristika von Studenten sowohl die studentischen Noten als auch studentische Lehrbewertungen beeinflussen.

Es zeigt sich jedoch nicht nur ein Zusammenhang zwischen erwarteten Noten und Evaluationsergebnissen, sondern die Ergebnisse lassen auch darauf schließen, dass ein Drittel der Studenten, deren Noten anderes ausfallen als nach der Klausur erwartet, ihre Gesamtbewertung der Vorlesung in Richtung der erhaltenen Klausurnote anpasst. Dieser Anteil ist ähnlich hoch wie der Anteil an Studenten, die in den Befragungen von Boysen (2008) angaben, Fälle zu kennen, in denen Studenten Lehrevaluationen dazu genutzt haben, um sich für schlechte Noten zu revanchieren. In den Ergebnissen der vorliegenden Studie sind jedoch Anpassungen in beide Richtungen zu beobachten. Studenten, die eine bessere Note erhielten als nach der Klausur erwartet, bewerteten die Vorlesung nach Bekanntgabe der Klausurnoten im Durchschnitt signifikant besser als kurz nach der Klausur. Bei Studenten, die eine schlechtere Note erhielten als nach der Klausur erwartet, ist das Gegenteil zu beobachten. Während bei diesen Studenten übertroffene bzw. enttäuschte Notenerwartungen naheliegende Erklärungen für Unterschiede von Lehrbewertungen zu zwei Zeitpunkten während eines Semesters darstellen, bleibt die Motivation von Studenten, die nach Erhalt der erwarteten Noten die Vorlesung anders bewerteten, unklar. Zudem ist ebenfalls zu beobachten, dass in vielen Fällen Studenten auch bei übertroffenen oder enttäuschten Notenerwartungen ihr vor der Notenbekanntgabe abgegebenes Qualitätsurteil über die besuchte Vorlesung beibehielten. Dies könnte allerdings auch daran liegen, dass die Bewertungen der Vorlesung auf einer fünfstufigen und nicht auf einer weiter ausdifferenzierten Skala erhoben wurden. Es ist allerdings ebenfalls nicht auszuschließen, dass der hohe Anteil an Studenten, die unabhängig von erwarteten oder erhaltenen Noten die Vorlesung zu verschiedenen Zeitpunkten gleich bewertet haben, auf spezifische Charakteristika der Studenten zurückzuführen ist, die bereit waren, die Vorlesung zu mehreren Zeitpunkten während eines Semesters zu evaluieren. So zeigt sich unter anderem ein schwach signifikanter Zusammenhang zwischen der Bereitschaft, die Vorlesung zu mehreren Zeitpunkten in einem Semester zu bewerten, und einer vor der Klausur erwarteten vergleichsweise besseren Note. Diese Beobachtung ähnelt einem Ergebnis in der Studie von Layne et al. (1999). Diese Autoren berichten, dass Studenten mit einem besseren Notendurchschnitt eher breit waren, an den elektronischen Befragungen teilzunehmen, als Studenten mit einem niedrigeren Notendurchschnitt.

8. Fazit

Die Vorlesung *Betriebliches Rechnungswesen* von Herrn Professor Krafft wurde in drei Semestern online evaluiert, um zusätzliche Informationen über die offiziellen Lehrevaluationen mit Papierfragebögen hinaus zu gewinnen. Erstens wurden die Online-Evaluationen nicht nur einmal im Semester durchgeführt, sondern vor der Klausur, kurz nach dieser und noch einmal nach der Bekanntgabe der Klausurnoten. Zweitens konnten die erwarteten bzw. tatsächlichen Klausurnoten einbezogen werden.

Von neun formulierten Hypothesen ließen sich einige (4, 5, 7 und partiell 3 und 9) nicht mit hinreichender statistischer Signifikanz bestätigen (oder umgekehrt eindeutig verwerfen), was vermutlich an der vergleichsweise geringen Fallzahl liegt. Sehr klar ist jedoch der positive Zusammenhang zwischen erwarteten bzw. erhaltenen Klausurnoten und den studentischen Bewertungen der Veranstaltung. Wer eine bessere Note erwartet oder bereits bekommen hat, evaluiert die Vorlesung entsprechend besser. Der entsprechende Zusammenhang zeigt sich auch dann, wenn sich die Notenerwartung ändert bzw. die erhaltene Note von der erwarteten abweicht.

Insgesamt sind sowohl die von Herrn Professor Krafft vergebenen Klausurnoten als auch die studentischen Evaluationen seiner Vorlesung gut (bis befriedigend). Die Notenerwartungen sind relativ stabil, die meisten Studenten werden also weder sehr enttäuscht noch übermäßig positiv überrascht. Denn der sehr erfahrene Dozent gibt ihnen bereits im ersten Semester ein Gefühl dafür, was auf sie zukommt. Da auch die ihrerseits elektronische Klausur nicht ganz einfach ist, lernen die Studenten tatsächlich etwas und wissen dies zu würdigen.

Literatur

Avery, Rosemary J., W. Keith Bryant, Alan Mathios, Hyojin Kang und Duncan Bell (2006), Electronic course evaluations: Does an online delivery system influence student evaluations? In: Journal of Economic Education, Vol. 37, S. 21-37.

Boysen, Guy A. (2008), Revenge and student evaluations of teaching, in: Teaching of Psychology, Vol. 35, S. 218-222.

Brockx, Bert, Pieter Spooren und Dimitri Mortelmanns (2011), Taking the grading leniency story to the edge: The influence of student, teacher, and course characteristics on student evaluations of teaching in higher education, in: Educational Assessment, Evaluation and Accountability, Vol. 23, S. 289-306.

Krautmann, Anthony C., und William Sander (1999), Grades and student evaluations of teachers, in: Economics of Education Review, Vol. 18, S. 59-63.

Layne, Benjamin H., Joseph R. DeCristoforo und Dixie McGinty (1999), Electronic versus traditional student ratings of instruction, in: Research in Higher Education, Vol. 40, S. 221-232.

Lütkenhöner, Laura (2012), Effekte von Erhebungsart und -zeitpunkt auf studentische Evaluationsergebnisse, Diskussionspapier des Instituts für Organisationsökonomik 8/2012, Westfälische Wilhelms-Universität Münster, im Internet unter: http://www.wiwi.uni-muenster.de/io/forschen/downloads/DP-IO_08_2012.pdf (letzter Aufruf 20.03.2014).

Lütkenhöner, Laura (2013), Können sich Hochschuldozenten bessere studentische Lehrevaluationen „erkaufen"?, Diskussionspapier des Instituts für Organisationsökonomik 7/2013, Westfälische Wilhelms-Universität Münster, im Internet unter: http://www.wiwi.uni-muenster.de/io/forschen/downloads/DP-IO_07_2013.pdf (letzter Aufruf 20.03.2014).

Marsh, Herbert W. (1984), Students' evaluations of university teaching: Dimensionality, reliability, validity, potential biases, and utility, in: Journal of Educational Psychology, Vol. 76, S. 707-754.

McPherson, Michael A., R. Todd Jewell und Myungsup Kim (2009), What determines student evaluation scores? A random effects analysis of undergraduate economics classes, in: Eastern Economic Journal, Vol. 35, S. 37-51.

Meinefeld, Werner (2010), Online-Befragungen im Kontext von Lehrevaluationen – praktisch und unzuverlässig, in: Kölner Zeitschrift für Soziologie und Sozialpsychologie, Vol. 62, S. 297-315.

o. V. (2014), Der Ablauf des Verfahrens, Wirtschaftswissenschaftliche Fakultät der Westfälischen Wilhelms-Universität Münster, im Internet unter http://www.wiwi.uni-muenster.de/evaluation/lehrende/ablauf.html (letzter Aufruf 19.03.2014)

Pruitt, J. Ross, Michael R. Dicks und Daniel S. Tilley (2011), Divergence and magnitude of student evaluations, im Internet unter: http://ssrn.com/abstract=1887809 (letzter Aufruf: 20.03.2014).

Spooren, Pieter (2010), On the credibility of the judge: A cross-classified multilevel analysis on students' evaluation of teaching, in: Studies in Educational Evaluation, Vol. 36, S. 121-131.

Christian Müller, Hans Jürgen Schlösser, Michael Schuhen und Andreas Liening (Hg.)
Bildung zur Sozialen Marktwirtschaft
Schriften zu Ordnungsfragen der Wirtschaft · Band 99 · Stuttgart · 2014

Professor Dietmar Krafft: Eine studentische Perspektive

Michael Oberste

"We do not stop playing because we are old.
We grow old because we stop playing."
Helen Haye (1874-1957) zugeschrieben

Mit jetzt achtzig Jahren Lebenserfahrung und mehr als achtundfünfzig Jahren universitärer Verbundenheit als Student (1956-1960), wissenschaftlicher Mitarbeiter sowie Geschäftsführer (1960-1971) und schließlich als Professor (1971-heute; emeritiert am 30. September 1999) stellt Dietmar Krafft ohne Zweifel eine der bedeutendsten Säulen der ökonomischen Bildung in Deutschland dar. Im Laufe meines Studiums an der Universität Münster hatte ich gleich mehrfach die Gelegenheit, Herrn Professor Krafft aus wechselnden Perspektiven, jedoch immer aus nächster Nähe, erleben zu können. Daher ist es mir persönlich eine große Freude und Ehre zugleich, meinen Beitrag zu dieser Festschrift leisten zu dürfen, der den Hochschullehrer Dietmar Krafft aus dem Blickwinkel seiner Studierenden fokussieren soll.

Den Einstieg in mein eigenes universitäres Leben stellte im Wintersemester 2005/2006, nach einer in allen Belangen ausgiebigen und informativen Orientierungswoche, die Veranstaltung „Betriebliches Rechnungswesen" von Herrn Professor Krafft dar, welche traditionsgemäß – auch heute noch – zum Start der Woche Montagmorgens um 08.00 Uhr beginnt („damit Sie, liebe Studierenden, auch noch etwas von dem Tag haben", O-Ton Krafft in einer Vorlesung 2005). Als damals junger Student mit nur einer diffusen Vorstellung von der Institution Universität kann ich zurückblickend konstatieren, diese erste Vorlesung voller Optimismus und Vorfreude auf die kommenden Semester (und, zugegeben, ob der Uhrzeit etwas müde) verlassen zu haben. Der positive erste Eindruck manifestierte sich im Laufe der anschließenden Vorlesungen von Herrn Professor Krafft, der uns Studierende stets durch eine klare, konzeptionelle Linie, vor allem aber durch seine herausragende didaktische Kompetenz überzeugen konnte. Nicht zuletzt auch seine einzigartige, humorvolle Art, mit der trockenere Themen immer wieder aufgelockert und veranschaulicht wurden, sollte an dieser Stelle keinesfalls unerwähnt bleiben.

Objektivierbarer Ausdruck seiner außergewöhnlichen Fähigkeit, Studierenden auch schwierige Aspekte verständlich, interessant und nachvollziehbar erläutern zu können, waren nicht zuletzt die signifikant positiven Evaluationen, die Herr Professor Krafft in den letzten Jahren, auch lange nach seiner Emeritierung, erhalten hat (der von den Studenten mehrfach attestierte besondere Geschmack bei der Auswahl seiner Krawatten steht außer Frage, soll an dieser Stelle jedoch nicht weiter vertieft werden). Dabei wurde vor allem die Interaktion mit den Studierenden sowie das Engagement von Herrn Professor Krafft besonders betont, „der selbst am Wochenende auf die Fragen der Studierenden antwortet“ (Student 2005[1]). Für die Vorlesungen „Betriebliches Rechnungswesen“, die Seminare „Unternehmensgründung und -organisation“ sowie verschiedene Planspiele und Projektseminare attestierten mehr als 900 Studierende Herrn Professor Krafft durchweg gelungene und lehrreiche Veranstaltungen (n 917; md 2,0; mw 2,0)[2]. Aus Studentensicht wurden seine Seminare vielfach als die „praxisorientiertesten und im Hinblick auf die spätere Berufspraxis besten Veranstaltungen, die das Institut für Ökonomische Bildung anbietet“ (Student 2006) bezeichnet. Herausragend und im besonderen Maße charakterisierend ist jedoch die Einschätzung der Studenten, dass „die Menschlichkeit bei Herrn Krafft immer bemerkbar ist“ (Student 2011), was auch ich auf Basis meiner persönlichen Erfahrungen betonen möchte.

Aus Gründen der Vollständigkeit sollte an dieser Stelle jedoch darauf hingewiesen werden, dass sich bei der Analyse der Veranstaltung „Betriebliches Rechnungswesen“ auch zwei Kritikpunkte wie ein roter Faden durch viele Evaluationsbögen ziehen. (1) Bereits vor den Zeiten doppelter Abiturjahrgänge war die Veranstaltung von Herrn Professor Krafft für besonders volle Hörsäle bekannt. Dass sich diese Situation auch im Laufe eines Semesters nicht änderte, ist aus meiner Sicht jedoch nur ein weiteres Indiz für seine außergewöhnliche Kompetenz und ein Tribut der Studenten für die didaktischen Leistungen von Herrn Professor Krafft. (2) Das Kompliment voller Hörsäle erscheint ob des oben bereits kurz eruierten Termins dieser Veranstaltung noch bemerkenswerter, wie einer seiner Studenten (2009) ausführte: „Einziger Kritikpunkt ist die UHRZEIT, Veranstaltungen von Herrn Prof. Krafft sind IMMER zu früh“. Aber ich bin mir sicher, mit dieser Kritik wird Herr Professor Krafft leben können.

Aus der Perspektive der Studierenden konnte Herr Professor Krafft jedoch nicht nur im Hörsaal überzeugen.

> „Es schadet niemals“, so konstatierte Wilhelm Heinrich Riehl (1894, S. 165), „sich für alle Lebensabschnitte ein Stück Jugend zu bewahren, und es ist immer besser, im Alter jugendfrisch zu sein, als greisenhaft in jungen Tagen.“

In diesem Sinne war und ist Herr Professor Krafft auch ein gern gesehener Gast auf vielen Studentenpartys, die die Fachschaft Wirtschaftspolitik regelmäßig veranstaltet. Sein Auftreten als Hochschullehrer „zum Anfassen“ auch außerhalb universitärer

---

1 Die Studentenzitate beziehen sich auf offizielle Evaluationsbögen der Vorlesung ‚Betriebliches Rechnungswesen‘.

2 Auf Basis der Evaluationsbögen der Universität Münster (Fachbereich 04); Skala 1,0-5,0; evaluierte Veranstaltungen seit dem Wintersemester 2005/2006.

Mauern, gepaart mit einer umfassenden Lebenserfahrung und der Bereitschaft, diese zu teilen, sichern ihm nicht nur im Kreise der Studierenden viele Sympathien.

Auch im Rahmen meines anschließenden Promotionsstudiums im Bereich der ökonomischen und finanzwirtschaftlichen Bildung konnte ich jederzeit auf die fachliche Kompetenz von Herrn Professor Krafft zurückgreifen, der sich fortlaufend mit den Forschungsschwerpunkten Verbraucherbildung, Ökonomische Bildung sowie Arbeitslehre beschäftigt. Geniale Naturen, so sagte Johann Wolfgang von Goethe einst, „erleben eine wiederholte Pubertät, während andere nur einmal jung sind" (zitiert nach Korn 2012, S. 195), das Engagement und die Einsatzbereitschaft von Herrn Professor Krafft konnten mich auch in dieser Zeit immer wieder beeindrucken. So war es Herrn Professor Krafft ein persönliches Anliegen, seine Kontakte in die Münsteraner Schullandschaft zu nutzen, die die Durchführung einer breit angelegten Studie mit ermöglichten. Viel entscheidender in dieser Zeit, neben der umfangreichen fachlichen Unterstützung, war jedoch sein objektiver, freundschaftlicher Rat, auf den ich mich in jeder Lebenslage – und zu jeder Tages- und Nachtzeit – verlassen konnte.

Als Wissenschaftlicher Mitarbeiter am Institut für Ökonomische Bildung unterstützte ich Herrn Professor Krafft nach seiner Emeritierung bei zahlreichen Veranstaltungen und konnte somit unmittelbar miterleben, wie neben der fachlichen Exzellenz vor allem seine oben bereits konstatierte, herausragende Menschlichkeit von den Studierenden geschätzt wurde und wird. Die Kolleginnen und Kollegen am Centrum für Interdisziplinäre Wirtschaftsforschung werden mir sicherlich beipflichten, dass auch die Beiträge von Herrn Professor Krafft auf unserer gemeinsamen Weihnachtsfeier unvergesslich sind, und auf die legendären „After-Christmas Party-Partys" werde ich aus Gründen der Verschwiegenheit an dieser Stelle natürlich nicht eingehen. Fest steht jedoch, dass Herr Professor Krafft ein unverzichtbarer und nicht wegzudenkender Bestandteil der Universitätslandschaft in Münster ist.

„Wer keine Zeit hat, älter zu werden, wird es auch nicht"[3]. Für zukünftige Studierende kann ich mir nur wünschen, dass Du, lieber Dietmar, das Institut für Ökonomische Bildung noch lange mit zahlreichen Veranstaltungen unterstützt und somit auch zukünftig nur wenig Zeit hast, um älter zu werden.

Vielen Dank für Deine langjährige Unterstützung!

Literatur

Korn, Egon (Hg.) (2012), Goethes Gespräche, Paderborn.

Riehl, Wilhelm Heinrich (1894), Religiöse Studien eines Weltkindes, Stuttgart.

[3] Patricia Ryan Nixon (1912-1993) zugeschrieben.

Verzeichnis der Autorinnen und Autoren

Apolte, Prof. Dr. Thomas, Westfälische Wilhelms-Universität Münster

Arndt, Prof. Dr., Holger, Friedrich-Alexander Universität Erlangen-Nürnberg

Dilger, Prof. Dr. Alexander, Westfälische Wilhelms-Universität Münster

Ebbers, Prof. Dr. Ilona, Universität Flensburg

Jung, Prof. Dr. Eberhard, Pädagogische Hochschule Karlsruhe

Kaiser, Prof. Dr. Dr. h.c. Franz-Josef, Universität Paderborn

Karpe, Prof. Dr. Jan, Fachhochschule Köln

Kopp, Prof. Dr. Bärbel, Friedrich-Alexander Universität Erlangen-Nürnberg

Krol, Prof. Dr. Gerd-Jan, Westfälische Wilhelms-Universität Münster

Kruber, Prof. Dr. Klaus-Peter, Christian-Albrechts-Universität zu Kiel

Liening, Prof. Dr. Andreas, Technische Universität Dortmund

Loerwald, Prof. Dr. Dirk, Carl von Ossietzky Universität Oldenburg

Lütkenhöner, Laura M.Sc., Westfälische Wilhelms-Universität Münster

Mau, Dr. Gunnar, Universität Siegen

Mittelstädt, Prof. Dr. Ewald, Fachhochschule Südwestfalen

Müller, Prof. Dr. Christian, Westfälische Wilhelms-Universität Münster

Oberste, Dr. Michael, Roland-Rechtsschutz-Versicherungs-AG

Piorkowsky, Prof. Dr. Michael-Burkhard, Rheinische Friedrich-Wilhelms-Universität Bonn

Rehm, Dr. Marco, Universität Siegen

Remmele, Prof. Dr. Bernd, Wissenschaftliche Hochschule Lahr

Retzmann, Prof. Dr. Thomas, Universität Duisburg-Essen, Campus Essen

Schleithoff, Dipl.-Vw. Fabian, Westfälische Wilhelms-Universität Münster

Schlösser, Prof. Dr. Hans Jürgen, Universität Siegen

Schramm-Klein, Prof. Dr. Hanna, Universität Siegen

Schröder, Prof. Dr. Rudolf, Carl von Ossietzky Universität Oldenburg

Schuhen, Dr. Michael, Universität Siegen

Schürkmann, Susanne M.A., Universität Siegen

Seeber, Prof. Dr. Günther, Universität Koblenz-Landau

Steffens, Prof. Dr. Dr. h.c. Heiko, Technische Universität Berlin

Suttner, Dipl.-Vw. Johannes, Westfälische Wilhelms-Universität Münster

Wiepcke, Prof. Dr. Claudia, Pädagogische Hochschule Weingarten

Schriften zu Ordnungsfragen der Wirtschaft

Lucius&Lucius Verlags-GmbH, Stuttgart, ISSN 1432-9220

Herausgeber:
Prof. Dr. Thomas Apolte, Prof. Dr. Martin Leschke, Prof. Dr. Albrecht F. Michler
Prof. Dr. Christian Müller, Prof. Dr. Stefan Voigt., Prof. Dr. Dirk Wentzel

Band 98: *Ingo Pies* (Hg.),
Das weite Feld der Ökonomik: Von der Wirtschaftsforschung bis zur Politischen Ökonomik und Wirtschaftsethik, 2013, 340 S., 42,00 €, ISBN 978-3-8282-0580-2.

Band 97: *Dirk Wentzel* (Hg.),
Internationale Organisationen: Ordnungspolitische Grundlagen, Perspektiven und Anwendungsbereiche, 2013, 264 S., 38,00 €, ISBN 978-3-8282-0562-8.

Band 96: *Michael Schuhen, Michael Wohlgemuth* und *Christian Müller* (Hg.),
Ökonomische Bildung und Wirtschaftsordnung, 2012, 330 S., 42,00 €, ISBN 978-3-8282-0568-0.

Band 95: *Rahel Schomaker, Christian Müller* und *Andreas Knorr* (Hg.),
Migration und Integration als wirtschaftliche und gesellschaftliche Ordnungsprobleme, 2012, 266 S., 38,00 €, ISBN 978-3-8282-0562-8.

Band 94: *Christian Müller, Frank Trosky* und *Marion Weber* (Hg.),
Ökonomik als allgemeine Theorie menschlichen Verhaltens: Grundlagen und Anwendungen, 2012, 336 S., 42,00 €, ISBN 978-3-8282-0559-8.

Band 93: *Albrecht F. Michler* und *Heinz-Dieter Smeets* (Hg.),
Die aktuelle Finanzkrise: Bestandsaufnahme und Lehren für die Zukunft, 2011, 400 S., 48,00 €, ISBN 978-3-8282-0538-3.

Band 92: *Rahel Schomaker,*
Public Private Partnerships in der Wasserwirtschaft des Nahen Ostens und Nordafrikas: Institutionelle Bestimmungsfaktoren und Potentiale, 2010, 184 S., 38,00 €, ISBN 978-3-8282-0518-5.

Band 91: *Thomas Apolte* und *Uwe Vollmer* (Hg.),
Bildungsökonomik und Soziale Marktwirtschaft, 2010, 216 S., 42,00 €, ISBN 978-3-8282-0503-1.

Band 90: *Alfred Schüller* und *Stefan Voigt* (Hg.),
Von der Ordnungstheorie zur Institutionenökonomik: Rückblick und Entwicklungsoptionen eines Marburger Forschungsprogramms – aus Anlaß des 50jährigen Bestehens der Forschungsstelle zum Vergleich wirtschaftlicher Lenkungssysteme, 2008, 172 S., 32,00 €, ISBN 978-3-8282-0438-6.

Band 89 *Dirk Wentzel* (Hg.),
Medienökonomik: Theoretische Grundlagen und ordnungspolitische Gestaltungsalternativen. 2009, 468 S., 58,00 €, ISBN 978-3-8282-0437-9.

Band 88: *Helmut Leipold,*
Die Ordnung von Wirtschaft und Gesellschaft als zentrale Aufgabe: Ordnungsökonomische und kulturvergleichende Studien, 2008, 307 S., 38 €, ISBN 978-3-8282-0436-2.

Band 87: *Katharina Wacker,*
Wettbewerb und Regulierung auf dem deutschen Fernsehmarkt: Deregulierungsbedarf und Umsetzungsbedingungen, 2007, 220 S., 36 €, ISBN 978-3-8282-0414-0.